Der Pfandbrief und sein Treuhänder

Internationalrechtliche Studien

Beiträge zum Internationalen Privatrecht, zum Einheitsrecht und zur Rechtsvergleichung

Herausgegeben von Ulrich Magnus

Band 44

PETER LANG
Frankfurt am Main · Berlin · Bern · Bruxelles · New York · Oxford · Wien

Arkadiusz Wudarski

Der Pfandbrief und sein Treuhänder

Eine rechtsvergleichende Untersuchung zum polnischen und deutschen Recht

PETER LANG
Europäischer Verlag der Wissenschaften

Bibliografische Information Der Deutschen Bibliothek
Die Deutsche Bibliothek verzeichnet diese Publikation in der Deutschen Nationalbibliografie; detaillierte bibliografische Daten sind im Internet über <http://dnb.ddb.de> abrufbar.

Zugl.: Hamburg, Univ., Diss., 2005

Gedruckt mit Unterstützung der
Konrad-Adenauer-Stiftung.

D 18
ISSN 0947-0395
ISBN 3-631-55064-2

www.peterlang.de

Meiner allerliebsten Mutter

ukochanej mamie

Vorwort

Die Idee zu dieser Arbeit entstand im Rahmen meines Studienaufenthalts an der Universität Wien, wo ich unter der Betreuung von Prof. Dr. Dr. h.c. mult. Franz Bydlinski und Prof. Dr. Dr. h.c. mult. Werner Ogris sowie unter der Leitung von o. Prof. Dr. Stanisława Kalus (Schlesische Universität in Katowice) studiert habe. All diese Personen haben bei mir das Interesse an der Wissenschaft geweckt und mein Vorhaben unterstützt.

Die vorliegende Arbeit wurde daraufhin in den Jahren 2002 - 2005 an der Rechtswissenschaftlichen Fakultät der Universität Hamburg verfasst und dort als Dissertation angenommen. Rechtssprechung, Literatur und die Gesetzesentwicklung fanden bis März 2005 Berücksichtigung.

An dieser Stelle möchte ich all jenen meine große Dankbarkeit ausdrücken, ohne deren Hilfe und freundliches Entgegenkommen in diversen Bereichen diese Arbeit nicht zu Stande gekommen wäre.

Meinen allerherzlichsten Dank möchte ich zuerst meinen zwei Doktorvätern aussprechen: Prof. Dr. Peter Mankowski und Prof. Dr. Otto Luchterhandt. Beim zuerst genannten bedanke ich mich sehr herzlich für die ständige Hilfsbereitschaft sowie die ausgezeichnete, sehr freundliche wissenschaftliche Unterstützung. Er überließ mir bei der Erstellung der Arbeit die erforderliche Freiheit, wobei er mir jedoch jederzeit mit Rat und für Diskussionen zur Verfügung stand. Sehr hilfreich waren insbesondere seine Zwischengutachten, die mich sehr motiviert und zur Weiterarbeit animiert haben, sowie seine zahlreichen Ratschläge, Hinweise und laufenden kritischen Bemerkungen. Schließlich danke ich ihm sehr für sein erstes Votum, das mich sehr freut und beschämt zugleich. All dies wusste und weiß ich sehr zu schätzen.

Meinem zweiten Doktorvater, Prof. Dr. Otto Luchterhandt, verdanke ich ebenso viel. Ich danke ihm nicht nur für die Erstellung des zweiten Gutachtens, sondern insbesondere auch für sein Verständnis und das große Vertrauen, das er mir - damals einem unbekannten polnischen Juristen - entgegengebracht hat, indem er sich bereit erklärte, mich bei meinem Promotionsvorhaben an der Universität Hamburg zu betreuen. Er hatte immer ein offenes Ohr für die Belange meiner Dissertation. Im Institut für Ostrecht habe ich zudem ein außerordentlich angenehmes und stets freundliches Arbeitsklima gefunden und viele wertvolle Menschen kennen gelernt.

Meine Promotion in Hamburg wäre ohne das großzügige Stipendium der Konrad Adenauer Stiftung nicht möglich gewesen. Mein besonderer Dank gilt an dieser Stelle Dr. Detlev Preuße als Leiter der Ausländerförderung für seine hervorragende Betreuung.

Auch hätte meine Arbeit in diesem Umfang und dieser Form nicht ohne die Hilfestellungen aus der Bankpraxis entstehen können. Viele Fachleute haben mich - trotz eigener Arbeitsbelastung und vielfältiger Verpflichtungen - bei der Suche nach der bestmöglichen Lösung schwieriger Fragen gerne begleitet und unterstützt. Mein bescheidener Dank gilt vor allem den Herren Dr. Michael Labe (Treuhänder bei der DGHyp, Hamburg), Mathias Kost (Aareal Bank, Wiesbaden), Paul Tewes und Dr. Hermann Bentrup (VR Wert Hamburg), Hartmut Kehlert, Winfried Kölln, Eckhard Wulff (DGHyp Hamburg).

Ich danke dem Verband deutscher Pfandbriefbanken e.V. in Berlin für die großzügige Unterstützung bei der Drucklegung dieses Buches und ganz besonders Herrn Andreas Luckow für seine Bereitschaft, meine unendlichen Fragen stets rasch und fachkompetent zu beantworten.

Für die sprachlichen Korrekturen spreche ich ferner Frau Antje Sedemund-Treiber (Präsidentin des Bundespatentgerichts a.D.) sowie Frau Agnieszka Buch meinen großen Dank aus.

Und nicht zuletzt danke ich Herrn Prof. Dr. Ulrich Magnus für die Aufnahme meiner Dissertation in seine Schriftenreihe.

Hamburg, im November 2005

Arkadiusz Wudarski

INHALTSÜBERSICHT

3. KAPITEL
Aussicht

INHALTSVERZEICHNIS

Abkürzungsverzeichnis

aA / AA	andere Ansicht
ABl. EG	Amtsblatt der Europäischen Gemeinschaften
Abs.	Absatz
AcP	Archiv für die civilistische Praxis
aF	alte Fassung
AG	Aktiengesellschaft
AGB	Allgemeine Geschäftsbedingungen
AGBG	Gesetz der Allgemeinen Geschäftsbedingungen
AktG	Aktiengesetz
Anh.	Anhang
Anm.	Anmerkung
AnzV	Anzeigenverordnung
ArbSchG	Arbeitsschutzgesetz
Art.	Artikel
Artt.	die Artikel
Az.	Aktenzeichen
BA	Bankhistorisches Archiv, Zeitschrift zur Bankengeschichte
BaFin	Bundesanstalt für Finanzdienstleistungsaufsicht
BAG	Bundesarbeitsgericht
BAGE	Amtliche Sammlung der Entscheidungen des Bundesarbeitsgerichts
BAK	polnische Bankaufsichtskommission
BAnz	Bundesanzeiger
BauGB	Baugesetzbuch
BauNVO	Baunutzungsverordnung
BausparkassenG	Bausparkassengesetz
BayLBG	Bayerisches Landesbankgesetz
BayObLGZ	Entscheidungen des Bayerischen Obersten Landesgerichts in Zivilsachen
BB	Betriebsberater
BBankG	Gesetz über die Deutsche Bundesbank
BBergG	Bundesberggesetz
BBG	Bundesbeamtengesetz
BdB	Bundesverband deutscher Banken
Beih.	Beiheft
BFH	Bundesfinanzhof
BGB	Bürgerliches Gesetzbuch
BGBl.	Bundesgesetzblatt
BGH	Bundesgerichtshof

BGHZ	Amtliche Sammlung der Entscheidungen des Bundesgerichtshofs in Zivilsachen
BiK	Bank i Kredyt [Bank und Kredit]
BIZ	Bank für internationalen Zahlungsausgleich
BRAO	Bundesrechtsanwaltsordnung
BR-Drs.	Deutscher Bundesrat, Drucksache
BRG	polnisches Gesetz über das Bankrecht
BRV	Verordnung des Präsidenten der Republik Polen über das Bankrecht
BSchG	Beschäftigtenschutzgesetz
BT- Drs.	Deutscher Bundestag, Drucksache
BUrlG	Bundesurlaubsgesetz
BUZAV	Verordnung über die Bestätigung der Umstellungsrechnung und das Verfahren der Zuteilung und des Erwerbs von Ausgleichsforderungen
BVerfG	Bundesverfassungsgericht
BVerfGE	Amtliche Sammlung der Entscheidungen des Bundesverfassungsgerichts
BVerwG	Bundesverwaltungsgericht
BVerwGE	Amtliche Sammlung der Entscheidungen des Bundesverwaltungsgerichts
BVR	Bundesverband der deutschen Volksbanken und Raiffeisenbanken
BwpVerwG	Bundeswertpapierverwaltungsgesetz
bzw.	beziehungsweise
CAD	Capital Adequacy Directive
CEBS	Committe of European Banking Supervisors
CEB	Council of Europe Development Bank
Datenbank Lex	polnische elektronische Rechtssammlung Lex
DB	Der Betrieb
d.h.	das heißt
DepotG	Depotgesetz
ders.	derselbe
DG-BankUmwG	Gesetz zur Umwandlung der Deutschen Genossenschaftsbank
dies.	dieselbe; dieselben
DIN	Deutsches Institut für Normung
DLK	der langfristige Kredit
DM	Deutsche Mark
DRGBl.	deutsches Reichsgesetzblatt (Österreich)
DRiG	deutsches Richtergesetz
DRZ	deutsche Rechts-Zeitschrift

DSLBUmwG	Gesetz über die Umwandlung der Deutschen Siedlungs- und Landesrentenbank in eine Aktiengesellschaft (DSL Bank-Umwandlungsgesetz)
DTD	Data Type Definition
Dz.U.	Dziennik Ustaw Rzeczypospolitej Polskiej [Gesetzblatt der Republik Polen]
Dz.Urz.	Dziennik Urzędowy [Amtsblatt]
Dz.Urz. NBP	Dziennik Urzędowy Narodowego Banku Polskiego [Amtsblatt der Polnischen Nationalbank]
€	Euro
E-Mail	Elektronische Post
EAG Bau	Gesetzes zur Anpassung des Baugesetzbuches an EU-Richtlinien (Europarechtsanpassungsgesetz Bau)
EBRD	European Bank of Reconstruction and Development
EDV-System	System der elektronischen Datenverarbeitung
EFZG	Entgeltfortzahlungsgesetz
eG	eingetragene Genossenschaft
EG	Europäische Gemeinschaft
EGBGB	Einführungsgesetz zum Bürgerlichen Gesetzbuch
EGInsO	Einführungsgesetz zur Insolvenzordnung
EGV	Vertrag der Europäischen Gemeinschaft
EN	eine in der EG anerkannte Norm
Erbbau(R)VO	Verordnung über das Erbbaurecht
etc.	et cetera
EU	Europäische Union
EuGH	Gerichtshof der Europäischen Gemeinschaften
EuGVÜ	Brüsseler EWG-Übereinkommen über die gerichtliche Zuständigkeit und die Vollstreckung gerichtlicher Entscheidungen in Zivil- und Handelssachen von 1968 in der Fassung des 4. Beitrittsübereinkommens
EuGVVO	Verordnung (EG) Nr. 44/2001 des Rates über die gerichtliche Zuständigkeit und die Anerkennung und Vollstreckung von Entscheidungen in Zivil- und Handelssachen von 2000
EURIBOR	European Interbank Offered Rate
EuZW	Europäische Zeitschrift für Wirtschaftsrecht
e.V.	eingetragener Verein
EVÜ	Übereinkommen über das auf vertragliche Schuldverhältnisse anzuwendende Recht
EVS	European Valuation Standards
EWG	Europäische Wirtschaftsgemeinschaft
EWiR	Entscheidungen zum Wirtschaftsrecht

EWR	Europäischer Wirtschaftsraum
EZB	Europäische Zentralbank
f.	folgende
FBuGG	polnisches Gesetz über die von dem Fiskus und manchen juristischen Personen erteilten Bürgschaften und Garantien
ff.	fortfolgende
FIBOR	Frankfurt Interbank Offered Rate
FinDAG	Finanzdienstleistungsaufsichtsgesetz
Fn.	Fußnote
FOWI	Forschungsinstitut für Mittel- und Osteuropäisches Wirtschaftsrecht der Wirtschaftsuniversität Wien
FRA	forward rate agreement
FS	Festschrift
GBL	polnisches Gesetz über die Bewirtschaftung von Liegenschaften
GBlÖ	Gesetzblatt für das Land Österreich
GBO	Grundbuchordnung
GEDIP	Groupe Européenne de Droit International Privé
GewO	Gewerbeordnung
GG	Grundgesetz
GGH	polnisches Gesetz über die Grundbücher und die Hypothek
GmbH	Gesellschaft mit beschränkter Haftung
Grdz	Grundzüge
GVBl.	Gesetzes- und Verordnungsblatt
GVG	Gerichtsverfassungsgesetz
GVNRW	Gesetz- und Verordnungsblatt Nordrhein- Westfahlen
HBG	Hypothekenbankgesetz
HGB	Handelsgesetzbuch
Hk- BGB	Handkommentar zum Bürgerlichen Gesetzbuch
Hrsg.	Herausgeber
Hs.	Halbsatz
HSBC	Trinkaus & Burkhardt (Bank)
HWO	Handwerksordnung
HypBarwertV	Verordnung über die Sicherstellung der jederzeitigen Deckung von Hypothekenpfandbriefen und Kommunalschuldverschreibungen nach dem Barwert und dessen Berechnung bei Hypothekenbanken (Hypothekenpfandbrief-Barwertverordnung)
HypZert GmbH	Gesellschaft für Zertifizierung von Immobiliensachverständigen für

	Beleihungswertermittlung Gesellschaft mit beschränkter Haftung
IBRD	International Bank for Reconstruction and Development
IHK	Industrie- und Handelskammer
ImmFin	Immobilien & Finanzierung
InsO	Insolvenzordnung
InsVV	Insolvenzrechtliche Vergütungsverordnung
IPR	Internationales Privatrecht
IPRax	Praxis des Internationalen Privat- und Verfahrensrechts
ISO	International Standard Organisation
ISR	polnisches Gesetz über das Insolvenz- und Sanierungsrecht
iVm	in Verbindung mit
IVSC	International Valuers Standards Committee
JEX	Jumbo-Pfandbrief-Index (Kursindex)
JEXP	Jumbo-Pfandbrief-Index (Performanceindex)
JuS	Juristische Schulung
JZ	Juristenzeitung
KAGG	Gesetz über Kapitalanlagegesellschaften
KED	polnisches Dekret über die Kraftloserklärung der verlorenen Urkunden
KfW	Gesetz über die Kreditanstalt für Wiederaufbau
KonkursO	Konkursordnung
KostO	Kostenordnung
KSchG	Kündigungsschutzgesetz
KTS	Konkurs,- Treuhand- und Schiedsgerichtswesen
KWG	Kreditwesengesetz
LBBW	Landesbank Baden-Württemberg
LBWG	Gesetz über die Landesbank Baden-Württemberg
LG	Landgericht
LGD	Loss Given Default
LIBOR	London Interbank Offered Rate
lit.	littera
MDR	Monatsschrift für deutsches Recht
Mio.	Million; Millionen
MP	Monitor Prawniczy [Rechtsanzeiger]
Mrd.	Milliard; Milliarden
MuSchG	Mutterschutzgesetz
mwN	mit weiteren Nachweisen
NBG	Gesetz über die Polnische Nationalbank
NJW	Neue Juristische Wochenschrift
Nr.	Nummer

NZA	Neue Zeitschrift für Arbeitsrecht
NZI	Neue Zeitschrift für das Recht der Insolenz und Sanierung
OECD	Organization for Economic Cooperation and Development
ÖFG	polnisches Gesetz über öffentliche Finanzen
ÖJZ	österreichische Juristenzeitung
ÖPG	Gesetz über die Pfandbriefe und verwandte Schuldverschreibungen öffentlich-rechtlicher Kreditanstalten
österNZ	österreichische Notariatszeitung
österHBG	österreichisches Hypothekenbankgesetz
OG	polnisches Gesetz über Obligationen
OGAW- Richtlinie	Organismus für gemeinsame Anlagen in Wertpapieren - Richtlinie
OLG	Oberlandesgericht
OSN	Orzecznictwo Sądu Najwyższego [Entscheidungssammlung des Obersten Gerichts]
OSNCP	Orzecznictwo Sądu Najwyższego, Izba Cywilna oraz Izba Administracyjna, Pracy i Ubezpieczeń Społecznych, [Entscheidungssammlung des Obersten Gerichts, Zivilkammer sowie Verwaltungs-, Arbeits- und Sozialversicherungskammer]
OSNIC	Orzecznictwo Sądu Najwyższego, Izba Cywilna, [Entscheidungen des Polnischen Obersten Gerichts, Zivilkammer]
OTK	Orzecznictwo Trybunału Konstytucyjnego, [Entscheidungen des polnischen Verfassungsgerichtshofes]
OWiG	Gesetz über Ordnungswidrigkeiten
PB	Prawo Bankowe [Bankrecht]
PfandBG-E	Pfandbriefgesetzentwurf
PHBG	polnisches Gesetz über Pfandbriefe und Hypothekenbanken
PiP	Państwo i Prawo [Staat und Recht]
PKO BP	Powszechna Kasa Oszczędności, Bank Polski [Allgemeine Sparkasse, Polnische Bank]
Pkt.	Punkt
PLN	Polnische Währung (Złoty)
polAGB	Polnisches Arbeitsgesetzbuch
polGG	Verfassung der Republik Polen
polIPR	polnisches Internationales Privatrecht
polStGB	polnisches Strafgesetzbuch
polZPO	polnische Zivilprozessordnung
Pos.	Position

PPH	Przegląd Prawa Handlowego [Rundschau des Handelsrechts]
PPW	Prawo Papierów Wartościowych [Wertpapierrecht]
PRG	polnisches Gesetz über die Planung und die Raumbewirtschaftung
PS	Przegląd Sądowy [Gerichtliche Rundschau]
PUG	Przegląd Ustawodawstwa Gospodarczego [Rundschau der wirtschaftlichen Gesetzgebung]
RabelsZ	Rabels Zeitschrift für ausländisches und internationales Privatrecht
Red.	Redakteur
RG	Reichsgericht
RGBl.	Reichsgesetzblatt
RGZ	Amtliche Sammlung der Entscheidungen des Reichsgerichts in Zivilsachen
RICS	Royal Institution of Chartered Surveyors
RIW	Recht der Internationalen Wirtschaft
RL	Richtlinie
RöUW	polnisches Gesetz über das Recht über den öffentlichen Umlauf von Wertpapieren
Rn.	Randnummer
RvGO	polnisches Gesetz über das Recht der Verwaltungsgerichtsordnung
RWG	polnisches Gesetz über das Rechnungswesen
RzP	Rzeczpospolita
S.	Seite bzw. Satz
S.A.	spółka akcyjna [Aktiengesellschaft]
SchBkG	Schiffsbankgesetz
SchModG	Schuldrechtsmodernisierungsgesetz
SchRechtG	Gesetz an eingetragenen Schiffen und Schiffsbauwerken
SchVG	Schuldverschreibungsgesetz
SGB	Sozialgesetzbuch
SigG	Signaturgesetz
Slg.	Amtliche Sammlung der Entscheidungen des Gerichtshofs der Europäischen Gemeinschaften
sog.	so genannt(e, -es, etc.)
ST	Samorząd Terytorialny [territoriale Selbstverwaltung]
StGB	Strafgesetzbuch
TEGoVA	the European Group of Valuers' Associations
TGA	Trägergemeinschaft für Akkreditierung GmbH

TPP	Transformacje Prawa Prywatnego [Transformationen des Privatrechts]
u.ä.	und ähnliches
u.a.	unter anderem
USA	United States of America
U.S. Agency	United States Agency
VAG	Versicherungsaufsichtsgesetz
Var.	Variante
VdH	Verband deutscher Hypothekenbanken
VerkPrG	Wertpapier-Verkaufsprospektgesetz
VersR	Versicherungsrecht
VO	Verordnung
VFGD	polnische Verordnung des Justizministers über die Führung der Gründbücher und Dokumentensammlungen
VGiZ	polnische Verordnung des Justizministers über die Bestimmung der Gebühren in Zivilsachen
vgl.	vergleiche
VRvVG	polnisches Gesetz über das Verfahrensrecht vor Verwaltungsgerichten
VwGO	Verwaltungsgerichtsordnung
VwVfG	Verwaltungsverfahrensgesetz
VwVfGB	polnisches Verwaltungsverfahrensgesetzbuch
WEG	Gesetz über das Wohnungseigentum und das Dauerwohnrecht
WertV	Verordnung über Grundsätze für die Ermittlung der Verkehrswerte von Grundstücken - Wertermittlungsverordnung
WG	Wechselgesetz
WGO	Monatshefte für Osteuropäisches Recht
WiGBl.	Gesetzblatt der Verwaltung des Vereinigten Wirtschaftsgebietes
WiRO	Wirtschaft und Recht in Osteuropa
WM	Wertpapier-Mittelungen
WpHG	Gesetz über den Wertpapierhandel
WRG	polnisches Gesetz über das Wechselrecht
WRL FV	Wertermittlungsrichtlinie des genossenschaftlichen FinanzVerbundes für das Immobilienkreditgeschäft (Version 2.0)
z.B.	zum Beispiel
ZBB	Zeitschrift für Bankrecht und Bankwirtschaft
ZBlFG	Centralblatt für Freiwillige Gerichtsbarkeit und Notariat
ZEuP	Zeitschrift für Europäisches Privatrecht

ZGB	polnisches Zivilgesetzbuch
ZHR	Zeitschrift für das gesamte Handelsrecht und Wirtschaftsrecht
ZIP	Zeitschrift für Wirtschaftsrecht und Insolvenzpraxis
ZPO	Zivilprozessordnung
ZVG	Gesetz über die Zwangsversteigerung und Zwangsverwaltung
ZZP	Zeitschrift für Zivilprozess

§ 1. Einleitung

I. Entwicklung des Pfandbriefsystems

1. Geburt der Pfandbriefidee

Das Pfandbriefsystem hat eine sehr lange Tradition, die bis in das 18. Jahrhundert zurückreicht. Die Schlesischen Kriege[1] führten zu einer nachhaltigen Verschlechterung der wirtschaftlichen Situation,[2] die sich vor allem in den ländlichen Gebieten bemerkbar machte. Die Überwindung der Kriegsfolgen erforderte Kapital, das aber gerade den Rittergutsbesitzern fehlte. Viele von ihnen waren nicht zuletzt wegen hohen Abgabepflichten zahlungsunfähig. Investoren misstrauten daher dem Landadel und stellten ihm ihr Geld nur ungern zur Verfügung.[3] In dieser wirtschaftlichen Krise war ein Sanierungsprogramm zur Stärkung der Wirtschaft erforderlich. Die Chance zur Verbesserung dieser Situation sah der Berliner Kaufmann Diederich Ernst Bühring in der Beseitigung der Kreditnot. 1767 schlug er in einer Denkschrift vor, ein Kreditsystem zu bilden, das dem Kreditgeber trotz instabiler Wirtschaftslage eine hohe Sicherheit seiner Forderungen gewährleistet. Die Sicherheit sollte durch eine neu zu gründende Generalhypothekenkasse erreicht werden, die sich durch die Ausgabe von Pfandbriefen refinanzieren ließ und alleine als Garant für die Rückzahlung der verbrieften Forderungen fungieren sollte.[4]

Obwohl die Idee von Bühring nicht realisiert wurde, könnte sie möglicherweise der Anlass für eine Kabinettsordre Friedrichs des Großen vom 22. Juni 1769[5] gewesen sein, die dann zur Stiftung des landwirtschaftlichen Kredit-

---

[1] Die drei Schlesischen Kriege gegen Österreich gingen von 1740 bis 1742 (erster Krieg), von 1774 bis 1745 (zweiter Krieg) und von 1756 bis 1763 (dritter Krieg) und wurden angeführt von dem preußischen König Friedrich dem II., der auch als Friedrich der Große genannt wurde. Alleine aber aus der Not wurde dieses Finanzierungssystem nicht gegründet, denn der vorherige 30-jährige Krieg hatte schwerere Einbußen mit sich gebracht ohne auf die Idee eines Pfandbriefsystems zu kommen; *Pleyer/Bellinger*, (1981), 5.

[2] Zur wirtschaftlichen Lage in Preußen in der zweiten Hälfte des 18. Jahrhunderts *Pietrasik/-Rykowski*, (2000), 17 f.; *Pietrasik*, (2001), 23 ff.

[3] Vgl. *Plath*, DLK 1994, 611.

[4] Zu der Idee von Bühring *Pleyer/Bellinger*, (1981), 8; *Plath*, DLK 1994, 611; *Pietrasik*, (2001), 25 f.

[5] Die Kabinettsordre Friedrichs des Großen vom 22.6.1769 ist bei *Plath* (DLK 1994, 611, 612) sowie bei *Goedecke/Kerl/Scholz* ((1997), zwischen den Seiten 20 und 21) abgebildet; *Plath* (DLK 1994, 611, 613) bezeichnete sie als „Geburtsschein" des Pfandrechtwesens in Deutschland.

systems in Schlesien führte.[6] Eine weitere Kabinettsordre vom 29. August 1769 führte dann zur Gründung des ersten Pfandbriefinstitutes. Damit wurde die Pfandbriefidee durch den schlesischen Justizminister, Johann von Carmer, in die Tat umgesetzt.[7] Dieses Datum wird als Geburtsstunde des Pfandbriefwesens bezeichnet.[8]

Die Generalversammlung der schlesischen Stände rief am 25. Juni 1770 das erste Pfandbriefinstitut, die Schlesische Landschaft in Breslau, ins Leben.[9] In der Schlesischen Landschaft wurden die ausgewählten adligen Großgrundbesitzer zu einer öffentlichrechtlichen Zwangsvereinigung zusammengeschlossen. Sie gewährte ihren Mitglieder Naturaldarlehen in Form eines Güterpfandbriefes. Dem römischen Recht entnahm man die Akzessorietät des Pfandrechts, dem deutschen die Grundbuchführung, die Art der Bestellung einer Hypothek sowie die gerichtliche Pfandverwertung. Der Pfandbrief wurde von der Landschaft nur nach Maßgabe der eingetragenen Hypothek ausgegeben. Danach durfte die Hypothek die Hälfte des wahren Wertes der Güter, die verpfändet werden sollten, nicht überschreiten. Bei den ersten Pfandbriefen gewährte das individuelle Hypothekeninstrument (sog. Sicherungshypothek) die dingliche Haftung des Grundstücks dem Gläubiger gegenüber. Subsidiär hafteten dazu die verbundenen Landstände.[10] Diese Gesamthaftung hat das Risiko für die Geldgeber stark verringert und den Anreiz für den Pfandbrieferwerb geschaffen.[11] Bereits die erste Pfandbriefemission, die noch 1770 erfolgte, wurde zu einem großen wirtschaftlichen Erfolg, der alle Erwartungen übertraf.[12] Im Laufe der Zeit wurde der Pfandbrief mit Erfolg als Kreditinstrument für die Finanzierung auch von städtischen Immobilien eingesetzt.[13]

---

[6] Auf die Abweichungen der Preußischen Vorstellungen von der Idee von Bühring weisen *Pleyer/-Bellinger* ((1981), 8) hin.

[7] Unklar ist, ob diese Idee tatsächlich von Carmer kommt oder ob er sich von anderen inspiriert hat; dazu *Pietrasik*, (2001), 26 f.; *Pleyer/Bellinger* ((1981), 9 f.) ordnen die Pfandbriefidee keiner einzelnen Person zu, sondern betrachten sie im Allgemeinen als eine hervorragende Leistung der Preußischen Gesetzgebung.

[8] *Pleyer/Bellinger*, (1981), 6; mehr zur geschichtlichen Entwicklung des Pfandbriefwesens *Basch*, (1880), 6 ff.; *Reinecker*, (1974), 13 ff.; *Goedecke/Kerl/Scholz*, (1997), 23 ff.; *Stöcker*, (1998), 2 ff.; *Walter*, BA Beih. 38/2000, 13 ff.; in der polnischen Literatur: *Pietrasik/Rykowski*, (2000), 17 ff.; *Tułodziecka/Stöcker*, (2000), 13 ff.; *Pietrasik*, (2001), 23 ff.

[9] Mehr dazu *Plath*, DLK 1994, 611, 613 ff.

[10] Detaillierte Bestimmungen über die Organisation der Landschaft waren in einem schlesischen Landschafts-Reglement vom 9.7.1770 enthalten.

[11] Vgl. *Plath*, DLK 1994, 611, 615.

[12] *Pietrasik*, (2001), 28.

[13] Vgl. *Stöcker*, (1998), 6.

2. Gründung der Kreditinstitute

Der Erfolg des Pfandbriefsystems in Schlesien gab Anstoß zur Gründung neuer Institute nach dem gleichen Muster. Das Pfandbriefsystem verbreitete sich im ganzen Europa.[14] Ausschlaggebend für die wesentliche Weiterentwicklung des Pfandbriefwesens war die Idee des im Exil lebenden polnischen Ökonomen, Ludwik Wołowski, der vorgeschlagen hatte, in Frankreich ein zentrales Pfandbriefinstitut zu gründen.[15] Das Institut sollte im Gegensatz zu den Landschaften privatrechtlich organisiert werden. An seiner Gründung sollten nicht mehr nur Kreditnehmer, sondern auch Geldgeber beteiligt sein.[16] Die Umsetzung dieser Idee ermöglichte das Dekret vom 28. Februar 1852.[17] Am 10. Dezember 1852 wurde mit dem *Crédit foncier de France* für das Immobilieneigentum eine erste privatrechtliche Bodenkreditanstalt gegründet.[18]

Nach dessen Vorbild wurden auch in anderen europäischen Staaten privatrechtliche Bodenkreditinstitute zugelassen.[19] Das französische Konzept der privatrechtlichen Hypothekenbank fand insbesondere in Deutschland eine positive Resonanz. Am 8. Dezember 1862 wurde die heute noch bestehende Hypothekenbank in Frankfurt als erste rein deutsche Hypothekenbank gegründet. Weitere Gründungen folgten.[20]

3. Entstehung neuer Pfandbriefe

Mit dem preußischen Dekret vom 11. Mai 1849[21] wurde ein neuer Pfandbrief geschaffen, der nunmehr nur ein Forderungsrecht der Landschaft gegenüber vorsah,

---

[14] Vgl. *Pleyer/Bellinger*, (1981), 11 ff.; *Plath*, DLK 1994, 611, 617; *Stöcker*, (1998), 5 f.; *Pietrasik/Rykowski*, (2000), 22; *Pietrasik*, (2001), 30 ff.

[15] Als Vorbild diente die Warschauer Landschaft, die von dem Schatzminister Drucki-Lubecki 1825 ins Leben gerufen wurde; *Kaszubski/Olszak*, (2000), 17.

[16] Mehr dazu *Pleyer/Bellinger*, (1981), 15.

[17] Zweck der Gründung dieses Instituts war es, die französische Landwirtschaft dadurch zu entschulden, indem amortisable Hypotheken ausgegeben wurden; zu den einzelnen Artikeln des Dekretes *Pleyer/Bellinger*, (1981), 15.

[18] Mehr dazu *Stöcker*, (1998), 8 ff.

[19] Zu der Ausbreitung der Gedanken des Credit Foncier in Europa *Pleyer/Bellinger*, (1981), 16 f.

[20] Hierzu *Goedecke/Kerl/Scholz*, (1997), 32 ff.

[21] Regulativ über die Beleihung des nach dem Schlesischen Landschaftsreglement vom 9.7.1770 von dem landschaftlichen Kreditverbande ausgeschlossenen ländlichen Grundeigenthums; allerhöchster Erlass vom 11.5.1849, betreffend die Genehmigung des von dem siebenten General-Landtage der Schlesischen Landschaft gefassten Beschlusses wegen Beleihung des von dem Kreditverbande bisher ausgeschlossenen ländlichen Grundeigenthums mit „Neuen Schlesischen Pfandbriefen", nebst dem demselben angeschlossenen Regulative, veröffentlicht in der Gesetz-Sammlung für die königlichen preußischen Staaten 1849, Nr. 18 (3130), 182 - 197; vgl. *Praxl*, (1966), 9.

die mit der Deckungsmasse der von ihr begebenen Hypotheken haftete. Damit wurde auf die direkte sachenrechtliche Haftung der beliehenen Grundstücke verzichtet. Die Neugestaltung des Pfandbriefes führte zur Verlagerung des Sicherheitsschwerpunkts und im Ergebnis zur Entstehung der Treuhänderidee.[22] Es ging nicht mehr um die in der Kabinettsordre vom 29. August 1769 genannten Hypothekeninstrumente, sondern um Schuldverschreibungen auf den Inhaber; diese wurden schließlich Anlass für die Kodifizierung des Pfandbriefswesens.[23]

4. Kodifizierung

Die Grundlagen des modernen Pfandbriefsystems gehen auf verschiedene Landesgesetze zurück. Wichtig für die weitere Entwicklung war insbesondere die Satzung der 1871 gegründeten Preußischen Centralboden-Credit-Aktiengesellschaft.[24] Nach ihrem Vorbild wurde die preußischen Hypothekenbanken vom 25. Juni 1893 konstruiert, die zum Ausgangspunkt für das deutsche Hypothekenbankgesetz (HBG)[25] wurde. Das HBG, das bis heute gilt, wurde am 13. Juli 1899 verabschiedet und trat am 1. Januar 1900 in Kraft. Die Grundidee des Pfandbriefsystems hat trotz verschiedener Änderungen in Einzelfragen im Laufe der Zeit ihre Gültigkeit nicht verloren. Sie besteht weiterhin in der Refinanzierung der von einem Pfandbriefinstitut gewährten Kredite durch die Ausgabe von Pfandbriefen.

5. Pfandbriefgeschichte als Erfolgsgeschichte

Dass die Pfandbriefgeschichte heute noch als Erfolgsgeschichte bezeichnet werden kann, liegt ohne Zweifel an den mit dem Pfandbrief verbundenen strikten Sicherungen, mit denen die Zahlungsfähigkeit des Emittenten überwacht und den Anlegern jederzeit eine sehr gute Solvenz dieses Wertpapiers gewährleistet wird.[26] Das wiederum hat zu dem großen öffentlichen Vertrauen geführt, das der

---

[22] Hierzu S. 162 ff.

[23] *Pleyer/Bellinger*, (1981), 16.

[24] Hierzu *Stöcker*, (1998), 15 f.

[25] Gesetz vom 13.7.1899 (RGBl. 1899 I 375), in der Neufassung der Bekanntmachung vom 9.9.1998 (BGBl. 1998 I 2675), zuletzt geändert durch Art. 8 des Gesetzes zur Umsetzung der RL 2002/47/EG vom 6.6.2002 über Finanzsicherheiten und zur Änderung des Hypothekenbankgesetzes und anderer Gesetze vom 5.4.2004 (BGBl. 2004 I 502).

[26] Seit Erlass des deutschen Hypothekenbankgesetzes im Jahr 1900 hat es einen Insolvenzfall der Hypothekenbank, außer der deutschen Grundschuldbank, die dem sog. Spielhagen- und Pommernbank-Konzern angehörte und noch 1900 wegen der früheren Geschäftsführung in Konkurs geraten war, nicht gegeben (*Praxl*, (1966), 18; *Bellinger/Kerl*, (1995), § 35 HBG Rn. 3). Deutsche Pfandbriefe haben sich auch während der Weltwirtschaftskrise 1931 erfolgreich und besser als andere Wertpapiere bewährt, was ihre Solidität nachhaltig untermauert hat; vgl. *Walter*, BA Beih. 38/2000, 22 f.

Pfandbrief genießt. Das Phänomen dieses langjährigen Erfolgs ist besonders deutlich am deutschen Rentenmarkt zu beobachten, auf dem der Pfandbrief seine dominierende Stellung seit langer Zeit behauptet. Das Umlaufvolumen der deutschen Pfandbriefe betrug Ende 2003 1056,7 Mrd. €. Mit einem Anteil von 68,6 % macht der Pfandbrief auch das größte Segment des Euro-Rentenmarkts aus.[27] Das entscheidende Verdienst an diesem Erfolg ist den privaten, im Verband deutscher Hypothekenbanken (VdH) zusammengeschlossenen Hypothekenbanken zuzuschreiben, die unter den deutschen Pfandbriefemittenten die führende Gruppe bilden.[28]

6. Das deutsche Pfandbriefsystem als Orientierungsmaßstab

Betrachtet man die Erfahrungen in der langfristigen Kreditrefinanzierung, die Beteiligung der Pfandbriefe am europäischen Rentenmarkt sowie die Sicherheitsstandards als wichtigste Kriterien, so verwundert es nicht, dass das deutsche Pfandbriefsystem als Orientierungsmaßstab für die weitere Entwicklung des Pfandbriefsystems dient. Der Meilenstein für diese über Westeuropa hinausgehende Entwicklung des Pfandbriefsystems war der Zerfall des Kommunismus. Nach dem Fall des Eisernen Vorhangs haben die mittel- und osteuropäischen Länder des sog. Ostblocks mit dem Aufbau ihrer Wirtschaft und mit einem an den Demokratien Westeuropas orientierten Rechtsangleichungsprozess begonnen. Auf der Suche nach neuen Kapitalquellen, die in Transformationsprozessen besonders notwendig und wichtig sind, haben viele dieser Länder - beeinflusst durch das deutsche Recht - das Pfandbriefsystem eingeführt: Tschechien zum 1. Juli 1995, die Slowakei zum 1. März 1996, Ungarn zum 7. Juni 1997, Lettland zum 29. September 1998, Rumänien zum 9. Dezember 1999, Bulgarien zum 13. Oktober 2000, Litauen zum 15. Oktober 2003 und Russland zum 18. November 2003.[29] Es kann daher von einer Renaissance des Pfandbriefes in Europa gesprochen werden.[30]

---

[27] *Stöcker*, (2004), 4.

[28] Im Jahre 2001 betrug ihr Anteil am Pfandbriefsegment 60,4 %; VdH, Jahresbericht 2001, 19.

[29] Der Einfluss des deutschen Pfandbriefsystems ist aber keine Besonderheit der ost- und mitteleuropäischen Länder. Das HBG wurde bereits 1939 von der österreichischen Gesetzgebung übernommen. Das Pfandbriefsystem ist auch in vielen anderen europäischen Ländern (Portugal, Spanien, Frankreich, die Schweiz, Irland, Norwegen, Schweden, Finnland, Griechenland) bekannt; zur rechtsvergleichenden, tabellarischen Darstellung: VdH, Jahresbericht 2001, 88 f.; zur Weiterentwicklung des Pfandbriefrechts in Europa *Stöcker*, ImmFin 2002, 748 ff.; zur aktuellen geografischen Übersicht zu europäischen Gesetzgebungen *ders.*, (2004), 8.

[30] Hierzu *Stöcker*, DLK 2001, 113 ff.

Vielen diesen Ländern war der Begriff „Pfandbrief" oder „Pfandbriefinstitut" aber nicht fremd. Oft handelte es sich also nur um eine Reaktivierung des Pfandbriefes.[31]

7. Reaktivierung des polnischen Pfandbriefsystems

Die Reaktivierung lässt sich vor allem für Polen konstatieren,[32] wo der Pfandbrief nach über 50 Jahren durch das Gesetz vom 29. August 1997 über Pfandbriefe und Hypothekenbanken (PHBG)[33] wieder in das Rechtssystem eingeführt wurde.[34] Während der Arbeiten an dem Gesetz[35] wurde die Verordnung des Präsidenten über das Bankrecht vom 17. März 1928 (BRV)[36] gründlich analysiert. Berücksichtigt wurden insbesondere die Vorschriften, die sich auf die Hypothekenbanken (Art. 68 - 84) bezogen.[37] Mit dem heutigen polnischen Gesetz wurde aber nicht nur an die polnische Tradition angeknüpft, man griff auch die Errungenschaften anderer europäischer Gesetzgebungen auf. Dabei ließ sich der polnische Gesetzgeber besonders von dem deutschen Pfandbriefsystem leiten.[38] Zudem orientierte sich bereits das BRV in einigen Artikeln an dem deutschen HBG.

Mit der Reaktivierung des Pfandbriefsystems wurden gleichzeitig Hypothekenbanken - eine Ausnahme im polnischen System der Universalbanken - mit dem Ziel ins Leben gerufen, als einzige zur Pfandbriefausgabe berechtigte Kreditinstitute ein neues, vom Staat unabhängiges, Finanzierungssystem für das Bauwesen zu schaffen. Die ersten Hypothekenbanken haben ihre Tätigkeit aufgenommen. Bei weiteren Banken wurde das erforderliche Bewilligungsverfahren im

---

[31] Historischer und wirtschaftlicher Überblick über die Entwicklung des Pfandbriefsystems auf den Gebieten Tschechiens, der Slowakei, Ungarns und Polens gibt *Stöcker*, (1998), 27 ff.; zu Institutionen des langfristigen Hypothekarkredits in Mitteleuropa *Pietrasik*, (2001), 183 ff.

[32] Zur Entwicklungsgeschichte des polnischen Pfandbriefes ausführlich *Kałkowski/Paga*, (1994), 9 ff.; *Pietrasik/Rykowski*, (2000), 24 ff.; *Pietrasik*, (2001), 34 ff.; in der deutschen Literatur *Stöcker*, (1998), 72 ff.

[33] Gesetz vom 29.8.1997 (Dz.U. 1997 Nr. 140, Pos. 940) in der einheitlichen Fassung vom 28.4.2003 (Dz.U. 2003 Nr. 99, Pos. 919).

[34] Die Rechtsinstitute der langfristigen Kredite wurden durch zwei Dekrete, das Dekret vom 25.10.1948 über die Grundsätze und die Form der Liquidation einiger Institute des langfristigen Kredites (Dz.U. 1948 Nr. 52, Pos. 411) und das Dekret vom 25.10.1948 über die Bankreform (Dz.U. 1951 Nr. 36, Pos. 279) abgeschafft.

[35] Hierzu *Wąsowicz*, Rejent 1998, 9 f.

[36] Dz.U. 1928 Nr. 34, Pos. 321. Diese Verordnung wurde am 26.6.1960 mit Erlass des neuen Bankrechtes letztendlich aufgehoben (Dz.U. 1960 Nr. 20, Pos. 121).

[37] Vgl. die Begründung des Gesetzentwurfes, teilweise abgedruckt bei *Tułodziecka/Stöcker*, (2000), 11 f.

[38] Herangezogen wurde auch der Entwurf des luxemburgischen Pfandbriefgesetzes, das dann am 19.12.1997 in Kraft getreten ist.

Gang gesetzt.[39] In Polen sind derzeit 16 Emissionen durchgeführt worden. Die bereits ausgegebenen Pfandbriefe haben ein Volumen von 240 Mio. € erreicht,[40] was noch einen sehr bescheidenen Anteil am europäischen Markt ausmacht.[41]

Während der deutsche Pfandbrief also seit über 230 Jahren existiert, hat die Etablierung des Pfandbriefssystems im polnischen rechtlichen und wirtschaftlichen Bewusstsein gerade erst begonnen. Polnische Pfandbriefe und Hypothekenbanken befinden sich noch in einer Entwicklungsphase.[42] Das hängt auch damit zusammen, dass der Angleichungsprozess des polnischen Rechtes an die Wirklichkeit nach der Wende zwar weitgehend vollzogen, aber noch immer nicht ganz beendet ist.

II. Abgrenzung und Zielsetzung

Die vorliegende Arbeit ist eine rechtsvergleichende Untersuchung zum polnischen und deutschen Pfandbriefsystem. Allerdings sind die rechtlichen und wirtschaftlichen Faktoren des Pfandbriefsystems vielschichtig und so umfangreich, dass jeder von ihnen Gegenstand einer eigenen wissenschaftlichen Studie sein könnte. Eine erschöpfende Darstellung aller Fragen des Pfandbriefwesens ist daher im Rahmen der vorliegenden Arbeit nicht möglich; es würde ihren Rahmen sprengen. Deshalb beschränkt sich die Untersuchung auf zwei Schwerpunkte: den Pfandbrief und dessen Treuhänder. Diese Rechtsinstitute werden im systematischen Gesamtbild und unter besonderer Berücksichtigung der Pfandbriefsicherheit dargestellt.

Rechtsvergleichend setzt sich die Untersuchung zum Ziel, Unterschiede und Ähnlichkeiten zwischen beiden Pfandbriefsystemen zu schildern und zu bewerten. Auf dieser Grundlage werden auch Änderungsvorschläge zum geltenden Recht unterbreitet. Damit soll auch ein Beitrag zur erfolgreichen Weiterentwicklung des Pfandbriefwesens in einem vereinten Europa geleistet werden. Gleichzeitig ist die vorliegende Arbeit als Beitrag zur Darstellung und zum besseren Verständnis beider Pfandbriefsysteme gedacht. Sie soll Rechtswissenschaftlern, praktizierenden Juristen, Fachkräften von Banken sowie Pfandbrief-

---

[39] Derzeit gibt es in Polen 6 Hypothekenbanken: HypoVereinsbank Bank Hipoteczny S.A., Rheinhyp - BRE Bank Hipoteczny S.A., Śląski Bank Hipoteczny S.A., Pekao S.A., Bank Gospodarstwa Krajowego (zusammen mit PKO BP S.A.) sowie Nykredit S.A.

[40] Stand 22.9.2004; *Stöcker*, (2004), 6.

[41] Ende 2003 betrug dieser Anteil 0,01 %; *Stöcker*, (2004), 4.

[42] Seit dem Inkrafttreten wurde das polnische Gesetz über Pfandbriefe und Hypothekenbanken bereits neunmal novelliert. Die umfangreichste Novelle hat das polnische Parlament am 5.7.2002 verabschiedet (Dz.U. 2002 Nr. 126, Pos. 1070); hierzu *Stöcker*, ImmFin 2002, 575 ff.; *Olszak*, PUG 10/2002, 2 ff.; *Cierpiał/Wudarski*, WiRO 6/2003, 179 ff; *Wudarski*, PB 11/2003, 83 ff.

investoren einen Überblick über das polnische und deutsche Pfandbriefsystem geben.

III. Gang der Untersuchung

Die Arbeit besteht aus drei Kapiteln. Das erste Kapitel ist dem Pfandbrief gewidmet. Nach der Präsentation der wichtigsten Rechtsgrundlagen und der Klärung der Hauptbegriffe folgt die Darstellung des Pfandbriefs als Wertpapier und seine Einordnung in die Systematik des Wertpapierrechts. Vor dem Hintergrund anderer Wertpapiere und unter Berücksichtigung der wertpapierrechtlichen Natur werden die wichtigsten Eigenschaften des Pfandbriefes und ihre Bedeutung analysiert. Aus der rechtsgeschichtlichen Perspektive erfolgt dann die Behandlung seiner Erscheinungsformen. Neben dem Pfandbrief in Form eines Dokuments werden moderne Erscheinungsformen des Pfandbriefes, wie die Sammelurkunde und der entmaterialisierte Pfandbrief, dargestellt. In diesem Zusammenhang werden die Anforderungen an den Inhalt, die Übertragung und die Kraftloserklärung von Pfandbriefen behandelt und ihre Bedeutung für den heutigen Rechtsverkehr erörtert. Anschließend erfolgt die Darstellung der wirtschaftlich geprägten Pfandbriefstrukturen, wie der strukturierte Pfandbrief und der Jumbo-Pfandbrief, die verschiedenen Wünschen von Investoren Rechnung tragen und gleichzeitig neue Schwerpunkte in dem Pfandbriefwesen setzen.

Gegenstand der weiteren Ausführungen sind die Pfandbriefemittenten. Ausgehend von dem Spezialbankprinzip und vor dem Hintergrund des polnischen Rechts wird die Vielfalt der deutschen Pfandbriefemittenten dargestellt und ihre Berechtigung zur Pfandbriefausgabe erörtert. Ein besonderer Platz gebührt der Prüfung der Wettbewerbskonformität des deutschen Rechts und dessen Anpassung an EU-Anforderungen.

Danach werden Unterschiede zwischen der polnischen und deutschen Regelung über die Pfandbriefdeckungsmasse deutlich gemacht. Als Differenzierungskriterien werden für die Deckungsmasse bei Hypothekenpfandbriefen, deren territorialer Umfang sowie sachenrechtliche Sicherungsformen und für die Deckungsmasse bei öffentlichen Pfandbriefen der Kreis der vertrauenswürdigen Institutionen herangezogen.

Die Darstellung des Pfandbriefs auf der nationalen polnischen und deutschen Ebene im ersten Teil wird mit einem Überblick über die EU-Gesetzgebung abgeschlossen. Diese enthält bisher zwar keine Pfandbriefrichtlinie, weist aber zahlreiche Regelungen auf, die sowohl für den Pfandbrief als auch für den Hypothekarkredit wichtig sind. Daher kann von einem Mindeststandard für Pfandbriefe in der EU-Gesetzgebung gesprochen werden.

Das zweite Kapitel konzentriert sich auf eine der Sicherungssäulen des Pfandbriefsystems - den Treuhänder. Dessen Aufgaben, Wirkungsformen, Unabhängigkeit und letztlich auch die systematische Einordnung dieses Rechtsinstituts bilden den zweiten Schwerpunkt der vorliegenden Arbeit. Der Untersuchung ist eine rechtsgeschichtliche Studie über die Entstehung und Entwicklung der Treuhänderidee vorangestellt.

Hauptziel der Tätigkeit des Treuhänders ist die Gewährleistung der Stabilität des ganzen Pfandbriefsystems und dadurch der Schutz der Interessen von Pfandbriefgläubigern. Dieses Ziel wird durch die Kontrolle der vorschriftsmäßigen Pfandbriefdeckung realisiert. Im Rahmen der Legalkontrolle der Tätigkeit der Hypothekenbanken hat der Treuhänder bestimmte Aufgaben wahrzunehmen. In erster Linie kontrolliert er die Richtigkeit der Führung des Deckungsregisters, in das die zur Pfandbriefdeckung dienenden Forderungen eingetragen werden. Die Aufgaben des Treuhänders werden ferner mit der Tätigkeit der Hypothekenbanken in Zusammenhang gebracht und unter besonderer Berücksichtigung der qualitativen und quantitativen Anforderungen ausführlich untersucht.

Bei der Bestimmung des Umfangs und der Grundsätze der Treuhänderkontrolle im Rahmen der qualitativen Anforderungen werden verschiedene Fragen erörtert, die für die Pfandbriefsicherheit von Bedeutung sind. Im Vordergrund steht die Kontrolle der Rechtswirksamkeit der Deckungsforderungen, die Kontrolle der Liegenschaftsbewertung und des Derivatgeschäfts. Besondere Herausforderungen an den deutschen Treuhänder, die sich aus der Indeckungnahme grenzüberschreitender Kreditgeschäfte ergeben, werden gesondert behandelt. Von dem Hintergrund des internationalen Privatrechts werden insbesondere die Verbraucherschutzfrage, die Gleichwertigkeit der dinglichen Sicherung und der Immobilienwertermittlung und darüber hinaus die Gestaltung des Deckungskreditvertrages erörtert.

Neben qualitativen Anforderungen sind auch mengenmäßige Beschränkungen der Deckungsmasse von Interesse. Außer dem Deckungsprinzip werden die festgelegten Grenzen hinsichtlich der Indeckungnahme von Ersatzwerten, Derivaten, Liegenschaftsbeleihungen, Neubau- und Bauplatzhypotheken sowie die Grenzen für den Gesamtpfandbriefumlauf erörtert. Besondere Einschränkungen für die Deckungsmasse nach deutschem Recht werden behandelt. Da der Bestand der Deckungsforderungen sowie der umlaufenden Pfandbriefe ständigen quantitativen Änderungen unterliegen, ist die laufende Überwachung dieser gesetzlich bestimmten quantitativen Limits durch den Treuhänder für die Pfandbriefsicherheit sehr wichtig. Dabei wird die im modernen EDV-System geführte Deckungsrechnung präsentiert, die die jederzeitige Kontrolle dieses dynamischen Prozesses ermöglicht. Sie erleichtert die Kontrollaufgaben des Treuhänders wesentlich und ist ein Mittel, das zur Prüfung der laufenden Deckungsmasse eingesetzt wird. Ohne dieses Instrument wäre die Kontrolle der quantitativen Anforderungen heute praktisch nicht mehr möglich. Im Rahmen des Aufgabenbereichs des Treuhänders wird abschließend die Verwahrungsaufgabe behandelt, rechtsvergleichend vor allem in Bezug auf ihre Effizienz.

Im Anschluss an die Aufgaben des Treuhänders erfolgt die Analyse seiner Befugnisse. Nach ihrer Wirkung für die Banktätigkeit werden sie in mittelbar und unmittelbar wirkende Mittel gegliedert. Im Rahmen der mittelbar wirkenden Mittel sind Anweisungen und Informationspflichten zu betrachten. Zu den unmittelbar wirkenden Mitteln gehören die Zustimmungen zur Streichung im Deckungsregister, zum Verfügungsgeschäft über Deckungsforderungen und zur neuen Pfandbriefausgabe. Schließlich sind weitere Mittel zu besprechen, die dem Treuhänder zur Wahrnehmung seiner Aufgaben zur Verfügung stehen. Insbesondere geht es um das Einsichtsrecht des Treuhänders und dessen Anspruch auf aufgabenkonforme Arbeitsbedingungen.

Nach den Befugnissen des Treuhänders wird dessen formelle Unabhängigkeit untersucht. Hier befasst sich die Arbeit zunächst mit der Bestellung und Abberufung des Treuhänders und bestimmt ihren Rechtscharakter. Analysiert werden sowohl das Verfahren als auch die Voraussetzungen, die dann aus Sicht der Unabhängigkeit des Treuhänders bewertet werden. In Anlehnung an das Abberufungsrecht der Bankaufsichtsbehörde wird der Rechtsschutz gegen eine rechtswidrige Treuhänderabberufung behandelt. Schließlich werden die Rechtsnatur der Treuhänderbeschäftigung und das Verhältnis des Treuhänders zu seinem Stellvertreter erörtert.

Aufgrund der früheren Ausführungen wird letztlich der Versuch unternommen, die Rechtsstellung des Treuhänders in Bezug auf die Hypothekenbank, die Bankaufsichtbehörde und auf die Pfandbriefgläubiger zu bestimmen. Anschließend wird das Institut des Treuhänders in das Rechtssystem eingeordnet. Der Treuhänderbegriff wird definiert und eine rechtsvergleichende Analyse der vorhandenen Formen der Treuhand und ähnlicher Institutionen durchgeführt.

Das letzte Kapitel widmet sich den Grundideen des deutschen Pfandbriefgesetzentwurfes. Nach einem Überblick über die wesentlichen Änderungsvorschläge und Stellungnahmen verschiedener Gremien werden die geplanten Änderungen der Treuhänderregelung näher betrachtet und mit den Ergebnissen und Verbesserungsvorschlägen der vorliegenden Arbeit verglichen und bewertet.

§ 2. Rechtsgrundlagen und Begriffsklärung

I. Rechtsgrundlagen

1. Polnische Rechtsquellen

a. Rechtsquellen

Rechtsgrundlage für die Ausgabe von Pfandbriefen und für die Tätigkeit der Hypothekenbanken ist das PHBG.[43] Soweit dieses Gesetz keine Vorschriften über die Ausgabe, den Umlauf und die Einlösung von Hypothekenpfandbriefen enthält, gilt grundsätzlich das Recht über den öffentlichen Umlauf von Wertpapieren (RöUW)[44] sowie das Gesetz vom 29. Juni 1995 über Obligationen (OG),[45] das die Rechtsgrundlage für fast alle sonstigen Obligationen darstellt.[46] Für den traditionellen Pfandbriefumlauf sowie für allgemeine zivilrechtliche Fragen gilt das Zivilgesetzbuch vom 23. April 1964 (ZGB).[47] Die Kraftloserklärung von Pfandbriefen erfolgt dagegen nach dem Dekret vom 10. Dezember 1946 über die Kraftloserklärung der verlorenen Urkunden (KED).[48] Für das Pfandbrief- und Hypothekenbankwesen ist selbstverständlich auch das allgemeine Bankrecht relevant. Grundlegende Rechtsfragen über den Ablauf des Bankwesens in Polen sind im Gesetz vom 28. August 1997 - Bankrecht (BRG)[49] und im Gesetz vom 29. August 1997 über die Polnische Nationalbank (NBG)[50] geregelt. Die Besonderheiten der Insolvenz der Hypothekenbanken und deren Folgen für Pfandbriefe

---

[43] Zur deutschen Fassung dieses Gesetzes S. 463 ff.

[44] Gesetz vom 21.8.1997 in der einheitlichen Fassung (Dz.U. 2002 Nr. 49, Pos. 447), zuletzt geändert durch Art. 36 des Gesetzes vom 25.11.2004 (Dz.U. 2004 Nr. 273, Pos. 2703).

[45] Gesetz vom 29.6.1995, in der einheitlichen Fassung (Dz.U. 2001 Nr. 120, Pos. 1300), zuletzt geändert durch Art. 7 des Gesetzes vom 14.11.2003 (Dz.U. 2003 Nr. 217, Pos. 2124).

[46] Die Obligationen, die vom Fiskus und der Polnischen Nationalbank ausgegeben werden, unterliegen einer gesonderten Regelung; vgl. Art. 3 OG.

[47] Gesetz vom 23.4.1964 (Dz.U. 1964 Nr. 16, Pos. 93), zuletzt geändert durch Art. 2 des Gesetzes vom 17.12.2004 (Dz.U. 2004 Nr. 281, Pos. 2783).

[48] Dekret vom 10.12.1946 (Dz.U. 1947 Nr. 5, Pos. 20).

[49] In der einheitlichen Fassung (Dz.U. 2002 Nr. 72, Pos. 665), zuletzt geändert durch Art. 26 des Gesetzes vom 2.7.2004 (Dz.U. 2004 Nr. 179, Pos. 1808).

[50] In der einheitlichen Fassung (Dz.U. 2005 Nr. 1, Pos. 2).

regeln Artt. 442 - 450 des Insolvenz- und Sanierungsrechts vom 28. Februar 2003 (ISR).[51]

In der Arbeit wird ferner auf eine Reihe von Regelungen verwiesen, die sich nicht einem Rechtsgebiet zuordnen lassen. Sie betreffen sowohl das Öffentliche Recht als auch das Privat- und das Strafrecht. Viele von ihnen haben ganz allgemeinen Rechtscharakter, wie etwa die Verfassung der Republik Polen (polGG),[52] das Verwaltungsverfahrensgesetzbuch (VwVfGB),[53] das Arbeitsgesetzbuch (polAGB)[54] oder das Strafgesetzbuch (polStGB).[55] Zu den zitierten Rechtsquellen gehören nicht nur Gesetze, sondern auch Verordnungen und sonstige Rechtsnormen, insbesondere Beschlüsse der Bankaufsichtskommission.[56]

b. Abgrenzung und Auslegung

Obwohl das PHBG dies - im Gegensatz zum HBG[57] - nicht ausdrücklich regelt, besteht kein Zweifel daran, dass der polnische Pfandbrief eine besondere Art der Obligation ist. Auch wenn das PHBG die einzige Rechtsgrundlage für die Ausgabe von Pfandbriefen ist, kann es selbstständig und umfassend nicht alle Rechtsfragen lösen, die sich bei Pfandbriefen ergeben. Für weitere Ausführungen ist es daher wichtig, eine Abgrenzung der Regelungsbereiche des PHBG und anderer Gesetze, insbesondere des OG, durchzuführen und ihr gegenseitiges Verhältnis zu klären. Dabei muss von Art. 1 PHBG ausgegangen werden, der den Anwendungsbereich dieses Gesetzes bestimmt. Art. 1 PHBG besagt, dass das Gesetz die Grundsätze der Ausgabe, der Veräußerung, des Erwerbs, der Einlösung und der Besicherung von Pfandbriefen sowie die Grundsätze der Gründung, der Organisation, der Tätigkeit und der besonderen Aufsicht über die Hypothekenbanken bestimmt. Der so breit bezeichnete Regelungsbereich ist jedoch irreführend, da das PHBG kaum Vorschriften über die Veräußerung oder den Erwerb von Pfandbriefen enthält.[58] Der in Art. 1 Nr. 1 PHBG bezeichnete Regelungsbereich stimmt also mit dem tatsächlichen Inhalt des Gesetzes nicht überein. So

---

[51] Dz.U. 2003 Nr. 60, Pos. 535, zuletzt geändert durch Art. 225 des Gesetzes vom 27.8.2004 (Dz.U. 2004 Nr. 210, Pos. 2135).

[52] Verfassung vom 2.4.1997 (Dz.U. 1997 Nr. 78, Pos. 483), berichtigt durch Dz.U. 2001 Nr. 28, Pos. 319.

[53] Gesetz vom 14.6.1960, in der einheitlichen Fassung (Dz.U. 2000 Nr. 98, Pos. 1071), zuletzt geändert durch Art. 2 des Gesetzes vom 17.6.2004 (Dz.U. 2004 Nr. 162, Pos. 1692).

[54] Gesetz vom 26.6.1974, in der einheitlichen Fassung (Dz.U. 1998 Nr. 21, Pos. 94), zuletzt geändert durch Art. 2 des Gesetzes vom 8.10.2004 (Dz.U. 2004 Nr. 240, Pos. 2407).

[55] Gesetz vom 6.6.1997 (Dz.U. 1997 Nr. 88, Pos. 553), zuletzt geändert durch Art. 162 des Gesetzes vom 11.9.2003 (Dz.U. 2003 Nr. 179, Pos. 1750).

[56] Zur vollständigen Auflistung der polnischen Rechtsquellen S. 507 ff.

[57] Vgl. § 1 HBG.

[58] Vgl. *Pietrasik/Rykowski*, (2000), 88, 91.

verweist Art. 8 PHBG auf das Recht über den öffentlichen Umlauf von Wertpapieren und auf das OG, deren Regelungen in dem durch das PHBG nicht geregelten Bereich, also subsidiär, für die Grundsätze der Ausgabe, des Umlaufes und der Einlösung von Hypothekenpfandbriefen gelten.

Aus diesem allgemeinen Verweis ergibt sich aber nicht, ob die Vorschriften dieser Gesetze unmittelbar gelten oder vielleicht nur entsprechende Anwendung finden sollen. Dem Wortlaut des Art. 8 PHBG steht einer direkten Anwendung nichts entgegen. Gegen eine solche Interpretation spricht jedoch, dass sie wichtige Unterschiede zwischen dem Pfandbrief und der Obligationen nicht berücksichtigt. Eine unmittelbare Geltung dieser Gesetze lässt sich mit der besonderen Rechtsnatur des Pfandbriefes nicht vereinbaren. Diese spricht für eine entsprechende Geltung dieser Vorschriften. Erforderlich ist daher eine funktionelle und teleologische Auslegung. Das bedeutet, dass ihre Anwendung an die sich aus dem PHBG ergebenden Besonderheiten des Pfandbriefes anzupassen ist.

Die Anwendung einiger Vorschriften des OG schließt das PHBG ausdrücklich aus. Dies gilt für die Vorschriften über die Bestellung und Streichung der Hypothek, die die Forderungen der Gläubiger sichern (Art. 7 Abs. 1 und Abs. 2 OG), sowie für die Vorschriften, die sich auf die Zweckbestimmung der Obligationen (Art. 28 OG), den Vertretungsvertrag[59] (Art. 29 - 37 OG) und die Verjährung der Obligationsansprüche (Art. 37 a OG) beziehen. *Expressis verbis* wurde ferner die Anwendung einiger strafrechtlicher Vorschriften (Art. 38 - 39 OG) ausgeschlossen.

Dabei muss nach dem Vergleich des Art. 38 OG mit dem ihm entsprechenden Art. 37 PHBG erstaunlicherweise festgestellt werden, dass die Strafvorschriften im OG[60] viel strenger sind als die im PHBG. Dieselbe Straftat ist nach dem PHBG mit einer milderen Strafe bedroht als nach dem OG, zudem ist sie noch abgestuft. Eine dieser Straftaten löst nach Art. 37 Abs. 1 PHBG[61] eine Geldstrafe

---

[59] Der Obligationsemittent kann, und im Falle der Besicherung der Ausgabe durch die Bürgschaft oder die Garantie des Fiskus muss, wenn die Zahl der Obligationserwerber vor Beginn der Obligationsausgabe höher als 15 ist, mit einer Bank, die die im OG bestimmten Voraussetzungen erfüllt (Art. 31 OG), einen Vertrag über die Vertretung der Obligationsschuldner abschließen (Art. 29 OG). Der Bankvertreter ist dann gesetzlicher Vertreter der Obligationsgläubiger (Art. 30 OG).

[60] Zu Straftaten aus dem Gesetz über Obligationen *Kurzępa*, PS 1/1999, 56 ff.

[61] Den in Art. 37 Abs. 1 PHBG vorgesehenen strafrechtlichen Folgen unterliegt derjenige, der Pfandbriefe ausgibt, ohne dazu berechtigt zu sein (1), derjenige, der zwar zur Pfandbriefausgabe berechtigt ist, aber bei der Ausgabe gesetzlich bestimmte Pflichten verletzt (2) oder derjenige, der ohne zu der Ausgabe der Pfandbriefe berechtigt zu sein, die von ihm ausgegebenen Wertpapiere mit der Bezeichnung „Pfandbrief" oder mit einer anderen Bezeichnung, die diese Worte enthält, verseht (3). Selbst die in dieser Vorschrift enthaltenen Varianten bedürfen der Umformulierung. Unklar scheint vor allem das Verhältnis zwischen der 1. und der 3. Variante zu sein. Die erste Variante ist irreführend, da keine Rede von einem Pfandbrief sein kann, wenn sein Aussteller nicht die zu seiner Ausgabe berechtigte Person ist. In diesem Fall liegt nur ein Papier vor, das aber kein Pfandbrief ist. Ein Papier kann nämlich nur dann zum Pfandbrief werden, wenn es gesetzlich

bis zu 50.000 PLN und eine Freiheitsstrafe von 6 Monaten bis zu 5 Jahren aus. Dabei hängen Aussetzung und Dauer der Freiheitsstrafe nach Art. 37 Abs. 2 PHBG von der Einstellung des Täters ab. Begeht dieser die Straftat fahrlässig, so kann fakultativ eine Geldstrafe, eine Freiheitsbeschränkungsstrafe[62] oder eine Freiheitsstrafe bis zu 2 Jahren verhängt werden. Den Tatbestand der fahrlässigen Pfandbriefausgabe durch einen Unberechtigten gibt es jedoch nicht, da diese Straftat nur vorsätzlich mit direkter oder indirekter Absicht begangen werden kann.[63] Daher ist Art. 37 Abs. 2 PHBG nur dann anwendbar, wenn der Pfandbrief zwar von einem Berechtigten ausgegeben wird, dieser aber bei der Ausgabe gesetzlich bestimmte Pflichten fahrlässig verletzt. Nach dem OG sind dagegen diese Straftaten mit derselben Freiheitsstrafe bedroht, hängen aber nicht von der Fahrlässigkeit des Täters ab.

Ein gravierender Unterschied liegt zudem in der Höhe der Geldstrafe. Diese kann nach dem OG bis zu 5 Mio. PLN betragen; sie kann also hundertmal höher als nach dem PHBG angesetzt werden. Diese unterschiedliche Höhe der Geldstrafe ist nicht nur ungerecht, sondern auch unverständlich. Für sie gibt es keine Rechtfertigung. Die rechtswidrige Pfandbriefausgabe kann sogar einen erheblich größeren Schaden für den Erwerber anrichten als die unberechtigte Obligationsausgabe. Sie kann negative Auswirkungen auf das gesamte Pfandbriefsystem haben und das Vertrauen der Anleger in die Sicherheitsstandards des Pfandbriefes erschüttern. Dieser Unterschied muss daher als Versehen des Gesetzgebers betrachtet werden. Folgerichtig sollten die strafrechtlichen Vorschriften die gleiche präventive Wirkung haben und sind daher auch im Bereich der Geldstrafe aneinander anzugleichen.

Im Übrigen gibt es im OG auch andere Strafvorschriften, die zwar aus dem Geltungsbereich des PHBG nicht *expressis verbis* ausgenommen wurden, deren Anwendung aber in Bezug auf Pfandbriefe gegenstandlos ist. Das gilt insbesondere für Art. 40 a und Art. 43 OG. Der teleologischen Auslegung folgend sind daher außer den Vorschriften, die *expressis verbis* ausgeschlossen sind, auch diejenigen nicht anwendbar, die sich mit der Rechtsnatur der Pfandbriefe nicht sinnvoll vereinbaren lassen.[64]

---

bestimmte Mindestvoraussetzungen erfüllt. Der Pfandbrief muss u.a. von einer gesetzlich berechtigten Person ausgestellt werden. Ist dieses nicht gegeben, so entsteht kein Pfandbrief.

[62] Zur Freiheitsbeschränkungsstrafe Fn. 1110.

[63] So in Bezug auf Art. 38 OG *Kurzępa*, PS 1/1999, 61.

[64] Daher ist auch die Möglichkeit der Anwendung des Art. 24 Abs. 2 OG bei Pfandbriefen zu verneinen.

2. Deutsche Rechtsquellen

Die wichtigste deutsche Rechtsquelle ist das HBG. Dieses regelt die Tätigkeit der privaten Hypothekenbanken. Das HBG bestimmt sehr hohe Anforderungen an die Pfandbriefsicherheit. Schiffsbanken geben ihre Schiffspfandbriefe aufgrund des Gesetzes über Schiffspfandbriefbanken (Schiffsbankgesetz - SchBkG)[65] aus. Öffentlichrechtliche Pfandbriefemittenten unterliegen dagegen dem Gesetz über die Pfandbriefe und verwandten Schuldverschreibungen öffentlichrechtlicher Kreditanstalten (ÖPG).[66]

Obwohl die deutsche Lehre dies seit Jahren kritisiert, fehlt bis heute im deutschen Recht eine umfassende Regelung über das Schuldverschreibungsrecht.[67] Da es also in Deutschland kein dem polnischen entsprechendes allgemeines Gesetz über Obligationen gibt, das die Emission, die Veräußerung, den Erwerb sowie die Einlösung für alle Schuldverschreibungen umfassend regelt, sind die oben geschilderten Probleme der Gesetzesauslegung und -anwendung des polnischen Rechts im deutschen Recht nicht bekannt.

Rechte der Besitzer von Schuldverschreibungen regelt das Gesetz betreffend die gemeinsamen Rechte der Besitzer von Schuldverschreibungen (Schuldverschreibungsgesetz - SchVG) vom 4. Dezember 1899.[68] Der Regelungsgehalt des SchVG ist allerdings mit dem des polnischen OG nicht vergleichbar. Das SchVG bietet nur ein Instrumentarium für die Vergemeinschaftung und die gemeinsame Vertretung der Schuldverschreibungsgläubiger.[69] Sein Anwendungsbereich ist begrenzt und umfasst alle Arten von Schuldverschreibungen mit den im voraus bestimmten Nennwerten, sofern sie von einem inländischen Emittenten im Inland ausgestellt werden und die Nennwerte der ausgegebenen Schuldverschreibungen mindestens 300.000 DM[70] sowie die Mindestzahl der ausgegebenen Stücke 300 betragen.[71] Folgerichtig gilt das SchVG auch für Pfandbriefgläubiger.[72] Seine Anwendbarkeit im Pfandbriefbereich kann im Einzelnen von

---

[65] Gesetz vom 8.5.1963 (BGBl. 1963 I 302), zuletzt geändert das durch Gesetz zur Umsetzung der RL 2002/47/EG vom 6.6.2002 über Finanzsicherheiten und zur Änderung des Hypothekenbankgesetzes und anderer Gesetze vom 5.4.2004 (BGBl. 2004 I 502).

[66] Gesetz vom 21.12.1927 (RGBl. 1927 I 32) in der amtlichen Fassung vom 8.5.1963 (BGBl. 1963 I 312), in der Neufassung der Bekanntmachung vom 9.9.1998 (BGBl. 1998 I 2772; 2000 I 440), zuletzt geändert durch Art. 8 a des Gesetzes zur Umsetzung der RL 2002/47/EG vom 6.6.2002 über Finanzsicherheiten und zur Änderung des Hypothekenbankgesetzes und anderer Gesetze vom 5.4.2004 (BGBl. 2004 I 502).

[67] *Vogel*, (1999), 29 mwN.

[68] Gesetz vom 4.12.1899 (RGBl. 1899 I 691); zuletzt geändert durch Art. 53 des Einführungsgesetzes zur Insolvenzordnung (EGInsO) vom 5.10.1994 (BGBl. 1994 I 2911).

[69] Hierzu ausführlich *Vogel*, (1999), 122 ff.

[70] Dieser Gesamtbetrag gilt unverändert seit dem Erlass des SchVG.

[71] Vgl. § 1 Abs. 1 SchVG.

[72] Vgl. *Vogel*, (1999), 253.

der Zustimmung der Aufsichtsbehörde abhängig gemacht werden, wenn der Pfandbriefemittent eine öffentlichrechtliche Kreditanstalt ist. Wegen der besonderen im HBG vorgesehenen Sicherungsmechanismen spielt das SchVG im Pfandbriefsektor aber keine wesentliche Rolle.[73] Die Bedeutung des SchVG ist heute auch für andere Schuldverschreibungsemittenten gering, da die deutschen Unternehmer ihre Schuldverschreibungen fast ausschließlich wegen der niedrigeren Finanzierungskosten über ausländische Finanzierungstöchter ausgeben, auf die das SchVG keine Anwendung findet.[74]

Allgemeine Vorschriften über Schuldverschreibungen enthalten die §§ 793 - 808 des Bürgerlichen Gesetzbuches (BGB).[75] Diese Bestimmungen gelten primär für Inhaberschuldverschreibungen, die Forderungen verbriefen. Sie können jedoch auf andere Inhaberschuldverschreibungen entsprechend angewendet werden.[76] Weitere Regelungen über verschiedene Schuldverschreibungsarten sind in der ganzen Rechtsordnung verstreut. Dies betrifft sowohl Pfandbriefe als auch andere Schuldverschreibungen.[77] Das Aufgebotsverfahren regeln die §§ 1003 ff. der Zivilprozessordnung (ZPO).[78]

Für den Börsenhandel ist insbesondere das Gesetz über den Wertpapierhandel (WpHG)[79] sowie das Wertpapier-Verkaufsprospektgesetz (VerkPrG)[80] zu

---

[73] Vgl. *Vogel*, (1999), 260.

[74] Vgl. *Vogel*, (1999), 259 ff., 328.

[75] Gesetz vom 18.8.1896 (RGBl. 1896, 195), in der Neufassung der Bekanntmachung vom 2.1.2002 (BGBl. 2002 I 42, 2909; 2003 I 738), zuletzt geändert durch Art. 2 des Gesetzes zur Überarbeitung des Lebenspartnerschaftsrechts vom 15.12.2004 (BGBl. 2004 I 3396).

[76] *Staudinger(-Marburger)*, (2002), Vorbem zu §§ 793 - 808 BGB, Rn. 30.

[77] So etwa regelt § 221 des Aktiengesetzes ((AktG), Gesetz vom 6.9.1965 (BGBl. 1965 I 1089), zuletzt geändert durch Art. 5 des Bilanzkontrollgesetzes vom 15.12.2004 (BGBl. 2004 I 3408)) die Wandels-, Gewinnschuldverschreibungen sowie Genusscheine. Besondere Vorschriften über die die Bestellung der Sicherungshypothek für die Forderung aus einer auf Ordner oder Inhaber lautenden Schuldverschreibungen enthalten die §§ 1187 - 1189 BGB. Kaufmännische Schuldverschreibungen regeln die §§ 363 - 365 des Handelsgesetzbuches (HGB), Gesetz vom 10.5.1897 (RGBl. 1897, 219), zuletzt geändert durch Art. 1 des Bilanzkontrollgesetzes vom 15.12.2004 (BGBl. 2004 I 3408).

[78] Gesetz vom 12.9.1950 (BGBl. 1950 I 455, 512, 533), zuletzt geändert durch Art. 5 Abs. 21 des Gesetzes zur Überarbeitung des Lebenspartnerschaftsgesetzes vom 15.12.2004 (BGBl. 2004 I 3396).

[79] Gesetz vom 26.6.1994 (BGBl. 1994 I 1749), in der Neufassung der Bekanntmachung vom 9.9.1998 (BGBl. 1998 I 2708), zuletzt geändert durch Art. 3 des Bilanzkontrollgesetzes vom 15.12.2004 (BGBl. 2004 I 3408).

[80] Gesetz vom 13.12.1990 (BGBl. 1990 I 2749), in der Fassung der Bekanntmachung vom 9.9.1998 (BGBl. 1998 I 2701), zuletzt geändert durch Art. 8 Abs. 6 des Bilanzreformgesetzes vom 4.12.2004 (BGBl. 2004 I 3366).

berücksichtigen. Für Kreditinstitute ist ferner das Gesetz über das Kreditwesen (Kreditwesengesetz - KWG)[81] von großem Belang.

Wie für die polnische Rechtslage so ist auch für die deutsche auf eine Reihe anderer Rechtsquellen zurückzugreifen. Unter Rechtsquellen allgemeiner Natur sind außer dem Grundgesetz (GG)[82] beispielhaft das Strafgesetzbuch (StGB),[83] die Insolvenzordnung (InsO),[84] die Verwaltungsgerichtsordnung (VwGO)[85] und das Verwaltungsverfahrensgesetz (VwVfG) [86] zu nennen. Die nachstehenden Ausführungen verweisen darüber hinaus auf zahlreiche Verordnungen, Satzungen und Statuten sowie Rechtsnormen auf Landesebene.[87]

3. Sonstige Rechtsquellen

Außer polnischen und deutschen Rechtsquellen gehören auch Verordnungen und Richtlinien der Europäischen Union zu den maßgebenden Rechtsgrundlagen.[88] Erwähnungsbedürftig ist unter ihnen zunächst der Vertrag zur Gründung der europäischen Gemeinschaft (EGV),[89] der eine der Vertragsgrundlagen der EU bildet. Weiter sind verschiedene europäische Richtlinien zu nennen. Die OGAW-Richtlinie[90] regelt die Höhe der Anteile des Vermögens einer Investmentgesell-

---

[81] Gesetz vom 10.7.1961 (BGBl. 1961 I 881), in der Neufassung der Bekanntmachung vom 9.9.1998 (BGBl. 1998 I 2776), zuletzt geändert durch Art. 1 des Gesetzes zur Umsetzung der RL 2002/87/EG des Europäischen Parlaments und des Rates vom 21.12.2004 (BGBl. 2004 I 3610).

[82] Grundgesetz für die Bundesrepublik Deutschland vom 23.5.1949 (BGBl. 1949 I 1), zuletzt geändert durch zwei Gesetze zur Änderung des Grundgesetzes (Staatsziel/ Tierschutz/ Art. 96 GG) vom 26.7.2002 (BGBl. 2002 I 2862).

[83] Gesetz vom 15.5.1871 (RGBl. 1871, 127), in der Neufassung der Bekanntmachung vom 13.11.1998 (BGBl. 1998 I 3322), zuletzt geändert durch Art. 5 Abs. 29 des Gesetzes zur Überarbeitung des Lebenspartnerschaftsrechts vom 15.12.2004 (BGBl. 2004 I 3396).

[84] Gesetz vom 5.10.1994 (BGBl. 1994 I 2866), zuletzt geändert durch Art. 5 Abs. 22 des Gesetzes zur Überarbeitung des Lebenspartnerschaftsrechts vom 15.12.2004 (BGBl. 2004 I 3396).

[85] Gesetz vom 21.1.1960 (BGBl. 1960 I 17), in der Neufassung der Bekanntmachung vom 19.3.1991 (BGBl. 1991 I 686), zuletzt geändert durch Art. 6 des Gesetzes zur Vereinfachung und Vereinheitlichung der Verfahrensvorschriften und zur Wahl und Abberufung ehrenamtlicher Richter vom 21.12.2004 (BGBl. 2004 I 3599).

[86] Gesetz vom 25.5.1976 (BGBl. 1976 I 1253), in der Neufassung der Bekanntmachung vom 23.1.2003 (BGBl. 2003 I 102), zuletzt geändert Art. 4 Abs. 8 des Kostenrechtsmodernisierungsgesetzes vom 5.5.2004 (BGBl. 2004 I 718).

[87] Zur vollständigen Auflistung der deutschen Rechtsquellen S. 515 ff.

[88] Hierzu S. 153 ff.

[89] Vertrag vom 7.2.1992, in der konsolidierten Fassung vom 24.12.2002, ABl. EG 2002 C 325/33.

[90] RL 85/611/EWG des Rates vom 20.12.1985 zur Koordinierung der Rechts- und Verwaltungsvorschriften betreffend bestimmte Organismen für gemeinsame Anlagen in Wertpapieren (OGAW), Abl. EG 1985 L 375/3, zuletzt geändert durch Art. 66 der RL 2004/39/EG des Europäischen Parlaments und des Rates vom 21.4.2004 über Märkte für Finanzinstrumente und zur Änderung der RL 85/611/EWG und 93/6/EWG des Rates und der RL 2000/12/EG des Euro-

schaft. Wichtig für Pfandbriefe sind zudem die Kapitaladäquanzrichtlinie (CAD (Capital Adequacy Directive) I),[91] die Bankentätigkeitsrichtlinie[92] sowie die geplante CAD III-Richtlinie, die die Eigenkapitalrahmenanforderungen für Banken und Wertpapierfirmen den heutigen europäischen Erfordernissen für eine bessere Wettbewerbsfähigkeit regeln soll. Für deutsche Hypothekenbanken, deren Tätigkeitsschwerpunkt im Auslandgeschäft liegt, ist die Liquidationsrichtlinie[93] sowie das Übereinkommen über das auf vertragliche Schuldverhältnisse anzuwendende Recht vom 19. Juni 1980 (EVÜ)[94] von Bedeutung. In der Arbeit sind zudem zahlreiche wichtige Verordnungen und einige Satzungen berücksichtigt worden, die ihren Beitrag zu dem Thema des Pfandbriefes und zu seinem Treuhänder leisten.[95] Darüber hinaus sind viele ältere Rechtsquellen erfasst worden, die dazu beigetragen haben, einen geschichtlichen Rückblick in die älteren Gesetze und Verordnungen sowie Regulative preiszugeben. Teilweise wird auch auf das österreichische Recht, inbsesondere auf das österreichische Hypothekenbankgesetz (österHBG)[96] Bezug genommen.

---

päischen Parlaments und des Rates und zur Aufhebung der RL 93/22/EWG des Rates, Abl. EG 2004 L 145/1.

[91] RL 93/6/EWG vom 15.3.1993 über die angemessene Eigenkapitalausstattung von Wertpapierfirmen und Kreditinstituten, Abl. EG 1993 L 141/1, zuletzt geändert durch Art. 67 der RL 2004/39/EG des Europäischen Parlaments und des Rates vom 21.4.2004 über Märkte für Finanzinstrumente, zur Änderung der RL 85/611/EWG und 93/6/EWG des Rates und der RL 2000/12/EG des Europäischen Parlaments und des Rates und zur Aufhebung der RL 93/22/EWG des Rates, Abl. L EG 2004 145/1. Diese Richtlinie wurde im deutschen Recht u.a. in der 6. KWG Novelle eingeführt, deren bedeutsame Bestimmungen des Art. 11 Abs. 2 dieser Richtlinie vorsahen, die Schuldverschreibungen, von denen in Art. 11 Abs. 2 der Solvabilitätsrichtlinie die Rede ist, nur zur Hälfte mit Eigenkapital zu unterlegen.

[92] RL 2000/12/EG des Europäischen Parlaments und des Rates vom 20.3.2000, Abl. EG 2000 L 126/1, zuletzt geändert durch Art. 68 der RL 2004/39/EG des Europäischen Parlaments und des Rates vom 21.4.2004 über Märkte für Finanzinstrumente, zur Änderung der RL 85/611/EWG und 93/6/EWG und der RL 2000/12/EG des Europäischen Parlaments und Rates zur Aufhebung der RL 93/22/EWG des Rates, Abl. EG 2004 L 145/1.

[93] RL 2001/24/EG des Europäischen Parlaments und des Rates vom 4.4.2001 über die Sanierung und Liquidation von Kreditinstituten, ABl. EG 2001 L 125/15.

[94] In der konsolidierten Fassung vom 26.1.1998, ABl. EG 1998 C 27/34.

[95] Zur vollständigen Auflistung der europäischen Rechtsquellen S. 527 ff.

[96] Gesetz vom 13.7.1899 (RGBl. Nr. 375/1899), in der Neufassung der Bekanntmachung (RGBl. 1938 I 1574), zuletzt geändert durch BGBl. I Nr. 90/2004.

II. Begriffsklärung

In der Literatur existieren verschiedene Bezeichnungen wie Obligation, Schuldverschreibung, Teilschuldverschreibung, Kommunalobligation, Industrieobligation, Kommunalschuldverschreibung oder Anleihe nebeneinander ohne präzise Unterscheidung ihrer Bedeutung. Für diese Begriffe gibt es im deutschen Recht auch keine Legaldefinition.[97] Emissionen der öffentlichen Hand werden häufig als Anleihen, diejenigen der Banken und Industrieunternehmen als Obligationen bezeichnet, ohne dass die einzelnen Begriffe klar gegeneinander abgegrenzt werden. Es erscheint daher angezeigt, hier eine Präzisierung vorzunehmen.

1. Obligation und Schuldverschreibung

Zunächst soll der Begriff „Obligation" näher erörtert werden. Dieses Wort leitet sich von dem lateinischen Begriff *obligatio*[98] ab und bedeutet wörtlich Verpflichtung, Schuld, Verbindlichkeit, Verbundensein. Die Obligation hat danach verschiedene Bedeutungen.[99] Im engeren Sinne ist darunter die aus einem Schuldverhältnis abgeleitete Verbindlichkeit des Schuldners[100] gegenüber dem Gläubiger und im weiteren Sinne das Schuldverhältnis (Obligationsverhältnis) selbst zu verstehen.[101] Typischerweise geht es beim Schuldverhältnis um eine Rechtsbeziehung zwischen zwei Personen, kraft derer der Gläubiger berechtigt ist, von dem Schuldner eine Leistung zu verlangen (schuldrechtlicher Anspruch) und der Schuldner verpflichtet ist, die Schuld (Obligation im engeren Sinne) zu erfüllen. Für das Schuldrecht wird daher in der Literatur der aus dem römischen Recht übernommene Terminus „Obligationenrecht" verwendet.[102]

Die legale, wertpapierrechtliche Definition der Obligation enthält das polnische Recht in Art. 4 Abs. 1 OG. Danach ist die Obligation ein in Serie emittiertes Wertpapier, in dem der Emittent erklärt, dass er Schuldner des Obligationseigentümers (des Obligationärs) ist, und mit dem er sich verpflichtet, bestimmte Leistungen zu erbringen. Dem deutschen Recht fehlt dagegen die legale, gesetzlich verankerte Definition der Obligation. Vielmehr wird in vielen Gesetzen dieser

---

[97] Hierzu *Vogel*, (1999), 29.

[98] *Köbler*, Etymologisches Rechtswörterbuch, (1995), 290.

[99] Vgl. *Duden*, Fremdwörterbuch, (1982), 533; *Tosberg*, Recht, Lexikon der Grundbegriffe, (1991), 155; *Brockhaus*, (2002), 510; *Köbler*, Etymologisches Rechtswörterbuch, (1995), 290; *Creifelds/Weber*, Rechtswörterbuch, (2002), 980.

[100] Nach *Brockhaus* ((2002), 510) wird Obligation u.a. auch als Haftung, das Einstehen einer Person für ein Schuldverhältnis verstanden.

[101] Vgl. *Meier-Hayoz/Crone*, (2000), 276.

[102] Im polnischen juristischen Sprachgebrauch wird das Schuldrecht als „prawo zobowiązań" (Obligationenrecht) bezeichnet.

Begriff durchweg vorausgesetzt.[103] Im deutschen juristischen Sprachgebrauch wird das Wort „Obligation" üblicherweise auch für Schuldverschreibungen auf eine Geldsumme[104] und für Schuldverschreibungen der öffentlichen Hand oder Industrie (Industrieobligation)[105] verwendet.

Um Missverständnisse zu vermeiden, werden in den folgenden Ausführungen „Obligation" und „Schuldverschreibung" im wertpapierrechtlichen Sinne als gleichbedeutende Begriffe verwendet. Da der Emittent seine Schuldverschreibung aber nicht in einem einzigen Gesamtbetrag ausgibt, sondern die Emission in Teilbeträge aufteilt, die dann an verschiedene Erwerber veräußert werden, ist das Wort „Teilschuldverschreibung" entstanden, das auf diese Stückelung hinweist. Die Teilschuldverschreibung ist daher als Teil der gesamten Anleihe zu verstehen.[106]

2. Kommunalschuldverschreibung und öffentlicher Pfandbrief

Klärungsbedürftig sind auch die Bezeichnungen „Kommunalschuldverschreibung" und „öffentlicher Pfandbrief", weil sie in Polen wie in Deutschland inhaltlich Unterschiedliches bedeuten, was zu einer Begriffsverwirrung führen kann. Im polnischen Recht dürfen Schuldverschreibungen von Einheiten der territorialen Selbstverwaltung ausgegeben werden.[107] Diese Schuldverschreibungen werden in

---

[103] Vgl. *Vogel*, (1999), 30.

[104] *Tilch/Arloth*, Deutsches Rechts-Lexikon II (2001), 3078.

[105] *Tosberg*, Recht, Lexikon der Grundbegriffe (1991), 155.

[106] Vgl. *Vogel*, (1999), 58 f.

[107] Die allgemeine Rechtsgrundlage für die Ausgabe der Wertpapiere durch territoriale Selbstverwaltungseinheiten bildet Art. 48 Abs. 1 des Gesetzes über öffentliche Finanzen ((ÖFG), Gesetz vom 26.11.1998 (Dz.U. 1998 Nr. 155, Pos. 1014), in der einheitlichen Fassung (Dz.U. 2003, Nr. 15, Pos. 148), zuletzt geändert durch Art. 1 des Gesetzes vom 25.11.2004 (Dz.U. 2004 Nr. 273, Pos. 2703)), dessen Bestätigung und Präzisierung auch in Art. 2 Nr. 2 OG zu finden ist. Zutreffend behauptet *Bączyk*(*-Weiss*) ((2000), 222 f.), dass territoriale Selbstverwaltungseinheiten schon aufgrund des ÖFG zur Schuldverschreibungsausgabe berechtigt sind. Daher schreibt er dem Art. 2 Nr. 2 OG nur einen deklaratorischen Charakter zu, weil dieser nur eine Bestätigung dieser Berechtigung beinhaltet. Die Aussonderung dieser Emittentengruppe im OG ist dadurch zu begründen, dass das OG die Vorschriften (Art. 10 Abs. 5, Art. 23 a Abs. 2 Nr. 1, Art. 23 b Abs. 7, Art. 23 c Abs. 3, Art. 24 Abs. 3 S. 2, Art. 28 Abs. 1) beinhaltet, die sich ausschließlich auf territoriale Selbstverwaltungseinheiten beziehen; aA *Sobolewski* ((1997), 30) ohne weitere Begründung; vgl. Art. 71 Abs. 2 des Gesetzes über die Selbstverwaltung der Woiwodschaft (Gesetz vom 5.6.1998, in der einheitlichen Fassung (Dz.U. 2001 Nr. 142, Pos. 1590), zuletzt geändert durch Art. 66 des Gesetzes vom 20.4.2004 (Dz.U. 2004 Nr. 116, Pos. 1206)); Art. 59 Abs. 4 des Gesetzes über die Selbstverwaltung des Kreises (Gesetz vom 5.6.1998, in der einheitlichen Fassung (Dz.U. 2001 Nr. 142, Pos. 1592), zuletzt geändert durch Art. 4 des Gesetzes vom 20.4.2004 (Dz.U. 2004 Nr. 102, Pos. 1055)); Art. 18 Abs. 2 Nr. 9 b des Gesetzes über die Selbstverwaltung

der polnischen Literatur[108] Kommunalobligationen (*obligacje komunalne*) genannt. Unter dem Begriff „Kommunalschuldverschreibung“ wird hingegen in Deutschland (§ 1 Nr. 2 HBG) eine Art von Pfandbriefen verstanden, die eine Hypothekenbank ausgibt, für die wiederum im polnischen Recht der Begriff „öffentlicher Pfandbrief“ (Art. 3 Abs. 2 PHBG) verwendet wird. Die Bezeichnung „öffentlicher Pfandbrief“ wurde auch in Deutschland durch das VerkPrG eingeführt. Der neue Begriff sollte den Unterschied zwischen den sog. gedeckten Schuldverschreibungen und den ungesicherten Schuldverschreibungen deutlicher machen und dadurch die sehr hohe Sicherheit der Kommunalschuldverschreibungen zum Ausdruck bringen, da sich die Besonderheiten der Deckung aus der Bezeichnung „Kommunalschuldverschreibung“ nicht ableiten lassen.[109] Dem Wortlaut des § 41 S. 3 HBG sowie § 10 S. 2 ÖPG ist zwar zu entnehmen, dass die Kommunalschuldverschreibungen und Kommunalobligationen auch unter der Bezeichnung „öffentlicher Pfandbrief" ausgegeben werden dürfen. Diese hat aber keine ausschließliche Bedeutung, sondern kann zusätzlich verwandt werden. Ihre Durchsetzung hat man der weiteren Entwicklung überlassen. Daher sind beide Bezeichnungen üblich und haben trotz ihres unterschiedlichen Wortlauts die gleiche rechtliche Bedeutung. Die deutschen Begriffe „Kommunalschuldverschreibung“ und „Kommunalkredit“ sind im Zusammenhang mit der Tätigkeit der Hypothekenbanken im weiteren Sinne zu sehen. Entgegen ihrem Wortlaut gehen sie über ihre ursprüngliche Bedeutung hinaus und umfassen Pfandbriefe, deren Rückzahlung nicht nur von Kommunen, sondern auch von anderen öffentlichen Personen gewährleistet wird.[110] Der Wortlaut dieser Begriffe ist daher irreführend und obsolet. Während in Deutschland die Begriffe „Kommunalschuldverschreibung“, „Kommunalobligation“ sowie „öffentlicher Pfandbrief“ als Synonyme zu betrachten sind, haben sie in Polen eine andere rechtliche Bedeutung. Die Kommunalobligationen (Kommunalschuldverschreibungen) werden von Einheiten der territorialen Selbstverwaltung ausgegeben und sind von den öffentlichen Pfandbriefen deutlich zu unterscheiden.

---

der Gemeinde (Gesetz vom 8.3.1990, in der einheitlichen Fassung (Dz.U. 2001 Nr. 142, Pos. 1591), zuletzt geändert durch Art. 4 des Gesetzes vom 16.4.2004 (Dz.U. 2004 Nr. 116, Pos. 1203)). Die Ausgabe von Schuldverschreibungen durch eine territoriale Selbstverwaltungseinheit hat in Polen erst die 1990 durchgeführte Reform des territorialen Einteilungssystems ermöglicht. Dieser Marktsektor entwickelte sich aber relativ langsam und stieß auf gesellschaftliche und rechtliche Hindernisse. Ein Überblick über die Geschichte der von territorialen Selbstverwaltungseinheiten ausgegebenen Schuldverschreibungen und über die Entwicklung dieser Schuldverschreibungen und derer Barrieren in den 90er Jahren in Polen gibt *Al-Kaber*, ST 12/2000, 24, 28 ff.; zur Vereinfachung der Ausgabe nach der OG-Novelle von 2000 *Antkiewicz*, PB 5/2001, 52 ff.

[108] *Betlej*, PUG 6/1997, 2 ff.; *Bień*, (1998), 68 ff.; *Baran/Smardzewski/Zawiła- Niedźwiecki*, ST 7-8/1998, 138 ff.; *Bączyk*(*-Weiss*), (2000), 216, 218, 238; *Al-Kaber*, ST 12/2000, 24 ff.; *Grynis*, BiK 1/2002, 58 ff.

[109] Vgl. *Bellinger/Kerl*, (1995), § 41 HBG Rn. 16 f.

[110] Hierzu S. 143 ff.

In den folgenden Ausführungen wird daher der Begriff „öffentlicher Pfandbrief" gebraucht und von der Verwendung „Kommunalobligation" oder „Kommunalverschreibung" abgesehen. Um den Unterschied zwischen dem Pfandbrief und den übrigen Schuldverschreibungsarten aufzeigen zu können, wird der Pfandbrief nicht unter die Bezeichnung der Schuldverschreibung subsumiert.

1. KAPITEL

Pfandbrief

§ 3. Pfandbrief als Wertpapier

I. Pfandbrief in der Systematik der Wertpapiere

1. Pfandbrief nach der Art des verbrieften Rechtes

Die Literatur kennt verschiedene Konzepte für die Klassifizierung von Wertpapieren. Eines der wichtigsten betrifft die Einteilung der Wertpapiere nach der Art des verbrieften Rechtes. Hier ergeben sich drei Gruppen, nämlich forderungsrechtliche, sachenrechtliche und mitgliedschaftsrechtliche Wertpapiere. Artt. 921^{6} - 921^{14} ZGB[111] betreffen in der ersten Linie Wertpapiere, die Forderungen verbriefen.[112]

Forderungsrechtliche Wertpapiere beruhen auf einem Schuldverhältnis wie einem Kauf- oder Darlehensvertrag, das den Schuldner zu einer bestimmten Leistung verpflichtet und den Gläubiger berechtigt, die Erfüllung dieser Leistung zu verlangen. Zu dieser Gruppe sind vor allem Wechsel, Scheck, Sparbuch,[113] Konnossement, Lagerschein und alle Arten der Schuldverschreibungen zu rechnen.

---

[111] Der polnische Gesetzgeber kennzeichnet neu hinzugefügte Rechtsvorschriften nicht mit Buchstaben, sondern mit einer hoch gesetzten Zahl.

[112] Nach Art. 921^{16} ZGB werden sie auch auf Wertpapiere, die auf andere Rechte als Forderungen lauten, entsprechend angewendet. Ähnlich finden im deutschen Recht entsprechende Anwendbarkeit der Vorschriften über Inhaberschuldverschreibungen, die ein Forderungsrecht verbriefen, auf andere Inhaberpapiere; zum deutschen Recht *Staudinger(-Marburger)*, (2002), Vorbem zu §§ 793 - 808 BGB Rn. 30.

[113] In der polnischen Literatur ist es strittig, ob das Sparbuch ein Wertpapier ist. *Kruczalak* ((1998), 89 f.) differenziert zwischen Inhaber- und Namenssparbuch, wobei er nur das Inhabersparbuch als Wertpapier anerkennt und das Namenssparbuch bloß als Beweisurkunde der Kontoführung für befristete Spareinlagen betrachtet; aA *Wojewoda*, (PB 1/2004, 75), der das Namenssparbuch als Namenswertpapier betrachtet. Das geltende BRG sieht das Inhabersparbuch nicht mehr vor; zur Rechtssprechung über Sparbücher *ders.*, PB 2/2004, 36 ff.; zum Sparbuch als „hinkendes Inhaberpapier“ in der deutschen Literatur etwa *Claussen*, (2003), § 5 Rn. 48.

Entgegen seinem Namen gehört zu dieser Gruppe auch der Pfandbrief,[114] der eine Art der Schuldverschreibung ist.[115] Er verkörpert eine Forderung, die dem Pfandbriefgläubiger (Pfandbriefberechtigten) gegen den Pfandbriefschuldner (Emittenten) zusteht. Die Forderung des Pfandbriefgläubigers ist auf Geldansprüche beschränkt. Diese Geldleistungen bestehen in der Auszahlung von Zinsen und der Einlösung der Pfandbriefe unter Berücksichtigung der Gesetzesvorschriften sowie der Ausgabebedingungen.[116] Der Pfandbrief kann also im Gegensatz zu anderen Schuldverschreibungen nicht auf Warenforderungen ausgestellt werden.[117]

Nach Art. 454 ZGB, der allerdings nur dispositiven Charakter hat, sind Geldschulden dem Gläubiger grundsätzlich dort zu zahlen, wo er im Zeitpunkt der Erfüllung der Leistung seinen Wohnsitz hat. Hat der Gläubiger nach der Entstehung des Schuldverhältnisses seinen Wohnsitz verlegt, so hat er die durch die Änderung entstehenden Mehrkosten der Übersendung zu tragen.[118] Aus der wertpapierrechtlichen Verbriefung der Geldforderung in einer Urkunde ergibt sich aber, dass die im Pfandbrief verbriefte Geldforderung als Holschuld zu betrachten ist[119] und der Schuldner nicht in Verzug gerät, wenn er ohne eine Vorlage der Urkunde seine Leistung verweigert.[120] Das gilt sowohl für die Haupt- als auch für die Nebenforderung (Zinsen).

Es muss hervorgehoben werden, dass dem Hypothekenpfandbriefberechtigten, obwohl seine Forderungen aus dem Pfandbrief mittelbar durch Grundpfandrechte gesichert sind, kein dingliches Recht zusteht.[121] Der Pfandbrief verbrieft nur eine aus dem Darlehensvertrag entstandene Forderung, ist also kein sachenrechtliches Wertpapier.[122] Zu den sachenrechtlichen Wertpapieren gehören die dem deutschen Recht bekannten „Briefe“ wie Hypothekenbrief, Renten- und Grundschuldbrief, weil sie ein dingliches Recht verkörpern.[123]

---

[114] *Zöllner*, (1987), § 2 I 3a; in der polnischen Literatur *Heropolitańska/Michalski*, (2001), 396.

[115] Vgl. *Bień*, (1998), 33; *Pietrasik/Rykowski*, (2000), 94; im deutschen Recht wurde es *expressis verbis* in § 1 ÖPG sowie § 1 HBG ausgedrückt.

[116] Art. 3 Abs. 1 iVm Art. 4 PHBG.

[117] Zu weiteren Unterschieden zwischen Pfandbriefen und Schuldverschreibungen *Michalski*, PPW 12/2000, 3.

[118] Vgl. § 270 BGB.

[119] Vgl. *Erman(-Heckelmann)*, (2004), § 797 BGB Rn. 1.

[120] Auch der Entmaterialisierungsprozess der Pfandbriefausgabe berührt dieses Prinzip nicht, obwohl die Vorlage der Urkunde allerdings nicht möglich ist.

[121] *Roth* ((1988), 4) sieht aber einen gewissen sachenrechtlichen Bezug des Pfandbriefes in seiner obligatorischen Hypothekendeckung sowie in der gesetzlichen Reservierung der vorrangigen Befriedigung der Pfandbriefgläubiger.

[122] Vgl. *Bieniek(-Żuławska)*, (2001), Vorbem zu Art. 921^6 ZGB Anm. 6.

[123] *Hueck/Canaris*, (1986), § 2 II 2; im polnischen Recht gibt es derzeit keine sachenrechtlichen Wertpapiere *Włodyka(-Zawada)*, (1996), 41.

Der Pfandbrief ist auch kein gesellschaftsrechtliches Wertpapier.[124] Mit dem Pfandbrief ist kein Mitgliedschaftsrecht in einem Personenverband verbunden, die für Mitgliedschaftswertpapiere, etwa die Aktie, charakteristisch ist. Infolgedessen steht dem Pfandbriefgläubiger auch kein Stimmrecht zu. Er kann die Geschäftsführung des Emittenten nicht beeinflussen. Andererseits ist das in dem Pfandbrief verbriefte Recht von der Gewinnerzielung seitens des Pfandbriefemittenten unabhängig. Der Pfandbriefgläubiger ist Gläubiger des Pfandbriefemittenten und nicht dessen Eigenkapitalgeber.[125] Der Pfandbrief gehört also, im Unterschied zur Aktie, zu denjenigen Wertpapieren, die dem Erwerber einen sicheren Ertrag (*fixed income*) gewährleisten. Im Unterschied zur Aktie gibt es auch keine anderen Dokumente des Emittenten, die für den Inhalt, insbesondere für den Umfang der im Pfandbrief verkörperten Forderung maßgebend sind.[126] Im Übrigen handelt es sich bei dem Pfandbrief wie bei jedem anderen Wertpapier um die Verbriefung eines Privatrechts (Geldforderung). Die Verbriefung eines öffentlichen Rechts, wie einer Konzession, schafft kein Wertpapier.[127]

2. Pfandbrief nach der Wirkung der Entstehung

Die in dem Wertpapier verbriefte Forderung kann gegenüber dem Kausalverhältnis in unterschiedlichem Maße verselbstständigt sein. Nach seinem Verhältnis zu dem Grundgeschäft kann das Wertpapier abstrakt oder kausal sein. Ein abstraktes Wertpapier liegt vor, wenn die Verbriefung der Forderung diese gegenüber dem zugrunde liegenden Vertrag verselbstständigt und als Folge hiervon unabhängig vom Kausalverhältnis bestehen lässt. Ein kausales Wertpapier ist hingegen gegeben, wenn die Verbriefung nur der Dokumentierung des Grundgeschäfts dient und die Forderung deshalb weiterhin den für das Grundgeschäft geltenden Vorschriften unterliegt.[128]

Dem Pfandbriefgeschäft liegt der Kreditvertrag[129] zugrunde.[130] Die gesetzliche Gestaltung des Pfandbriefs führt zur Trennung der Forderung von

---

[124] Zu der geschichtlichen Sichtweise über die Abgrenzungsmerkmale zwischen der Schuldverschreibung und der Aktie *Vogel*, (1999), 33 f.

[125] Vgl. *Vogel*, (1999), 31 f.

[126] Die Aktie bildet nicht nur ein vermögensrechtliches, sondern vor allem mitgliedschaftsrechtliches Rechtsverhältnis. Es besteht also ein enger Zusammenhang zwischen dem Inhalt der Aktienurkunde und dem Inhalt der Gesellschaftssatzung.

[127] Vgl. *Hueck/Canaris*, (1986), § 1 I 2; *Zöllner*, (1987), § 3 III 3.

[128] *Holzhammer*, (1997), 289 f.

[129] Der Kreditvertrag ist aus dem Darlehensvertrag herausgewachsen, aber mit dem im polnischen Recht nicht identisch (*Kalus*, WGO 1/2003, 24 f.). Der Vertrag ist zwischen dem Kreditnehmer (Pfandbriefemittenten) und dem Kreditgeber zu schließen, wobei der Kreditgeber mit dem ersten Pfandbriefinhaber nicht unbedingt identisch sein muss. Denkbar ist auch, dass der Pfandbrief-

ihrem Grundverhältnis und zu ihrer Verselbstständigung. Bei einem Pfandbrief handelt es sich also um ein abstraktes Wertpapier. Neben der Forderung aus dem Kreditvertrag entsteht eine selbstständige Wertpapierforderung, gegen die keine Einwendungen aus dem schuldrechtlichen Grundgeschäft erhoben werden können. Der abstrakte Charakter der Pfandbriefforderung hat auch zur Folge, dass die Nichtigkeit des Kreditvertrages keinen Einfluss auf die Existenz der im Pfandbrief verbrieften Forderung hat. Bei Nichtigkeit des Kreditvertrages steht dem Pfandbriefschuldner nur ein Bereicherungsanspruch gegen den Vertragspartner zu. Die Abstraktheit verstärkt also die Rechtsstellung des Papierinhabers.

Ferner ist die Einteilung nach dem Grad der Selbstständigkeit der im Wertpapier verbrieften Forderung mit der Unterscheidung zwischen skripturrechtlichen und nicht-skripturrechtlichen Wertpapieren nicht gleich.[131] Der Abstraktheit kommt eine andere selbstständige Funktion zu, die auch beim ersten Wertpapiererwerb sowie bei Namenspapieren zu sehen ist. Namenspfandbriefe sind abstrakt, obwohl sie keinen öffentlichen Glauben genießen und nur aufgrund schuldrechtlicher Zession übertragen werden können. Dies hat wiederum zur Folge, dass der Schuldner, mit Ausnahme solcher aus dem zugrunde liegenden Grundgeschäft, jede Einwendung erheben kann, die ihm gegen den Gläubiger zusteht.

Dieser Einteilung liegt die Unterscheidung nach dem konstitutiven und deklaratorischen Wertpapiercharakter nahe. Die konstitutiven Wertpapiere sind in der Regel abstrakt, die deklaratorischen dagegen kausal. Der Pfandbrief ist ein konstitutives Wertpapier, da die Pfandbriefverpflichtung erst durch das Ausstellen der Pfandbriefurkunde entsteht.

3. Pfandbrief nach der Art der Bezeichnung der Berechtigten

Wertpapiere lassen sich ferner traditionell nach der Art der Bezeichnung der aus dem Wertpapier Berechtigten klassifizieren. Wiederum drei Gruppen sind zu unterscheiden: Inhaberpapiere, Orderpapiere und Rektapapiere. Die Bezeichnung des Berechtigten steht im engen Zusammenhang mit den Formen für die Übertragung des verbrieften Rechtes, die von der Erscheinungsform des Pfandbriefes abhängen. Diese Unterscheidung ist eigentlich nur für den Umlauf von traditio-

---

emittent durch Annahme der Anweisung den Pfandbrief einem Dritter (Anweisungsempfänger) übergibt; vgl. Art. 921[2] Abs. 1 ZGB, § 784 Abs. 2 BGB.

[130] Für das Darlehensverhältnis *Michalski*, PPW 12/2000, 4.

[131] Näher dazu *Hueck/Canaris*, (1986), § 2 VI 3.

nellen Pfandbriefen von Bedeutung.[132] Für den entmaterialisierten Pfandbriefumlauf spielt sie dagegen in der Praxis keine Rolle.[133]

Die häufigste Form des Pfandbriefes ist das Inhaberpapier.[134] Diese Form wird bevorzugt, weil sie den Umlauf erleichtert und die Rechtssicherheit erhöht.[135] Sie gibt dem Pfandbriefgläubiger die Möglichkeit, in einfacher Weise über das von ihm investierte Kapital jederzeit zu verfügen. Diese Rechtsform ist daher auch für den Umlauf besser geeignet und wird von denjenigen Investoren bevorzugt, die ein sicheres und gleichzeitig umlauffähiges Investmentinstrument brauchen.

Der Pfandbrief kann auch als Namenspapier ausgestellt werden. Das Namenspapier lautet auf eine bestimmte Person und wird nicht sachenrechtlich, sondern durch schuldrechtliche Abtretung (Zession) übertragen.[136] Pfandbriefe in dieser Form sind grundsätzlich nicht für den Umlauf geeignet und werden vor allem beim Großverkauf an Kapitalsammelstellen von institutionellen Kunden erworben, an deren Bedürfnisse sie angepasst werden.[137]

Nach Art. 3 PHBG, der eine Dichotomie vorsieht, können Pfandbriefe entweder als Namens- oder Inhaberwertpapiere ausgegeben werden. Die Ausgabe des Pfandbriefes als Orderpapier ist daher nicht gestattet.[138] Gibt eine Hypothekenbank die Pfandbriefe als Orderpapier aus, so ist anzunehmen, dass diese nur dann Pfandbriefe sind, wenn sie die Voraussetzungen eines Namens- oder Inhaberpapiers erfüllen. Die Indossamentklausel, durch die gekorene Orderpapiere gekennzeichnet sind, hat keine Wirkung, da die Form der Orderpapiere als *numerus clausus* angesehen wird. Der gesetzlich geschlossene Wertpapierkatalog kann ausschließlich durch den Gesetzgeber erweitert werden.[139] Der Pfandbrief gehört also im polnischen Recht weder zu den geborenen noch zu den gekorenen Orderpapieren.

In Deutschland ist die Form des Pfandbriefes nicht gesetzlich bestimmt. In der Lehre werden zwar alle drei Formen zugelassen,[140] wobei aber betont wird,

---

[132] Zu Übertragung des traditionellen Pfandbriefes S. 74 ff.

[133] Nach *Michalski* (PPW 12/2000, 4 f.) kann die Unterscheidung zwischen dem Namens- und Inhaberpfandbrief aber auch im entmaterialisierten Pfandbriefumlauf von Bedeutung sein, denn die Veräußerung der Namensobligation kann weiterhin nach Art. 16 Abs. 2 OG in den Emissionsbedingungen ausgeschlossen werden.

[134] Die Teilnahme der Inhaberpfandbriefe am deutschen Pfandbriefmarkt beträgt 75 %; VdH, Der Pfandbrief 2002, 14.

[135] *Letschert/Steffan*, (1981), 53.

[136] Vgl. Artt. 509 - 516 ZGB; §§ 398 - 413 BGB.

[137] *Bellinger/Kerl*, (1995), § 1 HBG Rn. 54.

[138] Vgl. aber *Gradzki* (WiRO 1998, 407, 408), der in Bezug auf die Übertragung falsch zwischen Hypotheken- und Orderpfandbriefen unterscheidet.

[139] Vgl. *Michalski*, PB 1/2000, 83.

[140] *Bellinger/Kerl*, (1995), § 1 HBG Rn. 47.

dass die Ausstellung von Pfandbriefen in Form der Orderpapiere unüblich ist.[141] In der Praxis werden Pfandbriefe nicht als Orderpapiere ausgegeben.

4. Pfandbrief nach der Zweckbestimmung

Nach seiner wirtschaftlichen Funktion gehört der Pfandbrief zu den Wertpapieren des Kapitalmarkts (Effekten), die von Wertpapieren des Zahlungs- und Kreditverkehrs, wie Scheck oder Wechsel, und von den Wertpapieren des Güterumlaufs, wie Ladeschein, Konnossement, zu unterscheiden sind. Neben dem Pfandbrief sind etwa Aktien, Zwischenscheine, Genussscheine, Schuldverschreibungen, Kassenscheine, Investmentzertifikate, Partizipationsscheine zu Effekten zu zählen. Die Effekten sind dadurch gekennzeichnet, dass sie typischerweise in Massen ausgegeben werden. Traditionell bedeutet das, dass sie in großer Zahl und mit gleichem Inhalt begeben werden und jeder Zeit austauschbar sind; sie werden deshalb auch als vertretbare Wertpapiere bezeichnet. Die einzelnen Stücke derselben Serie sind nur durch die Seriennummer voneinander zu unterscheiden und haben denselben Kurswert. Nach dem Ausgabeumfang sind Pfandbriefe also in der Regel austauschbare, in Serien emittierte Massenwertpapiere.[142]

Nach ihrer wirtschaftlichen Funktion sollen Effekten dem Emittenten langfristiges Kapital zur Verfügung stellen und den Anlegern eine Anlagemöglichkeit geben. Die Gewinnmöglichkeiten der Anleger hängen mit der Art der Ertragsbestimmung zusammen, die wiederum mit niedrigerem oder höherem Risiko verbunden ist. Bei ertragsabhängigen Wertpapieren, wie Aktien, ist der Ertrag von der wirtschaftlichen Lage des Emittenten, also von dessen Gewinn abhängig, der dann in Form von Dividenden ausgeschüttet wird. Floatende Wertpapiere passen dagegen ihren Zinssatz den jeweiligen Schwankungen am Kapitalmarkt an, während festverzinsliche Wertpapiere einen festen Zinssatz für ihre gesamte Laufzeit aufweisen.[143]

Der Pfandbrief kann als Wertpapier einen festen oder veränderlichen Zinssatz aufweisen. Die Ausgabe erfolgt in der Regel als festverzinsliches Wertpapier (Rentenpapier) ausgegeben, er ist also während seiner gesamten Laufzeit auf einen bestimmten Festzinssatz festgeschrieben. Es bestehen auch keine Hindernisse für die Ausgabe von Pfandbriefen ohne Zinskupons (Null-Zinskupon-Pfandbriefe).[144] Das bedeutet aber nicht, dass dem Pfandbriefgläubiger in diesem Fall kein Zinsertrag zusteht. Der Pfandbrief wird hier nämlich zu einem niedrig-

---

[141] *Letschert/Steffan*, (1981), 55; *Bruchner*, in: *Schimansky/Bunte/Lwowski* (Hrsg.), (2001), § 86 Rn. 39.

[142] *Michalski*, PB 1/2000, 84.

[143] *Holzhammer*, (1997), 355.

[144] *Heropolitańska/Michalski*, (2001), 425. In Deutschland haben auch Null-Kupon-Pfandbriefe Eingang gefunden; vgl. *Bellinger/Kerl*, (1995), § 1 HBG Rn. 59.

eren Preis als seinem Nennwert veräußert. Der Unterschied zwischen dem Erwerbspreis (Emissionspreis) und dem Nennwert stellt den Zinsertrag des Pfandbriefgläubigers dar, auf den er allerdings erst nach Ablauf der gesamten Laufzeit des Pfandbriefes Anspruch hat. Pfandbriefe ohne Zinskupons sind also eine besondere Art der festverzinslichen Pfandbriefe. Es spricht auch nichts gegen die Zulassung eines gemischten Ertrags. Der Pfandbrief wird hier vom Gläubiger mit einer Diskontierung erworben und zusätzlich verzinst. Es können auch Pfandbriefe angeboten werden, deren Laufzeit in Zinsperioden geteilt ist. Der Zinssatz bleibt dann während der Zinsperiode unberührt; die Änderungen des Zinssatzes richten sich nach den Geldmarktzinsen.[145] Die Ausgabe von Pfandbriefen mit variablen, an Wirtschaftsmärkten orientierten Zinssätzen kann besonders in Ländern mit einer instabilen Wirtschaftslage zum Schutz der Pfandbriefgläubiger sowie der Kreditnehmer von großer Bedeutung sein.[146] Dadurch können nachteilige Auswirkungen der Wirtschaftsentwicklung auf das Pfandbriefgeschäft eingeschränkt werden. Die Ausgabe zinsvariabler Pfandbriefe ist auch nach deutschem Recht zulässig. Im Übrigen kann der heutige Pfandbrief fast beliebig strukturiert werden und sich dadurch an die individuellen Bedürfnisse der Kunden anpassen.[147]

II. Erscheinungsformen von Pfandbriefen

1. Pfandbrief als effektives Stück

a. Vorbemerkung

Die Ausführungen in diesem Abschnitt befassen sich mit Pfandbriefen im traditionellen Sinne. Unter einem traditionellen Pfandbrief wird das Wertpapier in Form einer Papierurkunde (sog. effektives Stück) verstanden. Traditionell besteht also das Wesen des Pfandbriefes in der Verkörperung des Rechtes in einem Papier, das als Rechtsträger fungiert. Allerdings ist die herkömmliche Form des Pfandbriefes heutzutage stark verdrängt worden, weil sie für den Massenumlauf nicht mehr geeignet ist. Um den Bedürfnissen des Kapitalmarktes entgegenzu-

---

[145] Seit der Einführung der europäischen Währung sind die Sätze der EURIBOR (European Interbank Offered Rate) als Bezugsgröße an Stelle von LIBOR (London Interbank Offered Rate) und FIBOR (Frankfurt Interbank Offered Rate) getreten; *Bruchner*, in: *Schimansky/Bunte/Lwowski* (Hrsg.), (2001), § 86 Rn. 40.

[146] Vgl. *Drewicz-Tułodziecka/Stöcker*, (2000), 195.

[147] Zur Strukturierung des Pfandbriefes S. 102 ff.

kommen, wurden Einzelurkunden durch moderne Erscheinungsformen ersetzt, bei denen das Verkörperungselement an Bedeutung verloren hat. Diese Entwicklung ist wirtschaftlich begründet und betrifft vor allem auf Inhaber lautende Pfandbriefe. Die Änderungen in der Erscheinungsform von Pfandbriefen haben so starke Auswirkungen, dass viele Grundsätze, die für die herkömmliche Pfandbriefform entwickelt wurden, für den stückelosen Pfandbriefumlauf nicht mehr maßgeblich sind. Rechtlich ist die Ausgabe von effektiven Pfandbriefstücken weiterhin möglich. Während jedoch die Ausgabe von auf Inhaber lautenden Einzelpfandbriefurkunden heute, wenn überhaupt, nur noch sehr selten vorkommt und eher als eine historische Form anzusehen ist, stellt sie bei Namenspfandbriefen den Regelfall dar. Der Gebrauch der traditionellen Pfandbriefform ist also in der Praxis unterschiedlich, was offenbar mit ihrer Umlauffähigkeit zusammenhängt.

Aufgabe einer wissenschaftlichen Untersuchung ist es, den Pfandbrief in allen seinen Erscheinungsformen zu behandeln. Unbeschadet seiner praktischen Bedeutung wird daher auch der traditionelle Pfandbrief näher dargestellt. Dies trägt zum besseren Verständnis seiner Rechtsnatur bei. Gleichzeitig wird der Ursprung der modernen Erscheinungsformen des Pfandbriefes deutlich.

b. Inhalt des Pfandbriefes

aa. Polnische Regelung

(1) Inhaltsanforderungen

Die wesentlichen Merkmale des polnischen Pfandbriefes bezeichnet Art. 6 PHBG. Die Aufzählung in dieser Vorschrift betrifft die Mindestinhaltselemente des Pfandbriefes. Zu dieser Mindestausstattung gehört zunächst die Bezeichnung des Pfandbriefes. Im Hinblick auf die hohe Bonität von Pfandbriefen und des damit verbundenen öffentlichen Vertrauens ist die Benutzung der Bezeichnung „Hypothekenpfandbrief“ oder „öffentlicher Pfandbrief“ für die von Hypothekenbanken ausgegebenen Wertpapieren allerdings eher als Privileg der Hypothekenbanken denn als eine Belastung anzusehen.[148] Die Bezeichnung ist deshalb auch rechtlich geschützt.[149] Ihre widerrechtliche Benutzung ist mit einer Geldstrafe bis zu 50.000 PLN und einer Freiheitsentziehungsstrafe von 6 Monaten bis zu 5 Jahren bedroht (Art. 37 PHBG).[150]

---

[148] *Drewicz-Tułodziecka/Stöcker*, (2000), 80.

[149] Zum deutschen Recht vgl. § 10 ÖPG und § 5 a HBG.

[150] Ausgehend davon, dass der Begriff „Pfandbrief“ eine Art des Wertpapiers bestimmt und daher nicht als wirtschaftliche Bezeichnung (Firma) angesehen werden kann, vertreten *Heropolitańska/-Michalski* ((2001), 420) die Ansicht, dass diese Strafe nicht rechtswidrige Benutzung der Bezeich-

Aus jedem Pfandbrief muss sich die Rechtsgrundlage für seine Ausgabe, seine Serie und Nummer, der Ort und das Datum seiner Ausstellung sowie die Bezeichnung und der Sitz des Emittenten (der Hypothekenbank) ergeben. Notwendig sind darüber hinaus Angaben über die Verzinsung, die Laufzeit und die Rückzahlungsmodalitäten. Der Pfandbrief muss daher die Bezeichnung des Nennwertes[151] und das Datum, ab dem die Verzinsung zu berechnen ist, die Höhe dieser Verzinsung, die Auszahlungsfristen der Zinsen und die Einlösungsfrist des Pfandbriefes, den Zahlungsort sowie die Einlösungsbedingungen enthalten. Beträgt die Einlösungsfrist mehr als fünf Jahre, so ist der Emittent zusätzlich verpflichtet, in dem Pfandbrief anzugeben, dass die Hypothekenbank nach Ablauf von fünf Jahren seit dem Ausgabetag eine Tilgung vor der Einlösungsfrist vornehmen kann. Andererseits soll der Pfandbriefberechtigte darüber informiert werden, dass ihm das Recht auf Einlösungsvorlage vor dem dazu bestimmten Termin nicht zusteht. Letztlich ist der Pfandbrief mit den Unterschriften der zum Eingehen von Verbindlichkeiten im Namen der Hypothekenbank berechtigten Personen sowie des Treuhänders zu versehen, wobei diese Unterschriften auf mechanische Weise wiedergegeben werden können.

(2) Folgen der Ausstellung einer mangelhaften Pfandbriefurkunde

(a) Positives Recht

Das PHBG enthält keine Regelung über die Folgen der Ausgabe von Pfandbriefen, die nicht alle Angaben enthalten. Damit stellt sich die Frage, ob eine Urkunde, die nicht allen Erfordernissen genügt als „Pfandbrief" anerkannt werden kann. Insbesondere ist zu prüfen, ob Pfandbriefe so formstrenge Wertpapiere sind, dass das Fehlen eines der im Gesetz genannten Merkmale bereits die Ungültigkeit des Wertpapiers zur Folge hat. Wo liegt also die Grenze zwischen einem nicht allen Formerfordernissen genügenden, aber immerhin noch als Pfandbrief anzusehenden Papier und einer Urkunde, die wegen des Mangels nicht mehr als Pfandbrief gelten kann?

Die Formstrenge des Wertpapiers bedeutet im Allgemeinen, dass dessen Gültigkeit das Vorliegen aller gesetzlich vorgesehenen Erfordernisse verlangt. Fehlt es an einem der Erfordernisse, so liegt kein Wertpapier vor. In diesem Fall kann nur eine Umdeutung der den Formerfordernissen nicht genügenden Verbindlichkeit in ein anderes Schuldversprechen in Betracht kommen. Die besten Beispiele für formstrenge Wertpapiere sind Wechsel und Scheck, wobei die Rechts-

---

nung, sondern die rechtswidrige Ausgabe von Pfandbriefen betrifft; aA *Olszak*, PUG 7-8/1999, 19. *Drewicz-Tułodziecka/Stöcker* ((2000), 240 f.) sind dagegen der Meinung, dass sich diese Strafe sowohl auf die rechtswidrige Bezeichnung als auch die rechtswidrige Ausgabe von Pfandbriefen bezieht.

[151] Der Nennwert ist dem Emissionswert nicht gleich; hierzu *Ptak*, (1996), 118 f.

folgen der Nichteinhaltung des vorgesehenen Wertpapierinhaltes - im Gegensatz zum Pfandbrief - dem für diese Wertpapiere geltenden Recht zu entnehmen sind.[152] Art. 6 PHBG regelt zwar die Pfandbriefinhaltselemente, bestimmt aber nicht die Rechtsfolgen ihrer Nichteinhaltung. Ob trotz eines solchen Fehlers ein Pfandbrief vorliegt, muss durch Auslegung ermittelt werden.

(b) Schrifttum

In Bezug auf Art. 5 OG, der von der Rechtsnatur aus dem Art. 6 PHBG ähnlich ist, wird die Ansicht vertreten,[153] dass eine Urkunde, die nicht alle gesetzlich bestimmten Bedingungen erfüllt, nicht als Obligation anzusehen sei. Solange also nicht eine vollständige Urkunde vorliegt, ist die Umwandlung der schuldrechtlichen Forderung in das Wertpapier (Obligation) nicht vollzogen. Das bedeutet, dass die Erfüllung der im Gesetz genannten Erfordernisse zur wirksamen Entstehung der Schuldverschreibung erforderlich ist, zumal das Gesetz nichts Gegenteiliges aussagt. Daraus müsste also gefolgert werden, dass die polnische Schuldverschreibung ein formstrengeres Wertpapier als der Wechsel oder der Scheck ist, weil schon das Fehlen der Angabe der Verfallszeit, des Zahlungs- oder Ausstellungsortes die Unwirksamkeit der Obligation zur Folge hätte. Diese Auffassung beruht auf der Erwägung, dass das Gesetz keinen Hinweis auf die Ungleichwertigkeit der inhaltlichen Bedingungen erkennen lässt. Hinsichtlich der Gültigkeit der Schuldverschreibung würde der Gesetzgeber alle aufgelisteten Bedingungen gleich behandeln.[154]

Andererseits gibt es im OG keine Vorschrift, die die Ungültigkeit der Obligationsurkunde, also die Nichtigkeit der in dieser Urkunde verkörperten Forderung im Falle der Nichteinhaltung einer der Inhaltselemente ausdrücklich vorschreibt. Das OG, ähnlich wie das PHBG, enthält insbesondere keine dem Art. 2 WRG entsprechende Vorschrift, die die Entstehung der in einer Urkunde verbrieften Forderungen an die Erfüllung aller gesetzlich bestimmten Bedingungen knüpft. Daher wird auch eine abweichende Ansicht vertreten,[155] nach der Art. 5 OG, der Inhaltselemente der Obligation bestimmt, zwar einen zwingenden Charakter hat, nach der aber die Rechtsfolgen seiner Verletzung von dem Umfang der

---

[152] So besagt Art. 2 Abs. 1 des Wechselrechtes (WRG) vom 28.4.1936 (Dz.U. 1936 Nr. 37, Pos. 282), dass eine Urkunde, der einer der bezeichneten Bestandteile fehlt, - abgesehen von ein paar Ausnahmen - nicht als gezogener Wechsel gilt; das Gleiche gilt für deutsches Recht; vgl. Art. 2 Abs. 1 des Wechselgesetzes (WG) vom 26.6.1933 (RGBl. 1933 I 399), zuletzt geändert durch Art. 25 Abs. 8 des OLG-Vertretungsänderungsgesetzes vom 23.7.2002 (BGBl. 2002 I 2850).

[153] *Sobolewski*, (1997), 55 f.

[154] Dies bedeutet aber nicht, dass alle in Art. 5 OG aufgelisteten Inhaltselemente der Obligationsurkunde aus der Sicht der Umlaufbedürfnisse die gleiche praktische Bedeutung haben; *Sobolewski*, (1997), 56.

[155] *Ptak*, (1996), 137 f.

Verletzung abhängen sollten. Genügt die Urkunde also nicht allen gesetzlichen Anforderungen, so muss dies nicht unbedingt die Ungültigkeit der in der Urkunde verbrieften Forderung zur Folge haben.

Ausgehend von der Ungleichheit der im Gesetz verankerten Inhaltselemente ist zwischen wesentlichen und nicht wesentlichen Elementen der Urkunde zu unterscheiden und zu prüfen, ob ein wesentliches Element fehlt. Nur das Fehlen bestimmter, qualifizierter Merkmale kann folglich die Ungültigkeit der Obligation bewirken. Zu diesen, für die Gültigkeit der Obligation unentbehrlichen, Elementen sollte gehören:[156]

1. die Bezeichnung (die Firma) und der Sitz des Emittenten, sowie die Angabe des Ortes und der Nummer der Eintragung im entsprechenden Register[157] bzw. die Angabe der territorialen Selbstverwaltungseinheit,
2. die Bezeichnung der Obligation und deren Emissionszweck, soweit er bestimmt wurde,
3. die Angabe des Nennwertes, der Nummer und der Serie der Obligation,
4. die Bezeichnung des Obligationärs bei Namensobligationen und
5. die Unterschriften der zum Eingehen von Verbindlichkeiten im Namen des Emittenten berechtigten Personen.

Betrachtet man die Ausstellung einer ungültigen Urkunde als Nichterfüllung der Vertragsverpflichtung, so stehen hier Ansprüche aus der Nichterfüllung von Verpflichtungen aus gegenseitigen Verträgen nach Artt. 487 ff. ZGB zur Verfügung. Ansonsten kann auch der Schadensersatzanspruch nach Art. 471 ZGB in Betracht kommen. Ist die Obligation hingegen nur mangelhaft erfüllt, aber nicht ungültig, so steht dem Berechtigten der Anspruch auf die Erstellung einer einwandfreien Urkunde zu.[158]

Eine ähnliche Ansicht wurde in Bezug auf das PHBG geäußert.[159] Danach soll trotz der gesetzlichen Regelung des Pfandbriefinhalts nicht jeder Mangel *ipso iure* die Unwirksamkeit der Verbindlichkeit der Hypothekenbank zur Folge haben. Bei Vorliegen eines in diesem Sinne nicht endgültig erheblichen Mangels soll dem Inhaber der mangelhaften Urkunde ein Anspruch gegen den Emittenten auf die Ausstellung einer einwandfreien Urkunde zustehen.[160] Das PHBG sieht nicht so strenge Formerfordernisse vor, wie diese für einen Wechsel und Scheck gelten.

---

[156] Vgl. Art. 5 Nr. 2 - 5, 11 OG.

[157] Das gilt nur für diejenigen Emittenten, die als juristische Personen im Handels-, Staatsunternehmers- oder Genossenschaftsregister eingetragen sind; vgl. *Ptak*, (1996), 115.

[158] Da im Voremissionsvertrag deutliche Elemente des Kaufvertrags der künftigen Sache zu sehen sind, sieht *Ptak* ((1996), 138) auch die Möglichkeit, die Vorschriften über die Gewährleistung für Mängel der verkauften Sache (Artt. 556 ff. ZGB) anzuwenden.

[159] *Gąsowska*, (2000), 128 f.; *Heropolitańska/Michalski*, (2001), 421 f.

[160] *Michalski*, PB 1/2000, 86.

Allerdings wird dabei nicht beantwortet, welche Inhaltselemente konstitutiv sind. Unterschieden wird nur zwischen obligatorischem und fakultativem Pfandbriefinhalt.[161] Zu den fakultativen Pfandbriefelementen werden die Bezeichnung des Namensberechtigten (bei der Ausgabe von Namenspfandbriefen) und die Information über die Befugnis der Hypothekenbank zur vorzeitigen Pfandbrieftilgung (bei der Ausgabe von Pfandbriefen mit mehr als fünfjähriger Einlösungsfrist) gerechnet. Diese Einteilung unterscheidet also zwischen den für alle Pfandbriefe gemeinsamen Inhaltselementen und denjenigen, die nur bei bestimmten Pfandbriefarten auftreten. Das entscheidende Kriterium dieser Einteilung ist also die Gemeinsamkeit der bestimmten Merkmale für alle Pfandbriefe und nicht der Einfluss des Inhaltmangels auf die Gültigkeit des Pfandbriefes. Unbeantwortet bleibt die Frage, welcher Mangel geheilt werden kann.

(3) Bewertung

Im Hinblick auf die Unterscheidung zwischen obligatorischen und fakultativen Inhaltselementen muss auch nach einem Kriterium gesucht werden, das Antwort auf die Frage gibt, welche Inhaltselemente eine Urkunde enthalten muss, damit sie als Pfandbrief anerkannt werden kann. Sachgerecht erscheint als obligatorisch solche Inhaltselemente anzusehen, die für die Wirksamkeit des Pfandbriefes unentbehrlich sind, also diejenigen, ohne die kein Pfandbrief entstehen kann. Die übrigen Inhaltselemente haben dann nur begrenzte Bedeutung. Das Wertpapier soll sie zwar enthalten, aber ihr Mangel kann geheilt werden und bewirkt nicht automatisch die Ungültigkeit des Pfandbriefes. Zu diesen konstitutiven Inhaltselementen des Pfandbriefes sind zumindest die Bezeichnung „Pfandbrief“, die Angabe des Nennwertes, die Bezeichnung des Schuldners (Pfandbriefemittenten) und dessen Verpflichtung zur Rückzahlung der verbrieften Forderung zu zählen.

Obwohl Pfandbriefe von hochspezialisierten Kreditinstituten ausgegeben werden, ist nicht auszuschließen, dass Pfandbriefemittenten mangelhafte Pfandbriefe erstellen. Dies sollte dem Pfandbrieferwerber jedenfalls so wenig wie möglich schaden, wenn er im guten Glauben handelt. Anderenfalls würden negative Wirkungen der fehlerhaften Ausgabe direkt auf den Pfandbrieferwerber übertragen, was sicherlich nicht das Ziel des Gesetzes ist. Demzufolge schließt der Mangel an Einlösungsbedingungen in der Pfandbriefurkunde die Einwendungen der Hypothekenbank aus, die sich ansonsten aus dem Inhalt der Pfandbriefurkunde ergeben würden (Art. 921^{13} ZGB).[162] Aus denselben Gründen soll eine Tilgung vor der Einlösungsfrist ausgeschlossen sein, wenn der Pfandbrief keine Aussage darüber enthält, dass der Emittent ihn nach fünf Jahren seit seiner Aus-

---

[161] *Michalski*, PB 1/2000, 85 f.; *Heropolitańska/Michalski*, (2001), 420 f.

[162] Vgl. *Pietrasik/Rykowski*, (2000), 188.

gabe vorzeitig tilgen kann. Bestimmungen, die aus dem Pfandbrief nicht ersichtlich sind, können die Rechtsposition der Pfandbriefgläubiger nicht beeinträchtigen.[163]

Die formstrengen Vorschriften des Wechsels bzw. Schecks können *per analogiam* beim Pfandbrief nicht verwendet werden. Eine solche Auslegung des Art. 6 PHBG wäre nicht sachgerecht und zu weitgehend. Der Pfandbrief wird von professionellen Emittenten begeben und soll ein sicheres und einwandfreies Rechtsinstrument sein. Dabei ist selbstverständlich an echte, also von berechtigten Personen ausgegebene Urkunden gedacht, die lediglich nicht alle vom Gesetz verlangten Elemente halten. Gefälschte oder von unberechtigten Personen ausgestellte Urkunden werden also nicht erfasst.

bb. Deutsche Regelung

(1) Inhaltsanforderungen

(a) HBG-Regelung

Im HBG wird - anders als im PHBG - der Mindestinhalt der Pfandbriefe nicht ausdrücklich geregelt. Das HBG enthält insbesondere keine Auflistung der Inhaltselemente des Pfandbriefes. Von dem formalen Inhalt des Pfandbriefes ist in § 8 Abs. 1 HBG, der heute noch in seiner ursprünglichen Fassung gilt, allerdings nur allgemein die Rede. Der Pfandbrief soll Bestimmungen enthalten, die für das Rechtsverhältnis zwischen der Hypothekenbank und dem Pfandbriefgläubiger maßgebend sind, wobei nicht deutlich gesagt wird, was unter dem Begriff „maßgebende Bedingungen" zu verstehen ist. Ausnahmsweise wurde *expressis verbis* nur auf die Angabe über die Kündbarkeit der Hypothekenpfandbriefe hingewiesen. Die Zulässigkeit der Kündigungsmöglichkeit muss also aus dem Pfandbrief hervorgehen.[164] Das vorzeitige Kündigungsrecht kann allerdings, soweit sich nichts anderes aus dem Inhalt der Urkunde ergibt, nur dem Emittenten eingeräumt werden. Das ist im Zusammenhang mit dem Ausschluss der vorzeitigen Rückzahlung der langfristigen, festverzinslichen Kredite auf der Aktivseite des Hypothekenbankgeschäfts zu sehen. Da dieser Ausschluss gemäß § 489 Abs. 1 Nr. 3 BGB nur für zehn Jahre gestattet ist,[165] darf die Hypothekenbank, um die Refinanzierungskongruenz und dadurch auch die fristgerechte Erfüllung der Zahlungsverbindlichkeiten zu gewährleisten, nicht auf Dauer, sondern ebenfalls höchstens für einen Zeitraum von zehn Jahren auf das Recht zur Rückzahlung der

---

[163] Ebenso zum deutschen Recht *Bellinger/Kerl*, (1995), § 8 HBG Rn. 4.

[164] Vgl. *Hofmann*, (1964), § 8 HBG Rn. 5.

[165] Diese Einschränkung gilt nicht bei Darlehen an bestimmte in- und ausländischen Personen des öffentlichen Rechts; vgl. § 489 Abs. 4 S. 2 BGB.

Hypothekenpfandbriefe verzichten.[166] Aus demselben Grund ist das Kündigungsrecht seitens der Pfandbriefgläubiger ausgeschlossen.[167]

(b) Weitere Regelung

Weitere maßgebliche Bestimmungen können sich aus anderen Gesetzen, der Satzung oder aus sonstigen von dem Pfandbriefemittenten erlassenen Bestimmungen ergeben. Entsprechende Bestimmungen müssen in der Pfandbriefurkunde enthalten sein. Das bedeutet aber nicht, dass sie in ihrem Wortlaut abgedruckt werden. Über die Art und Weise ihrer Erfassung entscheidet der Emittent.[168] Im Pfandbrief kann insbesondere auf die Vorschriften der §§ 793 ff. BGB verwiesen werden, weil diese jedenfalls auf das Rechtsverhältnis zwischen dem Pfandbriefschuldner und dem Pfandbriefgläubiger Anwendung finden.

Der Verweis auf andere, nicht gesetzliche Bestimmungen, etwa auf die Banksatzung, gilt als nicht ausreichend und daher unzulässig.[169] Dies dient dem Schutz der Interessen der Pfandbriefgläubiger. Eine Verletzung der geschützten Interessen des Pfandbriefgläubigers könnte sich daraus ergeben, dass interne Bankvorschriften einseitig von der Bank, also ohne jedes Mitwirken des Pfandbriefgläubigers, bestimmt werden und abweichende Regelungen von allgemeinen gesetzlichen Vorschriften enthalten. Wird jedoch in der Pfandbriefurkunde auf diese Bestimmungen Bezug genommen, so sind sie zwar für die Pfandbriefgläubiger nicht bindend, wohl aber für die Banken, soweit dies den Pfandbriefgläubigern nicht schadet. Der Abdruck aller gesetzlichen Vorschriften ist hingegen nicht erforderlich. Das wäre auch wegen ihres Umfangs sowie der begrenzten Größe der Pfandbriefurkunde nicht machbar. Während also innere Bankvorschriften, um Verbindlichkeit zu erlangen, ausnahmslos im vollständigen Umfang in der Pfandbriefurkunde abgedruckt werden müssen, wird bei Gesetzesvorschriften ein Verweis als ausreichend erachtet.[170]

---

[166] Vgl. § 8 Abs. 2 S. 1 HBG. Rechtsvergleichend ist zu bemerken, dass die maximale im HBG bestimmte Frist für den Rückzahlungsausschluss doppelt so lang wie die in Art. 21 PHBG festgelegte Einlösungsfrist ist. Da aber die Laufzeit der heute ausgegebenen Pfandbriefe 5 bzw. 10 Jahre meist nicht überschreitet, spielt dieser Unterschied keine wesentliche Rolle mehr. Die Pfandbriefe werden in der Praxis mit festen Fälligkeitsterminen und ohne vorherige Kündigungstermine ausgegeben. Außerdem gilt der Beginn der Verzinsung nach § 9 Abs. 1 S. 2 HBG als Beginn der Laufzeit von Pfandbriefen, während der Zeitraum des Art. 21 PHBG ab dem Ausgabetag berechnet wird. Der Beginn der Verzinsung muss allerdings nicht mit dem Ausgabetag übereinstimmen.

[167] Vgl. § 8 Abs. 2 S. 2 HBG. Dies steht der vertraglichen Vereinbarung eines im voraus festgesetzten Fälligkeitstermins nicht entgegen; *Dannenbaum*, (1928), § 8 HBG Anm. 11; zustimmend *Bellinger/Kerl*, (1995), § 8 HBG Rn. 15 f.

[168] Vgl. *Hofmann*, (1964), § 8 HBG Rn. 2.

[169] Vgl. *Dannenbaum*, (1928), § 8 HBG Anm. 2.

[170] Vgl. *Dannenbaum*, (1928), § 8 HBG Anm. 3; *Bellinger/Kerl*, (1995), § 8 HBG Rn. 4 f.

Besondere inhaltliche Anforderungen ergeben sich aus dem Transparenzerfordernis. Hypothekenbanken gehören zu Daueremittenten, die nach § 3 Nr. 2 VerkPrG von der Veröffentlichung eines Verkaufsprospektes befreit sind. Darüber hinaus werden Pfandbriefe in einer für Erwerber nicht erkenntlichen Form, nämlich als Sammelurkunde, ausgegeben. Im Hinblick hierauf kommt der Information über die Emissionsbedingungen bei der Anlageberatung eine wesentliche Bedeutung zu.[171] Zu beachten ist, dass Schuldverschreibungsbedingungen Allgemeine Geschäftsbedingungen sind. Demzufolge ist insbesondere § 305 Abs. 2 Nr. 2 BGB zu berücksichtigen, nach dem Allgemeine Geschäftsbedingungen u.a. nur dann Bestandteil eines Vertrags werden, wenn Verwendern (Anlegern) bei Vertragsschluss die Möglichkeit verschafft wurde, in zumutbarer Weise von ihrem Inhalt Kenntnis zu nehmen.

Hinzuweisen ist auch auf § 796 BGB, der zwar selbst nicht den Inhalt der Schuldverschreibung bestimmt, aber entscheidende Bedeutung für Einwendungen hat, die sich aus dem Inhalt der Urkunde ergeben. Danach kann der Aussteller der Inhaberschuldverschreibung nur diejenigen Einwendungen erheben, die sich unmittelbar aus der Urkunde ergeben. Von dem Pfandbriefinhalt hängt also im Wesentlichen die Rechtsbreite der möglichen Einwendungen ab, die dem Pfandbriefemittenten gegen die Pfandbriefgläubiger zustehen.

Im Übrigen kennt das BGB keine Vorschriften, in denen der Mindestinhalt des Pfandbriefes oder anderer Schuldverschreibungen geregelt wird. Die Unterschrift kann nicht als ausdrückliches Gültigkeitserfordernis angesehen werden. § 793 Abs. 2 BGB besagt nur, dass die Unterzeichnung der Inhaberschuldverschreibung auch durch eine Namensunterschrift vollzogen werden kann, die im Wege mechanischer Vervielfältigung hergestellt worden ist.[172] In der Praxis ist die faksimilierte Unterschrift üblich. Allerdings legt § 30 Abs. 3 HBG dem Treuhänder eine Verpflichtung auf, Hypothekenpfandbriefe vor der Ausgabe mit einer Bescheinigung über das Vorhandensein der vorschriftsmäßigen Deckung und über die Eintragung in das Deckungsregister zu versehen. Dabei genügt eine Nachbildung seiner eigenhändigen Unterschrift. Die Nichteinhaltung dieser Vorschrift zieht jedoch nicht die Ungültigkeit des Pfandbriefes nach sich.[173] Lediglich ordnungsmäßige Bedeutung wird in der Lehre[174] auch § 8 Abs. 1 HBG beigemessen. Dieses hat zur Folge, dass seine Beeinträchtigung keine Wirkung auf die

---

[171] Vgl. *Bellinger/Kerl*, (1995), § 8 HBG Rn. 10.

[172] Die besondere Unterzeichnungsform kann aber durch die entsprechende Bestimmung vorbehalten werden, sofern diese Bestimmung der Urkunde zu entnehmen ist.

[173] Vgl. *Bellinger/Kerl*, (1995), § 30 HBG Rn. 23; aA *Göpper/Seydel/Friedländer* ((1929), § 30 Anm. 3), die Pfandbriefe ohne Bescheinigung als unvollständig und damit ungültig ansehen wollen.

[174] *Dannenbaum*, (1928), § 8 HBG Anm. 1; *Hofmann* (1964), § 8 HBG Rn. 4; *Bellinger/Kerl*, (1995), § 8 HBG Rn. 8.

Rechtsgültigkeit des Pfandbriefes hat.[175] Die vorsätzliche oder fahrlässige Einführung der Hypothekenpfandbriefe in den Verkehr ohne erforderliche Bescheinigung des Treuhänders ist allerdings nach § 38 HBG eine ordnungswidrige Handlung, die mit einer Geldbuße bis zu 50.000 € geahndet werden kann.[176]

(2) Bewertung

Es kann auch aufgrund des deutschen Rechtes kein Zweifel daran bestehen, dass die Urkunde einen bestimmten Inhalt aufweisen muss, um als Pfandbrief anerkannt werden zu können. Maßgebende Bedingungen sind den konstitutiven Pfandbriefelementen nicht gleich. Während die Einhaltung der maßgebenden Bedingungen in der Pfandbriefurkunde, die § 8 Abs. 1 HBG behandelt, in der Pfandbriefurkunde für die Gültigkeit des Pfandbriefes nicht relevant ist, ist die Einhaltung der konstitutiven Inhaltselemente unentbehrlich. Insoweit treffen die Überlegungen zum Umfang des Mindestinhalts des polnischen Pfandbriefs auch für den deutschen Pfandbrief zu. Der Pfandbrief muss zumindest die Pfandbriefbezeichnung, die Angabe des Nennbetrages, die Bezeichnung des Pfandbriefemittenten sowie dessen Verpflichtung zur Rückzahlung der verbrieften Forderung enthalten. In der Praxis werden zudem auf der Rückseite die Bedingungen abgedruckt, die man als Anleihebedingungen bezeichnet.[177] Daraus sind weitere Inhaltselemente des Pfandbriefes, wie die Laufzeit, die Rückzahlung, die Verzinsung und die Währung, zu entnehmen.

c. Übertragung des traditionellen Pfandbriefes

Die Form der Übertragung des traditionellen Pfandbriefes hängt davon ab, ob es sich um einen Inhaber- oder Namenspfandbrief handelt. Die gesetzliche Einteilung des Pfandbriefes nach der Bezeichnung des Berechtigten bestimmt danach die Übertragungsart. Die im Folgenden behandelte Übertragung der Pfandbriefe betrifft im Übrigen nur die Rechtsakte *inter vivos*. Nicht behandelt wird also der Rechtsübergang im Zusammenhang mit einem Erbfall. Die Pfandbriefe gehören dann zu der Erbmasse. Das Gleiche gilt für Pfandbriefe, die Teil eines Unternehmens sind, soweit sich aus dem Rechtsgeschäft, das das Unternehmen zum Gegenstand hat, nichts anderes ergibt.[178] In diesen Fällen haben die Sondervorschriften Vorrang.

---

[175] Die Verletzung des § 8 Abs. 1 HBG kann aber den Emittenten gegenüber den Pfandbriefgläubigern dafür schadensersatzpflichtig machen; *Hofmann*, (1964), § 8 HBG Rn. 9.

[176] Hierzu S. 328 f.

[177] Die Anleihebedingungen sind als allgemeine Geschäftsbedingungen anzusehen; vgl. *Stucke*, (1988), 257 ff.; *Than*, FS Theodor Heinsius (1991), 809, 828 f.

[178] Vgl. Art. 55^2 ZGB.

aa. Übertragung des Inhaberpfandbriefes

(1) Allgemeines

Der Inhaberpfandbrief ist wie jedes Inhaberpapier dadurch gekennzeichnet, dass bei ihm die herkömmliche Transport-, Legitimations- sowie Gewährleistungsfunktion der Wertpapiere in vollkommener Weise ausgebildet sind. Zunächst wird Wert auf die formelle Legitimation gelegt. Der Berechtigte aus dem Inhaberpapier ist derjenige, der das Papier innehat. Deshalb reicht schon eine bloße Innehabung des Pfandbriefes zur Geltendmachung des verbrieften Rechtes aus. Der Schuldner ist nicht verpflichtet und bei Massenpapieren auch gar nicht in der Lage, die materielle Legitimation des formell Berechtigten zu prüfen. Leistet er aufgrund der Vorlage des Wertpapiers, so ist er grundsätzlich von seiner Verbindlichkeit befreit.[179] Hier ist die Legitimationsfunktion des Wertpapiers in ihrer stärksten Form vorhanden. Andererseits kann jeder Erwerber des Inhaberpfandbriefes damit rechnen, dass er das in ihm inkorporierte Recht tatsächlich erwirbt. Der Schuldner kann gegen den Inhaber des Pfandbriefes Einwendungen nur in einem sehr begrenzten Maße erheben, und zwar nur solche, die die Gültigkeit der Ausstellung betreffen, sich aus der Urkunde ergeben oder dem Schuldner unmittelbar gegen den Inhaber zustehen.[180] Durch diese Beschränkung der Einwendungen wird ein hohes Sicherheitsniveau gewährleistet und ebenfalls die höchste Stufe der Gewährleistungsfunktion des Wertpapiers verwirklicht. Inhaberpfandbriefe sind also durch den höchsten Grad der Umlauffähigkeit gekennzeichnet.

---

[179] Es sei denn, er handelt bösgläubig (Art. 921[7] ZGB). Der aus dem Inhaberpapier Verpflichtete wird also nicht befreit, wenn er das Fehlen der materiellen Legitimation kannte oder kennen musste. Zugunsten des Inhabers gelten aber gleichzeitig die widerlegbaren Vermutungen, dass der Besitz mit der wahren Rechtslage übereinstimmt und dass der Inhaber Eigenbesitzer ist (Artt. 339 und 341 ZGB). Hat der Wertpapierschuldner einen begründeten Zweifel daran, dass der Inhaber des Papiers der Gläubiger ist, so ist er im polnischen Recht verpflichtet, den Gegenstand der Leistung bei Gericht zu hinterlegen (Art. 921[11] Abs. 1 ZGB). Da der Aussteller die Beweislast für eine fehlende Berechtigung trägt, wird in der deutschen Literatur (*Staudinger(-Marburger)*, (2002), § 793 BGB, Rn. 27 f.) zusätzlich gefordert, dass er den materiellen Legitimationsmangel für ihn beweisen sollte, um negative Rechtsfolgen der Leistungsverweigerung zu vermeiden. Dieser Beweis sei für ihn ohnehin unschwer.

[180] Vgl. § 796 BGB; so auch im polnischen Recht aber mit abgeschwächter Wirkung, weil sich der Schuldner auch auf Einwendungen berufen kann, die ihm gegen den vorherigen Gläubiger zustehen, wenn der Erwerber des Papiers vorsätzlich zum Schaden des Schuldners gehandelt hat (Art. 921[13] S. 2 ZGB).

(2) Übertragungsart

(a) Anwendung der sachenrechtlichen Regeln

Im traditionellen Wertpapierumlauf erfolgt die Übertragung einer Forderung aus einer Inhaberpapierurkunde durch Übertragung des Eigentums an dem Papier.[181] Angewandt werden also sachenrechtliche Vorschriften über die Übertragung des Eigentums an beweglichen Sachen,[182] die sich aber im deutschen und polnischen im Einzelnen deutlich voneinander unterscheiden.[183] Trotz dieser Unterschiede ist in beiden Rechtssystemen zur Übertragung des Eigentums an dem Inhaberpapier die Übergabe und sachenrechtliche Einigung erforderlich. Mit dem Eigentumserwerb an der Urkunde wird gleichzeitig in der Regel das in dieser Urkunde verbriefte Recht erworben. Zur Veranschaulichung dieser Transportfunktion des Papiers wird oft die Formulierung verwandt, dass das Recht aus dem Papier dem Recht an dem Papier folgt.[184]

Infolge der Anwendung der sachenrechtlichen Normen kann der Inhaberpfandbrief gutgläubig erworben werden. Der Erwerb des Inhaberpapiers vom Nichtberechtigten ist im Vergleich zu anderen beweglichen Sachen erleichtert. Der Erwerber erwirbt das Eigentum an dem Inhaberpapier schon zu dem Zeit-

---

[181] Es ist strittig, ob die Übertragung des im Inhaberpapier verbrieften Rechtes auch durch Abtretung zulässig ist. In der polnischen Lehre hat sich *Włodyka*(*-Zawada*) ((1996), 24) für die Zulassung der Abtretung geäußert; aA *Bieniek*(*-Żuławska*), (2001), 715 f. Die Zulassung der Abtretung wird auch von der herrschenden deutschen Meinung bejaht; *Hueck/Canaris*, (1986), § 1 I 5 b und § 2 III 3 a; *Zöllner*, (1987), § 2 II 1 b; *Staudinger*(*-Marburger*), (2002), Vorbem zu §§ 793 - 808 BGB Rn. 7.

[182] Vgl. Artt. 155 ff ZGB, §§ 929 ff. BGB.

[183] Grundsätzlich wird zwischen der kausalen und abstrakten Tradition sowie zwischen dem Einheits- und Trennungsprinzip unterschieden. Das polnische Recht folgt dem sog. Kausalitätsprinzip. Es besagt, dass der Eigentumserwerb von einer gültigen *causa* abhängt, die in der Regel im schuldrechtlichen Vertrag liegt. Ist der Vertrag nichtig, so gibt es keinen Eigentumserwerb. Der polnische Gesetzgeber hat das französische Modell gewählt. Nach Art. 156 ZGB ist also die Wirksamkeit des Verfügungsgeschäfts vom Vorhandensein der gültigen Verpflichtung abhängig. Nach dem polnischen Recht geht das Eigentum an Speziessachen schon mit dem Abschluss des obligatorischen Geschäftes, etwa des Kauf-, Tausch-, Schenkungsvertrags auf den Erwerber über (Art. 155 § 1 ZGB). Das Eigentum an Speziessachen geht also *solo consensu* über und die Übergabe der Sache ist nicht erforderlich (Einheitsprinzip); hierzu *Rudnicki*, (1999), 103 ff.; *Gniewek*, (2000), 84 f. Umgekehrt sehen die Voraussetzungen zum Eigentumserwerb im deutschen Recht aus. Hier wird der sog. abstrakten Tradition, dem Abstraktionsprinzip, gefolgt. Für den Eigentumserwerb wird kein obligatorischer Vertrag, keine *causa*, verlangt. Der dingliche Vertrag reicht aus. Nach § 929 BGB genügt zur Übertragung des Eigentums an beweglichen Sachen die Übergabe der Sache und die dingliche Einigung, dass das Eigentum übergeht; hierzu *Palandt*(*-Bassenge*), (2005), § 929 BGB Rn. 2 ff.

[184] Kritisch dazu *Zöllner* ((1987), 10 f.), der betont, dass dieser Satz verfehlt ist, da nicht jede Veränderung der Eigentumslage (z.B. der Erwerb des Wertpapiers als Altpapier) zu einer Veränderung der Gläubigerstellung führt.

punkt seiner Inbesitznahme auch dann, wenn das Papier gestohlen worden, verloren gegangen oder auf andere Weise abhanden gekommen ist.[185]

(b) Übergabearten

Während die Übergabe des Inhaberpfandbriefes zum Erwerb des verbrieften Rechtes und dann zu dessen Geltendmachung unentbehrlich ist, ist gesetzlich nicht geklärt, welche Übergabearten in Frage kommen. Bei der Übergabe ist selbstverständlich in erster Linie an die körperliche Übergabe gedacht. Die Übergabe von Hand zu Hand kann aber den wirtschaftlichen Bedürfnissen des traditionellen Umlaufs widersprechen. Damit stellt sich die Frage, ob die Pfandbriefübergabe die Verschaffung der unmittelbaren Sachherrschaft am Papier verlangt oder ob andere Übergabearten, insbesondere eine Übergabe durch Erklärung und Besitzanweisung, bei der Pfandbriefübergabe verwendet werden können.

Von der Sicherheit des nicht-öffentlichen und gleichzeitig traditionellen Wertpapierverkehrs ausgehend wird in der polnischen Literatur die Ansicht vertreten, dass andere Übergangsformen als die körperliche Übergabe bei Inhaberpfandbriefen ausgeschlossen sind.[186] Die körperliche Übergabe der Pfandbriefurkunde könne insbesondere nicht durch die Besitzanweisung ersetzt werden, weil die Anwendung der Besitzanweisung gegen die Prinzipien der Bestimmung der formellen Legitimation verstoße. Der Schuldner sei bei Inhaberpapieren nach Art. 921^{11} § 1 ZGB nicht verpflichtet zu prüfen, ob der Inhaber des Papiers dessen Eigentümer ist, da dies mit der Innehabung der Urkunde vermutet werde. Die Besitzanweisung verletze also den Sicherheitsschutz des Rechtsverkehrs. Aus denselben Gründen sei daher auch das Besitzkonstitut abzulehnen.

Indes ist zu differenzieren. Die Gefahr bei der Besitzanweisung besteht darin, dass ein unmittelbarer Pfandbriefbesitzer vertragswidrig gegen den Pfandbriefberechtigten handeln kann. Die Gefahr liegt also in der Person, die unmittelbar über den Inhaberpfandbrief verfügt. Wird der Pfandbrief bei einer Bank, also bei einer vertrauenswürdigen Institution im Depot hinterlegt, so dürfte die Pfandbriefübergabe durch die Besitzanweisung den Interessen des Pfandbrief-

[185] Die in Art. 169 § 2 ZGB vorgesehene Regelung, nach der der gutgläubige Erwerb an einer dem Eigentümer verloren gegangenen, gestohlenen oder sonst abhanden gekommenen beweglichen Sache erst nach Ablauf der Dreijahresfrist möglich ist, fällt bei Inhaberpapieren weg. Diese Zeitbedingung des gutgläubigen Erwerbs an gestohlenen oder sonst abhanden gekommenen Sachen ist dagegen dem deutschen Recht nicht bekannt; zum gutgläubigen Erwerb an Inhaberpapieren vgl. § 935 Abs. 2 BGB. Eine Sonderregelung für Banken enthält § 367 Abs. 1 HGB, nach dem der gutgläubige Erwerb in der Regel ausgeschlossen ist, wenn die Bekanntmachung des Verlustes im Bundesanzeiger veröffentlicht wurde und seit dem Ablauf des Jahres, in dem die Veröffentlichung erfolgt ist, nicht mehr als ein Jahr verstrichen war; vgl. *Hueck/Canaris*, (1986), § 24 III 1.

[186] *Pietrasik/Rykowski*, (2000), 163 ff.

erwerbers nicht wirklich schaden können, sondern ihn im Gegenteil schützen, weil sie die Gefahr des Papierverlustes durch eine Vernichtung, ein Abhandenkommen oder eine rechtswidrige Wegnahme ausschließt, die mit der körperlichen Übergabe auftreten kann.[187] Die Besitzanweisung erhöht in diesem Fall die Sicherheit des Rechtsverkehrs und führt zugleich zu dessen Vereinfachung. Werden traditionelle Pfandbriefe im öffentlichen Depot hinterlegt, so ist daher die Zulassung der Besitzanweisung und des Besitzkonstituts zu bejahen.[188] Allerdings kommt dieser Frage in dem heutigen Effektenverkehr keine große praktische Bedeutung zu, weil er grundsätzlich stückelos läuft. Effektive Stücke werden kaum ausgegeben.

bb. Übertragung des Namenspfandbriefes

Andere Regelungen gelten bei Namenspfandbriefen. Zunächst lautet der Pfandbrief auf eine bestimmte Person und wird nicht sachenrechtlich, sondern durch schuldrechtliche Abtretung (Zession) übertragen.[189] Der Abtretungsvertrag kann grundsätzlich formlos geschlossen werden. Für Wertpapiere ist aber die schriftliche Form aus Beweisgründen[190] (*ad probationem*) vorgesehen, weil die Forderung schriftlich festgestellt ist.[191] Die nach Art. 921^{6} ZGB erforderliche Innehabung der Urkunde zur Geltendmachung des verbrieften Rechts gilt zwar auch für Namenspapiere, aber anders als bei Inhaberpapieren wird in Bezug auf die Innehabung keine materielle Legitimation vermutet. Das Vorlegen des Namenspapiers genügt also nicht zur Geltendmachung des verbrieften Rechtes. Der Besitzer muss vielmehr nachweisen, dass ihm das verbriefte Recht zusteht, wobei die Einhaltung der schriftlichen Form der Abtretung hier eben eine wichtige Rolle spielen kann. Je mehr Abtretungen vorliegen, desto schwieriger wird es für den letzten Zessionar, der die verbrieften Forderungen geltend machen will. Er muss nämlich eine Kette rechtswirksamer Zessionen nachweisen. Mit der formellen Kontrolle wie bei Orderpapieren wird sich der Schuldner nicht zufrieden geben. Der Schuldner kann also ohne jede negative Wirkung für sich seine Leistung so lange verweigern, bis der Besitzer diesen Beweis erbringt.

Zusätzlich zur Abtretung verlangt Art. 921^{8} ZGB zum Forderungserwerb die Übergabe der Urkunde. Hier sind alle die in den Artt. 349 - 351 ZGB vorgesehenen Übergabearten[192] bei Namenspfandbriefen möglich. Das liegt in der Aus-

---

[187] *Koziorowski*, (1997), 37; *Sobolewski*, (1997), 129.

[188] *Koziorowski*, (1997), 37.

[189] Vgl. Artt. 509 - 516 ZGB; §§ 398 - 413 BGB.

[190] Bei einer Nichtwahrung dieser Form ist die Abtretung wirksam. Der Zeugenbeweis sowie der Beweis durch Parteivernehmung hinsichtlich der Tatsache der Vornahme der Rechtsgeschäftes sind im Prozess aber unzulässig; vgl. Art. 74 § 1 ZGB.

[191] Vgl. Art. 511 ZGB; zum deutschen Recht *Palandt(-Heinrichs)*, (2005), § 398 BGB Rn. 8.

[192] Es handelt sich um *constitutum possessorium* (Art. 349 ZGB), *traditio longo manu* (Besitzanweisung - Art. 350 ZGB) sowie *traditio brevi manu* (Art. 351 ZGB).

gestaltung der formellen Legitimation. Bei Namenspfandbriefen ist die bloße Innehabung des Papiers zur Ausübung des verbrieften Rechtes nicht ausreichend; daher kann der Gewahrsam des Pfandbriefes durch einen Dritten dem Berechtigten nicht wirklich schaden. Allerdings besteht, wenn der veräußerte Namenspfandbrief in der Herrschaft des bisherigen Besitzers bleibt, also beim Besitzkonstitut (*constitutum possessorium*), die Gefahr, dass dieser das in der Urkunde verbriefte Recht vertragswidrig geltend macht.

Das deutsche Recht kennt dagegen keine allgemeine Vorschrift, die die Gültigkeit der Übertragung des im Namenspapier verbrieften Rechtes von dessen Übergabe abhängig macht. Obwohl also eine Besitzübertragung des Papiers zur Übertragung des im Namenspapier verbrieften Rechtes nicht verlangt wird,[193] ist die Übergabe des Papiers zur Ausübung des verbrieften Rechtes notwendig.[194] Darüber hinaus geht das Recht am Papier *ipso iure* auf den Zessionar über, und dem Erwerber steht der Herausgabeanspruch zu. Dadurch folgt das Recht am Papier dem Recht aus dem Papier.

Der Zessionar wird nicht durch seinen guten Glauben geschützt. Hier wird das Prinzip *nemo in alium plus iuris transferre postest quam ipse habet* im vollen Umfang verwirklicht.[195] Der Zessionar kann das Recht also nur in der Form erhalten, in der es seinem Vormann zustand. Deswegen gewährleistet das Wertpapier, das durch Abtretung übertragen wird, dem Inhaber nicht, dass das Recht mit dem in der Urkunde bezeichneten Inhalt besteht; der Wertpapierschuldner kann Einwendungen erheben, die sich nicht aus dem Inhalt der Urkunde ergeben. Die Gewährleistungsfunktion des Wertpapiers wird hier also nicht erfüllt. Das Gleiche gilt auch für die Transportfunktion. Die Legitimationsfunktion wirkt sich nur in abgeschwächtem Umfang aus, weil die Innehabung des Papiers zwar erforderlich ist, aber zur Geltendmachung des verbrieften Rechtes nicht genügt.

---

[193] Die bei einigen Rektapapieren, etwa dem Hypothekenbrief, erforderliche Übergabe ist nicht verallgemeinerungsfähig; *Hueck/Canaris*, (1986), § 1 I 5 b, § 2 III 1 a; *Zöllner*, (1987), § 2 II 2 c. Nach Art. 921[8] ZGB ist dagegen die Übergabe bei Namenspapieren konstitutiv; kritisch dazu *Włodyka*(*-Zawada*), (1996), 39; aA *Bieniek*(*-Żuławska*), (2001), 703.

[194] Im deutschen Recht sind auch alle Übertragungsarten zugelassen. Hier finden die Vorschriften der §§ 929 S. 2 (*traditio brevi manu*), 930 (*constitutum possessorium*), 931 (Besitzanweisung) BGB Anwendung. Das wird für den Hypothekenbrief *expressis verbis* im § 1117 BGB bestätigt; vgl. *Zöllner*, (1987), § 2 II 2 c.

[195] Vgl. *Radwański*, (2001), Rn. 876.

d. Kraftloserklärung

aa. Polnische Regelung

Der Vergleich von traditionellen Namens- und Inhaberpfandbriefen ergibt noch einen weiteren wichtigen Unterschied. Beim Verlust des Papiers als Rechtsträger steht dem Namenspfandbriefgläubiger die Kraftloserklärung zur Verfügung, mit deren Hilfe er seine verlorene Papierinnehabung wiederherstellen kann. Dieses Rechtinstitut, das eben der Restitution der formellen Legitimation dient, kennt das polnische Recht nur in Bezug auf Namenspfandbriefe.[196] Bei Inhaberpapieren steht der Verlust des Papiers dem Rechtsverlust aus dem Papier gleich, was wiederum im engen Zusammenhang mit der Übertragungsform, dem gutgläubigen Erwerb der Inhaberpfandbriefe, also mit seiner Transport-, Garantie- und Legitimationsfunktion zu sehen ist.

Das polnische Zivilgesetzbuch verweist bei der Kraftloserklärung auf Sondervorschriften (Art. 921[14] Abs. 1 ZGB). Die Kraftloserklärung der Pfandbriefe wird nach dem KED vorgenommen. Nach Art. 1 Abs. 1 KED kann die Urkunde, deren Innehabung zur Verfügung über das mit dieser Urkunde verbundene Recht erforderlich ist, im Falle ihres Verlustes infolge Vernichtung, Abhandenkommens oder rechtswidriger Wegnahme auf Antrag des letzten rechtmäßigen Besitzers[197] für kraftlos erklärt werden. Art. 2 KED schließt allerdings die Kraftloserklärung mancher Urkunden aus. Darunter fallen u.a. Papiergeld, Banknoten und andere auf Sicht zahlbare Urkunden,[198] also auch Inhaberpfandbriefe, sowie Urkunden mit Ausschluss der Kraftloserklärung. Daher können sogar Namenspfandbriefe nicht für kraftlos erklärt werden, wenn aus ihrem Inhalt klar und deutlich hervorgeht, dass die Kraftloserklärung für sie ausgeschlossen ist.[199]

Zuständig für die Kraftloserklärung ist das Gericht, in dessen Bezirk der Pfandbriefaussteller seinen Sitz hat.[200] Die wirksame Kraftloserklärung hat die Trennung der Pfandbriefforderung von seinem Träger (Papier) zur Folge und ver-

---

[196] Vgl. Art. 2 Nr. 1 KED; *Michalski*, PPW 12/2000, 5; *Heropolitańska/Michalski*, (2001), 546 f. Dasselbe gilt für andere Schuldverschreibungen. Gemäß Art. 26 OG unterliegt die Namensschuldverschreibung im Falle des Verlustes der Erneuerung durch das Gericht nach der für die Annullierung der verlorenen Urkunden geeigneten Weise. Die Kraftloserklärung der Inhaberschuldverschreibungen ist *e contrario* ausgeschlossen.

[197] Der Antrag auf Kraftloserklärung kann zugunsten des letzten rechtmäßigen Besitzers auch von jeder Person, die ein Rechtsinteresse in der Kraftloserklärung hat, gestellt werden; vgl. Art. 1 Abs. 2 KED.

[198] Auf Sicht zahlbar ist eine Inhaberurkunde, die Geldforderungen verbrieft; vgl. *Sobolewski*, (1997), 177.

[199] *Michalski*, PPW 12/2000, 5; *Heropolitańska/Michalski*, (2001), 399 f.

[200] Bei Urkunden, die das im Grundbuch eingetragene Recht bestätigen, ist ausschließlich das Gericht zuständig, in dessen Bezirk sich das Grundbuch befindet; vgl. Art. 4 Abs. 3 KED.

pflichtet den Pfandbriefemittenten, der Person, auf deren Antrag die Kraftloserklärung erfolgte, auf deren Kosten eine neue Urkunde auszugeben und bei Fälligkeit der Forderung die Geldleistung zu erbringen.[201] Mit dem Antrag auf Kraftloserklärung kann der Antrag verbunden werden, unter Androhung der Unwirksamkeit die Vornahme irgendwelcher Geschäfte zu verbieten, die sich auf die Rechte aus der verlorenen Urkunde beziehen. Dem Pfandbriefaussteller kann auch vom Gericht verboten werden, die Auszahlungen aus der Pfandbriefurkunde vorzunehmen sowie diese Urkunde gegen ein neues Papier auszutauschen (Zahlungssperre).[202] Rechte des materiell Berechtigten können also schon während des Aufgebotsverfahrens geschützt und dadurch negative Folgen vermieden werden, die mit einem gutgläubigen Erwerb sowie mit der Befreiung des Schuldners durch Zahlung an den Urkundeninhaber zusammenhängen. Darüber hinaus hat das Gericht über diesen Antrag unverzüglich zu entscheiden. Der vorläufige Gerichtsbeschluss, der dem Antrag stattgibt, wird dem Pfandbriefaussteller sowie anderen Teilnehmern von Amts wegen zugestellt. Das Zustellungsdatum ist für diesen Wirkungsschutz ausschlaggebend.

bb. Deutsche Regelung

Das deutsche Recht regelt die Kraftloserklärung ausdrücklich im BGB und in der ZPO.[203] Die Kraftloserklärung gewährt auch in Deutschland dem sachlich berechtigten Inhaber einen gewissen Schutz, dessen Zweck es ist, diesem das Recht trotz Verlustes oder Vernichtung der Urkunde zu erhalten, indem der Rechtsschein der abhanden gekommenen[204] Urkunde zerstört und die Geltendmachung des Rechts auch ohne Urkunde möglich wird. Im deutschen Recht können im Unterschied zum polnischen beide Wertpapierarten für kraftlos erklärt werden, d.h. eine Einschränkung auf die Namenspapiere gibt es nicht. § 799 BGB bezieht sich vielmehr ausdrücklich auch auf Inhaberschuldverschreibungen.[205]

Traditionelle Inhaberpfandbriefe, die vernichtet werden oder abhanden gekommen sind, können also im Wege des Aufgebotsverfahrens nach den §§ 1003 ff. ZPO für kraftlos erklärt werden. Maßgebend für die Gerichtszuständigkeit ist primär nicht wie in Polen der Sitz des Pfandbriefausstellers, sondern der in der Urkunde benannte Erfüllungsort. Erst wenn die Urkunde die Bezeichnung des

---

[201] Vgl. Art. 11 Abs. 1 KED sowie Art. 921[14] Abs. 2 ZGB.

[202] Vgl. Art. 6 Abs. 1 KED.

[203] Vgl. §§ 799, 800 BGB iVm §§ 1003 ff., 1017 f. ZPO.

[204] Dabei ist der Begriff des Abhandenkommens nach herrschender Meinung nicht mit dem in § 935 Abs. 1 BGB zu vergleichen; OLG Stuttgart 28.4.1955, NJW 1955, 1154, 1155 mwN; *Erman(-Heckelmann)*, (2004), § 799 Rn. 1; für die Gleichbedeutung der Begriffe vgl. RG 21.1.1921, RGZ 101, 224, 225; 5.5.1937, RGZ 155, 72, 74.

[205] Schuldverschreibungen im Sinne des § 793 BGB sind die auf den Inhaber lautenden in Einzel- oder Globalurkunden verbrieften Anleihen ohne Rücksicht auf den Status des Emittenten.

Erfüllungsortes nicht enthält, ist das Gericht zuständig, bei dem der Pfandbriefaussteller seinen allgemeinen Gerichtsstand hat, und in Ermangelung eines solchen Gerichts dasjenige, bei dem der Emittent zur Zeit der Ausstellung seinen allgemeinen Gerichtsstand gehabt hat (§ 1005 Abs. 1 ZPO).

Urkunden, die für kraftlos erklärt werden können, geben also den berechtigten Inhabern einen besonderen Schutz, der darin besteht, dass die für kraftlos erklärte Urkunde ihre Legitimationswirkung verliert und der Schuldner durch die Leistung an den Papierinhaber nicht befreit wird.[206] Antragsberechtigt für das Aufgebotsverfahren ist im Falle des Inhaberpfandbriefes der letzte Inhaber der abhanden gekommenen oder vernichteten Urkunde, ohne Rücksicht auf seine sachliche Berechtigung. Bei einem Namenspfandbrief steht dagegen demjenigen der Antrag zu, der das Recht aus diesem Namenspfandbrief geltend machen kann.[207]

Das Ausschlussurteil berechtigt zur Geltendmachung der Rechte aus dem Pfandbrief. Dem erfolgreichen Aufbieter steht insbesondere ein dem polnischen entsprechender Erneuerungsanspruch zur Verfügung, aufgrund dessen die Ausstellung einer neuen Urkunde anstelle der für kraftlos erklärten verlangt werden kann (§ 800 BGB). Es ist in der deutschen Literatur strittig, ob dieses Urteil dem erfolgreichen, aber nicht wirklich berechtigten Aufbieter gleichzeitig eine materielle Legitimation sowohl im Verhältnis zum Schuldner als auch zum wahren Berechtigten verschafft. Nach einer Ansicht[208] ist dies für den Schuldner zu bejahen. Zutreffend erscheint aber die Gegenmeinung,[209] nach der das Ausschlussurteil, das die alte Urkunde für kraftlos erklärt (§ 1017 Abs. 1 ZPO), nur die formelle Legitimation, nicht aber die materielle Berechtigung aus der Schuldverschreibung verändert.[210] Das Ausschlussurteil ersetzt ausschließlich die Urkunde und ermöglicht dadurch die Geltendmachung der in der verlorenen Urkunde verbrieften Rechte. Das Ziel des Aufgebotsverfahrens ist auch nicht die Herstellung der materiellen Legitimation, die übrigens nicht der Gegenstand des Aufgebotsverfahrens ist, sondern die Befreiung von der Urkundenvorlegung. Das Urteil kann also dem Aufbieter nicht mehr Rechte verschaffen, als er aufgrund der für kraftlos erklärten Urkunde hatte.[211] Hatte er sein Recht vor oder während des Aufgebotsverfahrens durch gutgläubigen Erwerb eines Dritten verloren, so wird er

---

206 Dieser kann das verbriefte Recht weder gegenüber dem Schuldner durchsetzen noch mit Hilfe der Urkunde übertragen; ein gutgläubiger Erwerb ist ausgeschlossen. Während des Verfahrens kann das verbriefte Recht aufgrund der aufgebotenen Urkunde noch gutgläubig erworben werden; vgl. *Zöllner*, (1987), § 7 II 1 c.

207 Vgl. § 1004 Abs. 2 ZPO.

208 Vgl. BGH 18.9.1958, JZ 1958, 746; *Baumbach/Hefermehl*, (2001), Art. 90 WG Rn. 3.

209 Vgl. *Hueck/Canaris*, (1986), § 16 III; *Zöllner*, (1987), § 7 II 1d.; *Staudinger(-Marburger)*, (2002), § 799 BGB Rn. 8; MünchKomm(-*Hüffer*), (2004), § 799 BGB, Rn. 9.

210 Hierzu *Zöllner*, (1987), § 7 II 1d; *Canaris*, in: *Staub*, (2004), § 365 HGB Rn. 41 ff.

211 OLG Hamm 4.11.1975, WM 1976, 198 f.

auch durch das Urteil nicht materiell berechtigt.[212] Zu seiner Sicherung kann der Aufbieter während des Aufgebotsverfahrens unter den Voraussetzungen der §§ 1020, 1015 S. 2 ZPO schon vor der Einleitung des Verfahrens eine gerichtliche Zahlungssperre herbeiführen (§ 1019 Abs. 1 ZPO).

Nicht zulässig ist die Kraftloserklärung jedoch, wenn sie in der Urkunde von dem Aussteller ausdrücklich ausgeschlossen worden ist. § 799 BGB hat also - wie im polnischen Recht - grundsätzlich dispositiven Charakter.[213] Die Kraftloserklärung gilt auch nicht für Nebenpapiere (Zins-, Renten- und Gewinnanteilscheine), die in § 807 BGB genannten Inhaberkarten und -marken[214] sowie die auf Sicht zahlbaren unverzinslichen Schuldverschreibungen.[215] Darunter fallen nicht Pfandbriefe, weil sie verzinsliche Schuldverschreibungen sind. Der deutsche Gesetzgeber hat also im Unterschied zu dem polnischen, der alle auf Sicht zahlbaren Wertpapiere aus dem Aufgebotsverfahren ausgeschlossen hat,[216] bemerkenswerter Weise die Zulässigkeit der Kraftloserklärung davon abhängig gemacht, dass die Schuldverschreibung verzinslich ist. Bei unverzinslichen Schuldverschreibungen hat er die Kraftloserklärung ausgeschlossen, da sie geldähnlichen Charakter haben.[217]

2. Pfandbrief als Sammelurkunde

a. Vorbemerkung

Nach dem Zweiten Weltkrieg kannte das polnische Wirtschaftsleben jahrelang keinen Wertpapierumlauf.[218] Es gab dafür keinen Platz in der kommunistischen Planwirtschaft und die vom Staat ausgegebenen Wertpapiere waren nicht für einen aktiven Umlauf gedacht. Zudem fehlten geeignete Rechtsinstitutionen wie Börse, Wertpapiersammelbank oder Makler. Die Nationalisierung der Industrie, insbesondere die Umwandlung der Handelsgesellschaften in Staatsunternehmen oder Genossenschaftsunternehmen verdrängte den Wertpapierumlauf. Nach der

---

[212] *Staudinger(-Marburger)*, (2002), § 799 BGB Rn. 8.

[213] Für eine enge Interpretation der Ausschlussmöglichkeit wegen der Rechtsbeeinträchtigung des bisherigen Berechtigten *Staudinger(-Marburger)*, (2002), § 799 BGB, Rn. 4.

[214] In § 807 BGB fehlt ein Verweis auf § 799 BGB.

[215] Vgl. § 799 Abs. 1 S. 2 BGB.

[216] Vgl. Art. 2 Nr. 1 KED.

[217] MünchKomm(-*Hüffer*), (2004), § 799 BGB Rn. 3.

[218] Zwischen dem ersten und dem zweiten Weltkrieg arbeitete die polnische Börse aufgrund der Verordnung des Präsidenten vom 28.12.1924 über die Organisation der Börsen (Dz.U. 1930 Nr. 23, Pos. 209). Diese Vorschriften wurden durch Art. 13 des Dekrets vom 21.9.1950 über die staatliche Handelsinspektion (Dz.U. 1950 Nr. 44, Pos. 396) mit der Wirkung zum 4.10.1950 abgeschafft.

Wende haben die Vorbereitungsarbeiten mit der Widergründung der Börse in Polen schon 1989 begonnen. Als Vorbild wählte der polnische Gesetzgeber das französische Modell.[219] Mit der Verabschiedung des Gesetzes über den öffentlichen Wertpapierumlauf und Treuhandfonds[220] am 22. März 1991 durch den polnischen Sejm wurde eine rechtliche Grundlage für die Entwicklung des geregelten Kapitalmarkts geschaffen. Basierend auf Erfahrungen verschiedener westeuropäischer Länder, in denen sich der Kapitalmarkt seit Jahrzehnten etabliert hat, entschloss man sich, den öffentlichen Wertpapierumlauf zu entmaterialisieren. Damit wurden viele Zwischenstufen des Wertpapierumlaufs übersprungen, die für die geschichtliche Entwicklung der Wertpapiere charakteristisch sind. Auch eine wissenschaftliche Auseinandersetzung mit dem Wertpapierwesen hat in Polen naturgemäß nicht stattgefunden. Mit der Zulassung des entmaterialisierten Wertpapiers hat sich der polnische Gesetzgeber nicht nur an die Bedürfnisse des heutigen Kapitalmarktes angepasst, sondern sogar manche Länder überholt, in denen sich die Entmaterialisierungsidee immer noch nicht gesetzlich durchgesetzt hat. Das gilt vor allem für Deutschland, wo es erstaunlicherweise bis heute keine gesetzliche Grundlage für die völlige Entmaterialisierung im Bereich der Kapitalwertpapiere gibt. Während also die Sammelurkunde in Deutschland die am weitesten rationalisierte Form des Pfandbriefes darstellt, ist die Entmaterialisierung in Polen für den öffentlichen Umlauf obligatorisch. Bei der Darstellung der Rationalisierungsvorgänge und der Sammelurkunde als Erscheinungsform der Pfandbriefe ist daher von der deutschen Rechtslage auszugehen.

b. Der Verlauf der Rationalisierung

aa. Streifbanddepot

Wie bei allen anderen Effekten brachte die Emission von effektiven Pfandbriefstücken viele Probleme mit sich. Zunächst waren effektive Stücke für die Pfandbriefberechtigten problematisch, weil diese mit der großen Anzahl von Einzelurkunden oft nur schwer umgehen konnten. Häufig bereitete auch eine sichere Eigenverwahrung Schwierigkeiten. Andererseits konnte der Verlust von umlauffähigen Pfandbriefen zum Eigentumserwerb eines gutgläubigen Dritten führen. Um diesen Gefahren zu begegnen, wurden Pfandbriefe in einer Bank zum Depot hinterlegt. Am Anfang handelte es sich um eine Sonderverwahrung, die darin bestand, effektive Stücke einzelner Berechtigter gesondert und unter äußerlich erkennbarer Bezeichnung aufzubewahren und zu verwalten. Bei dieser Verwahrungsform verliert der bisherige Eigentümer nicht sein Eigentum und die von

[219] Als Muster für die Warschauer Börse fungierte die Börse in Lyon; vgl. *Mojak*, (2000), 5.
[220] Dz.U. 1991 Nr. 35, Pos. 155. Dieses Gesetz wurde später durch das RöUW ersetzt.

ihm deponierten Wertpapiere bleiben jederzeit identifizierbar.[221] Dieses zwar immer noch auf Verlangen des Hinterlegers mögliche Sonderdepot,[222] das auch wegen der traditionellen Verwendung von Streifbändern als Streifbanddepot bezeichnet wird,[223] war aber umständlich, kostspielig und für den Umlauf zu schwerfällig.[224]

bb. Sammelverwahrung

Daher ging die Praxis zur Sammelverwahrung über.[225] Sie vollzog damit einen wichtigen Schritt im Rahmen eines sinnvollen Rationalisierungsprozesses.[226] Entscheidend ist dabei, dass Wertpapiere nicht mehr nach Personen, sondern nach Wertpapierarten gesammelt und verwahrt werden, wobei nur vertretbare Wertpapiere sammeldepotfähig sind (§ 5 Abs. 1 DepotG).[227] Infolge dessen sind Einzelurkunden derselben Art untereinander nicht mehr unterscheidbar. Dem bisherigen Eigentümer[228] wird das Miteigentum[229] nach Bruchteilen an den zum Sammelbestand des Verwahrers gehörenden Wertpapieren derselben Art eingeräumt (§ 6 Abs. 1 DepotG). Darüber hinaus kann der Eigentümer nur die Auslieferung der Wertpapiere derselben Art und in demselben Wert, nicht aber die von ihm eingelieferten Stücke verlangen (§ 7 Abs. 1 DepotG). Die Übertragung der eingelieferten Wertpapiere kann auch durch Übertragung eines Miteigentumsanteils am Sammelbestand erfolgen. [230]

Mit der Sammelverwahrung ist allerdings nur ein verbessertes Instrumentarium zur Verwahrung von Wertpapieren eingeführt worden. Der Aussteller von

---

[221] Hierzu *Canaris*, (1981), Rn. 2101; *Peters*, (1983), 9 ff.

[222] Vgl. § 9a Abs. 1 iVm § 2 des Gesetzes über die Verwahrung und Anschaffung von Wertpapieren, dem Depotgesetz ((DepotG), Gesetz vom 4.2.1937 (RGBl. 1937 I 171), in der Neufassung der Bekanntmachung vom 11.1.1995 (BGBl. 1995 I 34), zuletzt geändert durch Art. 4 des Gesetzes zur Änderung insolvenzrechtlicher und kreditwesenwesenrechtlicher Vorschriften vom 8.12.1999 (BGBl. 1999 I 2384))

[223] *Canaris*, (1981), Rn. 2084.

[224] *Peters*, (1983), 10.

[225] Zu der geschichtlichen Entwicklung *Büchner*, (1956), 20 ff.

[226] *Hueck /Canaris*, (1986), § 1 III 1.

[227] Es handelt sich also um solche Wertpapiere, bei denen die Verfügung über das Recht durch formlose Verfügung über das Papier erfolgen kann und die ein gleichartiges Schicksal haben (*Büchner*, (1956), 42 f. Fn. 23). Sie müssen also untereinander austauschbar sein (vgl. *Peters*, (1983), 11 f.). Daher sind Namenspapiere nicht sammeldepotfähig.

[228] Der Hinterleger muss mit dem Eigentümer nicht identisch sein. Das Eigentum an eingelieferten Stücken kann auch mehreren Personen zustehen.

[229] Dabei handelt es sich nicht um Mieteigentumserwerb kraft Vermischung oder kraft Vertrages, sondern um einen Erwerbstatbestand *sui generis*. Das Miteigentum entsteht *ex lege*; dazu *Canaris*, (1981), Rn. 2104 f.; *Einsele*, (1995), 23 f.

[230] Zur rechtlichen Einordnung der Eigentumsübertragung beim Effektengiroverkehr *Einsele*, (1995), 64 ff.

Emissionen wird durch das Institut der Sammelverwahrung nicht davon befreit, auch Einzelurkunden ausgeben zu müssen. Der Wertpapiermarkt hat sich nach dem zweiten Weltkrieg jedoch dynamisch entwickelt und die Zahl der im Umlauf befindlichen Wertpapiere schnell vervielfacht.[231] Die Ausgabe von Einzelurkunden war nicht nur aufwendig, sondern zunehmend auch ungeeignet für Massenemissionen. Schwierigkeiten ergaben sich insbesondere bei kleinen Stückelungen. Die Herstellung der Einzelurkunden nahm erhebliche Zeit in Anspruch und überforderte die Druckereien. Der Aussteller war dabei mit erheblichen Druckkosten belastet, was wiederum seinen Gewinn beeinträchtigte.

cc. Globalurkunde

Diese Schwierigkeiten haben zu der Entwicklung der Globalurkunde[232] geführt, einem Meilenstein in dem Bestreben zur Rationalisierung des (Pfandbrief-) Effektenumlaufs. In Deutschland trat diese Form schon im Jahre 1938 auf. Die erste Globalurkunde wurde im Rahmen der Folgeausgaben der Schatzanweisungen des Deutschen Reiches ausgestellt und bei einer Wertpapiersammelbank hinterlegt. Die Globalurkunde wurde damals als alternative Form angeboten, die dem Berechtigten neben der Auslieferung der effektiven Stücke und der Eintragung des Betrags in das Reichsschuldbuch zur Wahl stand.[233] Nach dem Krieg wurden, je nach ihrer effektentechnischen Verwendungsart, drei Arten von Globalurkunden unterschieden,[234] die den Verdrängungsprozess der Einzelurkunde prägen.

Aus Mangel an geeigneten Bankräumlichkeiten für die Verwahrung der ständig steigenden Anzahl von Wertpapieren ist die sog. technische Globalurkunde[235] entstanden. Durch sie haben Wertpapierbanken bis zu 50 % der Einzelurkunden einer Wertpapierart ersetzt.[236] Um entsprechenden Wünschen entgegenzukommen, wurden daneben weiterhin viele effektive Stücke gedruckt. Der

---

[231] *Zöllner*, FS Ludwig Raiser (1974), 249, 252; der rapide Funktionsverlust des Verkörperungselements ist auch in Zahlen bei *Peters* ((1983), 21 f.) dargestellt; vgl. auch *Than*, FS Herbert Schimansky (1999), 821, 822.

[232] Die Begriffe „Sammelurkunde“ und „Globalurkunde“ werden gleichbedeutend verwendet; vgl. *Heinsius /Horn/Than*, (1975), § 9 a DepotG Rn. 3.

[233] Zu der geschichtlichen Entwicklung der Globalurkunde *Than*, FS Theodor Heinsius (1991), 809, 812 ff.

[234] *Heinsius /Horn/Than*, (1975), § 9 a DepotG Rn. 14 ff.; *Than*, FS Theodor Heinsius (1991), 809, 817 ff.

[235] Diese entspricht jedoch nicht den Druck-Richtlinien der Wertpapierbörsen und ist daher auch börsenmäßig nicht lieferbar; *Delorme*, (1970), 47; *Kümpel*, (2004), Rn. 11.233.

[236] Daher sind Einzelurkunden in der technischen Globalurkunde stückenummernmäßig aufzuführen; vgl. *Delorme*, (1970), 46.

Emittent verpflichtete sich zudem vertraglich, die Globalurkunde - je nach Bedarf - durch Einzelurkunden zu ersetzen.[237]

Die interimistische Globalurkunde verbrieft dagegen die gesamte Emission in einer einzelnen Urkunde. Sie hat aber von vornherein nur einen befristeten Charakter und ist als vorübergehender Ersatz für Einzelurkunden anzusehen. Ihre Ausstellung ermöglicht den amtlichen Handel auch vor Erscheinen der effektiven Stücke. Sie dient dann als Grundlage zur amtlichen Notierung einer Neuemission.[238]

Die höchste aber nicht letztmögliche Rationalisierungsstufe wurde in Deutschland mit der Dauerglobalurkunde erreicht. Sie ist für die Gesamtlaufzeit ausgestellt, verbleibt in einer Wertpapierbank und ist nicht zum Umlauf bestimmt. Die Auslieferung und Umwandlung der Globalurkunde in effektive Stücke muss dabei ausgeschlossen werden (§ 9 a Abs. 3 S. 2 DepotG).

Für diese von dem Streben nach einer sinnvollen Rationalisierung geprägte Entwicklung ist charakteristisch, dass sie von der Praxis getragen wurde. Der Gesetzgeber schaltete sich immer nur nachträglich ein und legalisierte eine längst etablierte Vorgehensweise. Dies trifft auch für die Globalurkunde zu, für die es lange Zeit keine ausdrückliche gesetzliche Grundlage gab. Die Globalurkunde wurde erst durch die Novelle des Depotgesetzes von 1972,[239] gesetzlich geregelt.[240]

c. Die Sammelurkunde im deutschen Recht

aa. Die Sammelurkunde im Depotgesetz

Die Sammelurkunde, eine weit verbreitete Erscheinungsform für deutsche Pfandbriefe, definiert § 9 a Abs. 1 DepotG als ein Wertpapier, das mehrere Rechte verbrieft, die jedes für sich in vertretbaren Wertpapieren einer und derselben Art verbrieft sein könnten. Die Sammelurkunde verkörpert also zumindest zwei Einzelrechte mit gleichem Inhalt.[241] Das DepotG ermöglicht dem Emittenten die nachträgliche Herstellung von Sammelurkunden.[242] Schon bei einer Wertpapier-

---

[237] *Delorme*, (1970), 45 ff.; *Than*, FS Theodor Heinsius (1991), 809, 813 f., 817 f.

[238] *Heinsius/Horn/Than*, (1975), § 9 a DepotG Rn. 15; *Than*, FS Theodor Heinsius (1991), 809, 818 ff.

[239] Gesetz zur Änderung des Gesetzes über die Verwahrung und Anschaffung von Wertpapieren vom 24.5.1972 (BGBl. 1972 I 801); zur Novelle *Bremer*, Die Aktiengesellschaft 1972, 363 ff.

[240] *Heinsius/Horn/Than*, (1975), § 9 a DepotG Rn. 1; *Peters*, (1983), 17; *Than*, FS Theodor Heinsius (1991), 809, 816; *Staudinger(-Marburger)*, (2002), Vorbem zu §§ 793 - 808 BGB Rn. 33; MünchKomm(-*Hüffer*), (2004), Vor § 793 BGB Rn. 33.

[241] Von der Sammelurkunde ist eine Einzelurkunde mit einem großen Betrag (das Großstück) deutlich zu unterscheiden; vgl. *Heinsius/Horn/Than*, (1975), § 9 a DepotG Rn. 11.

[242] Zu dem Ersetzungsrecht *Heinsius/Horn/Than*, (1975), § 9 a DepotG Rn. 29 ff.

sammelbank verwahrte Einzelstücke können nachträglich durch die Sammelurkunde ersetzt werden. Dieser Vorgang ist jederzeit und ohne Zustimmung der übrigen Berechtigten möglich.[243] In der Sammelurkunde kann aber von vornherein auch die ganze Emission verbrieft werden; in der Praxis ist dies häufig der Fall. Die globale Verbriefung aller Pfandbriefe aus derselben Emission in einer Sammelurkunde muss nicht zwangsweise bedeuten, dass der Pfandbriefgläubiger auf seinen Anspruch auf Auslieferung effektiver Stücke verzichtet. Ist die Emission der Einzelurkunde in den Emissionsbedingungen nicht ausgeschlossen, so ist die Hypothekenbank verpflichtet, auf Wunsch des Berechtigten Einzelpfandbriefurkunden auszuliefern. Da § 9 a Abs. 3 S. 2 DepotG die Abdingbarkeit der Ansprüche auf Auslieferung von Einzelstücken vorsieht, kann die Wertpapiersammelbank die Auslieferung der Einzelstücke nur dann verweigern, wenn der Aussteller nach dem zugrunde liegenden Rechtsverhältnis nicht verpflichtet ist, an die Inhaber der in der Sammelurkunde verbrieften Rechte einzelne Wertpapiere auszugeben. Dafür sind die Emissionsbedingungen maßgebend. Wird der Auslieferungsanspruch in den Emissionsbedingungen nicht deutlich ausgeschlossen, so kann der Pfandbriefberechtigte - aus welchem Grund auch immer - die Ausstellung der Einzelurkunde verlangen. In diesem Fall kann die Wertpapiersammelbank dem Berechtigten das gesetzliche Leistungsverweigerungsrecht[244] entgegensetzen, das allerdings befristet ist und darin besteht, dass während des zur Herstellung der einzelnen Wertpapiere erforderlichen Zeitraums die Auslieferung verweigert werden kann.[245] Ist die Auslieferung effektiver Stücke nach dem zugrunde liegenden Rechtsverhältnis ausgeschlossen, was in der Praxis der Regelfall ist,[246] so wird die Sammelurkunde nicht als vorübergehende Erscheinungsform des Pfandbriefes, sondern als Dauerform angesehen. Es liegt also eine Dauersammelurkunde vor, von der die Hypothekenbanken regelmäßig Gebrauch machen. Die Ausstellung der Pfandbriefemission in Form der Dauersammelurkunde hat zur Folge, dass der Pfandbriefgläubiger den von ihm erworbenen Pfandbrief nie zu sehen bekommt. Der Erwerb des Miteigentumsrechtes erfolgt ausschließlich im sog. Effektengiroverkehr. Dieser wurde nach dem Vorbild des bargeldlosen Zahlungsverkehrs geschaffen.[247]

[243] Vgl. § 9 a Abs. 1 DepotG; *Kümpel*, (2004), Rn. 11.236.
[244] Dieses wird auch als eine dilatorische Einrede bezeichnet; *Canaris*, (1981), Rn. 2133.
[245] Dieser Zeitraum wird vom DepotG nicht näher bestimmt, da er von praktischen Gegebenheiten abhängt, die im Einzelfall unterschiedlich ausfallen können. Bei normalen Verhältnissen sollen 3 - 4 Monate ausgesetzt werden; *Than*, FS Theodor Heinsius (1991), 809, 822.
[246] *Claussen*, (2003), § 9 Rn. 115.
[247] Zu den grundlegenden Unterschieden zwischen dem bargeldlosen Zahlungsverkehr und dem Effektengiroverkehr *Peters*, (1983), 14 f.

bb. Verwahrung der Sammelurkunde

Die Verwahrung von Sammelurkunden unterscheidet sich grundsätzlich nicht von der Verwahrung von Einzelurkunden. Die Eigenverwahrung von Globalurkunden durch den Pfandbriefgläubiger ist ausgeschlossen, da die Globalurkunde dem Zwangsgiro unterliegt.[248] Der ausgestellte Pfandbrief wird daher in der Wertpapiersammelbank deponiert. Zu den wichtigen Aufgaben der Clearstream Banking AG, die die Funktion der Wertpapiersammelbank in Deutschland wahrnimmt,[249] gehört nicht nur die Aufbewahrung von hinterlegten Pfandbriefen, sondern vor allem die Vermittlung des Pfandbriefumlaufs. Dazu steht ihr das Effektengiroverkehrsystem zur Verfügung. Dies besteht darin, dass der An- und Verkauf ohne die körperliche Bewegung von Pfandbriefen und damit durch eine bloße Umbuchung erfolgt.[250] Dabei wird die körperliche Übergabe durch die Einigung über den Übergang des Miteigentumsanteils und Umstellung des Besitzmittlungsverhältnisses ersetzt.[251] Der Pfandbriefgläubiger muss sich mit dem mehrfach gestuften[252] mittelbaren Mitbesitz an der Pfandbriefsammelurkunde zufrieden geben,[253] ohne einen Anspruch auf die Auslieferung effektiver Stücke zu haben.

cc. Keine Beeinträchtigung der Gläubiger durch die Sammelurkunde

Diese Einschränkungen beeinträchtigen nicht das Verfügungsrecht des Pfandbriefgläubigers, da es zur Geltendmachung der verbrieften Leistungen nicht mehr erforderlich ist, die physische Innehabung des Papiers zu erlangen.[254] Der Pfandbriefgläubiger kann auch über seine in der Globalurkunde verbrieften Pfandbriefe mit Hilfe des Giroverkehrs jederzeit problemlos verfügen. Die Globalurkunde ist zudem an den deutschen Börsen zulassungsfähig.[255] Mit ihrer

---

[248] Vgl. *Kümpel*, (2004), Rn. 11.244 f.

[249] Alle früher existenten Wertpapierbanken haben sich zum 1.1.1990 in dem Frankfurter Kassenverein zusammengeschlossen. Infolge weiterer Unstrukturierungen ist zuerst die Deutsche Börse Clearing AG und dann die Clearstream Banking AG entstanden, die zurzeit die einzige deutsche Wertpapiersammelbank ist; vgl. *Staudinger(-Marburger)*, (2002), Vorbem zu §§ 793 - 808 BGB Rn. 32; *Kümpel*, (2004), Rn. 11.180.

[250] Diese Umbuchungsvorgänge werden mit Hilfe eines Rechenzentrums der Deutsche Börse Systems durchgeführt; vgl. *Kümpel*, (2004), Rn. 11.183.

[251] *Hueck/Canaris*, (1986), § 1 III 1b.

[252] Der Hinterleger tritt nicht in den direkten Kontakt mit der Wertpapiersammelbank, sondern über eine andere Bank. Die Übertragung eines Miteigentumsanteils erfolgt also zwingend unter Mitwirkung eines weiteren Vermittlers; vgl. *Canaris* (1981), Rn. 2007.

[253] Vgl. *Hueck/Canaris*, (1986), § 1 III 1a.

[254] Die herrschende Lehre gibt sich mit dem Beweis des mittelbaren Besitzes zufrieden, wenn die Verwendung des Papiers durch Dritte ausgeschlossen ist; *Zöllner*, FS Ludwig Raiser (1974), 249 268 f. *Hueck/Canaris*, (1986), § 1 III 4 b.

[255] Vgl. *Schwark*, (1994), § 36 Rn. 9.

Ausstellung kann sie auch weltweit gehandelt werden.[256] Dabei bedient man sich oft etablierter elektronischer Handelssysteme sowie des Telefonhandels.[257]

Daraus folgt, dass die bezüglich der Optionsscheine vertretene Ansicht, nach der der Ausschluss des Auslieferungsanspruchs auf Einzelurkunden gegen die Allgemeinen Geschäftsbedingungen[258] nicht verstoße,[259] auch für Pfandbriefe gültig ist. Insbesondere liegt keine unangemessene Benachteiligung des Pfandbriefgläubigers vor, die mit Treu und Glauben nicht zu vereinbaren wäre.[260] Vielmehr sind - wie bereits ausgeführt - die Verbriefung und die Hinterlegung in der Wertpapiersammelbank auch für Pfandbriefgläubiger vorteilhaft. Bei der Globalverbriefung der ganzen Pfandbriefemission gibt es auch keinen Grund anzunehmen, dass die Dauerglobalurkunde wesentliche Rechte oder Pflichten, die sich aus der Natur des Vertrages ergeben, so einschränkt, dass die Erreichung des Vertragszwecks gefährdet wäre.[261] Zudem besteht der in § 9 a DepotG genannte Rechtsgrund für die Ausgabe von Dauersammelurkunden.[262]

dd. Dauerglobalurkunde und das traditionelle Vorlegungswertpapier

Das Institut der Dauerglobalurkunde weicht allerdings ziemlich weitgehend von dem ursprünglichen Grundgedanken der gesetzlichen Regelung ab.[263] Sie ist vor allem kein Vorlegungspapier. Damit sind viele herkömmliche Prinzipien des Wertpapierrechtes nicht mehr anwendbar.[264] Zunächst ist der Pfandbriefgläubiger nicht imstande, eine Pfandbriefurkunde vorzulegen, weil er diese Urkunde nie in die Hand bekommt und die Auslieferung der Urkunde auch nicht verlangen kann.[265] Die Vorlegung der Pfandbriefurkunde könnte zwar durch die Wertpapier-

---

256 Vgl. *Than*, FS Theodor Heinsius (1991), 809, 830 ff.

257 Vgl. VdH, Der Pfandbrief 2002, 14 f.; zu tatsächlichen Abläufen beim Effektenhandel und der Effektenübertragung *Einsele*, (1995), 35 ff.

258 Durch Art. 1 des Gesetzes zur Modernisierung des Schuldrechts (SchModG) vom 26.11.2001 (BGBl. 2001 I 3138) wurde das Gesetz zur Regelung des Rechts der Allgemeinen Geschäftsbedingungen (AGBG) vom 9.12.1976 (BGBl. 1976 I 3317) mit der Wirkung zum 1.1.2002 aufgehoben. Grundlegende Vorschriften (beispielsweise die Generalklausel des früheren § 9 AGBG) haben sich nicht geändert; vgl. §§ 305 ff. BGB.

259 Eingehend *Than*, FS Theodor Heinsius (1991), 809, 827 ff.

260 Vgl. § 307 Abs. 1 S. 1 BGB.

261 Vgl. § 307 Abs. 2 Nr. 2 BGB.

262 Vgl. *Than*, FS Theodor Heinsius (1991), 809, 831.

263 Vgl. § 307 Abs. 2 Nr. 1 BGB.

264 Hierzu *Zöllner*, FS Ludwig Raiser (1974), 249 ff.; *Lütticke*, (1980), 130 ff.; *Peters*, (1983), 28 ff.; *Hueck/Canaris*, (1986), § 1 III; *Dechamps*, (1989), 2 ff.; *Staudinger(-Marburger)*, (2002), Vorbem zu §§ 793 - 808 BGB Rn. 37.

265 Da der Miteigentümer der Dauerurkunde eben keinen Auslieferungsanspruch hat, kann auch bedenklich sein, ob er überhaupt Mitbesitz hat, denn ein Besitzmittlungsverhältnis setzt einen Herausgabeanspruch voraus; *Peters*, (1983), 30.

sammelbank erfolgen, wodurch diese ausschließlich legitimiert wäre. Der Verlust der Legitimationsfunktion zeigt sich zudem deutlich bei der Rechtsausübung, bei der auf die Vorlage der Urkunde verzichtet wird.[266] Ferner ist der Verlust des Verkörperungselements auch bei der Transportfunktion evident. Die Rechtsübertragung im heutigen Pfandbriefumlauf erfolgt durch Einigung und Umbuchung. Diese buchmäßige Umstellung des Besitzmittlungsverhältnisses wird als Übergabe angesehen.[267] Folgerichtig hat das Papier keine Transportfunktion mehr. Außerdem wird der gutgläubige Erwerb nur im Wege der Rechtsfortbildung zugelassen, da der bloße Mitbesitz keine ausreichende Rechtsgrundlage für einen gutgläubigen Erwerb darstellt.[268] Die Funktionsänderung ist auch bei anderen Grundsätzen deutlich erkennbar.[269] Im Übrigen hat auch das Aufgebotsverfahren wegen der Hinterlegung der Urkunde im Tresorraum für deren Gesamtlaufzeit an Bedeutung verloren; gleichzeitig entlastet dies die Gerichte. Die Kraftloserklärung ist zwar theoretisch, etwa im Brandfall, immer noch denkbar, kommt aber in der Praxis nicht vor.

ee. Ablösung der Dauerglobalurkunde durch Wertrechte

Erfüllt die Dauerglobalurkunde kaum noch die Funktionen eines klassischen Wertpapiers, so könnten ihrer Existenz aber Bedenken aus dogmatischer Sicht erwachsen. Spielen die ursprünglich entscheidenden Grundlagen des Wertpapierwesens, wie das Verkörperungselement und die Innehabung der Urkunde, keine Rolle mehr, so besteht Anlass zu fragen, ob die Ausstellung der Dauerglobalurkunde überhaupt einen Sinn hat und ob auf sie nicht verzichtet werden könnte.

Trotz des Funktionsverlustes wird die Erhaltung der Globalurkunde in der Literatur teilweise befürwortet. Die Verfechter der Globalurkunde[270] wehren sich gegen die völlige Entmaterialisierung des Effektenverkehrs und behaupten, dass die Dauerglobalurkunde ein sinnvolles Mittel der Rationalisierung sei, das eine Brücke zwischen der für die Wertpapierexistenz erforderlichen Urkunde und den Bedürfnissen des heutigen Wirtschaftsumlaufs bildet. Gleichzeitig vertreten sie

---

[266] Vgl. *Zöllner*, FS Ludwig Raiser (1974), 249, 260.

[267] Vgl. *Canaris*, (1981), Rn. 2020.

[268] Überträgt ein angeblicher Miteigentümer seinen Anteil, so ist der gutgläubige Erwerb wegen einem Rechtsscheinmangel für die Anteilgröße grundsätzlich nicht möglich (*Hueck/Canaris*, (1986), § 1 III 1 c; *Palandt*(-*Bassenge*), (2005), § 932 BGB Rn. 1). Dies würde aber für den Giroverkehr zu gefährlich sein und diesen in der Praxis unmöglich machen; *Peters* ((1983), 31 ff.) spricht über „ein Kriterium eines unabweisbaren Bedürfnisses des Rechtsverkehrs".

[269] Zu der Einredeausschluss- und Rechtsentstehungsfunktion *Peters*, (1983), 33; zur Rechtssicherungsfunktion *Lütticke*, (1980), 130 f.

[270] Vgl. *Than*, FS Theodor Heinsius (1991), 809, 838 ff.; *ders.*, FS Herbert Schimansky (1999), 821, 834 ff.; *Kümpel*, in: Assmann/Schütze (Hrsg.), (1997), § 13 Rn. 56; *Kümpel*, (2004), Rn. 11.247 ff.

die Ansicht, die Globalurkunde biete gleichwohl die notwendige Flexibilität und Sicherheit. Damit werde auch der Höhepunkt des Rationalisierungsgangs erreicht, der die Bedürfnisse des Wirtschaftsumlaufs befriedige. Der Übergang zur völligen Entmaterialisierung sei nunmehr weder nötig noch vorteilhaft. Die Abschaffung der Globalurkunde werde weder die Sicherheit noch die Geschwindigkeit des Umlaufs verbessern. Es sei viel mehr notwendig, eine Reihe von Gesetzesänderungen vorzunehmen, um bei entmaterialisierten Wertpapieren denselben Rechtsschutz zu gewährleisten.

Ferner werden nicht nur rechtliche, sondern auch rein technische Fragen als Hindernis zur Umstellung des Effektenwesens auf Bucheffekten genannt. Der Ersatz der Globalurkunde durch Wertrechte biete selbst dann keinen nennenswerten Rationalisierungsvorteil mehr, wenn das Register im Wege des EDV-mäßigen Systems geführt würde, da die Registerführung beträchtliche Kosten mit sich ziehe. Zudem wird darauf hingewiesen, dass in der Praxis für manche Anleger ein Bedürfnis bestehe, effektive Stücke zu besitzen.

Die Argumente für die Dauerglobalurkunde überzeugen nicht.[271] Die Dauerglobalurkunde bildet eine Fiktion und ist in der Tat funktionslos.[272] Sie wird als „systematisch wenig befriedigender Kompromiss mit der Tradition" bezeichnet,[273] der nur den angestrebten Zustand verschleiert.[274] Mit der Legalisierung der Dauersammelurkunde wollte man sachenrechtliche Vorteile weiter behalten und dadurch den gutgläubigen Erwerb ermöglichen, ohne den der Giroverkehr nicht möglich wäre.[275] In der Tat handelt sich bei der Dauerglobalurkunde um verdeckte unverbriefte „stückelose" Effekten,[276] bei denen das Verkörperungselement keine Bedeutung mehr hat. Dem Anleger, der das Eigentum an den in der Dauerglobalurkunde verbrieften Pfandbriefen erwirbt, ist meist nicht bewusst, ob die Dauerglobalurkunde überhaupt existiert; es ist für ihn aber auch irrelevant. Wird die Globalurkunde nie gebraucht, so liegt es auf der Hand, dass ihr Druck und dann auch ihre Verwahrung unzweckmäßig und überflüssig sind und zugleich zusätzliche, unnötige Kosten verursachen würden. Die Dauersammelurkunde ist zudem mit dem grundlegenden Effektenwesen, nach dem Effekten fungible (austauschbare) Kapitalmarkpapiere sind, nicht homogen, denn ihr fehlt

---

[271] Vgl. *Fabricius* AcP 162 (1963), 456 ff.; *Zöllner*, (1974), 255 ff.; *Lütticke*, (1980), 168; *Canaris*, (1981), Rn. 2042; *Hueck/Canaris*, (1986), § 1 III 2; *Staudinger(-Marburger)*, (2002), Vorbem zu §§ 793 - 808 BGB Rn. 37 ff; MünchKomm(-*Hüffer*), (2004), Vor § 793 BGB Rn. 37.

[272] Vgl. *Zöllner*, FS Ludwig Raiser (1974), 249, 258.

[273] Vgl. *Hueck/Canaris*, (1986), § 1 III 2.

[274] Vgl. *Canaris*, (1981), Rn. 2042; *Staudinger(-Marburger)*, (2002), Vorbem zu §§ 793 - 808 BGB, Rn. 38.

[275] Die gewünschten, sachenrechtlichen Rechtsfolgen können auch für Wertrechte angeordnet werden; *Hueck/Canaris*, (1986), § 1 III 2. Das wurde auch bei der Schuldbuchforderungen gemacht. AA *Zöllner*, FS Ludwig Raiser (1974), 249, 259 ff., der das entmaterialisierte Effektenwesen auf schuldrechtlicher Basis baut.

[276] *Zöllner*, (1974), 258; *Canaris*, (1981), Rn. 2042.

die Fungibilität.[277] Die Dauersammelurkunde wird daher auch als geistige Krücke bezeichnet, die mit der historischen und praktischen Grundlage des Wertpapierwesens nichts mehr zu tun hat.[278] Ferner ist sie zur Wahrung des Publizitätsprinzips sowie zum gutgläubigen Erwerb ungeeignet. Die Dauerglobalurkunde, die doch nie in Erscheinung tritt, gewährleistet als reine Registereintragung keine bessere Verkehrssicherheit.[279]

Vernünftig wäre es, einen weiteren Schritt in Richtung eines völlig papierfreien Umlaufs im Effektenbereich, und zwar auch für Pfandbriefe, zu machen. Diese seit langem in Deutschland geführte Diskussion über die Zulassung des Wertrechtumlaufs hat erstaunlicherweise bis heute nicht zu der Legalisierung der Wertrechte im Bereich des Effektenverkehrs geführt, obwohl die herrschende Lehre mit überzeugender Argumentation seit Jahren dafür plädiert.

d. Die Sammelurkunde im polnischen Recht

aa. Sammelurkunde als Sonderform des traditionellen Pfandbriefes

Da Wertpapiere in Polen im Unterschied zu Deutschland auf dem geregelten Markt nicht nur in der entmaterialisierten Form erscheinen können, sondern sogar zwingend erscheinen müssen (Art. 7 Abs. 1 RöUW), ist die Sammelurkunde ausschließlich für den nicht öffentlichen Umlauf geeignet. Hier unterliegt sie weder dem Zwangsgiro noch dem Zwangsdepot.[280] Daher kommt ihr auch eine andere Rolle zu. Die Sammelurkunde als Erscheinungsform von Pfandbriefen wird zwar ausdrücklich als eine der drei Pfandbriefformen in Art. 7 Abs. 3 PHBG genannt; davon abgesehen gibt es aber keine nähere Bestimmungen über diese Wertpapierform. Ohne Zweifel ist jedoch die Sammelurkunde als Sonderform des traditionellen Pfandbriefes zu betrachten. Jeder Berechtigte, der über mehr als einen Pfandbrief verfügt, kann die Ausstellung der Sammelurkunde beantragen. Andererseits ist die Hypothekenbank auch befugt, alle Rechte aus der bestimmten Pfandbriefserie oder sogar aus der ganzen Pfandbriefemission[281] in einer Sammelurkunde zu verbriefen.[282] Die Sammelurkunde bringt - ähnlich wie in Deutschland

---

[277] *Peters*, (1983), 26.

[278] *Zöllner*, (1974), 255.

[279] *Canaris*, (1981), Rn. 2042.

[280] Daher ist auch der deutsche Auslieferungsanspruch mit dem polnischen Anspruch auf Aufhebung des Miteigentums nicht identisch.

[281] Die Pfandbriefserie ist der Pfandbriefemission nicht gleich. Serienmäßig ausgegebene Wertpapiere verkörpern die in eine bestimmte Anzahl gleicher Einheiten aufgeteilten Vermögenswerte (vgl. Art. 4 Nr. 1 RöUW). Die in derselben Serie ausgegebenen Pfandbriefe sind daher fungibel. Die Emission kann aber aus mehreren Serien bestehen.

[282] Die Ausgabe einer Sammelurkunde, die eine ganze Obligationsemission umfasst, ist aufgrund des OG unzulässig, denn die Form der Sammelurkunde für Obligationen ist gesetzlich nicht vorge-

- viele Vorteile sowohl für den Pfandbriefgläubiger als auch für den Pfandbriefemittenten mit sich. Ersterem hilft sie bei der Verwaltung mehrerer traditioneller Pfandbriefe, letzterem bei der Reduzierung der Emissionskosten. Es ändert aber nichts daran, dass es sich weiterhin um die Rechtsverbriefung in einem Papier handelt. Der Unterschied zwischen dem traditionellen, effektiven Stück besteht also hauptsächlich darin, das eine Papierurkunde ein Wertträger für mehrere Rechte ist. Darüber hinaus soll die Sammelurkunde alle Bedingungen erfüllen, die für ein Einzelstück vorgeschrieben sind. Sie soll insbesondere alle Inhaltselemente umfassen, von denen in Art. 6 PHBG die Rede ist.

bb. Anwendung zivilrechtlicher Normen für die Sammelurkunde

Verbrieft die Pfandbriefsammelurkunde die Rechte mehrerer Personen, so steht jedem von ihnen das Miteigentumsrecht nach Bruchteilen an dem Sammelband zu, für den die Vorschriften des ZGB über das Miteigentum Anwendung finden.[283] Daraus folgt, dass jeder Miteigentümer über seinen Anteil ohne Zustimmung der übrigen Miteigentümer verfügen kann. Er ist insbesondere befugt, jederzeit die Herausgabe seines Anteils aus der Sammelurkunde zu verlangen. Ob die Sammelurkunde auch einen dauerhaften, unauflösbaren Charakter annehmen kann (Dauersammelurkunde), ist gesetzlich nicht ausdrücklich geregelt. Nach Art. 210 ZGB steht jedem Miteigentümer die Befugnis zu, die Aufhebung des Miteigentums vertraglich für nicht länger als fünf Jahre auszuschließen, wobei der Ausschluss im letzten Jahr vor Ablauf der vorbehaltenen Frist um weitere fünf Jahre verlängert werden kann.

Daher kann der Emittent den unbefristeten Ausschluss der Aufhebung des Miteigentums in den Emissionsbedingungen nicht wirksam vorbehalten kann, denn dieses wäre gesetzeswidrig.[284] Die Rechtsnatur des Anteilseigentums liegt u.a. darin, dass der Miteigentümer die Aufhebung des Miteigentums, das nicht dauerhaften, sondern befristeten Charakter hat, verlangen kann. Andererseits dürfte aber nichts dagegen sprechen, die Aufhebung des Miteigentums in den Emissionsbedingungen für fünf Jahre auszuschließen. Der vertragliche Ausschluss der Aufhebung des Miteigentums kann also auch in den Emissionsbedingungen vorgesehen werden. Durch den Pfandbrieferwerb werden die Emissionsbedingungen angenommen, die als das zugrunde liegende Rechtsverhältnis anzusehen sind. Beträgt die gesamte Laufzeit der Pfandbriefe nicht länger als fünf Jahre, entsteht die Dauersammelurkunde.

---

schrieben. Dies müsste zudem zum Verlust des serienmäßigen Charakters der Obligation führen (*Koziorowski/Stępniewski*, PPW 9/2000, 26). Aus praktischen Gründen wäre es aber empfehlenswert, die Sammelurkunde als eine der Erscheinungsformen für Obligationen zuzulassen.

[283] Vgl. Artt. 195 ff. ZGB.

[284] *Heropolitańska/Michalski*, (2001), 423.

Wird von dem Ausschluss nicht Gebrauch gemacht, so kann jeder Miteigentümer die Aufhebung des Miteigentums verlangen. Dies kann grundsätzlich durch eine Teilung der gemeinschaftlichen Sache erfolgen, es sei denn, dass die Teilung den Vorschriften des Gesetzes oder der sozioökonomischen Zweckbestimmung der Sache widersprechen oder eine wesentliche Veränderung der Sache oder eine bedeutende Verminderung von deren Wert nach sich ziehen würde (Art. 211 ZGB). Diese Voraussetzungen fehlen bei der Sammelurkunde. Bei der Aufhebung des Miteigentums an der Sammelurkunde geht es aber um den Austausch der Globalurkunde gegen mehrere Urkunden durch den Emittenten. Infolge dessen entstehen mehrere neue Urkunden;[285] dies führt dann zu der Vernichtung der bisherigen Globalurkunde. In der Tat geht es aber nicht um eine reale Papierteilung, sondern um die Aussonderung der in einer Papierurkunde verbrieften Rechte, die verschiedenen Personen zustehen.

cc. Depothinterlegung der Sammelurkunde

Die Sammelurkunde kann selbstverständlich auch im Depot hinterlegt werden. Dieses Depotgeschäft kann u.a. die Hypothekenbank im Rahmen der zugelassenen Nebengeschäfte vornehmen (Art. 15 Abs. 4 PHBG). Dem Pfandbriefeigentümer und auch seinem Nachfolger wird nur eine mittelbare Verfügung eingeräumt und dem Dritten (Verwahrer - Bank) wird mitgeteilt, die Urkunde für den Erwerber innezuhaben. Damit haben wir es also mit der typischen Besitzanweisung zu tun, die als zulässige Übergabe bei der im Depot hinterlegten Sammelurkunde angesehen wird.[286] Sie beeinträchtigt das Verfügungsrecht des Pfandbriefberechtigten nicht, sondern trägt zur Vereinfachung des Verkehrs bei und beseitigt gleichzeitig die Gefahr des Papierverlusts infolge Vernichtung, Abhandenkommens oder rechtswidriger Wegnahme.[287]

---

[285] Dabei kann es sich um Einzelurkunden oder auch Sammelurkunde handeln, die Einzelpfandbriefe des bestimmten Gläubigers verkörpern.

[286] *Sobolewski*, (1997), 128 f.; *Koziorowski* (PPH 7/1997, 38) differenziert jedoch, ob die Sammelurkunde die Rechte mehrerer Personen oder nur einer Person verbrieft. Er lässt zwar den Umlauf beider im Depot hinterlegten Sammelurkunden ohne ihre körperliche Übergabe zu, betrachtet aber den Umlauf bei der Sammelurkunde, die Rechte mehrerer Personen verkörpert, nicht als Wertpapierumlauf, sondern als Umlauf des Anteils an der Sammelurkunde, zu dem allgemeine Vorschriften über die Übertragung der Forderung und nicht die Vorschriften über den Umlauf der Wertpapiere angewendet werden sollten.

[287] Außerdem bietet der Verwahrer dem Hinterleger eine professionelle Verwaltung für deponierte Wertpapiere und je nach ihrer Art auch andere zusätzliche Vorteile an; vgl. *Koziorowski*, PPH 7/1997, 35 f.

dd. Anspruch auf Ausstellung der Einzelpfandbriefurkunde

Ist die Emission der Einzelurkunde nicht ausgeschlossen, so ist die Hypothekenbank natürlich verpflichtet, Einzelpfandbriefurkunden nach dem Wunsch des Berechtigten auszugeben. Da das Austauschverfahren kostspielig und zeitaufwendig ist und die damit verbundenen Kosten von den Miteigentümern zu tragen sind, ist zu erwarten, dass der Umwandlung der Sammelurkunde keine praktische Bedeutung zukommen wird, soweit die Ausgabe der Einzelurkunde für die Verfügung über die in der Sammelurkunde verbrieften Pfandbriefe nicht erforderlich ist und die Rechtsposition des Mitberechtigten dadurch nicht beeinträchtigt wird.

3. Pfandbrief als Wertrecht

a. Vorbemerkung

Während die Sammelurkunde auf halbem Weg zur vollkommenen Trennung des Rechts vom Papierträger steht, wird diese Trennung mit der Entmaterialisierung vollzogen. Die Entmaterialisierung bedeutet also den endgültigen Abschied von dem materiellen Verkörperungselement. Effekten, bei denen eine Verbriefung nicht stattgefunden hat, werden als Wertrechte bezeichnet.[288] Der Übergang von der letzten Bastion der Verkörperung zum Wertrecht scheint aus der praktischen Sicht nahe liegend und problemlos zu sein. Dieser kleine Schritt ruft aber aus der dogmatischen, wertpapierrechtlichen Sicht einige Bedenken hervor. Hierzu gehört eine Reihe von Fragen, beginnend mit grundlegenden Rechtsfragen nach der Einheit des Wertpapierrechts und nach dem Wertpapierbegriff sowie nach der Anwendbarkeit der sachen- oder schuldrechtlichen Normen für das Wertrecht, die ein breites, selbständiges und immer noch zu untersuchendes Forschungsgebiet bilden. Abgesehen von Details, auf die hier nicht eingegangen wird, ist festzustellen, dass papierfreie, völlig entmaterialisierte Effekten heute einen festen Bestandteil des Wirtschaftslebens bilden. Wenngleich die dogmatischen Konsequenzen noch nicht voll erkannt, geklärt und auch unterschiedlich beurteilt werden, hat sich das papierfreie Effektensystem in vielen Ländern eingebürgert.[289]

---

[288] *Opitz*, (1955), § 42 DepotG Anm. 12. Opitz gilt auch als geistiger Begründer der sog. Wertrechtslehre (vgl. *Opitz*, (1954), 426 ff.); *Canaris* ((1981), Rn. 2045) hat später vorgeschlagen, den Begriff „Wertrecht" durch „Bucheffekten" zu ersetzen. In der Literatur werden beide Begriffe synonymisch verwendet.

[289] Rechtsvergleichend *Drobnig*, in: Kreuzer (Hrsg.), (1988), 22 ff.

b. Entmaterialisierung des Pfandbriefwesens in Polen

aa. Zulassung der Pfandbriefentmaterialisierung

Der polnische Pfandbrief kann außer in den oben geschilderten materiellen Formen auch in entmaterialisierter Form im Rechtsverkehr erscheinen (Art. 7 Abs. 1 PHBG). Die entmaterialisierte Pfandbriefform ist sowohl im öffentlichen als auch im nicht öffentlichen Wertpapierhandel möglich. Während aber die Entmaterialisierung des Pfandbriefes im öffentlichen Umlauf nicht nur eine zugelassene, sondern sogar zwingende Erscheinungsform des Wertpapiers (Art. 7 Abs. 1 RöUW) ist, stehen dem Emittenten im nicht öffentlichen Umlauf zwei Formen zur Verfügung. Der nicht öffentliche Pfandbriefumlauf kann entweder in der traditionellen materiellen oder in der entmaterialisierten Weise zustande kommen.[290] Das polnische Recht kennt keine allgemeine Regelung, die die Entmaterialisierung aller Wertpapiertypen im nicht öffentlichen Umlauf zulässt. Daher kann ihre Entmaterialisierung nur dann durchgeführt werden, wenn Spezialvorschriften für bestimmte Wertpapiertypen diese Möglichkeit vorsehen.[291] Die Entmaterialisierung der Wertpapiere, ohne sie in den öffentlichen Wertpapierumlauf einführen zu müssen, hat der Gesetzgeber zurzeit nur für Bankwertpapiere (Art. 90 Abs. 4 S. 1 BRG), Obligationen (Art. 5 a Abs. 1 OG) und Pfandbriefe (Art. 7 Abs. 1 Var. 2 PHBG) zugelassen. Der entmaterialisierte Wertpapierumlauf soll für Wertpapiere, die sich nicht im öffentlichen Umlauf befinden, eine Alternative zum traditionellen Umlauf sein. Im Ergebnis führt dies zu einer weiteren Verdrängung des traditionellen Pfandbriefes.

bb. Zwingende Entmaterialisierung

Zum öffentlichen Umlauf zugelassene Pfandbriefe unterliegen der obligatorischen Entmaterialisierung (Art. 7 RöUW). Rechte aus entmaterialisierten Pfandbriefen entstehen mit ihrer erstmaligen Eintragung auf einem Wertpapierkonto. Die Übertragung der zum öffentlichen Handel zugelassenen Pfandbriefe hat quasi sachenrechtlichen Charakter. Zur Pfandbriefübertragung sind ein schuldrechtlicher Vertrag, die zur Übertragung verpflichtende Abrede und die Eintragung auf dem Wertpapierkonto erforderlich, wobei die Übertragung erst mit der Eintragung auf dem Wertpapierkonto eintritt. Sowohl für die Entstehung als auch für die Übertragung des entmaterialisierten Pfandbriefes hat also die Eintragung, die die

[290] Aufgrund des polnischen Rechtes wird daher zu Recht über drei Rechtswege für den Pfandbriefumlauf gesprochen. Man unterscheidet dabei zwischen dem nicht öffentlichen und traditionellen, dem nicht öffentlichen und entmaterialisierten und schließlich dem öffentlichen und entmaterialisierten Pfandbriefumlauf; *Heropolitańska/Michalski*, (2001), 508.
[291] *Heropolitańska/Michalski*, (2001), 510.

körperliche Übergabe ersetzt, konstitutive Wirkung.[292] Eine Kraftloserklärung ist im entmaterialisierten Pfandbriefumlauf nicht möglich.[293]

Die Entmaterialisierung der Pfandbriefe im öffentlichen Handel erfolgt durch das Wertpapierdepotsystem, das durch die Landeswertpapierdepot AG (*Krajowy Depozyt Papierów Wartościowych S.A.*) verwaltet und geführt wird. Es besteht in der Wertpapierregistrierung auf Depot- und Wertpapierkonten, die von bestimmten Institutionen geführt werden dürfen (Art. 9 Abs. 1 RöUW).[294]

cc. Fakultative Entmaterialisierung

Die fakultative Entmaterialisierung tritt im nicht öffentlichen Pfandbriefhandel auf. Der nicht öffentliche Umlauf der entmaterialisierten Pfandbriefe ist gesetzlich nicht geregelt. Aufgrund der in Art. 8 Abs. 1 PHBG enthaltenen Verweisung können die Vorschriften des RöUW und des OG entsprechende Anwendung finden.[295] Aus Art. 5 a Abs. 2 OG wird dann gefolgert, dass die Forderungen aus dem entmaterialisierten Pfandbrief mit der Eintragung in das Register entstehen, das ausschließlich durch die Landeswertpapierdepot AG, Maklerunternehmen oder durch Banken geführt werden kann.[296] Die Registereintragung hat auch für die Pfandbriefübertragung konstitutive Wirkung. Die Pfandbriefentmaterialisierung im nicht öffentlichen Umlauf unterliegt keiner Kontrolle der Kommission für Wertpapiere und Börse. Die Aufsicht über den nicht öffentlichen Pfandbriefumlauf gehört auch nicht zu den Aufgaben der Bankaufsichtskommission.[297]

Erscheint der Pfandbrief in entmaterialisierter Form, so ist die Hypothekenbank auf Verlangen des Berechtigten zur Ausstellung des Depotzeugnisses oder eines anderen, an die berechtigte Person ausgestellten Dokuments verpflichtet (Art. 7 Abs. 2 PHBG).[298] Das Gesetz ordnet an, dass das Depotzeugnis alle Daten enthalten muss, die für den traditionellen Pfandbrief vorgesehen sind. Das Depotzeugnis hat keinen wertpapierrechtlichen Charakter und ist als Legitimationspapier zu klassifizieren, in dem ausschließlich die Verfügung der in dieser

---

[292] Das gilt selbstverständlich nicht für Umstände, die eine gesetzliche Übertragung zur Folge haben. In diesem Fall erfolgt die Eintragung auf dem Konto des Erwerbers auf Verlangen des Berechtigten und hat nur eine deklaratorische Bedeutung.

[293] *Michalski*, PPW 12/2000, 6; *Heropolitańska/Michalski*, (2001), 547.

[294] Es handelt sich um Gesellschaften und Banken, die als Makler zugelassen sind oder die Wertpapierkonten führen, ausländische Personen, die Maklertätigkeit in Polen ausüben sowie Landeswertpapierdepot.

[295] Zu der Abrenzung ihrer gegenseitigen Anwendung *Michalski*, PPW 12/2000, 7 ff.

[296] Wegen der Tätigkeitsbegrenzung, die für Hypothekenbanken gilt, ist anzunehmen, dass sie selbst die Registerführung nicht übernehmen können.

[297] Vgl. Art. 133 BRG; *Heropolitańska/Michalski*, (2001), 522.

[298] Das im nicht öffentlichen Wertpapierumlauf ausgestellte Depotzeugnis unterscheidet sich hinsichtlich des Informationsumfangs von dem im öffentlichen Wertpapierumlauf ausgestellten Depotzeugnis; dazu *Heropolitańska/Michalski*, (2001), 419.

Urkunde genannten Person über eine bestimmte Anzahl von Pfandbriefen bestätigt wird.

dd. Primäre und sekundäre Entmaterialisierung

Die Entmaterialisierung des Pfandbriefes kann primären oder sekundären Charakter haben. Eine primäre Entmaterialisierung liegt vor, wenn der Pfandbrief schon beim ersten Verkaufsangebot entmaterialisiert ist. Im Falle der primären Einführung der Pfandbriefe in den öffentlichen Umlauf ist die Hypothekenbank verpflichtet, einen Vertrag mit dem Landeswertpapierdepot zu schließen, dessen Gegenstand die Registrierung der zu dem öffentlichen Umlauf zugelassenen Pfandbriefe im Wertpapierdepot ist (Art. 70 Abs. 1 RöUW). Kommt es aber nachträglich zur Einführung des Pfandbriefes in den öffentlichen Umlauf durch die Umgestaltung seiner materiellen Form, dann liegt die sekundäre Form der Entmaterialisierung vor.

Für das Entmaterialisierungsverfahren der traditionellen Pfandbriefe ist - gemäß dem Verweis des Art. 8 Abs. 1 PHBG - Art. 67 RöUW maßgebend. Pfandbriefe, die ursprünglich in Form eines Dokuments ausgegeben wurden, müssen zuerst im Depot hinterlegt werden. Die das Depotgeschäft führende Stelle bildet dann das Register der aus den hinterlegten Wertpapieren berechtigten Personen. Mit der Zulassung der Pfandbriefe zum öffentlichen Handel wandeln sich die Eintragungen aus diesem Register *ex lege* in Eintragungen in das Wertpapierkonto, und die hinterlegten Pfandbriefurkunden verlieren ihre Gültigkeit. Da die Pfandbriefemittenten das Recht für den Pfandbriefumlauf nicht selbst bestimmen können, ändert sich gleichzeitig das maßgebende Recht. Pfandbriefe im öffentlichen Wertpapierumlauf unterliegen nicht mehr den allgemeinen zivilgesetzlichen Regelungen, sondern dem Recht über den öffentlichen Umlauf von Wertpapieren.

Die sekundäre Entmaterialisierung der Pfandbriefe im nicht öffentlichen Umlauf ist möglich, aber praktisch schwierig durchsetzbar, weil zu ihrer Durchführung die Emissionsbedingungen geändert werden müssen, was wiederum der Zustimmung aller Pfandbriefgläubiger aus derselben Emission bedarf.

c. Entmaterialisierung des Pfandbriefes in Deutschland

Obwohl Praxis und Wissenschaft in Deutschland schon seit Jahren auf die Entmaterialisierung aller Kapitalmarktpapiere drängen, ist diese Reform bis heute nicht durchgeführt worden. Bei der Zulassung des entmaterialisierten Effektenumlaufs muss es nicht um die völlige Abschaffung von materialisierten Effekten gehen, sondern um die Erweiterung bzw. Ergänzung des Formangebots,[299] was allerdings in der Praxis die Verdrängung der Globalurkunde zur Folge haben würde. Der Verzicht auf die Ausstellung der Dauerglobalurkunde und der Übergang zu Wertrechten kann aber nicht im Wege der Rechtsfortbildung geschaffen werden. Für die vollkommene Entmaterialisierung der Kapitalmarktpapiere bedarf es einer ausdrücklichen gesetzlichen Grundlage.[300] Diese Ansicht scheint auch der Gesetzgeber zu vertreten, der bei der Verabschiedung des Bundeswertpapierverwaltungsgesetzes (BWpVerwG) vom 11. Dezember 2001[301] das Wertrecht ausschließlich für öffentliche Anleihen wieder sanktioniert.[302] Eine gesetzliche Öffnung für andere Emittenten, also auch für Pfandbriefemittenten, ist daher unterblieben.[303] Die Entmaterialisierung der Pfandbriefe käme aber den Bedürfnissen der Praxis entgegen.

Für die Differenzierung zwischen staatlichen Anleihen und privaten Schuldverschreibungen mit der Entmaterialisierung und der Globalurkunde gibt es keinen Grund.[304] Die Privilegierung der Bundesanleihen ist ungerechtfertigt und verschafft dem Staat wettbewerbswidrige Vorteile. Daher sind die Reformüberlegungen, die die Entmaterialisierung aller Kapitalmarktpapiere anstreben, weiterhin zu unterstützen.[305] *De lege ferenda* soll der stückelose Pfandbriefumlauf (Buchpfandbrief) auch in Deutschland rechtlich sanktioniert werden. Dieses System wäre für das deutsche Recht kein Novum und könnte nach dem Vorbild der staatlichen Schuldbuchforderungen geschaffen werden.

Bei der Ausgabe von Staatsschuldverschreibungen wird nämlich völlig auf das Verkörperungselement verzichtet. Die Forderungen der Gläubiger werden nicht in der Urkunde verbrieft, sondern als Schuldbuchforderungen in das Bundesschuldbuch eingetragen, das von der Bundeswertpapierverwaltung in elektronischer Form geführt werden kann. Das Bundesschuldbuch dient der Begrün-

---

[299] *Drobnig*, (1988), 40; *Than*, FS Theodor Heinsius (1991), 809, 840; *Staudinger(-Marburger)*, (2002), Vorbem zu §§ 793 - 808 BGB Rn. 42; MünchKomm(-*Hüffer*), (2004), Vor § 793 BGB Rn. 37.

[300] *Heinsius/Horn/Than*, (1975), § 42 DepotG Rn. 27 ff.; *Peters*, (1983), 34 ff.; *Staudinger (-Marburger)*, (2002), Vorbem zu §§ 793 - 808 BGB Rn. 40; MünchKomm(-*Hüffer*), (2004), Vor § 793 BGB Rn. 35; aA *Opitz*, (1955), § 42 DepotG Anm. 12; *Canaris*, (1981), Rn. 2048 f.; *Hueck/Canaris*, (1986), § 1 III 3b.

[301] BGBl. 2001 I 3519. Das Gesetz ist am 1.1.2002 in Kraft getreten und ersetzt die bisherige Regelungen in diesem Bereich; hierüber *Staudinger(Marburger)*, (2002), Vorbem zu §§ 793 - 808 BGB Rn. 34 f.

[302] Öffentliche Anleihen werden seit Jahren in entmaterialisierter Form in Umlauf gebracht; siehe das Reichsschuldbuchgesetz vom 31.10.1910 (RGBl. 1910 I 1840); zur geschichtlichen Entwicklung *Einsele*, (1995), 15 ff.

[303] Vgl. *Staudinger(-Marburger)*, (2002), Vorbem zu §§ 793 - 808 BGB Rn. 40.

[304] *Hueck/Canaris* ((1986), § 1 III 3b) finden in keiner Weise gerechtfertigt, die Anerkennung von „Wertrechten" auf die Anleihen der öffentlichen Hand zu beschränken.

[305] Zum Überblick über verschiedene Reformüberlegungen *Staudinger(-Marburger)*, (2002), Vorbem zu §§ 793 - 808 BGB Rn. 37 ff.

dung, Dokumentation und Verwaltung der Schulden und sonstigen Verbindlichkeiten. Die Eintragung im Bundesschuldbuch hat konstitutive Wirkung und ersetzt die Beurkundung (§ 7 BWpVerwG). Werden Schuldbuchforderungen bis zur Höhe des Nennbetrages der Emission auf den Namen einer Wertpapiersammelbank in das Bundesschuldbuch eingetragen, so entsteht die Sammelschuldbuchforderung.[306] Die Sammelschuldbuchforderung ist durch eine rechtliche Fiktion dem Wertpapiersammelbestand gleichgestellt, so dass sie wie eine bewegliche Sache behandelt wird.[307] Sie erhält den Status eines Wertpapiers und unterscheidet sich nicht von einem verbrieften Wertpapier (vgl. § 8 Abs. 2 BWpVerwG). Im Bereich der Legitimationsfunktion hat sich also auf dieser Ebene eine völlige Angleichung von Wertpapieren und Wertrechten vollzogen.[308] Ferner sind Auslieferungsansprüche *ex lege* ausgeschlossen, es sei denn, die Emissionsbedingungen sehen solche Ansprüche ausdrücklich vor. Bundeswertrechte sind nicht nur sammelschuldfähig, sondern auch einzelschuldfähig. Sie können also auf ein Verlangen des Berechtigten auf ein persönliches Einzelschuldbuchkonto bei der Bundeswertpapierverwaltung übertragen werden (§ 9 Abs. 1 BWpVerwG), wo sie dann gebührenfrei verwaltet werden. Für das Bundesschuldbuch gilt das Prinzip des öffentlichen Glaubens, so dass der gutgläubige Erwerb nach § 10 BWpVerwG möglich ist.

---

306 Als Schuldbuchforderungsarten gelten etwa Bundesschatzbriefe und Kassenobligationen. Erstere sind an der Börse nicht notierte Sammelschuldbuchforderungen, die seit 1969 durch die Bundesbank im Auftrag des Bundes ausgegeben werden. Ihre gewöhnliche Gesamtlaufzeit betrug sechs Jahre. Seit 1970 wird der Bundesschatzbrief „R" mit der siebenjährigen Laufzeit angeboten (*Staudinger(-Marburger)*, (2002), Vorbem zu §§ 793 - 808 BGB Rn. 50). Als Beweisurkunde werden für die Kunden Depotgutschriften ausgestellt. Kassenobligationen werden dagegen im freien Markt gehandelt. Ihre Laufzeit ist kürzer als die der Bundesschatzbriefe und beträgt 3 - 4 Jahre.

307 Das bedeutet aber nicht, dass die Schuldbuchforderungen verdinglicht wurden und von Gesetz wegen zur beweglichen Sache geworden sind. Die sachenrechtlichen Vorschriften (§§ 929 ff. BGB) finden hier nur sinngemäß Anwendung; *Einsele*, (1995), 19 f.; *Staudinger(-Marburger)*, (2002), Vorbem zu §§ 793 - 808 BGB Rn. 36 mit Verweis auf die Gegenmeinung.

308 *Zöllner*, FS Ludwig Raiser (1974), 249, 261. Außerdem wurde die in § 796 BGB für Inhaberwertpapier vorgesehene Begrenzung von Einwendungen sinngemäß nach § 8 Abs. 6 BwpVerwG übernommen. Der Schuldner der Sammelschuldbuchforderung kann nämlich nur solche Einwendungen erheben, die sich aus der Eintragung ergeben (= die Gültigkeit der Ausstellung), die Gültigkeit der Eintragung betreffen (= sich aus der Urkunde ergeben) oder ihm unmittelbar gegen den Gläubiger zustehen.

4. Moderne Pfandbriefformen

a. Kundenorientierung

Die Entwicklung des Kapitalmarktes und der starke Wettbewerb mit anderen Produkten hat in Deutschland zur Ausbildung von wirtschaftlich geprägten und kundenorientierten Pfandbriefformen geführt, die den wirtschaftlichen Bedürfnissen der Pfandbriefinvestoren entgegenkommen. Je nach den verfolgten Investmentstrategien lassen sich zwei Gruppen von Pfandbriefinvestoren unterscheiden. Die sog. *Buy-and-Hold*-Investoren kaufen die Pfandbriefe bei der Emission und halten sie über die gesamte Laufzeit bis zur Endfälligkeit. Für diese passiven Anleger sind die Sekundärmarktbesonderheiten irrelevant und der Erwerb von kleinvolumigen, klassischen Pfandbriefen ausreichend und sinnvoll. Da diese Investoren nicht die Absicht haben, die Pfandbriefe irgendwann weiterzuverkaufen, eignen sich für diesen Zweck besonders Namenspfandbriefe, die nicht an der Börse geführt werden. Dabei können auch Ausgabebedingungen solcher Pfandbriefe mit einzelnen Anlegern individuell ausgehandelt werden. Von den Investoren der *Buy-and-Hold*-Strategie unterscheiden sich die sog. tradingorientierten Investoren. Diese sind an einer häufigen Umgestaltung ihres Wertpapierbestands durch Ankauf oder Verkauf interessiert, um die Qualität ihres Portfolios ständig zu verbessern und elastisch an die Marktlage anzupassen. Diese *Trading*-Strategie wird vor allem von großen, institutionellen und international tätigen Anlegern bevorzugt. Die deutschen Pfandbriefemittenten kommen den Bedürfnissen beider Gruppen von Investoren dadurch entgegen, dass sie neben den klassischen Pfandbriefen sog. strukturierte Pfandbriefe und Jumbo-Pfandbriefe emittieren.

b. Strukturierter Pfandbrief

aa. Zweck und Folgen der Pfandbriefstrukturierung

Strukturierte Pfandbriefe sind primär kundenorientierte Instrumente. Es besteht nämlich die Möglichkeit, die Ausgabebedingungen im Einzelnen mit den Anlegern so auszuhandeln, dass der zu begebende Pfandbrief auf die individuellen Wünsche des Anlegers zugeschnitten wird. So strukturierte Pfandbriefe sind meist Namenspfandbriefe und für den Umlauf nicht geeignet. Solche Pfandbriefe werden vor allem für individuelle, passive Anleger entwickelt. Es ist aber grundsätzlich auch möglich, ganze Emissionen entsprechend zu strukturieren, wenn am Markt dafür eine Nachfrage herrscht. Theoretisch könnte sogar eine Jumboemission strukturiert werden, Die zurzeit ausgegebenen strukturierten Pfandbriefe haben die Jumbo-Größe aber nicht erreicht.[309]

Die Bewertung der individuell ausgehandelten Eigenschaften, mit denen der strukturierte Pfandbrief ausgestattet ist, ist mit der üblichen Kursrechnung für klassische Pfandbriefe nicht mehr möglich. Diese Ausstattungsmerkmale der strukturierten Pfandbriefe können nur iVm derivativen Finanzinstrumenten wirtschaftlich sinnvoll bewertet werden. Um Wertveränderungen der Struktur zu vermeiden, werden die Ausstattungsvarianten der strukturierten Pfandbriefe von Emittenten durch Derivate in variable Zahlungsströme getauscht. Damit wird die Strukturwertabsicherung erreicht. Die Verbindung der derivativen Finanzinstrumente mit Pfandbriefen ermöglicht es, in strukturierten Pfandbriefen die Vorteile beider Instrumente kundenorientiert zu kombinieren. Maßgeblich für die spezifische Ausgestaltung ist die Bereitschaft der Investoren, ein bestimmtes Risiko einzugehen, das wiederum mit entsprechenden Ertragserwartungen zusammenhängt. Dabei kann es sich um eine Vielzahl komplexer Formen handeln, die sowohl den Investoren als auch den Emittenten bestimmte Rechte einräumen.

bb. Formen der Pfandbriefstrukturierung

(1) Symmetrische Strukturierung

Strukturierte Pfandbriefe können symmetrisch oder asymmetrisch ausgestattet werden. Die symmetrische Position besteht darin, dass der Investor eine klare Anbindung an einen Referenzzins hat, z.B. im Fall von Kapitalmarktfloatern. Unter einem Kapitalmarktfloater versteht man eine zinsvariable Anleihe, deren Verzinsung sich nach einem international repräsentativen Referenzzinssatz, beispielsweise dem 3 - Monats oder dem 12 - Monats EURIBOR[310] zuzüglich eines festgelegten Aufschlages richtet. Auf diese Weise wird der Vorteil der größeren Kursstabilität eines floaters, der daraus resultiert, dass der floater die Zinsentwicklung am Markt gleichsam widerspiegelt, mit der attraktiveren Verzinsung einer langfristigen Kapitalmarktanlage verbunden. Dabei profitiert der Investor von zukünftigen Zinssteigerungen, weil er anders als der Investor in ein Festzinsprodukt an der Zinsentwicklung partizipiert. Umgekehrt liegt sein Risiko in einer eventuellen Verflachung bzw. Invertierung der Zinskurve, weil er dann trotz der Langfristigkeit seines Engagements keine den langfristigen Zinssätzen entsprechende Rendite erhält.

Ein weiteres Beispiel für eine symmetrische Struktur stellt der Stufenzinspfandbrief dar. Hier erhält der Anleger über die definierte Laufzeit der Anleihe

---

[309] Zur Mindestgröße der Jumboemission S. 106 f.

[310] European Interbank Offered Rate ist der Zinssatz für Termingelder in Euro, die zwischen Banken gehandelt werden.

eine feststehende, sich jährlich steigernde Verzinsung, ohne dass der Emittent berechtigt wäre, diese Anleihe vorzeitig zu kündigen.[311] Der Investor setzt hierbei auf tendenziell fallende Zinsen und sichert sich mit dem Stufenzinspfandbrief eine langfristig interessante Verzinsung. Der Emittent profitiert von der Kalkulierbarkeit fester Zinszahlungen oder aber er tauscht die Zinszahlungsverpflichtungen in zinsvariable Verpflichtungen (Hedgegeschäft) und erhält die Zahlungen aus den eigenen (festen) Zinscoupons.

(2) Asymmetrische Strukturierung

Als asymmetrische Ausstattung wird dagegen die Einnahme klassischer Optionspositionen von Investoren in Form etwa von Schuldnerkündigungs- und Wandlungsrechten bezeichnet.[312] Der Pfandbrief mit einer Kündigungsoption räumt dem Emittenten für die erhöhte Verzinsung des Pfandbriefes das Recht ein, zu vereinbarten Terminen den Pfandbrief zu kündigen. Da die Einräumung des Kündigungsrechts für die Pfandbriefgläubiger gemäß § 8 Abs. 2 S. 2 HBG ausgeschlossen ist, kann hier nur das Schuldnerkündigungsrecht in Frage kommen. Ein Beispiel für eine einfache Struktur ist hier zunächst ein Hypothekenpfandbrief mit festem Stufenzins der Aareal Hyp AG in Wiesbaden. Dabei entwickelt sich die Festverzinsung über eine Laufzeit von acht Jahren von zunächst lediglich 0,5 bzw. 1,0 und 2,0 % in den ersten drei Jahren über eine Zwischenstufe von 5,0 bis 7,0 % für die Folgejahre, um im letzten Jahr wieder auf 5,35 % zu fallen. Für dieses letzte Jahr steht der Emittentin ein einseitiges Kündigungsrecht (*call-option*) zu.

Das Element des einseitigen Kündigungsrechts begründet dabei die Asymmetrie: Der Emittent kann die Laufzeit des Pfandbriefes einseitig, also ohne oder gegen den Willen des Investors abkürzen. Wirtschaftlich erfolgt der Ausgleich für das Risiko, dem der Investor dadurch ausgesetzt ist, durch eine höhere Verzinsung des Pfandbriefes während seiner gesicherten Laufzeit.

Weitere Beispiele für asymmetrische Strukturen, die in den Pfandbriefmarkt allmählich Einzug halten, sind zinsvariable Anleihen mit entweder einer feststehenden Zinsobergrenze (*cap*) oder einer Zinsuntergrenze (*floor*); im Falle gleichwertiger Zinsober- und -untergrenzen gemeinsam in einer Anleihe (sog. *collar*) könnte man auch von einer symmetrischen Struktur sprechen.

Kompliziertere Strukturen beinhalten häufig eine Kombination von anfänglich fester und anschließend variabler Verzinsung, wobei die variable Verzinsung an exotischere Indices wie die Inflationsrate angebunden ist, mit einer Mehrzahl oder Vielzahl von Kündigungsrechten. Als Beispiel hierfür mag die *Fixed/Reversed Floating Rate Notes* der Österreichischen Volksbank dienen, die

---

[311] Im Falle eines oder mehrerer vorzeitiger Kündigungsrechte - sog. *Callables* - würde es sich um eine asymmetrische Struktur handeln.
[312] Hierzu VdH, Der Pfandbrief 1999, 60 f.

für die Jahre eins bis drei eine feste jährliche Verzinsung von 5 % und für die Jahre vier bis fünfzehn, soweit vom jährlichen Kündigungsrecht des Emittenten kein Gebrauch gemacht wird, eine jährliche Verzinsung von 10 % abzüglich des 1-Jahresswapsatzes vorsieht. Die Verzinsung beträgt dabei mindestens 4,3 % und höchstens 7,0 %.[313] Aus Investorensicht bietet die Struktur eine für die ersten drei Jahre weit überdurchschnittliche Verzinsung. Die Zinserwartung für die Folgejahre ist für den kurzfristigen Bereich auf eine stabile bzw. nachgebende Entwicklung gerichtet und bietet wegen des reversen Elementes dennoch eine hohe Rendite. Aus der Sicht des Emittenten spricht für diese Struktur die langfristige Sicherung von Kreditmitteln, die hohe Flexibilität durch jährliche Kündigungsrechte, die niedrigere Zinsbelastung bei steigenden Kapitalmarktzinsen (reverses Element) und die Kündigung und Widereindeckung auf niedrigerem Niveau bei sinkenden Kapitalmarktzinsen.

Der Pfandbrief mit einer Wandlungsoption gewährt dagegen dem Pfandbriefgläubiger oder dem Emittenten das Recht, zu einem oder mehreren Terminen die Verzinsung des Pfandbriefes von einer festen in eine variable Verzinsung umzuwandeln. Die Optionen ermöglichen es, fast jede denkbare Erwartung zu Währungs- und Zinsbewegungen in einem Pfandbrief zu verbriefen. Daher ist die Vielfalt der nach ihrer Ausstattung strukturierten Pfandbriefe für inländische wie ausländische Investoren gleichermaßen attraktiv. Die Verbindung der Kreditqualität des Pfandbriefes mit Derivaten stößt auf große Interessen besonders bei institutionellen Anlegern. Gleichzeitig belegen strukturierte Pfandbriefe eine hohe Flexibilität und Anpassungsfähigkeit der deutschen Pfandbriefemittenten an die sich ständig ändernden Anforderungen des Kapitalmarktes.

c. Der Jumbo - Pfandbrief

aa. Zweck der Jumboemission

Um den Bedürfnissen der am Handel orientierten Anleger entgegenzukommen, wurde im Mai 1995 zum ersten Mal von der Frankfurter Hypothekenbank Centralboden ein Pfandbrief auf den Markt gebracht, der als Jumbo-Pfandbrief (Jumbo) bezeichnet wird. Rechtlich gesehen bildet der Jumbo-Pfandbrief keine gesonderte Pfandbriefart. Bezüglich ihrer Bonität erfüllen diese Pfandbriefe dieselben Standards wie die normalen Pfandbriefe. Seine Besonderheiten lassen sich weder dem HBG noch dem ÖPG entnehmen. Jumbo-Pfandbriefe unterliegen denselben gesetzlichen Vorschriften wie klassische Pfandbriefe. Für sie gelten insbesondere auch alle gesetzlichen Sicherheitsnormen. Für Investoren ist also das Anlegerisiko gleich, da Jumbos über dieselben Sicherheitsstandards wie übrige Pfandbriefe verfügen.

---

[313] Hierzu http://www.oevag.com/vb_application/main.asp?pgnr=20750&O=20743.

Der Jumbo hat sich aber nicht nur in der Praxis entwickelt, sondern dort auch durchgesetzt. Während der klassische Pfandbrief für *trading*-orientierte Investoren wenig interessant erscheint, wohl aber die Wünsche der *Buy-and-Hold*-Investoren erfüllt, trifft für den Jumbo-Pfandbrief das Gegenteil zu. Das liegt vor allem an den Unterschieden in der Liquidität beider Pfandbriefe. Die außergewöhnlich hohe Liquidität des Jumbo-Pfandbriefes[314] - also die Fähigkeit seiner jederzeitigen Veräußerbarkeit zum Barwert - kommt den Interessen der *trading*-Investoren besonders entgegen. Das Ziel der Jumbo-Pfandbriefe ist es also, ein den Bundesanleihen vergleichbares liquides und homogenes Marktsegment zu schaffen; diesem dient auch die Standardisierung der Dokumentation von Jumbos.

bb. Mindeststandards für den Jumbo-Pfandbrief

(1) Selbstverpflichtung der deutschen Hypothekenbanken

Besondere Anforderungen für die Ausgabe von Jumbo-Pfandbriefen ergeben sich aus den im März 1996 von den Hypothekenbanken verabschiedeten sog. "Mindeststandards für den Jumbo-Pfandbrief", die 2003 novelliert wurden. Die modernisierten Mindeststandards für Jumbo-Pfandbriefe sind am 5. Mai 2004, nachdem das Bundeskartellamt keine Einwände geltend gemacht hatte, in Kraft getreten. Bei diesen Mindeststandards handelt es sich um eine Selbstverpflichtung der deutschen Hypothekenbanken, sich an bestimme Standards zu halten, um die Liquidität der Jumbos zu gewährleisten. Durch die im Mai 1997 geschlossene Vereinbarung zwischen dem VdH und dem Bundesverband Öffentlicher Banken wurden diese Liquiditätsstandards für die Landesbanken übergenommen.[315] Diese Vereinbarung hat also nur Bedeutung für diese beiden Verbände und besagt nichts über die Natur des Jumbo-Pfandbriefes. Klassische Pfandbriefe und Jumbos unterscheiden sich daher nur in wirtschaftlicher Hinsicht, denn das Mindestvolumen ist bei den Jumbos deutlich höher.

(2) Mindestgröße des Emissionsvolumens

Um einen hohen Liquiditätsgrad des Pfandbriefes zu erreichen, muss vor allem eine gewisse Mindestgröße des Emissionsvolumens gewährleistet werden.[316] Jumbo-Pfandbriefe kommen diesem Erfordernis entgegen; schon ihre Bezeich-

---

[314] Zur Liquidität des Pfandbriefes *Hies*, (1996), 221 ff.

[315] Die meisten Jumbo-Pfandbriefe werden aber in der Praxis von privaten Hypothekenbanken begeben. Der Anteil der privaten Hypothekenbanken am Jumbo-Pfandbriefmarkt machte im Jahre 1999 85 % des gesamten Volumens aus; VdH, Der Pfandbrief 1999, 46.

[316] Nach *Hies* ((1996), 224) ist das aber kein Liquiditätsindikator, da es keine stabile Beziehung zwischen Emissionsvolumen und Sekundärmarktliquidität gibt.

nung[317] macht dies deutlich. In dem Mindestvolumen spiegelt sich auch einer der wesentlichen Unterschiede zu den traditionellen Pfandbriefen wider. Während das Volumen der klassischen Pfandbriefe heute zwischen 5 und 500 Mio. € variiert und im Durchschnitt ca. 150 Mio. € beträgt, werden Jumbo-Pfandbriefe im Rahmen der Pfandbriefgroßemissionen ausgegeben und müssen das Mindestvolumen von einer Mrd. €[318] aufweisen.[319] Dieses Limit wird aber in der deutschen Praxis regelmäßig überschritten. Das Jumbo - Durchschnittsvolumen beläuft sich heute auf 1,5 Mrd. €. Um das Volumen weiter zu erhöhen, führen Hypothekenbanken bei neuem Refinanzierungsbedarf nach Möglichkeit nicht eine neue Emission am Markt ein, sondern emittieren einheitliche und fungible Papiere zu den Bedingungen einer bereits eingeführten Emission. Dadurch unterscheiden sich die Folgeemissionen nicht von der ersten Emission. Eine solche Aufstockung führt zu der Vergrößerung der vorhandenen Emission.[320] Dadurch hat sie einen besseren Markt. Manche Jumbos erreichen sogar das Volumen von bis zu 5 Mrd. €.[321]

(3) Der Jumbo - Pfandbrief als qualifizierter Inhaberpfandbrief

Da die Jumbo - Pfandbriefemission auf die Schaffung eines liquiden Pfandbriefmarktes abzielt, kann der Jumbo-Pfandbrief seiner Natur nach nur ein auf den Inhaber lautendes Wertpapier sein. Daraus folgt, dass alle Jumbos Inhaberpfandbriefe sind, was allerdings nicht die Gleichwertigkeit dieser Begriffe bedeutet. Jumbo-Pfandbriefe sind qualifizierte Inhaberpfandbriefe, die am Markt gewisse Mindeststandards erfüllen müssen, um liquide zu sein. Nach diesen Mindeststandards ist daher die nachträgliche Umschreibung des Jumbo-Pfandbriefes auf den Namen eines Anlegers (Vinkulierung) ausgeschlossen, da die Liquidität der Jumbo-Emissionen dadurch beeinträchtigt werden kann. Aus demselben Grund ist die Herabsetzung des im Umlauf befindlichen Emissionsvolumens[322] durch einen

---

[317] „Jumbo" bedeutet riesig, kolossal; vgl. *Messinger*, Schulwörterbuch, English - Deutsch, (1988), 641; *Hamblock/Wessels*, Großwörterbuch - Wirtschaftsenglisch, (1990), 760.

[318] Ursprünglich betrug das Mindestvolumen für Jumbos 500 Mio. €.

[319] Dabei ist es erforderlich, dass das Volumen der Erstemission mindestens 750 Mio. € beträgt; wobei der Emittent verpflichtet ist, dieses Volumen auf eine Mrd. € innerhalb von 180 Tagen des Kalenders zu erhöhen.

[320] Die Mindeststandards werden zudem um eine Reihe von Empfehlungen ergänzt. Nach diesen Empfehlungen soll jeder Aufstockungsbetrag 125 Mio. € nicht überschreiten. Dazu sollten zwischen der Preisfeststellung (sog. *Pricing*) und dem Valutatag bei Aufstockungen und Neuemissionen nicht mehr als fünf Bankarbeitstage liegen und der Kupon von Jumbo-Pfandbriefen soll höchstens auf einen Viertel-Prozentpunkt gebrochen sein.

[321] VdH, Der Pfandbrief 2002, 10 f.

[322] Die Laufzeiten der Jumboemissionen erstrecken sich von 2 bis zu 15 Jahren, wobei der Schwergewicht auf fünf-, sechs- und siebenjährigen Fälligkeiten liegt; vgl. VdH, Der Pfandbrief 1998, 26.

Rückkauf zwecks vorzeitiger Tilgungen oder der Treuhänderverwahrung nur unter besonderen Bedingungen möglich.[323]

(4) Der Jumbo - Pfandbrief als konsortialgeführtes Wertpapier

Im Unterschied zu herkömmlichen Pfandbriefen ist der Jumbo-Pfandbrief ein konsortialgeführtes Wertpapier. Das bedeutet, dass Jumbos im Konsortialverfahren begeben werden. Für jeden Jumbo-Pfandbrief wird ein Bankenkonsortium gebildet, das aus mindestens drei Banken (sog. *Market Makern*) besteht. Die *Market Makers* sind dann für die Jumbo-Emission und ihre Vermarktung verantwortlich. Die Gründung eines Bankenkonsortiums trägt einerseits zu der Ausweitung des potentiellen Pfandbriefabsatzes bei, andererseits gewährleistet es die hohe Liquidität des Jumbo-Pfandbriefes. Da das Bankenkonsortium jederzeit zum An- und Verkauf von Jumbos zur Verfügung steht, müssen sich Investoren um den Verkauf großvolumiger Pfandbriefe keine Sorgen machen. Die *Market Makers* sind auch zusätzlich verpflichtet, ständige Kurse für die Jumbo-Pfandbriefe zu stellen. Zu ihren Aufgaben gehört also die simultane Quotierung der Geld- und Briefkurse (sog. Zwei-Wege-Kurse) für Handelsgrößen bis zu 15 Mio. €[324] während der üblichen Handelszeiten. Nach den Empfehlungen der oben genannten Vereinbarung soll das Bankkonsortium bei dieser Quotierung auch die bestimmte Spanne zwischen Geld- und Briefseite nicht überschreiten.[325] Die Übernahme dieser Pflichten durch das Konsortium entlastet die einzelnen Hypothekenbanken deutlich, wobei die Funktion einer der Banken des Konsortiums auch von dem Emissionsinstitut selbst wahrgenommen werden kann. Im Übrigen bietet die Emission von Pfandbriefen durch Konsortien für Hypothekenbanken auch größere Vorteile.[326] So kümmern sich die *Market-Makers* um die hohe Transparenz des Jumbo-Pfandbriefmarktes. Um diese Transparenz zu sichern, veröffentlichen die *Market-Makers* die von ihnen quotierten Jumbos-

---

[323] Dieses gilt sodann, wenn das Emissionsvolumen von einer Mrd. € nicht unterschritten wird. Jedoch darf der Rückkauf nicht mehr als die Hälfte des Erstemissionsvolumens überschreiten. Der Emittent ist sogar dazu verpflichtet, darauf Acht zu geben, dass die Transparenz am Markt umfassend gegeben ist und eine öffentliche Ankündigung seiner Absichten drei Tage vor dem Rückkauf durch ihn stattfindet. Nach diesem Rückkauf ist die Aufstockung einer betroffenen Emission innerhalb eines Jahres nicht möglich.

[324] Für größere Volumen werden die Kurse gesondert ausgehandelt.

[325] Der empfohlene Spreads beträgt für eine Laufzeit bis einschließlich 4 Jahren - 5 Eurocents, eine über 4 bis einschließlich 6 Jahren - 6 Eurocents, eine über 6 bis einschließlich 8 Jahren - 8 Eurocents, eine über 8 bis einschließlich 15 Jahren - 10 Eurocents, eine über 15 bis einschließlich 20 Jahren - 15 Eurocents und für eine Laufzeit über 20 Jahre - 20 Eurocents.

[326] Durch die Beteiligung ausländischer Banken an dem Konsortium können neue Absatzmöglichkeiten im Ausland eröffnet werden; dazu *Hies*, (1996), 243 f.

Kurse, die dann in einem übersichtlichen Vergleich im Reuters-System zusammengestellt werden.[327]

(5) Weitere Anforderungen

Die Mindeststandards für den Jumbo-Pfandbrief enthalten zudem weitere Bedingungen für Jumboemissionen, die der Sicherung der Liquidität dienen und erfüllt werden müssen, damit ein Pfandbrief den Zusatz „Jumbo" führen darf. Außer dem Mindestvolumen kann der Jumbo-Pfandbrief ausschließlich im sog. *Straight Bond-Format* angeboten werden. Danach dürfen Jumbos nur als festverzinsliche und endfällige Pfandbriefe mit jährlich nachträglicher Zinszahlung begeben werden. Jumbo-Pfandbriefe sind auch unverzüglich nach der Begebung, spätestens jedoch 30 Kalendertage nach dem Valutierungstag, an einer deutschen Börse in den amtlichen oder geregelten Markt eines Mitgliedsstaates der EU oder in einem anderen Vertragsstaat des Abkommens über den Europäischen Wirtschaftsraum einzuführen.[328]

cc. Jumbo - Pfandbriefsegment

An einem Jumbo-Pfandbriefsegment können sowohl Hypothekenpfandbriefe als auch öffentliche Pfandbriefe beteiligt sein. Da sich aber das für Jumbos erforderliche Mindestvolumen viel leichter und schneller durch öffentliche Anleihen ansammeln lässt, machten öffentliche Pfandbriefe 90 % des Jumbo-Marktes aus.[329] In letzter Zeit zeichnet sich allerdings eine Tendenz zur Ausgabe von hypothekarisch besicherten Jumbos (Jumbo-Hypothekenpfandbriefe) ab; offenbar hängt dies mit einer Gewichtsverschiebung im Rahmen der Hypothekenbankgeschäfte zusammen. Der Anteil der Jumbo-Hypothekenpfandbriefe am gesamten Emissionsvolumen im Segment großvolumiger Pfandbriefe ist im Jahre 2001 von 17 % auf 25 % im Jahre 2002 angestiegen.[330]

---

[327] Zur Erhöhung der Transparenz tragen auch die Ratings sowie die Jumbo-Pfandbriefindizes (JEX und JEXP) bei; zu Indizes VdH, Der Pfandbrief 1998, 73 ff.; VdH, Der Pfandbrief 1999, 65 ff.; zum Rating der Pfandbriefe VdH, Der Pfandbrief 1997, 41 ff.; VdH, Der Pfandbrief 2002, 57 ff.

[328] Sollte eine der Regelungen der Mindeststandards von Jumbopfandbriefen für diesen nicht eingehalten werden, so ist die Eigenschaft als Jumbo Pfandbrief nicht gegeben. Für die vor den neuen Mindeststandards geltenden Jumbo Pfandbriefe gilt dieses nicht, sofern die anderen Regelungen eingehalten werden; hierzu www.hypverband.de.

[329] VdH, Der Pfandbrief 2002, 11.

[330] VdH, Jahresbericht 2002, 17.

dd. Entwicklung des Jumbo - Pfandbriefmarktes

Dieses deutsche, vor neun Jahren auf den Markt gebrachte Pfandbriefprodukt, das in Polen noch unbekannt ist, stieß von Anfang an auf großes Interesse der Investoren und hat sich zu einem der wichtigsten Segmente der Hypothekenbanken entwickelt. Das starke Wachstum des Pfandbriefmarktes in Deutschland ist vor allem der rapiden Entwicklung des Jumbo-Pfandbriefmarktes zuzuschreiben.[331] Zwar hat das Wachstum des Jumbo-Marktes in den letzten Jahren an Dynamik verloren.[332] Dennoch ist der Volumenzuwachs der Jumbo-Pfandbriefe bei dem allgemein schwierigen Geschäftsumfeld für Pfandbriefemittenten bemerkenswert. Das gesamte Volumen des Jumbo-Marktes ist von 403 Mrd. € im Jahre 2001 auf 406 Mrd. € im Jahre 2002 angestiegen,[333] was Jumbos einen Platz unter den „Top Five" der europäischen Rentenmärkte sichert. Die langsam zu beobachtende Sättigung des Jumbo-Marktes ist auch ein Hinweis auf die Etablierung dieses reifen Marktsegmentes in Deutschland. Allerdings werden deutsche Jumbo-Globalpfandbriefe (sog. Globals) seit 1996 emittiert, die auf allen großen Finanzmärkten angeboten werden. Um den Zugang zu diesen Märkten zu vereinfachen, werden sie nach amerikanischen Vorschriften begeben.[334] In anderen europäischen Ländern ist dagegen noch eine dynamische Entwicklung im Bereich der Jumbo-Emissionen zu beobachten. Das betrifft vor allem spanische und französische Jumbo-Emissionen, die durch eine deutliche Ausweitung gekennzeichnet waren.[335]

Obwohl bei der geschilderten Marktentwicklung eine Tendenz zur Rückdrängung der kleinvolumigen, traditionellen Pfandriefe durch die großvolumigen Jumbos zu beobachten ist, muss nachdrücklich festgehalten werden, dass der Jumbo-Pfandbrief den traditionellen Pfandbrief nicht ersetzen, sondern sinnvoll ergänzen soll.[336] Durch die Einführung der Jumbo-Pfandbriefe wird das Angebot der Hypothekenbanken erweitert und den Investoren eine zusätzliche Wahlmöglichkeit gegeben. Im Übrigen werden kleine Hypothekenbanken nach den Anforderungen der Mindeststandards nicht an Jumbo-Emissionen beteiligt; dies beruht auf ihrer beschränkten Refinanzierungskapazität.

---

[331] VdH, Der Pfandbrief 1998, 26 f.

[332] Während sich das gesamte Volumen der Jumbos in den Jahren 1995 - 1998 stetig jährlich verdoppelte, betrug die Zuwachsrate 1999 - 50 %, 2000 - 22, 7 % und im Jahre 2001 - 9 %; VdH, Jahresbericht 2001, 21; VdH, Der Pfandbrief 2002, 9.

[333] VdH, Jahresbericht 2002, 17.

[334] VdH, Der Pfandbrief 2002, 12.

[335] VdH, Jahresbericht 2002, 18.

[336] *Hies*, (1996), 245.

§ 4. Pfandbriefemittenten

I. Pfandbrief als privat- und öffentlichrechtliches Wertpapier

Das Wertpapier kann als Privat- oder Staatspapier ausgestaltet werden. Diese Klassifizierung betrifft die Person des Ausstellers. Staatspapiere werden vom Staat oder von anderen öffentlichen Körperschaften ausgegeben. Aussteller der Privatpapiere sind dagegen natürliche oder juristische Personen des Privatrechts. Aussteller des polnischen Pfandbriefes können ausschließlich private Hypothekenbanken sein. Damit hat der polnische Gesetzgeber das einheitliche Pfandbriefemittentensystem gewählt.[337] In Deutschland hingegen kann von einem zweigleisigen Pfandbriefemittentensystem gesprochen werden, denn zu dem deutschen Pfandbriefemittentenkreis gehören sowohl private als auch öffentlichrechtliche Emittenten. Im privaten Pfandbriefemittentensektor ist in Deutschland ferner zwischen den reinen und gemischten Hypothekenbanken sowie Schiffsbanken zu unterscheiden.

II. Reine Hypothekenbanken

1. Spezialbankprinzip und Beschränkung der Bankgeschäfte

Der Grundgedanke des Pfandbriefsystems, eine möglichst hohe Sicherheit für die Investoren zu gewährleisten, hat sich in dem Spezialbankprinzip niedergeschlagen. Das Spezialbankprinzip in seiner reinen Form bedeutet, dass das Pfandbriefgeschäft ausschließlich von spezialisierten Kreditinstituten betrieben werden kann. Diese Spezialisierung zielt auf eine Auswahl bestimmter Banken als Pfandbriefemittenten ab, die risikoreiche Geschäfte vermeiden und damit das Risiko ihrer Insolvenz minimalisieren. Mit dem Pfandbriefprivileg hängt das Prinzip der Beschränkung der Bankgeschäfte eng zusammen. Es besagt, dass außer den gesetzlich enumerativ genannten Haupt-, Neben- und Hilfsgeschäften keine anderen Geschäfte von Pfandbriefemittenten vorgenommen werden dürfen. Die erlaubten Geschäfte sind ausschließlich risikoarme Geschäfte, die mit dem Pfand-

---

[337] Zu Gründen der Einführung des Spezialbankpronzips in Polen *Gradzki*, WiRO 1998, 407, 408.

briefgeschäft zusammenhängen. Die Beschränkung widerspricht einerseits dem Prinzip der Gewerbefreiheit, andererseits trägt sie aber der hohen Sicherheitsqualität des Pfandbriefes Rechnung. Ihre Notwendigkeit hat sich in der jahrelangen Praxis der deutschen Hypothekenbanken bestätigt.[338]

2. Polnische Regelung

Ausnahmslos gelten diese Grundsätze in Polen, wo ausschließlich Hypothekenbanken zur Ausgabe von Pfandbriefen berechtigt sind.[339] Polnische Hypothekenbanken sind private Spezialbanken, die in Form einer Aktiengesellschaft gegründet werden müssen[340] und nur die im Gesetz vorgesehenen Geschäfte betreiben dürfen.[341] Der Umfang dieser Geschäfte ist im Vergleich zu den Geschäften von Universalbanken deutlich beschränkt. Damit wird das Prinzip der Begrenzung der Hypothekenbankgeschäfte statuiert. Der geschlossene Katalog von zulässigen Bankgeschäften schließt risikoreiche Bankgeschäfte aus und führt zu einer Minimierung des Risikos, das bei Universalbanken etwa mit dem Kredit- und Einlagengeschäft zusammenhängt. Damit wird vermieden, dass der Pfandbriefemittent bei seinem Geschäftsbetrieb ein zu hohes Risiko eingeht, das im Ergebnis auch die Pfandbriefsicherheit gefährden kann. Dieses von dem polnischen Gesetzgeber in reiner Form angenommene Spezialbankprinzip, das für Pfandbriefinstitute in den meisten europäischen Staaten gilt,[342] bildet eine der Säulen für die Sicherheit des polnischen Pfandbriefsystems.

3. Deutsche Regelung

a. Hypothekenbanken

Die erwähnten Prinzipien gelten in Deutschland nur für private Pfandbriefemittenten, wobei es davon noch Ausnahmen gibt. Das HBG sieht zwei Rechtsformen vor, unter denen Hypothekenbanken tätig werden dürfen. Außer in der Rechtsform einer Aktiengesellschaft kann eine Hypothekenbank danach in der Rechtsform einer Kommanditgesellschaft auf Aktien gegründet werden (§ 2 Abs. 1

[338] Das Spezialitätsprinzip und die Geschäftskreisbeschränkungen stellen Grundlagen des hundertjährigen Erfolgs des deutschen Pfandbriefes dar; vgl. *Kerl*, DLK 1998, 518, 520; *ders.*, DLK 2000, 510, 512 f.
[339] Vgl. Art. 12 Abs. 4 und Abs. 5 PHBG
[340] Vgl. Art. 9 Abs. 1 PHBG.
[341] Vgl. Art. 11 a PHBG.
[342] Tabellarische Darstellung bei VdH, Jahresbericht 2001, 88 f.

HBG).[343] Die Münchener Hypothekenbank hat - historisch bedingt - die Rechtsform einer eingetragenen Genossenschaft.

Ähnlich wie das PHBG bestimmt das HBG einen Katalog von zugelassenen Neben- und Hilfsgeschäften für Hypothekenbanken.[344] Dieser ist allerdings umfangreicher als der polnische. Die HBG-Novelle von 2002[345] hat diesen Geschäftskreis deutlich um viele über die Deckungsmasse hinausgehende Geschäftsfelder rund um die Immobilie erweitert.[346] Der allgemeine Trend weist in die Richtung einer noch größeren Ausweitung des Geschäftsfelds der Hypothekenbanken.

Die meisten privaten Hypothekenbanken sind im VdH[347] zusammengeschlossen,[348] der ihre Interessen in der Wirtschafts-, Kapitalmarkt- und Steuerpolitik sowie der Rechtsgestaltung auf regionaler und europäischer Ebene vertritt. Der Hauptsitz des Verbandes befindet sich in Berlin. Der Verband hat seine ausländischen Verbindungsbüros in Brüssel, Tokio und New York.

b. Schiffsbanken

Zu den privaten Pfandbriefemittenten gehören außer den privaten Hypothekenbanken auch Schiffsbanken, die keine Pfand-, sondern Schiffspfandbriefe ausgeben. Ihre Besonderheit besteht darin, dass „der Pfand“ nicht mehr in einer Immobilie, sondern in einer fertigen oder sich im Bau befindlichen Sondermobilien - dem Schiff liegt. Die rechtliche Grundlage für die Emission von Schiffpfandbriefen ist das SchBkG. Die Schiffsbanken vergeben langfristige Schiffskredite, die durch erstrangige, im Schiffsregister eingetragene Schiffshypotheken[349] gesichert sind, die ihrerseits durch Schiffspfandbriefe refinanziert werden.[350]

Es gibt derzeit in Deutschland nur zwei Schiffsbanken: die Deutsche Schiffsbank AG Bremen[351] und die Schiffshypothekenbank zu Lübeck AG. Ihre Dachorganisation - der Verband deutscher Schiffsbanken wurde 1952 gegründet. Der Verband vertritt die gemeinsamen Interessen der Mitglieder auf dem Gebiet

---

[343] In der deutschen Praxis gibt es aber keine Hypothekenbank in dieser Form.
[344] Vgl. § 5 HBG.
[345] Novelle vom 21.6.2002 (BGBl. 2002 I 2010).
[346] Dazu VdH, Jahresbericht 2002, 49 ff.
[347] Hierzu http://www.hypverband.de.
[348] Derzeit sind dem Verband 18 private Hypothekenbanken angeschlossen.
[349] Die Bestellung, Übertragung, Erlöschung sowie Geltendmachung der Schiffshypothek regelt das Gesetz über Rechte an eingetragenen Schiffen und Schiffsbauwerken vom 15.11.1940 ((SchRechtG), (RGBl. 1940 I 1499), zuletzt geändert durch Art. 5 Abs. 12 des Gesetzes zur Modernisierung des Schuldrechtes vom 26.11.2001 (BGBl. 2001 I 3137)).
[350] Vgl. § 1 Abs. 1 SchBkG.
[351] Hierzu http://www.schiffsbank.com.

der Schiffsfinanzierung sowie in den damit zusammenhängenden wirtschafts-, rechts- und steuerpolitischen Fragen. Schiffsbanken sind in Polen hingegen nicht bekannt.

III. Die Wettbewerber der reinen Hypothekenbanken

1. Gemischte private Hypothekenbanken

a. Entstehung und Rechtsgrundlage

Zu den gemischten Hypothekenbanken gehören in Deutschland diejenigen Banken, die ihre Tätigkeit im Bereich des Pfandbriefgeschäftes noch vor dem Inkrafttreten des Hypothekenbankgesetzes aufgenommen haben. Um schwerfällige, wirtschaftliche Anpassungen zu vermeiden, hat ihnen der deutsche Gesetzgeber eine Sonderstellung eingeräumt, die in der Erlaubnis zur Weiterführung ihrer bisherigen Betriebsgeschäfte besteht. Nach § 46 Abs. 1 HBG dürfen diese Banken auch andere Bankgeschäfte in demjenigen Umfang betreiben, in dem sie diese bis zum 1. Mai 1898 nach den Bestimmungen ihrer Satzung betrieben haben.[352] Für sie gilt die im HBG vorgesehene Begrenzung des Geschäftsbetriebes deshalb nicht. Einzige Beschränkung ist die Pfandbriefumlaufgrenze, die bei den gemischten Hypothekenbanken kraft gesetzlicher Bestimmung niedriger ist als bei den reinen Hypothekenbanken. Während der Gesamtbetrag aller im Umlauf befindlichen Pfandbriefe, deren Emittent eine gemischte Hypothekenbank ist, nach § 46 Abs. 2 HBG den 48-fachen Betrag des haftenden Eigenkapitals nicht übersteigen darf, ist die Umlaufgrenze bei den reinen Hypothekenbanken höher angesetzt und beträgt den 60-fachen Betrag des haftenden Eigenkapitals.[353] Dieser Unterschied im Gesamtbetrag aller im Umlauf befindlichen Pfandbriefe von gemischten und reinen Hypothekenbanken, der den 12-fachen Betrag des haftenden Eigenkapitals ausmacht, ist in der Praxis ohne Belang. An diese Umlaufgrenze sind zudem nur diejenigen gemischten Hypothekenbanken gebunden, die ihren Geschäftsbetrieb tatsächlich in erwei-

---

[352] Für die Münchener Hypothekenbank eG gibt es eine Sonderregelung in Art. 2 des 5. Änderungsgesetzes des Hypothekenbankgesetzes von 1963 (BGBl. 1963 I 9). Für diese Hypothekenbank gelten die durch § 5 HBG gesetzten Einschränkungen im Bereich der Neben- und Hilfsgeschäfte insoweit nicht, als sie am 1.1.1963 Geschäfte im weiteren Umfang betreiben durfte.
[353] Vgl. § 7 Abs. 1 HBG.

tertem Umfang führen.[354] Von dem tatsächlichen Umfang des Geschäftsbetriebs ist allerdings der Status der gemischten Hypothekenbank nicht abhängig. Er erlischt auch nicht durch einen langfristigen Nichtbetrieb der erweiterten Tätigkeit.[355] Die gemischten Hypothekenbanken sind in Polen nicht bekannt.

b. Entwicklungstendenzen

Durch Umstrukturierungs- und Konsolidierungsprozesse, die in den letzten Jahren im Bereich der Hypothekenbanken stattgefunden haben, hat sich im Übrigen das Verhältnis zwischen den reinen und gemischten Hypothekenbanken weitgehend geändert. Während es im Jahre 1900 bei der Einführung des Hypothekenbankgesetzes elf gemischte Hypothekenbanken gab,[356] hat sich ihre Anzahl im Laufe der Zeit auf drei reduziert. Gleichzeitig ist aber eine Umgehung des Verbotes zur Gründung von neuen gemischten Hypothekenbanken in der Praxis durch die Fusion von reinen mit gemischten Hypothekenbanken zu beobachten.[357] Dadurch erhöht sich zwar nicht die Anzahl der gemischten Hypothekenbanken, aber derer Marktanteil.[358] Fusionen der geschilderten Art führen also faktisch zu einer Umgehung des Gesetzes und zur Vergrößerung des Marktanteils der gemischten Hypothekenbanken. Dies ist aus der Sicht der Gleichbehandlung sowie eines fairen Wettbewerbs zwischen Hypothekenbanken bedenklich. Das in § 46 HBG

---

[354] Vgl. *Bellinger/Kerl,* (1995), § 46 HBG Rn. 10; aA *Dannenbaum* ((1928), § 46 HBG Anm. 3), nach dem die Bank nicht in beliebigem Wechsel eine höhere und niedrigere Umlaufgrenze haben kann; eine nicht statutarische, sondern nur tatsächliche Aufgabe des erweiterten Geschäftsbetriebes macht die gemischte Hypothekenbank noch nicht zu einer reinen Hypothekenbank und verschafft ihr darüber hinaus auch kein Recht zum erhöhten Umlauf.

[355] Der Verlust dieses Privilegs kann aber durch Satzungsänderung erfolgen. Die Wiederherstellung dieses Privilegs ist nicht mehr möglich; vgl. *Bellinger/Kerl*, (1995), § 46 HBG Rn. 5.

[356] Zur Auflistung dieser Institute *Bellinger/Kerl*, (1995), § 46 HBG Rn. 7.

[357] Die Eurohypo AG ist aus der Verschmelzung der Deutschen Hypothekenbank Frankfurt-Hamburg AG, der EUROHYPO Aktiengesellschaft Europäische Hypothekenbank der Deutschen Bank und der RHEINHYP Rheinische Hypothekenbank AG entstanden; die HVB Real Estate Bank AG dagegen ist im September 2001 aus der Verschmelzung von Bayerischer Handelsbank AG, Nürnberger Hypothekenbank AG und Süddeutscher Bodencreditbank AG hervorgegangen; VdH, Der Pfandbrief 2002, 106 f. Bei den Landesbanken gibt es ähnliche Entwicklungen. Die WestLB will in Zukunft die WestImmo als spezialisierten Baufinanzierer nutzen. Die Landesbanken Schleswig-Holstein und Hamburg sind zu einer Aktiengesellschaft fusioniert worden, der HSH-Nordbank. Diese erwirbt eine Hypothekenbank, um künftig über diese spezialisierte Tochter das Hypothekenbankgeschäft zu betreiben.

[358] So ist die Eurohypo mit der Bilanzsumme von nahezu 240 Mrd. € die fünftgrößte private Bank bzw. eine der zehn größten Banken Deutschlands. Sie ist auch der Marktführer im Pfandbriefmarkt. Die Bilanzsumme der reinen Hypothekenbanken erreichte Ende 2001 rund 639 Mrd. €, wobei die Bilanzsumme aller Hypothekenbanken (einschließlich der gemischten Hypothekenbanken) bei rund 1,19 Billionen lag; VdH, Der Pfandbrief 2002, 20, 106.

verankerte Privileg zur erweiterten Geschäftsführung, das als Übergangsregelung gedacht war, wird auf diese Weise festgeschrieben.

Zu den Hypothekenbanken, die berechtigt sind, neben dem Hypothekenbankgeschäft auch das allgemeine Bankgeschäft zu betreiben, gehören derzeit die Eurohypo AG, die HVB Real Estate Bank AG sowie die HypoVereinsbank AG. Diese drei Banken haben zwar das Recht zum allgemeinen Bankgeschäft; in der Praxis jedoch wird dieses Recht nur noch eingeschränkt genutzt. So beschränkt sich die Eurohypo AG auf die Immobilienfinanzierung und den Staatskredit, wo sie die führende Rolle hat. Das Haupttätigkeitsfeld der Eurohypo AG ist die professionelle Immobilienfinanzierung. Hier bietet sie aus einer Hand die gesamte Wertschöpfungskette komplexer Immobilienfinanzierungen vom traditionellen Darlehensgeschäft über Syndizierungen bis zum Immobilien-Investmentbanking an.[359] Die Eurohypo AG nutzt den Status der gemischten Hypothekenbank für Geschäfte in diesen Bereichen, die über die engen Definitionen des Hypothekenbankgesetzes hinausgehen. Die Hypo Real Estate ist als spezialisierter Baufinanzierer als Teil eines spezialisierten Konzerns aus dem HVB-Konzern abgespalten worden. Sie wendet sich mit ihrem Produkt- und Dienstleistungsangebot an professionelle Immobilienkunden. Ergänzend zur Finanzierung bietet die HVB Real Estate Bank AG innovative Produkte rund um die Immobilie an.[360] Nur die HVB betreibt noch das allgemeine Bankgeschäft. Diese Bank aber will nur noch die Wohnungsfinanzierung und nicht mehr die gewerbliche Baufinanzierung betreiben. Sie tendiert also auch zu einer Beschränkung ihrer Tätigkeit.

Dies macht eine Tendenz zur erweiterten Spezialisierung im Bereich der gemischten Hypothekenbanken deutlich. Man kann daher von einer "erweiterten Spezialbank" anstatt von einer gemischten Hypothekenbank sprechen. Die gemischten Hypothekenbanken nutzen ihre Sonderstellung, um ihren Kunden ein umfassendes Angebot machen zu können. Diese erweiterte Spezialisierung ermöglicht es ihnen, die Wünsche und Bedürfnisse ihrer Kunde besser und vor allem eigenständig zufrieden zu stellen. Sie sind deshalb nicht gezwungen, ihre Kunden für Teile der Finanzierung oder damit verbundene Nebengeschäfte an andere Banken weiter verweisen zu müssen. Die Komplexität der Angebote ist für beide Seiten vorteilhaft.

c. Auf der Suche nach einheitlichen Wettbewerbsbedingungen

Den Trend zur erweiterten Spezialisierung können bewusst nur die gemischten Hypothekenbanken steuern und bestimmen. Die Erweiterung der Geschäfte der reinen Hypothekenbanken bedarf jeweils einer Gesetzesänderung; dies erschwert die schnelle Anpassung an die sich ändernden Marktbedürfnisse deutlich. Den

---

[359] VdH, Der Pfandbrief 2002, 106.
[360] VdH, Der Pfandbrief 2002, 107.

gemischten Hypothekenbanken stehen dagegen grundsätzlich alle Wege offen. Eine Spezialisierung ist in ihrem Kern eine frei gewählte Selbstbegrenzung, die sich ausschließlich marktwirtschaftlich erklären lässt. Daraus ergibt sich, dass die gemischten Hypothekenbanken eine privilegierte Stellung genießen, deren geschichtliche Wurzeln am Ende des 19. Jahrhunderts zu finden sind und mit dem Wettbewerb sowie mit der Marktgestaltung des 21. Jahrhunderts nichts mehr zu tun haben. Dieser Gedanke legt die Abschaffung dieses an sich wettbewerbswidrigen Privilegs nahe. Folgerichtig sollten einheitliche Ausgangsbedingungen im Wettbewerb zwischen den Pfandbriefemittenten geschaffen werden.

Dieses Ziel kann grundsätzlich dadurch erreicht werden, dass der Katalog der zulässigen Geschäfte für alle Pfandbriefemittenten vereinheitlicht wird. Dies kann entweder durch die Geschäftserweiterung der reinen Hypothekenbanken oder durch die Einschränkung der zulässigen Geschäfte der gemischten Hypothekenbanken erreicht werden. Das Beispiel der gemischten Banken zeigt, dass man sich zwar erfolgreich spezialisieren kann, dass aber bestimmte Geschäfte, die bisher nicht zugelassen sind, des Sachzusammenhangs wegen ohne zu großes Risiko ermöglicht werden sollten. Bemerkenswert ist dabei, dass die Bonität der gemischten Hypothekenbanken sowie die Sicherheit ihrer Pfandbriefgläubiger nie gefährdet waren. Der gemischte Charakter dieser Emittenten beeinflusste auch nicht ihr Rating.[361] Alle gemischten Hypothekenbanken haben für ihre Bonität von Rating-Agenturen sehr gute Noten erhalten.[362] Die Bonität der deutschen gemischten Hypothekenbanken weist im Pfandbriefgeschäft also keine Abweichungen gegenüber den reinen Hypothekenbanken auf. Daraus folgt, dass diese erweiterte Tätigkeit ihre Bonität nicht beeinträchtigt.

Eingrenzungen des Spezialbankprinzips müssen daher immer wieder anhand der aktuellen Entwicklungen überprüft werden. Dies gilt vor allem für die Frage, ob nicht auch andere Bankgeschäfte zulässig sein sollten, die dazu beitragen, dass der Erfolg des Geschäftsmodells der Hypothekenbank weiterhin sichergestellt ist. Bei einer Vereinheitlichung des Handlungsspielraumes sollten die bisherigen Geschäfte der gemischten Hypothekenbanken berücksichtigt und für alle Pfandbriefemittenten zugelassen werden, die sich durch die jahrelange Erfahrung der gemischten Hypothekenbanken als risikoarme erwiesen haben.

Die deutschen Hypothekenbanken wollen sich darüber hinaus in der Zukunft als universell spezialisierte Immobilien- und Staatsfinanzierungsbanken sehen und treten deswegen für eine neue Gestaltung des Spezialbankprinzips ein.[363] Das Bestreben der Hypothekenbanken, die jetzige im HBG verankerte

---

[361] Rating ist eine standardisierte, von spezialisierten Unternehmern (Rating-Agenturen) erstellte Einschätzung der Bonität des Schuldners, in der sich die Wahrscheinlichkeit der vertragsgemäßen Rückzahlung und dadurch auch die Glaubwürdigkeit des Schuldners niederschlagen.

[362] Die Rating-Agenturen (Moody's, Standard & Poor's, Fitch) bewerteten ihre Bonität mit den höchsten Noten (Triple - A).

[363] VdH, Jahresbericht 2002, 55.

Aufzählung der erlaubten Geschäfte durch die allgemeine Spezialisierung im Bereich der Immobilien- und Staatsfinanzierung zu ersetzen, erfordert allerdings eine gründliche Prüfung.[364] Prüfungsbedürftig sind an erster Stelle die Risiken, die sich aus einzelnen Immobiliengeschäften ergeben können. Dabei sollte ein hoher Sorgfaltsmaßstab angelegt werden, in dessen Rahmen der Sicherheit der Pfandbriefe höchste Priorität zukommt. Die Geschäftserweiterung sollte vorsichtig und nur dann erfolgen, wenn sich feststellen lässt, dass risikoarme Geschäfte betroffen sind, die keine Gefährdung für Pfandbriefgläubiger darstellen. Andererseits sollte auch die Marktstellung der Hypothekenbanken im globalen Wettbewerb mit Universalbanken berücksichtigt werden. Das für reine Hypothekenbanken geltende Prinzip der Geschäftsbeschränkung begrenzt einerseits das Ertragspotenzial, ist aber andererseits mit dem Spezialbankprinzip untrennbar verbunden und als grundlegender Maßstab für die Sicherheit des Pfandbriefsystems zu sehen.[365] Die genaue Analyse der Tätigkeit der gemischten Hypothekenbanken kann bei der Erweiterung des geschlossenen Katalogs von Bankgeschäften der reinen Hypothekenbanken allerdings sehr behilflich sein.

2. Gemischte öffentlichrechtliche Hypothekenbanken

a. Rechtsgrundlage zur Pfandbriefausgabe

Außer den privaten Pfandbriefemittenten sind in Deutschland auch die öffentlichrechtlichen Kreditinstitute berechtigt, Pfandbriefe zu begeben. Öffentlichrechtliche Pfandbriefemittenten unterliegen aber nicht dem HBG, da dieses nur für private Hypothekenbanken gilt, sondern dem ÖPG. Die Regelungen des ÖPG sind mit der Regelungsdichte des HBG nicht vergleichbar. Das ÖPG enthält insbesondere keine Bestimmungen über die Qualität der Deckungsmasse, über den Treuhänder, keine den §§ 11 - 12 HBG ähnliche Regelung und sieht auch keine Geschäftsbeschränkungen für diese Institute vor. Das ÖPG regelt im Wesentlichen die Pfandbriefdeckung, die von jedem Pfandbriefausgeber eingehalten werden muss. Die öffentlichrechtlichen Kreditinstitute können also grundsätzlich alle Bankgeschäfte aufnehmen, wobei ihre Tätigkeit durch Satzungen und Errichtungsgesetze bestimmt wird. Das ÖPG enthält auch keine näheren Bestimmungen über die Berechtigung zur Pfandbriefausgabe. In § 1 ÖPG ist nur allgemein von einer öffentlichrechtlichen Kreditanstalt die Rede. Außer der öffentlichrechtlichen Rechtsform und der Eigenschaft als Kreditanstalt stellt das ÖPG dem Pfandbriefemittenten also keine weiteren Voraussetzungen zur Pfandbriefausgabe.

---

364 Gegen die Aufhebung der im HBG verankerten Geschäftskreisbeschränkungen *Kerl*, DLK 1998, 518, 522.
365 Vgl. *Kerl*, DLK 2000, 510, 513.

Ob ein öffentlichrechtliches Kreditinstitut tatsächlich befugt ist, Pfandbriefe zu emittieren, ergibt sich aus dem jeweils für die betreffende Bank geltenden Errichtungsgesetz und/oder der Satzung der Bank. Dabei bedient man sich verschiedener, teilweise ungeschickter Regelungstechniken, die die Gesetzesauslegung im Einzelnen erschweren.

b. Landesbanken als herkömmliche Pfandbriefemittenten

Obwohl sich keine sonstige Einschränkung bzw. Differenzierung innerhalb der öffentlichrechtlichen Kreditinstitute aus dem Wortlaut des ÖPG ableiten lässt, hat die traditionelle Rollenverteilung im öffentlichrechtlichen Banksektor dazu geführt, dass die Pfandbriefausgabe jahrelang den Landesbanken überlassen wurde. Sie gehören daher zu den herkömmlichen, öffentlichrechtlichen Pfandbriefemittenten, die aufgrund ihres Universalbankcharakters auch als gemischte, öffentlichrechtliche Hypothekenbanken eingestuft werden können.[366] Die Errichtungsgesetze der Landesbanken enthalten üblicherweise eine allgemeine Berechtigung zum bankmäßigen Geschäft sowie zu sonstigen Geschäften, die zur Erfüllung ihrer Aufgaben erforderlich sind. Außer der so breit formulierten Ermächtigung werden dennoch oft die wichtigsten Geschäftsarten in dem Errichtungsgesetz und/oder in der Satzung von den Landesbanken beispielhaft aufgelistet. Eine ausdrückliche Ermächtigung zur Pfandbriefausgabe ist auch in den Errichtungsgesetzen und/oder Satzungen zu finden.[367]

---

[366] *Hies* (1996), 31.

[367] Vgl. etwa § 2 Abs. 1 des Gesetzes über die Landesbank Baden-Württemberg (Landesbankgesetz (LBWG) vom 11.11.1998 (GBl. 1998, 589), zuletzt geändert durch das Änderungsgesetz vom 22.10.2002 (GBl. 2002, 385)), der besagt, dass die Landesbank volle Geschäftsfreiheit hat. Sie kann alle Arten von Bank- und Finanzdienstleistungsgeschäften betreiben sowie alle sonstigen Geschäfte, die der Landesbank dienen. Sie ist berechtigt, Pfandbriefe, Kommunalobligationen und sonstige Schuldverschreibungen auszugeben. Ähnliche Regelungen sind auch in anderen Landesbankgesetzen zu finden; vgl. § 2 Abs. 2 und 3 des Gesetzes über die Bayerische Landesbank (Bayerisches Landesbank-Gesetz (BayLBG), in der Fassung vom 1.2.2003 (GVBl 2003, 54)); § 3 Abs. 2 des Gesetzes über die Errichtung der Landesbank Berlin (Gesetz vom 3.12.1993 (GVBl. 1993, 626), zuletzt geändert durch Art. 1 des vierten Gesetzes zur Änderung des Gesetzes über die Errichtung der Landesbank Girozentrale vom 19.9.2002 (GVBl. 2002 I 286)); § 5 Abs. 3 S. 2 des Gesetzes über die Investitionsbank des Landes Brandenburg (Gesetz vom 23.7.1996 (GVBl. 1996 I 258), zuletzt geändert durch das zweite Gesetz zur Änderung des Gesetzes über die Investitionsbank des Landes Brandenburg vom 20.4.2004 (GVBl. 2004 I 156)); § 3 Abs. 4, 5 des Gesetzes zur Umstrukturierung der Landesbank Nordrhein-Westfalen zur Förderung des Landes Nordrhein-Westfalen und zur Änderung anderer Gesetze vom 16.3.2004 (GVNRW 2004, 764) und § 6 Abs. 1 des Gesetzes zu dem Staatsvertrag zwischen der Freien und Hansestadt Bremen und dem Land Niedersachsen über die Bremer Landesbank vom 24.9.2002, (GVBl. 2002, 395).

c. Sparkassen als neue Pfandbriefemittenten

aa. Frage nach der Fähigkeit zur Pfandbriefausgabe

Als die Sparkasse Köln zum ersten Mal im Jahre 2002 Pfandbriefe ausgab, stellte sich plötzlich die grundlegende Frage, ob Sparkassen überhaupt berechtigt sind, das Pfandbriefgeschäft zu betreiben.[368] Bedenken hat vor allem die fehlende eindeutige Ermächtigung zum Pfandbriefgeschäft hervorgerufen. Maßgebend für die Fähigkeit der Sparkassen zur Pfandbriefausgabe ist nicht nur § 1 ÖPG, dessen wörtliche Auslegung - wie bereits erwähnt - zur Bejahung der Emissionsfähigkeit aller öffentlichrechtlichen Kreditanstalten führt, sondern sind auch die Vorschriften des Errichtungsgesetzes und die Satzung der jeweiligen Sparkasse, die das betriebene Geschäftsfeld bestimmen. Hier lassen sich zwei Prinzipien unterscheiden.

bb. Enumerations- und Verbotsprinzip

Die Sparkassengesetze folgen entweder dem Enumerationsprinzip, das in der gesetzlich abschließenden Benennung erlaubter Geschäfte besteht, oder dem Verbotsprinzip, dass von einer negativen Auflistung der unerlaubten Geschäfte ausgeht. In dem Sparkassenrecht setzt sich seit 1992 deutlich die Tendenz zur breiten und offenen Gestaltung des Geschäftsfeldes durch, die sich in der Abschaffung des geschlossenen Katalogs der gestatteten Geschäfte niederschlägt.[369] Die Sparkassen gehen damit von dem Enumerationsprinzip zum eingeschränkten Universalprinzip über.[370] Ähnlich wie die landesbankrechtlichen Vorschriften lassen auch die meisten Sparkassengesetze fast alle banküblichen Geschäfte zu.[371] Im Unterschied zu landesbankmäßigen Regelungen gibt es in den Sparkassengesetzen aber keine ausdrückliche Ermächtigung zur Pfandbriefausgabe. Während also Errichtungsgesetze und/oder Satzungen der Landesbanken neben der Generalklausel zum Bankgeschäft aller Art zusätzlich die Einzel-

---

[368] Ausführlich hierzu *Fischer*, FS Siegfried Kümpel (2003), 111 ff.

[369] *Schlierbach/Püttner*, (1994), 121 ff.

[370] Derzeit gilt das Enumerationsprinzip in unterschiedlicher Ausprägung noch in Brandenburg, Hessen, Niedersachsen, Sachsen-Anhalt, Schleswig-Holstein und Thüringen; hierzu *Fischer*, FS Siegfried Kümpel (2003), 111, 116.

[371] Die volle Geschäftsfreiheit wird den Sparkassen aber nicht eingeräumt. Die völlige geschäftliche Gleichstellung mit anderen in Wettbewerb stehenden Instituten besteht also auch nicht. Die Beschränkungen des Geschäftsumfangs der Sparkassen ergeben sich aus dem Sparkassengesetz, aus der aufgrund dieses Gesetzes erlassenen Rechtsverordnung oder aus der Satzung; vgl. § 6 Abs. 3 S. 1 des Sparkassengesetzes für Baden-Württemberg vom 23.1.1992 (GVBl. 1992, 128); § 4 des Sparkassengesetzes für Nordrhein-Westfalen vom 25.1.1995 (GVBl. 1995, 92); die Geschäftstätigkeit der Sparkassen muss vor allem mit dem Regionalprinzip, dem Verbundprinzip und mit dem Erfordernis der Risikobegrenzung übereinstimmen.

zulassungen zu den wichtigsten Geschäftsfeldern, insbesondere zum Pfandbriefgeschäft benennen, wird im Sparkassenrecht davon abgesehen. Damit ergibt sich die Frage, ob öffentlichrechtliche Kreditinstitute zum Pfandbriefgeschäft einer ausdrücklichen Ermächtigung benötigen oder ob das Pfandbriefgeschäft aufgrund einer allgemeinen Geschäftsklausel betrieben werden kann.

cc. Verschiedene Regelungstechniken

(1) Landesbankrechtliche Regelung

Bei der Antwort auf diese Frage muss von der Rechtsgrundlage der Landesbanken ausgegangen werden. Erlaubte Geschäftsarten werden in Landesgesetzen nur demonstrativ aufgezählt. Damit werden ausschließlich die Schwerpunkte der Tätigkeit der Landesbanken unterstrichen. Selbstverständlich bedeutet das nicht, dass andere, nicht explizit genannte bankübliche Geschäfte von Landesbanken nicht unternommen werden dürfen. Es scheint also, dass die landes- und satzungsmäßigen Regelungen unnötige und nicht einheitliche Wiederholungen beinhalten, was im Vergleich zu der von den Sparkassengesetzen angenommenen minimalisierten Regelungsmethode zur Verwirrung führt und die zusätzliche Auslegung mancher Begriffe erfordert. Die genaue Analyse der landesrechtlichen Tätigkeitsgrundlage der öffentlichrechtlichen Kreditinstitute führt ferner zum Ergebnis, dass eine ausdrückliche Ermächtigung zur Pfandbriefausgabe zwar in vielen, aber nicht in allen Errichtungsgesetzen der Landesbanken zu finden ist. Die Ermächtigung zur Pfandbriefausgabe ist bei manchen Banken ausschließlich in ihren Satzungen verankert.[372]

(2) Sparkassenrechtliche Regelung

(a) Ausdrückliche Zulassung zur Schuldverschreibungsemission

Für alle Sparkassen, die dem Enumerationsprinzip folgen, ist die Ausgabe von Schuldverschreibungen, ausdrücklich zugelassen.[373] Da es keine Einschränkung zur Ausgabe der ungedeckten Schuldverschreibungen und keinen Ausschluss des Pfandbriefgeschäftes gibt, ist die Ausgabe von Pfandbriefen als zulässiges Geschäft zu klassifizieren. Das ergibt sich schon aus der Tatsache, dass der Pfandbrief eine besondere, gedeckte Schuldverschreibungsart ist, die von öffentlichrechtlichen Kreditinstituten begeben werden kann.

---

[372] Hierzu *Fischer*, FS Siegfried Kümpel (2003), 111, 122.

[373] Vgl. § 5 der brandenburgischen Sparkassenverordnung vom 26.8.1997 (GVBl. 1997, 814); § 26 des Sparkassengesetzes für das Land Schleswig-Holstein vom 3.5.1994, (GVBl. 1994, 232); weitere Nachweise bei *Fischer*, FS Siegfried Kümpel (2003), 111, 116 Fn. 7 f.

(b) Pfandbriefgeschäft als bankübliches Geschäft

Bei der überwiegenden Mehrheit von Sparkassen, für die ausschließlich die allgemeinen Ermächtigungen zum banküblichen Geschäft gelten, ist von entscheidender Bedeutung, ob das bankübliche Geschäft den Begriff „Pfandbriefgeschäft" umfasst. § 1 Abs. 1 S. 2 KWG zählt die Schuldverschreibungsausgabe nicht zu den Bankgeschäften. Die dort genannten Geschäfte sind aber als Bankgeschäfte im engeren Sinne zu verstehen, zu deren Ausübung eine besondere Erlaubnis erforderlich ist.[374] Sie sind aber den banküblichen Geschäften nicht gleich. Im Gegensatz zu den Bankgeschäften im engeren Sinne sind sonstige bankübliche Geschäfte nicht erlaubnispflichtig und die Emission von Inhaberschuldverschreibungen auch nicht anzeigepflichtig.[375] Das bankübliche Geschäft geht also über das Bankgeschäft im engeren Sinne hinaus und umfasst alle Geschäfte, die mit der Banktätigkeit üblicherweise verbunden sind.[376] Es kann kein Zweifel bestehen, dass das Pfandbriefgeschäft zu den banküblichen Geschäften gehört.[377] Zudem haben die Sparkassen schon aufgrund der bis zum Ende 1986 geltenden Rechtslage[378] gedeckte Sparkassenobligationen und Sparkassenbriefe ausgegeben, die von ihrer Natur aus den Pfandbriefen verwandt waren.[379] Ferner steht die Pfandbriefausgabe nicht in Widerspruch mit dem Unternehmenszweck der Sparkassen, sondern passt in deren Kernbereich, der in der geld- und kreditwirtschaftlichen Versorgung der Bevölkerung und der Wirtschaft besteht.[380] Das Pfandbriefgeschäft bietet einerseits eine besonders sichere Anlageform, ermöglicht andererseits aber eine günstige Baufinanzierung, die zu einer der Hauptaufgaben der Sparkassen gehört. Der Ausschluss der Pfandbriefausgabe von Sparkassen lässt sich auch nicht durch die verbundmäßige Zusammenarbeit zwischen den Landesbanken und Sparkassen rechtfertigen.[381]

---

[374] Gemäß § 32 Abs. 1 KWG bedarf der Bankgeschäftsbetrieb der schriftlichen Erlaubnis der Bundesanstalt.

[375] Vgl. § 24 Abs. 1 Nr. 9 KWG iVm § 11 Abs. 2 S. 3 Nr. 4 der Verordnung über die Anzeigen und die Vorlage von Unterlagen nach dem Gesetz über das Kreditwesen (Anzeigenverordnung - AnzV), Verordnung vom 29.12.1997 (BGBl. 1997 I 3372), zuletzt geändert durch Art. 8 Abs. 14 des Bilanzrechtsreformgesetzes vom 4.12.2004 (BGBl. 2004 I 3166).

[376] Dazu gehören alle Neben- und Hilfsgeschäfte wie etwa Finanzdienstleistungen, Vermittlungs- und Maklergeschäfte.

[377] Ausführlich hierzu *Fischer*, FS Siegfried Kümpel (2003), 111, 117 ff.

[378] Vgl. § 247 Abs. 2 BGB aF.

[379] Von einer solchen Befugnis der Sparkassen zur Ausgabe von gedeckten Sparkassenobligationen und Sparkassenbriefen ist auch der BGH ausgegangen; vgl. BGH 16.2.1984, BGHZ 90, 161, 163 ff. = WM 1987, 101 f.; BGH 23.10.1987, BGHZ 99, 44, 45 ff.; *Fischer*, FS Siegfried Kümpel (2003), 111, 119 f.

[380] Hierzu *Fischer*, FS Siegfried Kümpel (2003), 111, 124 ff.

[381] Hierzu *Fischer*, FS Siegfried Kümpel (2003), 111, 127 f.

dd. Bewertung

Zusammenfassend ist der Ansicht in vollem Umfang beizupflichten, der die Sparkassen als Pfandbriefemittenten ansieht und alle möglichen Bedenken aus der Welt schafft.[382] § 1 ÖPG ist als allgemeine Ermächtigung zur Pfandbriefausgabe für alle öffentlichen Kreditinstitute anzusehen, von dem jegliche Ausnahmen in Spezialvorschriften ausdrücklich geregelt werden sollten. Möchte der Gesetz- oder Satzungsgeber das Pfandbriefgeschäft etwa für Sparkassen ausschließen, so sollte er das Pfandbriefverbot explizit in das Errichtungsgesetz oder in die Satzung aufnehmen. Im Übrigen sollte das Pfandbriefgeschäft als zulässiges, banküblich es Geschäft betrachtet werden.

Der Katalog der Pfandbriefemittenten und die Bedingungen, die erfüllt werden müssen, um das Pfandbriefgeschäft betreiben zu können, sollten allerdings klar und deutlich gesetzlich festgeschrieben und nicht erst durch komplizierte Auslegung gewonnen werden. Dies ist *de lege ferenda* zu fordern, um die Rechtssicherheit zu gewährleisten. Die Berechtigung zum Pfandbriefgeschäft muss transparent sein.

d. Sonstige Pfandbriefemittenten

Der deutsche Pfandbriefemittentenkatalog wird durch die privaten, reinen und gemischten Hypothekenbanken, Schiffsbanken, Landesbanken sowie Sparkassen noch nicht erschöpft. Als weitere Pfandbriefemittenten sind auch die öffentlich-rechtlichen Grundkreditanstalten sowie die DGZ-Dekabank[383] zu nennen.[384] Die Kreditanstalt für Wiederaufbau kann nach § 4 Abs. 1 des Gesetzes über die Kreditanstalt für Wiederaufbau (KfW)[385] zur Beschaffung der erforderlichen Mittel insbesondere Schuldverschreibungen ausgeben. Für die von der Anstalt begebenen Schuldverschreibungen haftet der Bund.[386] Im Zusammenhang mit § 1 ÖPG ergibt sich, dass die Kreditanstalt für Wiederaufbau auch Pfandbriefe ausgeben kann. Für die DG Bank AG und die ehemalige DSL-Bank AG gelten Sonderregelungen, denn diese beiden privatrechtlich organisierten Institute fallen weder unter das HBG noch unter das ÖPG. Diese Besonderheiten sind für die DG Bank

---

[382] Hierzu *Fischer*, FS Siegfried Kümpel (2003), 111, 128 ff.

[383] Die DekaBank ist ein Zentralinstitut der deutschen Sparkassenorganisation. Eigentümer sind je zur Hälfte Landesbanken und Sparkassen.

[384] Zur Auflistung aller öffentlichrechtlichen Pfandbriefemittenten einschließlich der Darstellung der von ihnen ausgegebenen und im Umlauf befindlichen Pfandbriefe VdH, Der Pfandbrief 2002, 120.

[385] Gesetz vom 5.11.1948 (WiGBl. 1948, 123), in der Fassung der Bekanntmachung vom 23.6.1969 (BGBl. 1969 I 573), zuletzt geändert durch Art. 4 a des Gesetzes zur Umsetzung aufsichtsrechtlicher Bestimmungen zur Sanierung und Liquidation von Versicherungsunternehmen und Kreditinstituten vom 10.12.2003 (BGBl. 2003 I 2478).

[386] Vgl. § 1 a KfW.

AG sind in §§ 9 ff. des Gesetzes zur Umwandlung der Deutschen Genossenschaftsbank (DG-BankUmwG)[387] und für die DSL-Bank AG in §§ 7 ff. des Gesetzes über die Umwandlung der Deutschen Siedlungs- und Landesrentenbank in eine Aktiengesellschaft (DSLBUmwG)[388] geregelt. Diese Vorschriften regeln iVm dem HBG die Ausgabe gedeckter Schuldverschreibungen, die dem Pfandbrief sehr ähnlich sind.

e. Das wettbewerbswidrige Haftungssystem im Wandel

aa. Begünstigung der öffentlichrechtlichen Pfandbriefemittenten

Die Besonderheit der öffentlichrechtlichen Kreditinstitute besteht in dem Haftungssystem. Für die Verbindlichkeiten dieser Pfandbriefemittenten haften nämlich der jeweilige Gewährträger, also das Bundesland, die regionalen Sparkassen oder ihr Verband. Dies hat zur Folge, dass diese Institute nicht für zahlungsunfähig erklärt werden, obwohl ihre Insolvenz theoretisch möglich ist.[389] Daraus ergeben sich erhebliche Begünstigungen,[390] die u.a. in der Einlagensicherung, im besseren Rating[391] und dadurch auch in der Verminderung der Refinanzierungskosten bestehen,[392] die ohne staatliche Einstandspflichten nicht gegeben wären.[393]

bb. Staatliche Haftung als dem EU-Recht unkonforme Beihilfe

Diese Anstaltslast[394] und Gewährträgerhaftung[395] wurden von der Europäischen Kommission als Beihilfe und damit Subvention im Sinne von Art. 88 Abs. 1 EGV

---

[387] Gesetz vom 13.8.1998 (BGBl. 1998 I 2102), zuletzt geändert durch Art. 10 des Gesetzes zur Umsetzung der RL 2002/47/EG vom 6.6.2002 über Finanzsicherheiten und zur Änderung des Hypothekenbankgesetzes und anderer Gesetze vom 5.4.2004 (BGBl. 2004 I 502).

[388] Gesetz vom 16.12.1999 (BGBl. 1999 I 2441).

[389] Vgl. *Kinzl*, (2000), 59, 107 f.; MünchKomm(-*Ott*), (2001), § 12 InsO, Rn. 17.

[390] Diese Begünstigungen betreffen allerdings nicht die regional tätigen Sparkassen, wohl aber die Landesbanken; vgl. *Hasselmann*, (2001), 146 f.; aA *Kinzl* ((2000), 45 ff.), der beide Institute als wirtschaftliche Einheit betrachtet.

[391] Die Bonität der deutschen öffentlichrechtlichen Kreditinstitute wurde durch die führenden Rating-Agenturen sehr hoch bewertet. Sie haben die höchste (Triple - A) bzw. einer der höchsten Noten in der Ratingskala erhalten; hierzu *Hasselmann*, (2001), 142.

[392] Zu Begünstigungen eingehend *Kinzl*, (2000), 102 ff.

[393] Das zeigt sich am besten im sog. Ersatz-Rating, das die Kreditwürdigkeit des Schuldners auf *stand alone basis*, also ohne die Einbeziehung von staatlicher Haftungsübernahme bewertet; die Ergebnisse solcher Bewertungen in Bezug auf die deutschen Landesbanken sowie die Begünstigungen in Refinanzierungskosten stellt *Hasselmann* ((2001), 142 ff.) dar.

[394] Die Anstaltslast ist ein allgemeiner Rechtsgrundsatz, nach dem der Gewährträger verpflichtet ist, die finanzielle Existenz einer Anstalt auf geeignete Weise (etwa durch Zuschüsse) zu sichern.

und Art. 1 lit. d der Verordnung (EG) Nr. 659/1999[396] angesehen, die mit dem gemeinsamen Markt nicht vereinbar ist, da sie den betreffenden Unternehmen unerlaubte Vorteile verschaffen.[397] Dies verstößt aus der Sicht der Europäischen Kommission gegen das Beihilferecht der Europäischen Union.[398] Daher verabschiedete die Europäische Kommission am 8. Mai 2001 einen Vorschlag zweckdienlicher Maßnahmen, um die bestehende Beihilferegelung staatlicher Haftungen für öffentliche Kreditinstitute in Deutschland an die Erfordernisse der Beihilferegeln des EG-Vertrags anzupassen.

Die deutsche Regierung wurde verpflichtet, Maßnahmen zu treffen, die das Haftungssystem mit den Vertragsregeln in Übereinstimmung bringen. Am 17. Juli 2001 wurde eine Absprache zwischen der Europäischen Kommission und Deutschland über die Anstaltslast und Gewährträgerhaftung bei Landesbanken und Sparkassen getroffen. Sie sieht die Abschaffung der Gewährträgerhaftung vor. Die Anstaltslast hingegen soll durch eine normale wirtschaftliche Eigentümerbeziehung nach marktwirtschaftlichen Grundsätzen ersetzt werden (Plattform-Modell).

cc. Grandfathering

Für die Umsetzung dieser Vereinbarung wurde gleichzeitig eine vierjährige Übergangsfrist vorgesehen, die am 18. Juli 2005 abläuft. Für diese Zeit wurden Übergangsregelungen, sog. „*grandfathering*“, geschaffen, die die Interessen der Beteiligten berücksichtigen. Alle Verbindlichkeiten der öffentlichrechtlichen Kre-

---

Sie ist weder betragsmäßig noch zeitlich begrenzt und begründet lediglich im Innenverhältnis eine Verpflichtung; zur Rechtsnatur der Anstaltshaftung *Hasselmann*, (2001), 132 ff.; zum Diskussionsstand über die Notwendigkeit der Normierung der Anstaltslast *Kinzl*, (2000), 34 ff.

[395] Im Unterschied zu der Anstaltlast erfordert die Gewährträgerhaftung eine ausdrückliche rechtliche Grundlage und begründet die subsidiäre, unmittelbare und unbegrenzte Einstandspflicht des Gewährträgers, im Insolvenz- bzw. Liquidationsfall des Kreditsinstitutes einzutreten. Sie gibt dem Gläubiger der Kreditanstalt einen unmittelbaren Anspruch gegen den Gewährträger, falls er sich aus dem Vermögen des Hauptschuldners nicht befriedigen kann. Auch sie ist weder betragsmäßig noch zeitlich begrenzt; zur Rechtsnatur der Gewährträgerhaftung *Kinzl*, (2000), 34; *Hasselmann*, (2001), 134 ff.

[396] Verordnung des Rates vom 22.3.1999 über besondere Vorschriften für die Anwendung von Artikel 93 des EG-Vertrags, Abl. EG 1999 L 83/1.

[397] Staatliche Beihilfe Nr. E 10/2000 - Deutschland; http://www.voeb.de/content_frame/downloads/staat_beihilf.pdf; zur Gesamtproblematik der Anstaltslast und Gewährträgerhaftung eingehend *Kinzl*, (2000), *passim*; *Hasselmann*, (2001), *passim*.

[398] Nach dem EG-Vertrag dürfen die Staaten der EU in die Wirtschaft des gemeinsamen Marktes nur beschränkt eingreifen und Subventionen nur dann geben, wenn es entweder um bestimmte Felder geht, die ausdrücklich definiert sind oder von dieser Regelung nicht betroffen sind (vgl. Art. 87 Abs. 2 - 3 EGV). Die Subvention kann auch auf Antrag eines Mitgliedstaates von dem Rat oder der EU-Kommission genehmigt werden, wenn außergewöhnliche Umstände eine solche Entscheidung rechtfertigen (vgl. Art. 88 Abs. 2 EGV).

ditinstitute, die vor dem 18. Juli 2001 entstanden sind, werden ohne jede Beschränkung bis zum Ende ihrer Laufzeit mit der Gewährträgerhaftung ausgestattet. Für die während der vierjährigen Übergangsfrist vereinbarten Verbindlichkeiten bleibt die Gewährträgerhaftung nur unter der Bedingung bestehen, dass ihre Fälligkeitsfrist den 31. Dezember 2015 nicht überschreitet. Nach dem 18. Juli 2005 muss das Haftungssystem der öffentlichrechtlichen Kreditinstitute dem der privaten Banken gleichgestellt werden.[399] Dann sind öffentliche Körperschaften nicht mehr berechtigt, diese Institute zu unterstützen. Es besteht weder eine Verpflichtung der Träger noch ein Anspruch gegen die Träger, Mittel zur Verfügung zu stellen. Eventuelle Unterstützungsleistungen sind dann von der Genehmigung der Europäischen Kommission abhängig.

IV. Bewertung

Zusammenfassend ist festzustellen, dass der polnische Pfandbrief ein Privatpapier ist, das im Gegensatz zum Staatspapier weder vom Staat noch von anderen öffentlichen Körperschaften, sondern ausschließlich von privatrechtlichen Organisationen (Hypothekenbanken) ausgegeben wird. Die polnischen Hypothekenbanken sind dabei Spezialbanken, deren Tätigkeit auf enumerativ gesetzlich bestimmte Geschäfte beschränkt ist.

In Deutschland hingegen werden Pfandbriefe derzeit von keiner einheitlichen, sondern einer heterogenen Emittentengruppe ausgegeben. Der deutsche Pfandbrief kann sowohl von reinen Hypotheken- und Schiffsbanken, von gemischten Hypothekenbanken als auch von öffentlichrechtlichen Kreditanstalten emittiert werden. Daher ist das Spezialbankprinzip in Deutschland sicherlich nicht in reiner Form verwirklicht. Dabei unterliegen verschiedene Gruppen von deutschen Pfandbriefemittenten unterschiedlichen Rechtsregelungen und werden von dem Gesetzgeber ungleich behandelt. Dies führt für die gemischten privaten und öffentlichrechtlichen Pfandbriefemittenten den rein privatrechtlichen Hypothekenbanken gegenüber zur Entstehung unerlaubter Vorteile. Die Bestrebungen zur Vereinheitlichung der Wettbewerbsbedingungen für alle deutschen Pfandbriefemittenten sind daher gerechtfertigt und nachdrücklich zu unterstützen. Die Abschaffung des Gemischtbankprivilegs, der Gewährträgerhaftung sowie die Änderung der Anstaltslast im öffentlichen Banksektor sind erforderlich. All dies erzwingt einer Gesetzesänderung sowohl im privat- als auch öffentlichrechtlichen Banksektor.[400]

---

[399] So hat etwa der Landtag des Landes Baden-Württemberg schon am 16.10.2002 das „Gesetz zur Änderung des Landesbankgesetzes" beschlossen. Durch dieses Änderungsgesetz, das am 19.7.2005 in Kraft tritt, wird das Gesetz über die Landesbank Baden-Württemberg vom 11.11.1998 an die mit der Europäischen Kommission vereinbarten Veränderungen der Haftungsstrukturen angepasst.

[400] Hierzu S. 433 ff.

§ 5. Pfandbriefdeckungsmasse

I. Pfandbriefarten nach der Deckungsmasse

Sowohl das PHBG als auch das HBG unterscheidet zwei Arten von Pfandbriefen: den Hypothekenpfandbrief und den öffentlichen Pfandbrief, wobei der Pfandbrief als Oberbegriff für beide Pfandbriefarten verwendet wird.[401] Der Hauptunterschied liegt in der Deckungsmasse. Die Deckungsmasse für Hypothekenpfandbriefe bilden vor allem hypothekarisch gesicherte Forderungen der Hypothekenbank aus Hypothekarkreditgeschäften. Die Grundlage für die Emission der öffentlichen Pfandbriefe dagegen sind Forderungen der Hypothekenbank aus Krediten, die zwar hypothekarisch nicht besichert sind, die aber gesetzlich bestimmten, besonders vertrauenswürdigen Instituten gewährt oder von diesen gewährleistet werden (Staatskreditgeschäfte).[402] Dieses Unterscheidungskriterium richtet sich also nach der Deckungsmasse der Pfandbriefart und darf aufgrund des deutschen Rechtes nicht mit der Einteilung nach den privaten und öffentlichrechtlichen Pfandbriefemittenten verwechselt werden. Im Einzelnen unterscheidet sich das polnische PHBG in den jeweiligen Deckungsmassen aber deutlich von dem deutschen HBG.

II. Deckungsmasse des Hypothekenpfandbriefes

1. Territorialer Umfang der Deckungsmasse

a. Inlandsbeschränkte polnische Deckungsmasse

Art. 2 Nr. 2 PHBG iVm Art. 3 Abs. 1 PHBG stellt klar, dass eine Hypothek nur an einer im polnischen Staatsgebiet befindlichen Liegenschaft bestellt werden kann. Ihre Bestellung an einem ausländischen Grundstück ist *e contrario* ausgeschlossen. Damit wollte der polnische Gesetzgeber sicherlich die besondere Vorsicht und Sorge um die Pfandbriefsicherheit zum Ausdruck bringen und Risiken bei der Beleihung ausländischer Grundstücke ausschließen.

---

[401] Vgl. Art. 3 Abs. 1 und 2 PHBG; § 1 HBG.

[402] Zudem können als Deckung für beide Pfandbriefarten bestimmte Ersatzwerte im beschränkten Umfang verwendet werden; hierzu 216 f., 258 ff.

b. Grenzüberschreitende deutsche Deckungsmasse

aa. Allmähliche Aufhebung der gesetzlichen Barrieren

Auch das HBG sah in seiner ursprünglichen Fassung vom 1. Januar 1900 entsprechende Beschränkungen des Deckungsgeschäftes auf das Inland vor. Zugelassen waren nur Beleihungen auf im Inland belegene Grundstücke.[403] Der Weg zur Deckungsöffnung für ausländische Darlehen war mühsam und lang.[404] Die Bemühungen der Hypothekenbanken um die Erweiterung ihres Geschäftsfeldes haben in den 70er Jahren des vorigen Jahrhunderts erste Erfolge gebracht. Geöffnet hat sich zuerst der öffentliche Kreditsektor.[405] Die Kreditvergabe wurde an europäische supranationale Institutionen 1963[406] und die an EG-Staaten 1974[407] genehmigt. Die Durchsetzung des grenzüberschreitenden Hypothekargeschäftes hingegen hat mehr Zeit gebraucht.[408] Eine vorsichtige Öffnung in diesem Sektor ermöglichte erst die HBG - Novelle von 1988.[409] Die ausländischen Beleihungen waren auf die in dem EWG-Gebiet befindlichen Grundstücke beschränkt. Der ausländische Hypothekarkredit durfte die 60 % - Beleihungsgrenze und insgesamt den Betrag des haftenden Eigenkapitals nicht überschreiten. Diese ausländischen Kredite waren zudem nicht deckungsfähig. Die Hypothekenbanken konnten sie also nicht durch die Ausgabe von Pfandbriefen, sondern aus anderen Mitteln finanzieren. Bahnbrechend war erst das VerkPrG, das den deutschen Hypothekenbanken endlich den Rahmen bewilligte, das hypothekarische und deckungsfähige Auslandsgeschäft im europäischen Binnenmarkt zu betreiben.[410] Die letzte, sehr breite Ausweitung des Bankgeschäftes der deutschen Hypothekenbanken um neue Auslandsfelder brachte die HBG-Novelle, die im Rahmen des vierten Finanzmarktförderungsgesetzes[411] am 1. Juli 2002 in Kraft getreten ist.

---

[403] Vgl. § 11 Abs. 1 HBG aF, abgedruckt bei *Barlet*, (1954), 14.

[404] Hierzu *Bellinger/Kerl*, (1995), § 5 HBG Rn. 1 - 7; *Goedecke/Kerl/Scholz*, (1997), 147 ff.

[405] Zum Rückblick auf die Anfänge und Entwicklung eines grenzüberschreitenden Kredites im öffentlichen Sektor bis 1985 *Goedecke*, DLK 1985, 688 ff.

[406] HBG - Änderungsgesetz vom 14.1.1963 (BGBl. 1963 I 9).

[407] HBG - Änderungsgesetz vom 11.3.1974 (BGBl. 1974 I 671).

[408] Zum Rückblick auf die Anfänge und Entwicklung eines grenzüberschreitenden Hypothekarkredits bis 1985 *Goedecke*, DLK 1985, 688, 690 ff.

[409] HBG - Änderungsgesetz vom 8.6.1988 (BGBl. 1988 I 710).

[410] Mit dieser Novelle wurde das Geschäftsfeld auf das Auslandskommunalgeschäft ausgeweitet.

[411] Vgl. Art. 11 Nr. 1 des Gesetzes zur weiteren Fortentwicklung des Finanzplatzes Deutschland (Viertes Finanzmarktförderungsgesetz) vom 21.6.2002 (BGBl. 2002 I 2010).

bb. Grenzüberschreitendes Hypothekargeschäft

(1) Deckungsgeschäft

Deutsche Pfandbriefemittenten können im Rahmen des Hypothekardeckungsgeschäftes derzeit nicht nur - wie die polnischen Hypothekenbanken - inländische Grundstücke (vgl. § 1 Nr. 1 HBG), sondern auch ausländische Grundstücke, die sich in Staaten der Europäischen Union oder des Europäischen Wirtschaftsraumes (EWR) sowie in der Schweiz befinden, beleihen und aufgrund der erworbenen Hypotheken Hypothekenpfandbriefe ausgeben. Nach § 5 Abs. 1 Nr. 2 a Hs. 2 HBG soll dabei aber überprüft werden, ob die Forderungen aus ausländischen Beleihungen im Insolvenzfall der Hypothekenbanken Vorrechte genießen. Sind solche Vorrechte nicht gewährleistet, so dürfen sie 10 % des Gesamtbetrages der inländischen und ausländischen Beleihungen, bei denen das Vorrecht sichergestellt ist, nicht überschreiten.[412]

(2) Außerdeckungsgeschäft

Außerhalb der Deckung können deutsche Hypothekenbanken zusätzlich auch Hypothekargeschäfte in den europäischen OECD-Staaten,[413] den Vereinigten Staaten, Kanada und Japan durchführen. Grundstücke, die in den genannten Staaten belegen sind, können nach § 5 Abs. 1 Nr. 2 b HBG auch über die gesetzlichen Beleihungsgrenzen der § 11 und § 12 Abs. 3 HBG hinaus beliehen werden, sofern die Hypothek in diesem Staat eine banküblich Sicherheit für die Rückzahlung und Verzinsung von Darlehen darstellt. Der Gesamtbetrag dieser Beleihungen wird allerdings beschränkt. Bemerkenswert ist dabei die Differenzierung dieser Beschränkungen, in der sich offenbar die Risikobeurteilung widerspiegelt. § 5 Abs. 1 Nr. 2 b lit. b HBG beschränkt den Gesamtbetrag dieser Beleihungen je nach dem Staat auf das Dreifache (Japan) bzw. Fünffache (USA, Kanada sowie europäische OECD-Staaten) des haftenden Eigenkapitals der Hypothekenbank (§ 5 Abs. 1 Nr. 2 b HBG). Damit hat der deutsche Gesetzgeber offensichtlich Konsequenzen aus der Krise auf dem japanischen Immobilienmarkt gezogen, die sich in den Jahren 1985 - 1995 abgespielt hat. Sie führte zum plötzlichen Zusammenbruch des Immobilienmarktes, der mit einem Verfall der Immobilienpreise, der Insolvenz der Firmen, die hypothekarische Kredite finanzierten, sowie mit der mit dem allgemeinen Marktzusammenbruch verbundenen Unfähigkeit der Kreditnehmer zur Zurückzahlung der gewährten Kredite

---

[412] Zur Grenze des deutschen Auslandsdeckungsgeschäfts S. 268 ff.

[413] Nach der EU-Erweiterung von 2004 gibt es derzeit keine europäischen Nicht-EWR-Mitgliedstaaten, die Mitglieder der Organisation für wirtschaftliche Zusammenarbeit und Entwicklung sind; vgl. S. 147 f.

zusammenhing.[414] Die Folgen dieses Zusammenbruches sind noch bis heute zu spüren, und das japanische Finanzsystem ist immer noch mit den riesigen Verlusten aus den damals gewährten, hypothekarisch gesicherten Krediten belastet. Die Analyse dieser Krise muss zur Feststellung führen, dass die Finanzierung oder die Besicherung der gewährten Bankkredite auf Liegenschaften in Japan immer noch mit erhöhten Gefahren verbunden ist.

c. Bewertung

Ausgehend von den deutschen Erfahrungen im Hypothekargeschäft scheint eine territoriale Beschränkung der Hypothekargeschäftstätigkeit aus langfristiger Sicht nicht nur unnötig, sondern sogar ein Hindernis für eine dynamische Weiterentwicklung des polnischen Pfandbriefwesens zu sein. Der deutschen Lösung folgend und das Prinzip der Dienstleistungsfreiheit in der Europäischen Union beachtend sollte es polnischen Pfandbriefemittenten ermöglicht werden, Liegenschaften in der Europäischen Union und des Europäischen Wirtschaftsraumes zu beleihen und sie in die Deckungsmasse einzubeziehen. Damit könnten sie nicht nur polnischen, im Ausland tätigen Investoren, sondern auch ausländischen Investoren vor Ort als Finanzpartner zur Seite stehen. Die Entwicklung des Pfandbriefwesens in Deutschland zeigt, dass dies die Position der polnischen Hypothekenbanken im globalen Wettbewerb im Bereich des Hypothekargeschäfts stärken würde. Ein solcher Schritt würde zur deutlichen Verbesserung der Wettbewerbsfähigkeit polnischer Hypothekenbanken in der EU beitragen und sicherlich auch von polnischen, international tätigen Investoren, die eine wichtige Kundengruppe der Hypothekenbanken bilden können, begrüßt.[415]

Allerdings sind ausländische Expansionen für Hypothekenbanken, die ihre Tätigkeit erst vor kurzem aufgenommen haben und sich daher noch in der Entwicklungsphase befinden, mit besonderen Herausforderungen verbunden. Bei der Erweiterung des Deckungsgeschäftes auf ausländische Liegenschaften sollte für jedes Land vor allem gründlich geprüft werden, ob nicht dadurch die Rechte der Pfandbriefgläubiger gefährdet werden. Dabei könnte man sich auf die jahrlange Erfahrung und die Ergebnisse der rechtswissenschaftlichen Untersuchungen des VdH verlassen. Besondere Beachtung sollte dabei finden, dass das Vorrecht bei der Befriedigung des Pfandbriefsemittenten im Zwangsvollstreckungsverfahren gewährleistet wird. Die volle Befriedigung der Forderungen der Hypothekenbanken hängt allerdings nicht allein von den verwendeten Sicherungsmitteln, sondern auch von vielen anderen Faktoren ab, unter denen die sachen-, bank-, und prozessrechtlichen Vorschriften sowie die Methoden der Wertermittlung der Liegenschaft eine besonders wichtige Rolle spielen. Die

[414] Mehr dazu *Kanigowski*, (2001), 130 ff; *Kalus*, WGO 1/2003, 24, 25 f.
[415] Hierzu *Wudarski*, PB 11/2003, 86.

Einbeziehung von Forderungen aus ausländischen Liegenschaften in die Deckungsmasse, die die Sicherheitsstandards der Pfandbriefe nicht beeinträchtigen darf, würde auch für polnische Treuhänder neue Herausforderungen nach sich ziehen müssen.[416]

Von einer Geschäftserweiterung um Beleihungen von Grundstücken jenseits des Atlantiks ist auch außerhalb der Deckung abzusehen. Auf jeden Fall sollten die polnischen Hypothekenbanken in ihrer jetzigen Entwicklungsphase ausländische Erfahrungen zunächst vor allem in den EU-Mitgliedstaaten vorsichtig und schrittweise sammeln. Im Übrigen sind transatlantische Beleihungen zunächst skeptisch zu bewerten[417] und die deutschen Erfahrungen in diesem Umfeld abzuwarten.

2. Sachenrechtliche Sicherungsformen der Deckungsmasse

Unterschiede in der Deckungsmasse der Hypothekenpfandbriefe ergeben sich nicht nur aus dem territorialen Umfang des Hypothekargeschäftes, sondern auch aus der Sicherungsform der durch Hypothekenpfandbriefe refinanzierten Kredite. Während polnische Hypothekenbanken ihre Kredite nur durch Hypotheken sichern können, stehen den Pfandbriefemittenten in Deutschland zwei Sicherungsmittel zur Verfügung: die Hypothek (§§ 1113 - 1190 BGB) und die Grundschuld (§§ 1191 - 1198 BGB).

a. Polnische Regelung

aa. Gegenstand der Deckungshypothek

Unter der hypothekarischen Besicherung ist nach Art. 2 Nr. 2 PHBG nur eine Hypothek zu verstehen, die am Erbnießbrauch[418] oder am Eigentumsrecht bestellt wurde. Der Gegenstand der Hypothek ist aber nach Art. 65 des Gesetzes vom 6. Juli 1982 über die Grundbücher und die Hypothek (GGH)[419] breiter ausgestattet und umfasst nach Absatz 4 das Eigentumsrecht an einer Genossenschaftswohnung, das genossenschaftliche Recht an einem gewerblichen Raum, das Recht auf ein Einfamilienhaus in einer Wohnungsgenossenschaft und eine hypothe-

[416] Vgl. Neue Aufgaben für den Treuhänder deutschen Rechtes, S. 227 ff.

[417] *Kerl*, DLK 2000, 510, 514, mit Hinweis auf erhebliche rechtliche und wirtschaftliche Risiken.

[418] Die Rechtsnatur des Erbnießbrauchrechtes (wörtlich: ewiger Nießbrauch - *użytkowanie wieczyste*) ist der des deutschen Erbbaurechts ähnlich.

[419] In der einheitlichen Fassung Dz.U. 2001 Nr. 124, Pos. 1361, zuletzt geändert durch Art. 24 des Gesetzes vom 14.2.2003 (Dz.U. 2003 Nr.42, Pos. 363).

karisch besicherte Forderung (Subintabulat).[420] Der Gegenstand der zugunsten der Hypothekenbank bestellten Hypothek wurde also im Vergleich zu dieser allgemeinen Regelung deutlich eingeschränkt. Über diese Einschränkung wurde schon im Laufe der PHBG-Gesetzgebungsarbeiten diskutiert. Entscheidend für den Ausschluss genossenschaftlicher Rechte sowie des Subintabulats waren letztlich Zwangsvollstreckungsprobleme aus genossenschaftlichen Rechten, Schwierigkeiten, verbunden mit der Ermittlung des Hypothekenbank-Beleihungswertes der Liegenschaften in Bezug auf das genossenschaftliche Eigentumsrecht sowie rechtliche Unklarheiten des Subinstabulats. Diese Einschränkung wird teilweise in Frage gestellt.[421] Wegen des sehr bedeutenden Anteils des genossenschaftlichen Eigentums an Wohnungsressourcen in Polen wird eine genaue Untersuchung darüber verlangt, ob die Deckungshypothek nicht auch an den übrigen dinglichen Rechten, insbesondere an genossenschaftlichen Rechten bestellt werden könnte.

bb. Geeignetheit anderer Sicherungsformen

(1) Sicherungsübereignung

Eine andere Meinung[422] geht weiter und zieht *de lege ferenda* andere dingliche Sicherungsformen der von Hypothekenbanken gewährten Kredite in Erwägung, die die Interessen der Gläubiger besser schützen sollen. Eine der geeigneten Sicherungsformen könnte ihrer Ansicht nach die Sicherungsübereignung[423] sein. Abgesehen von der Rechtsnatur und der Zulässigkeit dieser Sicherungsform,[424]

---

[420] Zur kurzen Darstellung der polnischen grundstücksgleichen Rechte: Erbnießbrauch, Hypothek an genossenschaftlichen Rechten sowie an einer Hypothekarforderung *Jaschinska*, (2004), 127 - 130.

[421] *Drewicz-Tułodziecka/Stöcker*, (2000), 63.

[422] *Pietrasik/Rykowski*, (2000), 179.

[423] Diese Sicherungsform von Forderungen besteht darin, dass das Eigentum an Sachen des Sicherungsgebers auf den Gläubiger übertragen wird. Der Gläubiger bleibt bis zur vollständigen Bezahlung der Schuld Eigentümer der Sache und kann sich aus dieser befriedigen, wenn der Schuldner bei Fälligkeit nicht leistet; ausführlich zur Sicherungsübereignung *Tracz/Zoll*, (1996), *passim*.

[424] Die Frage der Zulässigkeit der Sicherungsübereignung war sowohl in der Lehre als auch in der Rechtsprechung lange strittig. Dies galt insbesondere für Liegenschaften. Die Gegner dieser Sicherungsform sind der Ansicht, dass es bei der Sicherungsübereignung zu einer unangemessenen Benachteiligung des Schuldners kommen könnte. Sie betrachten die Sicherungsübereignung von Liegenschaften als eine bedingte Eigentumsübertragung, die nach dem polnischen Recht (Art. 157 § 1 ZGB) ausgeschlossen ist. Nach ihrer Meinung würde die Möglichkeit einer Sicherungsübereignung bei Liegenschaften zu einer Umgehung der Vorschriften über die Hypothek und die Zwangsvollstreckung führen (vgl. die Entscheidung des Obersten Gerichts vom 24.4.1964, II CR 178/64, OSNCP 1965 Nr. 6, Pos. 96; *Skąpski*, Studia Cywilistyczne 13 - 14/1969, 321 ff; *Niemirka*, MP 2/1996, 79 f.). Inzwischen hat sich aber die Auffassung durchgesetzt, dass die Sicherungsübereignung zulässig ist. Die Befürworter dieser Sicherungsform betonen, dass die

hätte die Bejahung der Sicherungsübereignung als Sicherungsform der Forderungen aus den von Hypothekenbanken gewährten Krediten die Änderung des Art. 16 Abs. 2 PHBG zur Folge, nach dem der Erwerb von Liegenschaften nur als Hilfsgeschäft der Hypothekenbanken angesehen wird.[425] Dessen ungeachtet würde die Sicherungsübereignung viele Verwaltungsaufgaben sowie zusätzliche Kosten und Pflichten mit sich bringen, die mit dem Eigentumserwerb zusammenhängen und auf deren Erfüllung die Hypothekenbank nicht vorbereitet ist. Zudem würde der Liegenschaftserwerb zu wesentlichen Änderungen in dem Geschäftsbetrieb führen und mit neuen Anforderungen an die Pfandbriefemittenten verbunden sein müssen. Die Sicherungsübereignung ist auch aus einem rechtlichen Grund ein wenig hilfsreiches Sicherungsmittel für die Pfandbriefe; die polnischen Hypothekenbanken können nämlich derzeit eigene Liegenschaften nicht in die Pfandbriefdeckung nehmen.[426]

(2) Grundschuld

De lege ferenda wird von der polnischen Kodifikationskommission für das Zivilrecht vorgeschlagen, die Grundschuld (*dług gruntowy*)[427] als eine neue dingliche Sicherung nach deutschem Muster (§§ 1191 - 1198 BGB) in das polnische Recht einzuführen. Nach Art. 7 des Gesetzentwurfes[428] könnte sie neben der Hypothek als Sicherungsform der Forderungen der Hypothekenbanken aus gewährten Krediten verwendet werden. Nach Art. 112[1] Abs. 1 S. 1 des geplanten GGH kann eine Immobilie zugunsten einer bestimmten Person (eines

---

Sicherungsübereignung von Grundstücken nicht der Überlagerung der Hypothek dient und daher kein Scheinrechtsgeschäft ist. Diese Sicherungsform verstoße auch nicht gegen das Gesetz, weil die Übereignung bedingungslos erfolgt. Aufschiebend bedingt sei nur die Verpflichtung des Gläubigers zur Eigentumsübertragung. Das bedeutet, dass diese Verpflichtung wirksam wird, wenn die Schuld getilgt wird. Mit der Erfüllung der Bedingung geht aber das Eigentum der Liegenschaft noch nicht auf den Schuldner über, denn es muss noch ein Verfügungsgeschäft hinzutreten (vgl. *Pazdan*, Rejent 1/1994, 20 ff.; *Gołaczyński*, Rejent 5/1994, 42 ff.; *Rykowski*, PPH 6/1995, 23 ff.). Dieser Ansicht hat sich inzwischen auch das polnische Oberste Gericht angeschlossen (die Entscheidung des Obersten Gerichtes vom 29.5.2000, III CKN 246/00, PB 2/2001, 9 ff.). Das BRG sieht in Art. 101 ausdrücklich vor, dass bewegliche Sachen, insbesondere Gattungssachen, Gesamtsachen und Wertpapiere zugunsten einer Bank zur Besicherung von Krediten übereignet werden können.

[425] Die Hypothekenbank darf Liegenschaften nun ausschließlich zur Vermeidung von Verlusten aus den gewährten, hypothekarisch besicherten Krediten erwerben oder wenn dies für die Bedürfnisse der Geschäftstätigkeit der Bank erforderlich ist.

[426] Hierzu S. 267 f.

[427] In der früheren Fassung des Entwurfes wurde die Bezeichnung *„dług na nieruchomości"* (Immobilienschuld) verwendet; die Fassung des Gesetzentwurfes vom 20.3.2003 mit der Begründung ist in deutscher Sprache bei *Jaschinska*, (2004), 359 - 372 abgedruckt.

[428] Der Gesetzentwurf wurde vielmals überarbeitet; die neueste Fassung befindet sich auf http://www.ms.gov.pl/projekty/projekty.shtml.

Berechtigten) mit dem Recht belastet werden, kraft dessen der Berechtigte die Befriedigung aus der Immobilie verlangen kann, unabhängig davon, wessen Eigentum sie geworden ist und mit Vorrang vor den persönlichen Gläubigern des Immobilieneigentümers. Wie die Hypothek ist auch die Grundschuld ein Grundpfandrecht. Während aber die Hypothek nur zur Sicherung einer Forderung dienen kann und untrennbar mit dieser Forderung verbunden ist, setzt die Grundschuld die gesicherte Forderung nicht voraus. Die Forderung ist für die Existenz der Grundschuld also nicht erforderlich.[429] Darüber hinaus kann auch die Grundschuld - im Gegensatz zur Hypothek - ohne Forderung getrennt und selbstständig übertragen werden. Es handelt sich hier also um eine abstrakte, der deutschen Grundschuld sehr ähnliche Grundstücksbelastung, die aber dem polnischen Recht bis heute fremd ist.[430]

Die Einführung der Grundschuld in das polnische Recht wird vor allem mit der geringeren Attraktivität der Hypothek begründet.[431] Die Schwäche der Hypothek wird dabei u.a. in der schwierigen Geltendmachung der hypothekarisch gesicherten Forderungen gesehen, die insbesondere mit dem langwierigen Gerichtsverfahren und mit der unsicheren Befriedigung in der Zwangsvollstreckung zusammenhängt. Die Hypothek als akzessorisches Recht sei zudem nicht imstande, allen Anforderungen des heutigen Rechtsverkehrs zu genügen, denn ihr fehle es an der Flexibilität. Der Mangel des Rangvorbehalts im polnischen Grundbuch, die notwendige Grundbucheintragung jeder Abtretung der hypothekarisch gesicherten Forderung sowie die hohen Kosten des Grundbuchverfahrens sind einige wenige von weiteren Argumenten, die für die Grundschuld sprächen. Die Einführung der Grundschuld sollte diese Probleme beseitigen und den Bedürfnissen des gegenwärtigen Kapitalsmarktes entgegenkommen.[432]

An dem Gesetzentwurf wird schon seit Jahren gearbeitet.[433] Die langwierige Diskussion und die Schwierigkeiten, über das Entwurfstadium hinauszukommen, sind u.a. darauf zurückzuführen, dass sich die vorgeschlagenen Änderungen sowie ihre Begründung als mangelhaft und verfehlt erwiesen haben und in der Lehre stark kritisiert wurden.[434] Der neu überarbeitete Gesetzentwurf wurde aber durch die polnische Regierung am 19. Oktober 2004 letztlich ange-

---

[429] Vgl. Art. 112^5 Abs. 1 des geplanten GGH.

[430] Mehr hierzu *Jaschinska*, (2004), 166 ff.

[431] Vgl. die Begründung des Gesetzentwurfes; *Jaschinska*, (2004), 368 ff.

[432] Zur Einführung eines nach der deutschen Grundschuld ausgerichteten, nicht akzessorischen Grundpfandrechtes in Polen siehe die Begründung der Stiftung für den Hypothekarkredit; http://www.fukrehip.pl/dlug%20gruntowy%20uzasadnienie.pdf; *Milewska*, RzP 54/2003.

[433] Die erste Fassung des Gesetzentwurfes wurde durch die Kodifikationskommission für Zivilrecht bereits im März 2000 beschlossen.

[434] Hierzu *Pisuliński*, TPP 1/2001, 9 ff., *ders.*, RzP 79/2003; *Karasek*, Rządowe Centrum Legislacji, Serie A - Berichte, Heft 28/2001; *Jaschinska*, (2004), 171 f.

nommen.[435] Im Jahre 2005 ist mit dem Beginn des Gesetzgebungsverfahrens zu rechnen.

b. Deutsche Regelung

aa. Hypothek und Grundschuld

Die deutschen Hypothekenbanken können ihre Kredite entweder durch eine Hypothek oder eine Grundschuld dinglich sichern.[436] Eine weit verbreitete Sicherungsform ist in der heutigen deutschen Bankpraxis dabei die Grundschuld. Die Vorteile der Grundschuld, insbesondere ihre Flexibilität,[437] haben in Deutschland zu einer völligen Verdrängung der Hypothek geführt.[438] Die deutschen Hypothekenbanken müssen sich mit der Hypothek allerdings dann zufrieden geben, wenn es sich um ausländische Liegenschaften handelt, die in einem Land belegen sind, in dem die Grundschuld als Rechtsinstitut nicht bekannt ist.[439]

bb. Gegendstand des deutschen Grundpfandrechtes

Der Gegenstand des deutschen Grundpfandrechtes ist primär ein Grundstück (§§ 1113 Abs. 1, 1191 Abs. 1 BGB). In § 1 Nr. 1 HBG werden auch nur Grundstücke als Gegenstände der Deckungshypotheken genannt. Der Gegenstand des deckungsfähigen Grundpfandrechtes ist dadurch aber nicht lediglich auf Grundstücke beschränkt. Das mit dem Grundpfandrecht belastete grundstücksgleiche Erbbaurecht nach der Verordnung über das Erbbaurecht (ErbbauVO)[440] steht dem Grundpfandrecht an einem Grundstück gleich (§ 11 ErbbauVO).[441] Nach § 21 Abs. 1 ErbbauVO können Erbbaurechte nach Maßgabe der §§ 11 und 12 HBG von Hypothekenbanken beliehen werden, wenn eine dem § 20 Abs. 1 Nr. 3 und 4 ErbbauVO entsprechende Tilgung vereinbart wird. Danach muss die planmäßige Tilgung der Hypothek spätestens zehn Jahre vor Ablauf des Erbbaurechtes endigen und darf nicht länger dauern, als zur buchmäßigen Abschreibung des Bauwerkes nach wirtschaftlichen Grundsätzen erforderlich. Werden diese Anfor-

---

[435] Vgl. *Dąbrowska-Krupa*, RzP 247/2004; ausführlich zum polnischen Entwurf der Grundschuld *Bieranowski*, Rejent 10/2004, 81 ff.; *Dubicka*, Rejent 10/2004, 99 ff.

[436] Nach § 40 Abs. 1 HBG stehen die Grundschulden den Hypotheken gleich.

[437] Vgl. *Medicus*, (2004), Rn. 493.

[438] Vgl. *Soergel(-Konzen)*, (2001), § 1191 BGB Rn. 4; *Erman(-Wenzel)*, (2004), § 1191 BGB Rn. 1; das Verhältnis der Grundschuld zur Hypothek beträgt 80% zu 20%; vgl. MünchKomm (*-Eickmann*), (2004), § 1191 BGB Rn. 5.

[439] Vgl. *Goedecke/Kerl/Scholz*, (1997), 178.

[440] Verordnung vom 15.1.1919 (RGBl. 1919, 72, 122), zuletzt geändert durch Art. 25 Abs. 9 des OLG-Vertretungsänderungsgesetzes vom 23.7.2002 (BGBl. 2002 I 2850).

[441] Hierzu MünchKomm(*-Eickmann*), (2004), § 1113 BGB Rn. 10.

derungen nicht erfüllt, so können Erbbaurechte nicht als Pfandbriefdeckung dienen.[442] Jedoch macht ein Verstoß das Grundpfandrecht nicht unwirksam.[443]

Deckungsfähig sind ferner Grundpfandrechte am Wohnungseigentum nach dem Gesetz über das Wohnungseigentum und das Dauerwohnrecht (WEG).[444] Darüber hinaus können zwar auch das Bergwerkseigentum nach § 9 Abs. 1 Bundesberggesetz (BBergG)[445] sowie die unter Artt. 68, 196 EGBGB[446] fallende Nutzungs,- bzw. Abbaurechte Gegenstand des Grundpfandrechtes sein.[447] Ihre Pfandbriefdeckungsfähigkeit ist wegen § 12 Abs. 3 S. 2 und 3 HBG aber zu verneinen. Grundstücksgleiche Rechte werden sowohl materiell als auch formell wie Grundstücke behandelt.[448]

cc. Sicherungsübereignung

Die Sicherungsübereignung in Deutschland ist ein Sicherungsrecht, das überwiegend bei beweglichen Sachen in Betracht kommt.[449] Grundstücke können theoretisch zwar auch in Erwägung gezogen werden, dieses ist jedoch unüblich;[450] auch wären die Kosten der Grunderwerbssteuer sehr hoch.[451] Daher wird bei Grundstücken anstelle der Sicherungsübereignung eine Grundschuld zur Sicherheit bestellt.[452] Dieses ist vorteilhafter und zudem der Regelfall.[453] Eine Sicherungsübereignung für Immobilien ist demnach nicht weiter erörterungsbedürftig.

---

[442] Vgl. *Bellinger/Kerl*, (1995), § 12 HBG Rn. 122.

[443] *Palandt(-Bassenge)*, (2005), 21 ErbbauRVO Rn. 1.

[444] § 30 WEG, Gesetz vom 15.3.1951 (BGBl. 1951 I 175, 209), zuletzt geändert durch Art. 4 Abs. 36 des Kostenrechtsmodernisierungsgesetzes vom 5.5.2004 (BGBl. 2004 I 718).

[445] Gesetz vom 13.8.1980 (BGBl. 1980 I 1310), zuletzt geändert durch Art. 129 Abs. 14 des Justizmodernisierungsgesetzes vom 24.8.2004 (BGBl. 2004 I 2198).

[446] Gesetz vom 18.8.1896 (RGBl. 1896, 604), in der Neufassung der Bekanntmachung vom 21.9.1994 (BGBl. 1994 I 2494; 1997 I, 1061), zuletzt geändert durch Art. 5 Abs. 27 des Gesetzes zur Überarbeitung des Lebenspartnerschaftsrechtes vom 15.12.2004 (BGBl. 2004 I 3396).

[447] *Bamberger/Roth(-Kössinger)*, (2003), § 873 BGB Rn. 4; *Erman(-Lorenz)*, (2004), Vor § 873 BGB Rn. 5.

[448] BGH 5.2.1957, BGHZ 23, 241, 244.

[449] Dieses ist der Fall, wenn der Sicherungsgeber die Sicherungssache nicht endgültig verlieren will, Rechtsgrundlagen sind dann die §§ 929 f., 868 BGB; hierzu *Medicus*, (2004), Rn. 491; zu den einzelnen Voraussetzungen etwa *Erman(-Wenzel)*, (2004), § 1191 BGB Rn. 2 - 4.

[450] *Palandt(-Bassenge)*, (2005), § 930 BGB Rn. 22.

[451] Vgl. *Wieling* ((1997), § 18, 1), der Sicherungseigentum grundsätzlich nur infolge der historischen Entwicklung als Mobiliarhypothek ansieht.

[452] MünchKomm(*-Oechsler*), (2004), Anh §§ 929 - 936 BGB Rn. 11; zur Sicherungsgrundschuld vgl. *Erman(-Wenzel)*, (2004), § 1191 BGB Rn. 5 ff.; MünchKomm(*-Eickmann*), (2004), § 1191 BGB Rn. 13 ff.

[453] Möglich ist jedoch unter Umständen unter den Voraussetzungen des § 95 BGB die Sicherungsübereignung von Gebäuden auf Grundstücken Dritter. Dieses ist jedoch ein anders gearteter

c. Bewertung

Die Sicherungsübereignung als neue Sicherungsform der der Pfandbriefdeckung dienenden Forderungen ist sowohl in Polen auch als in Deutschland abzulehnen. Die Antwort auf die Frage, ob die Einführung der Grundschuld für die Verbesserung des Kreditgeschäftes in Polen, insbesondere dessen Kreditsicherheit notwendig ist, würde den Rahmen dieser Ausführungen sprengen und muss daher unterbleiben. Die bisherige Erfahrung in der Verwendung der Grundschuld in Deutschland lässt allerdings vermuten, dass die Einführung der Grundschuld auch in der polnischen Praxis zur Verdrängung der Hypothek führen wird. Die Bezeichnung „Hypothekarkredit" wird den verwendeten Sicherungsmitteln nicht mehr gerecht, und die Hypothekenbanken werden in der Wirklichkeit Grundschuldbanken.[454] Mit der Ausstellung des Grundschuldbriefes wird die Ineffizienz der Anmerkung über die besondere Funktion der Hypothek noch deutlicher.[455] Die Hypothekenbank hätte besondere bankinterne Maßnahmen unter der Mitwirkung des Treuhänders zu treffen, um die sichere Verwahrung des Grundschuldbriefes zu gewährleisten und dadurch jeglichen Missbrauch vorzubeugen.

III. Deckungsmasse des öffentlichen Pfandbriefes

1. Dinglich ungesicherte Personalkredite als Pfandbriefdeckung

Öffentliche Pfandbriefe kennen keine sachenrechtlichen Absicherungsmittel. Die Vorschriften über die hypothekarische Sicherung sind für öffentliche Pfandbriefe gegenstandlos, denn die Deckungsmasse wird nicht aus unbeweglichem Vermögen gebildet. Die Deckung öffentlicher Pfandbriefe bilden dagegen dinglich ungesicherte Personalkredite. Die Kreditrückzahlung wird von dem Kreditnehmer selbst, dessen Bürge oder Garant gewährleistet. Der Gesetzgeber bildet einen geschlossenen Katalog von Personen, die er als vertrauenswürdige Haftungsträger für die zur Deckung von öffentlichen Pfandbriefen verwendeten Forderungen anerkennt. Dieser Katalog ist fast zur gleichen Zeit sowohl in Polen als auch in Deutschland deutlich erweitert worden. Weitgehende Unterschiede sind aber geblieben.

Fall des § 95 BGB, bei dem Gebäude unter Umständen beweglich sein können; hierzu *Fritz*, BB 1963, 1083 f.

[454] *Wudarski*, PB 11/2003, 94.

[455] Zur Effizienzbewertung der Grundbuchanmerkung, S. 190 f.

2. Polnische Regelung

a. Inländische Personen

aa. Der Fiskus und die Polnische Nationalbank

Der polnische Gesetzgeber hat einen engen und abschließend geregelten Katalog juristischer Personen gebildet, die er als vertrauenswürdige Haftungsträger für die zur Deckung von öffentlichen Pfandbriefen verwendeten Forderungen anerkennt. Zu diesen vertrauenswürdigen Haftungsträgern, denen die Hypothekenbanken nicht hypothekarisch gesicherte Kredite gewähren, gehörten als inländische Kreditnehmer vor der PHBG-Novelle von 2002 ausschließlich der Fiskus und die Polnische Nationalbank. Die erwähnte Novelle hat den Kreis der vertrauenswürdigen Haftungsträger um Einheiten der territorialen Selbstverwaltung erweitert.[456]

bb. Territoriale Selbstverwaltungseinheiten

(1) Territoriale Selbstverwaltung als öffentlicher Kreditnehmer

Mit der gesetzlichen Erweiterung des abschließenden Katalogs der vertrauenswürdigen Haftungsträger um die Einheiten der territorialen Selbstverwaltung[457] ist der polnische Gesetzgeber nicht nur davon ausgegangen, dass die Kreditgewährung an eine kommunale Einheit mit einem relativ niedrigen Risiko verbunden ist. Er hat vielmehr die Zahlungsfähigkeit der territorialen Selbstverwaltungseinheiten mit der des Fiskus und der Polnischen Nationalbank als gleichwertig angesehen. Die Hypothekenbanken haben dadurch einen neuen strategischen Partner gewonnen, mit dessen Hilfe sie ihre bisherige Tätigkeit bedeutsam erweitern können. Für Gemeinden haben sich hingegen neue Finanzquellen für langfristige Investitionen zur Verbesserung der kommunalen Infrastruktur eröffnet. Die Attraktivität dieser Kreditform für die territorialen Selbstverwaltungseinheiten liegt in der Verkürzung des Kreditverfahrens und vor allem in der Verminderung der Kosten, die mit der Bestellung einer Hypothek, der Wertermittlung der Liegenschaft sowie mit der Bestimmung des Hypothekenbank-Beleihungswertes verbunden sind. Andererseits ist aber die Frage zu stellen, ob die Indeckungnahme von Kredite an territoriale Selbstverwaltungseinheiten und an andere Personen, die ihre Garantie- oder Bürgschaftserklärung eingeholt haben, die Interessen der Pfandbriefgläubiger ausreichend schützt. Eine allgemeine Antwort darauf ist nicht

[456] Vgl. Art. 3 Abs. 2 Nr. 3 PHBG.

[457] Darunter sind Gemeinden, Kreise und Woiwodschaften zu verstehen; vgl. Art. 1 Abs. 2 des Gesetzes über die Einführung der dreistufigen territorialen Grundeinteilung des Staates (Dz.U. 1998 Nr. 96, Pos. 603), zuletzt geändert durch Art. 9 des Gesetzes vom 11.4.2001 (Dz.U. 2001 Nr. 45, Pos. 497).

möglich, weil die finanzielle Lage der territorialen Selbstverwaltungseinheiten sehr unterschiedlich ist.[458] Viele von ihnen sind überschuldet und praktisch zahlungsunfähig.[459] Das war wohl auch der Grund, warum sie ursprünglich in den Katalog der öffentlichen, vertrauenswürdigen Haftungsträger nicht aufgenommen wurden.[460]

(2) Das Gutachten der regionalen Rechnungskammer

Um das Risiko zu mindern, sieht Art. 3 Abs. 4 PHBG vor, dass bei der Kreditgewährung an eine Einheit der territorialen Selbstverwaltung sowie beim Erwerb der durch eine Einheit der territorialen Selbstverwaltung ausgegebenen Wertpapiere die Hypothekenbank verpflichtet ist, von der regionalen Rechnungskammer[461] ein positives Gutachten über die Rückzahlung des Kredites oder der Einlösung der Wertpapiere einzuholen.[462] Der Pfandbrief ist aber ein Kreditinstrument, das eine langfristige Einlösungsfrist kennzeichnet. In diesem Zeitraum kann sich die finanzielle Lage der Gemeinde sogar bei den relativ stabilen Einnahmen[463] deutlich verschlechtern, ohne dass eine auch sorgfältige Analyse dies voraussehen kann. Daher reicht das positive Gutachten der regionalen Rechnungskammer, das für den Tag der Kreditgewährung auszustellen ist, für den Schutz der Pfandbriefgläubiger nicht aus. Dabei besteht die Gefahr nicht in der Zahlungsunfähigkeit der territorialen Selbstverwaltungseinheiten, sondern in einer langfristigen Leistungsstörung,[464] die die rechtszeitige Erfüllung der Leistungen aus öffentlichen Pfandbriefen gefährden kann.

Abgesehen von den quantitativen Begrenzungen für eine zulässige Gesamtverschuldung der territorialen Selbstverwaltungseinheit,[465] derer Einhaltung

---

[458] Vgl. *Karpiński*, BiK 1-2/2001, 70 f.

[459] Gemäß Art. 6 Nr. 2 ISR können territoriale Selbstverwaltungseinheiten nicht für zahlungsunfähig erklärt werden.

[460] *Wąsowicz*, Rejent 1998, 18.

[461] Regionale Rechnungskammern sind staatliche Aufsicht- und Kontrollbehörde für die Finanzen der Einheiten der territorialen Selbstverwaltung; Art. 1 des Gesetzes über die regionale Rechnungskammer (Dz.U. 1992 Nr. 85, Pos. 428), in der einheitlichen Fassung (Dz.U. 2001 Nr. 55, Pos. 577), zuletzt geändert durch Art. 16 des Gesetzes vom 15.11.2004 (Dz.U. 2004 Nr. 273, Pos. 2703).

[462] Vgl. Art. 49 Abs. 2 ÖFG.

[463] Die Einnahmen der Einheiten der territorialen Selbstverwaltung bestehen aus eigenen Einnahmen sowie allgemeinen und zweckgebundenen Zuwendungen aus dem Staatshaushalt (Art. 167 Abs. 2 polGG).

[464] In Polen sind Fälle der Überschuldung und des Verlustes der Zahlungsfähigkeit von territorialen Selbstverwaltungseinheiten bekannt; *Gonet*, PB 12/2004, 68.

[465] Die Gesamtverschuldung der territorialen Selbstverwaltungseinheit darf das in ihrem Budget festgeschriebene Limit nicht überschreiten (Art. 49 Abs. 1 ÖFG). Dazu darf die Gesamtsumme der im Budgetjahr fälligen Rückzahlungen die 15 % - Grenze der für das bestimmte Budgetjahr

als selbstverständlich gilt, sollte daher in die Bewertung eines solchen Gutachtens nicht nur die wirtschaftliche Entwicklungsmöglichkeit einer territorialen Selbstverwaltungseinheit am Ausstellungstag, sondern auch in einer langfristiger Perspektive einbezogen werden, wobei ein besonderes Gewicht auf die relativ stabilen und risikoarmen Einnahmen zu legen wäre. Besonderer Wert sollte auf die dauerhafte Leistungsfähigkeit der territorialen Selbstverwaltungseinheit gelegt werden. Diese kann nur dann als gesichert angesehen werden, wenn der kommunale Kreditnehmer nicht nur seine bestehenden Ausgabeverpflichtungen einschließlich der Finanzierungskosten und Folgelasten erfüllen kann, sondern auch in der Lage ist, sein Vermögen pfleglich und wirtschaftlich zu verwalten.[466] Die Kreditaufnahme von einer Kommune muss also an deren dauerhafte Leistungsfähigkeit gebunden sein. Zudem darf diese den Schuldendienst nicht beeinträchtigen. Von der Kreditfähigkeit der territorialen Selbstverwaltungseinheit kann also erst dann die Rede sein, wenn sie über freie Mittel zum Schuldendienst während des ganzen, für die Kreditrückzahlung vorgesehenen Zeitraums verfügt.[467] Es muss daher geprüft werden, ob die von einer territorialen Selbstverwaltung zu übernehmenden Verpflichtungen insgesamt tatsächlich unter Berücksichtigung der dauerhaften Leistungsfähigkeit getragen werden können.[468]

Um diese dauerhafte Leistungsfähigkeit des kommunalen Kreditnehmers zu gewährleisten, muss ihre Beurteilung über ein Haushaltsjahr hinausgehen. Die Erstellung eines langfristigen Finanzplans ist also unentbehrlich. Damit hängt die Frage nach dessen Verläßlichkeit zusammen. In der Praxis wird die Tendenz zur Überschätzung der geplanten Einnahmen, auch zwecks der Erhöhung der Kreditfähigkeit, beobachtet. Der Unterschied zwischen den geplanten und tatsächlich

---

geplanten Einnahmen der territorialen Selbstverwaltungseinheit nicht überschreiten (Art. 113 Abs. 1 ÖFG). Überschreitet die Gesamtsumme der Verschuldung im öffentlichen Sektor zuzüglich der vorgesehenen Auszahlungen aus den von Personen des öffentlichen Finanzsektors gewährten Bürgschaften und Garantien 55 % des Bruttoinlandprodukts, so darf die Gesamtsumme dieser Rückzahlungen nicht größer als 12 % der geplanten Einkommen der territorialen Selbstverwaltung sein (vgl. Art. 113 Abs. 2 ÖFG iVm Art. 12 Abs. 1 Nr. 2 lit. b ÖFG). Ausgenommen von dem in Art. 113 ÖFG bestimmten Limit sind Verbindlichkeiten aus Ertragsschuldverschreibungen (vgl. Art. 23 b Abs. 7 OG). Das nächste Limit besteht darin, dass die Gesamtsumme der Verschuldung der territorialen Selbstverwaltung am Ende des Budgetjahres 60 % ihrer Einkommen in diesem Budgetjahr nicht überschreiten darf (Art. 114 ÖFG). Diese quantitative Begrenzung umfasst Verbindlichkeiten aus Darlehen und Krediten, den gewährten Bürgschaften einschließlich der fälligen Zinsen sowie Verbindlichkeiten aus der Einlösung der ausgegebenen Wertpapiere.

[466] Ebenso zum deutschen Recht *Schwarting*, (1994), Rn. 137.

[467] *Gonet*, PB 12/2004, 56.

[468] Ebenso zum deutschen Recht. Die Ermittlung der dauerhaften Leistungsfähigkeit orientierte sich in den neuen deutschen Bundesländern übergangsweise an der Verschuldungswarngrenze. In den alten Bundesländern wird die finanzielle Leistungsfähigkeit anhand der sog. freien Spitze beurteilt. Dabei handelt es sich um einen Betrag, über den die Kommune nach der Bezahlung ihrer zwangsläufigen Ausgaben noch verfügen kann; vgl. *Schwarting*, (1994), Rn. 142 ff.

erreichten Einnahmen ist besonders bei Gemeinden hoch.[469] Dies muss bei der Kreditvergabe von der Hypothekenbank berücksichtigt werden.[470] Mitkalkuliert werden sollen auch alle möglichen Gefahren, die sich etwa aus Naturkatastrophen und damit verbundenen Sozialaufwendungen ergeben können, sowie die Kosten für Vorbeugungsmaßnahmen aller Art.[471] Da sämtliche Ausgabenverpflichtungen allerdings nicht vorsehbar sind, sollten bestimmte Gestaltungsspielräume gelassen werden.

Das nach den vorgeschlagenen Leitlinien erstellte, positive Gutachten der regionalen Rechnungskammer über die Möglichkeit der Rückzahlung des Kredits würde die Kreditwürdigkeit der kommunalen Kreditnehmer deutlich erhöhen. Dies kann allerdings nicht bedeuten, dass derjenige, der das Gutachten erstellt hat, bei einer Leistungsstörung für entstandene Verbindlichkeiten mitzuhaften hat. Andererseits befreit das von dem Kreditnehmer vorzulegende positive Gutachten die Hypothekenbank als Kreditgeber nicht von der eigenen internen Risikoanalyse.

(3) Zusätzliche Sicherungsmaßnahmen

Die geäußerte besondere Vorsicht bei der Kreditvergabe an Kommunen beruht auf der Sorge um die Sicherheit des polnischen Pfandbriefsystems und soll das Vertrauen der Investoren schützen, um die weitere Etablierung des neuen Pfandbriefsystems nicht zu gefährden. Dabei darf nicht vergessen werden, dass die Sicherung der öffentlichen Pfandbriefe nicht sachenrechtlicher, sondern schuldrechtlicher Natur ist. Sie gewährt also keine rechtlich geschützte Rangordnung, nach der die früher entstandenen Kredite gegenüber den später aufgenommenen rechtliche Priorität genießen. Der Gesetzgeber geht von der vollen Zahlungsfähigkeit der Vertrauenspersonen für die gesamte Laufzeit des Darlehens aus. Um der Gefahr einer Leistungsstörung zu begegnen, ist zu erwägen, zusätzliche Maßnahmen zu ergreifen. Zahlt der Kreditnehmer nicht rechtzeitig, sollte es möglich sein, andere Personen als Haftungsträger in Anspruch zu nehmen. Zu denken wäre an die Mithaftung anderer Körperschaften öffentlichen Rechtes.

(4) Bewertung

Die bisher eingeführten Neuerungen können zum Aufschwung der Tätigkeiten der Hypothekenbanken beitragen. Sie sind auch aus der Sicht der territorialen Selbst-

---

[469] Vgl. *Gonet*, PB 12/2004, 58 f.

[470] Für die Kreditfähigkeit ist daher die korrigierte Prognose der geplanten Einnahmen anzunehmen; zum Vorschlag ihrer Berechnung *Gonet*, PB 12/2004, 60 f.; zum Muster der Berechung der gesamten Kreditfähigkeit von kommunalen Einheiten sowie das der Verfahrensweise *ders.*, 65 ff.

[471] Etwa durch die Errichtung bestimmter Schutzeinrichtungen oder durch Versicherungen.

verwaltungseinheiten im Prinzip zu begrüßen. Ob sie aber gleichzeitig die hohen Sicherheitsstandards der öffentlichen Pfandbriefe erfüllen, wird von der zutreffenden Bewertung der Kreditfähigkeit der territorialen Selbstverwaltungseinheiten, insbesondere von der Qualität der von den regionalen Rechnungskammern erstellten Gutachten abhängen und ist derzeit schwer zu beurteilen. Nach ihrer rechtlichen Ausgestaltung gewährleisten die polnischen Regelungen für öffentliche Pfandbriefe eine dem deutschen System vergleichbare, wenn nicht bessere Sicherheit. Die Entwicklung dieses Marktsektors hängt aber im großen Maße nicht von der Rechtslage, sondern unmittelbar von der Verbesserung der Wirtschaftslage der polnischen Gemeinden ab, die derzeit, jedenfalls mit der deutschen nicht vergleichbar ist. Dieser Ansicht war offenbar auch der deutsche Gesetzgeber, als er bei der letzten HBG-Novelle von 2002 die Leistungsfähigkeit von polnischen, territorialen Verwaltungseinheiten kritisch beurteilt hat.[472]

cc. Gewährleistung der inländischen Personen

Alle oben genannten juristischen Personen können auch für die Rückzahlung der Kredite anderer natürlicher oder juristischer Personen bürgen bzw. garantieren. Vor der Novelle musste die Haftung für diese Kredite bis zur vollen Höhe einschließlich der fälligen Zinsen übernommen werden. Das war problematisch, da es in Widerspruch zu anderen gesetzlichen Regelungen stand. Der Fiskus kann nämlich - gemäß Art. 5 Abs. 1 des Gesetzes vom 8. Mai 1997 über die von dem Fiskus und manchen juristischen Personen erteilten Bürgschaften und Garantien (FBuGG)[473] - die Bürgschaft oder die Garantie nur bis zu 60 % der zur Tilgung bestehenden Kreditsumme erteilen.[474] Eine Kreditvergabe, für die der Fiskus bis zur vollen Höhe haftet, ist praktisch nicht möglich.[475] Das verhinderte wiederum im großen Maße die Ausgabe von öffentlichen Pfandbriefen. Dieses Problem, das auch in der Literatur[476] erkannt wurde, hat der Gesetzgeber bei der PHBG-Novelle von 2002 dadurch beseitigt, dass öffentliche Pfandbriefe bis zu diesem durch die Bürgschaft oder Garantie gesicherten Teil ausgegeben werden können.

---

472 Vgl. S. 147 f.

473 Dz.U. 1997 Nr. 79, Pos. 484, in der einheitlichen Fassung (Dz. U. 2003 Nr. 174, Pos. 1689), zuletzt geändert durch Art. 2 des Gesetzes vom 22.12.2004 (Dz.U. 2004 Nr. 281, Pos. 2785).

474 Bei der Berechnung dieser Einschränkung werden auch Zinserträge und sonstige Kreditkosten berücksichtigt.

475 Der Ministerrat kann mit einer höheren Summe bürgen, falls die Unternehmung eine besondere Bedeutung für die nationale Wirtschaft hat; vgl. Art. 5 Abs. 2 FBuGG.

476 Vgl. *Drewicz-Tułodziecka/Stöcker*, (2000), 71 ff.

b. Ausländische Vertrauenspersonen

Außer den genannten inländischen Personen dürfen polnische Hypothekenbanken ihre öffentlichen deckungsfähigen Kredite zudem ausschließlich der Europäischen Zentralbank, den Regierungen oder Zentralbanken der Mitgliedstaaten der Europäischen Union und der Organisation für Wirtschaftliche Zusammenarbeit und Entwicklung anbieten. Ausgeschlossen sind Staaten, die ihre Auslandsverschuldung umstrukturieren oder in den letzten 5 Jahren umstrukturiert haben. Diese Personen müssen nicht unbedingt die Kreditnehmer sein. Für die Kreditvergabe genügt auch die Übernahme der Kreditgewährleistung durch sie.[477] Die Kreditwürdigkeit des so bestimmten Kreises steht außer Diskussion. Der bisherige Katalog scheint allerdings als zu eng. Dies engt nicht nur den Geschäftsbetrieb der Hypothekenbanken ein, sondern kann sich auch auf derer Entwicklungsmöglichkeit langfristig unnötig hemmend auswirken. Die Erweiterung des Katalogs um weitere Personen und Institutionen, deren ständige Bonität nicht in Frage gestellt werden kann, erscheint besonders im Vergleich mit dem deutschen Recht empfehlenswert.

3. Deutsche Regelung

a. Inländische Körperschaften und Anstalten des öffentlichen Rechts

aa. Zum Begriff der Kommunalkreditfähigkeit

Bei der Darstellung des deutschen Kataloges der Personen, deren Haftungsübernahme für die Ausgabe von öffentlichen Pfandbriefen ausreicht oder an die Kredite ohne hypothekarische Sicherung im Rahmen des öffentlichen Deckungsgeschäfts vergeben werden können, sollen in erster Linie inländische Körperschaften und Anstalten des öffentlichen Rechts genannt werden.[478] Die Verwendung dieser Begriffe macht deutlich, dass die Bezeichnung „Kommunaldarlehen", von der in § 1 Nr. 2 HBG die Rede ist, verfehlt ist, weil der Kreditnehmer eben nicht mehr eine Kommune sein muss. Kommunalkredite können nicht nur an

---

[477] Vgl. Art. 3 Abs. 2 Nr. 1 - 2 PHBG.

[478] Das HBG definiert diese Begriffe nicht eigenständig, sondern übernimmt sie aus dem öffentlichen Recht. Sie umfassen alle Körperschaften und Anstalten des öffentlichen Rechts. Diese Begriffe werden explizit in Art. 86 GG erwähnt. Erstere sind dabei juristische Personen des öffentlichen Rechts, die im Gegensatz zu den Anstalten auf der Mitgliedschaft der ihnen zugehörigen Personen aufgebaut, also verbandsförmig organisiert sind (vgl. *Creifelds/Weber*, (2002), 786). Letztere hingegen sind einem bestimmten Nutzungszweck dienende öffentlichrechtliche Einrichtungen der Verwaltung, *dies.* (2002), 73.

Gemeinden oder deren Verbände, sondern an alle Körperschaften des öffentlichen Rechts vergeben werden. Damit wurde der Tatsache Rechnung getragen, dass sich die ursprüngliche Annahme als verfehlt und zu eng erwiesen hatte, von dem Kommunalkreditnehmer zu verlangen, dass er u.a. einen gesicherten Mitgliederbestand, das Recht zur Steuererhebung und zu deren außergerichtlicher Beitreibung durch Verwaltungsakt hat.[479] Seither ist der Katalog dieser Institutionen sehr ausgeweitet worden. Darunter sind außer Gebietskörperschaften wie dem Bund, den Ländern, Gemeinden und deren Verbänden auch nichtrechtsfähige öffentliche Sondervermögen, öffentlichrechtliche Zweckverbände und Religionsgemeinschaften,[480] Träger der Sozialversicherung sowie berufsständische Korporationen zu verstehen. Zu den öffentlichrechtlichen Anstalten gehören zudem sowohl Kreditanstalten, als auch einige Versicherungsunternehmen.[481]

bb. Gewährleistung der Körperschaften öffentlichen Rechts

Für die Ausgabe von öffentlichen Pfandbriefen genügt nach § 1 Nr. 2 HBG auch die Übernahme der vollen Gewährleistung durch diese Institutionen. Das HBG enthält keine Legaldefinition einer „vollen Gewährleistung“. Der in §§ 765 ff. BGB geregelten Bürgschaft entspricht die Gewährleistung offenbar nicht.[482] Vielmehr hat sie eine breite, über verschiedene Bürgschaftsarten[483] hinausgehende Bedeutung. Sie umfasst die Ausbietungsgarantie, den Garantievertrag und den Annunitätshilfevertrag.[484] Die volle Gewährleistung bringt weiterhin deutlich zum Ausdruck, dass die Rückzahlung des gewährten Darlehens samt Zinsen in voller Höhe (also 100 %) gesichert ist. Die volle Sicherheit muss sich aber nicht unbedingt auf die ganze Forderung beziehen. Das Darlehen kann auch nur zu einem bestimmten Teil voll besichert sein. So wie es das polnische Recht ausdrücklich verlangt, soll dieser vollbesicherte Teil auch im deutschen Recht deckungsfähig sein.[485] Bei der Vergabe öffentlich gewährleisteter Kredite gibt es keine Kreditnehmereinschränkungen. Der so gesicherte Kredit kann an alle in- und ausländischen, natürlichen und juristischen Personen vergeben werden.

---

[479] Vgl. *Bellinger/Kerl*, (1995), § 1 HBG Rn. 92; *Goedecke/Kerl/Scholz*, (1997), 180.
[480] Soweit sie als Körperschaften des öffentlichen Rechts anerkannt sind; vgl. Art. 140 GG.
[481] *Letschert/Steffan*, (1981), 101; *Bellinger/Kerl*, (1995), § 1 HBG Rn. 97; *Goedecke/Kerl/Scholz*, (1997), 181 f.
[482] Vgl. *Bellinger/Kerl*, (1995), § 1 HBG Rn. 114 f.; *Goedecke/Kerl/Scholz*, (1997), 205.
[483] Ausfallbürgschaft, Nachbürgschaft; ausgenommen wird die Rückbürgschaft, die durch den Hauptbürgen nur für die Regressforderung gegen den Hauptschuldner in Anspruch genommen werden kann.
[484] Der Annuitätshilfevertrag liegt vor, wenn eine öffentlichrechtliche Körperschaft oder Anstalt die Zahlung der Jahresleistungen übernimmt (sog. Ic-Hypotheken).
[485] Vgl. *Bellinger/Kerl*, (1995), § 1 HBG Rn. 117.

cc. Die Insolvenzfähigkeit der öffentlichrechtlichen Kreditnehmer

Die Auslegung des Begriffes der Kommunalkreditfähigkeit erfordert zusätzlicher Überlegungen, weil nicht alle Körperschaften öffentlichen Rechts die gleiche Kreditwürdigkeit aufweisen. Das betrifft vor allem ihre Insolvenzfähigkeit. Vorweg ist festzustellen, dass juristische Personen des öffentlichen Rechtes nach § 882 a Abs. 1, 3 ZPO der Zwangsvollstreckung unterliegen[486] und ihre Insolvenz auch durchaus nicht ausgeschlossen ist.[487] Juristische Personen des öffentlichen Rechts verfügen über ein Vermögen, über das ein Insolvenzverfahren eröffnet werden kann. Nach § 11 Abs. 1 S. 1 InsO sind auch diese Personen insolvenzfähig; die Vorschrift differenziert nicht zwischen öffentlich- und privatrechtlichen juristischen Personen. Allerdings bietet § 12 InsO eine Ausnahme für den Bund und die Länder und für die durch Landesrecht bestimmten juristischen Personen des öffentlichen Rechts. Die Unzulässigkeit des Insolvenzverfahrens über das Vermögen des Bundes oder eines Landes ist in § 12 Abs. 1 Nr. 1 InsO geregelt.[488] Die deutsche Bundesbank[489] und die Landeszentralbanken, die deutsche Siedlungs- und Landesrentenbank, die deutsche Ausgleichsbank und die Kreditanstalt für Wiederaufbau können nur durch Gesetz aufgelöst werden.[490] Obwohl sie als bundesunmittelbare Körperschaften öffentlichen Rechts nicht unter Landes-, sondern unter Bundesaufsicht stehen, mithin nicht unter § 12 Abs. 1 Nr. 2 InsO fallen, ist ihre Insolvenzfähigkeit damit *de facto* ausgeschlossen.[491]

Alle anderen juristischen Personen des öffentlichen Rechts, die der Aufsicht eines Landes unterstehen, sind nur dann insolvenzunfähig, wenn das Landesrecht dies ausdrücklich bestimmt. § 12 Abs. 1 Nr. 2 InsO verweist also auf das geltende Landesrecht; dessen Bestimmungen sind folglich für die Insolvenzfähigkeit bzw. Insolvenzunfähigkeit der genannten Körperschaften maßgebend. Ohne landesrechtlichen Ausschluss sind also alle unter der Aufsicht des Landes stehenden juristischen Personen des öffentlichen Rechts insolvenzfähig. Nach § 12 Abs. 1 Nr. 2 InsO sind Gemeinden und Gemeindeverbände nicht insolvenzfähig.[492] Das Gleiche gilt für Landeskreise und Zweckverbände.[493] Auch bei

---

[486] Zu der Zwangsvollstreckung bei Körperschaften öffentlichen Rechtes BVerfG 13.12.1984, BVerfGE 66, 1, 23; *Baumbach(-Hartmann)*, (2005), § 882 a ZPO Rn. 3 f.; *Musielak(-Becker)*, (2005), § 882 a ZPO Rn. 2.

[487] Vgl. MünchKomm(-*Ott*), (2001), § 12 InsO Rn. 8; zu der gesamten Problematik der Konkursfähigkeit juristischen Personen des öffentlichen Rechts *Lehmann*, (1999), *passim*.

[488] Die Insolvenzfähigkeit von juristischen Personen des öffentlichen Rechtes war in der alten Konkursordnung (KonkursO), Gesetz vom 10.2.1877 (RGBl. 1877, 351) nicht ausdrücklich geregelt.

[489] Zur Insolvenzfähigkeit der Bundesbank *Lehmann*, (1999), 115 ff.

[490] Vgl. MünchKomm(-*Ott*), (2001), § 12 InsO Rn. 13.

[491] Vgl. *Obermüller*, (2002), Rn. 1128 ff.

[492] Zur Übersicht über den geltenden landesrechtlichen Ausschluss der Insolvenz der Gemeinden MünchKomm(-*Ott*), (2001), § 12 InsO Rn. 23 ff.; *Smid(-Smid)*, (2001), § 12 InsO Rn. 5; zu

anderen Körperschaften, Anstalten und Stiftungen, die der Landesaufsicht unterstehen, ist die Insolvenzunfähigkeit landesrechtlich geregelt.[494] Dabei hält die herrschende Meinung Kirchen, Religionsgemeinschaften[495] sowie öffentlichrechtliche Rundfunkanstalten[496] für insolvenzunfähig.

Die Rechtsanwalts-, Ärzte-, Handwerks,- Industrie,- und Handelskammern werden dagegen als insolvenzfähig angesehen.[497] Die Insolvenzfähigkeit mancher juristischer Personen des öffentlichen Rechtes kann sich explizit auch aus dem Gesetz ergeben.[498] Sozialversicherungsträger und öffentliche Kreditinstitute gelten grundsätzlich auch als insolvenzfähig.[499] Ihre Insolvenzfähigkeit kann nur durch entsprechende landesrechtliche Normen bzw. durch Bundesgesetz ausgeschlossen werden.

dd. Zusätzliche Prüfungsmaßnahmen

Die Sicherheit der den behandelten juristischen Personen des öffentlichen Rechts gewährten Kommunalkredite und darüber hinaus die Sicherheit der auf der Grundlage dieser Kredite ausgegebenen öffentlichen Pfandbriefe muss nicht ausschließlich an die Insolvenzunfähigkeit geknüpft werden. Aus der Insolvenzunfähigkeit ergibt sich nämlich nicht, über welche Finanzmittel die betreffende Anstalt verfügt. Daher erscheinen zusätzliche Maßnahmen angezeigt. Dabei ist vor allem das Verhältnis zwischen dem Staat und diesen Körperschaften und Anstalten zu prüfen. Bei der Kreditvergabe an eine insolvenzfähige öffentlichrechtliche Person ist mit besonderer Sorgfalt vorzugehen. Es muss aber nicht

---

früheren Regelungen der Insolvenzfähigkeit für Gemeinden HeidelbergKomm(-*Kirchhof*), (2003), § 12 InsO Rn. 3; *Uhlenbruck*(-*Hirte*), (2003), § 12 InsO Rn. 8.

[493] Vgl. *Lehmann*, (1999), 105 f.; nicht ausgeschlossen ist aber die Insolvenz der kommunalen Eigengesellschaft; MünchKomm(-*Ott*), (2001), § 12 InsO Rn. 16.

[494] Hierzu *Engelsing*, (1999), 150 ff.; HeidelbergKomm(-*Kirchhof*), (2003), § 12 InsO Rn. 4.

[495] BVerfG 13.12.1983, BVerfGE 66, 1, 9 ff.= NJW 1984, 2401, 2401 f.= JZ 1984, 471, 471 f.; kritische Bemerkungen zu dieser Entscheidung bei vgl. *Goedecke/Kerl/Scholz*, (1997), 195; *Smid* (-*Smid*), (2001), § 12 InsO Rn. 6; HeidelbergKomm(-*Kirchhof*), (2003), § 12 InsO Rn. 8; *Uhlenbruck*(-*Hirte*), (2003), § 12 InsO Rn. 15.

[496] BVerfG 5.10.1993, BVerfGE 89, 144, 151 ff.= NJW 1994, 1466 f.; *Engelsing*, (1999), 139; MünchKomm(-*Ott*), (2001), § 12 InsO Rn. 5; HeidelbergKomm(-*Kirchhof*), (2003), § 12 InsO Rn. 4; aA BVerfG 5.5.1987, BVerfGE 75, 318, 322 f.= NJW 1987, 3017 f.; *Lehmann*, (1999), 142 f.

[497] Zu höchstgerichtlichen Entscheidungen *Uhlenbruck*(-*Hirte*), (2003), § 12 InsO Rn. 11.

[498] So für die Handwerksinnungen und Kreishandwerkerschaften (§ 77 Abs. 1 und § 89 Abs. 1 Nr. 5 der Handwerksordnung (HWO), Gesetz vom 17.9.1953 (BGBl. 1953 I 1411), in der Neufassung der Bekanntmachung vom 24.9.1998 (BGBl. 1998 I 3074), zuletzt geändert durch Art. 35 b des Vierten Gesetzes für moderne Dienstleistungen am Arbeitsplatz vom 24.12.2003 (BGBl. 2003 I 2954). Die Insolvenzfähigkeit wurde gesetzlich ausdrücklich geregelt für die Deutsche Genossenschaftsbank, die deutsche Girozentrale, die Landwirtschaftliche Rentenbank und die IKB Deutsche Industriebank AG; vgl. MünchKomm(-*Ott*), (2001), § 12 InsO Rn. 12.

[499] Vgl. *Lehmann*, (1999), 156 ff.

unbedingt eine direkte Haftungsübernahme durch den Staat gefordert werden. Die öffentlichrechtlichen Körperschaften und Anstalten unterliegen oft der staatlichen Finanzaufsicht und werden zudem durch Bundes- oder Landesbehörden verwaltet. Ihre Darlehensaufnahme ist von einer besonderen Genehmigung der Aufsichtsbehörde abhängig. Die Genehmigung der kommunalen Aufsichtsbehörde zur Kreditaufnahme ist als ein essentieller Vertragsbestandteil des Darlehensvertrages zu betrachten.[500] Bei einer Umwandlung der Rechtsform des Kreditnehmers von einer öffentlichrechtlichen in eine privatrechtliche Form wird die Rückzahlung der Kommunalkredite von dem Bund übernommen oder im vollen Umfang gewährleistet.[501] Die Banken sind jedenfalls verpflichtet, die Erfüllung aller erforderlichen, formellen Voraussetzungen von öffentlichrechtlichen Kreditnehmern gründlich zu prüfen.[502] Darüber hinaus bedarf die finanzielle Lage jedes öffentlichrechtlichen Kreditnehmers einer vertieften Kontrolle. Diese sollte den ganzen Zeitraum der Kreditrückzahlung umfassen.

b. Ausländische Personen

aa. Europäische Gemeinschaften, Banken, EU- und EWR - Staaten

Der sehr ausgedehnte Kreis von inländischen Körperschaften und Anstalten des öffentlichen Rechts erweitert das deutsche Recht um die Europäischen Gemeinschaften, die Europäische Investitionsbank, die Internationale Bank für Wiederaufbau und Entwicklung (IBRD-Weltbank), die Entwicklungsbank des Europarates (CEB) und die Europäische Bank für Wiederaufbau und Entwicklung (EBRD), die nach § 5 Abs. 2 HBG den inländischen Körperschaften und Anstalten des öffentlichen Rechts gleich gestellt sind. Bis zur HBG-Novelle von 2002 war das ausländische Staatskreditgeschäft, das im Rahmen des Deckungsgeschäftes durch öffentliche Pfandbriefe refinanziert werden konnte, im Übrigen auf die Mitgliedstaaten der Europäischen Union, die des Europäischen Wirtschaftsraumes und auf die Schweiz beschränkt.

bb. Europäische OECD-Staaten

Die HBG-Novelle von 2002 hat den potenziellen ausländischen Tätigkeitsbereich der Hypothekenbanken deutlich ausgeweitet. Sie eröffnete den deutschen Hypothekenbanken unter anderen den Zugang zum Staatskreditgeschäft in den europäischen OECD-Ländern. Nach § 5 Abs. 1 Nr. 1 lit. c HBG können deutsche

---

[500] Vgl. *Goedecke/Kerl/Scholz*, (1997), 186.

[501] Vgl. *Goedecke/Kerl/Scholz*, (1997), 182 ff.

[502] Solange sie nicht erfüllt sind, darf diese Darlehen keine Grundlage für die Ausgabe von öffentlichen Pfandbriefen sein; vgl. *Bellinger/Kerl*, (1995), § 1 HBG Rn. 96.

Hypothekenbanken jetzt durch öffentliche Pfandbriefe den europäischen Staaten refinanzierte Staatskredite gewähren, die Vollmitglieder der Organisation für wirtschaftliche Zusammenarbeit und Entwicklung sind. Der deutsche Gesetzgeber begrenzte aber gleichzeitig den Katalog von potenziellen öffentlichen Kreditnehmern auf die Zentralregierungen. Nachgeordnete, territoriale Gebietskörperschaften der europäischen OECD-Länder wurden also nicht in diesen vertrauenswürdigen Kreditnehmerkatalog aufgenommen. Damit hat sich der deutsche Gesetzgeber der Meinung des polnischen Gesetzgebers nicht angeschlossen, nach der die Kreditgewährung an eine kommunale polnische Einheit mit dem gleichen - niedrigen - Risiko, wie an die Zentralregierung verbunden ist. Im Gegenteil, er ist zum Ergebnis gelangt, dass die an die Gebietskörperschaften gewährten Kredite wegen deren immer noch instabilen Entwicklung nicht in die Deckungsmasse der öffentlichen Pfandbriefe aufgenommen werden können.

Hierzu ist aber gleichwohl zu bemerken, dass diese Einschränkung mit der EU-Erweiterung ihre Bedeutung verloren hat, denn alle mitteleuropäischen OECD-Länder sind seit dem 1. Mai 2004 Vollmitglieder der Europäischen Union. Damit werden sie als Mitgliedstaaten betrachtet. Dabei ist auch zu betonen, dass die EU-Erweiterung zur weiteren Öffnung des Geschäftsfeldes auch auf andere europäische nicht OECD-Mitgliederstaaten geführt hat.[503] Trotz der durch die EU-Erweiterung erfolgten, zusätzlichen Liberalisierung ist bei der Kreditgewährung an Gebietkörperschaften in diesen Ländern weiterhin Vorsicht geboten.[504]

cc. Außereuropäische Staaten

Die HBG-Novelle von 2002 hat im Bereich des Staatskreditgeschäftes auch weitere, außereuropäische Investitionsfelder für Hypothekenbanken geöffnet. Die deutschen Hypothekenbanken können jetzt nach § 5 Abs. 1 Nr. 1 lit. a HBG Kredite auch über die Grenze Europas hinaus an die Zentralstaaten der Vereinigten Staaten von Amerika, an Kanada und Japan vergeben. Damit wurde ein wichtiger Schritt zugunsten einer weltweiten Expansion des Geschäftsfeldes der Hypothekenbanken getan, der diesen die Möglichkeit gibt, an dem globalen Wettbewerb im Staatskreditbereich teilzunehmen.

---

[503] Außer um die mitteleuropäischen OECD-Länder (Polen, Tschechien, Ungarn, Slowakei) erweiterte sich die Europäische Union um sechs andere europäische Staaten: Litauen, Lettland, Estland, Slowenien, Zypern, Malta.

[504] Hierzu S. 238 ff.

dd. Örtliche Gebietskörperschaften

Anders als in den europäischen OECD-Ländern können die Kredite von Anfang an auch an nachgeordnete örtliche Gebietskörperschaften in diesen außereuropäischen G-7-Staaten[505] sowie in den Mitgliedstaaten der Europäischen Union oder der Vertragsstaaten des Abkommens über den Europäischen Wirtschaftsraum und in der Schweiz gewährt werden.[506] Alle diese Kredite sind im Rahmen des Deckungsgeschäfts zur Refinanzierung durch öffentliche Pfandbriefe zugelassen. Die Kreditgewährung an eine territoriale Gebietskörperschaft ist von ihrer Risikogewichtung abhängig, die nach Art. 43 Abs. 1 Bankentätigkeitsrichtlinie 20 % nicht übersteigen darf. Diese Risikogewichtung kann auch von der zuständigen Aufsichtsbehörde in dem jeweiligen Staat festgelegt werden. Ähnlich wie im polnischen Recht können alle Vertrauenspersonen auch die Kreditaufnahme für Drittpersonen gewährleisten.[507]

ee. Ausländische Verwaltungseinrichtungen ohne Erwerbszweck

Die deutschen Hypothekenbanken können auch Darlehen an Verwaltungseinrichtungen ohne Erwerbszweck vergeben, die den Zentralregierungen, Regionalregierungen oder örtlichen Gebietskörperschaften der EU-Mitgliedstaaten, der EWR-Vertragsstaaten, der Schweiz, der USA, Kanadas und Japans unterstehen. Vorausgesetzt wird allerdings, dass die Risikogewichtung für diese Darlehen durch die zuständigen Behörden, wie bereits erwähnt, nach Art. 43 Abs. 1 lit. b Nr. 6 iVm Art. 46 der Bankentätigkeitsrichtlinie von höchstens 20 % festgelegt wird.

ff. Beschränkung der Indeckungnahme von ausländischen Krediten

Wie für das Deckungshypothekargeschäft gilt auch für den öffentlichen Sektor, dass der Gesamtbetrag der Darlehen, bei denen nicht sichergestellt ist, dass sich das Vorrecht der öffentlichen Pfandbriefgläubiger nach § 35 HBG auf die Forderungen der Hypothekenbank aus diesen Darlehen erstreckt, 10 % des Gesamtbetrages der öffentlichen Darlehen, bei denen das Vorrecht sichergestellt ist, nicht übersteigen darf.[508]

---

[505] Zur Darstellung des Geschäftspotenzials der Gebietskörperschaften VdH, Der Pfandbrief 2002: in den Vereinigten Staaten (40 ff.), Kanada (43 ff.) und Japan (47 ff.).
[506] Vgl. § 5 Abs. 1 Nr. 1 lit. b HBG.
[507] Vgl. § 5 Abs. 1 Nr. 1 lit. e Hs. 1 HBG.
[508] Vgl. § 5 Abs. 1 Nr. 1 lit. e Hs. 2 HBG.

IV. Bewertung

Aus dem Vergleich zwischen den deutschen und polnischen Pfandbriefdeckungsmassen ergeben sich grundlegende Unterschiede. Das deutsche Pfandbriefsystem ist im Vergleich zu dem polnischen erheblich liberaler geregelt und dadurch wettbewerbsfähiger, wobei die Pfandbriefsicherheit daran nicht leidet. Gleichzeitig gibt das HBG den Pfandbriefemittenten viel mehr Geschäftsraum als das PHBG. Im polnischen Pfandbriefsystem gibt es noch viele ungenutzte Kapazitäten und Spielräume zur Geschäftserweiterung, die aber unter dem Vorbehalt stehen müssen, dass die Pfandbriefsicherheit nicht beeinträchtigt wird.

In der hypothekarischen Deckungsmasse zeigen sich die Unterschiede sowohl in der Sicherungsform als auch im territorialen Umfang der Deckungsmasse. Als einzige dingliche Sicherung von Krediten steht den polnischen Hypothekenbanken die Hypothek zur Verfügung. In Deutschland gilt dagegen die Grundschuld als meist verbreitete dingliche Sicherungsform von Krediten. Während die polnische hypothekarische Deckungsmasse ausschließlich die Beleihung der inländischen Liegenschaften umfasst, hat die deutsche grenzüberschreitenden Charakter und umfasst Liegenschaften in der Europäischen Union, in dem Europäischen Wirtschaftsraum und in der Schweiz.

Mit dem EU-Beitritt Polens ist die Tür zum europäischen Auslandsgeschäft für polnische Hypothekenbanken geöffnet worden. Das gilt sowohl für den Hypothekarkredit als auch für den öffentlichen Kreditbankensektor. Die Beschränkung der Hypothekartätigkeit der polnischen Hypothekenbanken auf inländische Grundstücke, und zwar nicht nur im Deckungsgeschäft, sondern auch im Außerdeckungsgeschäft ist nicht nötig. Der Abbau dieser Hemmungen ist wünschenswert und im Hinblick auf den europaweiten Wettbewerb im Bankensektor erforderlich. Daher scheinen weitere Änderungen des PHBG unentbehrlich, um den polnischen Hypothekenbanken die richtige Entwicklung und den Wettbewerb mit anderen Pfandbriefemittenten in der Europäischen Union zu ermöglichen. Die Erweiterung der polnischen Deckungsmasse um die in den EWR-Ländern liegenden Liegenschaften ist - allerdings unter Einhaltung bestimmter Voraussetzungen - zu fordern. Das bezieht sich grundsätzlich auch auf das hypothekarische Außerdeckungsgeschäft.

De lege ferenda sollte auch der polnische Katalog der vertrauenswürdigen Personen im Bereich des öffentlichrechtlichen Auslandsdeckungsgeschäfts erweitert werden. Als Orientierungsmaßstab kann die deutsche Regelung und Erfahrung dienen. Die Ausweitung sollte jedenfalls schrittweise erfolgen. Den polnischen Pfandbriefemittenten sollte zunächst ermöglicht werden, Darlehen an die Mitgliedstaaten des Europäischen Wirtschaftsraumes, an die Schweiz sowie an den weiten Kreis der Europäischen Institutionen[509] zu gewähren und sie durch die Pfandbriefausgabe zu refinanzieren. Im nächsten Schritt könnte die Ausweitung dieser Gruppe um territoriale Gebietkörperschaften der Mitgliedstaaten der Europäischen Union, bei denen die Risikogewichtung unter 20 % liegt, in Erwägung gezogen werden. Dabei ist aber wegen den wirtschaftlichen Unterschieden in den verschiedenen EU-Ländern größere Vorsicht geboten. Auch gegen die Deckungsfähigkeit der an außereuropäische G-7 Staaten gewährten Kredite wäre nichts einzuwenden.

Für das deckungsfähige deutsche Staatsgeschäft ist zu bemerken, dass der deutsche Katalog der vertrauenswürdigen Personen, denen durch öffentliche Pfandbriefe refinanzierte Kommunalkredite gewährt werden können, sehr weit ausgedehnt ist. Das HBG gibt sich mit der öffentlichrechtlichen Form der deutschen Kreditnehmer oder Haftungsträger zufrieden und knüpft die Kreditvergabe an keine weiteren Voraussetzungen. Da das Risiko der Kreditvergabe bei öffentlichrechtlichen Institutionen aber unterschiedlich ist, und ihre Insolvenz nicht immer ausgeschlossen ist, ist die Anknüpfung an die Personenkreisregelung des HBG nicht ausreichend. Zusätzliche Ermittlungen sollten von der Hypothekenbank veranlasst werden, um das wahre Kreditrisiko festzustellen. Die Entscheidung über die Kreditvergabe wird im Einzelfall also der Hypothekenbank überlassen. Der Spielraum, der der Hypothekenbank für ihre Entscheidung darüber zusteht, welches Risiko eingegangen wird und in welchem Umfang die Forderungen aus öffentlichen Pfandbriefen gesichert sind, sollte im Interesse der Pfandbriefgläubiger möglichst eng sein.

Schließlich ist darauf hinzuweisen, dass der Ausschluss der polnischen territorialen Selbstverwaltungseinheiten von dem deutschen Deckungsgeschäft im Ergebnis nur vorläufig war. Nach der Erweiterung der Europäischen Union ist es automatisch zu der Hereinnahme der territorialen Gebietskörperschaften neuer Mitglieder in den durch öffentliche Pfandbriefe refinanzierten Kreditnehmerkatalog gekommen. Für sie gilt selbstverständlich die Regelung über die 20 % Grenze der Risikogewichtung. Für die deutschen Hypothekenbanken eröffneten sich damit wieder neue Möglichkeiten. Aber auch neue Gefahren ergeben sich für die Sicherheitsstandards deutscher Pfandbriefe. Daher sollte die Gefahr für einzelne territoriale Gebietkörperschaften in Polen gesondert und gründlich überprüft werden.

---

[509] So wie im deutschen Recht an die Europäische Investitionsbank, die Internationale Bank für Wiederaufbau und Entwicklung (IBRD-Weltbank), die Entwicklungsbank des Europarates (CEB) und die Europäische Bank für Wiederaufbau und Entwicklung (EBRD).

§ 6. Die europäische Gesetzgebung zu Pfandbriefen

I. EU-Mindeststandard für Pfandbriefe

Im EU-Recht besteht bis heute noch keine das Pfandbriefrecht explizit geregelte Richtlinie.[510] Dennoch kann von einem Mindeststandard der EU für Pfandbriefe gesprochen werden, denn die Europäische Kommission hat zahlreiche Richtlinien erlassen, die sowohl für Pfandbriefe als auch für Hypothekarkredite von Bedeutung sind.[511] Für Hypothekarkredite sind zwei Richtlinien ausschlaggebend;[512] für den Pfandbrief finden sich dagegen insgesamt sechs Richtlinien im EU-Recht, wobei an dieser Stelle nur drei von Relevanz sind.[513] Anschließend wird ein Blick in die Richtlinie gerichtet, die sich noch in der Bearbeitungsphase befindet und einige Veränderungen mit sich bringt.

II. Geltende europäische Richtlinien

1. OGAW-Richtlinie

Die OGAW-Richtlinie, auch Investmentrichtlinie genannt, ist eine der wichtigsten Richtlinien für Pfandbriefe, obwohl sie nicht ausdrücklich den Begriff Pfandbriefe

---

[510] Vgl. *Olszak*, PUG 11/2000, 11; *Pietrasik*, (2001), 175.

[511] Dazu *Kaszubski/Olszak*, (2000), 126 ff.

[512] Zu den neun Richtlinien und deren Umsetzung ins deutsche Recht *Bellinger*, DLK 1992, 552 ff.; *Stöcker*, DLK 1998, 87 ff.

[513] Die drei anderen Richtlinien sind
- RL 92/96/EWG des Rates vom 10.11.1992 zur Koordinierung der Rechts,- und Verwaltungsvorschriften für die Direktversicherung (Lebensversicherung) sowie zur Änderung der RL 79/267/EWG und 90/619/EWG (3. Lebensversicherungsrichtlinie), Abl. EG 1992 L 360/1; vgl. insbesondere Art. 22 Abs. 4 dieser Richtlinie;
- RL 92/49/EWG des Rates vom 18.6.1992 zur Koordinierung der Rechts,- und Verwaltungsvorschriften für die Direktversicherung (mit Ausnahme der Lebensversicherung) sowie zur Änderung der RL 73/239/EWG und 88/357/EWG (3. Schadensversicherungsrichtlinie), Abl. EG 1992 L 228/ 1; insbesondere Art. 22 Abs. 4 dieser Richtlinie;
- RL 94/19/EG des Rates vom 31.5.1994 über Einlagensicherungssysteme (Einlagensicherungsrichtlinie), Abl. EG 1994 L 135/5; insbesondere Art. 1 Nr. 1 Abs. 3 dieser Richtlinie. Zudem ist die Sicherheit von Pfandbriefen auch in das Tier 1 Verzeichnis der Europäischen Zentralbank (EZB) aufgenommen worden; www.hypverband.de/hypverband/attachments/verband_publ_fb_-2003_d.pdf, S. 28.

nennt, sondern diesen nur umschreibt.[514] Diese Richtlinie reguliert Investmentfonds in der EU und bestimmt die Höhe der Vermögensanteile einer Investmentgesellschaft. Die Höhe betrifft dabei die Investitionsmöglichkeit der Gesellschaft in Schuldverschreibungen desselben Kreditinstituts und darf die 5 % - Grenze grundsätzlich nicht überschreiten.[515] Art. 22 Abs. 2 OGAW-Richtlinie sieht eine Ausnahme für Mitgliedstaaten vor; die Grenze kann dann auf 10 % erhöht werden. Maßgebend für Pfandbriefe ist jedoch Art. 22 Abs. 4 OGAW-Richtlinie, denn diese Bestimmung enthält eine Sonderregelung für besondere Arten von Bankschuldverschreibungen und definiert die Voraussetzungen, die ein Wertpapier erfüllen muss, um als besonders sicher angesehen zu werden. Hiernach kann der Investitionsanteil auf bis zu 25 % angehoben werden, wenn die Schuldverschreibungen von einem Kreditinstitut (1) in einem Sitz in einem EU-Mitgliedstaat (2) ausgegeben werden, das Kreditinstitut durch gesetzliche Vorschriften zum Schutz der Inhaber dieser Schuldverschreibungen einer öffentlichen und besonderen Aufsicht unterliegt (3) und Emissionserträge dieser Schuldverschreibungen den gesetzlichen Vorschriften nach in Vermögenswerten angelegt werden, die während der Laufzeit der Schuldverschreibungen die sich daraus ergebenden Verbindlichkeiten ausreichend decken und vorrangig für die beim Ausfall der Emittenten fällig werdende Rückzahlung des Kapitals und der Zinsen bestimmt sind (4).[516]

Sind diese Voraussetzungen erfüllt, darf ein Kreditinstitut in höherem Maße in diese gedeckte Schuldverschreibungen als in ungedeckte Bankschuldverschreibungen investieren. Demnach ist festzustellen, dass alle in Art. 22 Abs. 4 OGAW-Richtlinie definierten Mindestanforderungen sowohl von den polnischen als auch von den deutschen Pfandbriefen erfüllt sind.[517]

---

[514] Hierzu *Olszak*, PUG 11/2000, 11.

[515] Art. 22 Abs. 1 OGAW-Richtlinie.

[516] Diese Kriterien werden auch in den anderen, bereits genannten Richtlinien erwähnt bzw. übernommen, wobei sie zum Teil auf Art. 22 Abs. 4 der OGAW-Richtlinie verweisen oder denselben Wortlaut haben.

[517] Zum polnischen Recht *Stöcker*, DLK 1997, 650, 655; *Wąsowicz*, Rejent 1998, 23; *Kaszubski/Olszak*, (2000), 138; *Olszak*, PUG 11/2000, 14; *ders.*, (2001), 247 ff.; die Anforderungen des Art. 22 Abs. 4 der OGAW-Richtlinie wurden im deutschen Recht in § 8 a S. 3 KAGG verankert. § 8 a KAGG dient dabei der Vermischung des Risikos und zugleich dem Schutz der Anteilinhaber vor den Folgen nicht sachgemäßer Anlageentscheidungen. Dadurch werden Pfandbriefe und Bankschuldverschreibungen ausdrücklich einem geringeren Bonitätsrisiko unterstellt; *Bellinger*, DLK 1992, 552, 555.

2. Bankentätigkeitsrichtlinie

Die Bankentätigkeitsrichtlinie, die viele frühere Richtlinien abgelöst hat, hat für das gesamte europäische Bankwesen eine grundlegende Bedeutung.[518] Sie ist auch für das Pfandbriefgeschäft relevant, denn sie enthält, neben vielen allgemeinen Vorschriften, Bestimmungen über das Mindestverhältnis der notwendigen Eigenmittel eines Kreditinstituts zu dem Gesamtvolumen aller Geschäfte des Instituts.[519] Bei der Indeckungnahme der Forderungen von örtlichen Gebietskörperschaften innerhalb der EU und der außereuropäischen G-7-Staaten verweist § 5 Abs. 1 Nr. 1 lit. b HBG ausdrücklich auf die in Art. 43 Abs. 1 der Bankentätigkeitsrichtlinie bestimmten Risikogewichte.[520] Auch bei der Kreditvergabe an Verwaltungseinrichtungen ohne Erwerbszweck (§ 5 Abs. 1 Nr. 1 lit. d HBG) wird auf Art. 43 Abs. 1 lit. b Nr. 6 iVm Art. 46 der Bankentätigkeitsrichtlinie Bezug genommen.[521]

Darüber hinaus liegt die Gewichtung für Bankschuldverschreibungen nach Art. 43 Abs. 1 lit. b Nr. 7 der Bankentätigkeitsrichtlinie bei 20 %. Demnach muss eine Bank bei einem Erwerb von Schuldverschreibungen einer anderen Bank diese in Höhe von 1,6 % ihres Betrages mit ihrem eigenem Kapital unterlegen. Ein Kreditinstitut kann dabei nach Art. 49 Abs. 1 dieser Richtlinie keinen Kredit ausgeben, dessen Gesamtbetrag 25 % der Eigenmittel dieses Kreditinstituts übersteigt. Die Mitgliedstaaten können aber Aktive in Form von Forderungen an Zentralregierungen oder Zentralbanken der Zone A ganz oder teilweise davon ausnehmen.[522]

Schließlich erlaubt die Übergangsvorschrift[523] den EU-Mitgliedstaaten Schuldverschreibungen nach Art. 22 Abs. 4 der OGAW-Richtlinie während eines

---

[518] Hierzu *Fojcik-Mastalska*, PB 4/2004, 37 f.

[519] Risikogewichte und ihnen zugeordnete Aktiva, die in Artt. 43 ff. der Bankentätigkeitsrichtlinie geregelt sind wurden in das nationale Recht implementiert; zum polnischen Recht vgl. Beschluss BAK Nr. 4/2004 vom 8.9.2004 über den Umfang und die detaillierten Grundsätze zur Festlegung der Kapitalanforderungen aus den einzelnen Arten des Risikos sowie über den Umfang der Anwendung der statistischen Methoden und Bedingungen, deren Erfüllung der Erteilung der Erlaubnis auf deren Anwendung ermöglicht, über die Weise und die detaillierten Grundsätze zur Abrechnung der Solvenzkoeffizient der Bank, über den Umfang und die Weise der Berücksichtigung der Tätigkeit der Banken in den Holding in der Abrechnung der Kapitalanforderungen und des Solvenzkoeffizienten sowie über die Bestimmung der zusätzlichen Bilanzpositionen der Bank erfasst zusammen mit den Eigenmitteln in der Kapitaladäquanzrechnung sowie über den Umfang, die Weise und die Bedingungen deren Festlegung (Dz.Urz.NBP 2004 Nr. 15, Pos. 25); zu Bonitätsgewichten im deutschen Recht vgl. § 13 des Grundsatzes I.

[520] Hierzu S. 149.

[521] Hierzu S. 149.

[522] Diese Regelung war früher Teil einer anderen Richtlinie; diese wurde daher gesondert behandelt. RL 92/121/EWG vom 21.12.1992 über die Überwachung und Kontrolle der Großkredite von Kreditinstituten Abl. EG 1993 L 29/1.

[523] Art. 63 Abs. 2 der Bankentätigkeitsrichtlinie.

Zeitraums von höchstens fünf Jahren mit 10 % Gewichtung festzusetzen und für die Kreditinstitute beizubehalten, wenn dieses als erforderlich erachtet wird, um schwere Störungen ihrer Märkte zu vermeiden.

3. CAD I

Die Kapitaladäquanzrichtlinie (CAD I)[524] enthält auch die überaus wichtigen Vorschriften über das erforderliche Eigenkapital für Kreditinstitute und Wertpapierfirmen. Nach Art. 11 Abs. 2 CAD I können, unbeschadet der Nr. 14 des Anhangs 1 (Spezifisches Risiko), die EU-Mitgliedstaaten für Schuldverschreibungen, für die in Art. 11 Abs. 2 der Solvabilitätsrichtlinie,[525] nun also Art. 63 Abs. 2 der Bankentätigkeitsrichtlinie, ein Gewicht von 10 % festgelegt wurde, eine Eigenkapitalunterlegung für das spezifische Risiko vorschreiben, die der Hälfte der Eigenkapitalunterlegung für qualifizierte Aktiva mit der gleichen Restlaufzeit wie der genannten Schuldverschreibungen entspricht.

Die geltenden Richtlinien hängen eng miteinander zusammen. Ihr Vergleich zeigt, dass Art. 11 Abs. 2 der CAD I auf Art. 63 Abs. 2 der Bankentätigkeitsrichtlinie verweist, der wiederum auf Art. 22 Abs. 4 der OGAW-Richtlinie deutet. Diese Undurchsichtigkeit des EU-Rechtes wird seit langem kritisiert und der Erlass einer neuen Richtlinie gefordert, die für Klarheit sorgen soll.

III. Ausblick auf die zukünftige Kapitaladäquanzrichtlinie

1. Modernisierung der geltenden Richtlinien

Die bestehenden Eigenkapitalanforderungen bedürfen einer Erneuerung und Modernisierung, um die bestehenden Regelungen in weiterem Maße an Risiken anpassen zu können und die Finanzinstitute zu einem besseren Risikomanagement anzuhalten. Zudem müssen die Verbraucher besser geschützt sowie das Vertrauen der Investoren in die Finanzinstitute erhöht werden. Aus diesem Grund hat die Europäische Kommission einen Vorschlag angenommen, Änderungen bezüglich

---

[524] Diese Richtlinie wurde mehrmals geändert. Diese Änderungen sind hier jedoch nicht von Belang. Zudem ist die Kapitaladäquanzrichtlinie II ((CAD II), RL 98/31/EG des Europäischen Parlaments und des Rates vom 22.6.1998 zur Änderung der RL 93/6/EWG, Abl. EG 1998 L 204/13) niemals in geltendes Recht umgesetzt worden.

[525] RL 89/647/EWG des Rates vom 18.12.1989 über einen Solvabilitätskoeffizienten für Kreditinstitute, Abl. EG 1989 L 386/14, ersetzt durch die Bankentätigkeitsrichtlinie.

der CAD-Richtlinie und der kodifizierten Bankentätigkeitsrichtlinie vorzunehmen und eine neue Regelung über das Eigenkapital für Kreditinstitute und Wertpapierfirmen einzuführen.[526]

2. Inhalt und Ziel

Der Entwurf der dritten Kapitaladäquanzrichtlinie (*Capital Adequacy Directive* - CAD III) vom 14. Juni 2004 beinhaltet nun im Allgemeinen die von dem Baseler Ausschuss für Bankenaufsicht[527] beschlossene Eigenkapitalübereinkunft (Basel II)[528] für international tätige Banken, jedoch mit einigen Abweichungen sowie Ergänzungen. Basel II[529] soll dabei für international tätige Banken gelten, die einen signifikanten Anteil ihres Geschäftes im Ausland machen. Diese Regelungen sollen die Grundlage der neuen Richtlinie sein; hierbei ist eine Abweichung jedoch möglich. Der einheitliche Ansatz des Basel II genügt den europäischen Anforderungen nicht und muss daher auf drei unterschiedliche Ansätze gehen, die den Finanzinstituten die Möglichkeit geben, den für sie geeignetsten Ansatz zu wählen.[530] Da CAD III nur kleine Änderungen gegenüber Basel II mit sich bringen wird, ist davon auszugehen, dass die Banken ihre Eigenkapitalquote nur noch nach der neuen Richtlinie berechnen müssen. CAD III hat dabei das Ziel, die Implementierung von Basel II so zu gestalten, dass die wirtschaftlichen Besonderheiten in Europa Berücksichtigung finden.[531] Mit den neuen Eigenkapital-

---

526 Zur endgültigen Fassung des Vorschlags sowie zu häufig gestellten Fragen zu dem Vorschlag www.europa.eu.int/comm/internal_market/regcapital/index_de.htm.

527 Der Baseler Ausschuss für Bankenaufsicht hat seinen Sitz bei der Bank für internationalen Zahlungsausgleich (BIZ) in Basel und arbeitete seit dem Jahre 1999 an der Formulierung der Neuen Baseler Eigenkapitalvereinbarung (Basel II). Dieser wurde im Jahre 1975 von den Zentralbankpräsidenten der G-10 Staaten gegründet. Er setzt sich zusammen aus Vertretern der Zentralbanken und Bankaufsichtsbehörden von Belgien, Deutschland, Frankreich, Italien, Japan, Kanada, Luxemburg, den Niederlanden, Schweden, der Schweiz, Spanien, den USA und dem Vereinigten Königreich. Der Ausschuss tritt in der Regel bei der Bank für internationalen Zahlungsausgleich in Basel zusammen, wo sich auch sein ständiges Sekretariat befindet.

528 Zu der inoffiziellen deutschen Übersetzung von Basel II www.bundesbank.de/download/-bankenaufsicht/pdf/eigenkapitalempfehlung_de.pdf.

529 Basel II beinhaltet insgesamt drei Säulen, die der Mindestkapitalanforderungen, die des bankaufsichtlichen Überprüfungsprozesses und die der Publizitätsanforderungen; hierzu *Hagen/-Marburger*, ImmFin 2002, 17 f.

530 Hierbei wird zwischen dem einfachen, dem intermediären und dem fortgeschrittenen Ansatz unterschieden, wobei die ersten beiden Ende 2006, der letztere Ende 2007 Gültigkeit erlangt.

531 Dabei wird zum einen gefordert, dass Basel II inhaltlich eins zu eins in das EU-Recht umgesetzt wird, zum anderen werden schon Bedenken gegen Basel II geäußert; zu diesen Bedenken www.emagazine.credit-suisse.com.

anforderungen werden insbesondere die Aufsichtsbehörden verpflichtet, eine kontinuierliche Überwachung zu tätigen und enger zusammenzuarbeiten.[532]

Hierfür soll auch die vor kurzem ins Leben gerufene Europäische Bankenaufsichtsbehörde (CEBS) sorgen.[533] Den Banken wird eine Pflicht auferlegt, regelmäßig Informationen über das Risiko-Management und allgemeine Risiken zu veröffentlichen. Die Eigenkapitalanforderungen beinhalten dabei denjenigen Betrag, den sowohl Wertpapierfirmen als auch Banken halten müssen, um die Einleger zu schützen und auch ihre eigenen Risiken abzudecken.

In der neu erwarteteten Richtlinie wird zum ersten Mal der Begriff der gedeckten Schuldverschreibung definiert und damit von anderen Schuldverschreibungen klar abgegrenzt. Dieses ist erfreulich, denn dadurch wird die Qualität der Deckungswerte auf ein hohes Niveau gebracht.[534] Zudem wird für die erwartete Verlustquote (*Loss Given Default* - LGD) im internen Ratingansatz ein Wert vorgegeben, der nun von 20 % auf 12,5 % sinken wird. Dieses ist zu begrüßen, dennoch aber wird ein Wert von 10 % vorgeschlagen, um die hohe Sicherungsqualität der Deckungsmassen angemessen zu berücksichtigen.[535]

3. Neue Gewichtung für Pfandbriefe

Der CAD III-Entwurf sieht in Anhang 6 Teil 1 Nr. 12 den Standardansatz für Forderungen in Form von gedeckten Schuldverschreibungen vor. Sind folgende Voraussetzungen der Besicherung erfüllt, so sind Schuldverschreibungen sodann als gedeckte Schuldverschreibungen zu qualifizieren:
- diejenigen nach diesem Anhang bestehenden oder garantierten Forderungen durch Zentralstaaten-, und Banken sowie multilateralen Entwicklungsbanken oder internationalen Organisationen, die mit 0 % gewichtet werden (lit. a)
- diejenigen bestehenden oder garantierten Forderungen durch regionale sowie örtliche Gebietskörperschaften, durch öffentliche Stellen, die nach nationalem

[532] Diese Zusammenarbeit ist erforderlich, weil die sich aus den Zuständigkeiten der verschiedenen nationalen Aufsichtsbehörden ergebenden Schranken des Binnenmarktes beseitigt werden müssen;
[533] Zudem werden bankinterne Rating-Verfahren bei der Unternehmensfinanzierung und Kreditentscheidung in Deutschland von entscheidender Bedeutung sein. Dabei muss keine Bank sich davor fürchten, das interne Rating im Bereich der operationellen Risiken anzuwenden, denn es wird ein Menü in der Richtlinie gegeben sein, von dem sich jede Bank den Teil aussuchen kann, der für sie am günstigsten und vorteilhaftesten ist; hierzu Pkt. VII www.bundesbank.de/download/presse/reden/20041007meister.php.
[534] Dennoch werden hierüber hinaus andere Vorschläge gemacht, vgl. das Schreiben des VdH vom 14.7.2004 (hyp-Nr.9) unter www.hypverband.de. Positiv betrachtet wird allerdings, dass es bei den deutschen Staats- und Kommunalkreditgeschäften bei einer 0 % - Gewichtung von Krediten an Länder bleibt.
[535] Hierzu www.hypverband.de.

Ermessen wie Forderungen gegen Zentralstaaten und Zentralbanken und Kreditinstitute gewichtet werden und eine Gewichtung von 20 % erhalten (lit. b)
- diejenigen Forderungen gegen Kreditinstitute, die mit 20 % gewichtet sind, deren Gesamtforderung jedoch 10 % des Nominalbetrages der ausstehenden gedeckten Schuldverschreibungen des emittierenden Kreditinstituts nicht übersteigen darf. Dabei werden diejenigen Forderungen, die durch die Zahlungsübermittlung der Schuldner von durch Immobilien gesicherten Krediten an die Inhaber von gedeckten Schuldverschreibungen entstehen, bei der genannten 10 % - Grenze nicht berücksichtigt[536] (lit. c)
- durch Grundpfandrechte auf Wohnimmobilien gesicherte Forderungen bis zu einer Höhe von 80 % des Immobilienwertes besichert sind (lit. d)
- bei Forderungen, die durch Grundpfandrechte auf gewerbliche Immobilien bis zu einer Höhe von 60 % des Immobilienwertes besichert sind. Diese Grenze wird nach einer Zulassung durch die nationale Aufsicht auf 70 % bei einer Überdeckung der Deckungsmasse in Höhe von mindestens 10 % erhöht (lit. e)

Bei Immobiliensicherheiten gelten hingegen qualitative Bewertungsgrundsätze und Mindestanforderungen.[537] Der CAD-III-Entwurf sieht für gedeckte Schuldverschreibungen, die vor dem 31. Dezember 2007 emittiert wurden, eine Übergangsvorschrift vor.[538] Die Risikogewichtung von gedeckten Schuldverschreibungen wird von dem Risikogewicht, das für höherrangige ungedeckte Forderungen an das betreffende emittierende Kreditinstitut gilt, abhängig. Beträgt das Risikogewicht des Instituts demnach 20 %, so erhält die gedeckte Schuldverschreibung eines von 10 %, bei einem Gewicht von 50 % beträgt das Gewicht der gedeckten Schuldverschreibung 20 %, bei einem von 100 % beträgt dieses 50 % und bei einem Risikogewicht des emittierenden Instituts von 150 % beträgt die Risikogewichtung der gedeckten Schuldverschreibung schließlich 100 %.[539] Dieses Eigenkapital muss daher von den Investoren als Risikopuffer vorgehalten werden.

Sofern eine Schuldverschreibung die Kriterien des Art. 22 Abs. 4 der OGAW-Richtlinie erfüllt und durch eine der in Anhang 6 Teil 1 Nr. 6 des CAD III-Entwurfes genannte Forderung besichert ist, ist diese demnach eine gedeckte Schuldverschreibung und genießt dabei eine höhere Qualität und damit eine Bevorzugung.

Dabei werden zunächst erhöhte Anforderungen an die Emittierung von Pfandbriefen gestellt. Die neue Definition der gedeckten Schuldverschreibungen legt eine Konformität mit Art. 22 Abs. 4 der OGAW-Richtlinie nahe. Im Allgemeinen wird der Pfandbrief eine Vorzugsgewichtung erfahren.

---

[536] Hierdurch soll sichergestellt werden, dass bei der Fälligkeit von Jumbopfandbriefen eine ausreichende Liquidität besteht, ohne durch die 10 % - Grenze behindert zu werden.
[537] Vgl. Pkt. 66 des Anhangs VI des CAD III-Entwurfes.
[538] Vgl. Pkt. 67 des Anhangs VI des CAD III-Entwurfes.
[539] Vgl. Pkt. 68 lit.a - d des Anhangs VI des CAD III-Entwurfes.

4. Blick in die Zukunft

Die CAD III-Richtlinie soll Mitte 2005 von der Europäischen Kommission verabschiedet werden. Parallel hierzu soll eine Überleitung in das nationale Recht stattfinden. Mit der Umsetzung der neuen Richtlinie besitzen die überarbeiteten „Basel II" - Regelungen dann Gültigkeit für alle Kreditinstitute in der EU, also für alle Banken und Wertpapierfirmen, die unter diese Richtlinie fallen. Damit können alle Kreditinstitute für den Finanzplatz Deutschland Pfandbriefe emittieren, sofern sie bestimmte Voraussetzungen erfüllen.

Mit dieser Richtlinie wird sowohl die Bankentätigkeitsrichtlinie als auch die CAD I neugefasst. Diese Richtlinien verlieren dann an Geltung. Die OGAW-Richtlinie und ihre Bestimmungen in Art. 22 Abs. 4 hingegen verbleiben als Anknüpfungspunkt für die Eigenkapitalgewichtung.

Die in Zukunft geltende CAD III ist zu begrüßen. Sie trägt viele neue Aspekte in sich. Vor allem aber wird mehr Überblick und Klarheit in die bisher geltenden Richtlinien geschaffen. Dabei ist davon auszugehen, dass die CAD III in Zukunft noch feiner werden und mehrere Anforderungen in sich bergen. Damit kommt man einer Richtlinie, die nur Pfandbriefe betrifft, hoffentlich noch näher. Diese könnte Anforderungen an die Mindeststandards in der EU alleine für Pfandbriefe beinhalten und somit zu einem geordneten und sicheren Pfandbriefsystem in der gesamten EU führen.

2. KAPITEL

Pfandbrieftreuhänder

§ 7. Geschichtliche Entwicklung der Treuhänderidee

I. Vorbemerkung

Die Besonderheit des Pfandbriefes liegt in seiner sehr hohen Sicherungsqualität, die aus vielen gesetzlichen Rahmenregelungen erwächst. Die entscheidenden Sicherheitsmerkmale des Pfandbriefes lassen sich in drei Gruppen aufteilen.[540] Anschaulich kann von den äußeren, mittleren und inneren Schutzwällen gesprochen werden. Den ersten, äußeren Schutzwall um den Pfandbrief bilden die Vorschriften über die der Insolvenzabwehr dienende Geschäftskreisbeschränkung der Hypothekenbanken. Den zweiten, mittleren Schutzwall stellen die Mindestanforderungen an die Qualität der Deckungsdarlehen dar. Der dritte, innere Schutzwall besteht in der rechtlichen Ausgestaltung der Pfandbriefdeckung. Alle diese Schutzmaßnahmen sorgen für die ständige Zahlungsfähigkeit des Emittenten und gewährleisten damit eine sehr gute Zahlungsfähigkeit des Pfandbriefes. Hinter ihnen stehen gesetzlich verankerte qualitative und quantitative Anforderungen. Hierbei sind in erster Linie Spezialitäts-, Deckungs-, Kongruenz-, Insolvenzvorrechtsgrundsatz sowie die Anforderungen an den Beleihungswert zu nennen. Bei der Einhaltung dieses Rahmens kommt dem Treuhänder eine besondere Rolle zu. Die ihm obliegenden Aufgaben sowie seine unabhängige Rechtstellung machen ihn zu einem wichtigen Garanten der Sicherheit des Pfandbriefsystems, der das Pfandbriefwesen seit Inkrafttreten des HBG am 1. Januar 1900 begleitet. Das auf diesen Grundsätzen errichtete Sicherungssystem des Pfandbriefes hat sich in Deutschland jahrzehntelang erhalten. Ohne diese Grundsätze wäre die Einhaltung der hohen Sicherungsqualität der Pfandbriefe kaum möglich. Eine Priorität eines oder mehrerer dieser Grundsätze bei der Wirksamkeit des Pfandbriefschutzes herzustellen, wäre unzweckmäßig. Die Gesamtheit dieser Grundsätze soll als ein einheitliches und einander ergänzendes Sicherungssystem des Pfandbriefes angesehen werden.

---

[540] *Kerl*, DLK 2000, 510, 512.

Die eingehende Erörterung aller dieser Sicherungselemente würde den Rahmen dieser Untersuchung sprengen. Daher kann lediglich eine der Maschen dieses Sicherungsnetzes herausgenommen und ausführlich dargestellt werden. Zum Schwerpunkt weiterer Ausführungen wird die für das polnische Recht neue Rechtsinstitution des Pfandbrieftreuhänders gewählt, der als Sicherheitsgarant auch eine Besonderheit des Pfandbriefsystems darstellt, welche aber noch nicht der vertieften Analyse in der polnischen Literatur unterzogen wurde.[541] Da der Treuhänder - wie bereits erwähnt - nur einen Teil der Sicherungskette bildet, werden gelegentlich auch andere zusammenhängende Sicherungselemente des Pfandbriefes dargestellt, was allerdings auch für die richtige Darstellung und Abgrenzung seiner Aufgaben erforderlich ist. Bevor jedoch darauf eingegangen wird, soll die geschichtliche Entwicklung der pfandbriefrechtlichen Gestaltung der Treuhänderidee kurz dargestellt werden, die dem deutschen Recht entstammt. Dieser historische Hintergrund soll zum besseren Verständnis der Rechtsnatur des Pfandbrieftreuhänders beitragen.

II. Die Vorläufer des Treuhänders

1. Wegfall der direkten Grundstückshaftung als Auslöser der Treuhänderidee

Die Sicherheit der ersten Pfandbriefe basierte auf einer direkten, dinglichen Haftung des verpfändeten Grundstücks für verbriefte Forderungen. Jedem Pfandbrief war ein bestimmtes Grundstück zugeordnet, an dem dem Pfandbriefgläubiger das dingliche Recht zustand.[542] Der Pfandbrief verbriefte also damals eine mit einem echten Grundpfandrecht gesicherte Forderung und war eine besondere Art des Hypothekenbriefes.[543] Der auf dieser rechtlichen Konstruktion von Landschaf-

---

[541] Eine allgemeine rechtsvergleichende Darstellung bietet *Olszak* ((2002), *passim*) an. Die eingehende, teilweise aber schon veraltete Untersuchung der Rechtsnatur des Treuhänders in der deutschen Literatur ist bei *Wille* ((1909), *passim*) und bei *Praxl* ((1966), *passim*) zu finden.

[542] Für Pfandbriefforderungen haftete zudem der Emittent (die Landschaft) selbst mit seinem gesamten Vermögen; kritisch zu dieser Solidarhaftung anschließend an die Meinung von Walluz und Engel *Basch* ((1880), 8 f.), der sie in Anlehnung an eine Redewendung Friedrich Wilhelms I. von Preußen nicht als „*rocher de bronce*" ansah.

[543] Das Darlehen war aber in viele Pfandbriefe gestückelt und wurde nicht in Geld, sondern in Form von Pfandbriefen gegeben, die der Darlehensnehmer selbst zu veräußern hatte. *Walter* (BA 2000 Beih. 38, 13, 15) bezeichnet damalige Landschaften daher lediglich als Avalgeber (hierzu auch *Praxl*, (1966), 6 f.). § 14 Abs. 2 HBG lässt das Darlehen und dessen Tilgung zwar immer noch in Natur zu, also in Pfandbriefen, sog. Pfandbriefdarlehen; aber diese Form der Kreditgewährung hat heute in Deutschland im Unterschied zu Dänemark keine praktische Bedeutung

ten[544] ausgegebene Pfandbrief wurde als Güterpfandbrief bezeichnet.[545] Solange diese unmittelbare, dingliche Haftung bestand, gab es kein Erfordernis für zusätzliche Sicherungseinrichtungen.

Der Ursprung des Pfandbrieftreuhänders ist mit der Trennung der dinglichen Verbindung zwischen dem Pfandbriefgläubiger und der verpfändeten Liegenschaft verbunden. Dies war eine Folge der Industrialisierung und liberaler Reformbestrebungen. Im Rahmen der wirtschaftlichen und gesellschaftlichen Ereignisse des 19. Jahrhunderts musste sich der bisher sachenrechtlich geprägte Pfandbrief dem Bedürfnis der Zeitgenossen nach flexiblen und fungibleren Strukturen des Kapitalverkehrs anpassen.[546]

Dies geschah im deutschen Recht zuerst in Preußen mit dem kraft allerhöchsten Erlasses vom 11. Mai 1849 genehmigten Regulativ,[547] das den neuen Pfandbrieftyp eingeführt hat.[548] Infolge dessen wurde die direkte dingliche Haftung des Liegenschaftseigentümers, der zugleich auch Darlehensnehmer war, durch eine persönliche Haftung des Pfandbriefemittenten ersetzt.[549] Dies hatte eine Änderung der Rechtsnatur des Pfandbriefes zur Folge. Der Pfandbrief wurde durch den Wegfall der direkten Grundstückhaftung zum forderungsrechtlichen Kapitalanlagepapier. Trotz dieses tiefen Eingriffs in die Rechtsstruktur wurde die Bezeichnung „Pfandbrief" beibehalten, obwohl sie mit Blick auf die verwendete Sicherung nicht mehr zu rechtfertigen war.[550]

---

mehr; hierzu *Bellinger/Kerl*, (1995), § 14 HBG Rn. 3 und 6; *Goedecke/Kerl/Scholz*, (1997), 26. In Polen ist diese Form nicht bekannt.

544 Zu den Landschaften als Pfandbriefemittenten und Vorläufern der Hypothekenbanken *Walter*, BA 2000 Beih. 38, 13, 14; eingehend *Pleyer/Bellinger*, (1981), 10 ff.; in der polnischen Literatur *Pietrasik/Rykowski*, (2000), 20 ff.

545 Vgl. *Kaszubski/Olszak*, (2000), 16.

546 Vgl. *Walter*, BA 2000 Beih. 38, 13, 16.

547 Vgl. S. 39 f.

548 Das Regulativ sagt in der Präambel: *„Zur Beschaffung der hierzu erforderlichen Darlehnsvaluta stellt die Landschaft auf jeden Inhaber lautende Schuldverschreibungen unter der Bezeichnung „Neue landschaftliche Pfandbriefe" aus und setzt dieselben in Umlauf."*; hierzu *Praxl*, (1966), 9.

549 Nach § 22 des Regulativs besaß der Inhaber eines neuen landschaftlichen Pfandbriefes das Recht, von der Landschaft die termingerechte Zahlung der verschriebenen Zinsen und des Kapitals zu verlangen. Sollte er seine Befriedigung von der Landschaft im Verwaltungswege nicht erlangen können, so stand ihm die Befugnis zu, seine Befriedigung gegen die Landschaft auf dem ordentlichen Rechtswege mittels richterlicher Überweisung zu suchen und zwar in erster Linie aus dem Sicherungsfond (§ 30 des Regulativs), weiterhin aus denjenigen Hypothekenforderungen, welche die Landschaft für bewilligte Darlehen erworben hatte, und schließlich, solange der Sicherungsfond noch nicht auf fünf Prozent der schwebenden Pfandbriefschuld gebracht worden war, auch aus den eigentümlichen Fonds der Landschaft.

550 Zum möglichen Irrtum im XIX. Jahrhundert bezüglich der Sicherheit des Pfandbriefes durch seinen Namen *Basch*, (1880), 26.

2. Kontrollkommission

Die Ablösung von der direkten dinglichen Haftung einer verpfändeten Liegenschaft für bestimmte, in dem Pfandbrief verbriefte Forderungen verlagerte den Sicherheitsschwerpunkt des Pfandbriefes. Dieser beruhte jetzt auf einem Gleichgewicht zwischen dem Passiv- und Aktivgeschäft des Emittenten. Die daraus resultierende Deckungsfrage führte zur Gründung der Kontrollkommission, die neben den Organen der Landschaft und der staatlichen Aufsicht für die Deckungskontrolle verantwortlich war. Die Kontrollkommission in der Schlesischen Landschaft bestand nach § 20 Abs. 2 S. 1 des Regulativs aus dem Präsidenten des höchsten Gerichtshofes in Breslau als Vorsitzendem und zwei richterlichen Beamten. Die Regelungen über die Kontrollkommission waren in den verschiedenen Ländern aber unterschiedlich und ihre Zusammensetzung war auch nicht einheitlich.[551]

Die Kontrollkommission hatte insbesondere das Gleichgewicht zwischen den erworbenen Hypotheken und den dafür ausgegebenen Pfandbriefen zu überwachen, das Bestehen der Pfandbriefdeckung zu bestätigen und den Pfandbrief mit dem Vermerk zu versehen, dass dieser aufgrund des gewährten Hypothekardarlehens ausgegeben worden sei.[552] Da die Kontrollkommission einige[553] dem jetzigen Treuhänder zustehende Aufgaben wahrgenommen hat,[554] kann sie zutreffend als erster Vorläufer des Treuhänders angesehen werden.[555]

---

[551] Vgl. *Praxl*, (1966), 9 f.

[552] Vgl. *Basch*, (1880), 8.

[553] Nach § 20 des Regulativs mussten die ausgefertigten neuen Pfandbriefe nebst dem Hypothekeninstrument über das Darlehen der Kontrollkommission in Breslau zur Mitvollziehung vorgelegt werden. Die Kontrollkommission war berufen zu prüfen, ob für die Landschaft wirklich eine dem Betrag der zu emittierenden Pfandbriefe gleichkommende Darlehensforderung auf ein Grundstück hypothekarisch gesichert und eingetragen worden war. Nach dem sie sich hiervon überzeugt hatte, vollzog die Kontrollkommission nur in diesem Fall die ihr vorgelegten Pfandbriefe. Auf dem Hypothekeninstrument hatte die Kontrollkommission sodann vorzumerken, dass über den Darlehensbetrag neue Pfandbriefe ausgefertigt worden waren und dass folglich der Landschaft eine Disposition über das Darlehenskapital zur Befriedigung von Pfandbriefinhabern und der Einlösung von Pfandbriefen nach § 22 des Regulativs zustand. Dieses aber nur insoweit, als vorher ein entsprechender Betrag von Pfandbriefen aus dem Umlauf gezogen und kassiert oder aber durch richterliches Erkenntnis amortisiert oder endlich nach Kündigung und Aufgebot hinsichtlich des Pfandbriefrechtes präkludiert worden war.

[554] Zur Überwachung der Pfandbriefdeckung vgl. § 30 Abs. 1 S. 1 HBG iVm § 6 Abs. 1 S. 1 HBG; Art. 30 Abs. 1 und Abs. 3 S. 1 PHBG iVm Art. 18 PHBG; zur Bestätigung der vorhandenen Deckung vgl. § 30 Abs. 3 HBG; Art. 30 Abs. 5 PHBG.

[555] *Praxl*, (1966), 10.

3. Pfandhalter

a. Die Entstehung der Pfandhalteridee

Nach der Gründung der ersten deutschen privaten Hypothekenbanken[556] und infolge der Wirtschaftskrise von 1873 versuchten die Banken zusätzlich die Sicherheit des Pfandbriefes zu stärken und die rechtliche Beziehung zwischen dem Pfandbriefgläubiger und dem Hypothekenschuldner auch auf einer anderen Basis herzustellen, und zwar durch die Einräumung eines Vorrechtes an dem Deckungshypothekenbestand zugunsten der Pfandbriefgläubiger. Dies sollte durch die Bestellung eines Faustpfandrechtes an hypothekarisch oder öffentlich gesicherten Forderungen, die die Grundlage für die Ausgabe von Pfandbriefen gebildet haben, geschehen. Den Pfandbriefinhabern sollte ein Faustpfand dadurch gewährt werden, dass einem Vertreter aller Pfandbriefgläubiger der Gewahrsam über die Urkunden übertragen wurde, in denen die Forderungen verbrieft waren. In diesem Zusammenhang erschien der nächste deutsche Vorläufer des heutigen Treuhänders - der Pfandhalter; er hatte die Pfandbriefgläubiger bei der Begründung des Faustpfandrechtes zu vertreten. Diese ersten Versuche zur Verstärkung des Pfandbriefes wurden jedoch nur in den Satzungen der Banken unternommen.[557] Ihnen fehlte deshalb die allgemeinverbindliche Geltung einer gesetzlichen Regelung.

b. Gesetzentwürfe von 1879/1880

So wurden in den Jahren 1879/1880 zwei weitgehend übereinstimmende Gesetzentwürfe der Reichsregierung betreffend das Faustpfandrecht für Pfandbriefe und ähnliche Schuldverschreibungen vorgelegt,[558] die den Pfandbriefgläubigern ein Faustpfandrecht an hypothekarischen Forderungen der Hypothekenbank einräumen sollten.

Die Interessen der Pfandbriefgläubiger sollte bei der Begründung des Faustpfandrechtes ein von der Bank zum Pfandhalter bestellter Notar oder Anwalt wahrnehmen. Zur Entstehung des Faustpfandrechtes wurde die Übertragung der erworbenen Hypotheken auf den Pfandhalter, ein Verpfändungsmerkmal auf den Urkunden und die Eintragung der Verpfändung in das Hypothekenbuch verlangt.

---

[556] Die erste deutsche reine Hypothekenbank - die Frankfurter Hypothekenbank - wurde am 8.12.1862 gegründet, vgl. *Kaszubski/Olszak*, (2000), 18. Zu den ältesten gemischten Instituten gehört die 1835 in München errichtete Bayerische Hypotheken- und Wechsel-Bank, die aber das Pfandbriefprivileg erst 1864 erhalten hat. vgl. *Walter*, BA 2000 Beih. 38, 13, 18. Als gemischte Bank fungierte auch die 1856 in Leipzig gegründete Allgemeine Deutsche Credit-Anstalt, die schon zwei Jahre später das Pfandbriefprivileg hatte; vgl. *Goedecke/Kerl/Scholz*, (1997), 31 f.

[557] *Praxl*, (1966), 12.

[558] Ausführlich dazu *Basch*, (1880), 27 ff.

Der Entwurf ließ auch vorübergehend die Ersetzung der Deckungshypotheken durch bewegliche Pfänder zu, die sich zu diesem Zweck im Gewahrsam des Pfandbriefhalters befinden mussten.

Der Pfandhalter sollte seine Tätigkeit entgeltlich wahrnehmen. Er war durch die Bank auf Beschluss einer Versammlung der Pfandgläubiger abzusetzen, konnte aber auch bei einer Pflichtverletzung durch das Amtsgericht auf Antrag der Bank, der Aufsichtsbehörde oder des Ausschusses der Pfandbriefgläubiger seines Amtes enthoben werden.[559]

Die Aufgaben des damals in den Gesetzentwürfen vorgesehenen Pfandhalters weisen viele Ähnlichkeiten mit denen des Treuhänders auf. Er hatte die Deckung zu überwachen und auf die Einhaltung der Statutvorschriften über die Gewährung jeder Forderung zu achten. Der Pfandhalter sollte auch ein Pfandbuch führen, in das für die Entstehung des Vorrechtes Hypothekarerforderungen einzutragen waren. Die Mitwirkung des Pfandhalters war ferner für die Verfügung über verpfändete Forderungen vorgesehen. Ihre Abtretung, Weiterverpfändung oder Tilgung war ohne seine Zustimmung gegenüber den Pfandbriefgläubigern unwirksam. Der Pfandhalter sollte in ständigem Kontakt mit der Bank stehen und hatte das Recht, Schriften und Bücher der Bank einzusehen. Der Pfandhalter hatte zudem die Versammlung der Pfandbriefgläubiger einzuberufen, sobald er von einer Einzelpfändung erfahren hatte. Ansonsten durfte er diese einberufen sooft er es für nötig hielt, jedenfalls aber auf Antrag des Ausschusses der Pfandbriefgläubiger[560] sowie auf Antrag von Pfandbriefgläubigern, deren Anteil an der Gesamtsumme der Pfandbriefe die Hälfte ausmachte.[561]

Im Konkursfall des Pfandbriefemittenten sollten Forderungen der Pfandbriefgläubiger aus den zum Faustpfandrecht bestellten Objekten abgesondert befriedigt werden. Die Zwangsliquidation erfolgte durch den Pfandhalter oder durch einen gerichtlich bestellten Liquidator. Im Ergebnis sollte also das Faustpfandrecht den Pfandbriefgläubigern das Absonderungsrecht und dadurch die bevorzugte Befriedigung vor anderen Gläubigern der Hypothekenbank im Konkursfall sichern. All diese Maßnahmen dienten zur Sicherung der Interessen der Pfandbriefgläubiger.

Diese Gesetzentwürfe waren wegen ihrer Unvollkommenheit, insbesondere wegen ihrer Beschränkung auf eine rechtliche Sicherstellung der Pfandbriefinhaber, auf Kritik gestoßen[562] und wurden wegen der inzwischen begonnenen Arbeiten an dem Bürgerlichen Gesetzbuch nie in geltendes Recht umgesetzt.

---

[559] *Basch*, (1880), 28.

[560] Der Ausschuss sollte aus mindestens drei Mitgliedern bestehen, die von der Versammlung der Pfandbriefgläubiger aus deren Mitte zu berufen und auch abzuberufen waren.

[561] *Basch*, (1880), 28.

[562] Dazu *Basch*, (1880), 29 f. Dieser Schwächen war sich auch die Reichsregierung bewusst und hat auf sie in den Motiven zum Gesetzentwurf hingewiesen. Ein dringendes Bedürfnis zur gesetzlichen Regelung des ganzen Hypothekenbankwesens hat sie aber nicht anerkannt, weil die Statuten

c. Landesgesetzliche Regelungen

aa. Das Badische Gesetz von 1892

Nach dem Vorbild dieser Gesetzentwürfe wurden aber einige Landesgesetze erlassen. So hat etwa das Badische Gesetz vom 12. April 1892 die Pfandbriefe für Schuldverschreibungen auf den Inhaber betreffend[563] in § 3 für Inhaber dieser Papiere ein Faustpfandrecht an den der Ausgabe zugrunde liegenden Forderungen dadurch gewährleistet, dass einem Vertreter sämtlicher Inhaber (Pfandhalter) allein oder in Gemeinschaft mit dem Aussteller die Ausübung des Gewahrsams der über die Forderungen lautenden Urkunden übertragen wurde. Der Pfandhalter vertrat dann die Gesamtheit der Inhaber bei dem Erwerb, der Erhaltung und Ausübung des Faustpfandrechtes an diesen Forderungen und an körperlichen Sachen, welche jedoch nur aushilfsweise zur vorübergehenden Deckung für ein aufgegebenes Faustpfandrecht an Forderungen eintreten sollten.[564]

Die Aufgaben des Pfandhalters entsprachen weiterhin den Aufgaben des Pfandhalters nach den Gesetzentwürfen von 1879/1880. Der Pfandhalter war nach § 10 des Badischen Gesetzes von 1892 verpflichtet:

(a) dafür zu sorgen, dass das vorgeschriebene Verhältnis des Gesamtbetrags der verpfändeten Forderungen zu dem Gesamtbetrag der im Umlauf befindlichen Inhaberpapiere aufrechterhalten werde;

(b) ein Faustpfandbuch in der Art zu führen, dass aus ihm der Gesamtbetrag der verpfändeten Forderungen jederzeit ersehen werden kann;

(c) die im Hinblick auf § 4 zur Sicherung der Inhaber notwendigen Vorkehrungen zu treffen, insbesondere dafür zu sorgen, dass, soweit erforderlich, die Verpfändung den Drittschuldnern eröffnet und in dem Pfandbuch (Hypothekenbuch, Grundbuch) vorgemerkt wird;

(d) den Aussteller, soweit erforderlich, zur Einhaltung der diesem obliegenden Verpflichtungen anzuhalten;

(e) die Inhaberpapiere, für welche ein Faustpfandrecht bestellt wird, mit der Bescheinigung zu versehen, dass die statutenmäßige Sicherheit durch Faustpfänder vorhanden sei.

---

aller Hypothekenbanken ein ausreichendes Maß tatsächlicher Sicherheiten gewährleisteten und die Banken überall der Kontrolle der Öffentlichkeit unterworfen seien. Eine andere Ansicht haben manche Bankpraktiker, etwa Goldschmidt und Kühn, vertreten; dazu *ders.* ((1880), 35 ff.), der sich auch für die umfassende Kodifizierung des Hypothekenbankwesens einsetzte, aber auch den vorgelegten Gesetzentwurf trotz der Kritik als „wertwohle Abschlagszahlung" ansah und unterstützte; *ders.*, (1880), 43.

[563] Gesetz vom 12.4.1892 (Gesetzes- und Verordnungs-Blatt für das Großherzogthum Baden, Nr. VIII, Karlsruhe am 23.4.1892, 111 - 113).

[564] Vgl. § 9 des Badischen Gesetzes von 1892.

Der Pfandhalter konnte zudem nach § 11 des Badischen Gesetzes von 1892 das Faustpfandrecht an einer Forderung nur dann aufgeben, sofern die Deckung, also das vorgeschriebene Verhältnis des Gesamtbetrages der verpfändeten Forderungen zu dem Gesamtbetrag der in Umlauf befindlichen Inhaberpapiere weiterhin aufrecht erhalten blieb. Das war insbesondere dann der Fall, wenn eine andere, den Genehmigungsbedingungen entsprechende Forderung von gleicher Höhe zum Faustpfand bestellt oder ein gleicher Betrag von Wertpapieren der betreffenden Gattung ihm zum Gewahrsam übergeben wurde.

bb. Die Mecklenburg-Strelitzsche Verordnung von 1894

Ähnliche Regelungen über das Faustpfandrecht und den Pfandhalter sind beispielsweise auch in der Mecklenburg-Strelitzschen Verordnung betreffend das Faustpfandrecht für Pfandbriefe und ähnliche Schuldverschreibungen von 1894[565] zu finden, wobei sie im Vergleich zum Badischen Gesetz von 1892 hier umfangreicher und präziser gefasst wurden. Außer zur Vertretung der Pfandbriefgläubiger bei Erwerb, Ausübung und Aufgabe des Faustpfandrechts wurde der Pfandhalter ausdrücklich ermächtigt, die Pfandbriefgläubiger auch vor Gericht zu vertreten. Er konnte insbesondere im Namen der Pfandbriefgläubigergesamtheit für diese klagen und verklagt werden. Der Pfandhalter konnte auch für Pfandbriefgläubiger Eigentum und andere dingliche Rechte an Grundstücken erwerben und diese Rechte wieder veräußern.[566]

Der Aufgabenkreis des Pfandhalters nach der Mecklenburg-Strelitzschen Verordnung ist in mehreren Vorschriften geregelt. Weitgehend entsprach dieser aber den Aufgaben des Pfandhalters nach dem Badischen Gesetz von 1892. Der Pfandhalter hatte grundsätzlich für die statutenmäßige Sicherheit der Pfandbriefe zu sorgen, insbesondere deren Deckung zu gewährleisten (§ 15), und die statutenmäßige Bestellung der Faustpfandforderungen zu überwachen (§ 16). Er hatte ferner den Gewahrsam an den Urkunden über die hypothekarischen Forderungen sowie an den an die Stelle derselben getretenen Pfänder für die Pfandbriefgläubiger auszuüben (§ 17), die Pfandbriefe mit seiner Bescheinigung über das Vorhandensein dieser Sicherung zu versehen (§ 20) sowie das Pfandbuch zu führen (§ 21). Der endgültigen Aufgabe des in dem Pfandbuch eingetragenen Faustpfandrechtes an einer Forderung konnte der Pfandhalter nur unter den in § 18 bestimmten Bedingungen, die § 11 des Badischen Gesetzes entsprechen, zustimmen. Darüber hinaus hatte der Treuhänder die Versammlung der Pfandbriefgläubiger regelmäßig zu berufen (§ 24).

---

[565] Verordnung vom 21.3.1894 (Großherzoglich Mecklenburg-Strelitzscher offizieller Anzeiger für Gesetzgebung und Staatsverwaltung, Nr. 9 Neustrelitz 1894, 49 - 63).
[566] Vgl. § 10 der Mecklenburg-Strelitzschen Verordnung von 1894.

Schließlich regelten beide Landesgesetze auch das Bestellungs- und Entlassungsrecht des Pfandhalters. Allgemein zeigte sich schrittweise die Tendenz, den Pfandhalter von der Bank und den Pfandbriefgläubigern unabhängig zu machen. So war das Ministerium oder die Aufsichtsbehörde für seine Berufung und Abberufung zuständig. Diese Organe bestimmten zudem die Höhe seiner Vergütung und übten zugleich die Aufsicht über ihn aus.[567] In den meisten Bundesstaaten gab es aber keine solchen Gesetze.[568]

4. Treuhänder

Das Fehlen einer einheitlichen Regelung auf Bundesebene wurde bald als unbefriedigend empfunden. Schon aus wettbewerbsrechtlicher Sicht löste der bundesweite Umlauf von Pfandbriefen mit unterschiedlichen Sicherungsstandards Bedenken aus. Infolge dessen wurden die Arbeiten an einem Reichsgesetz wieder aufgenommen. Der erste Gesetzentwurf, der am 27. Mai 1898 vorgelegt wurde, sah einen Pfandhalter oder eine ihm ähnliche Institution nicht mehr vor. Dies erklärt sich damit, dass die vertraglich faustpfandrechtliche Sicherung nach den früheren Gesetzentwürfen von 1879/1880 durch das gesetzliche Konkursvorrecht ersetzt worden war, dessen Entstehung keine Mitwirkung der Pfandbriefgläubiger verlangte.

Während der Arbeiten an dem Gesetzentwurf hat man sich dennoch entschieden, einen Vertreter für die Pfandbriefgläubiger einzuführen. Ursprünglich sollte er wie der Vertreter aller sonstigen Schuldverschreibungsgläubiger bestellt werden, also durch die Wahl der Pfandbriefgläubigerversammlung. Er sollte aber

---

[567] Nach § 7 des Badischen Gesetzes von 1892 wurden der Pfandhalter und dessen Stellvertreter von dem Ministerium der Justiz aus dem Kreise der zum Notariat befähigten Personen in widerruflicher Weise bestellt. Sie unterstanden der Aufsicht dieses Ministeriums. Die Festsetzung einer angemessenen Vergütung für diese erfolgte nach § 8 dieses Gesetzes auch durch das Ministerium der Justiz. Nach § 11 der Mecklenburg-Strelitzschen Verordnung von 1894 wurde der Pfandhalter von der Aufsichtsbehörde bestellt und stand dann unter deren Aufsicht. Für diejenigen Anstalten, bei welchen die Aufsicht durch einen Regierungskommissar ausgeübt wurde, konnte dieser zum Pfandhalter bestellt werden. Die Aufsichtsbehörde war im Sinne dieser Verordnung die Landesregierung (§ 41). Die Pfandbriefanstalt hatte dem Pfandhalter angemessene Auslagen zu ersetzen und für seine Geschäftsführung eine angemessene, aber von der Aufsichtsbehörde festzusetzende Vergütung zu gewähren (§ 13). Die Bestellung des Pfandhalters konnte von der Aufsichtsbehörde jederzeit widerrufen werden. Der Widerruf erfolgte auf Antrag der Pfandbriefanstalt, des Ausschusses der Pfandbriefgläubiger oder von Pfandbriefgläubigern, deren Pfandbriefe zusammen mindestens die Hälfte der Gesamtsumme der Pfandbriefe darstellten, bei Vorliegen eines wichtigen Grundes. Vor der Entscheidung waren der Pfandhalter, die Pfandbriefanstalt und der Ausschuss der Pfandbriefgläubiger zu hören (vgl. § 12).

[568] *Praxl* ((1966), 14) weist noch auf das Elsaß-Lotheringische Gesetz vom 22.5.1893 hin; dieses Gesetz betrifft das Pfandrecht für die von den Bodenkreditanstalten ausgegebenen Schuldverschreibungen und ist in ZHR 43 (1893), 192 abgedruckt.

keine von den Pfandbriefgläubigern abgeleiteten Rechte vertreten, sondern eigene gesetzlich umschriebene Aufgaben wahrnehmen. Er war danach kein echter Vertreter der Pfandbriefgläubiger im privatrechtlichen Sinne. Um die Verwechslung mit dem gewählten Vertreter nach dem Schuldverschreibungsgesetz zu vermeiden und in dem Bewusstsein, dass die bisherige Benennung problematisch war, wurde im Laufe der Gesetzesarbeiten die Bezeichnung „Vertreter der Pfandbriefgläubiger" auf Vorschlag der Reichstagskommission durch „Treuhänder" ersetzt.[569]

Die neue Bezeichnung ist in das HBG eingegangen. Sie erweckte damals auch keine dogmatischen Bedenken und schien vielmehr als geeigneter und zutreffender Ausdruck für die Aufgaben dieser neuen Institution. Geändert wurde gleichzeitig der Weg zur Einsetzung des Treuhänders. In Anlehnung an das in manchen Bundesstaaten vorgesehene Bestellungs- und Entlassungsrecht des früheren Pfandhalters sollte der Treuhänder nicht durch die Gläubigerversammlung, sondern durch die Aufsichtsbehörde bestellt werden.[570] Zu seinen wichtigsten Aufgaben gehörte die Kontrolle der vorschriftsmäßigen Deckung der Pfandbriefe, die Kontrolle der Führung des Deckungsregisters, die Verwahrung der Wertpapiere, insbesondere der Urkunden über die Deckungshypotheken, die Ausstellung der Bescheinigung über das Bestehen der erforderlichen Deckung für die neue Pfandbriefausgabe sowie die Zustimmung zur Löschung im Deckungsregister.

Alle diese Aufgaben haben sich bis heute erhalten, wobei sich ihr Schwerpunkt nicht zuletzt wegen der Modernisierung des Bankwesens verlagert hat. Zudem steht der Treuhänder jetzt auch vor neuen Herausforderungen, die seinen Aufgabenkreis stark beeinflussen.

5. Staatskommissar

Außer auf den Treuhänder ist hier auch auf die im HBG ursprünglich vorgesehene Rechtsinstitution eines Staatskommissars hinzuweisen, der eine besondere Staatsaufsicht über Hypothekenbanken ausüben sollte.[571] Der Staatskommissar war von

[569] Für die Einführung der Bezeichnung „Treuhänder" sprachen also nicht rechtliche Überlegungen, sondern Zweckmäßigkeitsgründe; vgl. *Hofmann*, (1964), § 29 HBG Rn. 1.

[570] Diese Änderung wurde mit dem geringen Interesse der Pfandbriefgläubiger an der Pfandbriefgläubigerversammlung begründet. Das Desinteresse der Pfandbriefgläubiger hätte in der Tat zu einer Wahl durch die Hypothekenbank führen können, was aber verhindert werden sollte. Dieses umständliche Verfahren könnte also die Unabhängigkeit der gewählten Person beeinträchtigen. Die Wahl durch die Versammlung schloss zudem die Berufung einer inkompetenten Person nicht aus; vgl. *Hofmann*, (1964), § 29 HBG Rn. 1; *Praxl*, (1966), 16 f., 77.

[571] Der Begriff des *Staatscommissarius* tauchte schon in den 60er Jahren des 19. Jahrhunderts in den Normativbedingungen für Hypotheken-Aktiengesellschaften in Preußen auf. Der Staatskommissar hatte das Recht, nicht aber die Pflicht, das Gleichgewicht zwischen den erworbenen Hypothekarforderungen und den ausgegebenen Pfandbriefen zu prüfen. Ausgegebene Pfandbriefe wurden von ihm nicht unterzeichnet. Der Staatskommissar, der die Aufsicht des Staates ausüben

der Bankaufsichtsbehörde zu bestellen[572] und nahm die von ihr bestimmten Aufgaben wahr. Er unterstand also, im Gegensatz zum Treuhänder, der Leitung des Bestellungsorgans und besaß keine originäre Aufsichtsfunktion. Nach § 51 HBG konnte ein Staatskommissar aber die Aufgaben des Treuhänders wahrnehmen, sofern er bei einer Hypothekenbank vor dem Inkrafttreten des HBG bestellt worden war. Diese unerwünschte, mit der Unabhängigkeit des Treuhänders nicht zu vereinbarende Personalunion war als Übergangsbestimmung gedacht und galt nur bis zum Inkrafttreten des fünften HBG-Novelle von 1963, das die Figur des Staatskommissars ersatzlos entfallen ließ.[573] Schon vorher hatten aber manche Bankaufsichtsbehörden die Bestellung des Staatskommissars freiwillig aufgegeben. Nicht alle Landesaufsichtsbehörden hatten ihn auch ursprünglich bestellt. Erst nach dem Übergang der Bankaufsicht auf das Reichswirtschaftsministerium im Jahre 1934 wurde er vorübergehend bei allen Hypothekenbanken eingesetzt.[574] Da er aber schon vor dem Inkrafttreten des HBG in manchen Hypothekenbanken tätig war, kann der Staatskommissar auch als Vor- und teilweise auch als Mitläufer des Treuhänders angesehen werden.

III. Die Geltung des deutschen HBG auf polnischem Staatsgebiet

Das HBG und damit die Rechtsinstitution des Treuhänders galten nach der Wiedergeburt des polnischen Staates im Jahre 1918 auch in dem von Deutschland wieder gewonnenen Teil des polnischen Staatsgebiets in der Übergangszeit bis zur Überwindung der bestehenden Rechtsspaltung.[575] Der Kodifizierungsprozess des polnischen Rechts, der viele Jahre in Anspruch nahm und auf machen Rechtsgebieten vor dem zweiten Weltkrieg noch nicht beendet war, führte im Bereich des Bankrechtes zur Verabschiedung der BRV. Artt. 68 - 84 BRV regelten die

---

sollte, war auch in § 14 des Entwurfes über die Errichtung von Creditanstalten für den ländlichen und städtischen Grundbesitz von 1868 vorgesehen; vgl. *Basch*, (1880), 16, 20.

[572] Vgl. § 4 Abs. 3 HBG aF.

[573] Dem Vorschlag der Hypothekenbanken und des Bundesrates, den Staatskommissar durch einen Beauftragten des Bundesaufsichtsamtes für das Kreditwesen zu ersetzen, ist der Gesetzgeber nicht gefolgt; *Bellinger/Kerl*, (1995), § 4 HBG Rn. 24.

[574] Vgl. *Bellinger/Kerl*, (1995), § 4 HBG Rn. 24.

[575] Nach der Unabhängigkeitserlangung galten außer den deutschen Gesetzen in anderen Teilen Polens auch vier andere Rechtsordnungen, die russische, französische, österreichische sowie die ungarische.

Grundlagen für die Tätigkeiten der Hypothekenbanken.[576] Obwohl sie auf vielen dem HBG ähnlichen Prinzipien basierten, hat die BRV die Rechtsinstitution des Treuhänders nicht übernommen. Statt des Treuhänders war eine dem deutschen Staatskommissar ähnliche Rechtsinstitution - der Regierungskommissar[577] - vorgesehen.[578] Neben der allgemeinen, von dem Staatsschatzminister ausgeübten Aufsicht stand ihm die ständige Kontrolle über die Hypothekenbank zu. Der Regierungskommissar im polnischen Recht kann auch wegen bestimmter Ähnlichkeiten mit dem Treuhänder als dessen Vorläufer bezeichnet werden. Nach Art. 98 BRV war er nämlich obligatorisch für jede Hypothekenbank durch den Staatsschatzminister zu ernennen. Derselbe Minister hat aber, im Unterschied zu den gesetzlich vorgeschriebenen Aufgaben des Treuhänders, die Art und Weise der Aufsicht und der Kontrolle sowie den Umfang seiner Befugnisse bestimmt. Art. 81 Abs. 2 BRV bestimmte lediglich, dass die Abschrift aus dem Deckungsregister von dem Regierungskommissar kontrolliert und unterschrieben werden musste. Die Aufsichts- und Kontrollkosten hatten die Hypothekenbanken zu tragen.

Infolge der geschichtlichen Umwandlungsprozesse wurden die Rechtsinstitute der langfristigen Kredite durch zwei Dekrete vom 25. Dezember 1948 abgeschafft,[579] und die BRV wurde im Jahre 1960 letztendlich aufgehoben. Das Institut des Pfandbrieftreuhänders fand erst nach über 50 Jahren mit der Verabschiedung des PHBG Eingang in die polnische Rechtsordnung. Damit wurde der Treuhänder als eine der Sicherheitssäulen des Pfandbriefsystems anerkannt und nach deutschem Muster in das polnische Pfandbriefsystem übernommen. Der erste polnische Treuhänder wurde am 7. September 1999 ernannt.[580]

---

[576] Die BRV hat die Beschränkung des Geschäftskreises (Art. 69), die Begrenzung des Pfandbriefumlaufs (Art. 70 Abs. 2), das Deckungsprinzip (Art. 72 und Art. 70 Abs. 5), Publizitätspflichten (Art. 82) und das Konkursvorrecht (Art. 83) eingeführt.

[577] In den alten deutschen Rechtsquellen findet man aber auch die Bezeichnung „*Regierungscommissar*"; vgl. § 11 S. 2 der Mecklenburg-Strelitzschen Verordnung von 1894.

[578] Vgl. *Rewieński*, PB 2/2000, 44 f.

[579] Vgl. Fn. 34.

[580] Er hat aber seine gesetzlich bestimmten Aufgaben erst viel später wahrgenommen, denn die Rheinhyp-BRE - Hypothekenbank, bei der er bestellt wurde, hat die Genehmigung zur Aufnahme ihrer Tätigkeit erst im Dezember 1999 bekommen. Die erste Pfandbriefemission hat sie dann erst am 28.6.2000 durchgeführt; *Olszak*, (2002), 9; *ders.*, PUG 11/2000, 15.

§ 8. Aufgabenbereich des Treuhänders

I. Gesetzlicher Auftrag

Die Aufgaben, die sowohl der polnische als auch der deutsche Treuhänder wahrzunehmen hat, sind gesetzlich bestimmt. Dieser leitet sie weder von den Pfandbriefgläubigern oder von der Hypothekenbank noch von der Bankaufsichtsbehörde ab. Sein Aufgabenkreis kann von ihnen also auch in keiner Weise beeinflusst werden. Die Erweiterung, Einschränkung und jegliche sonstige Änderung seiner Aufgaben sind dem Gesetzgeber vorbehalten. Die wichtigste, allgemein formulierte Aufgabe des Treuhänders besteht in der Kontrolle der Deckungsmasse der umlaufenden Pfandbriefe.[581] Im Rahmen der Deckungskontrolle prüft er, ob die Deckungsmasse den gesetzlichen Anforderungen entspricht, insbesondere ob die Verbindlichkeiten aus den im Umlauf befindlichen Pfandbriefen durch die Hypothekenbank jederzeit ordnungsgemäß gesichert sind. Die von ihm ausgeübte formelle Kontrolle betrifft sowohl die Qualität als auch die Quantität der Pfandbriefdeckungsmasse. Damit hängen alle anderen Aufgaben des Treuhänders eng zusammen, etwa die Verwahrungsaufgabe, die Vorkontrolle einer neuen Pfandbriefemission, die Kontrolle der Führung der Sicherungsrechnung der Pfandbriefe sowie des Deckungsregisters.

II. Die Kontrolle des Deckungsregisters

1. Die Eintragung im Deckungsregister und ihre rechtliche Bedeutung

Alle Werte, die der Pfandbriefdeckung dienen, müssen registriert werden. Zu diesem Zweck ist nach Art. 24 Abs. 1 PHBG ein Register der Sicherung der Pfandbriefe (Deckungsregister)[582] zu führen und zu verwahren. Die Evidenzführung und die damit zusammenhängenden Verwaltungsarbeiten obliegen der Hypothekenbank. Als Deckungswerte werden vor allem Forderungen aus den hypothekarisch besicherten Krediten oder Staatskrediten verwendet. Sie bilden die sog. ordentliche Pfandbriefdeckung. Außer diesen Forderungen der Hypotheken-

---

[581] Vgl. Art. 30 Nr. 1 PHBG; § 30 Abs. 1 S. 1 HBG.

[582] Dieses Register wird in § 22 HBG ungeschickt als „Hypothekenregister" bezeichnet. Der gleichen Bezeichnung bediente man sich in Art. 81 Abs. 1 BRV. Einen ähnlichen Charakter hatte ein Faustpfandbuch; vgl. § 10 lit. b des Badischen Gesetzes von 1892.

bank werden auch bestimmte Rechte und Mittel[583] eingetragen, welche die Hypothekenbank in gesetzlich bestimmten Grenzen als Ersatzdeckung einsetzen kann.[584]

Die Eintragung in das Deckungsregister verstärkt die Sicherheit der Pfandbriefgläubiger, denn die im Deckungsregister eingetragenen Werte genießen das Insolvenzvorrecht. Für die Entstehung des Insolvenzvorrechts hat die Eintragung ins Deckungsregister, die durch die Bank vollzogen wird, und nicht erst ihre Bestätigung durch den Treuhänder konstitutiven Charakter.[585] Eingetragene Werte werden mit der Insolvenzeröffnung über die Hypothekenbank aus der allgemeinen Insolvenzmasse ausgeschlossen und bilden eine gesonderte Masse, die der Befriedigung von Ansprüchen der Pfandbriefgläubiger dient.[586] Damit genießen Pfandbriefgläubiger die Stellung von Absonderungsgläubigern.

Die Verwirklichung dieses Vorrechts hängt von der richtigen Führung des Deckungsregisters ab. Das Deckungsregister soll nämlich die sofortige Identifizierung der zur Deckung der Pfandbriefe dienenden Werte und derer Trennung von anderen Forderungen des Insolvenzschuldners ermöglichen. Seine richtige Führung ist für die Pfandbriefgläubiger also von erheblicher Bedeutung.

Für das polnische Deckungsregister gilt ebenso wie für das deutsche das Einheitsprinzip. Das bedeutet, dass ein gemeinsames Register für ordentliche Deckungswerte sowie für Ersatzdeckungswerte gebildet wird. Es werden auch keine gesonderten Deckungsregister nach Pfandbriefemissionen angelegt.[587] In der Tat handelt es sich um zwei voneinander unabhängige Deckungsregister, die für Hypothekenpfandbriefe und öffentliche Pfandbriefe getrennt gebildet und geführt werden.[588] Das ergibt sich daraus, dass beide Pfandbriefarten verschiedene Deckungsmassen (Ausgabegrundlagen) haben, was für Investoren nicht ohne Bedeutung ist. Die Deckungswerte werden also nicht in das beliebige, sondern in das entsprechende Register eingetragen.[589] In das Deckungsregister, das für Hypothekenpfandbriefe geführt wird, werden hypothekarisch gesicherte Forderungen eingetragen. Die Forderungen der Hypothekenbank aus Staatskreditgeschäften, die die Ausgabegrundlage für öffentliche Pfandbriefe bilden, werden dagegen im

---

[583] Vgl. Art. 18 Abs. 3 und 4 PHBG; § 6 Abs. 4 HBG.

[584] Hierzu S. 258 ff.

[585] Ebenso zum deutschen Recht *Bellinger/Kerl*, (1995), § 22 HBG Rn. 6; vgl. *Drewicz-Tułodziecka/Stöcker*, (2000), 186.

[586] Vgl. Art. 442 ISR; § 35 Abs. 1 HBG.

[587] *Bellinger/Kerl*, (1995), § 22 HBG Rn. 8.

[588] Vgl. Art. 24 Abs. 1 S. 2 PHBG; ebenso das deutsche Recht: nach § 41 Abs. 1 S. 1 HBG ist § 22 HBG für Kommunalregister entsprechend anzuwenden.

[589] Obwohl das HBG dies nicht ausdrücklich regelt und § 22 Abs. 1 HBG lediglich von einer einzelnen Eintragung der Deckungswerte in ein Register spricht, wird auch hier zwischen den Eintragungen in das Deckungsregister für Hypothekenpfandbriefe und für öffentliche Pfandbriefe unterschieden. Dabei ist eine klare gesetzliche Präzisierung angebracht, dass es sich hierbei um Eintragungen in das entsprechende Deckungsregister handelt.

Deckungsregister für öffentliche Pfandbriefe registriert. In beide Deckungsregister können unter gesonderten Positionen Ersatzdeckungswerte und Derivate eingetragen werden.[590]

2. Formelle Kontrolle der Registerführung

Die vorschriftsmäßige Führung des Deckungsregisters wird nach Art. 30 Abs. 4 PHBG durch den Treuhänder überwacht.[591] Auf den Umfang der Kontrolle des Deckungsregisters durch den Treuhänder weist zudem Art. 31 Abs. 1 PHBG hin. Dieser besagt, dass die Richtigkeit der Führung des Deckungsregisters der laufenden Kontrolle des Treuhänders unterliegt. Die laufende Kontrolle bedeutet allerdings nicht, dass der Treuhänder die Führung des Deckungsregisters jeden Tag zu prüfen hat. Die Häufigkeit der Kontrolle steht im engen Zusammenhang mit dem Umfang und der Intensität der Tätigkeit der Hypothekenbank.[592] Die laufende Kontrolle schließt Kontrollrückstände allerdings aus.[593]

Der Ausgangspunkt für die Untersuchung der formellen Kriterien des Deckungsregisters ist das Muster, das die Bankaufsichtskommission im Beschluss vom 18. November 2002[594] aufgrund Art. 24 Abs. 6 PHBG für dieses Deckungsregister bestimmt hat.[595] Danach kontrolliert der Treuhänder, ob das Deckungsregister dem von der Aufsichtskommission bestimmten Muster entspricht, insbesondere ob es alle erforderlichen Angaben enthält und ob die Eintragungen vorschriftsmäßig durchgeführt wurden. Abgesehen von den gemeinsamen Bezeichnungen wie Signatur der Bankakten, Höhe der Forderung der Bank, die Höhe des Ersatzwertes, Zinssatz der Forderung und Tilgungsweise der Kapitalforderung,

---

[590] Vgl. Art. 24 Abs. 1 S. 1 PHBG; das deutsche Recht enthält in § 22 Abs. 1 *in fine* HBG ein Erfordernis, nach dem die Indeckungnahme von nicht der Zwangsgirosammelverwahrung unterliegenden Wertpapieren der Eintragung der Bezeichnung jedes einzelnen Stückes in das Deckungsregister bedarf. Um die Übersichtlichkeit des Deckungsregisters zu erhalten, führten deutsche Hypothekenbanken besondere Nummernverzeichnisse, in die Einzelstücke eingetragen wurden. Damit wurde die Verwaltung von den als Ersatzdeckung verwendeten effektiven Wertpapieren erleichtert und die Funktion sowie Transparenz des Deckungsregisters nicht beeinträchtigt. Rechtlich gesehen ist das Nummernverzeichnis als fester Bestandteil des Deckungsregisters anzusehen. Diese Praxis ist aber in den letzten Jahren durch den stückelosen Wertpapierumlauf deutlich verdrängt worden; *Bellinger/Kerl*, (1995), § 22 HBG Rn. 17.

[591] Ebenso das deutsche Recht: vgl. § 30 Abs. 2 S. 1 HBG.

[592] *Drewicz-Tułodziecka/Stöcker*, (2000), 215 f.

[593] Vgl. *Rewiński*, PB 2/2000, 54.

[594] Dz.Urz. 2002 Nr. 18, Pos. 45; zum Muster des Deckungsregisters S. 485 ff.

[595] Das HBG legt kein Registermuster fest und enthält auch keine Ermächtigung zu seiner Bestimmung. Trotzdem hat das Bundesaufsichtsamt 1966 einheitliche Formblätter für das Deckungsregister vorgeschrieben; *Bellinger/Kerl*, (1995), § 22 HBG Rn. 11; vgl. das deutsche Muster abgedruckt bei *dies.*, Anhang, S. 589. Sie werden von Hypothekenbanken weiterhin verwendet. Zurzeit ist aber im Gespräch, ob diese Blätter nicht durch CD-ROM ersetzt werden können.

enthalten das Deckungsregister für Hypothekenpfandbriefe und das Deckungsregister für öffentliche Pfandbriefe unterschiedliche Angaben im Teil A, die auf die verschiedenen Deckungsmassen zurückzuführen sind. Das Deckungsregister für Hypothekenpfandbriefe muss Grundangaben für die Identifikation der beliehenen Liegenschaft enthalten. Einzutragen sind insbesondere die Art der Liegenschaft, die Lage und die Evidenznummer des Grundstücks, die Grundbuchnummer der Liegenschaft und die Bezeichnung des Grundbuchgerichtes sowie der Hypothekenbank-Beleihungswert der Liegenschaft. Im Deckungsregister für öffentliche Pfandbriefe werden dagegen die Grundangaben für die Identifikation des Schuldner und Bürgen bzw. Garanten, insbesondere ihre Bezeichnung, die Adresse bzw. ihr Sitz registriert.

Lauten die eingetragenen Forderungen auf eine fremde Währung, so muss ihr Gegenwert in polnischer Währung angegeben werden. Die Umrechnung erfolgt nach dem Mittelkurs der Polnischen Nationalbank am Tage der Kreditgewährung und bei der Indeckungnahme von Ersatzwerten am Tag vor der Registereintragung. Zudem sind im Teil B beider Deckungsregister die Grundangaben für die Identifikation des Derivatpartners[596] und des Finanzsicherungsinstrumentes[597] einzutragen.

Der Treuhänder prüft, ob alle diese Angaben vorhanden sind und vorschriftsmäßig in das entsprechende Deckungsregister jeweils entweder für Hypothekenpfandbriefe oder öffentliche Pfandbriefe eingetragen wurden. Jede Eintragung und Löschung des Deckungswertes wird von dem Treuhänder notiert. Er kann im Deckungsregister auch andere Bemerkungen eintragen.

Das PHBG sowie das HBG bestimmen nicht die Form der Registerführung. Da die Buchform arbeitsaufwendig und umständlich ist, wird das Deckungsregister in der Praxis in einer EDV-mäßigen Form geführt.[598] Neben allen Vorteilen, die diese Form bietet, sollte aber auf die Sicherheit geachtet werden. Insbesondere müssen willkürliche Änderungen im Deckungsregister ausgeschlossen werden. Wichtig ist vor allem, die Überprüfbarkeit der Deckungsführung und die nachweisbare Mitwirkung des Treuhänders zu gewährleisten.[599]

[596] Insbesondere seine Bezeichnung und der Sitz bzw. die Adresse.

[597] Insbesondere der Nennwert des Basisinstruments und der Fälligkeitsfrist des Derivates, das Datum und der Zeitraum der Transaktion.

[598] Zur Umstellung der Registerführung auf eine elektronische Datenverarbeitung in Deutschland *Bellinger/Kerl*, (1995), § 22 HBG Rn. 12 ff.

[599] Vgl. S. 278 f.

III. Die Kontrolle qualitativer Anforderungen

1. Zweck und Umfang der qualitativen Kontrolle

Die Aufgaben des Treuhänders gehen weit über die formelle Prüfung der Deckungsführung hinaus und umfassen auch Deckungseintragungen. Ins Deckungsregister dürfen nur solche Werte eingetragen werden, die bestimmte Voraussetzungen erfüllen. Die vorschriftsmäßige Qualität und Quantität dieser Eintragungen und darüber hinaus ihre Zulässigkeit zu prüfen, obliegt dem Treuhänder.

Der Prüfung, ob die Deckungsmasse ihren qualitativen Anforderungen genügt, dient u.a. die formellrechtliche Kontrolle der im Deckungsregister eingetragenen Werte. Sie soll Antwort auf die Frage geben, ob die Eintragungen in das Deckungsregister eine Grundlage für die Ausgabe der Pfandbriefe bilden können. Die Wirksamkeit der Deckungsforderung, deren Sicherung sowie die der Ersatzdeckungswerte und der Derivate wird dabei überprüft. Die qualitative Kontrolle der eingetragenen Forderungen erstreckt sich im Falle der Deckungsmasse der Hypothekenpfandbriefe auch auf andere für die Qualität der Deckungsmasse maßgebende Faktoren. Der Treuhänder hat insbesondere die Art der Deckungsliegenschaft und deren vorschriftsmäßige Bewertung zu kontrollieren. Er ist aber nicht verpflichtet, eine materielle Kontrolle der Wertermittlung vorzunehmen.[600] Die qualitativen Anforderungen der Deckungsmasse sowie ihre Kontrolle werden unten ausführlich erörtert.

2. Valutierung

Bei der Kontrolle des Deckungsregisters prüft der Treuhänder auch die Höhe der Eintragungen. Nach Art. 24 Abs. 4 PHBG erfolgen die Eintragungen bis zur vollen Höhe des gewährten Kredits.[601] Die Eintragung der hypothekarisch gesicherten Forderung beschränkt sich also nicht auf die Pfandbriefrefinanzierungs-

---

[600] Vgl. S. 203 ff.

[601] So früher auch das deutsche Recht; vgl. *Bellinger/Kerl*, (1995), § 22 HBG Rn. 15. Mit Art. 8 Abs. 2 lit. b des Gesetzes zur Umsetzung der RL 2002/47/EG vom 6. 6.2002 über Finanzsicherheiten und zur Änderung des Hypothekenbankgesetzes und anderer Gesetze vom 5.4.2004 (BGBl. 2004 I 502) wurde dem § 22 Abs. 1 HBG ein Absatz 2 in neuer Fassung angefügt. Nach diesem Absatz gelten Hypotheken nur bis zur Höhe der Beleihungsgrenze nach § 11 Abs. 2 HBG, also bis zu den ersten drei Fünfteln des Grundstückswertes, als eingetragene Deckungswerte. Über diese Deckungsfähigkeitsgrenze hinaus fällt der Rest der Forderung nicht in die Deckungsmasse, sondern steht gleichrangig zur Befriedigung ungedeckter Schuldverschreibungen zur Verfügung. Die Pfandbriefgläubiger wurden aber ausreichend durch sog. sichernde Überdeckung (§ 6 Abs. 1 S. 2 HBG) geschützt; vgl. Gesetzesbegründung, BT-Drs. 15/1853, 19 Zu Art. 8 Nr. 2 lit. b.

grenze,[602] sondern umfasst den tatsächlich gewährten Kreditbetrag. Die grammatische Auslegung des Art. 24 Abs. 4 PHBG, in dem von einer Eintragung der Forderung aus dem gewährten Kredit die Rede ist, könnte zum Ergebnis führen, dass die Auszahlung der gewährten Kreditsumme keine Voraussetzung für die Eintragung ins Deckungsregister ist.

Es besteht aber kein Zweifel, dass der Anspruch der Hypothekenbank erst nach der Auszahlung entsteht. Die Eintragung des gewährten, aber nicht ausbezahlten Kreditbetrages kann also als solche kein Befriedigungsvorrecht begründen, wenn die Kreditsumme nicht ausbezahlt wird. Das kann etwa dann der Fall sein, wenn der Kreditnehmer auf die Aufnahme des Kredits verzichtet oder ihn einfach nicht aufnehmen kann. In diesem Fall könnte die Eintragung ihre Funktion nicht erfüllen und müsste gelöscht werden. Dies würde also für den Treuhänder und die Hypothekenbank den zusätzlichen, unnötigen Aufwand bedeuten, der gerade vermieden werden soll. Der Treuhänder kann nämlich nicht mit der Nachkontrolle belastet werden, ob die gewährten, im Deckungsregister eingetragenen Kreditbeträge nachträglich valutiert wurden und damit als Deckung für die neue Pfandbriefausgabe verwendet werden können. Die Eintragung des gewährten, nicht ausbezahlten Kredits im Deckungsregister ist zwar möglich, hat aber selbst bis zur Entstehung des Anspruches, also bis zu der Übergabe der Kreditsumme an den Kreditnehmer, keine Bedeutung. Dabei gilt die Überweisung der Kreditsumme an das Notaranderkonto, die im Zuge des Treuhandvertrages mit dem Notar erfolgt, nicht als Auszahlung an den Kreditnehmer.[603]

Obwohl sich also aus dem PHBG nicht *expressis verbis* ergibt, dass der gewährte Kredit auch ausbezahlt werden muss, ist aus den oben genannten Gründen der teleologischen Auslegung zu folgen. Demzufolge sollte die Eintragung erst nach der Auszahlung erfolgen.[604] Dafür sprechen sowohl der Zweck der Eintragung als auch praktische Gründe. Die bloße Kreditgewährung reicht für die Deckungsfähigkeit nicht aus, denn das Befriedigungsvorrecht, dem die Eintragung dient, setzt die Entstehung der wirksamen Forderung voraus und diese ist wiederum von der Auszahlung abhängig. Folgt die Eintragung erst nach der Kreditauszahlung, so werden der Zweck und die Sicherheit der Deckungseintragungen sowie die Arbeitseffizienz des Deckungsbüros gewährleistet.

Bei der Baufinanzierung wird allerdings oft die Auszahlung wegen des Fertigstellungsrisikos in Teilbeträgen erfolgen und von dem Baufortschritt abhängen.[605] In diesem Fall soll die Auszahlung des ersten Teilbetrages für die Eintra-

---

[602] Zur Refinanzierungsgrenze S. 262 ff.

[603] Ebenso zum deutschen Recht BGH 5.5.1986, BGHZ 98, 24, 27 f. = WM 1986, 933 f. In Deckung werden nur diejenigen Kreditbeträge genommen, die der Notar an den Darlehensnehmer auszahlt; *Consbruch/Möller/Bähre/Schneider*(*-Schneider*), (2004), Nr. 8.25.

[604] *Drewicz-Tulodziecka/Stöcker*, (2000), 178 f.

[605] Zu den Gründen für die stufenmäßige Auszahlung während der Baufinanzierung *Goedecke/-Kerl/Scholz*, (1997), 106 f.

gung des gewährten Kredits ins Deckungsregister maßgebend sein.[606] Für die Pfandbriefrefinanzierung darf allerdings nur der ausbezahlte Teil berücksichtigt werden. Von dem Treuhänder wird also auch geprüft, ob die Eintragung einen nicht nur gewährten, sondern auch zumindest teilweise ausbezahlten Kreditbetrag betrifft.

3. Rechtswirksame Sicherung der Deckungsforderung

a. Die Kontrolle der öffentlichrechtlichen Sicherung

Die Kontrolle der rechtswirksamen Sicherung der Deckungsforderung beschränkt sich im Falle der öffentlichen Pfandbriefe auf die Untersuchung, ob der Kreditnehmer, der Bürge bzw. Garant zu dem in Art. 3 Abs. 2 PHBG bestimmten Katalog juristischer Personen gehört. Der Treuhänder hat dann die Legalität der Verpflichtungserklärung dieser Personen zu prüfen. Sie muss den entsprechenden gesetzlichen und satzungsmäßigen Erfordernissen genügen. Wichtig ist insbesondere, ob die Zustimmung der zuständigen Organe in einwandfreier Beschlussform erfolgte, ob die Urkunden von den zur Vertretung berechtigten Personen unterzeichnet sind und ob sich der Kreditbetrag sowie die Garantie bzw. die Bürgschaft für die Kreditrückzahlung in den gesetzlich zugelassenen Grenzen halten. Es wird auch darauf geachtet, dass die erforderliche Genehmigung der Finanzaufsichtsbehörde erteilt wurde.[607]

So muss etwa bei der Kreditvergabe an eine territoriale Selbstverwaltungseinheit geprüft werden, ob das positive Gutachten über die Rückzahlung des Kredits von der regionalen Rechnungskammer vorliegt. Sind die rechtlichen Bedingungen nicht erfüllt, so können die Forderungen der Hypothekenbank aus diesen Krediten nicht als Grundlage für öffentliche Pfandbriefemission anerkannt werden. Die bestehenden Mängel müssen durch die Hypothekenbank beseitigt werden.

b. Die Kontrolle der hypothekarischen Sicherung

Für die Rechtswirksamkeit der Sicherung der Hypothekenpfandbriefe ist dagegen von entscheidender Bedeutung, ob die Hypothek in das Grundbuch eingetragen

---

[606] Ebenso im deutschen Recht, wo die Eintragung ins Deckungsregister erst nach Beginn der Valutierung vorgenommen wird, vgl. *Bellinger/Kerl*, (1995), § 22 HBG Rn. 4. Mit der fünften HBG-Novelle von 1963 wurde auch klar gestellt, dass es sich bei der Eintragung um nicht nur zur Deckung bestimmte, sondern auch zur Deckung verwendete Werte handelt.

[607] Ebenso zum deutschen Recht *Bellinger/Kerl*, (1995), § 1 HBG Rn. 96; § 30 HBG Rn. 33.

ist.[608] Aus Art. 20 Abs. 1 PHBG ergibt sich, dass nur diejenigen Forderungen der Hypothekenbank in das Deckungsregister eingetragen werden können, die ausschließlich durch die erstrangige Hypothek gesichert sind. Auch das deutsche Recht (§ 10 HBG) akzeptiert als Deckung für Hypothekenpfandbriefe nur Grundpfandrechte. Die Eintragung des Grundpfandrechts ins Grundbuch sollte in beiden Rechtsordnungen also grundsätzlich vor der Eintragung ins Deckungsregister geschehen.

aa. Die Frage der zu überbrückenden Zwischensicherung

(1) Polnische Regelung

Nach der PHBG-Novelle von 2002 besteht aber die Möglichkeit, die Kreditsumme noch vor der Eintragung der zu sichernden Hypothek auszuzahlen. Dies ist an die Erfüllung von zwei Bedingungen geknüpft. Nach Art. 20 Abs. 4 PHBG muss der Antrag auf Eintragung einer Hypothek bereits beim Gericht eingereicht sein und bis zum Zeitpunkt der Entstehung der Hypothek eine zusätzliche Sicherheit für den erteilten Kredit bestellt werden. Als zusätzliche Sicherheit gelten insbesondere die Gewährung einer Garantie oder Bürgschaft durch Personen, deren Verpflichtungen als Grundlage für die Ausgabe von öffentlichen Pfandbriefen dienen können,[609] eine Garantie oder Bürgschaft von Banken, deren Eigenfonds nicht weniger als 10 Mio. € beträgt oder eine Kreditversicherung.[610]

Ist diese zusätzliche Sicherung erteilt, so kann der Geldbetrag auch dann ausbezahlt werden, wenn der Hypothekenbank nur ein Anspruch auf die Bestellung einer Hypothek zur Sicherung der Kreditrückzahlung an einer künftig auszusondernden Wohnung zusteht. Dieser Anspruch muss aber im Grundbuch des Grundstücks, auf dem ein Bauvorhaben realisiert wird, ersichtlich gemacht werden.[611] In diesem Zusammenhang entsteht die Frage, ob solche Forderungen ins Deckungsregister eingetragen werden können und darüber hinaus, ob der Treuhänder sie als deckungsfähige Forderungen anrechnen kann.

(a) Zweck der zusätzlichen Sicherung

Erklärungsbedürftig ist zunächst, warum nach der Einreichung des Antrags beim Grundbuchgericht noch eine zusätzliche Sicherung notwendig ist, wenn nach Art.

[608] Für die Entstehung der Hypothek ist die Eintragung im Grundbuch erforderlich; Art. 67 Abs. 1 GGH; § 873 Abs. 1 BGB.

[609] Art. 20 Abs. 4 Nr. 1 PHBG verweist aber lediglich auf die Personen, von denen in Art. 3 Abs. 2 Nr. 1 PHBG die Rede ist, berücksichtigt also auf bemerkenswerte Weise nicht die territorialen Selbstverwaltungseinheiten; vgl. Art. 3 Abs. 2 Nr. 3 PHBG.

[610] Zu Kreditversicherungsmöglichkeiten in Polen und in Deutschland *Jaschinska*, (2004), 269 - 276.

[611] Vgl. Art. 20 Abs. 5 PHBG.

29 GGH die Eintragung in das Grundbuch auf den Zeitpunkt der Einreichung des Antrags zurückwirkt. Dieser Zeitpunkt muss also auch als Zeitpunkt des Erwerbs von Rechten, bei denen die Eintragung konstitutive Wirkung entfaltet (wie z.B. die Hypothek), gelten. Ein inhaltlich und formell einwandfrei gestellter Antrag, der auch zur Warnung anderer Verkehrsteilnehmer (materielles Publizitätsprinzip) im Grundbuch ersichtlich gemacht wird, müsste also eine ausreichende Grundlage für die Auszahlung der Kreditsumme sowie für die Deckungsfähigkeit dieser Forderungen bilden. Der Grund, warum diese Reglung für eine sichere und reibungsfreie Bestellung einer Hypothek nicht ausreicht, liegt darin, dass Rechtsprechung[612] und Lehre[613] weder der Reihenfolge bei der Antragstellung noch einer entsprechenden Anmerkung darüber in einem Grundbuch bindende Wirkung zuerkennen. Das Grundbuchgericht hat vielmehr die Rechtslage am Tag der Entscheidung zu beurteilen. Es kann also vorkommen, dass der Antrag auf (konstitutive) Eintragung einer Hypothek abgewiesen wird, wenn vor seiner Erledigung ein Antrag auf (deklaratorische) Eintragung des Eigentümerwechsels[614] eintrifft, aus dem hervorgeht, dass das Eigentum an der Liegenschaft des Schuldners bereits übergegangen ist. Um diesen Gefahren zu entgehen, müssen Hypothekargläubiger und damit auch die Hypothekenbanken eine zusätzliche Sicherung verlangen, wenn die Kreditsumme noch vor der Eintragung ausbezahlt werden soll. Indirekt werden die Unzulänglichkeiten des Grundbuchrechtes aber auf den Kreditnehmer abgewälzt, der für die Übergangsfristen zusätzliche (oft kostspielige) Sicherheiten bestellen muss.[615]

(aa) Ineffizienz des Grundbuchsystems

Dies hängt wiederum eng mit der Ineffizienz der Grundbuchgerichte zusammen und ergibt sich aus der monatelangen Wartezeit auf die Eintragung in das derzeit immer noch in Buchform geführte Grundbuch.[616] Wenig hilfreich ist auch Art. 20 Abs. 3 PHBG, nach dem das Grundbuchgericht über den Antrag auf Eintragung einer Hypothek, die eine in das Deckungsregister einzutragende hypothekarische

---

612 Vgl. Entscheidung des Obersten Gerichts vom 28.6.1995, II CRN 61/95, OSNIC 1995 H. 11, Pos. 166.

613 Vgl. *Oleszko*, Rejent 6/1998, 109; *Rudnicki*, (2002), 127.

614 Zur Übertragung des Immobilieneigentums ist nach dem polnischen Recht keine Eintragung im Grundbuch erforderlich. Der Eigentümer ist aber zur Eintragung seines Rechtes im Grundbuch verpflichtet (vgl. Art. 35 Abs. 1 GGH). Er haftet für Schäden, die sich aus der Nichterfüllung dieser Verpflichtung ergeben. Das Gericht kann den säumigen Eigentümer durch die Verhängung von Geldbußen bis zu 10.000 PLN zur Eintragung zwingen; vgl. Art. 36 Abs. 4 GGH.

615 Die Kosten der Kreditversicherung betragen jährlich 2 % der ausgezahlten Summe; Biuletyn Bankowy, Nr. 1 (117) 2003, 39.

616 So beträgt die Wartezeit in Warschau im Durchschnitt 8,8 Monate und in Stettin sogar mehr als ein Jahr; *Fedorowicz*, RzP 150/2003; differenzierender *Stöcker*, ImmFin 2002, 575, 576 f.

Forderung sichert, innerhalb eines Monats ab dem Tage der Einreichung des Antrags entscheiden soll, denn es handelt sich hier lediglich um eine Ordnungsbestimmung. Dieser höchst unerfreuliche Zustand hemmt nicht nur den Immobilienverkehr, sondern behindert auch den ganzen Immobilienmarkt und darüber hinaus Investitionen.

Um diesen Unerträglichkeiten zu begegnen, wurde am 14. Februar 2003 das seit langem erwartete Gesetz über die Übertragung des Grundbuchinhalts in die Struktur des im Datenbankverarbeitungssystem geführten Grundbuchs verabschiedet.[617] Damit wurde die Grundlage für die Umstellung der Grundbücher auf EDV-Register geschaffen. Die vollständige Umstellung des Grundbuchsystems erstreckt sich allerdings, nicht zuletzt wegen der Kosten und des Mangels an Personalkapazitäten, über mehrere Jahre.[618]

(bb) Absicherung der durch Developer realisierten Bauvorhaben

Das Erfordernis der zusätzlichen Zwischensicherung muss aber nicht unbedingt mit der mangelhaften Leistungsfähigkeit des Grundbuchsystems zusammenhängen. Die Hypothekenbank kann dem Kreditnehmer nach Art. 20 Abs. 5 PHBG den vereinbarten Geldbetrag vor der Bestellung der Hypothek unter der Bedingung zur Verfügung stellen, dass eine zusätzliche Sicherung zur Finanzierung der Eigentumswohnungen auch dann gewährleistet wird, wenn der Anspruch auf die Bestellung einer Hypothek zu Gunsten der Hypothekenbank als Absicherung der Kreditrückzahlung gleichzeitig mit der Aussonderung von Räumlichkeiten im Grundbuch derjenigen Liegenschaft eingetragen wurde, an der ein Bauvorhaben durchgeführt wird. Dabei handelt es sich um einen Vertrag, aufgrund dessen der Eigentümer des Grundstücks, der gleichzeitig auch die Bauinvestition realisiert (Developer), nach dem Abschluss der Investition zur Aussonderung der selbstständigen Wohnräumlichkeiten und deren Übergabe an die Vertragspartner (Kreditnehmer) verpflichtet ist. Der Anspruch auf die Bestellung der selbstständigen Wohnräumlichkeit und auf die Übertragung dieses Rechtes muss im Grundbuch ersichtlich gemacht werden.[619]

Art. 20 Abs. 5 PHBG kann als Konkretisierung des Art. 76 Abs. 4 GGH für die Bedürfnisse der Hypothekenbanken verstanden werden. Die Regelungen

---

[617] Dz.U. 2003 Nr. 42, Pos. 363.

[618] In Polen gibt es über 14 Mio. Grundbücher und 331 Grundbuchgerichte. Das Justizministerium rechnet mit einem zehnjährigen Umstellungsprozess. Die erste Abteilung für die Grundbuchumstellung wurde am 25.7.2003 in Góra Kalwaria eröffnet; zur Modernisierung des polnischen Grundbuchs *Wudarski*, WGO 2003, 402 ff.

[619] Vgl. Art. 9 des Gesetzes vom 24.6.1994 über das Eigentum an Räumlichkeiten; einheitliche Fassung (Dz.U. 2000 Nr. 80, Pos. 903), zuletzt geändert durch Art. 5 des Gesetzes vom 28.11.2003 (Dz.U. 2004 Nr. 141, Pos. 1492); zum Developervertrag *Kalus*, (2002), 205 ff.; *Kląskała*, Rejent 3/2003, 70 ff.

über die Simultanhypothek (Art. 76 Abs. 4 GGH) wurden im Jahre 2001 nämlich dahingehend geändert,[620] dass - im Falle der Aussonderung von Eigentumswohnungen[621] - die die Liegenschaft belastende Hypothek nicht *ex lege* zur Simultanhypothek wird, sondern dass ihr weiteres Schicksal von einer Vereinbarung der Parteien abhängig ist und beim Fehlen einer solchen Vereinbarung keine der neu entstandenen Liegenschaften (Wohnungen) belastet wird.

Um das Erlöschen der Sicherung zu vermeiden, können die Hypothekenbanken einen Anspruch auf die Hypothekenbestellung an einzelnen Wohnungen in das Grundbuch eintragen lassen und gegenüber Dritten sichern. Da solche Ansprüche gemäß Art. 19 Abs. 1 GGH auf Antrag des Liegenschaftseigentümers gelöscht werden können, wenn die Eintragung des Rechts, auf das sich der Anspruch bezieht, nicht innerhalb eines Jahres ab der Eintragung des Anspruchs beantragt wird, wurde auch hier eine Ausnahme für die Hypothekenbanken geschaffen. Die Forderung kann nur mit Zustimmung der als Berechtigte eingetragenen Hypothekenbank gelöscht werden (Art. 20 Abs. 5 S. 2 PHBG).

(b) Deckungsfähigkeit der überbrückend gesicherten Forderungen

In Anlehnung an die gestellte Frage, ob die Forderungen aus Art. 20 Abs. 4 und Abs. 5 PHBG deckungsfähig sind, ist festzustellen, dass weder die Einreichung des Antrages auf Eintragung einer Hypothek beim Gericht, noch der Anspruch der Hypothekenbank auf die Bestellung einer Hypothek für die Deckungsfähigkeit der Forderungen ausreicht. Aus dem Wortlaut des Art. 20 Abs. 1 PHBG ergibt sich deutlich, dass die Deckungsfähigkeit der Forderung der Hypothekenbank *ausschließlich* dann gegeben ist, wenn sie durch die im Grundbuch im ersten Rang eingetragene Hypothek gesichert ist. Der Treuhänder muss also nicht nur die Bestellung der Hypothek, sondern auch deren Rang prüfen.[622] Eine weite Auslegung der Vorschrift ist insoweit nicht möglich.

Andererseits bestehen keine Bedenken hinsichtlich der Deckungsfähigkeit derjenigen Forderungen, die zwar noch nicht hypothekarisch gesichert sind, deren Rückzahlung aber bis zum Zeitpunkt der Entstehung der sachenrechtlichen

[620] Die GGH-Novelle von 11.5.2001, Dz.U. 2001 Nr. 63, Pos. 635.

[621] In Polen werden die Räumlichkeiten als selbstständige Liegenschaften behandelt, die das Eigentum der Berechtigten bilden (ein real geteiltes Eigentum).

[622] Ohne das Prinzip der Erststelligkeit der Deckungshypotheken anzutasten, sollten Ausnahmen davon zugelassen werden. Soweit die Deckungshypotheken durch vorrangige Lasten nicht gefährdet sind, sollte auch die nachrangige Stellung der Hypothek genügen. Eine solche Ausnahme ließ Art. 75 Abs. 1 BRV zu, wenn das zu gewährende Darlehen auf die Weise gesichert war, dass es zusammen mit den ihm vorgehenden Lasten die erste Hälfte des Liegenschaftswertes nicht überschritt. Im deutschen Recht ist die ausnahmslose erstrangige Beleihung, die in § 11 Abs. 1 HBG vorgesehen war, durch die Novelle von 1974 ersatzlos gestrichen worden. Die Zulassung der nachrangigen Deckungshypotheken soll jedoch eine Ausnahme bleiben.

Sicherung durch eine Garantie oder Bürgschaft von öffentlichrechtlichen Institutionen gewährleistet ist. Die Indeckungnahme dieser Forderungen würde den Hypothekenbanken ihre Refinanzierung ermöglichen, ohne die Sicherheit der Pfandbriefe zu beeinträchtigen. Sie sollten nicht in das Deckungsregister für öffentliche Pfandbriefe, sondern in das Deckungsregister für Hypothekenpfandbriefe eingetragen werden. Dies sollte aber als Ausnahme angesehen werden, die nicht für alle überbrückenden Zwischensicherungen gelten kann. Die in Art. 20 Abs. 4 PHBG enthaltene Auflistung hierüber ist nicht abschießend, sondern nur beispielhaft.

(2) Deutsche Regelung

(a) Darlehensauszahlung vor wirksamer Grundpfandrechtsbestellung

Die Hypothekenbank kann auch in Deutschland die Darlehenssumme vor der wirksamen Entstehung ihrer dinglichen Sicherung seit der HBG-Novelle von 2002 in Ausnahmefällen auszahlen. Der vorläufige Verzicht auf die dingliche Sicherung ist aber nur vertretbar, wenn das Ausfallrisiko begrenzt ist. Daher lässt § 5 Abs. 3 Nr. 1 a HBG die Auszahlung eines hypothekarischen Darlehens vor der grundpfandrechtlichen Sicherstellung der Hypothekenbank nur unter zwei kumulativen Bedingungen zu. Die Valutierung des Darlehens darf ausschließlich durch das verfügbare Geld der Hypothekenbank im Sinne des § 5 Abs. 3 HBG finanziert werden. Zudem muss ein geeignetes Kreditinstitut[623] bis zu der dinglichen Sicherstellung die volle Gewährleistung für das Darlehen übernehmen. Diese Regelung erleichtert also die Baufinanzierung in den Fällen, in denen die dingliche Sicherung noch nicht wirksam bestellt wurde. Das ist etwa der Fall, wenn das Grundpfandrecht noch nicht im Grundbuch eingetragen oder ein anderes, vorübergehendes und behebbares Hindernis aufgetreten ist.[624] Die Deckungsfähigkeit dieser Forderungen ist vor der Grundpfandbestellung aber zu verneinen.

(b) Interimsbürgschaft als überbrückende Zwischensicherung

Die Indeckungnahme einer Hypothekarforderung setzt also auch in Deutschland grundsätzlich ihre wirksame dingliche Sicherstellung voraus. Eine Ausnahme davon bilden Forderungen in den neuen Bundesländern, die durch überbrückende Zwischensicherungen abgesichert waren (sog. Interimsbürgschaft). Anlass für diese Sonderregelung war das unzulängliche Verfahren bei den dortigen Liegenschaftsämtern. Die Interimsbürgschaften hatten öffentlichrechtlichen Charakter

---

[623] Zum Begriff „geeignetes Kreditinstitut" Fn. 824.

[624] Vgl. Begründung zur HBG-Novelle von 2002, BT-Drs. 14/8017, 134 Zu Art. 11 Nr. 1c - § 5 Abs. 3 lit. a.

und dienten als Überbrückung lediglich bis zur wirksamen Eintragung der Grundpfandrechte in das Grundbuch. Ihre Deckungsfähigkeit für Pfandbriefe war anerkannt.[625]

(c) Sicherheit durch eine Notarbestätigung

In der deutschen Praxis hat sich auch schon seit langem die Valutierung von Hypothekendarlehen vor Eintragung des Grundpfandrechtes bewährt, sofern eine notarielle Bestätigung vorliegt. Dabei handelt es sich um ein Schreiben, in dem der Notar bestätigt, dass der Antrag auf Eintragung des Grundpfandrechtes beim Grundbuchamt gestellt worden ist, dass die Eintragung von dem eingetragenen Eigentümer bzw. Erbbauberechtigten auch ordnungsgemäß und formgerecht bewilligt wurde und dass keine Anträge vorliegen, durch die der vereinbarte Rang des bewilligten Grundpfandrechtes beeinträchtigt werden könnte. Bestätigt werden ferner die Rangfolge im Grundbuch sowie die Festsetzung des Betrages, der zur Ablösung vorgehender oder gleichstehender Rechte erforderlich ist und dass die Kosten beglichen wurden. Zuletzt hat der Notar zu versichern, dass den Eintragungen im Übrigen keine Hindernisse entgegenstehen. Hierfür übernimmt er auch die Haftung.[626]

Die Notarbestätigung wird also ausgestellt, wenn die Bestellung des Grundpfandrechtes trotz der Erfüllung aller Eintragungsvoraussetzungen durch Gründe verzögert wird, die weder der Kreditnehmer noch die Bank zu vertreten haben. Sie wird von der Praxis akzeptiert, sofern sie den im Schreiben des Bundesaufsichtsamtes für das Kreditwesen vom 25. Januar 1979 mitgeteilten Anforderungen genügt.[627] Danach wird bei der Sicherung der Bauträgerkredite verlangt, dass das zu finanzierende Bauträgerobjekt im Krediteinräumungsschreiben eindeutig bestimmt wird, die einzelnen Einheiten bereits verkauft werden oder ihr Verkauf zumindest mit hinreichender Wahrscheinlichkeit zu erwarten ist.[628] Ferner muss der Bauträger eine Verpflichtung zur Bewilligung der Eintragung eines Grundpfandrechtes auf das gesamte Objekt in der erforderlichen Höhe für den Fall eingehen, dass die Absicherung durch den Endkredit-

---

[625] *Bellinger/Kerl*, (1995), § 10 HBG Rn. 7.

[626] Die Notarbestätigung bedeutet allerdings nicht, dass der Notar die Gewähr für die Eintragung übernimmt. Der Notar gibt "lediglich" ein Rechtsgutachten ab, indem er einen bestimmten Sachverhalt feststellt und daraus den Schluss zieht, dass der Eintragung eines Grundpfandrechtes nichts im Wege steht. Haften tut er insoweit nicht für die Eintragung der Grundschuld, sondern nur für die Richtigkeit der von ihm gemachten Feststellungen.

[627] Zu diesen Anforderungen *Consbruch/Möller/Bähre/Schneider(-Schneider)*, (2004), Nr. 8.17 lit. a.

[628] Zum Nachweis ist der Abschluss der Vorverträge, die in den Branchen üblich sind, erforderlich. Ist nur ein Teil des Objekts abgesetzt worden, so ist erforderlich, dass die Valutierung im Voraus nur in anteiliger Höhe erfolgt.

nehmer nicht innerhalb einer angemessenen Frist erfolgt.[629] Dienen die Darlehensforderungen als Pfandbriefdeckung, so muss ihre Indeckungnahme, insbesondere die Erfüllung der Voraussetzungen nach §§ 10 - 12 HBG geprüft werden.[630]

Unter diesen Voraussetzungen steht eine Notarbestätigung einer vollen Sicherheit somit gleich[631] und die Bank kann ihr Darlehen auszahlen. Dieses Sicherungsinstrument hat sich in der deutschen Praxis bewährt und gilt als so zuverlässig, dass Darlehen nach Eingang dieser Notarbestätigung sogar in Deckung genommen werden können.[632] Um zusätzlich Risiken bei der Bearbeitung des Grundbuchantrags auszuschließen, fordert die Bankaufsicht, nur derartige Bestätigungen anzunehmen, die „auf einer frühestens sieben Tage nach Eingang der Anträge durchgeführten Akteneinsicht beim Grundbuchamt beruhen."[633] Die Zulassung der Notarbestätigung als ausreichender Sicherungsgarant für die Pfandbriefdeckung ändert nichts an ihrem Ausnahmecharakter.

bb. Die Anmerkung über die besondere Funktion der Hypothek

(1) Die polnische Grundbuchanmerkung

Über die Eintragung der Hypothek hinaus soll auch im Grundbuch ersichtlich gemacht werden, dass die bestellte Hypothek zur Besicherung der Forderungen der Hypothekenbank dient, die im Deckungsregister eingetragen sind.[634] Diese Anmerkung, die nach § 46 Nr. 4 *in fine* der Verordnung des Justizministers vom 17. September 2001 über die Führung der Grundbücher und Dokumentensammlungen (VFGD)[635] in vierter Abteilung, vierter Rubrik „Hypothek" des Grundbuchs einzutragen ist,[636] weist auf die besondere Funktion der Hypothek hin, die bei jeder Änderung der hypothekarischen Eintragung durch das Grundbuchgericht berücksichtigt werden muss. In Anschluss an Art. 24 Abs. 3 PHBG soll das Gericht vor der Verfügung über die Hypothek die schriftliche Zustim-

---

[629] Dabei wird dieser Anspruch der Bank noch vor der Auszahlung durch eine Eintragung einer Vormerkung im Grundbuch gesichert.

[630] Die oben genannten Anforderungen beschränken sich nicht auf Deckungsdarlehen, sondern beziehen sich auf alle Hypothekendarlehen; vgl. *Consbruch/Möller/Bähre/Schneider(-Schneider)*, (2004), Nr. 8.17 lit. b.

[631] *Consbruch/Möller/Bähre/Schneider(-Schneider)*, (2004), Nr. 8.25.

[632] *Consbruch/Möller/Bähre/Schneider(-Schneider)*, (2004), Nr. 8.17 lit. a.

[633] *Consbruch/Möller/Bähre/Schneider(-Schneider)*, (2004), Nr. 8.17 lit. a.

[634] Vgl. Art. 24 Abs. 2 PHBG und Art. 16 Abs. 2 Nr. 5 GGH; einen solchen Vermerk erhielt auch Art. 74 Abs. 2 BRV.

[635] Dz.U. 2001 Nr. 102, Pos. 1122, zuletzt geändert durch § 1 des Gesetzes vom 26.9.2003 (Dz.U. 2003 Nr. 176, Pos. 1721).

[636] Das polnische Grundbuch wird in Abteilungen und diese weiter in Rubriken gegliedert; hierzu *Cierpial*, (2000), 58 ff.

mung des Treuhänders verlangen. Die Anmerkung über die besondere Funktion der Hypothek schließt also hypothekarische Verfügungen ohne ausdrückliche Zustimmung des Treuhänders aus. Aus dem PHBG ergibt sich aber, dass die Anmerkung darüber, dass die Hypothek der Sicherung der Pfandbriefforderungen dient, erst nach der Eintragung der Forderung in das Deckungsregister erfolgt. Nach dem PHBG sind also die Geschäfte, die mit der Sicherung der Pfandbriefforderungen verbunden sind, in folgender Reihe vorzunehmen: (1) Abschluss des Kreditvertrages, (2) erstrangige Eintragung der Hypothek in das Grundbuch, (3) Eintragung der hypothekarisch gesicherten Forderung in das Deckungsregister und schließlich (4) die Eintragung der Anmerkung ins Grundbuch, dass die hypothekarisch besicherte Forderung im Deckungsregister eingetragen wurde.

Bei dieser Reihenfolge besteht theoretisch die Gefahr, dass die Verfügung über die Hypothek nach der Eintragung der durch sie besicherten Forderungen in das Deckungsregister, aber vor der Anmerkung über die Funktion der Hypothek ohne Zustimmung des Treuhänders erfolgt. Zudem erfordert diese Verfahrensweise zwei Antragstellungen und ist daher arbeitsaufwendiger. Zur Vereinfachung des Verfahrens, der Zeitersparnis und Erhöhung der Arbeitseffizienz sowie zur Gewährleistung der ständigen Kontrolle des Treuhänders über Verfügungsgeschäfte der Hypothekenbank, deren Gegenstand die im Deckungsregister eingetragene hypothekarisch gesicherte Forderung ist, sollte die Eintragung der Anmerkung (4) mit der Bestellung der Hypothek (2) möglich sein.[637] Die gleichzeitige Eintragung dieser Anmerkung mit der Darleheneintragung war auch in Art. 74 Abs. 2 *in fine* BRV vorgesehen.[638]

(2) Das österreichische Kautionsband

So ist es auch in Österreich, wo die Eintragung der Anmerkung im Grundbuch darüber, dass die belastete Liegenschaft als Kaution zur Sicherstellung der Befriedigung der Ansprüche von Pfandbriefgläubigern dient (sog. Kautionsband), vor der Eintragung in das Deckungsregister vorzunehmen ist.[639] Die Eintragung des Kautionsbandes ins Grundbuch begründet allerdings kein Befriedigungs-

---

[637] *Drewicz-Tułodziecka/Stöcker*, (2000), 180 f.

[638] Art. 74 Abs. 2 BRV lautete: „Hypothekarforderungen, die emittierende Pfandbriefe sichern, bilden vor allem die Sicherung dieser Pfandbriefinhaber, unabhängig von der Haftung aus dem ganzen Vermögen der Bank, was im Hypothekenbuch mit der Darleheneintragung ersichtlich gemacht werden soll."

[639] Vgl. Art. 2 (Angleichungsbestimmungen zu § 22 HBG) und Art 5 (Angleichungsbestimmungen zu § 3 ÖPG) der Verordnung über die Einführung des Hypothekenbankgesetzes und des Gesetzes über die Pfandbriefe und verwandten Schuldverschreibungen öffentlich-rechtlicher Kreditanstalten im Lande Österreich, Verordnung vom 11. 11.1938 (DRGBl. 1938 I 1574), in der Fassung BGBl. Nr. 532/1993; veröffentlicht ebenfalls im Gesetzblatt für das Land Österreich ((GBlÖ) Nr. 648/1938).

vorzugsrecht der Pfandbriefgläubiger, denn sie ist nicht Bedingung für die Zugehörigkeit der Hypothek zur Deckung. Erst die Eintragung ins Deckungsregister ist der maßgebende Akt, der die Sonderrechte der Pfandbriefinhaber begründet.[640]

Aus dieser Reihenfolge ergibt sich nur, dass die hypothekarisch gesicherte Forderung der Hypothekenbank nicht in das Deckungsregister eingetragen werden darf, solange das Kautionsband nicht eingetragen ist.[641] Dies einzuhalten ist Aufgabe der Hypothekenbank und des Treuhänders. Das Kautionsband kann nur ganz oder teilweise gelöscht werden, wenn eine Bestätigung des Treuhänders beigebracht wird, dass die Hypothek im Deckungsregister gelöscht oder die belastete Liegenschaft von der Haftung für die Hypothek freigegeben ist. Der Treuhänder ist auch von der Eintragung und von der Löschung des Kautionsbandes zu benachrichtigen.[642]

(3) Die Besonderheit der deutschen Grundpfandrechte

(a) Briefgrundpfandrecht

Während in Polen und in Österreich nur Buchhypotheken als dingliche Sicherungsmittel der Deckungsforderungen zur Verfügung stehen, bietet die deutsche Rechtsordnung mehrere Sicherungsmöglichkeiten an. In der Praxis sind hier insbesondere die Buchgrundschuld und die Briefgrundschuld zu nennen. Gegenüber der Buchgrundschuld ist die Briefgrundschuld flexibler; eine wirksame Übertragung ist auch außerhalb des Grundbuches durch schriftliche Übertragungserklärung[643] und Übergabe des Grundschuldbriefes möglich.[644] Allerdings ist die Briefgrundschuld kostenaufwendiger, da für die Erstellung des Briefes eine gesonderte Gebühr anfällt.[645] Dient die Briefgrundschuld als Sicherungsmittel der im Deckungsregister eingetragenen Forderung, so ist eine den Pfandbriefgläubiger benachteiligende Verfügung über dieses Recht nicht

---

[640] Vgl. *Feil*, (1999), Rn. 61.

[641] Erfolgt die Eintragung in das Deckungsregister, so gehört die Liegenschaft auch dann zur Deckung, wenn die Eintragung des Kautionsbandes unterlassen wurde; zur Rechtsnatur des Kautionsbandes *Modler*, ÖJZ 1955, 661 f.

[642] Art. 2 (Angleichungsbestimmungen zu § 30 HBG) der Einführungsverordnung des deutschen HBG und des deutschen ÖPG.

[643] Bei der Übertragung der nicht akzessorischen Grundschuld ist nicht von einer Abtretungs-, sondern von einer Übertragungserklärung zu sprechen; vgl. *Schwab/Prütting*, (2003), Rn. 764.

[644] Vgl. § 1154 Abs. 1 BGB iVm § 1192 Abs. 1 BGB.

[645] Für die Erteilung des Briefes wird ein Viertel der vollen Gebühr erhoben (§ 71 Abs. 1 der Kostenordnung (KostO), Gesetz vom 26.7.1957 (BGBl. 1957 I 960), zuletzt geändert durch Art 5 Abs. 25 des Gesetzes zur Überarbeitung des Lebenspartnerschaftsrechtes vom 15.12.2004 (BGBl. 2004 I 3396)). Für die Wertabrechnung maßgebend ist der Nennbetrag der Schuld (§ 23 Abs. 2 KostO). Zur Höhe der vollen Gebühr siehe § 32 KostO sowie eine Gebührentabelle für Geschäftswerte bis 1 Mio. € (Anlage zu § 32 KostO).

möglich, da sich der Grundschuldbrief nach § 31 Abs. 1 HBG unter Mitverschluss des Treuhänders in Verwahrung befindet. Zur Verfügung über den Grundschuldbrief und damit über das Recht selbst bedarf es also der Mitwirkung des Treuhänders.

(b) Buchgrundpfandrecht

Wird ein Buchgrundpfandrecht bestellt, so kann die Übertragung durch notariell beglaubigte Abtretungserklärung und die Eintragung des neuen Gläubigers in das Grundbuch erfolgen. Für den Fall der Indeckungnahme einer Buchgrundschuld wird dem Treuhänder neben dem Grundbuchauszug die (vollstreckbare) Ausfertigung der Grundschuldbestellungsurkunde zur Verwahrung übergeben. Da das Kautionsband oder eine ähnliche Grundbuchanmerkung dem deutschen Recht nicht bekannt ist, ist die Verfügung über die Buchgrundpfandrechte ohne die Zustimmung des Treuhänders rechtlich nicht auszuschließen. § 37 Abs. 2 Nr. 1 HBG enthält zwar eine Strafbestimmung, nach der die wissentliche Veräußerung oder Belastung der Deckungswerte, die zur Benachteiligung der Pfandbriefgläubiger führt, mit einer Freiheitsstrafe bis zu einem Jahr oder mit Geldstrafe bestraft wird; diese Strafvorschrift aber kann eine solche Verfügung nicht wirklich verhindern. Da einem neuen Gläubiger die vollstreckbare Urkunde nicht zur Verfügung steht (diese befindet sich beim Treuhänder), kann er die Grundschuld auch nicht verwerten.[646] Der neue Gläubiger könnte aber - theoretisch betrachtet - die Herausgabe der Urkunde jederzeit verlangen. Die Bank wäre dann zur Herausgabe verpflichtet. Außerdem kann der Notar eine neue vollstreckbare Urkunde ausstellen. Es würde dann auch nichts nutzen, dass die vollstreckbare Ausfertigung beim Treuhänder liegt, denn sie wäre vom Treuhänder an den Abtretungsempfänger herauszugeben. Der Treuhänder hat auch keine Möglichkeit, mit Hilfe einer solchen Urkunde die Rückabtretung an die Bank und Rückführung der Forderung in die Deckungsmasse zu erzwingen. Bei der Abtretung der dinglichen Sicherheit würde ein Erwerber allerdings nach der vollstreckbaren Ausfertigung fragen. Deren Fehlen würde den Verkauf der Forderung sehr schwer machen. Es handelt sich hier also eher um ein faktisches als um ein rechtliches Hindernis. Tatsächlich sollte eine Verfügungssperre aber durch organisatorische Maßnahmen im Bereich der Bank erreicht werden.[647]

---

[646] Vgl. *Bellinger/Kerl*, (1995), § 31 HBG Rn. 4.
[647] Vgl. S. 291 ff.

(4) Effizienzbewertung der Grundbuchanmerkung

Die Anmerkung über die besondere Funktion der Hypothek (Kautionsband) hat keinen Einfluss auf die Rechtswirksamkeit der dinglichen Sicherung. Ihr einziges Ziel ist es, die Verfügung über die hypothekarisch gesicherten Deckungsforderungen ohne Zustimmung des Treuhänders auszuschließen.[648] Diese Verfügungssperre wirkt aber nicht gegen eine Ersatzdeckung und gegen Deckungswerte der öffentlichen Pfandbriefe. Sie kann also die freiwillige Verfügung über die ganze Deckungsmasse nicht verhindern. Darüber hinaus ist ihre Effizienz aus der Sicht der Gesamtdeckung begrenzt.[649]

Ferner ist die polnische und österreichische Lösung im Vergleich zu der deutschen viel aufwendiger, denn für jede einzelne Deckungshypothek muss eine Erklärung von dem Treuhänder abgegeben werden. Ihre Eintragung ins Grundbuch muss dann abgewartet und die Grundbuchauszüge müssen überwacht werden. Auch wenn die Eintragung der Anmerkung mit der Bestellung der Hypothek erfolgt, ist eine zusätzliche Eintragungsgebühr fällig.[650] Kreditkosten, die letztlich von den Kunden zu zahlen sind, werden wegen der Antragsbearbeitung und des Zinsverlusts durch den Zeitverlust zudem erhöht. Bei jeder Änderung sowie bei der Entfernung der Hypothek aus der Deckungsmasse muss das ganze kostspielige und bei polnischen Verhältnissen langwierige Verfahren wiederholt werden.[651]

Die Einführung der Verfügungssperre muss nicht unbedingt durch rechtliche äußere Hindernisse erfolgen. Entscheidend ist, den Verfügungsmissbrauch auszuschließen. Wie das deutsche Recht und die Praxis der deutschen Hypothekenbanken zeigen, kann dasselbe Ziel, das die Grundbuchanmerkung verfolgt, durch andere Mittel, insbesondere durch organisatorische Maßnahmen wie eine bankinterne Kontrolle erreicht werden. Mindeststandards zum Schutz der Deckungswerte könnten genauso effektiv wie rechtliche äußere Verfügungssperren sein und die Interessen der Pfandbriefgläubiger genauso gut schützen. Hohe bankinterne Mindestanforderungen hinsichtlich der Deckungsmasse, bei

---

[648] AA *Rudnicki* ((2002), 88), der behauptet, dass die Eintragung dieser Anmerkung ins Grundbuch das Ziel verfolgt, Erwerber des Eigentumsrechts oder des Erbnießbrauchsrechts sowie sonstiger dinglicher Rechte davor zu warnen, dass der hypothekarisch gesicherten Forderung besondere Privilegien zustehen.

[649] Vgl. S. 289 ff.

[650] Bei der Eintragung von Rechten und Ansprüchen wird nach § 32 Nr. 8 der Verordnung des Justizministers vom 17.12.1996 über die Bestimmung der Gebühren in Zivilsachen ((VgiZ), (Dz.U. 1996 Nr. 154, Pos. 753), zuletzt geändert durch § 1 des Gesetzes vom 22.4.2003 (Dz.U. 2003 Nr. 70, Pos. 649)) eine Gerichtsgebühr in Höhe von einem Zehntel der sog. verhältnismäßigen Grundgebühr erhoben. Eine verhältnismäßige Grundgebühr ist ein prozentualer Teil des eingetragenen Wertes; mehr zu den Gerichts-, Stempel- und Notariatsgebühren im polnischen Grundbuchsverfahren *Cierpial*, (2000), 88 ff.

[651] Bei der Löschung wird die Gebühr in Höhe der Hälfte der Eintragsgebühr fällig (§ 36 VGiZ).

deren Verfügung der Treuhänder einbezogen ist, sind als ausreichende Äquivalenz der Grundbucheintragung anzusehen. Die Pfandbriefsicherheit wird infolge dieses Ersatzes nicht beeinträchtigt. Die Umstellung von rechtlichen auf bankinterne Verfügungssperren würde zu der Reduzierung der Refinanzierungskosten wesentlich beitragen und die Wettbewerbsfähigkeit der Hypothekenbanken dabei erhöhen.

4. Kontrolle der Liegenschaftsbewertung

a. Zum Begriff des Hypothekenbank-Beleihungswertes

Die Qualität der Deckungsmasse der Hypothekenpfandbriefe hängt nicht nur von der formellrechtlich einwandfreien Bestellung der Forderung und deren dinglichen Sicherung ab, sondern zeigt sich letztendlich erst bei einer zwangsweisen Verwertung. Neben der verfahrensrechtlichen Durchsetzung ist hier der Wert der Liegenschaft von entscheidender Bedeutung. Der tatsächliche, reale Wert der Immobiliardeckung hängt also in großem Maße mit der Bewertung der beliehenen Liegenschaft zusammen. Hier kommt dem Treuhänder eine wichtige Aufgabe zu. Zum besseren Verständnis seiner Aufgaben und deren Abgrenzung sind zunächst der Begriff „Hypothekenbank-Beleihungswert" und die Verfahrensweise zu dessen Feststellung zu erörtern.

aa. Der Marktwert und der Hypothekenbank-Beleihungswert

(1) Der aktuelle Marktwert

Der Begriff „Wert der Liegenschaft" ist nicht einheitlich und wird je nach dem Zweck seiner Feststellung unterschiedlich ermittelt und bezeichnet. Sowohl in den Rechtsvorschriften[652] als auch in den Berufsstandards der Sachverständigen für Vermögensbewertung[653] sowie in der Lehre[654] werden verschiedene Arten dieses

---

[652] Gesetz vom 21.8.1997 über die Bewirtschaftung von Liegenschaften ((GBL), in der einheitlichen Fassung (Dz.U. 2004 Nr. 261, Pos. 2603), zuletzt geändert durch Art. 3 des Gesetzes vom 16.12.2004 (Dz.U. 2004 Nr. 281, Pos. 2782)) nennt in Art. 150 den Marktwert, den Wiederherstellungswert und den Katasterwert. Gesetz vom 29.9.1994 über das Rechnungswesen ((RWG), in der einheitlichen Fassung (Dz.U. 2002 Nr. 76, Pos. 694), zuletzt geändert durch Art. 1 des Gesetzes vom 27.8.2004 (Dz.U. 2004 Nr. 213, Pos. 2155) kennt den angemessenen Wert (Art. 28 Abs. 6 RWG).

[653] Die Berufsstandards der Sachverständigen für Vermögensbewertung, die von dem polnischen Verband der Sachverständigen seit 1994 ausgegeben werden, kennen neben dem Wiederherstellungswert einer Liegenschaft auch verschiedene weitere Arten des Marktwertes, so den Marktwert

Wertes aufgeführt. Im Geschäftsverkehr spielt der Marktwert der Liegenschaft zweifellos die wichtigste Rolle. Bei der Risikogewichtung in Bezug auf die Kreditgewährung wird der Marktwert der Liegenschaft im europäischen Recht[655] als der Preis bezeichnet, zu dem die Immobilie im Rahmen eines privaten Vertrags zwischen einem verkaufsbereiten Verkäufer und einem unabhängigen Käufer zum Zeitpunkt der Schätzung verkauft werden könnte. Hierbei ist zunächst die Annahme zugrunde zu legen, dass die Immobilie öffentlich auf dem Markt angeboten wird, dass die Marktbedingungen eine ordnungsgemäße Veräußerung ermöglichen und dass schließlich für Verkaufsverhandlungen ein im Hinblick auf die Art der Immobilie ausreichender Zeitraum zur Verfügung steht.

Der Marktwert gemäß der EU-Richtlinie schlägt sich auch in den internationalen Standards IVSC[656] sowie in den EVS,[657] also in den Standards der Berufsorganisation TEGoVA,[658] nieder, die die Sachverständigenverbände der meisten EU-Länder vereinigt.[659] Die polnischen Standards[660] und das GBL enthalten ebenfalls fast die gleiche Regelung.[661]

---

bei aktueller Nutzungsart, bei alternativer Nutzungsart, bei optimaler Nutzung, beim Notverkauf sowie bei zukünftigem Verkauf - Standard III.1 (*Kucharska-Stasiak*, (2000), 24 f.); ähnliche Arten des Liegenschaftswertes sind in den internationalen Standards IVSC (International Valuers Standards Committee, London 2000) sowie in EVS 2003 von TEGoVA (The European Group of Valuers' Associations) enthalten, wobei die Standards der letzen Organisation auch den durch die Internationalen Rechnungslegungsstandards (vgl. Accounting Standards 1999/2000, London 1999, 555) geregelten sog. redlichen Wert (*fair value*) und den negativen Wert kennen; *Kalus*, WGO 1/2003, 24, 27 f.

654 Vgl. *Kucharska-Stasiak*, (2000), 16 f. Diese unterscheidet u.a. zudem auch den Mietwert (*rental value*), den Nutzungswert (*use value*), den Austauschwert, den Versicherungswert und den Investitionswert (*investment value*). Einen Überblick über verschiedene Wertbegriffe in der deutschen Literatur gibt *Rüchardt*, (2001), 13 - 20.

655 Vgl. Art. 62 Abs. 1 lit. i *in fine* der Bankentätigkeitsrichtlinie. Eine ähnliche Definition enthält Art. 49 (2) der RL 91/674/EWG des Rates vom 19.12.1991 über den Jahresabschluss und den konsolidierten Abschluss von Versicherungsunternehmen, ABl. EG 1991 L 374/7.

656 International Valuers Standards Committee; zu den internationalen Wertermittlungsstandards *Rüchardt*, (2001), 20 - 23.

657 European Valuation Standards; zu den europäischen Wertermittlungsstandards *Rüchardt*, (2001), 17 - 20.

658 The European Group of Valuers' Associations, Standard 4. 25 ff.

659 Hierzu *Ostrzechowska*, PB 6/2003, 118; *Kalus*, WGO 1/2003, 24, 28.

660 Vgl. Standard V.1; *Ostrzechowska*, PB 6/2003, 119.

661 Art. 151 Abs. 1 GBL definiert den Marktwert einer Liegenschaft als deren auf dem Markt am wahrscheinlichsten zu erreichender Preis, der unter Berücksichtigung der Transaktionspreise und bei der Annahme bestimmt wird, dass die Vertragspartner voneinander unabhängig waren, nicht unter Zwang handelten, die entschlossene Absicht hatten, den Vertrag abzuschließen und die für die Vermarktung der Liegenschaft und für die Vertragsverhandlung erforderliche Zeit abgelaufen ist.

(2) Der deutsche Verkehrswert als Marktwert

In Deutschland hat sich nach den europäischen Sachverständigenwesenbegriffen der Begriff des *Market Value* eingebürgert. Die Sachverständigenverbände haben sich bei diesem Begriff auf eine Definition[662] geeinigt, die nunmehr lautet: „*Der Marktwert ist der geschätzte Betrag, für welchen ein Immobilienvermögen - am Tag der Bewertung- zwischen einem verkaufsbereiten Veräußerer und einem kaufbereiten Erwerber, nach angemessenem Vermarktungszeitraum, in einer Transaktion im gewöhnlichen Geschäftsverkehr ausgetauscht werden sollte, wobei jede Partei mit Sachkenntnis, Umsicht und ohne Zwang handelt.*"[663] Besonders hervorzuheben sind dabei die Begriffe „am Tag der Bewertung", was eine „Stichtagsbezogenheit" meint, „nach angemessener Vermarktungsdauer", womit das Angebot auf dem Markt gemeint ist und schließlich „Sachkenntnis und Umsicht", wobei hier die Berücksichtigung der Marktlage am Stichtag relevant ist.

Die Rechtsgrundlage der Bewertung einer Immobilie in Deutschland bildet jedoch der Begriff des „Verkehrswertes", der in § 194 des Baugesetzbuches (BauGB)[664] definiert ist. Bei der Ermittlung des Verkehrswertes von Grundstücken sind die Vorschriften der Verordnung über Grundsätze für die Ermittlung der Verkehrswerte von Grundstücken - Wertermittlungsverordnung (WertV) vom 6. Dezember 1988 anzuwenden.[665] Als Kurzdefinition lässt sich dabei auch der Verkehrswert als Preisprognose für den Interessenausgleich zwischen Anbieter und Nachfrager verstehen.[666] Dieser ist ein Stichtagswert.[667] In Deutschland wird anstelle des Marktwertes also der Verkehrswert genannt. Beide Begriffe sind aber an sich gleich.[668] Dies wurde bei der letzten BauGB-Novelle von 2004[669] dadurch noch deutlicher gemacht, dass in § 194 BauGB nach dem Wort „der Verkehrswert" das Wort „(Marktwert)" eingefügt wurde.[670]

---

662 Diese Definition ist eine gemeinsame der IVSC, TEGoVA und RICS.

663 Die Übersetzung vom Englischen ins Deutsche entstammt European Valuation Standards aus dem Jahre 2003; zu den Erläuterungen der einzelnen Begriffe dieser Definition *Brühl*, (2004), 25 - 28.

664 Gesetz vom 23.6.1960 (BGBl. 1960 I 341), in der Fassung vom 27.8.1997 (BGBl. 1997 I 2141), zuletzt geändert durch das Europarechtsanpassungsgesetz Bau vom 24.6.2004 (BGBl. 2004 I 1359) in der Neufassung der Bekanntmachung vom 23.9.2004 (BGBl. 2004 I 2414).

665 Verordnung vom 6.12.1988 (BGBl. 1988 I 2209), zuletzt geändert durch Art. 3 des Gesetzes zur Änderung des Baugesetzbuchs und zur Neuregelung des Rechts der Raumordnung (Bau- und Raumordnungsgesetz 1998 - BauROG) vom 18.8.1997 (BGBl. 1997 I 2081).

666 Vgl. *Brühl*, (2004), 30.

667 Vgl. *Rüchardt*, (2001), 15.

668 Hierzu http://www.hypzert.de.

669 Vgl. Art. 1 Nr. 60 des Gesetzes zur Anpassung des Baugesetzbuches an EU-Richtlinien (Europarechtsanpassungsgesetz Bau - EAG Bau) vom 24.6.2004 (BGBl 2004 I 1359).

670 Art. 194 BauGB lautet jetzt: „Der Verkehrswert (Marktwert) wird durch den Preis bestimmt, der in dem Zeitpunkt, auf den sich die Ermittlung bezieht, im gewöhnlichen Geschäftsverkehr

Auch der Sach-, Ertrags-, und Vergleichswert sind von Bedeutung, wobei sich ersterer an den Herstellungskosten und vor allem an der Vergangenheit orientiert, während der zuletzt genannte Wert an der Renditeerwartung des möglichen Käufers an der Zukunft orientiert ist. Der Vergleichswert orientiert sich an einem bereits vollzogenen Interessenausgleich zwischen den Marktteilnehmern. Bei dem Verkehrswert sind neben den grundstücksspezifischen Merkmalen[671] auch die Gegebenheiten rechtlicher Art von Bedeutung.[672]

(3) Der zukunftsorientierte Hypothekenbank-Beleihungswert

Der auf diese Weise formulierte aktuelle Marktwert gilt allerdings nur für den Stichtag der Bewertung und berücksichtigt nicht die künftige Marktentwicklung.[673] Beim Hypothekengeschäft soll aber der Liegenschaftswert und auch dessen mögliche Änderung berücksichtigt werden. Hier besteht ein besonders hohes Risiko, dass die Bankforderungen im Falle des Wertabsturzes von Liegenschaften nicht ausreichend befriedigt werden. Der Wert der hypothekarisch besicherten Liegenschaft, die als Deckung zur Ausgabe von Pfandbriefen dient, kann sich also aufgrund verschiedener Faktoren im Zeitraum der Kreditrückzahlung ungünstig verändern, was die Sicherheit der Forderungen der Pfandbriefgläubiger gefährden würde. Auf das Ausmaß des Risikos haben nicht nur die Bedingungen Einfluss, die sich aus dem Charakter, der Rechtslage oder dem physikalischen Zustand der Liegenschaft ergeben. Einen enormen Einfluss haben vor allem allgemeine Änderungen in der Wirtschaft, das Niveau der Arbeitslosigkeit, das Niveau der sozialen Absicherung, die Inflation und sogar die sich mit der Zeit ändernden Vorstellungen und Anforderungen der potenziellen Käufer der Liegenschaften. Eine Krise auf dem Liegenschaftsmarkt kann indirekt auch durch eine Änderung der geltenden Vorschriften wie einer Aufhebung steuerlicher Abschreibungsmöglichkeiten, durch die Verarmung der Bevölkerung oder durch Migrationsbewegungen verursacht werden.[674]

Die Bestimmung des Marktwertes einer Liegenschaft ist für einen Kreditgeber, insbesondere für Hypothekenbanken, also nicht ausreichend. Daher sieht das Gesetz über Pfandbriefe und Hypothekenbanken einen neuen, bisher dem polnischen Recht unbekannten Hypothekenbank-Beleihungswert der Liegen-

---

nach den rechtlichen Gegebenheiten und tatsächlichen Eigenschaften, der sonstigen Beschaffenheit und der Lage des Grundstücks oder des sonstigen Gegenstands der Wertermittlung ohne Rücksicht auf ungewöhnliche oder persönliche Verhältnisse zu erzielen wäre."

[671] Z.B. die bauliche Nutzung, die Lage und Bodenertragsfähigkeit.

[672] Z.B. das Erbbaurecht oder Verfügungsbeschränkungen. Unberücksichtigt bleiben persönliche Verhältnisse und sonstige Umstände.

[673] Ausgenommen des Liegenschaftszinses.

[674] Vgl. *Kaniowski*, (2001), 121; *Kalus*, WGO 1/2003, 24, 25.

schaft[675] vor, der nach der Beurteilung der Hypothekenbank das mit der Liegenschaft als Gegenstand einer Besicherung von Krediten der Hypothekenbank verbundene Risikoniveau widerspiegeln soll.[676]

Dieselbe Wertart, bezeichnet als „Beleihungswert“, wurde auch durch die Änderung des Art. 11 Abs. 4 der RL 89/647/EWG[677] in das europäische Recht eingeführt. Der Beleihungswert wird dort als der Wert der Immobilie definiert, der von einem Schätzer ermittelt wird. Dieser nimmt eine sorgfältige Schätzung der künftigen Marktgängigkeit der Immobilie unter Berücksichtigung ihrer dauerhaften Eigenschaften, der normalen und örtlichen Marktbedingungen, ihrer derzeitigen Nutzung sowie angemessenen Alternativnutzungen vor.[678]

Der Beleihungswert spielt auch im deutschen Recht eine überragend wichtige Rolle.[679] Hinsichtlich der Zweckbestimmung und der Methodik der Ermittlung stellt der Beleihungswert einen eigenständigen Wert dar, der die Werthaltigkeit des zur Sicherung vereinbarten Grundpfandrechtes für einen möglichst langen Zeitraum abschätzt.[680]

bb. Vergleich

Zwischen den beiden Arten des Liegenschaftswertes gibt es also wichtige Unterschiede, wobei die genannten Richtlinien immer die Festlegung des Marktwertes entweder zusammen mit dem Hypothekenbank-Beleihungswert oder anstatt des Hypothekenbank-Beleihungswertes empfehlen. In machen EU-Ländern hat sich der Hypothekenbank-Beleihungswert allerdings nicht durchgesetzt. Diese Art des Wertes wird dort also nicht angewendet. Dort jedoch, wo er existiert, besteht weiterhin auch mit dem Europäischen Hypothekenverband die Diskussion über die Grundsätze der Anwendung dieses Wertes, insbesondere über die einzelnen Elemente seiner Feststellung.[681]

---

675 Aus dem polnischen „wartość bankowo-hipoteczna nieruchomości". Dies entspricht dem im deutschen Recht verwendeten Begriff „Beleihungswert“ (vgl. § 12 HBG). In der Literatur wird der polnische Begriff auch als Hypothekenbankimmobilienwert übersetzt; vgl. *Stöcker*, (1998), 96, 270.

676 Vgl. Art. 2 Nr. 1 PHBG.

677 Vgl. Art. 1 Nr. 2 der RL 98/32/EG des Europäischen Parlaments und des Rates vom 22.6.1998 zur Änderung – in Hinblick auf Hypotheken - der RL 89/647/EWG des Rates über einen Solvabilitätskoeffizienten für Kreditinstitute, ABl. EG 1998 L 204/26; übernommen von Art. 62 Abs. 1 lit. i, b der Bankentätigkeitsrichtlinie.

678 Spekulative Gesichtspunkte fließen in die Schätzung des Beleihungswertes nicht ein. Der Beleihungswert ist in transparenter und eindeutiger Weise zu belegen.

679 Zum Beleihungswert in Deutschland *Rüchardt*, (2001), *passim*.

680 Vgl. S. 11 der Wertermittlungsrichtlinie des genossenschaftlichen FinanzVerbundes für das Immobilienkreditgeschäft (WRL FV), Version 2, und das Grundsatzpapier zum Beleihungswert in der Anlage VII S. 77 dazu.

681 *Kalus*, WGO 1/2003, 24, 28.

Vergleicht man den Marktwert einer Liegenschaft - lediglich unter der Berücksichtigung der Zeitperspektive - mit einem am Tage der Kreditvergabe gemachten Foto, so ist der Hypothekenbank-Beleihungswert eine Filmpräsentation, die den Änderungsprozess des Liegenschaftswertes im Laufe der hypothekarischen Sicherung darstellt. Die entscheidenden Unterschiede zwischen Marktwert (Verkehrswert) und Hypothekenbank-Beleihungswert (Beleihungswert) sind demnach die, dass beim ersteren der Tag der Bewertung, beim letzteren die Vergangenheit, Gegenwart und Zukunft entscheidet und dass beim ersteren die tatsächlichen im Zeitpunkt der Bewertung aktuell vorhandenen Eigenschaften von Bedeutung sind, während beim Beleihungswert nur die dauerhaften Eigenschaften des Grundstücks, die nachhaltig wirken, Berücksichtigung finden dürfen.[682]

Die bisherige Praxis bei der Anwendung beider Wertarten führt zu der Schlussfolgerung, dass sich der zukunftsorientierte Hypothekenbank-Beleihungswert dem aktuellen Marktwert in der Regel annähert, wobei der Grad der Annäherung von der Wirtschaftslage des jeweiligen Landes abhängig ist. In den Ländern mit stabiler Wirtschaftslage, wofür Deutschland ein besseres Beispiel darstellt, sind die Werte eher konvergent.[683] Auf den instabilen Märkten, wie z.B. in den postkommunistischen Ländern ist das hingegen nicht der Fall. In solchen Ländern wird somit von denjenigen Personen, die den Hypothekenbank-Beleihungswert bestimmen, eine komplizierte Analyse verlangt, die ihnen die detaillierte Interpretation der Daten und ihre Beurteilung ermöglicht.

b. Die Bestimmung des Hypothekenbank-Beleihungswertes

aa. Allgemeine Regelung

(1) Polnische Regelung

Das PHBG enthält lediglich allgemeine Regelungen zur Bestimmung des Hypothekenbank-Beleihungswertes. Art. 22 Abs. 1 PHBG, dessen Inhalt im wesentlichen mit der oben erwähnten EU-Richtlinie sowie mit § 12 Abs. 1 S. 2 HBG übereinstimmt, sieht vor, dass die erforderliche Sorgfalt und Vorsicht bei der Feststellung des Hypothekenbank-Beleihungswertes beachtet werden muss. Zu berücksichtigen sind insbesondere nur solche Eigenschaften der Liegenschaft und der mit ihr verbundenen Erträge, die bei der Annahme rationaler Nutzung einen Dauercharakter haben können und die jeder Besitzer dieser Liegenschaft

---

[682] Zur tabellarischen Übersicht der Unterschiede vgl. S. 12 WRL FV.

[683] Dabei sind allerdings Unterschiede der wirtschaftlichen Entwicklung in den alten und den neuen Bundesländern zu berücksichtigen.

erzielen kann.[684] Der Hypothekenbank-Beleihungswert ist aufgrund eines schriftlichen Gutachtens zu erstellen, das mit der Unterschrift seines Erstellers zu versehen ist und das der Bankaufsichtskommission und dem Treuhänder die entsprechende Kontrolle des Risikos der Hypothekenbank im Zusammenhang mit der Liegenschaft als Gegenstand der Besicherung ermöglichen soll. Das erstellte Gutachten gibt allerdings nur einen Vorschlag, aufgrund dessen die Hypothekenbank den endgültigen Hypothekenbank-Beleihungswert unter der Berücksichtung anderer Risikofaktoren, die für die Tätigkeit der Bank charakteristisch sind, bestimmt.[685]

(2) Deutsche Regelung

Bei dem deutschen Beleihungswert ist zu unterscheiden, ob es sich um den ermittelten[686] oder den festgesetzten[687] Beleihungswert handelt. Die Kriterien für beide regelt § 12 HBG.[688] Die hier richtungweisenden Kriterien sind ebenfalls die dauernde Objekteigenschaft und die nachhaltig erzielbaren Erträge für jeden Besitzer. Charakteristisch ist dabei, dass bei der Ermittlung des Beleihungswertes die Sicherheitsbedürfnisse des Kreditgebers dominieren.[689] Dieses erfordert im Einzelnen eine in die Zukunft gerichtete, möglichst große Beständigkeit des ermittelten Wertes, die Verwendung von aus dem Marktgeschehen der Gegenwart und Vergangenheit abgeleiteten beständigen Wertkomponenten, die über den Zeitraum der Prognose als dauerhaft eingeschätzt werden und somit als objektive Maßstäbe dienen, die Ausschaltung aller zukunftsorientierten ungesicherten Ertrags- und Wertsteigerungen etc. Dabei ist die vorsichtige Ermittlung eines dauerhaft erzielten Wertes maßgebend.[690]

---

684 Art. 22 Abs. 1 PHBG; vgl. § 12 Abs. 1 S. 2 HBG.

685 Der Hypothekenbank-Beleihungswert wird vom Vorstand der Bank oder durch eine von ihm festgesetzte Person (eine Organisationseinheit der Bank) aufgrund der Ergebnisse des Gutachtens festgelegt; Pkt. I. 1.9. Empfehlung F.

686 Der von dem Sachverständigen ermittelte Ausgangswert für die Beleihung; Verkaufswert im Sinne des § 12 HBG; hierzu *Rüchardt*, (2001), 18.

687 Der von der Bank endgültig angenommene Beleihungswert im Sinne des § 12 HBG.

688 Zum Aufbau einer Wertermittlung nach § 12 HBG http://www.hypzert.de/anforderungen.php.

689 Vgl. Grundsatzpapier zum Beleihungswert von Immobilien; Pkt.1 Die Philosophie des Beleihungswertes im Sinne des § 12 HBG.

690 Der Beleihungswert eines Grundstücks lässt sich demnach als der Wert definieren, von dem aufgrund langfristiger Kenntnisse des Marktgeschehens zum Zeitpunkt der Bewertung auf einer Basis der dauerhaften und zukunftsorientierten Merkmale mit hoher Wahrscheinlichkeit erwartet werden kann, dass er über einen langen, in die Zukunft gerichteten Zeitraum im normalen Geschäftsverkehr realisiert wird (Definition des Beleihungswertes in Pkt. II des Grundsatzpapiers zum Beleihungswert); http://www.hypzert.de.

bb. Detaillierte Regelung

(1) Die polnische Empfehlung F

In detaillierten Grundsätzen wird in Polen auf die Wertermittlungsordnung für Immobilien verwiesen, die jede Hypothekenbank nach Art. 22 Abs. 5 PHBG aufzustellen hat. Um eine Beliebigkeit im Bereich der durch die Banken verwendeten Methoden zur Wertermittlung der Immobilien auszuschließen und so das damit verbundene Risiko einzuschränken, bedarf diese Ordnung sowie jede Änderung der Genehmigung der Bankaufsichtskommission.[691] Die grundlegenden Kriterien der Beurteilung der durch die Hypothekenbank erlassenen Wertermittlungsordnung für Immobilien, die von der Bankaufsichtskommission verwendet werden, sind in einer sog. Empfehlung F (*Rekomendacja F*)[692] enthalten, deren erste Fassung am 12. November 1998 vom Generalinspektorat für die Bankaufsicht[693] veröffentlicht wurde. Die Empfehlung F war das Ergebnis langer Konsultationen und Diskussionen mit ausländischen Experten, bei denen deutsche und amerikanische Sachverständige die führende Rolle gespielt haben. In der Empfehlung sind die Mindestkriterien unter Berücksichtigung der Bedingungen des polnischen Marktes enthalten. Wie im Begleitschreiben zu der Empfehlung zu lesen ist, weist diese die Bankaufsichtskommission auf die Philosophie und die Richtungen bezüglich der Methodologie zur Durchführung einer vorsichtigen Wertermittlung hin. Damit sind diese Mindestkriterien in den zu genehmigenden Wertermittlungsordnungen der Immobilien zu berücksichtigen. Die Empfehlung F bestimmt also die Aufgaben des Gutachtens über den Hypothekenbank-Beleihungswert sowie detaillierte Grundsätze für dessen Erstellung und Beurteilung und kann daher als die grundlegende, in Polen geltende Auslegung des Hypothekenbank-Beleihungswertes der Liegenschaft angesehen werden.[694]

---

[691] Eine ähnliche Regelung sah Art. 76 der Verordnung des Präsidenten über das Bankrecht von 1928 vor; im deutschen Recht vgl. § 13 HBG.

[692] Die Empfehlung F ist eine von vielen Empfehlungen, die das Generalinspektorat für die Bankaufsicht im Rahmen der Wahrnehmung seiner Aufgaben angefertigt hat. Die Empfehlung hat dabei Richtlinienqualität. Sie ist kein allgemein geltender Rechtsakt, sondern besitzt lediglich bankinternen Charakter. Sie richtet sich entweder an den ganzen Bankensektor oder an bestimmte Bankgruppen und ist für die Adressaten verbindlich. Die Empfehlungen sind nach Buchstaben nummeriert; zu allen bis jetzt ausgegebenen Empfehlungen http://www.nbp.pl/; zur deutschen, aktualisierten Fassung der Empfehlung F (2003) http://www.hypverband.de; ausschließlich für die Hypothekenbanken gilt neben der Empfehlung F noch die Empfehlung K; hierzu S. 276 f.

[693] Das Generalinspektorat für die Bankaufsicht ist das innerhalb der Struktur der polnischen Nationalbank organisatorisch abgegrenzte Organ, dem die Umsetzung sowie die Koordination der Entscheidungen und der von der Bankaufsichtskommission auferlegten Aufgaben obliegt; vgl. Artt. 25 und 29 NBG.

[694] Vgl. *Ostrzechowska,* PB 6/2003, 120. Kritisch dazu äußerte sich der Verband der polnischen Vermögenssachverständigen; vgl. *A. Kalus*, Nieruchomości 4/2000, 5 f.

(2) Deutsche Wertermittlungsrichtlinien für den Beleihungswert

Die Grundlage für die Ermittlung des Beleihungswertes bilden in Deutschland das Grundsatzpapier zum Beleihungswert vom 14. Oktober 1996 und das Papier „Wesentliche Aspekte der Beleihungswertermittlung" vom 3. Juni 1998.[695] Die Beleihungswertermittlung erfolgt nach inhaltlichen und methodischen Prinzipien. Diese werden in einer allgemeinen, nach § 13 HBG durch jede Hypothekenbank erlassenen und von der Bankaufsichtsbehörde genehmigten Wertermittlungsanweisung festgesetzt. Diese orientiert sich aber an den Prinzipien der Grundsatzpapiere. Dabei werden vor allem drei wertbestimmende Hauptparametern berücksichtigt: Mietausgangsgrößen, Bewirtschaftungskosten und Kapitalisierungszinssätze.

Eine Wertermittlungsanweisung stellt zudem eine interne Regelung dar und ist nicht für die Öffentlichkeit bestimmt.[696] Sie hat die Bedeutung einer Wertermittlungsrichtlinie, die für mehrere Banken gelten kann.[697] Trotz weitgehender Ähnlichkeit der Anweisungen in einzelnen Hypothekenbanken gibt es keine einheitliche Musterwertermittlungsanweisung, die für alle deutschen Hypothekenbanken gilt.[698] Interne Beleihungsrichtlinien haben zum Ziel, die Beachtung des § 12 Abs. 1 HBG zu gewährleisten. Sie berücksichtigen die Bewertungsmethoden[699] und Gegebenheiten an den Immobilienmärkten und enthalten gesonderte Regeln, nach denen das Gutachten erstellt werden muss und an die sich die Gutachter zu halten haben. Bezogen etwa auf die Inlandsgeschäfte bildet das sog. Zwei- Säulen-Prinzip ein übliches Kontrollinstrument, nach dem der Sach- und der Ertragswert des Objekts unabhängig voneinander ermittelt werden.[700] Darüber hinaus können Wertermittlungsanweisungen auch zusätzliche Regelungen enthalten, die für die Wertermittlung von Bedeutung sind, wie etwa Bestimmungen bezüglich der Auswahl des Gutachers,[701] die Wertermittlungsmethodik sowie die Bestimmung der beleihungsfähigen Objekte etc.[702] Es gibt also eine Art „Empfehlung F", deren Regelungen aber in bestimmten Richtlinien enthalten sind. Dabei muss das Ziel der Bewertung sein, Sicherheiten vorsichtig und nachhaltig zu bewerten. Diese Wertermittlungsrichtlinien für Immobilienkreditgeschäfte sind

---

695 Beide Grundsatzpapiere wurden vom VdH erstellt. Diese sind bei *Rüchardt*, (2001), auf S. 78 - 87 bzw. auf S. 88 - 112 zu finden. Das Grundsatzpapier zum Beleihungswert ist u.a. zudem in WRL FV in der Anlage VII S. 77 - 83 abgedruckt.

696 *Bellinger/Kerl*, (1995), § 13 HBG Rn. 3.

697 Vgl. WRL FV, die vom Bundesverband der deutschen Volksbanken und Raiffeisenbanken (BVR) erlassen wurde.

698 Vgl. *Bellinger/Kerl*, (1995), § 13 HBG Rn. 11.

699 Zu methodischen Vorkehrungen bei der Beleihungswertermittlung *Rüchardt*, (2001), 34 - 41.

700 Hierzu *Rüchardt*, (2001), 23; vgl. Pkt. V. Nr. 1 Methodik der Beleihungswertermittlung im Grundsatzpapier zum Beleihungswert von Immobilien.

701 Vgl. WRL FV, S. 7 - 9.

702 Hierzu die Anlage I in WRL FV, S. 52 - 54.

für alle Immobilienbewertungen gültig[703] und bilden die Grundlage für die Überprüfung interner sowie externer Wertermittlungen. Die Sicherung einer Einhaltung der Wertermittlungsanweisungen gehört zu der Aufgabe der Bankaufsichtsbehörde sowie zu der des Treuhänders. Dieser muss die Indeckungnahme verweigern, wenn er feststellt, dass die Wertermittlungsanweisung nicht beachtet worden ist oder die Wertermittlung aufgrund einer von der Bankaufsichtsbehörde noch nicht genehmigten Anweisung erfolgte.[704]

c. Die Ordnungsmäßigkeitskontrolle des Treuhänders

aa. Wertermittlungsordnung als Kontrollmaßstab

Die Überprüfung des festgelegten Hypothekenbank-Beleihungswertes gehört sowohl in Polen als auch in Deutschland zu den Aufgaben des Treuhänders. Ihm obliegt nicht die Überprüfung, ob der Hypothekenbank-Beleihungswert einer Liegenschaft deren tatsächlichen Wert entspricht.[705] Nach Art. 30 Nr. 2 PHBG[706] hat er darauf zu achten, ob der durch die Hypothekenbank bestimmte Hypothekenbank-Beleihungswert der Liegenschaft ordnungsgemäß ermittelt worden ist. Die materielle Überprüfung liegt dagegen im Tätigkeitsbereich der Bankaufsichtskommission,[707] die im Gegensatz zum Treuhänder das ganze Geschäftsumfeld der Hypothekenbank nicht nur zu kontrollieren, sondern auch zu beaufsichtigen hat.[708] Die formelle Prüfung des Gutachtens umfasst alle Angaben, von denen in

[703] Die Wertermittlungsrichtlinie legt einen materiellen Standard fest, der für Realkredite und auch sonstige Kredite gilt, die durch Immobilien gesichert sind.

[704] Vgl. *Bellinger/Kerl*, (1995), § 13 HBG Rn. 10.

[705] Dieses entspricht auch dem deutschen Recht, sofern ein ermittelter nachhaltiger Wert vorliegt und der Treuhänder festgestellt hat, dass das Verfahren der ordnungsgemäßen Ermittlung des Wertes eingehalten wurde; vgl. *Bellinger/Kerl*, (1995), § 30 Rn. 10.

[706] Vgl. § 30 Abs. 1 Hs. 2 HBG.

[707] Dieses gilt auch im deutschen Recht, wonach auch die Bankaufsichtsbehörde die materielle Prüfung vornehmen kann; vgl. *Bellinger/Kerl*, (1995), § 30 HBG Rn. 11.

[708] Die Bankaufsichtskommission kann auch einen unabhängigen Experten mit der Überprüfung der Ermittlung des Hypothekarbank-Beleihungswertes der Liegenschaften beauftragen (vgl. Art. 34 Abs. 3 PHBG). Da die Kosten dieses Auftrages von der kontrollierten Bank zu tragen sind, soll die Bankaufsichtskommission dieses Recht nur in zweifelhaften Fällen in Anspruch nehmen. Die regelmäßige und zahlreiche Vergabe von Aufträgen würden zur finanziellen Überlastung der Hypothekenbank führen. Da die formelle Ordnungsmäßigkeitsprüfung auch zu den Aufgaben des Treuhänders gehört, ist anzunehmen, dass sich die Bankaufsichtskommission in der Praxis auf ihn verlässt und sich auf die materielle Überprüfung des Hypothekenbank-Beleihungswertes konzentriert.

Empfehlung F die Rede ist.[709] Den Prüfungsmaßstab für den Treuhänder bestimmt allerdings nicht die Empfehlung F, sondern die in der Hypothekenbank geltende, aufgrund des PHBG erlassene und von der Bankaufsichtskommission genehmigte Wertermittlungsordnung.[710] Verlangt die Wertermittlung der Hypothekenbank besondere Angaben, die über die Anforderungen der Empfehlung F hinausgehen, so sollten diese im Gutachten enthalten sein.

bb. Keine Einschränkungen der formellen Kontrolle

Der formelle Prüfungsumfang des Treuhänders wurde von beiden Gesetzgebern nicht näher bestimmt. Weder aus dem PHBG noch aus dem HBG ergeben sich Einschränkungen dieser Prüfung. Nach dem Wortlaut der Gesetze soll der Treuhänder daher verpflichtet sein, die formelle Prüfung in vollem Umfang sorgfältig durchzuführen. Dementsprechend ist der Treuhänder verpflichtet zu prüfen, ob der Hypothekenbank-Beleihungswert der in der Pfandbriefdeckung genommenen Liegenschaft ordnungsgemäß festgestellt wurde. Er prüft also, ob bei der Erstellung des Hypothekenbank-Beleihungswertes der Liegenschaft die gesetzlichen und bankinternen formellen Kriterien eingehalten worden sind.[711]

Bei dieser Prüfung hat der Treuhänder zuerst auf die Liegenschaftsart zu achten. Art. 23 Abs. 2 PHBG (§ 12 Abs. 3 S. 2 HBG) verweigert nämlich die Indeckungnahme derjenigen Liegenschaften, deren zweckmäßige Wirtschaft

---

[709] Nach Pkt. I. 1.3. Empfehlung F sollte das Gutachten zudem insbesondere folgende Informationen enthalten:
a) das Datum der Erstellung des Gutachtens,
b) die Information über die Quellen der benutzten Daten, welche die gegebene Immobilie betreffen können (insbesondere der örtliche Raumordnungsplan des gegebenen Geländes),
c) die Art der gegebenen Immobilie und ihre Beschreibung (einschließlich der photographischen Dokumentation und entsprechender Pläne),
d) die Beschreibung des Standortes,
e) die Charakteristik der Qualitätsmerkmale (Nutzungsvorzüge, Vollendungs- und Ausstattungsstandard),
f) die Information über die Rechtslage der gegebenen Immobilie (z.B.: Eigentum, Miteigentum, ewiger Nießbrauch, Belastungen),
g) die Beschreibung der zusätzlichen technischen Innen- und Außenausstattung, die einen Bestandteil der gegebenen Immobilie darstellt,
h) die Beurteilung der langfristigen Möglichkeit des Verkaufs der gegebenen Immobilie (unter Berücksichtigung der alternativen Nutzungsmöglichkeiten),
i) die Unterschrift der die Expertise erstellenden Person.

[710] Dies entspricht der Wertermittlungsanweisung im deutschen Recht, von der in § 13 HBG die Rede ist.

[711] Im polnischen Recht sind hier das PHBG und die Wertermittlungsordnung maßgebend. In Deutschland beinhaltet die Aufgabe des Treuhänders auch die Überprüfung der formellen Ordnungsmäßigkeit des Gutachtens mit dem HBG und mit der nach § 13 HBG erlassenen Wertermittlungsanweisung; vgl. *Bellinger/Kerl*, (1995), § 30 HBG Rn. 11.

keinen dauerhaften Charakter hat. Aus diesem Grund schließt der Gesetzgeber die Deckungsfähigkeit der Lagerstätten von Berggut ausdrücklich aus.[712] Dasselbe betrifft alle anderen Liegenschaften, die keinen dauernden Ertrag gewährleisten. Ob die beliehene Liegenschaft tatsächlich ertragsfähig ist, soll sich allerdings aus dem Gutachten über den Hypothekenbank-Beleihungswert ergeben.

Seine Prüfung umfasst ferner die Übereinstimmung des vorgenommenen Wertermittlungsverfahrens mit den wichtigsten Grundsätzen.[713] Das erstellte Gutachten muss außer einem konkreten Vorschlag des Hypothekenbank-Beleihungswertes daher ein übersichtliches Verfahren für dessen Festsetzung enthalten. Alle Ergebnisse der Analysen sollen einschließlich einer entsprechenden Begründung transparent dargestellt werden, um der Bankenaufsicht und dem Treuhänder eine erforderliche Kontrolle des Grades des durch die Bank eingegangenen Risikos zu ermöglichen.[714] Um die Wiederherstellung und Überprüfung des ganzen Prozesses der Analyse nicht nur dem Treuhänder, sondern auch den hierzu befugten Mitarbeitern der Bank und der Bankenaufsichtskommission zu erleichtern, soll das Gutachten auf den von der Bank erarbeiteten Formularen erstellt werden.[715]

Schließlich muss klargestellt werden, dass der Treuhänder lediglich eine stichprobenmäßige Kontrolle der Gutachten vornimmt; bei der großen Anzahl von Kreditvergaben wäre er nicht in der Lage, alle Gutachten auch nur formellrechtlich zu kontrollieren.

---

[712] In § 12 Abs. 3 S. 2 f. HBG ist ausdrücklich von der Deckungsunfähigkeit von Gruben, Brüchen und Bergwerken die Rede.

[713] Im deutschen Schrifttum war dies nicht so offensichtlich. Manche Stimmen in der Literatur besagten, dass die Prüfung ordnungsgemäß und lückenlos durch den Treuhänder durchgeführt werden musste. Sie stützten sich auf die Tatsache, dass eine Prüfung des Treuhänders, ob der Wert nach den Wertermittlungsanweisungen (§ 13 HBG) erfolgt war, nur dann ordnungsgemäß und vollständig sein kann, wenn auch die Bewertungsfaktoren beurteilt worden sind; eine eingehende Beschäftigung mit der Wertermittlung könne dabei nicht unterbleiben (*Dannenbaum*, (1928), § 30 HBG Anm. 3; *Hofmann*, (1964), § 30 HBG Rn. 11). Andere plädieren dabei aufgrund der ansonsten zu hohen Arbeitsbelastung des Treuhänders darauf, dass dieser nur eine stichprobenartige Prüfung tätigen muss. Dieses bedeutet *in concreto*, dass er hinsichtlich der Wertermittlung darauf zu achten hat, dass alleine die wichtigsten Prinzipien der Wertermittlung beachtet wurden, dass also der Beleihungswert den Verkehrswert nicht übersteigt und dass ein ordnungsgemäßes Verhältnis zwischen Sach- und Ertragswert vorliegt, zudem dass die erforderliche Beleihungswertschätzung vorliegt (*Bellinger/Kerl*, (1995), § 30 HBG Rn. 19). Der zweiten Meinung ist hier Recht zu geben.

[714] Vgl. Pkt. III. 4.4. Empfehlung F.

[715] Vgl. Pkt. II 1.7. Empfehlung F.

cc. Kein formelles Verbot der Inhaltskontrolle

Da der Hypothekenbank-Beleihungswert aufgrund zwei voneinander unabhängiger Analysen[716] festgelegt wird, muss der Treuhänder zunächst prüfen, ob diese Analysen durchgeführt wurden.[717] Im Übrigen ist er aber nicht verpflichtet, weder in Polen, noch in Deutschland, die materielle Überprüfung dieser Analysen vorzunehmen. Dies ergibt sich schon aus der Einschränkung seiner Verpflichtung zur Ordnungsmäßigkeitsprüfung. Das bedeutet allerdings nicht, dass es ihm verboten ist, eine Inhaltskontrolle des Beleihungswertes durchzuführen.[718] Die regelmäßige Wahrnehmung dieser Befugnis ist aber nicht möglich. Sie würde nicht nur eine unzumutbare zeitliche Belastung für den Treuhänder bedeuten, sondern auch zur Beeinträchtigung der Geschäftsführung der Hypothekenbanken führen. Die materielle Überprüfung des Beleihungswertes könnte zudem auch die fachlichen Kompetenzen des Treuhänders überschreiten. Weder das PHBG noch das HBG verlangt von ihm Fachkenntnisse im Bereich der Immobilienbewertung.[719]

In den Fällen, in denen das Gutachten an offensichtlichen Fehlern oder Widersprüchen leidet, soll er jedoch nicht nur berechtigt, sondern sogar verpflichtet sein, die Hypothekenbank darauf hinzuweisen und von dieser auch die Nach-

---

716 Analysiert werden die angemessenen, nachhaltigen gesamten Baukosten der Immobilie, (darunter der angemessenen, nachhaltigen Kosten des Grundstückserwerbs), abgeschlossen mitsamt der Festlegung ihrer Gesamtsumme und der langfristigen Ertragskraft der gegebenen Immobilie, und der Festlegung des Betrags der kapitalisierten Nettoeinnahmen, die aus der Immobilie langfristig erzielbar sind. Dabei ist der Ertragswert in Deutschland die technisch wirtschaftliche Restnutzungsdauer. Seine Ermittlung basiert im Wesentlichen auf der Diskontierung der Reinerträge der Immobilie auf den Bewertungsstichtag.

717 Für diejenigen Immobilien, die für eigene Wohnzwecke bestimmt sind und so vom Markt betrachtet werden, kann auf die Analyse der langfristigen Ertragskraft der Immobilie verzichten werden, wenn die begründete Erwartung besteht, dass für Immobilien der gegebenen Art (z.B. Eigentumswohnungen, Einfamilienhäuser, Reihenhäuser) in einer langfristigen Perspektive eine ausreichend lokale Nachfrage bei dem Preis vorhanden sein wird, der dem angenommenen Hypothekenbank-Beleihungswert entspricht, der aufgrund der Analyse der Baukosten festgesetzt wurde (vgl. Pkt. III 1.2. Empfehlung F). In Deutschland findet in der Regel der Vergleichswert bei Eigentumswohnungen Anwendung für die Ermittlung des Markt- und Beleihungswertes.

718 Vor der fünften HBG-Novelle war es aber nicht ganz klar, ob der deutsche Treuhänder solche Untersuchungen vornehmen durfte (die Begründung zu der fünften HBG-Novelle von 1963, BT-Drs. IV/624, Nr. 20 Zu Abs. 1, abgedruckt bei *Hofmann*, (1964), Anhang, S. 367). Der ursprüngliche Wortlaut des § 30 Abs. 1 Hs. 2 HBG war § 16 S. 2 der Mecklenburg-Strelitzschen Verordnung von 1894 ähnlich. Danach hatte der Pfandhalter, sofern der Beleihungswert der Pfandgrundstücke nach den Statuten festgesetzt war, nicht zu untersuchen, ob der wirkliche Wert den festgesetzten Wert erreichte (gegen die Durchführung der Untersuchung nach altem Recht *Dannenbaum*, (1928), § 30 HBG Anm. 4; aA zum geltenden Recht *Hofmann*, (1964), § 30 HBG Rn. 7; *Bellinger/Kerl*, (1995), § 30 HBG Rn. 11). Nach § 16 S. 2 der Mecklenburg-Strelitzschen Verordnung von 1894 hatte der Pfandhalter, sofern der Beleihungswert der Pfandgrundstücke nach den Statuten festgesetzt war, nicht zu untersuchen, ob der wirkliche Wert den festgesetzten Wert erreichte.

719 Vgl. *Bellinger/Kerl*, (1995), § 30 HBG Rn. 14.

prüfung des ermittelten Wertes zu verlangen.[720] Solange ihm das neue bzw. verbesserte Gutachten nicht vorgelegt wird, kann er verweigern, die auf dessen Grund bestellte Hypothek in die Deckungsmasse der Hypothekenpfandbriefe zu nehmen.[721] Im Übrigen sollte man sich auch der Ansicht[722] anschließen, nach der der Treuhänder die Indeckungnahme auch aus Gründen verweigern kann, die zwar außerhalb des Beleihungswertes liegen, aber deren Auftreten den Risikofaktor erheblich erhöhen und Wertverluste verursachen könnte.[723] Im Streitfall entscheidet die Bankaufsichtsbehörde.[724]

Der Treuhänder soll vor allem dann reagieren, wenn von der Bank akzeptierte Gutachten zum Ergebnis führen, dass der ermittelte Wert den tatsächlichen Wert offensichtlich überschreitet und dadurch das Interesse der Pfandbriefgläubiger gefährdet. Das Gutachten über den Hypothekenbank-Beleihungswert soll auf jeden Fall die erforderliche Begründung für alle darin berücksichtigten Parameter enthalten.[725] Dazu ist gleichwohl die Ansicht zu vertreten, dass der Treuhänder auf die offensichtliche und ihm bekannte Wertherabsetzung der Liegenschaft auch nach ihrer Indeckungnahme - etwa infolge einer Naturkatastrophe - reagieren sollte, wenn die Deckung der Pfandbriefe dadurch gefährdet werden könnte. Dies ergibt sich schon aus der eigentlichen Aufgabe seiner Tätigkeit.[726]

dd. Die formelle Kontrolle der Gutachterqualifikation

Im Rahmen der formellen Ordnungsmäßigkeitsprüfung des Gutachtens muss auch geprüft werden, ob die Person, die das Gutachten des Hypothekenbank-Beleihungswertes erstellt hat, dazu berechtigt war, ob sie also über die erforderlichen Qualifikationen verfügt, eine ausreichende Berufserfahrung besitzt und ob ihre Unabhängigkeit bei der Wertermittlung gewährleistet war. Sind diese Voraussetzungen nicht erfüllt, so darf das von dieser Person erstellte Gutachten nicht als

[720] Vgl. *Drewicz-Tułodziecka/Stöcker*, (2000), 213; *Mekiński*, Glosa 1/2002, 15; im deutschen Recht gilt diese Evidenzkontrolle des Treuhänders ebenso, vgl. *Bellinger/Kerl*, (1995), § 30 HBG Rn. 12. Bei einer offenbar unrichtigen Bewertung soll er auch eine Pflicht haben, die materielle Kontrolle vorzunehmen; *Hofmann*, (1964),
§ 30 HBG Rn. 8.

[721] *Hofmann* ((1964), § 30 HBG Rn. 11) verpflichtet den Treuhänder in solchen Fällen, die Wertermittlung materiell nachzuprüfen. Er gibt aber selbst zu, dass der Treuhänder mit dieser Prüfung überfordert sein wird, weil ihm die Sachkunde und eventuelle Hilfsmittel hierfür fehlen; *ders.*, (1964), § 30 HBG Anm. 10.

[722] *Bellinger/Kerl*, (1995), § 30 HBG Rn. 13.

[723] So etwa das Fehlen der gültigen Versicherung.

[724] Vgl. Art. 29 Abs. 2 PHBG; § 33 HBG.

[725] Vgl. Pkt. II. 1.4. Empfehlung F.

[726] Zudem ist die Hypothekenbank nach § 32 Abs. 2 HBG sogar ausdrücklich verpflichtet, den Treuhänder über erhebliche Änderungen der in der Deckung befindlichen Immobilienwerte fortlaufend zu informieren.

Grundlage des Hypothekenbank-Beleihungswertes dienen und ist ohne eine Prüfung anderer Erfordernisse abzulehnen. Der Treuhänder prüft dies aber nicht nach seinem eigenen Ermessen, sondern ist an die festgelegten bankinternen Maßstäbe gebunden. Damit ist die Bestimmung des Grades der erforderlichen Qualifikationen sowie der Unabhängigkeit der Bank überlassen.

ee. Bewertung

Sowohl in Polen als auch in Deutschland ist der Treuhänder verpflichtet, den festgelegten Beleihungswert zu prüfen. Der Prüfungsumfang ist in beiden Rechtsordnungen gleich und beschränkt. Der Treuhänder ist grundsätzlich nur verpflichtet, die Ordnungsmäßigkeitskontrolle der Gutachten stichprobenmäßig vorzunehmen. Er kann weder in Polen noch in Deutschland für die sorgfältige und einwandfreie materielle Wertermittlung Gewähr leisten. Im Übrigen sollte sich der Treuhänder auf die Berufsqualifikationen der Sachverständigen verlassen können und nicht mit der Beurteilung der fachlichen Kompetenz der das Gutachten erstellenden Personen belastet werden. Ihre beruflichen Qualifikationen sollten die beste Garantie für die materiell einwandfreie Wertermittlung sein. Die geltenden Regelungen im Bereich der Erstellung des Beleihungswertes sind jedoch problematisch.

d. Probleme bei der Erstellung des Hypothekenbank-Beleihungswertes

aa. Polnische Regelung

(1) Gesetzesliberalisierung

In Polen wurden im Rahmen der PHBG-Novelle von 2002 die Anforderungen an die Qualifikation der zur Erstellung des Gutachtens berechtigten Personen liberalisiert. Damit wurde auch das Monopol der Vermögenssachverständigen zur Erstellung des Gutachtens über den Hypothekenbank-Beleihungswert abgeschafft. Nach der neuen Fassung des Art. 22 Abs. 3 Nr. 1 PHBG kann das Gutachten, auf dessen Grundlage die Hypothekenbank den Hypothekenbank-Beleihungswert bestimmt, durch die Hypothekenbank selbst erstellt werden. Gleichzeitig wurde Art. 150 Abs. 4 und Abs. 6 GBL gestrichen, wonach ausschließlich Sachverständige den Hypothekenbank-Beleihungswert vorzuschlagen hatten.

(2) Wahl des Gutachters

Erst wenn die Bank einen entsprechenden Auftrag vergibt, kann die Bewertung in Übereinstimmung mit dem Kreditnehmer auch durch andere Personen, insbesondere Sachverständige für Vermögensbewertung, vorgenommen werden.[727] Unklar ist allerdings, welche Rolle der Kreditnehmer dabei spielen soll. Aus dem Gesetzeswortlaut ergibt sich lediglich, dass er nicht nur über die Bewertung der Liegenschaft von einem externen Gutachter informiert wird, sondern aktiv daran mitwirken soll. Er muss mit dem Auftrag der Hypothekenbank also zumindest einverstanden sein. Das PHBG bestimmt auch nicht, von wem dieser externe Gutachter gewählt wird. Um eine unerwünschte Einflussnahme des Kreditnehmers auf den Gutachter zu vermeiden und damit die Interessen der Pfandbriefgläubiger nicht zu gefährden, muss davon ausgegangen werden, dass die Wahl des externen Gutachters ausschließlich der Hypothekenbank zusteht.[728] Mit der Auftragsvergabe werden allerdings die Kosten der Gutachtenerstellung, die der Kreditnehmer zu tragen hat, steigen. Es ist daher zu vermuten, dass Hypothekenbanken im Wettbewerb um Kunden billigere, also hausinterne Gutachten bevorzugen werden. Im Ergebnis werden diese Gutachten also grundsätzlich von Bankangestellten erstellt.

(3) Liegenschaftsbewertung durch Bankangestellte

(a) Kompetenzmangel

Gegen die Risikobewertungen der Banken sind aber Vorbehalte anzumelden. Sie tendieren dazu, die möglichen Risiken vielfach zu unterschätzen.[729] Nach der Richtlinie der Empfehlung F[730] soll das Gutachten zwar durch Personen mit entsprechender Qualifikation und Berufserfahrung erstellt werden, insbesondere also solche Personen, welche die Fähigkeit besitzen, das Bankrisiko im Bereich der Sicherung der Hypothekarkredite einzuschätzen und ihre Fähigkeiten in diesem Bereich ständig verbessern, wobei die Einzelheiten bezüglich der Qualifikationen in der Wertermittlungsordnung durch die Hypothekenbank zu bestimmen sind. Eine ernste Gefahr besteht hier aber in der polnischen Bankpraxis in einem Mangel an solchen Fachkräften, die sich am Immobilienmarkt tatsächlich auskennen und auf entstehende Bedrohungen angemessen reagieren könnten.[731] Von diesen wird jedenfalls nicht verlangt, dass sie die Befugnisse und Qualifikationen des vereidigten Vermögenssachverständigen besitzen.

---

[727] Vgl. Art. 22 Abs. 3 Nr. 2 PHBG.

[728] Ebenso zum deutschen Recht *Bellinger/Kerl*, (1995), § 13 HBG Rn. 20.

[729] Vgl. *Kanigowski*, (2001), 126 f.

[730] Vgl. Pkt. I. 1.6. Empfehlung F.

[731] *Kalus*, WGO 1/2003, 24, 26.

(b) Unabhängigkeitsfrage und Routinegefahr

Ihre organisatorische und arbeitsrechtliche Einbindung kann auch die erforderliche Unabhängigkeit der Gutachter in Frage stellen, vor allem dann, wenn bestimmte, interne Sicherheitsvorkehrungen fehlen. Die Empfehlung F verbietet zwar die Abhängigkeit der Höhe der Vergütung von der Höhe des Hypothekenbank-Beleihungswertes, schließt aber ihre Entlohnung nach der Anzahl der gewährten Kredite nicht aus, was zu ihrer Maximierung führen kann.[732] Dazu lässt die Empfehlung F ausdrücklich zu, dass die Erstellung des sog. vereinfachten Gutachtens des Hypothekenbank-Beleihungswertes, also bei Krediten für eigene Wohnungszwecke bis zur Höhe von ca. 150.000 PLN, auch durch Mitarbeiter der Organisationseinheiten der Bank, die sich mit der Kreditakquisition oder der Bearbeitung der Kreditanträge befassen, erfolgen kann.[733] Die erforderliche Funktionstrennung ist hier also nicht gegeben.

Ferner besteht die Gefahr, dass die Wertermittlung zu einer unkritischen Routine wird. Dies ist besonders bei der Erstellung des vereinfachten Gutachtens möglich, weil in diesem Fall von einer Besichtigung der Immobilie und der Erstellung der photographischen Dokumentation abgesehen und alte Gutachten über den Hypothekenbank-Beleihungswert verwendet werden kann, der innerhalb der letzten zwei Jahre für vergleichbare Immobilien erstellt wurde.[734]

(c) Haftungsproblem

Abgesehen davon, dass die richtige Wertermittlung von Liegenschaften hohe Fachkenntnisse voraussetzt, über die die Bankangestellten, die nicht gleichzeitig Sachverständige sind, nicht verfügen, ist auch zu berücksichtigen, dass die Bank nur geringe Möglichkeiten hat, sich mit dem Haftungsanspruch für eine falsche Wertermittlung gegen eigene Angestellte durchzusetzen. Aus der Zulassung von Bankangestellten als Gutachter ergibt sich nämlich eine andere Art der Haftung. Der Bankangestellte ist Mitarbeiter der Bank. Das gegenseitige Verhältnis basiert auf dem Arbeitsvertrag. Die Haftung des Angestellten wird daher durch Artt. 119 f. polAGB bestimmt. Daraus folgt, dass zur Wiedergutmachung des einer dritten Personen zugefügten Schadens ausschließlich der Arbeitgeber, also die Hypothekenbank verpflichtet ist.[735] Der Arbeitgeber kann zwar von dem Arbeitnehmer eine Entschädigung verlangen, deren Höhe jedoch die Summe der dreimonatigen Entlohnung, die dem Arbeitnehmer am Tage der Schadenzufügung zustand, nicht

---

[732] Vgl. *Kanigowski*, (2001), 127 f.

[733] Vgl. Pkt. III.5.3. Empfehlung F.

[734] Vgl. Pkt. III. 5.1.1. und Pkt. III. 5.2. Empfehlung F.

[735] Dieses entspricht auch der deutschen Rechtslage. Zu beachten ist jedoch, dass Haftungsausschlüsse durch eine entsprechende Allgemeine Geschäftsbedingungsklausel, die in dem Vertrag mit aufgenommen werden muss, nach §§ 305 ff. BGB, möglich sind.

überschreiten darf. Der verursachte Schaden überschreitet diese Summe in der Regel aber vielfach.

Wird dagegen die Wertermittlung von einem Sachverständigen und sogar von einem von der Bank unabhängigen, externen Sachverständigen[736] durchgeführt, so ist dessen Haftung leichter geltend zu machen und das auch dann, wenn die Wertermittlung sowohl von der Bank (Vertragshaftung - *ex contractu*) als auch von einem Kunden, der sie zwecks Kreditgewährung verwendet hat (Deliktshaftung – *ex delicto*), beauftragt wurde. Jeder Sachverständige ist nach Art. 175 Abs. 4 GBL nämlich verpflichtet, eine Berufshaftpflichtversicherung abzuschließen.[737] Die breite, nicht nur zivilrechtliche Haftung des Sachverständigen,[738] die den Hypothekenbank-Beleihungswert vorschlagen, ist auch ein wichtiger Faktor, der die Qualität der Wertermittlung positiv beeinflusst.

Aus der Sicht einer Entschädigung für eine falsche Ermittlung des Hypothekenbank-Beleihungswertes ist die Regelung, nach der dieser Wert alleine von der Hypothekenbank, also eigentlich von ihren Angestellten bestimmt wird, ganz verfehlt.

(d) Sorgfaltsfrage

In diesem Zusammenhang ist auch der Inhalt des Art. 22 Abs. 1 PHBG unklar. Er sieht vor, dass die Feststellung dieses Wertes unter Einhaltung der erforderlichen Sorgfalt und Vorsicht durchzuführen ist. Die Sorgfalt, die von dem Sachverständigen aufgrund des Gesetzes über Bewirtschaftung von Liegenschaften verlangt wird, ist höher als die sog. erforderliche Sorgfalt im Sinne des Art. 355 ZGB, die in Verhältnissen der gegebenen Art eine allgemein erforderliche Sorgfalt bedeutet. Das ergibt sich schon daraus, dass Sachverständige Fachleute sind, die sich beruflich mit der Liegenschaftsbewertung beschäftigen und über erforderlich hohe, durch die Ablegung einer Staatsprüfung bestätigte Qualifikationen ver-

---

[736] Vgl. Standard 6.17 - 19 EVS 2003, wodurch besonderer Wert auf das Bedürfnis nach der Versicherung der Sachverständigen gegen die falsche Wertermittlung gelegt wird. Das erhöht seine Bonität gegenüber der Bank, für die das Gutachten erstellt wurde oder die den Schaden erlitten hat.

[737] Der Sachverständige kann allerdings nicht in vollem Umfang zur Haftung gezogen werden, wenn er bei der Wertermittlung an die von der Hypothekenbank bestimmten Methoden und Richtlinien gebunden war, die etwa in der Wertermittlungsordnung festgelegt werden. Auf diesen Haftungsausschluss soll im Gutachten hingewiesen werden.

[738] Der Sachverständige unterliegt auch einer strafrechtlichen Haftung (Freiheitsstrafe von 3 Monaten bis 5 Jahren), wenn er zur Krediteinräumung ein gefälschtes oder ein der Unwahrheit entsprechendes Gutachten erstellt (Art. 297 polStGB); dazu *Kalus*, in: Materiały z X Krajowej Konferencji Rzeczoznawców majątkowych (2001), 7; zur zivil- und strafrechtlichen Haftung von Sachverständigen ausführlich *dies.*, (2002), 103 ff.

fügen.[739] Von dem Sachverständigen muss daher eine besondere Sorgfalt verlangt werden, die aus dem beruflichen Charakter seiner Tätigkeit hervorgeht; also die Sorgfalt des Fachmannes.[740] Im Hinblick auf die Zuverlässigkeit der hypothekarischen Sicherheit ist die Annahme des höchsten Maßstabes der Sorgfalt daher gerechtfertigt. Die damit gewährleisteten, möglichst hohen Standards der Liegenschaftsbewertung würden die Gefahr falscher Bewertungen, wenn nicht schon ausschließen, so doch zumindest einschränken.

(4) Bewertung

(a) Kritik der geltenden Rechtslage

Die neue Regelung, die als verfehlt beurteilt werden muss, ist im Vergleich zu den EU-Regelungen und zum bisherigen Rechtszustand ein Schritt zurück.[741] Diese Änderung, die offenbar Kosten sparen soll, bringt einerseits ein fehlendes Vertrauen der Banken in die Gutachten der Sachverständigen zum Ausdruck, erhöht aber andererseits die Gefahr der falschen Kreditvergabe und führt eine merkwürdige Ausnahme von dem in Art. 7 GBL vorgesehenen Grundsatz ein, der die Kompetenz zur Liegenschaftsbewertung ausschließlich den Vermögenssachverständigen einräumt.[742]

Der Verzicht des Gesetzgebers auf die enge und obligatorische Zusammenarbeit der Banken mit den Sachverständigen muss deshalb nachdrücklich kritisiert werden. Eine Regelung, nach der ausschließlich der Sachverständige den Hypothekenbank-Beleihungswert vorschlägt, während die Hypothekenbank das Niveau des Bankrisikos einschätzt, ist viel sinnvoller und sicherer für die Bank und damit auch für die Pfandbriefgläubiger. Sie spiegelt die besondere Vorsicht besser wider, die bei der Feststellung des Hypothekenbank-Beleihungswertes nach dem PHBG, der EU-Richtlinie und den TEGoVA-Standards zu beobachten ist.

(b) Würdigung der Zusammenarbeit mit den Sachverständigen

Die professionelle Wertermittlung von beliehenen, deckungsfähigen Liegenschaften hat besonders auf dem instabilen, volatilen und ständig wechselnden Liegenschaftsmarkt in Polen für die Sicherheit von Hypothekenpfandbriefen

---

[739] Zu Qualifikationsanforderungen und Zulassungsverfahren von polnischen Sachverständigen *Kalus*, (2002), 27 ff.

[740] Vgl. *Kalus*, (2002), 83.

[741] *Wudarski*, PB 11/2003, 89.

[742] Die Bedeutung dieser Regelung wurde von dem Gesetzgeber durch strafrechtliche Vorschriften verstärkt. Wer nämlich eine berufliche Tätigkeit als Vermögenssachverständiger ohne Befugnis wahrnimmt, kann mit einem Bußgeld bis 5.000 PLN bestraft werden (Art. 198 Var. 1 GBL).

grundlegende Bedeutung. Dies kann derzeit nur durch die Wiedereinführung der ausschließlichen Befugnis der Sachverständigen im Bereich der Gutachtenerstellung und durch eine enge Zusammenarbeit zwischen den Hypothekenbanken und Sachverständigen gewährleistet werden. Dadurch wird eine erforderliche Symbiose geschaffen, die nicht nur im Interesse der Pfandbriefgläubiger, sondern auch im Interesse der Hypothekenbanken liegt.

(c) Spezialisierungsbedarf unter Sachverständigen

Im Rahmen der Sachverständigentätigkeit ist allerdings auch eine bestimmte Spezialisierung erforderlich. Der Sachverständige, der grundsätzlich etwa nur forstwirtschaftliche Flächen bewertet, kann sich nicht unbedingt als Spezialist für Beleihungswertermittlungen von Wohnimmobilien bezeichnen. Daher sind die Schulungsaktivitäten der Stiftung für den Hypothekarkredit,[743] die u.a. auf die Vermittlung der Grundsätze und Ziele der Festlegung des Hypothekenbank-Beleihungswertes abzielen, zu begrüßen.[744] Diese Seminare sollten aber nur als Aufbaukurse im Prozess der Fortbildung und Spezialisierung von Sachverständigen angesehen werden, und nicht als Ersatzmittel der beruflichen Qualifikation von Sachverständigen dienen.

bb. Deutsche Regelung

(1) Vielfalt von Sachverständigen

Das Sachverständigenwesen im Immobilienmarkt in Deutschland ist durch die Vielfalt von verschiedenen Arten der Sachverständigen gekennzeichnet. Dabei ist zunächst festzustellen, dass der Begriff des Sachverständigen im deutschen Recht nicht geschützt ist,[745] mit anderen Worten, dass sich grundsätzlich jeder als Sach-

---

[743] Die Stiftung wurde am 22.3.1991 auf Initiative des Finanzministers gegründet. Sie bildet eine Diskussionsplattform für inländische und ausländische Institutionen, die sich für die Entwicklung der Baufinanzierung durch Hypothekarkredite in Polen interessieren, http://www.fukrehip.pl. Ziel der Stiftung ist die Einführung des langfristigen Hypothekarkredits in das Finanz-, Banken- und das institutionellrechtliche System sowie die Verbreitung der Anwendung dieses Instruments in der Wirtschaft Polens; vgl. Abschnitt II, § 5 der Satzung der Stiftung für den Hypothekarkredit.

[744] Im Oktober 2003 hat die Stiftung mit der 7. Edition des Spezialkurses „Wertermittlung für Hypothekarkredit" begonnen. Zudem hat die Stiftung bis Juni 2002 insgesamt 55 Schulungen zu verschiedenen Themen durchgeführt, an denen etwa 2000 Personen teilnahmen. Zur Liste der Veranstaltungen der Polnischen Hypothekenstiftung http://www.fukrehip.pl/Seminare.pdf.

[745] Vgl. BVerfG 25.3.1992, BVerfGE, 86, 28, 31.

verständiger bezeichnen kann, solange die Bezeichnung nicht irreführend ist.[746] Zu unterscheiden sind etwa freie, verbandsmäßig anerkannte, gerichtlich ernannte, verpflichtete, öffentlich bestellte und vereidigte sowie zertifizierte Sachverständige.[747] Zu den wichtigsten und anerkannten Sachverständigen gehören die zwei letzten Typen.

(a) Öffentlich bestellte und vereidigte Sachverständige

Die gesetzliche Grundlage für die öffentliche Bestellung findet sich in § 36 der Gewerbeordnung (GewO).[748] Die öffentliche Bestellung erfolgt auf Antrag durch die zuständigen Stellen.[749] Dem Bewerber steht ein Anspruch auf die Bestellung zu, sofern er hierfür besondere Sachkunde nachweist[750] und keine Bedenken gegen seine Eignung bestehen.[751] Bei der Bestellung ist er darauf zu vereidigen, dass er seine Sachverständigenaufgaben unabhängig, weisungsfrei, persönlich, gewissenhaft und unparteiisch erfüllt und die Gutachten entsprechend erstatten wird.[752] Die Bezeichnung „öffentlich bestellter und vereidigter Sachverständige" ist im Unterschied zum bloßen Begriff „Sachverständiger" geschützt.[753] Die öffentlich bestellten Sachverständigen stehen Gerichten, Behörden und Wirtschaftsunternehmen, einschließlich Banken, zur Verfügung.

(b) Zertifizierte Sachverständige

Den Titel des zertifizierten Sachverständigen bekommt eine Person, die nach den Bestimmungen der europäischen DIN EN 45013/ISO 17024 eine erfolgreiche Prüfung bestanden hat. Diese Prüfung als „Immobiliengutachter für finanzwirtschaftliche Zwecke und Marktwertermittlungen" nimmt die Gesellschaft für Zertifizierung von Immobiliensachverständigen für Beleihungswertermittlung GmbH (HypZert)[754] vor.[755] Mit dem Abschluss einer schriftlichen und münd-

---

[746] Vgl. BGH 23.5.1984, NJW 1984, 2365 f. Gewisse strafrechtliche Vorschriften wie etwa über den Betrug nach § 263 StGB und Regelungen gegen den unlauteren Wettbewerb müssen jedenfalls beachtet werden.

[747] Zu dieser Unterscheidung *Sohni*, (1997), 11 - 14.

[748] Gesetz vom 21.6.1869 (RGBl. 1869, 245), in der Neufassung der Bekanntmachung vom 22.2.1999 (BGBl. 1999 I 202), zuletzt geändert durch Art. 12 des Kommunalen Optionsgesetzes vom 30.7.2004 (BGBl. 2004 I 2014).

[749] Meistens durch die Industrie- und Handelskammer.

[750] Die besondere Sachkunde muss in einer Prüfung vor einer Kommission nachgewiesen werden.

[751] Vgl. § 36 Abs. 1 S. 1 GewO. Die Bestellung darf dagegen nicht von einem Bedarf an Sachverständigenleistungen für diese Sachgebiete abhängig gemacht werden. Eine solche Bedürfnisprüfung verstößt gegen Art. 12 Abs. 1 GG; BVerfG 25.3.1992, BVerfGE 86, 28, 36 ff.

[752] Vgl. § 36 Abs. 1 S. 2 GewO.

[753] Vgl. *Sohni*, (1997), 9.

[754] http://www.hypzert.de.

lichen Prüfung bestätigt das verliehene Zertifikat die persönliche und fachliche Kompetenz des Sachverständigen potentiellen Auftraggebern und Marktteilnehmern gegenüber.

Der Antragssteller muss aber zumindest eine Vorbildung mitbringen, um diesen Test und die Ausbildung überhaupt antreten zu können. Unter vielen Voraussetzungen muss er u.a. ein abgeschlossenes Studium,[756] für den Bereich der Beleihungswertermittlung von Immobilien eine mindestens dreijährige praktische Tätigkeit innerhalb der letzten fünf Jahre vor Antragstellung sowie technische und rechtliche Grundkenntnisse nachweisen.[757] Darüber hinaus wird die Zertifizierung nur für fünf Jahre erteilt. Während der Gültigkeitsdauer wird die Ermittlung von der Zertifizierungsstelle überwacht. Vor Ablauf des Gültigkeitszeitraums muss sich der Zertifizierungsinhaber rezertifizieren lassen, d.h. sich einer erneuten Prüfung stellen.

Dieses strenge Verfahren sowie die hohen Anforderungen haben die HypZert GmbH zu einer europaweit anerkannten Zertifizierungsstelle gemacht. Die HypZert GmbH erhielt als erste in Europa das neue europäische Gütesiegel "*Approved by TEGoVA*" und ist auch als Personalzertifizierungsstelle durch die Trägergemeinschaft für Akkreditierung GmbH (TGA) akkreditiert.[758] Im Ergebnis ist festzustellen, dass zertifizierte Sachverständige eine professionelle Wertermittlung von Immobilien gewährleisten und daher für die Wertermittlung für Hypothekenbanken am besten geeignet sind.

---

[755] Diese Gesellschaft wurde im Jahre 1996 in Bonn gegründet; nunmehr mit Sitz in Berlin. Ihre Gesellschafter, Spitzenverbände in der deutschen Kreditwirtschaft, sind derzeit u.a. der Bundesverband der Deutschen Volksbanken und Raiffeisenbanken e.V., der Bundesverband deutscher Banken e.V., der Deutsche Sparkassen- und Giroverband e.V. und der VdH. Die HypZert GmbH hat sich zum Ziel gemacht, neue Maßstäbe in der Dokumentation und Transparenz bei der Anwendung einheitlicher Immobilien-Bewertungsstandards in der nationalen und internationalen Immobilienbewertung zu setzen.

[756] Dabei handelt sich um ein Studium an einer staatlich anerkannten Hochschule oder Fachhochschule einer einschlägigen Fachrichtung, z.B. der Architektur, des Bauingenieurwesens, des Vermessungswesens, der Wirtschaftswissenschaften oder einer anderen für dieses Zertifizierungsgebiet geeigneten Fachrichtung.

[757] Zu den weiteren Anforderungen an den Antragssteller vgl. den Auszug aus dem Normativen Dokument des Sektorkomitees PG der TGA-Trägergemeinschaft für Akkreditierung GmbH, Frankfurt (Stand 09.09.1997), erhältlich unter http://www.hypzert.de/anforderungen.php; WRL FV, Anlage II S. 55 - 61.

[758] Zudem hat sie schon im Mai 1996 eine Vereinbarung mit der Royal Institution of Chartered Surveyors (RICS) geschlossen, die mit ihrem "*Approved by The Royal Institution of Chartered Surveyors*" die hohe Qualität des Zertifizierungsverfahrens bestätigt hat.

(2) Wahl des Sachverständigen

In Deutschland gibt es allerdings keine klaren Bestimmungen, wer das Gutachten für Hypothekenbanken zu erstellen hat. Insbesondere wird von der das Gutachten erstellenden Person gesetzlich nicht verlangt, die Qualifikation eines zertifizierten Sachverständigen nachzuweisen. Wer mit der Immobilienbewertung beauftragt wird, ist dem Vorstand der Hypothekenbank überlassen. Bankintern ist allerdings festgelegt, wer welches Gutachten mit welcher Qualifizierung zu tätigen hat. Das ist in den Wertermittlungsrichtlinien geregelt, die mit der Bankaufsichtsbehörde abgestimmt werden müssen. Diese lassen verschiedene Wege zu, Qualifikationsanforderungen zur Wertermittlung nachzuweisen. So sieht etwa die WRL FV[759] vor, dass die Wertermittlung sowohl von internen als auch von externen Sachverständigen erstellt werden kann, wenn sie alternativ bestimmte Voraussetzungen erfüllen. Sie müssen grundsätzlich entweder eine gültige Bestellung als IHK-Sachverständiger[760] oder eine Zertifizierung durch die HypZert GmbH vorlegen. Darüber hinaus sieht aber die Wertermittlungsrichtlinie Erleichterungen vor, die bei der Anerkennung der Qualifikation durch die Bank einen Spielraum überlassen. Sind weder die Bestellung noch die Zertifizierung gegeben, aber die Voraussetzungen dafür erfüllt, kann die Hypothekenbank auch diese Personen mit der Wertermittlung beauftragen. Zudem kann sogar derjenige mit der Liegenschaftsbewertung sogar betraut werden, der diese Zertifizierungsvoraussetzungen nicht erfüllt, aber eine fachliche Eignung und praktische Erfahrung[761] nachweisen kann. Dies zu beurteilen, obliegt der Bank.[762] Das ausgestellte Wertermittlungsgutachten muss dem Kunden aber nicht ausgehändigt werden, wenn die Bank den Wert ausschließlich im eigenen Interesse ermittelt, und zwar auch dann nicht, wenn der Kunde die Kosten hierfür trägt, denn dieses ist ein bankinternes Dokument.[763]

Um eine professionelle Wertermittlung zu erreichen, haben die deutschen Hypothekenbanken ursprünglich externe, öffentlich bestellte und vereidigte Sachverständige mit dieser Aufgabe beauftragt. Im Laufe der Zeit sind sie aber aus denselben Gründen wie in Polen (Kostenersparnis und Erhöhung der Wettbewerbsfähigkeit) davon abgegangen.[764] In der heutigen Praxis werden öffentlich bestellte und vereidigte Sachverständige zur Gutachtenerstellung kaum noch herangezogen. Die deutschen Hypothekenbanken sind zur bankinternen Bewer-

---

[759] WRL FV, S. 7 f.

[760] Diese werden von der Industrie- und Handelskammer (IHK) bestellt.

[761] Nachzuweisen ist eine mindestens fünfjährige praktische Tätigkeit auf dem Gebiet der Grundstückswirtschaft, hiervon mindestens drei Jahre intensiv auf dem Sachgebiet „Bewertung von bebauten und unbebauten Grundstücken; vgl. WRL FV, S. 7 f.

[762] Die Bankaufsichtsbehörde kann dieser Beurteilung widersprechen.

[763] Vgl. LG Düsseldorf 12.9.1997, WM 1998, 288, 289 f.

[764] Vgl. *Bellinger/Kerl*, (1995), § 13 HBG Rn. 15.

tung übergegangen.[765] Grundsätzlich werden also intern angestellte Gutachter mit dieser Aufgabe vertraut.

(3) Die Liegenschaftsbewertung durch Bankangestellte

Bei der Liegenschaftsbewertung durch Bankangestellte treten ähnliche Probleme auf wie in Polen. Allerdings haben deutsche Bankangestellte im Unterschied zu den polnischen mehr Erfahrung. Ihnen werden auch ständig verschiedene Schulungen angeboten. Zudem werden die Qualifikationen der Angestellten von der Bank in ihrem eigenen Interesse sorgfältig fortlaufend geprüft. Der Vorwurf des Kompetenzmangels trifft also meistens nicht zu. Allerdings wird - ähnlich wie in Polen - nicht zwangsweise von ihnen verlangt, dass sie öffentlich bestellte und verteidigte oder zertifizierte Sachverständige sind. Obwohl sich Befürchtungen, der Angestellte könne die Aufgaben nicht so erledigen wie eine zertifizierte Person, in der deutschen Praxis nicht bestätigt haben, bleibt das Haftungsproblem, das bei der polnischen Regelung erörtert wurde, entsprechend auch in Deutschland aktuell.[766] Das Gleiche gilt für sonstige Aspekte, insbesondere für den Verzicht auf eine Besichtigung der zu bewertenden Liegenschaft,[767] die Routinegefahr und arbeitsrechtliche Abhängigkeit.[768]

Daher muss bei internen Sachverständigen sichergestellt werden, dass sie Unabhängigkeit genießen. Aus dem Grund können Personen als Sachverständige nicht in Betracht kommen, die mit dem Darlehensnehmer verwandt oder ver-

---

[765] Vgl. *Sohni*, (1997), 17.

[766] Werden bankinterne Gutachter gewählt, so haftet die Bank sodann auch bei einem Fehlverhalten. Externe Sachverständige sind dagegen haftpflichtversichert. Dazu kommt noch die unerlässliche Vermögensschadenshaftpflicht. Bei der Beauftragung eines externen Sachverständigen besteht zwischen der Bank und dieser Person ein Werkvertrag im Sinne der §§ 631 ff. BGB. Eine deliktsrechtliche Haftung nach §§ 823 ff., 826 BGB besteht jedoch immer bei Vorsatz oder grober Fahrlässigkeit (*Sohni*, (1997), 37). § 823 Abs. 1 BGB setzt eine vorsätzliche oder fahrlässige widerrechtliche Verletzung des Eigentums oder eines sonstigen Rechts eines anderen voraus. Nach § 826 BGB muss noch ein gegen die guten Sitten verstoßendes Verhalten hinzukommen, welches in beiden Fällen aber zu einer Schadensverursachung führen muss. Zudem besteht die allgemeine Haftung nach § 280 Abs. 1 BGB, die für alle Schuldverhältnisse gilt und dessen Voraussetzungen eine zu vertretende Pflichtverletzung ist, die zu einem Schaden führt (*Jauernig(-Stadler)*, (2004), Vor §§ 275 - 292 BGB Rn. 2, 6 ff.; § 280 BGB Rn. 2). Deren Verjährung richtet sich nunmehr nach §§ 194 ff. BGB und erfordert grundsätzlich 3 Jahre (§ 195 BGB). Eine Schadensersatzhaftung nach § 634 Nr. 4 BGB iVm § 636 BGB und den allgemeinen Vorschriften des BGB, §§ 280, 281, 283 und 311a BGB sind möglich.

[767] Dabei ist nennenswert, dass in Deutschland von Banken Tochterfirmen eingesetzt werden, die in verschiedenen Teilen Deutschlands ihren Sitz haben, um vor Ort eine Besichtigung vorzunehmen. Diese kostet dann den beachtlich niedrigen Preis von ca. 150 €. Die Besichtigung kann ausnahmsweise etwa dann unterblieben, wenn das Objekt schon bekannt ist; zu weiteren Voraussetzungen WRL FV, S. 48 f.

[768] Vgl. *Bellinger/Kerl*, (1995), § 13 HBG Rn. 18.

schwägert sind oder ein eigenes besonders persönliches oder wirtschaftliches Interesse an der Bewertungsauswirkung haben. Interne Sachverständige müssen auch weisungsungebunden sein.[769]

So wie in Polen bestehen ferner bestimmte Erleichterungen innerhalb der Kleindarlehensgrenze.[770] Deutsche Hypothekenbanken können bei Kleindarlehen auf die Beauftragung des Sachverständigen mit der Begutachtung des Beleihungsobjekts für die Ermittlung des Beleihungswertes verzichten. In diesem Fall wird die Wertermittlung durch einen Mitarbeiter der Bank vorgenommen. Bei Kleindarlehen kann auch die Ermittlung des Beleihungswertes durch den Kreditsachbearbeiter erfolgen, wobei das Vier-Augen-Prinzip eingehalten werden muss. Die Festsetzung des Beleihungswertes ist dann dem für die Kreditentscheidung abschließend zeichnenden Bankangestellten zu überlassen. Das ist eine Ausnahme vom Prinzip der strengen Funktionstrennung zwischen der Kreditbearbeitung und der Liegenschaftsbewertung, dessen Einhaltung für die Unabhängigkeit interner Gutachter erforderlich ist.[771] Weitere Ausnahmen lässt die WRL FV für kleine Banken zu.[772] Grundsätzlich sollen aber interne Gutachter eine eigenständige Organisationseinheit bilden, die dem Bankvorstand direkt unterstellt ist.

(4) Bewertung

Aufgrund der vorgenannten Gründe ist auf die Wertermittlung von Angestellten, die keine Zertifizierung haben, zu verzichten. Werden Gutachten von Personen erstellt, deren Qualifikation Bedenken hervorruft, so ist von der Indeckungnahme der von solchen Gutachern bewerteten Liegenschaften abzusehen. Der Treuhänder sollte den Vorstand der Bank darauf hinweisen und falls nötig die Bankaufsichtsbehörde informieren.

Zukunftsorientiert empfiehlt es sich, die Qualifikationen der Sachverständigen zu vereinheitlichen und gesetzlich vorzuschreiben. Dabei sollten die hohen Qualifikationsanforderungen für zertifizierte Sachverständige der Ausgangspunkt der gesetzlichen Überlegungen sein. Die Festlegung der gleichen, hohen Maßstäbe für Sachverständige und deren gesetzliche Verankerung würde der Wertermittlung bestimmt nicht schaden, sondern sie transparenter machen. Dies würde zugleich das Ansehen der Sachverständigen erhöhen. Darüber hinaus würden die klaren Anforderungen für Sachverständige dem Treuhänder die formelle Kontrolle deutlich erleichtern. Viele Bemerkungen zur polnischen Regelung bewahren auch hier ihre Aktualität.

---

[769] Vgl. WRL FV, S. 8 f.

[770] Die Kleindarlehensgrenze orientiert sich an dem Beleihungsauslauf (Grundpfandrecht einschließlich der Vorlasten) und darf 306.775,12 € nicht überschreiten; WRL FV, S. 8.

[771] Vgl. *Bellinger/ Kerl*, (1995), § 13 HBG Rn. 24.

[772] Vgl. WRL FV, S. 9.

5. Die Kontrolle der Ersatzdeckung

a. Polnische Regelung

Im Rahmen der qualitativen Deckungskontrolle hat der Treuhänder auch auf andere im Deckungsregister eingetragene Werte zu achten, die neben der ordentlichen Deckung verwendet werden. Art. 18 Abs. 3 PHBG lässt nämlich die sog. Ersatzdeckung zu. Die Werte, die als Ersatzdeckung verwendet werden dürfen, werden explizit und abschließend aufgezählt und dürfen eine bestimmte quantitative Grenze nicht überschreiten.[773] Nach Art. 18 Abs. 3 PHBG können die Ausgabegrundlage der Pfandbriefe Eigenmittel der Hypothekenbank sein, die in besonders sicheren Wertpapieren[774] oder bei der Polnischen Nationalbank angelegt sind oder über die die Hypothekenbank in Bargeld[775] verfügt. Damit wurde der Hypothekenbank die Möglichkeit gegeben, ihre freien Eigenmittel teilweise als Sicherung der ausgegebenen Pfandbriefe zu verwenden. Zudem kann die Ersatzdeckung auch bei der Beseitigung der Pfandbriefunterdeckung behilflich sein. Zu diesem Zweck müssen die Ersatzmittel allerdings ins Deckungsregister eingetragen werden.

b. Deutsche Regelung

In Deutschland ist die Ersatzdeckung in § 6 Abs. 4 HBG geregelt.[776] Die deutschen Hypothekenbanken können die ordentliche Pfandbriefdeckung durch bestimmte Werte ersetzen. Als Ersatzdeckung für Hypothekenpfandbriefe können ausschließlich Schuldverschreibungen, Schuldbuchforderungen, Schatzwechsel und Schatzanweisungen verwendet werden, wenn deren Schuldner oder Garant der Bund, ein Sondervermögen des Bundes, ein Land, die Europäischen Gemeinschaften, ein bestimmter Staat[777] oder eine bestimmte Bank[778] sind. Für beide

---

[773] Hierzu S. 258 f.

[774] Diese Wertpapiere können lediglich vom Fiskus, der Polnischen Nationalbank, der Europäischen Zentralbank, von den Regierungen oder Zentralbanken der Mitgliedstaaten der Europäischen Union, der Organisation für wirtschaftliche Zusammenarbeit und Entwicklung ausgegeben bzw. garantiert werden; vgl. Art. 18 Abs. 3 Nr. 1 PHBG iVm Art. 16 Abs. 1 Nr. 3 PHBG und Art. 3 Abs. 2 Nr. 1 PHBG.

[775] Da der Zahlungsverkehr heute nicht nur im Banksektor überwiegend bargeldlos vollzogen wird, ist zu erwarten, dass das Bargeld als Ersatzmittel kaum eine Rolle spielen wird. Das bestätigen auch Änderungen der Ersatzdeckungswerte im deutschen Recht, wo das Bargeld früher auch als Ersatzdeckung vorgesehen war (vgl. § 6 Abs. 4 Nr. 3 HBG aF). Abgesehen davon ist es für die Bank viel günstiger, freie Geldmittel zu investieren, statt sie in bar als Deckung zu verwahren.

[776] Zur Evolution der Bestimmungen über die Ersatzdeckung im deutschen Recht *Bellinger/Kerl*, (1995), § 6 HBG Rn. 29 f.

[777] Ein Mitgliedstaat der Europäischen Union oder ein anderer Vertragsstaat des Abkommens über den Europäischen Wirtschaftsraum, die Schweiz, die Vereinigten Staaten von Amerika, Kanada

Pfandbriefarten[779] sind Guthaben bei der Deutschen Bundesbank und bei geeigneten Kreditinstituten aber ersatzdeckungsfähig.

c. Bewertung

In beiden Rechtsordnungen ist auf die Aufgabe des Treuhänders im Rahmen der qualitativen Ersatzdeckungsprüfung zu achten. Er hat zu prüfen, ob die als Ersatzdeckung verwendeten Werte überhaupt ersatzdeckungsfähig sind, also ob sie zu den gesetzlich bestimmten Werten gehören. Wird das formellrechtliche Kriterium erfüllt, so muss darüber hinaus gesichert werden, dass die Verfügung über die in das Deckungsregister eingetragenen Ersatzmittel durch die Hypothekenbank ausgeschlossen ist, solange sie als Deckung dienen.

6. Die Kontrolle der Derivatgeschäfte

a. Die Einhaltung des Kongruenzprinzips

Die Forderungen und die Verbindlichkeiten des Pfandbriefemittenten müssen in ihren Konditionen aufeinander abgestimmt sein, um die Liquidität und die Rentabilität des ganzen Refinanzierungsprozesses zu ermöglichen. Dazu dient das Kongruenzprinzip, das einen Baustein der Sicherheit von Pfandbriefen bildet, der der deutschen und polnischen Hypothekenbankgesetzgebung zugrunde liegt.[780] Das Kongruenzprinzip steht in engem Zusammenhang mit dem Deckungsprinzip[781] und setzt eine kongruente Dauerverbindung zwischen der Deckungsmasse

---

oder Japan sowie ein anderer europäischer Staat, der Vollmitglied der Organisation für wirtschaftliche Zusammenarbeit und Entwicklung ist; vgl. § 5 Abs. 1 Nr. 1 lit. a und c HBG iVm § 5 Abs. 3 Nr. 3 lit. b HBG iVm § 6 Abs. 4 Nr. 1 HBG.

[778] Die Europäische Investitionsbank, die Internationale Bank für Wiederaufbau und Entwicklung (IBRD-Weltbank), die Entwicklungsbank des Europarates (CEB) und die Europäische Bank für Wiederaufbau und Entwicklung (EBRD); vgl. § 5 Abs. 2 HBG iVm § 6 Abs. 4 Nr. 1 HBG iVm § 5 Abs. 3 Nr. 3 b HBG.

[779] Vgl. § 41 S. 2 HBG.

[780] Von Anfang an begleitet das Erfordernis zur Einhaltung der Deckungskongruenz das Pfandbriefswesen. Schon § 19 des Regulativs von 1849 besagte, dass für jedes Darlehen ein gleicher Betrag der Pfandbriefe emittiert wird und bei eintretender Rückzahlung eines Darlehens ein gleicher Betrag der Pfandbriefe eingelöst und aus dem Umlauf zurückgezogen wird. 1900 bildete das in § 6 HBG geregelte Kongruenzprinzip die tragende Sicherheitsgrundlage des HBG (zur Änderung des Kongruenzprinzips seit 1900 *Otto*(-*Bellinger*), BA 2000 Beih. 38, 44, 56 f.). In der Zwischenkriegszeit war die Deckungskongruenz auch im polnischen Recht verankert (vgl. Art. 70 Abs. 5 BRV und Art. 72 BRV). Sie ist jetzt in Art. 18 PHBG geregelt.

[781] Dazu S. 253 ff.

und den Pfandbriefforderungen voraus, die sich letztlich in der Laufzeit-, Zins- und Währungsstruktur widerspiegelt. Die Deckungsgleichheit kann während des langfristigen Refinanzierungsprozesses bedroht sein. Besondere Gefahren ergeben sich aus der Zins- und Währungsinkongruenz.

b. Das Zins- und Wechselkursrisiko

aa. Das Zinsrisiko

Das Zinsrisiko kann durch verschiedene Faktoren verursacht werden. Es entsteht häufig, wenn die Wünsche der Kreditnehmer einerseits und der Pfandbriefinvestoren andererseits nicht übereinstimmen. Der Bedarf an Krediten kann nicht immer durch die Ausgabe von Pfandbriefen mit gleichen Zinskonditionen refinanziert werden. Wird etwa die Ausgabegrundlage für variabel verzinste Pfandbriefe aus festverzinsten Kreditforderungen gebildet, so entsteht eine Zinsinkongruenz. Zum Zinsrisiko führt also die Anwendung verschiedener miteinander nicht verbundener Zinsstrukturen auf der Passiv- und Aktivseite des Hypothekenbankgeschäftes. Das Zinsänderungsrisiko kann u.a. durch Passiv- und Aktivüberhänge,[782] eine Verkürzung der Laufzeiten oder durch Kreditkündigung verursacht werden.[783] Zur Erhöhung dieses Zinssatzrisikopotentials tragen zudem instabile Wirtschaftbedingungen und hohe Inflationsraten bei. Daraus resultierende Zinsschwankungen am Geldmarkt können eine große Gefahr für den Refinanzierungsprozess darstellen.

bb. Das Wechselkursrisiko

Ein Wechselkursrisiko kann entstehen, wenn Forderungen auf der Aktivseite Verbindlichkeiten auf der Passivseite in anderer Währung gegenüber stehen, wenn also die Währung der Pfandbriefdeckung mit der Währung der Pfandbriefe nicht kohärent ist. Art. 5 PHBG stellt in diesem Zusammenhang klar, dass die Ausstellung des Pfandbriefes nicht nur in polnischen Zloty, sondern auch in einer fremden Währung[784] zulässig ist.[785] Damit soll die Platzierungsmöglichkeit für

---

[782] Bei den Überhängen handelt es sich um die Differenz der Laufzeiten der hypothekarischen Darlehen zu den Laufzeiten der Pfandbriefe. Bei Aktivüberhängen sind die Forderungen auf der Aktivseite der Bilanz längerfristig als auf der Passivseite; die Kreditforderungen der Bank werden also später fällig als die bei ihr angelegten Gelder. Bei Passivüberhängen ist es umgekehrt. § 9 Abs. 1 HBG versucht, ein solches Auseinanderfallen der Laufzeiten zu limitieren.

[783] Vgl. *Bellinger/Kerl*, (1995), § 5 HBG Rn. 20.

[784] Im Sinne des Gesetzes vom 27.7.2002 (Devisenrecht, Dz.U. 2002 Nr. 141, Pos. 1178), zuletzt geändert durch Art. 50 des Gesetzes vom 2.7.2004 (Dz.U. 2004 Nr. 173, Pos. 1808). Das ist gleichzeitig eine Ausnahme von dem in Art. 358 ZGB verankerten Prinzip, nach dem Geldschuld-

Pfandbriefe bei ausländischen Investoren verbessert werden. Umgekehrt können auch die Wünsche der Kreditnehmer, die einen Kredit in fremder Währung bevorzugen, besser erfüllt werden.[786]

Durch die Expansion des Auslandsgeschäfts und die steigende Tendenz zur Indeckungnahme ausländischer Forderungen sind besonders die deutschen Hypothekenbanken trotz der Euro-Einführung mit dem Wechselkursrisiko konfrontiert.[787] Die deutliche Ausweitung des Auslandsgeschäftes, die durch die HBG-Novelle von 2002 ermöglicht wurde, führt zwangsläufig dazu, dass die Hypothekenbanken das Wechselkursrisiko in größerem Umfang eingehen werden. Dabei besteht allerdings die Gefahr von unvorhersehbaren Wechselkursschwankungen, die im Ergebnis zur Unterdeckung führen können. Dies würde das Interesse der Pfandbriefgläubiger gefährden und die hohen Sicherheitsstandards des ganzen Pfandbriefmodells in Frage stellen.

c. Absicherungsgeschäfte

aa. Zweck und Zulässigkeit von Derivativgeschäften

Zur Absicherung gegen solche Marktrisiken dienen derivative Finanzinstrumente (Derivate).[788] Ihre Einsatzmöglichkeit durch die Hypothekenbanken wurde im

---

verhältnisse auf dem Gebiet der Republik Polen in der Regel nur in polnischem Geld ausgedrückt werden.

[785] Das HBG bestimmt nicht direkt die Pfandbriefwährung. Es besteht aber auch kein Zweifel, dass deutsche Pfandbriefe auf fremde Währung lauten können; *Bellinger/Kerl*, (1995), § 6 HBG Rn. 44.

[786] Auf die Kreditvergabe von deutschen Hypothekenbanken ausschließlich in einheimischer Währung wurde im Rahmen der HBG-Novelle 1990 verzichtet; *Bellinger/Kerl*, (1995), § 5 HBG Rn. 27.

[787] Bei der Emission der deutschen Schiffspfandbriefe besteht diese Gefahr nicht, denn Schiffspfandbriefe können im Unterschied zu Hypothekenpfandbriefen nach § 36 a SchBkG ausschließlich durch währungskongruente Deckungswerte, also durch Schiffshypotheken in ausländischer Währung gleicher Gattung wie die Währung der umlaufenden Schiffsbriefe refinanziert werden. Die Schiffsbank führt für jede Währung zudem ein besonderes Register (vgl. § 36 a Abs. 3 SchBkG); zur Vermeidung von Wechselkursrisiken werden getrennte Masse auch von Bausparkassen gebildet (vgl. § 6 a des Bausparkassengesetzes (BausparkassenG), Gesetz vom 16.11.1972 (BGBl. 1972 I 2097), in der Fassung der Bekanntmachung vom 15.2.1991 (BGBl. 1991 I 454), zuletzt geändert durch Art. 7 des Gesetzes zur Umsetzung der RL 2002/47/EG vom 6.6.2002 über Finanzsicherheiten und zur Änderung des Hypothekenbankgesetzes und anderer Gesetze vom 5.4.2004 (BGBl. 2004 I 502)).

[788] Darunter werden verschiedene Termin- und Optionsgeschäfte wie etwa Swap, Future, Forward und deren verschiedenen Variationen (cap, floor, collar, FRA - forward rate agreement) verstanden, die von Banken und Unternehmen zur Zins- und Währungsabdeckung eingesetzt werden; zu den wichtigsten Derivatgeschäften aus der Sicht der Hypothekenbank *Bellinger/Kerl*, (1995), § 5 HBG Rn. 19; *Gąsowska*, (2000), 50 ff.; zu Grundtypen der Finanztermingeschäfte *Bosch*, WM

Rahmen der Novellen zum HBG und zum PHBG bestätigt und explizit geregelt. Während aber der hinzugefügte Art. 15 a Abs. 2 PHBG lediglich die in Art. 19 Abs. 2 PHBG ausgedrückte Verpflichtung der Hypothekenbank zum Abschluss der Derivatgeschäfte zwecks der Risikoneutralisierung bestätigte,[789] hat die HBG-Novelle von 2002 in § 5 Abs. 1 Nr. 4 a HBG den Einsatz von Derivatgeschäften erstmals ausdrücklich zugelassen.[790] Zulässig sind insbesondere Zins- und Währungsswaps sowie andere Derivate im Sinne des § 1 Abs. 11 S. 4 Nr. 1 - 4 KWG.[791]

Beide Gesetze verzichten aber auf eine abschließende Auflistung der zugelassenen Derivatgeschäfte.[792] Das PHBG zählt überhaupt keine Derivatgeschäfte auf, die von Hypothekenbanken verwendet werden können. Aus Art. 15 a Nr. 2 PHBG ergibt sich nur, dass alle Derivate zulässig sind, soweit sie im Zusammenhang mit den Haupt- und Nebengeschäften einer Hypothekenbank stehen[793] und der Beschränkung des Währungs- und Zinssatzrisikos dienen.[794]

Für beide Gesetze gilt ferner, dass beim Abschluss eines Derivatgeschäftes durch die Hypothekenbanken lediglich das Ziel verfolgt werden darf, die

---

(1995), 365, 369 ff.; zu Zinsswaps *Sender*, (1993), *passim*; zu Finanzinnovationen im Allgemeinen *Binkowski/Beeck*, (1995), *passim*.

[789] Nach Art. 19 Abs. 2 PHBG war die Hypothekenbank bereits vor der Novelle nicht nur berechtigt, sondern ausdrücklich verpflichtet, Handlungen vorzunehmen, die das Währungsrisiko beschränken, wenn die Ausgabe von Pfandbriefen in einer anderen Währung erfolgte.

[790] Der Einsatz derivativer Finanzinstrumente als Hilfsgeschäft durch Hypothekenbanken war aber schon vor der Novelle allgemein akzeptiert (*Bellinger/Kerl*, (1995), § 5 HBG Rn. 18; *Kerl*, DLK 2000, 510, 513 f.). Die steigende Tendenz zum Abschluss von Derivatgeschäften durch Hypothekenbanken erzwang aber eine eindeutige Regelung; *Otto(-Artopoeus)*, BA 2000 Beih. 38, 44, 58.

[791] Derivate sind nach dieser Vorschrift als Festgeschäfte oder Optionsgeschäfte ausgestaltete Termingeschäfte, deren Preis unmittelbar oder mittelbar (1) von dem Börsen- oder Marktpreis von Wertpapieren, (2) von dem Börsen- oder Marktpreis von Geldmarktinstrumenten, (3) von dem Kurs von Devisen oder Rechnungseinheiten oder (4) von Zinssätzen oder anderen Erträgen abhängt.

[792] Der Grund dafür ist die dynamische Entwicklung des Kapitalmarktes, die die ständige Aktualisierung solcher Listen erzwingen würde; *Bellinger/Kerl*, (1995), § 5 HBG Rn. 19; *Drewicz-Tułodziecka/Stöcker*, (2000), 140.

[793] Sie können der Vornahme von Geschäften dienen, die in Art. 12 PHBG und in Art. 15 Abs. 1 Nr. 1 - 3 und 5 PHBG genannt werden.

[794] Nach Art. 18 Abs. 4 PHBG iVm Art. 35 a Abs. 3 RWG sollen Derivate der Risikobegrenzung dienen. Verträge betreffend die Finanzsicherungsinstrumente werden nach Art. 35 a Abs. 3 als der Begrenzung des mit Aktiva oder Passiva einer Einheit verbundenen Risikos, d.h. der Sicherung dieser Aktiva oder Passiva dienend anerkannt, wenn zumindest (1) vor dem Vertragsabschluss sein Ziel sowie Aktiva oder Passiva, die mit Hilfe dieses Vertrages gesichert werden sollen, bestimmt wurde; (2) das Finanzsicherungsinstrument, das der Vertragsgegenstand ist und die mit seiner Hilfe gesicherten Aktiva oder Passiva durch ähnliche Eigenschaften, insbesondere hinsichtlich des Nennwertes, des Tilgungsdatums, des Einflusses von der Zinssatz- oder Währungskursänderung gekennzeichnet sind; (3) das Sicherheitsniveau der Erwartungen betreffend der infolge des Vertragsabschlusses vorgesehenen Geldmittelströmungen erheblich ist.

Deckungskongruenz zu gewährleisten. Das Derivatgeschäft darf auf keinen Fall zu Spekulationszwecken verwendet werden oder neue Risiken generieren, wie sie etwa mit dem Eingehen offener Stillhaltepositionen verbunden wären.[795] Dieses Verbot lässt sich schon aus dem Prinzip des *numerus clausus* von Hypothekenbankgeschäften und aus einem absichernden Charakter des zugelassenen Derivates als Hilfsgeschäft ableiten.[796] Das über den Absicherungszweck hinaus betriebene Derivatgeschäft könnte auch das Spezialbankprinzip durchbrechen.[797] Zudem wurde der beschränkte Einsatz von Derivaten ausdrücklich in § 5 Abs. 1 Nr. 4 a S. 2 HBG geregelt.[798]

bb. Indeckungnahme von Derivaten und deren Folgen

(1) Polnische Regelung

Derivate zur Abwehr von Marktrisiken im Hypothekenbankgeschäft können ihre volle Wirkung nur dann entfalten, wenn sie auch in Deckung genommen werden. Damit wird das Ziel verfolgt, die Sicherheit der Pfandbriefe im Insolvenzfall des Pfandbriefemittenten zu stärken. Derivate sind nach Art. 24 Abs. 1 PHBG unter besonderen Positionen in das Deckungsregister (Teil B)[799] einzutragen und nach Art. 18 Abs. 4 PHBG der Pfandbriefdeckung zuzurechnen.[800] Bei einer Insolvenzeröffnung der Hypothekenbank bilden sie nach Art. 442 ISR mit anderen Deckungswerten eine gesonderte Masse, die vor allem der Befriedigung von Ansprüchen der Pfandbriefgläubiger dient. Erst nach der Befriedigung der Ansprüche der Pfandbriefgläubiger ist der Überschuss der Mittel aus der gesonderten Masse der Insolvenzmasse der Bank zuzurechnen. Ob die in Deckung befindlichen Derivate dadurch von einem Netting,[801] d.h. einer Aufrechnungsmöglichkeit im

---

795 Vgl. *Bellinger/Kerl*, (1995), § 3 HBG Rn. 99.

796 Vgl. *Bellinger/Kerl*, (1995), § 5 HBG Rn. 18 *in fine*, § 3 HBG Rn. 89.

797 Vgl. *Otto(-Artopoeus)*, BA 2000 Beih. 38, 44, 58.

798 Danach sind Geschäfte ausgeschlossen, die zu einem nach dem HBG unzulässigen Geschäft verpflichten können oder ein solches nachbilden, ferner Optionen und andere Derivate, wenn sie eine offene Stillhalterposition der Hypothekenbank begründen, sowie Geschäfte, die in vergleichbarer Weise ein einer offenen Stillhalterposition entsprechendes Risiko begründen.

799 Zum Muster des Deckungsregisters S. 485 ff.

800 Unklar ist dabei, ob Derivate als ordentliche Deckung oder als Ersatzdeckung zu betrachten sind; *Stöcker* (ImmFin 2002, 575, 577) rechnet Derivate in die zehnprozentige Ersatzdeckungsgrenze ein.

801 Zum Netting im polnischen Insolvenzrecht *Porzycki*, PB 10/2003, 60 - 72; *Zdzieborski*, PB 7 - 8/2003, 51 - 63; *ders.*, PB 9/2003, 66 - 83; zum Liquidationsnetting der Außerbilanztransaktionen *ders.*, PB 1/2004, 77 - 82; zum Netting als Rechtsgeschäft im polnischen Recht *Paszkiewicz*, PB 11/2003, 67 - 82.

Insolvenzfall, ausgeschlossen werden und ob dies vor allem aus der Sicht der Derivatpartner gerecht wäre, ist fraglich.

Das Insolvenznetting, das in Art. 85 ISR geregelt ist, betrifft einen Rahmenvertrag, deren eine Vertragspartei der Gemeinschuldner ist. In dem Rahmenvertrag muss vorgesehen werden, dass einzelne Verträge, die Finanztermingeschäfte[802] oder den Verkauf von Wertpapieren mit der Verpflichtung zu ihrem Rückkauf zum Gegenstand haben, in Erfüllung des Rahmenvertrages geschlossen werden, und dass die Auflösung des Rahmenvertrages die Auflösung aller in Erfüllung dieses Vertrages geschlossener Einzelverträge bewirkt. Werden diese Bedingungen erfüllt, so werden die Forderungen aus den einzelnen Abreden, die zu seinem Vollzug geschlossen werden, nicht von einem Vergleich erfasst und dem Insolvenzverwalter steht das Recht zum Rücktritt vom Rahmenvertrag nicht zu (Art. 85 Abs. 1 ISR).[803] Jede der Parteien kann aber den Rahmenvertrag unter Beachtung des in diesem Vertag für den Fall der Vertragskündigung vorgesehenen Verfahrens zur gegenseitigen Abrechnung zwischen den Parteien kündigen.[804] Das polnische Insolvenzrecht geht also im Unterschied zu der deutschen Regelung nicht von einer gesetzlichen, sondern von einer vertraglichen Kündigung aus. In der Praxis wird dies aber im Ergebnis zur Kündigung des Rahmenvertrages seitens einer der Parteien führen, für die die Fortsetzung des Rahmenvertrages ungünstig wäre.[805] In diesem Fall lässt Art. 85 Abs. 4 ISR ausdrücklich die Aufrechnung der aus der Abrechnung zwischen den Parteien folgenden Forderung zu.[806]

Die Gesetzessystematik des ISR spricht dafür, dass Art. 442 ISR im Verhältnis zu Art. 85 Abs. 4 ISR *lex specialis* ist.[807] Daraus folgt, dass die Forderungen aus den in Deckung befindlichen Derivaten in erster Linie den Pfandbriefgläubigern zugute kommen müssen. Diese Gesetzesauslegung führt

---

802 Unter Finanztermingeschäften sind nach Art. 85 Abs. 2 ISR Transaktionen im Handelsverkehr zu verstehen, bei denen der Preis, der Kurs, der Prozentsatz oder Index und insbesondere der Erwerb von Devisen, Wertpapieren, Gold oder anderen Edelmetallen, Waren oder Rechten vereinbart wurde. Sie umfassen zudem Verträge, die nur auf eine Preisdifferenz lauten, sowie Optionen und Derivate und die auf ein verabredetes Datum oder eine verabredete Frist geschlossen wurden; kritisch zu dieser Definition *Zdzieborski*, PB 9/2003, 67 f.; *Porzycki*, PB 10/2003, 63 f.

803 Das ist eine Ausnahme von Art. 98 Abs. 1 Var. 2 ISR, nach dem der Insolvenzverwalter vom Vertrag zurücktreten kann, wenn die Verbindlichkeiten aus einem gegenseitigen Vertrag am Tage der Insolvenzeröffnung nicht oder nicht vollständig erfüllt waren.

804 Vgl. Art. 85 Abs. 3 ISR.

805 Kritisch zu dieser Regelung *Porzycki*, PB 10/2004, 66 f., 71 f.

806 Das ist eine Ausnahme von Art. 95 ISR, nach dem die Aufrechnung unzulässig ist, wenn der Gläubiger nach dem Tag der Insolvenzeröffnung zum Schuldner des Gemeinschuldners wurde; zur Insolvenzeröffnung mit der Möglichkeit eines Vergleichsschlusses vgl. Art. 89 Abs. 1 Nr. 1 ISR.

807 Dies hat auch der Gesetzgeber *expressis verbis* bestätigt. Nach Art. 4 ISR finden die Vorschriften des ersten allgemeinen ISR-Teils auf andere Verfahrensarten entsprechende Anwendung, es sei denn, dass eine besondere Vorschrift etwas anderes bestimmt.

aber notwendig zu einer Beeinträchtigung der Interessen des Derivatpartners der Hypothekenbank, weil dessen Möglichkeit zur Aufrechnung mit Forderungen, die aus der globalen Abrechnung zwischen ihm und der in der Insolvenz befindlichen Hypothekenbank folgen, deutlich eingeschränkt wird. Derivate können zudem je nach der Marktentwicklung nicht nur Forderungen der Hypothekenbank, sondern auch Ansprüche des Derivatpartners der Hypothekenbank gegenüber begründen. Als Folge der Indeckungnahme von Derivaten und ihrem globalen Netting-Auschluss müssten getrennte Rahmenverträge für jede Pfandbriefdeckung geschlossen werden und dem Derivatpartner der gleiche Schutz wie den Pfandbriefgläubigern gewährleistet werden. Dessen Ansprüche sollten insbesondere aus der Deckungsmasse gleichrangig mit den Ansprüchen der Pfandbriefgläubiger beglichen werden. Einer Einschränkung von Netting sollte zudem der Derivatpartner ausdrücklich zustimmen. Die Zustimmung des Derivatpartners sowie dessen Gleichstellung mit den Pfandbriefgläubigern sind aber derzeit im polnischen Recht nicht vorgesehen. Die Netting-Einschränkung ist also unter diesen Umständen nicht in einer derart wirksamen Weise ausgeglichen, dass der notwendige Schutz des Derivatpartners gewährleistet würde. Als Vorbild kann hier die deutsche Regelung dienen.

(2) Deutsche Regelung

Das deutsche Recht hat die Indeckungnahme von Derivaten ausdrücklich erst mit der HBG-Novelle von 2002 zugelassen.[808] Nach § 6 Abs. 6 S. 1 HBG können Derivate als ordentliche Deckung verwendet werden.[809] Mit der Indeckungnahme von Derivaten wurde auch die barwertige Deckungsrechnung[810] eingeführt,[811] die eine angemessene Berücksichtigung von Derivaten in der Deckung ermöglicht, die Transparenz der Deckungsmasse erhöht[812] und damit einen zusätzlichen Sicherheitspuffer für Pfandbriefe bildet. Dabei waren dem deutschen Gesetzgeber auch die Risiken bewusst, die sich aus der globalen Verrechnung, insbesondere aus der Netting-Möglichkeit von Derivaten[813] ergeben.[814] Er hat deshalb die Indeckungnahme von Derivaten gleichzeitig davon abhängig gemacht, dass De-

---

[808] Derivate als Deckungswerte waren auch vor der Novelle - obwohl nicht ausdrücklich geregelt - in der Literatur anerkannt; *Bellinger/Kerl*, (1995), § 3 HBG Rn. 102, § 6 Rn. 53; *Stürner*, (1998), 85; *Kerl*, DLK 2000, 510, 514.

[809] So war auch der Vorschlag von *Stürner* ((1998), 150), der die Einordnung der Derivate in die Ersatzdeckung ablehnte; aA *Otto*(*-Brandt*), BA 2000 Beih. 38, 44, 59 f.

[810] Das für die Deckungsrechnung vor der HBG-Novelle von 2002 übliche Nominalprinzip ist für den Nominalwert von Derivaten nicht aussagekräftig.

[811] Vgl. § 6 Abs. 1 S. 2 HBG und § 6 Abs. 6 S. 3 HBG.

[812] Zu den geeigneten Methoden für die Barwertberechung S. 256 f.

[813] Zum Netting der Finanztermingeschäfte in der Insolvenz *Bosch*, WM 1995, 365 - 375, 413-428.

[814] Vgl. § 104 Abs. 2 Nr. 4 f., Abs. 3 InsO.

rivatansprüche im Insolvenzfall der Hypothekenbank oder der anderen Deckungsmasse nicht beeinträchtigt werden dürfen.[815]

Dies erfordert jedoch eine Einschränkung des Netting von Derivaten. Dazu muss zunächst festgestellt werden, ob ein Derivat in die Deckungsmasse der Hypothekenbank genommen wird und sodann welchem Deckungsstock es zugewiesen wird. Vor der Indeckungnahme eines Derivates müssen getrennte Rahmenverträge, einer für die Gesamtbank (Außerdeckung) und jeweils einer für die beiden Deckungsmassen, abgeschlossen werden, die das Netting von Derivatansprüchen einschränken und dieses nur im Rahmen desselben Vertrages, also derselben Deckungsmasse, ermöglichen.[816] Damit wird die Aufrechnungsmöglichkeit von Derivaten im Insolvenzfall der Hypothekenbank zwischen verschiedenen Deckungsstöcken ausgeschlossen.

Da die Netting-Einschränkung die Interessen des Derivatpartners der Hypothekenbank beeinträchtigt, darf die Indeckungnahme des Derivates darüber hinaus nur mit ausdrücklicher Zustimmung des Derivatpartners erfolgen. Eine Eintragung ohne seine Zustimmung gilt als nicht erfolgt.[817] Im Insolvenzfall der Hypothekenbank ist dieser dem Pfandbriefgläubiger gleichgestellt. Das an sich mit dem Eintritt der Insolvenz vorgesehene Sonderkündigungsrecht ist ausdrücklich ausgeschlossen und die beiderseitigen Verpflichtungen gelten uneingeschränkt weiter. Im Unterschied zu den nicht in die Deckung genommenen Derivaten werden also die in Deckung befindlichen Derivatgeschäfte nicht automatisch beendet.[818]

d. Die Derivatkontrolle durch den Treuhänder

aa. Polnische Regelung

Zur Kontrolle der Derivate wird der Treuhänder im PHBG nicht ausdrücklich aufgefordert. Aus Art. 30 Abs. 1 PHBG ergibt sich aber, dass der treuhänderische Überprüfungsbereich alle Vorschriften des PHBG umfasst, die sich auf die Sicherung solcher Verbindlichkeiten beziehen, die sich aus den im Umlauf befindlichen Pfandbriefen ergeben. Dabei müssen auch diejenigen Vorschriften beachtet werden, die der Minderung des Zins- und Wechselkursrisikos des Pfandbriefgeschäftes dienen. Zudem werden Derivate - wie bereits erwähnt - ins Deckungsregister eingetragen; dieses steht unter der Kontrolle des Treuhänders.

---

[815] Vgl. Begründung zur HBG-Novelle von 2002, BT-Drs. 14/8017, 135 Zu Art. 11 Nr. 2 - § 6 Abs. 6.

[816] Vgl. VdH, Jahresbericht 2001, 58.

[817] Vgl. § 22 Abs. 1 S. 2 HBG.

[818] Vgl. Begründung zur HBG-Novelle von 2002, BT-Drs. 14/8017, 135 Zu Art. 11 Nr. 2 - § 6 Abs. 6.

Für den Schutz gegen Marktrisiken genügt nicht die Überprüfung, ob ein Derivatgeschäft abgeschlossen wurde, denn mit dem Derivatgeschäft eröffnen sich zusätzlich neue Risikobereiche, unter denen das Adressenausfallrisiko, also die Zahlungsunfähigkeit des Derivatpartners im Vordergrund steht. Kommt der Derivatpartner seiner Verpflichtung aus dem Derivatgeschäft nicht nach, so kommt es zur nachträglichen Öffnung der geschlossenen Position und zum Aufleben der Marktrisiken. Als Derivatpartner sollen daher durch den Treuhänder nur diejenigen Institutionen akzeptiert werden, die bestimmte hohe Sicherheitsstandards erfüllen. Trotz des Fehlens eines solchen Erfordernisses im PHBG wird zu fordern sein, dass bei Derivativgeschäften auf die Vertrauenswürdigkeit des Derivatpartners zu achten ist.

Für die Streichung eines Derivates im Deckungsregister, wie auch bei der Streichung aller anderen Deckungswerte, ist zudem die Zustimmung des Treuhänders zu fordern. Der polnische Treuhänder ist aber nicht verpflichtet, die Interessen des Derivatspartners wahrzunehmen.

bb. Deutsche Regelung

Im Zusammenhang mit dem Derivatgeschäft ist der deutsche Treuhänder nicht nur verpflichtet, die kongruente Pfandbriefdeckung zu überwachen. Er hat darüber hinaus auch die Interessen der Derivatpartner der Hypothekenbank zu berücksichtigen. § 30 Abs. 1 HBG stellt klar, dass der Derivatgläubiger unter dem Schutz des Treuhänders steht. Neben der Kontrolle der Deckungsmasse für Pfandbriefe muss er sich nun auch um die jederzeitige Deckung für Ansprüche aus den als Pfandbriefdeckung verwendeten Derivaten kümmern.[819] Dieser zusätzliche Schutz der Derivatgläubiger geht auf die begrenzte Aufrechnungsmöglichkeit von Derivatansprüchen zurück. Demzufolge sind die Indeckungnahme und die Löschung eines Derivates in der Deckung besonders geregelt. Im Unterschied zu anderen Deckungswerten sowie zur polnischen Regelung ist die Wirksamkeit der Indeckungnahme des Derivates von der vorherigen Zustimmung des Treuhänders und des Derivatpartners abhängig.[820] Zum Schutz des Derivatpartners bedarf zudem die Löschung des Derivates in der Deckung nicht nur seiner Zustimmung, sondern auch der des Treuhänders, wenn das Derivat noch nicht vollständig abgewickelt ist. Fehlt seine Zustimmung, so gilt die Löschung als nicht erfolgt.[821] Eine weitere Aufgabe des Treuhänders ist es, jede Eintragung eines Derivates sowie dessen Löschung dem Derivatpartner unverzüglich mitzuteilen.[822] In der Mittei-

[819] Vgl. § 30 Abs. 1 S. 1 HBG iVm § 6 Abs. 6 S. 2 HBG.
[820] Vgl. § 22 Abs. 1 S. 2 und 3 HBG.
[821] Vgl. § 30 Abs. 4 S. 3 HBG.
[822] Vgl. § 30 Abs. 2 S. 2 HBG iVm § 30 Abs. 4 S. 4 HBG.

lung muss klar festgestellt werden, um welche Verfügungen aus welchem Deckungsregister es sich genau handelt.

Während das PHBG bedauerlicherweise keine Anforderungen für Derivatpartner enthält, sieht § 5 Abs. 1 Nr. 4a S. 1 HBG in Anlehnung an § 8 e Abs. 1 des Gesetzes über Kapitalanlagegesellschaften (KAGG)[823] ausdrücklich vor, dass das Derivatgeschäft nur mit geeigneten Kreditinstituten[824] oder Finanzdienstleistungsinstituten[825] und auf der Grundlage standardisierter Rahmenverträge abgeschlossen werden kann.[826] Dies könnte ferner als Orientierungsmaßstab für die nötige Präzisierung der polnischen Regelung sein.[827]

Unabhängig davon müssen von polnischen sowie deutschen Hypothekenbanken Maßnahmen getroffen werden, die auch andere Risiken des Derivatgeschäfts wie das Liquiditäts-, Marktpreis-, Rechts-, und Betriebsrisiko neutralisieren.[828]

---

[823] Gesetz vom 16.4.1957 (BGBl. 1957 I 378), in der Neufassung der Bekanntmachung vom 9.9.1998 (BGBl. 1998 I 2726), zuletzt geändert durch Art. 6 des Gesetzes zur Vermittlungsempfehlung zum Steuervergünstigungsaubbaugesetz vom 22.12.2003 (BGBl. 2003 I 2840, 2845).

[824] Der Begriff „geeignete Kreditinstitute“ wurde in HBG nicht näher bestimmt. Im europäischen Recht ist das Kreditinstitut in Art. 1 Nr. 1 der Bankentätigkeitsrichtlinie definiert. Um als Kreditinstitut bezeichnet zu werden, muss ein Unternehmen berechtigt sein, Einlagen oder andere rückzahlbare Gelder des Publikums entgegenzunehmen und Kredite für eigene Rechnung zu gewähren. Als „geeignet“ sind alle Kreditinstitute zu bezeichnen, die dieser Definition entsprechen und die in Artt. 5 - 9 dieser Richtlinie enthaltene Zulassungskriterien erfüllen. Abgesehen von anderen nationalen Bedingungen muss das Kreditinstitut also u.a. über getrennte Eigenmittel oder ein Anfangskapital in der Regel in Höhe von mindestens 5 Mio. € verfügen; seine Hauptverwaltung muss in einem Mitgliedsstaat der EU liegen und in Bezug auf die für die Leitung verantwortlichen Personen, Aktionäre und Gesellschafter müssen bestimmte Voraussetzungen erfüllt werden; zum Begriff „Kreditinstitut“ im deutschen Recht vgl. § 1 Abs. 1 KWG; zur früheren Auslegung des Begriffs „geeignete Kreditinstitute“ *Bellinger/Kerl*, (1995), § 5 HBG Rn. 96 ff.

[825] Zum Begriff „Finanzdienstleistungsinstitut” Art. 1 Nr. 5 der Bankentätigkeitsrichtlinie und § 1 Abs. 1 a KWG.

[826] Zudem sind bei dem Einsatz von Derivaten auch die allgemeinen Regeln des KWG zu berücksichtigen, die das Adressenausfallrisiko und das Preisänderungsrisiko einschränken; *Bellinger/-Kerl*, (1995), § 5 HBG Rn. 20.

[827] Dabei sind terminologische Unterschiede zu berücksichtigen. Polnische Legaldefinitionen von „Bank” (Art. 2 BRG) und „Finanzinstitut“ (Art. 4 Nr. 7 BRG) beruhen auf den Vorschriften der Bankentätigkeitsrichtlinie, sind aber mit ihnen nicht identisch; inländische Banken sind keine Kreditinstitute im Sinne des BRG. Der in Art. 4 Nr. 17 BRG definierte Begriff „Kreditinstitut“ bezieht sich ausschließlich auf ausländische Kreditinstitute mit dem Sitz in der EU. Dies führt zu einer erheblichen Begriffsverwirrung; kritisch *Fojcik-Mastalska*(*-Fojcik-Mastalska*), (2002), Art. 4, Anm. 7.

[828] Vgl. *Bellinger/Kerl*, (1995), § 5 HBG Rn. 20.

e. Bewertung

Der Aufgabenkreis des Treuhänders umfasst auch die Kontrolle von Derivaten. Der Rahmen der qualitativen Kontrolle beschränkt sich wie auch bei anderen Deckungswerten auf die Überprüfung formellrechtlicher Anforderungen des Derivatgeschäftes. Vom Treuhänder kann nicht verlangt werden zu bewerten, inwieweit die von der Bank abgeschlossenen Derivatgeschäfte einen tatsächlichen Schutz der Pfandbriefgläubiger gegen Zins- und/oder Währungsrisiken gewährleisten.[829]

Im Vergleich zu der deutschen Regelung ist festzustellen, dass das PHBG weniger Klarheit schafft und viele Fragen offen lässt. Formellrechtliche Kriterien von Derivaten werden im PHBG nicht ausreichend geregelt. Das PHBG stellt insbesondere keine Anforderungen an die Derivatpartner der Hypothekenbank und stellt diese nicht unter den Schutz des Treuhänders. Im Unterschied zum deutschen Recht ist auch die Eintragung von Derivaten nicht von der vorherigen Zustimmung des Treuhänders und des Derivatpartners abhängig. Nicht näher bestimmt ist zudem der Umfang der treuhänderischen Nachprüfung der eingetragenen Derivate. Dies bedarf einer gesetzlichen Präzisierung.

Der deutsche Treuhänder hat dagegen neben den Interessen der Pfandbriefgläubiger auch die Interessen der Derivatpartner der Hypothekenbank zu beachten. Mit der HBG-Novelle von 2002 ist es dem deutschen Gesetzgeber gelungen, die rechtliche Unsicherheit beim Einsatz von Derivaten zu beseitigen. Gleichzeitig wurde der Aufgabenkatalog des Treuhänders präzisiert und um neue Aufgaben erweitert. Die neuen Bestimmungen des HBG wurden von Ratingagenturen und Pfandbriefinvestoren begrüßt. Die positive Bewertung der deutschen Regelung sollte dem polnischen Gesetzgeber den Anstoß zur Verbesserung des PHBG in diesem Bereich geben, die unter Berücksichtigung des deutschen Rechtes vollzogen werden könnte. Das bezieht sich insbesondere auf die eindeutige Bestimmung der Aufgaben des Treuhänders, deren Erweiterung um den Schutz der Derivatpartner und den deutlichen Ausschluss der globalen Nettingmöglichkeit im Insolvenzfall.

7. Neue Aufgaben für den Treuhänder deutschen Rechtes

a. Auslandsdeckungsgeschäft als neue Herausforderung

Die zu beobachtende ständige Geschäftserweiterung der deutschen Hypothekenbanken, über die Inlandsgrenze hinweg Staats- und Hypothekarkredite zu gewähr-

[829] AA *Olszak*, (2002), 30.

leisten und diese durch Pfandbriefemissionen zu refinanzieren,[830] bringt ein neues Risikopotential mit sich, das über das Zins- und Wechselkursrisiko hinausgeht. Trotz dieser Erweiterung der Deckungsmasse um ausländische Forderungen bleibt der deutsche Gesetzgeber dem Prinzip der einheitlichen Deckungsmasse treu. Er differenziert also nicht zwischen der Inlands- und Auslandsdeckung und stellt ausländische Beleihungen den inländischen Deckungswerten gleich. Es wird insbesondere weder eine besondere Auslandsmasse gebildet, noch ein getrenntes Deckungsregister nach Staaten geführt. Deckungsfähige Auslandsgeschäfte werden je nach Deckungsart in dieselben Deckungsregister wie Inlandsforderungen eingetragen[831] und gleichzeitig unter die Kontrolle des Treuhänders gestellt. Das HBG sieht auch keine Besonderheiten bzw. Abweichungen in dieser Kontrolle vor. Mit der Gleichbehandlung der inländischen und ausländischen Deckungswerte wird das Ziel verfolgt, die besondere Qualität des Pfandbriefes durch die systematisch steigende Ausweitung der Deckungsfelder nicht zu verschlechtern. Das kann aber nur dann erreicht werden, wenn die Risiken im Ausland erkannt, richtig eingeschätzt und im Ergebnis aus dem Deckungsgeschäft eliminiert werden. Dies erfordert wiederum eine höhere Expertise sowie mehr Kenntnisse im ausländischen Recht und des wirtschaftlichen Umfeldes. Das Auslandsdeckungsgeschäft stellt den Treuhänder also vor neue Herausforderungen, die ihm früher nicht bekannt waren und deren Erfüllung im Einzelnen Schwierigkeiten bereiten kann.

b. Auslandshypothekargeschäft im Lichte des Internationalen Privatrechtes

Unter einem sog. ausländischen Deckungshypothekargeschäft wird der grenzüberschreitende Hypothekarkredit verstanden, dessen Forderungen zur Pfandbriefdeckung verwendet werden. Im Einzelnen handelt es sich um einen Kredit, der durch die Hypothek an einem im Ausland belegten Grundstück gesichert ist. Im Regelfall wird auch der Kreditnehmer eine im Ausland lebende Person sein. Das muss aber nicht immer zutreffen. Denkbar ist die Kreditvergabe an einen deutschen Kreditnehmer, der zu der Kreditsicherung eine Hypothek an seinem ausländischen Grundstück bestellt.

Jedenfalls liegt beim Auslandshypothekargeschäft ein Sachverhalt mit Auslandsberührung vor. Damit ergibt sich die Frage, welchem Recht der Kreditvertrag sowie dessen grundpfandrechtliche Sicherung unterliegen. Die Antwort auf diese Frage ist sowohl für alle Vertragsparteien als auch für den Treuhänder von erheblicher Bedeutung und muss bei der Kreditvertragsgestaltung berücksichtigt werden. Die Rechtsfolgen der grenzüberschreitenden Kreditvergabe müssen

[830] Zur Erweiterung der Deckungsmasse der deutschen Pfandbriefe S. 128.
[831] Vgl. *Bellinger/Kerl*, (1995), § 5 HBG Rn. 23, 51.

darüber hinaus klar und sicher sein. Andererseits kann ihre Indeckungnahme den Interessen der Pfandbriefgläubiger schaden, wenn sich etwa herausstellt, dass der Kreditvertrag mangelhaft oder sogar nichtig und deswegen nicht pfandbriefdeckungsfähig ist.

Maßgebend für Sachverhalte, die sich auf mindestens zwei Rechtsordnungen ausdehnen, also auch für Auslandshypothekardeckungsgeschäfte der Hypothekenbanken, sind die Vorschriften des Internationalen Privatrechtes (IPR). Sie umgrenzen den Anwendungsbereich der einzelnen Rechtsordnung und enthalten Kollisionsnormen, mit deren Hilfe sich das anwendbare Recht bestimmen lässt. Deshalb ist es nötig, für die Indeckungnahme von ausländischen Forderungen die einschlägigen Regelungen des Internationalen Privatrechtes zu ermitteln.

aa. Das Auseinanderfallen des Forderungs- und des Grundpfandstatuts

Beim Hypothekarkredit sind sachen- und schuldrechtliche Elemente zu unterscheiden. Bei dem Hypothekarkredit mit Auslandsberührung sind sie einerseits dem Internationalen Sachenrecht und andererseits dem Internationalen Schuldvertragsrecht zuzuordnen. Während das Internationale Sachenrecht das auf das Grundpfandrecht anwendbare Recht bestimmt, ist das Internationale Vertragsrecht für die Feststellung maßgebend, welchem Recht die gesicherte Forderung unterliegt. Dabei wird von Grundpfand- und von Forderungsstatut gesprochen. Die für beide Statuten maßgebenden IPR-Teile weisen deutliche Harmonisierungsunterschiede[832] auf und folgen verschiedenen Grundsätzen. Im Rahmen des Forderungsstatuts gilt mit bestimmten Einschränkungen das Prinzip der freien Rechtswahl. Die Vertragsparteien können das Rechtssystem, dem ihr Vertrag unterliegt, grundsätzlich frei wählen. Für das Grundpfandstatut hingegen ist die Rechtswahl ausgeschlossen. Das anwendbare Recht wird nach dem Belegenheitsort der Sache bestimmt. Im Endeffekt kann es dazu kommen, dass der Schuldvertrag und dessen dingliche Sicherung unterschiedlichen Rechtsregimen folgen.[833] Die Kontrolle des hypothekarisch gesicherten Deckungskredites muss daher auf schuld- und sachenrechtlichen Ebenen getrennt vorgenommen und erörtert werden.

---

[832] Während das Internationale Vertragsrecht einen starken Trend zur europaweiten Vereinheitlichung ausweist; vgl. *Kropholler* ((2004), § 1 III 3, § 10 II 1, 3)), der das Internationale Sachenrecht weiterhin auf das nationale Kollisionsrecht abstellt; *Schäfer*, (1993), 23 f.

[833] Vgl. MünchKomm(-*Kreuzer*), (1998), Art. 38 EGBGB Anh. I Rn. 46; *Martiny*, in: *Reithmann/-Martiny* (Hrsg.), (2004), Rn. 1168.

bb. Bestimmung des Forderungsstatuts

(1) Prinzip der Parteiautonomie

Auf schuldrechtlicher Ebene können Vertragsparteien - dem Grundsatz der Parteiautonomie folgend[834] - die Rechtsordnung, welcher der Darlehensvertrag zu unterstellen ist, frei wählen. Dieser Grundsatz gilt auch für Kreditverträge und ist bei vertraglichen Beziehungen im positiven Recht nahezu aller Staaten anerkannt.[835] Auf EU-Ebene ist die freie Rechtswahl in Art. 3 Abs. 1 EVÜ festgeschrieben. Seine Bestimmungen wurden von einigen Ländern, darunter Deutschland, in das nationale Recht eingeführt.[836] In Anlehnung daran wird die Rechtswahl als ein Instrument der Vertragsgestaltung in Art. 27 Abs. 1 S. 1 EGBGB geregelt. Die freie Rechtswahl ermöglicht den Vertragsparteien, ihren Schuldvertrag dem Recht eines von ihnen gewählten Staates zuzuordnen. Die Parteien können sich nicht nur für die Anwendung der Rechtsnormen eines ihrer Herkunftsstaaten, sondern auch für ein „neutrales" ausländisches Recht entscheiden. Ferner muss die Rechtswahl nicht zwingend für den ganzen Vertrag getroffen werden, sondern kann auch nur einen Vertragsteil betreffen.[837] Die Parteiautonomie kommt zudem dadurch zum Ausdruck, dass das gewählte Recht auch nach dem Vertragsschluss, bei Einigkeit der Parteien jederzeit durch ein anderes Recht ersetzt werden kann.[838]

(2) Rechtswahlbeschränkung

Die freie Rechtswahl als eine der Erscheinungsformen der Freiheit des Individuums gilt nicht unbeschränkt. Die Einschränkungen der freien Rechtswahl dienen dem Schutz einer schwächeren Vertragspartei oder der Aufrechterhaltung der Wirtschafts- und Sozialordnung. Sie können sich etwa aus Verbraucherschutzregeln (Art. 5 EVÜ, Art. 29 EGBGB), zwingenden Vorschriften (Art. 7 Abs. 2 EVÜ, Art. 34 EGBGB) sowie aus der *ordre public*-Klausel (Art. 16 EVÜ, Art. 6

---

[834] Zur Parteiautonomie im deutschen internationalen Privatrecht *Harries*, FS Theodor Heinsius (1991), 201 ff.; *von Bar/Mankowski*, (2003), § 7, Rn. 67 ff.; *Martiny*, in: *Reithmann/Martiny* (Hrsg.), (2004), Rn. 54 ff.

[835] Im polnischen Recht hat der Grundsatz der beschränkten Parteiautonomie in Art. 25 § 1 des Internationalen Privatrechts ((polIPR), Gesetz vom 12.11.1965 (Dz.U. 1965 Nr. 46, Pos. 290), zuletzt geändert durch Art. 4 des Gesetzes vom 21.5.1999 (Dz.U. 1999 Nr. 52, Pos. 532)) Eingang gefunden. Demzufolge können die Parteien selbst bestimmen, welches Recht sie für ihre vertraglichen Schuldverhältnisse anwenden. Dies muss aber mit dem Schuldverhältnis im Zusammenhang stehen.

[836] Vgl. Art. 27 ff. EGBGB; zur Übernahme des EVÜ in das deutsche Recht *Martiny*, in: *Reithmann/Martiny* (Hrsg.), (2004), Rn. 5, 16 ff.

[837] Vgl. Art. 27 Abs. 1 S. 2 EGBGB.

[838] Vgl. Art. 27 Abs. 2 EGBGB.

EGBGB) ergeben. Sie sind für grenzüberschreitende Hypothekarkredite, die in die Pfandbriefdeckung genommen werden, aus Sicht der Deckungsqualität besonders wichtig. Um die Wirksamkeit und Durchsetzbarkeit der Deckungsforderungen zu sichern, müssen diese Einschränkungen den Hypothekenbanken bekannt sein und bei dem Vertragsabschluss herangezogen werden. Darüber hinaus ist zu prüfen, inwieweit der Kreditvertrag frei gestaltet werden kann und welches Recht im Ergebnis Anwendung findet.

(a) Verbraucherschutzfrage

Im Vordergrund stellt sich die Frage, ob Realkreditverträge der Hypothekenbanken, die mit nicht beruflichen oder gewerblich tätigen ausländischen Privatkunden abgeschlossen werden, als Verbraucherverträge zu qualifizieren sind und ob sie darüber hinaus dem besonderen Verbraucherschutz unterliegen.

Die Bejahung dieser Frage begrenzt die freie Rechtswahl und hat zur Folge, dass Hypothekenbanken vor der Kreditvergabe an ausländische Kunden die Verbrauchervorschriften in deren jeweiligen Ländern untersuchen und, falls diese für die Verbraucher günstiger sind, bei der Vertragsgestaltung berücksichtigen müssen. Die Kreditvergabe würde also eine vertiefte Rechtsanalyse des fremden Verbraucherrechtes erzwingen, deren Darlegung bei der formellrechtlichen Prüfung des Kreditvertrages von dem Treuhänder verlangt werden müsste. Der Treuhänder hätte insbesondere darauf zu achten, ob ihre Ergebnisse in den Vertrag einbezogen wurden und dadurch Voraussehbarkeit und Rechtssicherheit im Streitfall bestehen.

Die Verneinung des Verbrauchervertragscharakters der Deckungskredite würde hingegen den Vertragsparteien viel mehr Spielraum bei der Rechtswahl geben. Die Hypothekenbanken könnten Besonderheiten des ausländischen Verbraucherrechtsschutzes außer Acht lassen und insbesondere den Kreditvertrag nach dem deutschen Recht gestalten. Dies würde die Refinanzierungskosten senken und zu einer höheren Rechtssicherheit beitragen. Aus der Sicht der Bankkunden wäre dies allerdings eine wenig glückliche Lösung und könnte zur Beeinträchtigung ihrer Rechte führen, wenn sie sich bei der Rechtswahl von der Bank leiten lassen und auf den Schutz des Staates, in dem sie sich aufhalten, unter dem wirtschaftlichen Druck der Bank verzichten müssten.

Bei der Antwort auf die gestellte Frage kommt dem Begriff „Verbrauchervertragsstatut" entscheidende Bedeutung zu. Er ist im Internationalen Vertrags- (in Artt. 5 EVÜ, 29 EGBGB) und Prozessrecht (Art. 15 EuGVVO)[839] geregelt. Seine Definition ist allerdings nicht einheitlich und gibt insbesondere keine klare

---

[839] Verordnung (EG) Nr. 44/2001 des Rates vom 22.12.2000 über die gerichtliche Zuständigkeit und die Anerkennung und Vollstreckung von Entscheidungen in Zivil- und Handelssachen; ABl. EG 2000 L 12/1.

Antwort auf die Frage, ob bei Realkreditverträgen mit Auslandsberührung verbraucherschutzrechtliche Besonderheiten des ausländischen Rechts zu berücksichtigen sind.

Diese unpräzise Regelung hat wissenschaftlichen Streit ausgelöst, der sich letztendlich um die Auslegung des Begriffes „Erbringung einer Dienstleistung" dreht. Im Einzelnen geht es darum, ob Realkredite Dienstleistungen im Sinne der Art. 5 EVÜ, Art. 29 EGBGB sind und ferner, ob die Verbraucherschutzregelungen auf diese Anwendung finden. Die Auslegung des Dienstleistungsbegriffes hat zu unterschiedlichen Auffassungen in der Lehre und Rechtssprechung geführt, die deutlicher zu erkennen sind, wenn man die Debatte zu dem früheren Art. 13 EuGVÜ[840] unter Einbeziehung der französischen Rechtssprechung verfolgt.

(b) Verbrauchergerichtsstand aufgrund des Art. 13 EuGVÜ

(aa) Das Urteil der Cour d'appel de Colmar vom 24. Februar 1999

In der französischen Rechtsprechung wird eine extensive Auslegung des Begriffes „Erbringung einer Dienstleistung" deutlich befürwortet. In einem bekannten und breit diskutieren Urteil vom 24. Februar 1999[841] hat ein französisches Gericht, die *Cour d'appel de Colmar*, den französischen Klägern den Verbrauchergerichtsstand zugesprochen und aufgrund des Art. 14 EuGVÜ seine Zuständigkeit bestätigt.[842] Damit hat das französische Gericht die Anwendung des Art. 13 Abs. 1 Nr. 3 EuGVÜ auf grenzüberschreitende Immobilienfinanzierungskredite bejaht, sofern dem Vertragsabschluss im Wohnsitzstaat des Verbrauchers ein ausdrückliches Angebot oder eine Werbung vorausgegangen ist und der Verbraucher in diesem Staat die zum Abschluss des Vertrages erforderlichen Rechtshandlungen vorgenommen hat.[843]

Bei der Erfüllung dieser beiden Voraussetzungen wurden also Immobilienfinanzierungskredite unter dem Begriff eines Erbringens von Dienstleistungen subsumiert. In seiner extensiven Auslegung des Dienstleistungsbegriffs stützte

---

[840] Übereinkommen über die gerichtliche Zuständigkeit und die Anerkennung und Vollstreckung von Entscheidungen in Zivil- und Handelssachen, in der konsolidierten Fassung vom 26.1.1998, Abl. EG 1998 C 27/1; abgelöst von der Verordnung EG Nr. 44/2001 vom 22.12.2000 (EuGVVO).

[841] Das Urteil der *Cour d'appel de Colmar* (1. Zivilkammer, Sektion B, RG No. 1 B 9804470) ist in deutscher Fassung in ZIP 1999, 1209 f. abgedruckt.

[842] Vgl. *Cour d'appel de Versailles* vom 26.2.1998, 4. Kammer, Az.: 645/97; die *Cour d'appel de Nancy* vom 16.6.1998, 1. Kammer, Az.: 97/1867; dazu *Gaudemet-Tallon*, (1996), Rn. 239 ff.; in der deutschen Literatur zitiert und kommentiert von *Lutz/Neumann*, RIW 1999, 827 ff.; *Neumann/Rosch*, IPRax 2001, 257, 258.

[843] Nach der Auffassung des französischen Gerichts bedeutet das nicht, dass alle Rechtshandlungen, insbesondere die zur Vertragsdurchführung gehörenden Handlungen, im Wohnsitzstaat des Verbrauchers erfolgen müssen, ZIP 1999, 1209, 1210.

sich die *Cour d'appel de Colmar* auf die Entscheidungen des EuGH,[844] die Baudarlehen als Dienstleistungen im Sinne des Art. 49 EGV (Art. 59 EGV aF) und Hypothekarkredite als dem freien Kapitalverkehr verbundene Dienstleistungen im Sinne des Art. 56 EGV bewerten.

Art. 13 Abs. 3 EuGVÜ, der anders als Art. 13 Abs. 1 EuGVÜ Realkredite nicht wie Beförderungsverträge aus seinem Anwendungsbereich ausdrücklich ausschließt, ist ein zusätzliches Argument für eine extensive Auslegung. Dieser Argumentation folgend fand das französische Gericht es nicht für erforderlich, diese Frage dem EuGH vorzulegen.

(bb) Stellungnahmen im deutschen Schrifttum

(aaa) Befürwortung

Das Urteil der *Cour d'appel de Colmar* hat zu unterschiedlichen Meinungen in der deutschen Literatur geführt. Der Argumentation des französischen Gerichtes haben einige[845] im vollen Umfang zugestimmt und sie durch zusätzliche Verweise auf den Anhang der 2. Bankenrichtlinie 89/646/EWG[846] und auf das Dietzinger Urteil[847] untermauert. Dabei hoffen sie auf eine schnelle Durchsetzung dieses Urteils. Nach dieser Meinung würde dadurch die Übereinstimmung mit dem primären Gemeinschaftsrecht erreicht und die Lücke im grenzüberschreitenden Verbraucherschutz geschlossen.

Die Klassifizierung der Kreditverträge als Verbraucherverträge aufgrund des Art. 13 EuGVÜ bejahten auch andere[848] wobei diese die verbindliche Auslegung dieser Frage wegen ihrer erheblichen Bedeutung für die Reichweite des Internationalen Verbraucherschutzrechts in der Entscheidung des EuGH allerdings nicht nur für möglich, sondern auch für wünschenswert ansahen.[849] Differenzierend befürwortet wurde die Übernahme des weiten Dienstleistungsbegriffes im Sinne des primären Gemeinschaftsrechtes,[850] wobei betont wurde, dass der Dienstleistungsbegriff in Art. 13 EuGVÜ nicht zuletzt wegen der ausdrücklichen Ausklammerung der Versicherungsverträge mit dem Dienstleistungsbegriff in Artt. 49 f. EGV nicht identisch war. Daher verwies man zugleich auf

---

[844] EuGH 14.11.1995, Slg. 1995, I - 3955; EuGH 9.7.1997, Slg. 1997, I - 3899.

[845] *Reich*, ZIP 1999, 1209, 1211.

[846] RL 89/646/EWG des Rates vom 15.12.1989 zur Koordinierung der Rechts- und Verwaltungsvorschriften über die Aufnahme und Ausübung der Tätigkeit der Kreditinstitute und zur Änderung der RL 77/780/EWG, ABl. EG 1989 L 386/1.

[847] Das Dietzinger Urteil vom 17.3.1998, Rs. C - 45/96, Slg. 1998, I - 1199, ZIP 1998, 554 ff.

[848] *Mankowski*, EWiR 1999, 1171 f.

[849] Zustimmend *Neumann/Rosch*, IPRax 2001, 259.

[850] MünchKomm(- *Martiny*), (1998), Art. 29 EGBGB Rn. 10 mwN; *Staudinger(-Magnus)*, (2002), Art. 29 EGBGB Rn. 52.

den *Schlosser*-Bericht,[851] in dem Kreditverträge ausdrücklich ausgenommen wurden. Der grammatikalischen Auslegung folgend verteidigte man jedoch weiterhin bei der Annahme des weiten Dienstleistungsbegriffs den Sinn des Art. 13 Abs. 1 Nr. 2 EuGVÜ[852] und betrachtete Art. 13 Abs. 1 Nr. 3 EuGVÜ als Auffangvorschrift, die in der Prüfungsabfolge am Ende steht und deren Anwendung grundsätzlich auch für Realkredite offen bleibt, wenn sie die in Art. 13 Abs. 1 Nr. 3 lit. a und b EuGVÜ genannten Bedingungen erfüllten.

(bbb) Kritik

Das Urteil des französischen Gerichts ist auch in der deutschen Lehre auf heftige Kritik gestoßen. Gegen die weite Fassung des Dienstleistungsbegriffes im Lichte des Art. 13 EuGVÜ haben sich viele[853] ausgesprochen. Gegen die Ausdehnung des Dienstleistungsbegriffes auf Realkredite sprechen ihrer Ansicht nach alle gängigen Auslegungsmethoden. Ausgehend von dem *Schlosser*-Bericht und unter Verweis auf die ursprüngliche Fassung des Art. 13 EuGVÜ plädieren sie für eine enge und restriktive Auslegung des Dienstleistungsbegriffes. Mit der Gleichstellung des EGV und des EuGVÜ lehnen sie ein Subordinationsverhältnis ab und betonen die terminologische und systematische Unabhängigkeit beider Rechtsakte, die sich ihrer Meinung nach schon aus der unterschiedlichen Ermächtigungsgrundlage sowie der Zweckverfolgung ergibt. In der grammatikalischen und systematischen Begründung schließen sie die Anwendung des Art. 13 Abs. 1 Nr. 3 EuGVÜ auf Darlehen aus und gehen im Unterschied zu anderen[854] davon aus, dass Darlehen in Art. 13 Abs. 1 Nr. 2 EuGVÜ abschließend geregelt seien. Zudem erheben sie gegen eine erweiterte Interpretation des Dienstleistungsbegriffes methodologische und teleologische Zweifel und weisen zusätzlich auf die nicht einheitliche französische Rechtsprechung hin.[855]

(c) Verbrauchergerichtsstand aufgrund des Art. 15 EuGVVO

Art. 15 EuGVVO, der Art. 13 EuGVÜ mit der Wirkung vom 1. März 2002 ersetzt hat, verwendet den Dienstleistungsbegriff nicht, sondern hat eine sehr allgemeine Formulierung. Art. 15 Abs. 1 lit. c EuGVVO bestimmt jetzt die Verbrauchergerichtszuständigkeit in allen anderen Fällen, wenn der andere Vertragspartner in dem Mitgliedstaat, in dem der Verbraucher seinen Wohnsitz hat, eine berufliche

---

[851] Schlosser Bericht zum EuGVÜ vom 9.10.1978, ABl. EG 1979 C 59/71.
[852] AA *Neumann/Rosch*, IPRax 2001, 257, 258 f.
[853] *Lutz/Neumann*, RIW 1999, 827 ff.; *Neumann/Rosch*, IPRax 2001, 257, 258 f.
[854] *Gaudemet-Tallon*, (1996), Rn. 260; *Mankowski*, EWiR 1999, 1171, 1172.
[855] Die *Cour d'appel de Poitiers* lehnte - allerdings ohne nähere Begründung - in dem Urteil vom 23.7.1997 (Az.: 95/3112) die Anwendung des Art. 13 EuGVÜ auf Realkredite ab.

oder gewerbliche Tätigkeit ausübt oder eine solche auf diesen Mitgliedstaat ausrichtet und der Vertrag in den Bereich dieser Tätigkeit fällt. Diese Regelung erfasst also grundsätzlich alle Vertragstypen. Damit spielt der Streit um den Dienstleistungsbegriff auf der prozessualen Ebene keine Rolle mehr. Ist eine der genannten Voraussetzungen erfüllt, so findet Art. 15 EuGVVO auch auf Realkredite Anwendung.

(d) Verbrauchervertragsstatut aufgrund der Art. 5 EVÜ, Art. 29 EGBGB

Die Diskussion rund um den Dienstleistungsbegriff ist damit allerdings nicht erledigt. Sie hat aufgrund Art. 5 EVÜ und Art. 29 EGBGB, die weiterhin auf die Erbringung von Dienstleistungen abstellen, ihre Aktualität bewahrt.[856] Die Klassifizierung der Immobilienkreditverträge als Erbringung einer Dienstleistung im Sinne der Art. 5 EVÜ, Art. 29 EGBGB ist in der deutschen Lehre umstritten. Ihr Verbrauchervertragsstatut wird aufgrund des Wortlautes des Art. 29 EGBGB grundsätzlich vereint.[857]

Art. 15 EuGVVO verwendet aber einen weiteren Verbraucherbegriff. Es empfiehlt sich, von diesem auszugehen. Anderenfalls kommt man zur Diskrepanz in der Verbraucherdefinition, die gerade zu vermeiden ist. Zur Erreichung eines möglichst hohen Sicherheitsgrades muss eine einheitliche Auslegung des Verbrauchervertrages im Internationalen Privatrecht, insbesondere aufgrund des EVÜ,[858] gewährleistet werden. Jeder Änderungsvorschlag, der dazu führt, ist willkommen.[859]

---

[856] Zur Auslegung des Begriffes „Verbrauchervertrag" aufgrund des Art. 5 EVÜ im Sinne des früheren Art. 13 EuGVÜ BGH 26.10.93, BGHZ 123, 380, 386 = NJW 1994, 262, 263 = JZ 1994, 363, 365; zustimmend *Mankowski*, RIW 1994, 420, 423; MünchKomm(*-Martiny*), (1998), Art. 29 EGBGB, Rn. 10 mwN.; *Staudinger(-Magnus)*, (2002), Art. 29 EGBGB, Rn. 46 mit Verweis auf den Bericht von Giuliano/Lagarde; BT-Drs. 10/903, 36, 55 f.

[857] Die herrschende Meinung lehnt die Anwendung der Art. 5 EVÜ, Art. 29 EGBGB auf sog. isolierte, also nicht mit der Lieferung der Waren verbundene Darlehensverträge ab; *Bülow*, EuZW 1993, 435, 436; *Welter/Breier/Ketzel(-Welter)*, (1994), 14; *Stöcker/Schäfer*, DLK 1995, 614, 615 ff.; MünchKomm(*-Martiny*), (1998), Art. 29 EGBGB Rn. 12; *Schimansky/Bunte/Lwowski (-Welter)*, (2001), § 28 Rn. 45; *Staudinger(-Magnus)*, (2002), Art. 29 EGBGB Rn. 55 f.; aA *Reich*, NJW 1994, 2128, 2130.

[858] Die Auslegung des EVÜ ist trotz Art. 18 EVÜ nicht einheitlich. Die Divergenz wird von nationalen Gerichten verursacht, die sich bei der Verwendung des EVÜ der in der nationalen Rechtsordnung bestimmten Rechtsbegriffe bedienen. Die einheitliche Auslegung wird zudem durch die Übernahme der Bestimmungen des EVÜ in das nationale Recht erschwert; für die autonom-europäische Auslegung des EVÜ durch nationale Gerichte *Junker*, RabelsZ 55 (1991), 674, 694 f. Die dem EVÜ beigefügten Protokolle, die dem Europäischen Gerichtshof die Kompetenz für die Auslegung des EVÜ übertragen, erfordern die Ratifizierung und helfen daher bedingt und nur teilweise; mehr dazu im Grünbuch unter 2.3; zur europäischen, einheitlichen

Darüber hinaus ist die Annäherung der Art. 5 EVÜ, Art. 29 EGBGB an die Fassung des Art. 15 EuGVVO angebracht.[860] Die Bestrebungen nach einem Gleichklang des Verbraucherbegriffes im Internationalen Prozess- und Vertragsprivatrecht und dessen erweiterte Fassung sind nachdrücklich zu unterstützen.[861]

(3) Gestaltung des grenzüberschreitenden Deckungsvertrages

Der Treuhänder muss vor der Indeckungnahme ausländischer hypothekarisch gesicherter Forderungen eine Rechtsunsicherheit darüber, welches Recht im Streitfall zu verwenden ist, vermeiden und den sicheren Weg gehen. Wie der Streit um den Dienstleistungsbegriff gerade zeigt, sind die Rechtswahlgrenzen allerdings nicht präzis festgelegt und werden daher unterschiedlich ausgelegt. Lückenhaft und änderungsbedürftig haben sich vor allem Art. 5 EVÜ und Art. 29 EGBGB erwiesen. Im Zusammenhang mit dem ausländischen Deckungsgeschäft der Hypothekenbanken und dessen Sicherheit ist dem ausländischen Kreditnehmer das Verbrauchervertragsstatut einzuräumen und der Realkredit an Privatkunden im Internationalen Privatecht als Verbraucherkredit anzusehen. Die Rechtswahl bei grenzüberschreitenden Kreditverträgen ist daher durch eine Verbraucherschutzregelung des Staates, in dem der Kreditnehmer seinen gewöhnlichen Aufenthalt hat, eingeschränkt.

Die europäischen Verbraucherrichtlinien als Maßstab bei der Vertragsgestaltung sind allerdings nur wenig hilfsreich. Sie bezwecken keine völlige Rechtsvereinheitlichung und decken auch nicht alle Aspekte des Verbraucherschutzes ab, sondern bestimmen lediglich Mindestschutzanforderungen, deren

---

Auslegung des EVÜ *Junker*, RabelsZ 55 (1991), 674, 681 ff., 686 ff.; *Martiny*, in: *Reithmann/-Martiny* (Hrsg.), (2004), Rn. 19 ff.;

[859] Die EU-Kommission hat am 14.1.2003 das Grünbuch über die Umwandlung des Übereinkommens von Rom aus dem Jahr 1980 über das auf vertragliche Schuldverhältnisse anzuwendende Recht in ein Gemeinschaftsinstrument sowie über seine Aktualisierung vorgelegt; KOM (2002) 654; dazu *Mankowski*, ZEuP 2003, 483 - 489. Das Grünbuch geht auf die in der Praxis aufgetretenen Probleme ein und stellt ihre alternativen Lösungen vor. Berücksichtigt man die Ergebnisse der Arbeit der Groupe Européenne de Droit International Privé ((GEDIP), veröffentlicht unter http://www.drt.ucl.ac.be/gedip), so stehen derzeit mehrere Änderungsvorschläge zum EVÜ zur Diskussion. Im Ergebnis soll die Umwandlung des EVÜ in eine EU-Verordnung bestehende Probleme beseitigen. Mit der Umwandlung des EVÜ in ein Gemeinschaftsinstrument würde seine Effizienz deutlich verbessert, denn die Zuständigkeit für dessen Auslegung würde dem EuGH automatisch übertragen.

[860] Vgl. *Staudinger(-Magnus)*, (2002), Art. 29 EGBGB Rn. 56; kritisch zur Bezeichnung des Verbrauchers in Art. 5 EVÜ zugleich mit dem Hinweis auf die Nichtübereinstimmung mit Art. 15 EuGVVO und zu Änderungsvorschlägen des Art. 5 EVÜ das Grünbuch (3.2.7.2 f.).

[861] Vgl. *Mankowski*, ZEuP 2003, 483, 486.

Umsetzung letztlich vom jeweiligen Mitgliedstaat abhängt.[862] Andererseits steht einer günstigeren, innerstaatlichen Verbraucherschutzregelung nichts im Wege. Durch die Rechtswahl darf der Verbraucherschutz, den der Kreditnehmer in seinem Aufenthaltsstaat genießt, nicht verschlechtert werden. Wird keine Rechtswahl getroffen, so wird das Recht des Staates angewandt, in dem der Verbraucher seinen gewöhnlichen Aufenthalt hat.[863] In diesem Fall wären eine fremde Rechtsberatung und eine genaue Rechtsanalyse in Bezug auf den gewöhnlichen Aufenthaltsstaat der Kreditnehmer erforderlich, deren Ergebnisse dem Treuhänder vorzulegen und im Kreditvertrag zu berücksichtigen wären.

In diesem Rahmen gilt für den grenzüberschreitenden Darlehensvertrag der Grundsatz der freien Rechtswahl. Die Vereinbarung eines fremden Rechtes ist zwar möglich, soll aber von der Erfüllung bestimmter Voraussetzungen abhängig gemacht werden.[864] Dabei ist von der Wahl eines „neutralen“ Rechtes oder von der Wahl des *common law* sowie *lex mercatoria* grundsätzlich abzuraten.[865] Der Darlehensvertrag kann selbstverständlich auch dem deutschen Recht unterstellt werden. Dies ist aus der Sicht der Sicherheit der Deckungsqualität und der Rechtsermittlungskosten zu bevorzugen, was im globalen Wettbewerb und bei steigenden Anforderungen der Kreditnehmer grundsätzlich nicht immer möglich sein wird und für die Indeckungnahme auch nicht erforderlich ist.

Auf der prozessualen Ebene hingegen ist die Rechtswahl seitens des Kreditgebers völlig ausgeschlossen. Die Hypothekenbank kann nach Art. 16 Abs. 2 EuGVVO die Klage gegen den Kreditnehmer nur vor den Gerichten des Mitgliedstaats erheben, in dem dieser seinen Wohnsitz hat. Die Zuständigkeit anderer Gerichte kann nur der Kreditnehmer, nicht aber der Kreditgeber wählen.[866] Zudem muss der Vertragsinhalt unter Berücksichtigung der *ordre public*-Vorschriften des Gerichtsortes gestaltet werden; diese können von den Vertragsparteien durch die freie Rechtswahl nicht abbedungen werden.

cc. Gleichwertigkeit der dinglichen Sicherung

(1) Lex rei sitae und ausländische Indeckungnahme

Im Unterschied zu der Parteiautonomie auf der forderungsrechtlichen Ebene müssen sich die Hypothekenbanken zur Absicherung ihrer ausländischen Forde-

---

[862] Kritisch über das Verhältnis der europäischen Verbraucherschutzrechtlinien zu Art. 5 EVÜ *Mankowski*, ZEuP 2003, 483, 486; *von Bar/Mankowski*, (2003), § 3 Rn. 86 mwN.

[863] Vgl. Art. 5 Abs. 3 EVÜ.

[864] Dazu *Harries*, FS Theodor Heinsius (1991), 201, 206 ff.; *Mankowski*, RIW 2003, 2, 3 f.

[865] Zu den Gründen *Mankowski*, RIW 2003, 2, 6 f., 13 ff.

[866] Vgl. Art. 16 Abs. 1 EuGVVO.

rungen mit den im Ausland üblichen Grundpfandrechten zufrieden geben,[867] weil sich das Grundpfandrecht nach dem weltweit anerkannten und ältesten IPR-Grundsatz *lex rei sitae*[868] an dem Ort der beliehenen Liegenschaft (Belegenheitsort) orientiert. Für die Indeckungnahme muss das ausländische Grundpfandrecht die gleiche Funktion wie die in Deutschland verwendete Hypothek oder Grundschuld aufweisen. Darüber hinaus stellt der deutsche Gesetzgeber keine weiteren Anforderungen und geht von der Gleichwertigkeit der Hypotheken in den EU-Mitgliedstaaten aus. In anderen Ländern können sich Abweichungen aber schon wegen der unterschiedlichen rechtlichen Bedingungen ergeben, die die Indeckungnahme von einer Beleihung unmöglich machen können.

Trotzdem wird statt der Angleichung von dem Prinzip der gegenseitigen Anerkennung in dem europäischen Wirtschaftsraum ausgegangen,[869] ohne nähere Kriterien für die Gleichwertigkeit zu bestimmen.[870] Diese anstandslose Anerkennung der sachenrechtlichen Sicherungsformen und der Verzicht auf die Feststellung der Mindestqualität der ausländischen Grundpfandrechte können in dem heutigen erweiterten europäischen Wirtschaftsraum besonders den Sicherheitsstandards der deutschen Pfandbriefe schaden, wenn spezifische Besonderheiten des jeweils anzuwendenden Grundpfandrechtes nicht ständig im Auge behalten werden. Daher sollte immer geprüft und beachtet werden, ob die ausländische Beleihung den Anforderungen an die Indeckungnahme nach dem HBG entspricht.

(2) Indeckungnahme in den neuen EU-Mitgliedstaaten

Vor der Erweiterung der Europäischen Union waren hypothekarische Beleihungen in Polen, Ungarn, Tschechien und in der Slowakei (OECD-Mitgliedstaaten) - so wie in Japan, Kanada und in den USA - lediglich außerhalb der Deckungsmasse und unter Berücksichtigung quantitativer Grenzen zugelassen, sofern das Grundpfandrecht in diesen Staaten eine banküblische Sicherheit für die Rückzahlung und Verzinsung von Darlehen darstellte. Die Erweiterung der Europäischen Union um zehn neue Staaten hat automatisch zu einer zusätzlichen Ausweitung der Geschäftstätigkeit der Hypothekenbanken geführt. Damit hat die Differenzierung

[867] Das betrifft sowohl die Voraussetzungen und Wirkung als auch die Form der Bestellung und ist unabhängig von der akzessorischen oder nichtakzessorischen Grundpfandgestaltung. Das ausländische Recht ist also dafür maßgeblich, welche Rechte überhaupt an einem Grundstück begründet werden und welche mit der Hypothek belastet werden können; *Welter/Breier/Ketzel*(-*Welter*), (1994), 14 f.; MünchKomm(-*Kreuzer*), (1998), Art. 38 EGBGB Anh. I Rn. 26 f. und Rn. 45.

[868] *Von Bar/Mankowski*, (2003), § 7 Rn. 42; *Martiny*, in: *Reithmann/Martiny* (Hrsg.), (2004), Rn. 1168; das Prinzip *lex rei sitae* ist in Art. 43 Abs. 1 EGBGB festgeschrieben; vgl. Art. 24 § 1 polIPR.

[869] Vgl. *Schäfer*, (1993), 191, 193 f.

[870] Zu den Motiven *Bellinger/Kerl*, (1995), § 5 HBG Rn. 52; *Wachter*, WM 1999, 49, 55.

nach den europäischen OECD-Staaten, die keine EU-Mitgliedstaaten sind, an Bedeutung verloren, denn alle europäischen OECD-Staaten sind derzeit gleichzeitig auch EU-Mitgliedstaaten. Das hat zur Folge, dass § 5 Abs. 1 Nr. 1 lit. c HBG keine und § 5 Abs. 1 Nr. 2b HBG nur beschränkte Anwendung finden, soweit keine neuen europäischen Nicht-EU-Mitgliedstaaten der Organisation für wirtschaftliche Zusammenarbeit und Entwicklung beitreten. Als Folge des Erweiterungsprozesses können deutsche Hypothekenbanken ihre Deckungsgeschäfte jetzt auch in allen anderen neuen EU-Mitgliedstaaten vornehmen, in denen ihr Betriebgeschäft bisher überhaupt nicht möglich war. Der EU-Beitritt bedeutet aber nicht, dass der Rechtsangleichungsprozess in den neuen Mitgliedstaaten abgeschlossen ist.

Bei Geschäften in diesen Ländern ist daher besondere Vorsicht zu empfehlen.[871] Obwohl sich die Qualität der dinglichen Sicherung in den letzten Jahren dort deutlich verbessert hat,[872] muss die Rechtsentwicklung ständig beobachtet werden. So wurde etwa nach fast zwei Jahren des Gesetzgebungsverfahrens der von der polnischen Regierung vorgelegte Gesetzentwurf über die Änderung des Gesetzes - Zivilprozessgesetzbuch - sowie einiger anderer Gesetze[873] am 2. Juli 2004 verabschiedet.[874] Art. 1 Nr. 194 lit. b dieser Novelle, der nach der sechsmonatigen *vacatio legis*[875] am 5. Februar 2005 in Kraft getreten ist, hat dem Art. 1046 polZPO[876] einen § 4 eingeführt. Nach dieser Vorschrift wird die Zwangsvollstreckung aus dem Raum, der Wohnungszwecken dient, eingestellt, bis die Gemeinde auf eine vorläufige Ersatzräumlichkeit[877] hinweist oder der Schuldner eine solche findet,[878] sofern sich aus dem Vollstreckbarkeitstitel kein Recht des Schuldners auf eine Sozial- oder Ersatzwohnung ergibt. Der Gerichts-

---

871 Für besondere Vorsicht im Bereich des Auslandshypothekarkreditgeschäfts im Allgemeinen *Kerl*, DLK 1998, 518, 523.

872 So etwa in Polen, wo die Hypothek mehr Rechtssicherheit bekommen hat. Es wurden u.a. unpublizierte, von Gesetzes wegen entstehende Hypotheken und Vollstreckungsvorrechte zugunsten des Fiskus abgeschafft sowie die vertragliche Gesamthypothek und Fremdwährungshypothek zugelassen; hierzu *Drewicz-Tułodziecka/Soergel/Stöcker*, WM 2002, 891 - 896.

873 Drucksache Nr. 965/2002.

874 Dz.U. 2004 Nr. 172, Pos. 1804.

875 Vgl. Art. 13 dieser Novelle.

876 Gesetz vom 17.11.1964, Zivilprozessordnung (Dz.U. 1964 Nr. 43, Pos. 296), zuletzt geändert durch Art. 1 des Gesetzes vom 22.12.2004 (Dz.U. 2005 Nr. 13, Pos. 98).

877 Nach dem Art. 1046 polZPO ergänzenden § 6 soll eine vorläufige Ersatzräumlichkeit (1) für die Bewohnung geeignet sein, (2) mindestens 5 m^2 der Wohnungsfläche für eine Person gewährleisten und (3) sich in demselben oder nahe liegenden Ort befinden, sofern das Wohnen an diesem Ort die Lebensbedingungen der Umquartierten nicht erheblich verschlechtert.

878 Nach dem ursprünglichen Gesetzentwurf war die Zwangsvollstreckung einzustellen, bis der Gläubiger oder die Gemeinde für den Schuldner eine vorläufige Ersatzräumlichkeit zur Verfügung stellt. Die ursprüngliche Fassung des Entwurfes enthielt die in Art. 1046 § 6 polZPO bestimmten Bedingungen nicht.

vollzieher kann die Vollstreckung dagegen nicht einstellen, wenn der Gläubiger auf eine vorläufige Ersatzräumlichkeit hinweist.[879]

Damit wird die Verwertung von Liegenschaften enorm erschwert. Berücksichtigt man dazu, dass polnische Gemeinden über sehr bescheidene Möglichkeiten auf dem Wohnungsmarkt verfügen und dass sie auch kein Interesse an der Bereitstellung von Ersatzräumlichkeiten für zahlungsunfähige Schuldner haben, so liegt es auf der Hand, dass in der Praxis allein die Gläubiger damit belastet werden.[880] Diese Vorschrift hat zwar die Rechtsnatur der polnischen Hypothek nicht geändert, ihre Effizienz leidet aber daran. Solche Änderungen beeinträchtigen die Rechtssicherheit und sind daher für den vorhandenen Pfandbriefdeckungsbestand besonders gefährlich.

Wie das Beispiel Polen zeigt, befindet sich die Rechtsordnung immer noch in einer Umwandlungsphase, die für die Deckungsmasse besonders gefährlich sein kann. Hierzu kommt die immer noch instabile Wirtschaftslage. Es lässt sich also nicht leugnen, dass Investitionen auf dem Wohnungsmarkt in den neuen EU-Mitgliedstaaten mit einem größeren Risiko belastet sind als die in den alten EU-Ländern.[881] Nicht zu übersehen ist, dass das Recht in den neuen EU-Mitgliedstaaten viel öfter geändert wird als in alten Mitgliedstaaten. Die Deckungsexpansion in den neuen EU-Staaten ist von dem Treuhänder daher mit besonderer Vorsicht zu beobachten. Auch geschäftspolitisch scheint eine gewisse Zurückhaltung besonders am Anfang angebracht.

(3) Erweiterte Prüfung des Rechtes des Belegenheitsortes

Damit ist klar, dass die Prüfung der Rechtssicherheit der Beleihungen nicht auf das materielle Grundpfandrecht beschränkt werden darf, sondern in breiterem Umfeld, beginnend mit der Rechtswirksamkeit der ausländischen dinglichen Sicherung, bis zu ihrer Verwertung in der Zwangsvollstreckung durchgeführt werden muss. Das ausländische Grundpfandrecht darf erst nach einer ausführlichen Analyse des Belegenheitsrechtes akzeptiert werden. Insbesondere müssen dem Treuhänder alle Nachteile des ausländischen Sicherungssystems bekannt sein. Darüber hinaus muss das ausländische Privatrecht im weiteren Sinne untersucht werden, wobei der Schwerpunkt auf nachteilige Besonderheiten im Sachen-, Vertrags-, Steuer- und Verwertungsrecht zu legen ist.[882]

---

[879] Vgl. Art. 1046 § 5 polZPO.

[880] Mehr Kritik dazu in der Stellungnahme der Stiftung für den Hypothekarkredit vom 5.12.2002; *Biuletyn Bankowy*, Nr. 1 (117) 2003, 43 ff.; http://www.fukrehip.pl/projekty_ustaw.htm.

[881] Das bedeutet aber nicht, dass das Auslandsdeckungsgeschäft in den alten EU-Mitgliedstaaten problemlos ist; zu versteckten, stillschweigenden Vorzugspfandrechten in Spanien *Stöcker*, (1992), 146 f.; zu Immobiliarspezialprivilegien in Frankreich *ders.*, (1992), 84 f.; *Welter/Breier/Ketzel (-Gresser)*, (1994), 124 f.; zu Griechenland *Welter/Breier/Ketzel(-Hamuzopulos)*, (1994), 159 f.

[882] Vgl. *Bellinger/Kerl*, (1995), § 5 HBG Rn. 52.

(4) Empfehlung gesetzlicher Mindeststandards

Werden ausländische, hypothekarisch gesicherte Forderungen in die Deckung genommen, so sollten sie von dem Treuhänder besonders sorgfältig geprüft werden. Aber selbst diese Prüfung schließt die künftige, ungünstige Änderung der Rechtslage nicht aus. Geschäftspolitisch sollten daher von der Hypothekenbank zusätzliche Sicherungsmaßnahmen getroffen werden und/oder es sollten gesetzliche Änderungen vorgenommen werden. Denkbar wäre besonders für die neuen EU-Mitgliedstaaten die Gesamtbetragsgrenze der Beleihungen einzuführen, die allerdings einen vorübergehenden Charakter hätte. Dadurch könnten bestehende Gefahren zwar vermindert, aber nicht vollkommen beseitigt werden. Zudem ist von der quantitativen Einschränkung aus langfristiger Sicht innerhalb der EU abzusehen. Daher ist die Indeckungnahme nicht nur hinsichtlich der neuen EU-Mitgliedstaaten empfehlenswert, sondern für alle hypothekarisch gesicherten Auslandsforderungen *expressis verbis* von der Erfüllung der bestimmten, rechtlichen Sicherheitsstandards abhängig zu machen.

(5) Weiteres Plädoyer für das einheitliche Grundpfandrecht in der Europäischen Union

Vor dem Hintergrund der ausländischen Hypothekardeckungsgeschäfte der deutschen Hypothekenbanken und der damit verbundenen Treuhänderaufgaben drängt sich das Bedürfnis nach einem einheitlichen Grundpfandrecht im Binnenmarkt auf, das derzeitige Schwierigkeiten beseitigen könnte. Auf die Vorteile eines grenzüberschreitenden, einheitlichen Grundpfandrechtes in allen Mitgliedstaaten wurde schon im Jahre 1966 im Segré-Bericht[883] hingewiesen, der dessen Einführung auch empfohlen hat.[884] Weitere Untersuchungen haben zudem erwiesen, dass die bei grenzüberschreitender Immobilienfinanzierung entstehende Grundpfandrechtsproblematik weder auf kollisionsrechtlicher Ebene noch durch eine gegenseitige Anerkennung oder durch die Schaffung eines speziellen Sachenrechtes ausschließlich für den grenzüberschreitenden Hypothekarkredit zu überwinden ist.[885] Daraus hat sich ergeben, dass die Einführung eines zusätzlichen einheitlichen Grundpfandrechtes - unter Beibehaltung der nationalen Sicherungsrechte - für alle Binnensachverhalte erforderlich ist. Abgesehen von Details, ins-

---

[883] Der Bericht wurde nach dem Namen Claudio Segré genannt. Er war der Vorsitzende einer von der Kommission eingesetzten Sachverständigengruppe, die sich mit dem Aufbau eines europäischen Kapitalmarktes beschäftigt hat.

[884] Für die Harmonisierung des Grundpfandrechtes wurde auch später plädiert; so wurde die Einführung einer in allen Mitgliedstaaten einheitlich geregelten Eurohypothek im Jahre 1987 von der Internationalen Union des Lateinischen Notariats gefordert; zu diesen und anderen Ansätzen ausführlich *Stöcker*, (1992), 216 ff.; eine kurze Übersicht gibt *Wehrens*, WM 1992, 557 f.

[885] *Stöcker*, (1992), 209 ff.; *Wachter*, WM 1999, 49, 55.

besondere von der Frage, ob dieses europäische Grundpfandrecht akzessorisch[886] oder nichtakzessorisch[887] ausgestaltet werden soll, ist die Rechtsangleichung in der Grundpfandsicherung zu befürworten.[888] Dies würde auch keine Ausnahme im europäischen Recht sein, sondern eine Bestätigung der dominierenden Vereinheitlichungstendenz bedeuten. Da Grundpfandrechte als Teil des Kapitalverkehrs anzusehen sind, würde dies einen weiteren Beitrag zur besseren Verwirklichung des Grundsatzes des freien Kapitalverkehrs im Binnenmarkt leisten, von dem in Art. 14 Abs. 2 EGV[889] die Rede ist. Die Einführung der einheitlichen Eurohypothek[890] könnte auf Art. 95 Abs. 1 EGV[891] gestützt werden.[892] Dieser ermächtigt den Rat, in dem in Art. 251 EGV bestimmten Verfahren nach Anhörung des Wirtschafts- und Sozialausschusses und unter Berücksichtigung eines hohen Verbraucherschutzniveaus,[893] die Maßnahmen zur Angleichung solchen Rechtes der Mitgliedstaaten zu erlassen, das die Errichtung und das Funktionieren des Binnenmarktes zum Gegenstand hat.[894]

Aus der Sicht der Pfandbriefinvestoren ist in diesem Zusammenhang auf die deutliche Verbesserung der Transparenz der ausländischen Pfandbriefdeckung hinzuweisen,[895] wodurch auch die Kontrollaufgaben des Treuhänders erleichtert würden. Der Einsatz des einheitlich ausgestalteten Grundpfandrechtes durch Hypothekenbanken würde zum Abbau der Rechtsunsicherheit im Auslandsgeschäft beitragen. Damit würden teilweise auch zusätzliche mit dem Auslands-

---

886 Für das akzessorische, europäische Grundpfandrecht *Habersack*, JZ 1997, 862; *Wachter*, WM 1999, 60 ff; *Hofmeister*, (österNZ 1991, 282, 286), der aus österreichischer Sicht eine Verkehrshypothek mit stark gelockerter Akzessorietät anstelle der abstrakten Eurohypothek vorschlägt.

887 Für die nicht akzessorische, an dem schweizerischen Schuldbrief orientierte Eurohypothek *Stöcker*, DLK 1991, 537, 538 ff.; *ders.*, (1992), 215, 268 ff., 296; *Stürner*, FS Rolf Serick, (1992), 377, 387 f.; *Wehrens*, WM 1992, 557, 560 f., 563; *Kaindl*, österNZ 1993, 277, 278 ff.; vorbehaltlich zur Nachahmung des schweizerischen Schuldbriefes aber *Dumoulin*, RabelsZ 58 (1994), 367, 368 f.; zum Vorschlag eines nicht akzessorischen Grundpfandrechtes für Mitteleuropa einschließlich eines Gesetzentwurfes *Wolfsteiner/Stöcker*, ZBB 1998, 264 - 269; vgl. S. 133 f.

888 Skeptisch zum gesamteuropäischen Einheitsgrundpfandrecht *Wiegand*(-*Wiegand*) ((1996), 63, 103 f.) mit weiterem Verweis auf *Munzinger*, (1865), 14; siehe auch Pkt. 17 der Entschließung des Europäischen Parlaments zu dem Bericht der Kommission über die Anwendung der RL 87/102/EWG zur Angleichung der Rechts- und Verwaltungsvorschriften der Mitgliedstaaten über den Verbraucherkredit KOM (95) 117, ABl. EG 1997 C 115/27.

889 Art. 14 EGV entspricht dem früheren Art. 7 a EGV.

890 Zu der Bezeichnung eines europäischen, einheitlichen Grundpfandrechts als „Eurohypothek" *Wehrens*, WM 1992, 557, 560: *Kaindl*, österNZ 1993, 277, 278.

891 Art. 95 EGV entspricht dem früheren Art. 100 a EGV.

892 Hierzu *Stöcker*, (1992), 295; ausführlich 291 ff.; zur europäischen Rechtssetzungsverfahren *Wehrens*, WM 1992, 557, 562.

893 Vgl. Art. 95 Abs. 3 EGV; Art. 153 Abs. 1 und 3 a EGV (früher Art. 129 a EGV).

894 Für die Einführung der Eurohypothek in Form einer europäischen Verordnung *Wehrens*, WM 1992, 557, 562; *Kaindl*, österNZ 1993, 277, 280; für die EU-Richtlinie *Stöcker*, (1992), 288, 294 f.

895 *Stöcker*, (1992), 213 f.

geschäft zusammenhängende Rechtsberatungs- und Informationskosten entfallen. Die Schaffung eines einheitlich ausgestalteten Grundpfandrechtes würde also die Senkung der Refinanzierungskosten zur Folge haben und die Wettbewerbsgleichheit darüber hinaus innerhalb des Binnenmarkts erhöhen.

Allerdings darf nicht vergessen werden, dass die Eurohypothek nur dann einen Sinn hat, wenn ihre Durchsetzung den Gläubigern gleich hohe Befriedigungsmöglichkeiten verschafft. Ihrer Einführung müsste die Rechtsangleichung im Befriedigungsrecht aus Immobilien, insbesondere im Zwangsvollstreckungs- und Insolvenzfall folgen.[896] Hier wird es darauf ankommen, die richtigen Schnittstellen zu finden und darüber hinaus zuerst durch europäische Richtlinien Mindestanforderungen aufzustellen. Wichtig dabei wäre, dass für die Vorrechte aus dem Grundpfandrecht ebenfalls einheitliche Mindestanforderungen gelten. Alle nicht publizierten Vorrechte, sowie andere versteckte Privilegien dürften nur dann zugelassen werden, wenn sie zwingenden Allgemeininteressen dienen. Ihr Umfang sollte europaweit harmonisiert, vorhersehbar und so geregelt sein, dass sie die Interessen der Hypothekargläubiger nicht beeinträchtigen.[897] Zudem muss für die Effektivität der Eurohypothek eine zügige Verwertung des Grundstücks gewährleistet werden.[898]

dd. Anpassung der ausländischen Immobilienwertermittlungen

Problematisch können auch die Anerkennung der ausländischen Beleihungswertermittlung und deren Kontrolle durch den Treuhänder sein. Mit Problemen bei der Bewertung ausländischer Grundstücke wurde auch das bis 1988 geltende Beleihungsverbot ausländischer Grundstücke für deutsche Hypothekenbanken begründet.[899] Schwierigkeiten können sich bereits aus der Verwendung unterschiedlicher Wertermittlungsmethoden ergeben. Ungeachtet dessen sollte die Wertermittlung von örtlichen Sachverständigen bevorzugt werden, da diese den lokalen Immobilienmarkt viel besser als deutsche Experten kennen und über notwendige Parameter zur Wertermittlung verfügen. Ferner ist bei der Immobilienbewertung unzweckmäßig, von ausländischen Sachverständigen zu verlangen, dass sie sich

---

[896] Aus diesem Grund äußerte sich das Europäische Parlament gegen die Harmonisierung der Hypothekarkredite, „da der Hypothekarkredit untrennbar mit den national stark unterschiedlichen Sicherungs- und Verwertungsmechanismen verbunden ist; eine europäische Regelung des Hypothekarkredites würde die gleichzeitige Angleichung der Sicherungs- und Verwertungsregelungen der Mitgliedstaaten und damit letztlich eine europaweite Harmonisierung der nationalen Zivilrechtsordnungen erfordern"; Pkt. 17 der Entschließung des Europäischen Parlaments zu dem Bericht der Kommission über die Anwendung der RL 87/102/EWG.

[897] *Stöcker*, (1992), 214 f.; *Wachter*, WM 1999, 49, 66.

[898] Demzufolge wird das außergerichtliche Vollstreckungsverfahren durch einen Notar nach dem spanischen Muster vorgeschlagen; *Wachter*, WM 1999, 49, 69.

[899] Vgl. *Bellinger/Kerl*, (1995), § 1 HBG Rn. 43; *Wachter*, WM 1999, 49, 50.

an deutschen Wertermittlungsmethoden orientieren, wenn diese Methoden für sie unbekannt und im Ausland unüblich sind, denn der so erzwungen ermittelte Beleihungswert wäre meist wenig aussagekräftig.[900]

Da § 12 HBG auch für die ausländische Beleihung gilt, muss das ausländische Gutachten mindestens solche Parameter enthalten, die den deutschen Sachverständigen ihre Anpassung an deutsche Standards ermöglichen. Aufgrund dieser Parameter muss es insbesondere möglich sein, deutsche Besonderheiten zu ermitteln[901] und das Gutachten entsprechend zu ergänzen oder zu korrigieren.[902] Fehlt dies, so kann nicht davon ausgegangen werden, dass das Gutachten den Erfordernissen des § 12 HBG genügt. Ob die Wertansätze der ausländischen Bewertungen den materiellen Anforderungen des § 12 HBG entsprechen, muss - wie bei der Inlandsimmobilienbewertung - grundsätzlich der Entscheidung der Hypothekenbanken und der Bankaufsichtsbehörde überlassen werden. Landesspezifische Bewertungen stellen allerdings keinen Beleihungswert fest, sondern führen zu ihrer Ermittlung. Hypothekenbanken haben also vor allem sicherzustellen, dass die landespezifischen Bewertungen wesentliche Informationen zur Ermittlung des Beleihungswertes enthalten und dass die Bewertungen in ihren Berechnungsgrundlagen hinreichend transparent sind. Schließlich muss das Gutachten dem Treuhänder in einer so verständlichen und nachvollziehbaren Form vorgelegt werden, dass er dieses zumindest so wie das inländische auf seine Ordnungsmäßigkeit und Plausibilität überprüfen kann.[903]

Für Beleihungen im Ausland hat der VdH in einem Grundsatzpapier „Ermittlung des Beleihungswertes auf der Grundlage ausländischer Bewertungen“[904] bestimmte Anforderungen definiert, die die BaFin als Mindestforderungen für die Ermittlung von Beleihungswerten von im europäischen Ausland belegenen Immobilien anerkannt[905] und für alle Hypothekenbanken verbindlich gemacht hat. Unter Berufung auf die Studie des Europäischen Hypothekenbankverbandes von 1998 werden die Philosophie und die Grundsätze eines europäischen Beleihungswertes für Hypothekarkreditvergabe (*European Mortgage Lending Value*) unterstützt.[906]

---

[900] Hierzu *Kalus*, (2002), 78.

[901] Die Beleihungswertermittlung auf der Grundlage von landesspezifischen Bewertungen orientiert sich an den allgemein in Deutschland geltenden Anforderungen.

[902] Vgl. *Bellinger/Kerl*, (1995), § 5 HBG Rn. 53.

[903] Vgl. *Bellinger/Kerl*, (1995), § 30 HBG Rn. 4.

[904] Das Grundsatzpapier ist bei *Rüchardt* ((2001), 113 - 126) abgedruckt.

[905] Vgl. das Schreiben vom 24.Oktober 2001 (Geschäftsnummer III 11.32.00); gleichzeitig wurden Hypothekenbanken aufgefordert, alle Umstände und Änderungen des jeweiligen Immobilienmarktes regelmäßig zu beobachten und sämtliche verfügbaren Erkenntnisse bei Beleihungen zu berücksichtigen.

[906] Der in dem Grundsatzpapier bestimmte, europäische Beleihungswert sollte (1) eine vorsichtige Bewertung der künftigen Marktfähigkeit der Immobilie einschließen, (2) versuchen, spekulative Elemente zu ermitteln und zu eliminieren, (3) die normale und lokale Marktlage widerspiegeln, (4)

Zur Erfüllung dieser Anforderungen ist die gegenseitige Kooperation zwischen den deutschen und ausländischen Sachverständigen erforderlich. Für die hohe Qualität der ermittelten Beleihungswerte ist neben der Qualität der Marktwertermittlung und der Qualifikation desjenigen, der den Beleihungswert feststellt, die Qualifikation des Gutachters ausschlaggebend. Bei der Wahl der ausländischen Gutachter muss daher eine besondere Sorgfalt eingehalten werden. Ihre Qualifikationen müssen staatlich anerkannt sein und mit einer mehrjährigen Berufserfahrung belegt werden. Als Orientierungsmaßstab könnte das Gütesiegel *„Approved by TEGoVA"* herangezogen werden. Im Übrigen ist die Fortsetzung der grenzüberschreitenden Zusammenarbeit zwischen Sachverständigen aus verschiedenen Ländern im Rahmen der TEGoVA zu fördern.

c. Indeckungnahme von Auslandsstaatsgeschäften

Das Prinzip der gleichen Kontrollmaßstäbe erstreckt sich auch auf Auslandsstaatsgeschäfte. Der Treuhänder muss sich zunächst vergewissern, ob ausländische öffentliche Schulden deckungsfähig sind. Abgesehen davon, dass das Deckungsgeschäft nur in bestimmten Ländern zulässig ist, ist zu bemerken, dass der Kreis von ausländischen öffentlichen Personen, deren Schulden von dem deutschen Gesetzgeber als deckungsfähig anerkannt werden, dem inländischen nicht gleichsteht, sondern deutlich eingeschränkt ist. Der öffentlichrechtliche Charakter der ausländischen Personen reicht nicht aus.[907] Trotzdem ist dieser Auslandskatalog im Vergleich zu dem polnischen Inlandskatalog liberaler gestaltet. Deutsche Hypothekenbanken können an polnische Verwaltungseinrichtungen Kredite ohne Erwerbszweck, die der Regierung oder den territorialen Selbstverwaltungseinheiten unterstehen, durch die Ausgabe von öffentlichen Pfandbriefen refinanzieren,[908] während Schulden dieser Einrichtungen für polnische Hypothekenbanken nicht deckungsfähig sind.[909]

Bei der Indeckungnahme der ausländischen Schulden von Verwaltungseinrichtungen ohne Erwerbszweck sowie von Regionalregierungen und örtlichen Gebietskörperschaften muss zudem auf ihre Risikogewichtung geachtet werden,

---

auf langfristigen, nachhaltigen Aspekten basieren, (5) die derzeitige Verwendung und nach Möglichkeit geeignete alternative Verwendungen berücksichtigen, (6) auf transparenten und deutlich erklärten Bewertungsmethoden beruhen, (7) von Gutachtern mit angemessener Sachkenntnis ermittelt werden.

[907] *Bellinger/Kerl*, (1995), § 5 HBG Rn. 24.

[908] Vgl. § 5 Abs. 1 Nr. 1 d) HBG und Art. 46 der Bankentätigkeitsrichtlinie.

[909] Verwaltungseinrichtungen ohne Erwerbszweck sind in Art. 3 Abs. 2 PHBG des abschließend geregelten Katalog nicht erwähnt; so schieden sie aufgrund der früheren HBG-Vorschriften auch aus; zur alten Rechtslage *Bellinger/Kerl*, (1995), § 5 HBG Rn. 25.

die 20 % nicht übersteigen darf.[910] Bei der Prüfung der Risikogewichtung ist von dem europäischen Recht auszugehen,[911] wobei Bestimmungen, die nur für das Ausland gelten, zu berücksichtigen sind, da die Risikogewichtung von der zuständigen Aufsichtsbehörde in dem jeweiligen Staat anders festgelegt werden kann.[912] Die Auslegung mancher Begriffe wie „Verwaltungseinrichtungen ohne Erwerbszweck", „Regionalregierungen" oder „örtliche Gebietskörperschaften" kann im Einzelnen Schwierigkeiten bereiten.[913] Die Begriffsauslegung ist jedenfalls im ausländischen Verfassungs- und Verwaltungsrecht zu suchen.

Wie beim Inlandsstaatsgeschäft müssen ferner alle formellrechtlichen Voraussetzungen untersucht werden, von denen die Rechtswirksamkeit des Kreditvertrages abhängt. Im Ergebnis muss die wirksame Kommunal- oder Staatshaftung der Kreditnehmer vor der Indeckungnahme außer Frage stehen. Die Prüfungsart unterscheidet sich von der im Fall der Inlandsdeckungsstaatsgeschäfte nicht. Ähnlich wie bei dem Auslandshypothekardeckungsgeschäft ist die Rechtswahl mit dem Vorbehalt zuzulassen, dass das Recht des Kreditnehmers in zwingendem Umfang berücksichtigt wird.[914]

Prüfungsbedürftig sind die Kreditwürdigkeit sowie das Herkunftsrecht einer schuldrechtlichen Sicherung der öffentlichen Rechtspersonen, da die Fähigkeit zur Kreditaufnahme bzw. Kreditsicherung durch ausländische öffentlichrechtliche Körperschaften auf Landesebene im jeweiligen nationalen Gesetz bestimmt ist. Die Auslegung dieser Vorschriften muss auch zweckmäßig erfolgen. So kann der polnische Fiskus die Kreditrückzahlung nur bis zu 60 % der verwendeten Kreditsumme garantieren oder dafür bürgen, während § 5 Abs. 1 Nr. 1 lit. e HBG die Übernahme der vollen Gewährleistung erfordert. Dies kann nicht zur Folge haben, dass die durch den polnischen Fiskus gewährleisteten Kredite von deutschen Hypothekenbanken nicht in die Deckung genommen werden dürfen. Eine richtige Auslegung der deutschen Vorschrift unter Berücksichtigung der letzten PHBG-Novelle, die die Refinanzierung bis zum gesicherten Teil zugelassen hat, muss zum Ergebnis führen, dass die Deckungsfähigkeit eines solchen gewährleisteten Teilkredites auch für deutsche Pfandbriefe zu bejahen ist.[915] Hängt die Kreditaufnahme bzw. die Übernahme der Gewährleistung von zusätzlichen Bedingungen ab, die der ausländische Gesetzgeber festgesetzt hat, so

---

[910] Vgl. § 5 Abs. 1 Nr. 1 lit. b und d HBG.

[911] Vgl. Art. 43 Abs. 1 lit. b Nr. 5 - 6 und Art. 46 der Bankentätigkeitsrichtline.

[912] Vgl. Art. 43 Abs. 1 S. 1 der Bankentätigkeitsrichtlinie.

[913] Unklarheiten können sich in einzelnen Staaten etwa bei der Feststellung des Unabhängigkeitsgrades der Verwaltungseinrichtungen ohne Erwerbszweck ergeben.

[914] Die sog. *Calvo*-Doktrin, die die Vereinbarung der Anwendung von ausländischem Recht und der Zuständigkeit fremder Gerichte mit ausländischen Kreditgebern bei Krediten des öffentlichen Sektors für unzulässig hält, findet keine Rechtfertigung und ist abzulehnen; zur Anwendung dieser Doktrin in Lateinamerika *Martiny*, in: *Reithmann/Martiny* (Hrsg.), (2004), Rn. 1166 mwN.

[915] Vgl. S. 142.

muss deren Einhaltung geprüft werden. Dem Treuhänder muss also - wie beim Auslandshypothekardeckungsgeschäft - auch bei der Indeckungnahme von ausländischen Kommunalforderungen eine ausführliche Rechtsanalyse vorgelegt werden.

Abgesehen von dem Prüfungsumfang des Treuhänders hat die Hypothekenbank die tatsächliche Zahlungsfähigkeit der ausländischen öffentlichen Personen in eigenem Interesse sorgfältig zu prüfen, da eventuelle Schwierigkeiten bei der Rückzahlung, trotz der Erfüllung der formellrechtlichen Bedingungen, nicht auszuschließen sind. Die genaue Bonitätsprüfung ist insbesondere für polnische territoriale Verwaltungseinheiten zu empfehlen.[916]

d. Ausländische Gesetzesanforderungen als Orientierungsmaßstab für deutsche Auslandsdeckungsbeleihungen

Auf der Suche nach der erforderlichen Sicherheitsbestimmung für ausländische Deckungsforderungen könnten gesetzlich normierte Anforderungen, die in dem Hypothekenbankrecht eines betreffenden Landes ausdrücklich gesetzt werden, als Orientierungsmaßstab dienen. Entsprechen auf dieser Grundlage ausgegebene ausländische (z.B. polnische) Pfandbriefe den bestimmt hohen Sicherheitsstandards und werden sie infolgedessen beispielsweise von Rating-Agenturen mit der höchsten Note (Tripple A) bewertet, so könnten sich deutsche Hypothekenbanken an diesen Anforderungen orientieren. Damit sind sie allerdings von einer eigenen Analyse und der ständigen Beobachtung der ausländischen Rechtslage nicht befreit. Dies könnte aber einen guten Ausgangspunkt für die Gewährleistung einer möglichst hohen Sicherheit für ihre ausländischen Deckungsbeleihungen darstellen.

Für das Auslandsdeckungsgeschäft kann festgehalten werden, dass deutsche Hypothekenbanken ausländische Anforderungen, die der ausländische Gesetzgeber für einheimische Pfandbriefemittenten bestimmt hat, berücksichtigen sollen. Die Indeckungnahme von Werten, die diese Anforderungen nicht erfüllen, ist zwar für deutsche Pfandbriefbanken nicht rechtlich verboten, sollte aber vermieden werden, da der ausländische Gesetzgeber sie nicht ohne Grund für notwendig hält. Die Heranziehung der Sicherungsstandards, die für ausländische Pfandbriefe gelten, würde einerseits zur deutlichen Beseitigung von Risiken beitragen, andererseits - so wie oben im Fall der Gewährleistung von Kommunalkrediten dargestellt - auch zu einer Auslegung führen, die sogar die Erweiterung des Deckungsgeschäftes ermöglicht, ohne die Pfandbriefqualität zu beeinträchtigen.

---

[916] Vgl. S. 138 ff.

e. Folgen für den Treuhänder

Die Geschäftserweiterung der deutschen Hypothekenbanken hat die Rechtsnatur der treuhänderischen Aufgaben nicht geändert. Das Auslandsdeckungsgeschäft hat den Gegenstand seiner Kontrolle allerdings erheblich ausgedehnt. Wie jeder Deckungswert unterliegen auch ausländische Deckungsdarlehen der Kontrolle des Treuhänders aus der Sicht ihrer formellrechtlichen Sicherheit. Der Treuhänder prüft alle Auslandsdeckungsgeschäfte unter Berücksichtigung derselben Kriterien, wie sie auch für die Inlandsdeckungsmasse gelten. Die Schwierigkeiten ergeben sich daraus, dass bei der Prüfung ausländischer Deckungsforderungen jeweils das ausländische Recht herangezogen werden muss.

Auf der schuldrechtlichen Ebene erschöpft sich der gesetzliche Auftrag des Treuhänders in der Prüfung der formellrechtlichen Wirksamkeit des Schuldvertrages und greift nicht in die Rechtswahl der Vertragsparteien ein. Inwieweit das Forderungsstatut des Deckungsgeschäftes eine erforderliche Sicherheit für Pfandbriefe bietet, muss aber schließlich nach der gewählten Rechtsordnung iVm dem *ordre public international* beurteilt werden. Abgesehen von der Erfüllung der formellrechtlichen Voraussetzungen zur Vertragswirksamkeit muss daher darauf geachtet werden, dass vereinbarte Vertragsbestimmungen im Streitfall durchsetzbar sind und die Qualität der Deckungsmasse etwa wegen der Aberkennung des vereinbarten Kündigungsausschlusses durch das angerufene Gericht nicht beeinträchtigt wird. Der Treuhänder muss sich dieser Gefahr bewusst sein und seine Aufmerksamkeit gezielt hierauf lenken.

Die Prüfung, ob das ausländische Grundpfandrecht der deutschen, dinglichen Sicherung vergleichbar ausgestattet ist, verlangt das HBG von dem Treuhänder nicht. Trotzdem müssen bei der Auslandsbeleihung die Besonderheiten des ausländischen Grundpfandrechtes berücksichtigt werden. Der Treuhänder kann und soll im Interesse der Pfandbriefgläubiger die ausführliche Untersuchung der Ausstattung des ausländischen Grundpfandrechtes verlangen. Er muss ferner in der Lage sein, Grundbuchauszüge und Urkunden anderer Länder zu verstehen und die Ordnungsmäßigkeit der ausländischen Immobilienwertermittlung zu prüfen.

Bei seiner Kontrolle der ausländischen Deckungswerte muss er sich entsprechender Rechtsanalysen bedienen. Er ist also auf die enge Zusammenarbeit mit ausgewiesenen Spezialisten angewiesen, deren Arbeit er nach Plausibilität bewerten muss. Andernfalls steht er - abgesehen von Fremdsprachenkenntnissen, die für eine selbstständige Rechtskontrolle der ausländischen Indeckungnahme unter Berücksichtigung des aktuellen Rechtstandes oft *conditio sine qua non* sind - vor neuen Anforderungen, die er allein nicht in den Griff bekommen kann. Insbesondere kann von ihm nicht verlangt werden, dass er über vertiefte und immer aktuelle Rechtskenntnisse in mehreren Rechtsordnungen verfügt. Der Treuhänder muss sicherlich auch nicht jede einzelne Frage nachvollziehen - es sei denn, er hat Anlass, an einer bestimmten Auskunft der Bank zu zweifeln. Er muss anhand der vorgelegten Unterlagen prüfen, ob die vorgeschriebene Deckung vorliegt. Dabei verlässt er sich grundsätzlich auf vorgelegte Urkunden und Gutachten, die ihm ermöglichen sollen, die Qualität der Deckungsmasse hinsichtlich der ausländischen Werte zu prüfen. Er muss sich aber aller Gefahren und Risiken bewusst sein und eine eigene Analyse im Zweifel vornehmen oder veranlassen.

Im Regelfall muss der Aufnahme des ausländischen Deckungsgeschäfts die genaue und vertiefte Analyse unter Berücksichtigung aller für die Pfandbriefsicherheit relevanten Rechtsfragen vorangehen. Damit wird allerdings nicht der Treuhänder, sondern die Hypothekenbank belastet. Um Kosten zu sparen, könnte der VdH beauftragt werden, die Klärung ausländischer Rechtsfragen für alle Banken vorzubereiten. Mit der Gutachtenerstellung müssen ausgewiesene Experten vertraut werden, die auch über aktuelle Tendenzen zur Änderung von Gesetzen zu berichten hätten. Ergebnisse, die transparent sein sollten, könnten insbesondere für den Treuhänder dann als Kontrollmaßstab dienen. Aus langfristiger Sicht ist die Schaffung der grenzüberschreitenden rechtlichen Sicherheitsstandards weiterhin zu fördern.

8. Abgrenzung und Bewertung

a. Rechtsnatur

Die Rechtsnatur der qualitativen Treuhänderprüfung ist aufgrund des polnischen und deutschen Rechts gleich. Der Treuhänder prüft die Einhaltung der formellrechtlichen Voraussetzungen für die Indeckungnahme von Forderungen und überwacht die Deckungsmasse der Pfandbriefe. Bei der Erfüllung seines Gesetzesauftrages handelt er im eigenen Namen und nicht im Namen der Bankaufsichtsbehörde oder der Pfandbriefgläubiger. Darin äußert sich u.a. auch seine Unabhängigkeit.[917] Der Treuhänder muss keine materielle Prüfung der Deckungswerte vornehmen. Rechtlich steht der Vornahme dieser Prüfung aber nichts entgegen. Das gilt insbesondere im Hinblick auf die Bewertung von Immobilien. Wegen der Erfüllung anderer Aufgaben, die auf ihn zukommen, und der begrenzten Zeitkapazität wird er dies in der Praxis aber nur selten in Anspruch nehmen.

[917] Zur Rechtsstellung des Treuhänders S. 413 ff.

b. Aufgabenspektrum

Das Aufgabenspektrum des Treuhänders ist in Polen und in Deutschland unterschiedlich. Dieser Unterschied ist auf die unterschiedliche Gestaltung der Deckungsmasse zurückzuführen. Die Aufgabenbreite des deutschen Treuhänders umfasst die Aufgaben des polnischen Treuhänders und geht über sie hinaus. So ist die ständige Erweiterung der Deckungsmasse um neue ausländische Werte eine große Herausforderung für den deutschen Treuhänder. Die Indeckungnahme der hypothekarisch gesicherten Auslandsdeckungsforderungen ändert die Rechtsnatur seiner Aufgabe nicht, dehnt aber den Kontrollgegenstand erheblich aus.

c. Prüfungsumfang

aa. Stichprobenmäßige Untersuchung

Bei der Bestimmung der dem Treuhänder obliegenden, qualitativen Prüfung der Deckungsmasse hat der Gesetzgeber sowohl im polnischen als auch im deutschen Recht die Frage offen gelassen, in welchem quantitativen Umfang diese Kontrolle unternommen werden soll, ob also der Treuhänder alle von der Hypothekenbank ins Deckungsregister eingetragenen Werte zu prüfen hat oder ob ihre stichprobenmäßige Untersuchung genügt. Aus der Sicht der Pfandbriefgläubiger wäre es wünschenswert, dass der Treuhänder jeden als Deckung dienenden Wert grundlegend und sorgfältig prüft. Da sich aus dem Gesetzeswortlaut keine Beschränkung des Prüfungsumfangs ergibt, könnte theoretisch die Ansicht vertreten werden, dass der Treuhänder verpflichtet sei, jeden Deckungswert zu prüfen. Diese Annahme hätte zur Folge, dass jedes Gutachten des Hypothekenbank-Beleihungswertes auf seine Ordnungsmäßigkeit hin vom Treuhänder zu prüfen wäre. Dasselbe würde für die formellrechtliche Kontrolle aller als Deckung dienenden Forderungen, Ersatzmittel und Derivaten gelten. Der Treuhänder müsste also jeden Deckungswert formellrechtlich prüfen.

Berücksichtigt man aber, dass die Kreditgewährung zu den Hauptgeschäften der Hypothekenbank gehört, die diese im Rahmen ihres Aktivgeschäftes im Massenumfang[918] betreibt, so muss diese Auslegung abgelehnt werden. Dem Treuhänder können nicht zu viele Pflichten aufgebürdet werden. Er muss insbe-

---

918 Obwohl der Hypothekenbestand der führenden Hypothekenbank - Rheinhyp-BRE in Polen im Jahre 2002 nur 377 betrug (Quelle: der Geschäftsbericht 2002, 19), ist anzunehmen, dass sich dieser Bestand allmählich vergrößern wird. Der jetzige relativ geringe Bestand erklärt sich daraus, dass sich die Hypothekenbanken in Polen immer noch in der Entwicklungsphase befinden und aus dem nächsten Grund, dass die Kreditnachfrage besonders bei privaten Kunden niedrig ist, was mit der schwierigen wirtschaftlichen Lage zusammenhängt. Im Vergleich betrug der Hypothekenbestand der Deutschen Genossenschaftshypothekenbank im Jahre 2001 - 24 775; VdH, Der Pfandbrief 2002, 104.

sondere nicht die gesamte Kreditprüfung wiederholen. Die Durchführung einer solchen umfangreichen Prüfung scheitert schon aus zeitlichen Gründen, denn dies würde eine unzumutbare Überlastung des Treuhänders bedeuten. Dabei darf nicht vergessen werden, dass er seine Tätigkeit bei der Hypothekenbank oft nur nebenberuflich ausübt. Der Treuhänder würde also zu einem engen „Flaschenhals" der Betriebsabläufe in der Hypothekenbank, was zur Behinderung des Geschäftsganges und zu den damit zwangsweise verbundenen Kapitalverlusten führen würde. Durch die gesetzliche Verpflichtung des Treuhänders zur vollzeitigen Beschäftigung und/oder die Bestellung mehrerer Stellvertreter könnte die Prüfung jedes Deckungswertes auch nicht erreicht werden. Abgesehen davon würde dies die Vernachlässigung anderer, ihm obliegender Aufgaben zur Folge haben.

Ohne die Rechtskonstruktion des Pfandbrieftreuhänders grundlegend zu ändern, muss sich daher die Aufgabe des Treuhänders in der Praxis notwendigerweise auf die in der Regel einmalige und stichprobenmäßige Prüfung der Dokumente beschränken,[919] während derer er vor allem die Übereinstimmung der wichtigsten Grundsätze nach seiner Ordnungsmäßigkeit untersucht. Bei der Durchführung der Stichproben sollte der Treuhänder nach solchen Prinzipien vorgehen, die eine möglichst hohe Repräsentativität des Deckungsstocks gewährleisten. Nicht ohne Bedeutung ist die Erfahrung des Treuhänders bei der Wahl der Stichprobe. Die Indeckungnahme großer Werte sollte von dem Treuhänder besonders unter die Lupe genommen werden. Empfehlenswert wäre, alle eine bestimmte Grenze überschreitenden Forderungen auf den Prüfstand zu stellen. Um jeglichen Missbrauch zu verhindern, muss aber die Vorgehensweise bei der Zusammenstellung der Stichprobe von Treuhändern vertraulich behandelt werden. Besondere Vorsichtsmaßnahmen sind auch bei der Indeckungnahme ausländischer Deckungsforderungen geboten. Dies gilt insbesondere für Staaten, deren Sicherungsstandards der Forderungen von dem in Deutschland üblichen Niveau abweichen.

bb. Häufigkeit der Kontrolle und jederzeit identifizierbare Deckung

Im Zusammenhang mit dem Prüfungsumfang muss auf die Änderung des Art. 30 Nr. 1 PHBG hingewiesen werden, in dem durch die Novelle von 2002 das Wort „jederzeit" ersatzlos mit der Begründung gestrichen worden ist, der Treuhänder sei nicht in der Lage, jederzeit die Deckung zu kontrollieren. Dieser Änderung ist zutreffend entgegen zu halten,[920] dass das Wort „jederzeit" nicht die Häufigkeit der Kontrolle des Treuhänders bestimmte, sondern die Verpflichtung der Hypothekenbank zur jederzeitigen Einhaltung der vorschriftsmäßigen Deckung betont hat. Der Treuhänder sollte also dafür sorgen, dass die Deckung jederzeit vor-

---

[919] Vgl. *Bellinger/Kerl*, (1995), § 30 HBG Rn. 19; *Drewicz-Tułodziecka/Stöcker*, (2000), 212.
[920] Vgl. *Olszak*, PUG 10/2002, 11.

handen und identifizierbar war, was nicht die jederzeitige Kontrolle bedeutet. Er musste insbesondere nicht jeden Tag das Bestehen der Deckung prüfen.[921] Die Häufigkeit der Kontrolle ist weder im PHBG noch im HBG bestimmt worden. Sie sollte von der Intensität der Tätigkeit der Hypothekenbank abhängig sein. Trotz dieser unglücklichen Änderung kann aber weiterhin kein Zweifel daran bestehen, dass die Deckung für die im Umlauf befindlichen Pfandbriefe nicht nur in bestimmten Prüfzeiten, sondern - so wie in Deutschland[922] - jederzeit vorhanden sein muss.

d. Auswirkung auf die Pfandbriefsicherheit

Die vorschriftsmäßige Kontrolle des Treuhänders darf nicht überschätzt werden. Die Sicherheit der Pfandbriefe basiert nicht nur auf der formellen, sondern auch auf der materiellen Richtigkeit der Deckungsmasse, deren Kontrolle dem Treuhänder nicht obliegt. So gewährleistet die ordnungsmäßige Ermittlung des Hypothekenbank-Beleihungswertes allein noch keine Sicherheit der Hypothekenpfandbriefe. Daher kann der Treuhänder alleine in diesem Bereich nur einen begrenzten Einfluss auf die Sicherheit der Hypothekenpfandbriefe haben. Seine Aufgabe muss im Zusammenhang mit vielen anderen Sicherungsfaktoren gesehen werden, unter denen nicht nur die ordnungsgemäße, sondern auch die materiell richtige Liegenschaftsbewertung bei der Hypothekardeckung von entscheidender Bedeutung ist.

Im Ergebnis ist festzustellen, dass der Treuhänder die qualitative Kontrolle der Deckungsmasse stichprobenmäßig und in der Regel auch nur formellrechtlich durchführen kann. Bei dieser Kontrolle wird er nicht nur von seinen Stellvertretern, sondern auch von den Angestellten in seinem Deckungsbüro und von den der Hypothekenbank delegierten Bankangestellten unterstützt. Das Deckungsbüro hat im Gegensatz zu dem Treuhänder alle Werte vor ihrer Indeckungnahme zu prüfen. Der Treuhänder erweist sich hier also als der stichprobenmäßige und formellrechtliche Nachprüfer. Auch wenn seine Prüfung stichprobenmäßig und formellrechtlich durchgeführt wird, zeigt sich in der Praxis, dass der Treuhänder durch den engen Kontakt mit den Sachbearbeitern auf eine höhere Qualität der Kreditbearbeitung hinwirken kann. Seine ständige Anwesenheit wirkt sich auf psychologischer Ebene auf die Sorgfalt der Bankangestellten und darüber hinaus auf die Qualität des Deckungsgeschäftes positiv aus.

---

921 *Drewicz-Tułodziecka/Stöcker*, (2000), 212.

922 Die Verpflichtung des Treuhänders auf das jederzeitige Vorhandensein der vorschriftsmäßigen Deckung zu achten, wurde in § 30 Abs. 1 HBG *expressis verbis* geäußert.

IV. Die Kontrolle quantitativer Anforderungen

1. Zweck und Umfang der quantitativen Kontrolle

Neben qualitativen Anforderungen sind von dem polnischen und dem deutschen Gesetzgeber auch quantitative Beschränkungen für das Deckungs- und Pfandbriefumlaufgeschäft aufgestellt worden. Sie zielen grundsätzlich auf die zusätzliche Aufstockung der Pfandbriefsicherheit ab.[923] Der Bestand der Deckungsforderungen sowie der umlaufenden Pfandbriefe unterliegt ständigen quantitativen Änderungen, die sich aus Kapital- und Zinsrückzahlungen oder aus der Tilgung der Pfandbriefe und ihrer Zurückziehung aus dem Umlauf ergeben können. Die Kontrolle dieses dynamischen Prozesses ist für die Einhaltung der gesetzlich festgeschriebenen Sicherheitsprinzipien und für die jederzeitige Gewährleistung der Pfandbriefsicherheit sehr wichtig. Unter diesen quantitativen Anforderungen, deren Einhaltung u.a. von dem Treuhänder zu überwachen ist, sind alle gesetzlich bestimmten, mengenmäßigen Beschränkungen zu verstehen, die im Folgenden zu erörtern sind.

2. Überwachung des Deckungsprinzips

a. Das polnische Nominaldeckungsprinzip

Die Überwachung des Deckungsprinzips, zu der Art. 30 Nr. 3 S. 1 PHBG den Treuhänder *expressis verbis* auffordert, gehört zu dessen wichtigsten Aufgaben. Das Deckungsprinzip, das eines der tragenden Sicherheitsprinzipien des Pfandbriefsystems ist, besteht darin, dass die Ansprüche aus den im Umlauf befindlichen Pfandbriefen von den im Deckungsregister eingetragenen Werten ständig gedeckt sind. Nach Art. 18 PHBG darf der Gesamtbetrag der Nennwerte der im Umlauf befindlichen Hypothekenpfandbriefe[924] die Summe der Nennbeträge der hypothekarisch besicherten und die Ausgabegrundlage der Hypothekenpfandbriefe bildenden Bankforderungen unter Berücksichtigung der Ersatzdeckung und des Derivateinsatzes nicht übersteigen. Das Deckungsprinzip bezieht sich auch auf die Zinserträge der Hypothekenbank aus den Deckungswerten, die nicht

---

[923] Im Falle der Ersatzdeckungsgrenze geht es um die Bewahrung des Grundgedankens des Pfandbriefsystems; hierzu. S. 258 f.

[924] Nicht eingerechnet werden diejenigen Pfandbriefe, die aus dem Umlauf zurückgezogen und unter Aufsicht des Treuhänders zum Depot hinterlegt wurden (vgl. Art. 19 Abs. 1 PHBG); ähnlich das deutsche Recht, wobei § 6 Abs. 2 S. 4 HBG den Begriff „ein im Umlauf befindlicher Pfandbrief" positiv definiert und darunter einen Pfandbrief versteht, der von dem Treuhänder unterschrieben ist und der Hypothekenbank übergegeben wurde. Die Übergabe an Dritte ist hier nicht erforderlich.

niedriger als die Summe der Verbindlichkeiten der Bank aus Zinsen von den im Umlauf befindlichen Hypothekenpfandbriefen sein dürfen.[925]

Dabei kommt es aber nicht auf die Zuordnung einzelner Pfandbriefe zu einzelnen Hypothekenforderungen oder zu anderen Deckungswerten an. Maßgebend ist die Gegenüberstellung der Volumina der beiden Bereiche.[926] Daraus ist zu schließen, dass der Zinssatz einzelner Hypothekenforderungen auch niedriger sein kann als der Zinssatz einzelner Hypothekenpfandbriefe. Die Hypothekenbank muss eine sorgfältige Kontrolle bezüglich der Gesamtwerte aber durchführen.[927] Die Deckung für ausgegebene Hypothekenpfandbriefe muss im Ergebnis in voller Höhe und jederzeit vorhanden sein. Dies gilt selbstverständlich auch für öffentliche Pfandbriefe, wobei beide Pfandbriefarten getrennt berechnet und verwahrt werden.

Die Deckungswertberechung erfolgt also nach dem Nominalwertprinzip. Eine Ausnahme davon sieht allerdings Art. 18 Abs. 4 PHBG für Derivate vor, deren Wert unter Berücksichtung ihrer Änderungen eingerechnet werden. Wie die Änderungen der Derivatswerte bei der Ermittlung der Deckungswerte im Detail abgerechnet werden, lässt das PHBG allerdings offen.

b. Das deutsche sichernde Barwertüberdeckungsprinzip

aa. Begriffsklärung

(1) Barwertdeckung

Mit der HBG-Novelle von 2002 hat der deutsche Gesetzgeber neben der Nominaldeckung eine Barwertdeckung eingeführt. § 6 Abs. 1 HBG wurde ein neuer Satz 2 angefügt, nach dem zusätzlich die jederzeitige Deckung der Hypothekenpfandbriefe nach dem Barwert sichergestellt sein muss. Sowohl die Nominal- als auch die Barwertrechnung erfolgt durch ein Addieren der Höhe der Deckungsforderun-

[925] Zum deutschen Recht vgl. § 6 Abs. 1 S. 1 iVm Abs. 4 HBG. Als ordentliche Deckung können zudem Ansprüche aus Derivaten (vgl. § 6 Abs. 6 S. 1 HBG) und auch in Inhaberschuldverschreibungen umgewandelte Ausgleichsforderungen (§ 6 Abs. 1 S. 3 HBG) verwendet werden; vgl. § 8 Abs. 2 BUZAV (Verordnung über die Bestätigung der Umstellungsrechnung und das Verfahren der Zuteilung und des Erwerbs von Ausgleichsforderungen in der Fassung der Bekanntmachung vom 7.12.1994 (BGBl. 1994 I 3738)); früher waren auch andere Forderungen als ordentliche Deckung zugelassen; zum alten Recht *Bellinger/Kerl*, (1995), § 6 HBG Rn. 14 ff.

[926] *Stöcker*, (1998), 89.

[927] *Drewicz-Tułodziecka/Stöcker*, (2000), 137; ebenso zum deutschen Recht *Bellinger/Kerl* ((1995), § 6 HBG Rn. 12), die den Hypothekenzinssatz sogar unter dem Zins des am niedrigsten verzinslichen Pfandbriefes zulassen, wenn die Gesamtbilanz der Zinsen mit dem Deckungsprinzip übereinstimmt.

gen und ihren Vergleich mit der Höhe des Pfandbriefumlaufes. Während sich die Nominaldeckung aber am Nominalwert der Deckungswerte orientiert, stellt die Barwertdeckung auf den Barwert ab. Der Barwert (*present value*) ist der auf den aktuellen Zeitpunkt abgezinste Wert einer Forderung. § 1 Hypothekenpfandbrief-Barwertverordnung (HypBarwertV)[928] definiert „Barwert“ genau als die Summe aller mittels jeweils marktüblicher Zinskurven auf den aktuellen Tag abgezinsten Zahlungsströme. Bei der Barwertberechnung handelt es sich also um die Wertfeststellung, die eine zukünftig anfallende Zahlung in der Gegenwart besitzt. Dabei werden Kapital,- sowie Zinsforderungen gleichermaßen berücksichtigt. In die Deckungsrechnung fließt auch der Barwert der Derivate ein.

(2) Sichernde Überdeckung

Das Barwertdeckungsprinzip wurde durch die HBG-Novelle von 2004[929] um die sog. sichernde Überdeckung ergänzt. § 6 Abs. 1 S. 2 HBG legt sie auf 2 % der Deckungsmasse fest. Damit wurde die von den Hypothekenbanken bisher freiwillig eingehaltene Überdeckung zur Pflicht. Die sichernde Überdeckung, die in das Deckungsregister einzutragen ist,[930] hat die Verwaltungskosten des Sondervermögens sowie über Zins- und Währungsrisiken hinausgehende Kreditrisiken[931] wie Ausfälle und Liquiditätsschwankungen im Falle der Insolvenz der Hypothekenbank abzudecken.

Gleichzeitig wurden Zweifel an der Insolvenzfestigkeit der sich bisher aus der Barwertdeckungsrechnung ergebenden faktischen Überdeckung beseitigt.[932] § 35 Abs. 4 S. 1 HBG stellt klar, dass der Insolvenzverwalter vor der Befriedigung der Pfandbriefgläubiger die Herausgabe lediglich derjenigen eingetragenen Werte verlangen kann, die freiwillige Überdeckung bilden, also die zur Deckung einschließlich der sichernden Überdeckung offensichtlich nicht notwendig sein werden.[933] Darüber hinaus ist die Herausgabe der sichernden Überdeckung im Laufe der Abwicklung der Deckungsmasse nicht möglich. Damit wird eine zusätzliche, insolvenzfeste Sicherung für die Pfandbriefe geschaffen. Das bedeutet

---

[928] Verordnung vom 19.12.2003 über die Sicherstellung der jederzeitigen Deckung von Hypothekenpfandbriefen und Kommunalschuldverschreibungen nach dem Barwert und dessen Berechnung bei Hypothekenbanken (BGBl. 2003 I 2818).

[929] Novelle vom 5.4.2004 (BGBl. 2004 I 502); dazu *Hagen*, ImmFin 2003, 580 f.; *Stöcker*, Die Bank 2004, 332 ff.

[930] Vgl. § 22 Abs. 1 S. 1 HBG.

[931] Zins- und Währungsrisiken werden bereits in der Barwertdeckungsabrechnung berücksichtigt.

[932] Die Insolvenzfestigkeit dieser Überdeckung wurde mangels einer ausdrücklichen Regelung von manchen Marktteilnehmern bezweifelt. Der Vorschlag des VdH zur Klarstellung hat im HBG Eingang gefunden; vgl. VdH, Jahresbericht 2003, 46.

[933] Die Darlegungs- und Beweislast für den Anspruch trägt der Insolvenzverwalter. Die abschließende Beurteilung ist allerdings erst während der Abwicklung der Deckungsmasse möglich; vgl. Gesetzesbegründung zur HBG-Novelle von 2004, BT-Drs. 15/1853, 20 Zu Art. 8 Nr. 4.

allerdings nicht, dass der Sachverwalter die sichernde Überdeckung im Insolvenzfall ständig einhalten muss. Vielmehr ist sie zur Überbrückung von Liquiditätsengpässen zu verwenden.[934] Zur Gewährleistung dieser Liquidität der Deckungsmasse muss sie nach § 6 Abs. 1 S. 3 HBG aus ersatzdeckungsfähigen Werten bestehen. Die sichernde Überdeckung wird nach dem Barwert einschließlich der Stressszenarien und getrennt für beide Deckungsmasse berechnet.

bb. Barwertberechnungsverordnung

Die Methoden für die Barwertberechung wurden von der BaFin im Einvernehmen mit dem Bundesministerium der Justiz in der HypBarwertV erfasst. Nach ihren Bestimmungen werden geeignete Zinsstrukturkurven und anerkannte, in der Praxis gebräuchliche Verfahren berücksichtigt. Zudem enthält die Verordnung detaillierte aufsichtsrechtliche Anforderungen an die barwertige Deckungsrechnung der Hypothekenbanken. Die Barwertdeckungsrechnung ist bankarbeitstäglich zu ermitteln und abzugleichen.[935] Die Pfandbriefdeckungsmassen werden scharfen Zins- und Währungsstressszenarien unterworfen, die nach § 4 HypBarwertV durch das Institut mindestens wöchentlich zu simulieren sind. Die jederzeitige Barwertdeckung kann nämlich nur dann gewährleistet werden, wenn die Hypothekenbanken künftige Zins- und Währungsänderungen rechtzeitig identifizieren und bei der Barwertberechung berücksichtigen.

Die deutschen Hypothekenbanken können grundsätzlich zwischen einem statistischen und dynamischen Verfahren wählen. Alle diese Methoden werden zur Simulation der Auswirkungen von Zins- und Währungsveränderungen auf die Barwerte eingesetzt.

Um diese Zinsveränderungen abzubilden, sind Zinskurven, die zur Barwertberechnung verwendet werden, im statistischen Ansatz über alle Laufzeiten parallel um 250 Basispunkte nach oben und unten zu verschieben.[936] Im dynamischen Ansatz wird dagegen von der Volatilität der Zinsschwankungen in einzelnen Laufzeiten ausgegangen.[937] Aufgrund der historischen Beobachtungen der letzten 250 Bankarbeitstage sind für jede gewählte Laufzeit die Standardabweichungen zu bestimmen. Mit deren Hilfe und mit einer angenommenen Haltedauer von 125 Tagen werden die Zinssätze ermittelt, um die aktuelle Zinskurve in den einzelnen Laufzeiten nach oben oder nach unten zu verschieben.[938]

---

[934] Vgl. Gesetzesbegründung zur HBG-Novelle von 2004, BT-Drs. 15/1853, 19 Zu Art. 8 Nr. 1 lit. a.

[935] Vgl. § 2 HypBarwertV.

[936] Vgl. § 5 Abs. 1 Nr. 1 HypBarwertV.

[937] Die Anzahl und die Verteilung von Laufzeiten richten sich nach dem Umfang und der Struktur der Hypothekenbankgeschäfte. Die Anzahl muss mindestens sechs betragen; die Laufzeiten umfassen einen Monat, ein Jahr, fünf, sieben, zehn und fünfzehn Jahre.

[938] Vgl. § 5 Abs. 1 Nr. 2 HypBarwertV.

Die Simulation der Auswirkung von Währungsveränderungen erfolgt analog auf die Barwerte.[939]

Als Alternative dazu lässt § 5 Abs. 2 HypBarwertV ein eigenes, internes Risikomodell der Hypothekenbank zu, mit dessen Hilfe ein Risikowert ermittelt wird. Die Anwendung dieses Modells muss von der BaFin schriftlich akzeptiert werden. Die einmal gewählte Methode ist bei allen Berechnungen durchgehend anzuwenden. Ihre Änderung kann ausschließlich dann erfolgen, wenn dies zur Verbesserung der Ergebnisqualität führt und von der BaFin genehmigt wird.[940]

cc. Einschaltung des Treuhänders

Der Treuhänder wurde zur Kontrolle der Barwertdeckung gesetzlich beauftragt.[941] Seine Kontrollaufgaben gehen über die Einhaltung der Nominaldeckung also hinaus und umfassen die Einhaltung der Barwertberechnung einschließlich der sichernden Überdeckung. In der Praxis wird sich der Treuhänder grundsätzlich auf die ihm von der Hypothekenbank vorgelegte Abrechnung verlassen müssen. Er muss aber auch in der Lage sein, die formelle Richtigkeit der Barwertabrechung zu prüfen und die Einhaltung der gewählten Methode zu überwachen. Er sollte sich die Zahlen wöchentlich vorlegen lassen und ihre Entwicklung verfolgen und bei unerwarteten Entwicklungen nachforschen. Wird aufgrund der durchgeführten Stressszenarien die Entstehung einer barwertigen Unterdeckung in Zukunft erwartet, so muss der Treuhänder darauf achten, dass die Pfandbriefdeckungsmasse hinreichend aufgestockt wird.[942] Einer Verringerung der Deckungsmasse darf er nur dann zustimmen, wenn das Ergebnis des Stresstests keine barwertige Unterdeckung ausweist.

c. Bewertung

Die Nominaldeckung, der das PHBG folgt, setzt eine vollständige Währungs- und Zinsbindungskongruenz zwischen der Aktiv- und der Passivseite des Hypothekenbankgeschäftes voraus, denn nur dann kann das Nominalwertprinzip die Einhaltung der jederzeitigen Deckung gewährleisten. In der deutschen Praxis hat sich jedoch ergeben, dass sich diese Bindung wegen der Marktgegebenheiten nicht immer in vollem Umfang verwirklichen lässt. Die mangelhafte Kongruenz-

[939] Vgl. § 6 HypBarwertV.

[940] Vgl. § 8 HypBarwertV.

[941] Vgl. § 30 Abs. 1 S. 1 HBG.

[942] Die Hypothekenbanken sind dagegen verpflichtet, mit der Sorgfalt eines ordentlichen Kaufmannes alle erforderlichen Vorkehrungen zu treffen, um das Entstehen einer barwertigen Unterdeckung zu verhindern; vgl. Begründung zur HBG-Novelle von 2002, BT-Drs. 14/8017, 134 Zu Art. 11 Nr. 2 - § 6 Abs. 1.

bindung dagegen kann zur barwertigen Unterdeckung führen. Das Erfordernis der Barwertdeckung, die im HBG vorgesehen ist, schließt dieses Risiko aus.

Durch eine zusätzliche Begrenzung der Zins- und Währungsrisiken trägt die Barwertdeckung zur Stärkung der ohnehin hohen Pfandbriefsicherheit bei. Sehr positiv wurde sie von Analysten und Rating-Agenturen bewertet.[943] Die barwertige Wertermittlung der Deckungsforderungen und der Pfandbriefe sowie deren Abrechnung werden aufgrund der aktuellen Marktansätze täglich vorgenommen und zusätzlich mindestens einmal wöchentlich durch einen Stresstest ergänzt. Zugleich ermöglicht die Barwertabrechnung eine tatsächliche Einbeziehung der Derivate in die Pfandbriefdeckung, für die der Nominalwert über den tatsächlichen Wert nichts aussagt. Dazu benötigt man eben einen Barwert, der den Zeitwert des Derivates darstellt. Dies hat auch so der polnische Gesetzgeber gesehen, der in Art. 18 Abs. 4 PHBG die Berücksichtigung der Änderungen der Derivatwerte bei der Ermittlung der Deckungswerte vorgesehen hat, ohne allerdings die Einzelheiten zu regeln. Abgesehen von dieser Ausnahme bleibt das PHBG dem Nominalwertprinzip treu.

Das ausdrückliche Erfordernis zur Einhaltung der Überdeckung, das in das HBG eingeführt wurde, ist ebenfalls positiv einzuschätzen. Die Überdeckung erhöht die Rechtssicherheit und gewährleistet die Abdeckung der Abwicklungskosten der Deckungsmasse im Insolvenzfall.

Im Ergebnis ist festzustellen, dass das HBG im Vergleich zum PHBG mehr fortschrittliche Regelungen enthält und bei künftigen Änderungen des PHBG daher als Orientierungsmaßstab berücksichtigt werden sollte. Das jederzeitige Deckungsprinzip wird durch die Barwertabrechnung besser als durch die Nominalabrechnung verwirklicht. Die ausdrücklich geregelte sichernde Überdeckung gibt zusätzliche Rechtssicherheit.

3. Ersatzdeckungsgrenze

a. Polnische Regelung

Im Bereich der quantitativen Anforderungen muss der Treuhänder nach Art. 30 Nr. 3 S. 1 PHBG auf die Nichtüberschreitung eines anderen, in Art. 18 PHBG bestimmten Limits achten. Dies bezieht sich auf den Einsatz der Ersatzdeckung, deren Verwendung in der gesamten Pfandbriefdeckung beschränkt ist. Der Grund für diese Ersatzdeckungsbeschränkung ist aber nicht das Bedürfnis nach der Risikominimierung oder die Unsicherheit der Ersatzwerte, die manchmal sogar die bessere und bequemere Sicherungsart als die ordentliche Deckung anbieten

---

[943] So hat die Ratingagentur Moody's ihren Ratingansatz von Pfandbriefen modifiziert und ihr Mindestrating deutlich erhöht; vgl. VdH, Jahresbericht 2003, 17 f.

können. Mit der Einführung der Ersatzdeckungsgrenze wurde das Verhältnis zur ordentlichen Deckung gesetzlich festgelegt und der Grundgedanke des Pfandbriefsystems, hypothekarisch gesicherte Kredite durch die Ausgabe von Pfandbriefen zu refinanzieren, damit unterstützt und bewahrt.[944] Andererseits wird der Hypothekenbank ermöglicht, schnell und flexibel auf eine unerwartete Verminderung der Deckungsmasse zu reagieren. Mit Hilfe von Ersatzdeckungswerten kann insbesondere der Entstehung einer Unterdeckung schnell vorgebeugt oder diese beseitigt werden.

Eigenmittel der Hypothekenbank bis zu einer Höhe von 10 % der hypothekarisch gesicherten Deckungsforderungen können nach Art. 18 Abs. 3 PHBG die Ausgabegrundlage der Hypothekenpfandbriefe sein. In diese 10 % - Ersatzdeckungsgrenze wird der Wert der in Deckung genommenen Derivate einbezogen.[945] Außer der Qualität der Ersatzdeckung hat der Treuhänder also zu prüfen, ob die Hypothekenbank nicht die 10 % quantitative Ersatzdeckungsgrenze überschreitet.

b. Deutsche Regelung

aa. Gestaltung der Ersatzdeckung

Dieselbe 10 % - Grenze der Anwendung von Ersatzmitteln für die Pfandbriefdeckung sieht § 6 Abs. 5 HBG vor. Die Gestaltung der Ersatzdeckung aufgrund des HBG ist im Detail aber anders als im PHBG geregelt. Nach § 6 Abs. 5 S. 1 HBG wird dieses Limit für öffentliche Pfandbriefe und Hypothekenpfandbriefe zusammengerechnet.[946] Damit soll es einerseits möglich sein, die Ersatzdeckungswerte insgesamt z.B. bei Jumbo-Emissionen zu nutzen. Andererseits soll der Charakter der Deckungsmasse aber nicht dauerhaft geändert werden. Nach § 6 Abs. 5 Hs. 2. HBG darf der Anteil der Guthaben bei der Deutschen Bundesbank und der bei geeigneten Kreditinstituten dabei nicht höher sein als 10 % des Hypothekenpfandbriefumlaufes. Für öffentliche Pfandbriefe ist zu bemerken, dass andere als die in § 6 Abs. 4 Nr. 1 HBG als Ersatzdeckung für Hypothekenpfandbriefe zugelassene Werte nicht eingesetzt werden können.[947] Da es hier zu einer Zusammenrechnung also nicht kommen kann, erübrigt sich eine Regelung wie in § 6 Abs. 5 S. 2 HBG. Für diese gilt in jedem Fall die 10 % - Grenze bei der Deckung der Hypothekenpfandbriefe. Derivate werden nach § 6 Abs. 6 S. 1 HBG der ordentlichen Deckung zugerechnet und fließen hier nicht ein. Ihr Einsatz

---

[944] Vgl. *Bellinger/Kerl*, (1995), § 6 HBG Rn. 38.
[945] Vgl. Art. 18 Abs. 4 PHBG.
[946] Im polnischen Recht gilt es dagegen für beide Pfandbriefarten getrennt; vgl. *Drewicz-Tulodziecka/Stöcker*, (2000), 138.
[947] Vgl. § 41 S. 2 HBG.

unterliegt einer anderen quantitativen Einschränkung.[948] Ersatzdeckungswerte, die eine sichernde Überdeckung bilden, werden auf die 10 % - Ersatzdeckungsgrenze nicht angerechnet.[949]

bb. Berücksichtigung des aktuellen Börsenkurses der Ersatzwerte

Bei der Ersatzindeckungnahme von Schuldverschreibungen fordert das HBG[950] zusätzlich, dass diese höchstens mit einem Betrag in Ansatz gebracht werden dürfen, der um 5 % des Nennwertes unter ihrem jeweiligen Börsenpreis bleibt, den Nennwert aber nicht übersteigt. Deutsche Hypothekenbanken müssen auf den Börsenkurs also entsprechend reagieren. Bei einer Börsenpreissenkung muss insbesondere geprüft werden, ob die vorhandene Ersatzdeckung für die Pfandbriefdeckung genügt und, falls nötig, ergänzt werden muss.[951]

Der Sinn dieser Regelung besteht in der Einhaltung der hohen Liquidität der Ersatzdeckungsmasse, die auf überraschende Anforderungen wie vorzeitige Geldrückflüsse oder verspätete Zahlungseingänge in gewissen Grenzen eingestellt sein sollte. Ersatzdeckungswerte sind dabei solche Werte, die jederzeit verfügbar sind, insbesondere also Guthaben oder Wertpapiere, die man verkaufen könnte. Daher muss ihr aktueller Kurs berücksichtigt werden. Dass der volle Betrag für Ersatzwerte in entfernter Zukunft fällig wird, nützt wenig, wenn die Bank sie jetzt verkaufen muss.[952]

c. Bewertung

Das Erfordernis, bei der Indeckungnahme von Ersatzwerten ihren aktuellen Börsenkurs ständig zu berücksichtigen, ist im polnischen Recht nicht vorgesehen. Offensichtlich ist der Gesetzgeber von dem endfälligen Nennwert als Deckungsbasis ausgegangen. Berücksichtigt man die hohe Liquidität der Deckungsmasse, so ist die Anpassung der Ersatzdeckungswerte an den aktuellen Börsenkurs auch für das polnische Recht zu fordern.

---

[948] Hierzu S. 261.
[949] § 6 Abs. 4 S. 3 *in fine* HBG schließt die in Abs. 5 genannte Beschränkung ausdrücklich aus.
[950] § 6 Abs. 4 S. 2 HBG.
[951] Vgl. *Bellinger/Kerl*, (1995), § 6 HBG Rn. 36.
[952] Bei der ordentlichen Deckung ist diese Flexibilität dagegen nicht vorhanden. Deshalb kann man für öffentliche Pfandbriefe als ordentliche Deckung auch Staatspapiere zum Nominalwert verwenden.

4. Deutsche Derivatdeckungsgrenze

Im Zusammenhang mit der Ersatzdeckungsgrenze ist die zusätzliche Derivatdeckungsgrenze im deutschen Recht darzustellen. Während Derivate nach Art. 18 Abs. 4 PHBG bei der Berechnung der Deckungsmasse in die 10 % - Ersatzdeckungswerte einfließen, unterliegt die Indeckungnahme der Derivate nach deutschem Recht einer anderen Quantitätsgrenze.

Die Ansprüche aus den in Deckung genommenen Derivaten dürfen nach § 6 Abs. 6 S. 3 HBG 12 % der Gesamtdeckungswerte[953] nicht überschreiten. Diese Beschränkung gilt im gleichen Umfang getrennt auf der Passivseite und betrifft den Anteil der Verbindlichkeiten der Hypothekenbank aus diesen Derivaten am Gesamtbetrag der im Umlauf befindlichen Hypothekenpfandbriefe zuzüglich der Verbindlichkeiten aus Derivaten. Derivate sind mit ihrem aktuellen Marktpreis zu berücksichtigen, der durch eine vom Handel weisungsunabhängige, professionelle Stelle ermittelt wird.[954] Ihre Abrechnung erfolgt also wie bei anderen deutschen Deckungswerten auf der Grundlage der Barwerte.

Die 12 % - Grenze hat sich aus Simulationsrechnungen ergeben, die von dem VdH und von ihren Mitgliedsinstituten im Rahmen des Gesetzgebungsverfahrens durchgeführt wurden. Sie hängt damit zusammen, dass der Gesetzgeber verhindern will, dass sich die Deckungsmasse statt aus hypothekarischen Darlehen zu einem Großteil von Derivaten zusammensetzt. Daher handelt es sich ausschließlich um eine Beschränkung der Derivate und nicht der gesicherten Aktiva. Einerseits sollte der Charakter der Deckungsmasse also nicht grundlegend verändert werden, andererseits dem festgesetzten Anteil aber genügend Spielraum gelassen werden. Zudem handelt es sich bei den Derivaten risikogemäß um Forderungen gegen Kreditinstitute, also um ungesicherte Forderungen, denen der Gesetzgeber ein höheres Risiko als den hypothekarisch gesicherten Forderungen beimisst. Mit Hilfe von Derivaten soll auch keine erhebliche Überdeckung aufgebaut werden. Nicht zu übersehen ist, dass die Ansprüche aus Derivaten sich bei bestimmter Marktentwicklung in Verbindlichkeit der Deckungsmasse verwandeln können. Die Begrenzung der Indeckungnahme von Derivaten liegt also im Interesse der Pfandbriefgläubiger. Ferner ist die 12 % - Einsatzgrenze als absolute Obergrenze zu verstehen, die auch im Falle der größeren Schwankungen des Barwertes der Derivate einzuhalten ist. Bei Ihrer Ausschöpfung muss daher ausreichend Spielraum gelassen werden.[955] Die Einhaltung der Derivatdeckungsgrenze ist von dem Treuhänder zu kontrollieren.

---

[953] Der Gesamtbetrag der Deckungswerte wird mit allen Deckungswerten, also unter Einbeziehung der ordentlichen Deckungswerte einschließlich der Ansprüche von Derivaten sowie der Ersatzdeckungswerte, zusammengerechnet.

[954] Vgl. § 3 Abs. 1 S. 2 HypBarwertV.

[955] Vgl. Begründung zur HBG-Novelle von 2002, BT-Drs. 14/8017, 135 Zu Art. 11 Nr. 2 - § 6 Abs. 6.

5. Liegenschaftsbeleihungsgrenze

a. Refinanzierungsgrenze als zusätzliches Pfandbriefsicherungspulver

Hat sich aus der qualitativen Prüfung der Liegenschaft ergeben, dass diese beleihungsfähig ist, also dass ihre Bewirtschaftung insbesondere einen dauernden Ertrag gewährleistet, so ist darauf zu achten, dass sowohl im polnischen[956] als auch im deutschen Recht[957] die hypothekarisch gesicherten Forderungen lediglich bis zu 60 % des Hypothekenbank-Beleihungswertes der beliehenen Liegenschaft als Deckung für Hypothekenpfandbriefe verwendet werden dürfen.[958]

Diese Refinanzierungsgrenze bildet ein zusätzliches Sicherungsinstrument, das dem Pfandbriefgläubiger die volle Befriedigung seiner Ansprüche auch dann gewährleistet, wenn unvorsehbare, negative Faktoren auftreten. Die 60 % Beleihungsgrenze schützt den Pfandbriefgläubiger insbesondere vor ungünstigen Änderungen der Konjunktur auf dem Immobilienmarkt und infolge dessen vor der plötzlichen Wertminderung der Deckungsliegenschaften, zudem vor den Folgen einer fehlerhaften Ermittlung des Liegenschaftswertes oder vor dem Wertverlust einer Liegenschaft in der Zwangsvollstreckung.

b. Beleihung über Refinanzierungsgrenze

Die 60 % Refinanzierungsgrenze bedeutet nicht, dass die Hypothekenbank die Kredite nur bis zu dieser Höhe gewähren darf. Der über diese Grenze hinaus vergebene Kredit darf allerdings nicht durch die Ausgabe von Pfandbriefen refinanziert werden. Die Hypothekenbank muss diesen Kreditteil aus anderen Mitteln finanzieren.[959] Die maximale Kredithöhe darf den Hypothekenbank-Belei-

[956] Vgl. Art. 14 PHBG.

[957] Vgl. § 11 Abs. 2 HBG.

[958] Eine solche Begrenzung ist auch in anderen europäischen Pfandbriefgesetzen bekannt. In Österreich, Ungarn, Luxemburg und Finnland beträgt sie auch 60 % des Beleihungswertes. In anderen Ländern ist sie differenziert und teilweise nicht auf den Beleihungswert, sondern auf den Marktwert bezogen. So beträgt die Beleihungsgrenze etwa in Tschechien 70 % und in Portugal 80 % des Marktwertes; zu der tabellarischen Darstellung VdH, Der Pfandbrief 2001, 88 f.

[959] In Frage kommen hier vor allem Eigenmittel der Hypothekenbank und Mittel aus den Nebengeschäften, von denen in Art. 15 Abs. 1 Nr. 1 - 3 PHBG die Rede ist. Das sind Mittel aus der Annahme von Termineinlagen, aus der Aufnahme von Krediten und Darlehen sowie aus der Ausgabe von Schuldverschreibungen. Vor der PHBG-Novelle von 2002 waren diese Verbindlichkeiten bis zur doppelten Höhe der Eigenfonds der Hypothekenbank beschränkt. Die Novelle hat die zulässige Höhe dieser Verbindlichkeiten deutlich erhöht und differenziert. Nach Art. 15 Abs. 2 PHBG darf die Höhe dieser Verbindlichkeiten jetzt das Zehnfache der Höhe der Eigenmittel der

hungswert jedenfalls nicht übersteigen.[960] Ferner darf der Gesamtbetrag der Forderungen im oberhalb von 60 % des Hypothekenbank-Beleihungswertes liegenden Teil nach Art. 13 Abs. 1 PHBG nicht höher als 30 % des Gesamtbetrages der hypothekarisch besicherten Forderungen der Hypothekenbank sein.[961]

Die Grundstücksbeleihung über die Pfandbriefrefinanzierungsgrenze ist auch im deutschen Recht gestattet.[962] § 5 Abs. 1 Nr. 2 HBG lässt ausdrücklich zu, dass Hypothekenbanken inländische sowie in der EU oder in einem anderen Vertragsstaat des Abkommens über den Europäischen Wirtschaftsraum oder in der Schweiz gelegene Grundstücke über die Pfandbriefrefinanzierungsgrenze (§ 11 HBG) sowie über die Deckungsgrenzen bei Neubauten und Bauplätzen (§ 12 Abs. 3 HBG) beleihen dürfen. Die Kreditgrenze orientiert sich an dem Verkehrswert der Liegenschaften.[963] Die Gesamtgrenze für Beleihungen über Refinanzierungsgrenze beträgt 20 % aller hypothekarischen Deckungsbeleihungen.[964]

c. Überwachung der Refinanzierungsgrenze durch den Treuhänder

Für den Treuhänder ist lediglich die Einhaltung der 60 % Pfandbriefrefinanzierungsgrenze von Interesse. Die Kontrolle der Außerdeckungsgrenze obliegt ihm nicht, sondern der Bankaufsichtskommission, die im Unterschied zu dem Treuhänder nicht nur die Deckungsmasse, sondern auch den gesamten Geschäftsbetrieb zu kontrollieren hat. Der Treuhänder muss nicht jede beliehene Liegenschaft prüfen, sondern beschränkt sich auf Stichproben. Er ist auch nicht verpflichtet, den Liegenschaftswert unter Berücksichtigung der sich ändernden rechtlichen und wirtschaftlichen Faktoren ständig zu beobachten. Dies obliegt der Hypothekenbank. Kommt es zu einer nachträglichen Wertminderung der

---

Hypothekenbank innerhalb der ersten fünf Jahre ihrer Tätigkeit und das Sechsfache dieser Höhe nach dem Ablauf dieser Frist nicht übersteigen. Diese Änderung erleichtert den Hypothekenbanken die Beschaffung von Geldmitteln, was insbesondere in den ersten Jahren ihrer Tätigkeit von großer Bedeutung sein kann. Die dadurch erzielten Mittel dürfen ausschließlich für die Refinanzierung der Hauptgeschäfte der Hypothekenbank verwendet werden (Art. 15 Abs. 3 PHBG); zum deutschen Recht vgl. § 5 Abs. 1 Nr. 4 HBG. Allerdings kennt das HBG die quantitativen Beschränkungen hinsichtlich der Annahme von diesen Mitteln nicht. Diese werden aber der Gesamtpfandbriefumlaufgrenze angerechnet; vgl. S. 271 ff.

[960] Vor der Novelle von 2002 durfte die Höhe eines einzelnen, hypothekarisch besicherten Kredites 80 % des Hypothekenbank-Beleihungswertes der Liegenschaft nicht überschreiten; vgl. Art. 13 Abs. 2 PHBG aF.

[961] Diese Außerdeckungsgrenze wurde infolge der PHBG - Novelle von 2002 neu festgeschrieben, denn die alte 10 % - Grenze (Art. 13 Abs. 1 PHBG aF) erschwerte die Wettbewerbsfähigkeit der Hypothekenbanken.

[962] Vgl. § 5 Abs. 1 Nr. 2 HBG.

[963] *Bellinger/Kerl*, (1995), § 5 HBG Rn. 38.

[964] Vgl. § 5 Abs. 1 Nr. 2 HBG.

Deckungsliegenschaften, so müssen ihre Deckungsfähigkeit sowie ihr Wert erneut geprüft werden.

6. Deckungsgrenzen bei Neubau- und Bauplatzhypotheken

a. Quantitative Beschränkung bei der Indeckungnahme

Der Treuhänder achtet auch auf den prozentuellen Anteil derjenigen Hypothekarforderungen in der Deckungsmasse, die an den im Bau befindlichen Liegenschaften (Neubauten) oder an den für die Bebauung vorgesehenen Grundstücken (Bauplätze) gesichert sind, denn ihre Indeckungnahme unterliegt weiteren quantitativen Beschränkungen.

Der deutschen Lösung folgend setzt der polnische Gesetzgeber die quantitative Gesamtgrenze für beide Immobilienarten auf 10 % aller hypothekarisch gesicherten Deckungsforderungen fest.[965] Im Rahmen dieses Limits dürfen die Forderungen, die durch die Bauplatzhypotheken besichert sind, 10 % nicht überschreiten.[966] Der Bezugspunkt für diese Obergrenze für Bauplatzhypotheken ist allerdings nicht der Gesamtbetrag der tatsächlich gewährten Deckungskredite an Bauplatz- und Neubauhypotheken, sondern der Gesamtbetrag aller hypothekarisch gesicherten Deckungsforderungen und die davon abgeleitete, für Bauplatz- und Neubauhypotheken insgesamt gesetzlich festgelegte Grenze. Ihre wirkliche Ausschöpfung, also die Summe der an Neubauten gesicherten Deckungsforderungen, ist ohne Belang.

Aufgrund des deutschen Rechtes ist dieser Auslegung zu folgen, obwohl sie wegen der unpräzisen Formulierung des § 12 Abs. 3 S. 1 f. HBG erst unter Berücksichtigung der Zweckmäßigkeit der Rechtsnorm erreicht werden kann. In § 12 Abs. 3 S. 1 f. HBG ist nämlich von den verwendeten Hypotheken an Bauplätzen und Neubauten die Rede. Die grammatische Auslegung würde zu dem wenig befriedigenden Ergebnis führen, dass der Gesamtbetrag der Bauplatzhypotheken von den tatsächlich verwendeten, also bereits gewährten Krediten an Bauplätzen und Neubauten abhängt. Die Ermöglichung der Indeckungnahme von neuen, an Bauplatzhypotheken gesicherten Forderungen könnte die Erhöhung des Gesamtbetrages der Forderungen an Neubauten erzwingen. Dies würde wiederum dem Hauptziel dieser Regelung, das Risiko einzuschränken, widersprechen.[967]

---

[965] Der deutsche Gesetzgeber verlangt zudem, dass sie das Doppelte des haftenden Eigenkapitals nicht überschreiten (§ 12 Abs. 3 S. 1 HBG).
[966] Art. 23 Abs. 1 PHBG; § 12 Abs. 3 S. 1 f. HBG.
[967] Vgl. *Bellinger/Kerl*, (1995), § 12 HBG Rn. 118.

b. Zweck der quantitativen Indeckungsgrenze

Die besondere Vorsicht des polnischen und deutschen Gesetzgebers bei der Indeckungnahme von Neubauten erklärt sich daraus, dass deren Wert von dem erfolgreichen Bauverlauf abhängt. Für ihre Indeckungnahme ist zunächst die Baugenehmigung erforderlich,[968] die dem Treuhänder auf Verlangen vorzulegen ist. Die Fertigstellung der begonnenen Bauinvestition kann aber auch im Laufe des Bauprozesses gefährdet oder verzögert werden, was auch oft vorkommt. Auch ein Liegenlassen des Bauvorhabens kann nicht ausgeschlossen werden. Dies hängt in der Regel mit der Verschlechterung der Finanzsituation des Kreditnehmers zusammen und wirkt negativ auf die Erfüllung seiner Rückzahlungspflicht der Hypothekenbank gegenüber. Bei der Verwertung der nicht vollendeten Bauinvestition muss damit gerechnet werden, dass der Erlös die Forderungen der Hypothekenbank nicht in voller Höhe befriedigen kann.

Durch die Einsetzung des zusätzlichen Limits in Bezug auf die zu bebauenden Liegenschaften wird ihr erhöhtes Risiko zum Ausdruck gebracht, das offenbar mit ihrer bedingten Ertragsfähigkeit zusammenhängt. Da sich der Wert der zu bebauenden Liegenschaft, also der Wert eines Bauplatzes aus der künftig möglichen Bebauung ergibt, kann sich der Treuhänder mit der Kontrolle des quantitativen Limits nicht zufrieden geben. Er hat zusätzlich auf die Bebauungsfähigkeit der Grundstücke zu achten. Dafür ist zunächst sein Bewirtschaftungszweck maßgeblich, der in dem örtlichen Raumbewirtschaftungsplan[969] von der Lokalbehörde festgelegt wird.[970] Die Zulässigkeit einer bestimmten Bauinvesti-

[968] In der Regel dürfen die Bauarbeiten ausschließlich aufgrund der endgültigen Entscheidung über die Baugenehmigung begonnen werden (vgl. Art. 28 Abs. 1 des Gesetzes vom 7.7.1994 - das Baurecht, in der einheitlichen Fassung (Dz.U. 2003 Nr. 207, Pos. 2016), zuletzt geändert durch Art. 1 des Gesetzes vom 16.4.2004 (Dz.U. 2004 Nr. 93, Pos. 888); die Ausnahmen davon sind in Artt. 29 - 31 geregelt). Die Baugenehmigung ist in Deutschland auch nach allen Landesbauordnungen erforderlich; zu Ausnahmen *Peine*, (2003), Rn. 1050 ff.; zum Baugenehmigungsverfahren *Koch/Hendler*, (2004), § 24 Rn. 5 ff.

[969] Der polnische Raumbewirtschaftungsplan entspricht dem deutschen Bebauungsplan; hierzu *de Vries* (WiRO 2002, 295, 297, Fn. 18) zugleich mit einem Hinweis auf die Gegenmeinung.

[970] Nach Art. 3 Abs. 1 PRG (Gesetz vom 27.3.2003 über die Planung und die Raumbewirtschaftung (Dz.U. 2003 Nr. 80, Pos. 717), zuletzt geändert durch Art. 10 des Gesetzes vom 28.11.2003 (Dz.U. 2004 Nr. 141, Pos. 1492)) ist die Gestaltung und Führung der Raumordnungspolitik Aufgabe der Gemeinde. Sie umfasst die Erstellung von Studien über die Bedingungen und die Richtungen der Raumbewirtschaftung der Gemeinde sowie den Erlass des örtlichen Raumbewirtschaftungsplanes. Dafür ist ausschließlich der Gemeinderat zuständig (vgl. Art. 18 Abs. 2 Nr. 5 des Gesetzes über die Selbstverwaltung der Gemeinde). Die Erstellung des Raumbewirtschaftungsplanes ist aber nicht immer obligatorisch. Er ist dann zu erlassen, wenn besondere Vorschriften dies erfordern (vgl. Art. 14 Abs. 7 PRG); zur Raumbewirtschaftung in der Gemeinde vgl. Artt. 9 - 37 PRG; zum Raumbewirtschaftungsplan vor dem Inkrafttreten des PRG *de Vries*, WiRO

tion erfolgt im Einzelfall durch die Entscheidung über die Bedingungen der Bebauung der Fläche, die von dem Investor einzuholen ist.[971] Die Bebauungsfähigkeit des Grundstücks muss vor der Indeckungsnahme der gesicherten Forderungen sichergestellt werden.[972] Da das Ausfallrisiko hier aber verhältnismäßig hoch bleibt, empfiehlt es sich die Indeckungnahme dieser Grundstücke *de lege ferende* von einer obligatorischen Versicherung des Bauvorhabens gesetzlich abhängig zu machen.

7. Besondere Einschränkungen im deutschen Recht

Über die mit der polnischen Regelung gemeinsamen quantitativen Anforderungen hinaus, schreibt das deutsche Recht zusätzliche Einschränkungen vor. Diese ergeben sich aus der von dem polnischen Recht abweichenden Regelung des Hypothekenrechtes und lassen die Deckungsfähigkeit eigener Grundstücke der Hypothekenbanken teilweise zu. Teilweise hängen sie aber auch mit dem erweiterten Umfang des Deckungsgeschäftes zusammen und erfordern daher besondere Vorsichtsregelungen. Im Übrigen sind sie bloß historisch zu erklären und haben heute keine Bedeutung mehr.

a. Deckungsfähigkeit eigener Grundstücke der Hypothekenbanken

aa. Zur Verhinderung eines Hypothekenverlustes erworbener Grundstücke

Als Deckung können nach § 6 Abs. 3 HBG auch solche Grundstücke verwendet werden, die die Hypothekenbanken zur Verhütung eines Verlustes an der Hypothek erworben haben. Sie sind jedoch höchstens bis zur Hälfte des Betrages deckungsfähig, mit welchem sie vor dem Erwerb des Grundstücks durch die

---

2002, 295, 297 f. Auch nach deutschem Recht haben die Gemeinden in eigener Verantwortung die Bauleitpläne, also den Flächennutzungsplan und den Bebauungsplan aufzustellen, soweit es für die städtebauliche Entwicklung und Ordnung erforderlich ist (vgl. § 1 Abs. 3 und § 2 Abs. 1, S. 1 BauGB). Der Bebauungsplan ist nach § 10 Abs. 1 BauGB als Satzung durch die Gemeinde zu beschließen. Seinen materiellen Rahmen bildet die aufgrund § 2 Abs. 5 BauGB erlassene Verordnung über die bauliche Nutzung der Grundstücke (Baunutzungsverordnung - BauNVO), Verordnung vom 26.6.1962 (BGBl. 1962 I 429), in der Neufassung der Bekanntgabe vom 23.1.1990 (BGBl. 1990 I 133), zuletzt geändert durch Art. 3 des Gesetzes zur Erleichterung von Investitionen und der Ausweisung und Bereitstellung von Wohnbauland (BGBl. 1993 I 466); zur örtlichen Planungshoheit der deutschen Gemeinden *Stollmann*, (2002), § 2 Rn. 14 ff.

[971] Diese Entscheidung wird auch als Entscheidung über die Lokalisierung einer Investition bezeichnet; hierzu *de Vries*, WiRO 2002, 295, 298 f.

[972] Vgl. *Bellinger/Kerl*, (1995), § 12 HBG Rn. 117.

Hypothekenbank als Deckung in Ansatz gebracht waren. Maßgebend ist hier weder der wahre Grundstückswert noch 60 % dieses Wertes, sondern der Wertansatz vor dem Erwerb des Grundstücks durch die Hypothekenbank.[973] Nach § 40 Abs. 2 HBG gilt diese Regelung auch für den Fall einer Ersetzung der in der Zwangsversteigerung gelöschten Hypothek durch eine eigene Grundschuld.

Obwohl sich dieses nicht aus dem Wortlaut des § 6 Abs. 3 HBG ergibt, ist diese Beschränkung in einer sinnvollen Weise auch für diejenigen Grundstücke vorzusehen, die vor dem Erwerb aus der Deckung wegen des Ausfallsrisikos herausgenommen worden sind. Mit der deutlichen Beschränkung der Deckungsfähigkeit dieser Grundstücke wird die größere Gefahr ihrer Veräußerbarkeit zum durch die Hypothek gedeckten Preis zum Ausdruck gebracht.

bb. Sonstige eigene Grundstücke

Die Zulässigkeit der Indeckungnahme von sonstigen Grundstücken, die die Hypothekenbank für ihre eigenen Zwecke, wie etwa Büroräumlichkeiten, erworben hat, ist im HBG nicht geregelt. Ihre Deckungsfähigkeit ist aber zu bejahen. Im Eigentum des Pfandbriefemittenten stehende Immobilien sind seinem Eigenkapital anzurechnen und die Anwendung des Eigenkapitals als Pfandbriefdeckung ist gesetzlich nicht ausgeschlossen.[974] Diese Grundstücke sind also wie alle anderen fremden Grundstücke zu betrachten und können in die Deckung nach dem allgemein üblichen Verfahren mit aufgenommen werden.

cc. Unzulässigkeit der Indeckungnahme eigener Grundstücke durch polnische Hypothekenbanken

Die Indeckungnahme von Hypotheken an eigenen Grundstücken der Hypothekenbank sind im PHBG nicht vorgesehen. Sie ist im Unterschied zum deutschen Recht schon deshalb zu verneinen, weil das polnische Hypothekenrecht keine Eigentümerhypothek kennt. Nach Art. 247 ZGB erlischt ein beschränkt dingliches Recht, wenn es auf dem Eigentümer der belasteten Sache übergeht, oder wenn derjenige, dem ein solches Recht zusteht, das Eigentum an der belasteten Sache erwirbt. Die Verwendung eigener Grundstücke der polnischen Hypothekenbanken

---

[973] *Bellinger/Kerl*, (1995), § 6 HBG Rn. 23; zweifelnd *Dannenbaum*, (1928), § 6 HBG, Anm. 32; infolge der neuen Wertermittlung kann die Werterhöhung der Hypothek nur nach der Grundstücksveräußerung und bei ihrem Ansatz als Sicherung neuer Kreditgewährung erfolgen; *Bellinger/Kerl*, (1995), § 6 HBG Rn. 28.

[974] *Bellinger/Kerl*, (1995), § 6 HBG Rn. 26.

als Pfandbriefdeckung scheitert schon an der Unzulässigkeit der Bestellung einer Eigentümerhypothek.[975]

b. Grenze des deutschen Auslandsdeckungsgeschäftes

aa. Insolvenzvorrechtsfrage für ausländische Deckungswerte

Als zusätzliche Vorsichtsmaßnahme hinsichtlich der Indeckungnahme von ausländischen Staats- sowie Hypothekarforderungen macht der deutsche Gesetzgeber den Umfang des Auslandsdeckungsgeschäftes davon abhängig, dass das in § 35 HBG verankerte Insolvenzvorrecht zugunsten der Pfandbriefgläubiger auch für ausländische Deckungswerte gewährleistet wird.[976] Der dieser Regelung zugrunde liegende Gedanke zielt darauf ab, die höchste Pfandbriefqualität im Insolvenzfall auch nach der Erweiterung der Deckungsmasse um ausländische Deckungswerte zu sichern.

Werden also ausländische Forderungen in die Pfandbriefdeckung genommen, so stellt sich die Frage, ob das deutsche Insolvenzvorrecht auch diese ausländischen Deckungsforderungen erfasst. Dies hängt wiederum davon ab, welchen Schutz die ausländische Rechtsordnung den Gläubigern deutscher Pfandbriefe anbietet. Im Einzelnen geht es darum, ob das ausländische Recht entweder das deutsche Privileg anerkennt oder eine eigene, dem deutschen Insolvenzvorrecht gleichwertige Lösung enthält, die den Gläubigern der deutschen Pfandbriefe die volle Befriedigung ihrer Ansprüche im Ergebnis gewährleistet. Kann dies für ausländische Forderungen nicht eindeutlich bejaht werden, so schließt das HBG ihre Indeckungnahme zwar nicht aus, sieht aber eine quantitative Beschränkung vor.[977] In diesem Fall darf die Indeckungnahme von ausländischen Forderungen nach § 5 Abs. 1 Nr. 1 lit. e und Nr. 2 a HBG 10 % des Deckungsvolumens nicht überschreiten.[978]

---

[975] Schon vor einigen Jahren hat die polnische Kodifikationskommission für Zivilrecht einen Gesetzentwurf vorgelegt, der die Einführung der Eigentümerhypothek vorgesehen hat. Bis jetzt ist es aber leider immer noch nicht gelungen, diese Regelung in das geltende Recht umzusetzen; mehr zum geltenden Recht und Reformvorschlägen *Jaschinska*, (2004), 191 ff.

[976] Dazu *Stöcker*, ImmFin 2003, 754 ff.

[977] Zu bemerken ist, dass die Anerkennung der Beschränkung von Arrest- und Zwangsvollstreckungen nach § 34 a HBG von ausländischen Deckungswerten nicht verlangt wird; zur Begründung *Bellinger/Kerl*, (1995), § 5 HBG Rn. 29.

[978] Vgl. § 8 Abs. 4, § 9 ÖPG.

bb. Ergebnisse der bisherigen Prüfungsverfahren

Die direkte und volle gesetzliche Anerkennung des deutschen Vorrechtes ist insbesondere in Irland, Luxemburg und Österreich[979] festgestellt worden.[980] Eine annähernde Identität kann für Frankreich bejaht werden.[981] Ansonsten muss die gesetzliche Rechtslage von Land zu Land untersucht werden, um ihre Gleichwertigkeit mit dem deutschen Insolvenzvorrecht eindeutig zu bestätigen. Mit dieser Rechtsfrage wurden seit einigen Jahren externe Fachleute von dem VdH beauftragt. Zuerst hat das für Spanien erstellte Gutachten ein positives Ergebnis nur für Hypothekenpfandbriefe, aber nicht für öffentliche Pfandbriefe gebracht.[982] Aus dem Ergänzungsgutachten, das eine am 1. September 2004 in Kraft getretene Insolvenzrechtsnovelle berücksichtigt, ergibt sich aber, dass das Insolvenzvorrecht in Spanien nach dieser Novelle auch bei deutschen öffentlichen Pfandbriefen gewährleistet ist.[983] In den Niederlanden und in Großbritannien konnte dagegen die Sicherstellung des Insolvenzvorrechtes mit Hilfe einer rechtsgeschäftlichen Ersatzkonstruktion - in Form eines vertraglichen Treuhandverhältnisses - erzielt werden.[984]

cc. Die Liquidationsrichtlinie als neuer Orientierungsmaßstab

Die Anerkennungsfrage des deutschen Insolvenzvorrechtes kann mit der vollständigen Umsetzung der Liquidationsrichtlinie, die das europäische Bankeninsolvenzrecht regelt, weitgehend gelöst werden. Art. 9 Abs.1 dieser Richtlinie führt nämlich einen Grundsatz ein, nach dem allein die Behörde oder Gerichte des Herkunftsstaats im Liquidationsfall eines Kreditinstitutes zuständig sind. Dazu

---

[979] Vgl. § 35 Abs. 2 österHBG.

[980] Dazu *Stöcker*, ImmFin 2003, 754 f.

[981] Aufgrund der Neuregelung ist das Insolvenzvorrecht für Pfandbriefgläubiger jetzt gesetzlich gewährleistet; *Stürner/Stadler*, (2002), 5, Fn. 4. Zum gleichen Gesamtergebnis haben aber auch frühere Untersuchungen zum alten Recht geführt; *Stürner*, (1994), 73.

[982] *Stürner/Stadler*, (2002), 126 f.; *Stöcker*, ImmFin 2003, 574, 575 f.

[983] Vgl. S. 8 - 10 der ergänzenden Stellungnahme zum Gutachten „Pfandbriefe und Beleihung in Spanien" von *Stürner/Stadler*. Das Gutachten wurde im Februar 2004 vorgelegt. Seine Veröffentlichung ist nicht geplant und wird im Hinblick auf die Umsetzung der Liquidationsrichtlinie wohl auch nicht erfolgen. Dieses Ergänzungsgutachten befindet sich aber unter http://www.hypverband.de.

[984] *Stürner/Stadler* ((2000), 119 ff., 126 f.) haben für die Niederlande die Gründung einer niederländischen Stiftung empfohlen, deren Vorstand der Treuhänder der deutschen Hypothekenbank sein sollte. Diese Stiftung, der die niederländischen Deckungsforderungen abzutreten oder zu verpfänden sind, sollte allein den Zweck verfolgen, eine Sicherheit an den niederländischen Deckungswerten zugunsten der Pfandbriefgläubiger zu halten und zu verwahren. Eine andere Geschäftstätigkeit der Stiftung ist vertraglich oder satzungsmäßig auszuschließen; zu ähnlichen Ersatzkonstruktionen durch die Bestellung eines vertraglichen Pfandrechtes an den englischen Deckungswerten zugunsten einer Trustee *Stürner/Schumacher/Bruns*, (2000), 113 ff.

wird nach Art. 10 der EU-Liquidationsrichtlinie das Recht des Herkunftmitgliedstaates Anwendung finden.[985] Daraus ergibt sich, dass §§ 34 a, 35, 41 HBG im Insolvenzfall einer deutschen Hypothekenbank auch für alle EU-Deckungswerte direkt anwendbar werden. Das Insolvenzvorrecht der Gläubiger der deutschen Pfandbriefe bleibt also auch dann unberührt, wenn die Forderungen aus anderen EU-Mitgliedstaaten in die Deckung aufgenommen wurden.

All dies gilt unter dem Vorbehalt, dass die Liquidationsrichtlinie vollständig umgesetzt wird.[986] Erfolgt die Umsetzung nicht oder nur fehlerhaft, so ist damit nichts geholfen, weil der einzelne Pfandbriefgläubiger die Richtlinie gegenüber anderen Gläubigern nicht geltend machen kann. Es muss also für jedes einzelne Land geprüft werden, ob und wie die Liquidationsrichtlinie umgesetzt worden ist.[987] Die vollständige Umsetzung führt zum Ergebnis, dass die EU-Forderungen in der 10 % - Grenze des Deckungsvolumens nicht mehr berechnet werden. Demzufolge wird dies ausschließlich für Nicht-EU-Mitgliedstaaten gelten, bei denen das Insolvenzvorrecht für deutsche Pfandbriefforderungen nicht sichergestellt ist.

Für den Treuhänder bedeutet das, dass er nur bei der Indeckungnahme von Forderungen aus diesen Staaten weiterhin darauf achten muss, ob das Gesamtvolumen dieser Werte die gesetzlich bestimmte Grenze nicht überschreitet.

c. Amortisationsquoten bei landwirtschaftlichen Grundstücken

Zu Beginn der Tätigkeit der Hypothekenbanken stammte ein großer Teil ihrer Deckungswerte aus Agrarkrediten. Um die Hypothekenbank vor den traditionell geringeren Tilgungen in diesem Marktsektor zu schützen, wurden zwei Anforderungen quantitativer Art für die Indeckungnahme von landwirtschaftlichen Beleihungen eingeführt. Laut § 6 Abs. 2 HBG, der immer noch formell gilt, müssen

---

[985] Das Recht des Herkunftmitgliedstaates regelt insbesondere die Auswirkungen der Eröffnung eines Liquidationsverfahrens auf Rechtsverfolgungsmaßnahmen einzelner Gläubiger (Art. 10 Abs. 2 e, S. 1 der RL 2001/24/EG).

[986] Die Liquidationsrichtlinie ist kein unmittelbar geltender EU-Rechtsakt und bedarf daher der Umsetzung in jedem EU-Mitgliedstaat. Die Umsetzungsfrist ist am 5.5.2004 abgelaufen (Art. 34 Abs. 1 der RL 2001/24/EG); aA *Srokosz* (PB 6/2004, 69), der sich für die direkte Anwendung der Artt. 3 und 9 der Richtlinie ausspricht; vorsichtiger jedoch *ders.*, PB 9/2004, 41.

[987] Die Liquidationsrichtlinie wurde sowohl in Polen als auch in Deutschland umgesetzt. Die Umsetzung erfolgte in Polen im Rahmen der BRG-Novelle vom 1.4.2004 (Dz.U. 2004 Nr. 91, Pos. 870); vgl. Artt. 154 Nr. 3, 156 a, 157 a - 157 e BRG; *Srokosz*, PB 9/2004, 39 ff. Zur Umsetzung der Liquidationsrichtlinie diente in Deutschland das Gesetz zur Neuregelung des Internationalen Insolvenzrechts vom 14.3.2003 (BGBl. 2003 I 345 (vgl. §§ 335 ff. InsO)). Soweit die Umsetzung im Rahmen dieses Gesetzes nicht durchgeführt wurde, erfolgte sie durch das Gesetz zur Umsetzung aufsichtsrechtlicher Bestimmungen zur Sanierung und Liquidation von Versicherungsunternehmen und Kreditinstituten vom 10.12.2003 (BGBl. 2003 I 2478 (vgl. § 46 e KWG)).

Deckungshypotheken an landwirtschaftlichen Grundstücken[988] mindestens zur Hälfte Amortisationshypotheken[989] sein. Darüber hinaus muss ihre jährliche Mindesttilgung 0,25 % des Hypothekenkapitals betragen. Damit hat der Gesetzgeber die Amortisationshypothek als besonders wünschenswerte Form der Kapitalverschuldung auf landwirtschaftlichen Grundstücken gefördert und die Höhe ihrer jährlichen Mindesttilgungsbeträge zugleich festgelegt. Wird eine solche Amortisationshypothek vorzeitig zurückgezahlt, so kann die Hypothekenbank bis zum Ablauf der planmäßigen Tilgungszeit an ihrer Stelle Hypotheken anderer Art zur Deckung benutzen.[990]

Dem Wortlaut des § 6 Abs. 2 HBG ist die Verpflichtung zur jederzeitigen Einhaltung des gegenseitigen quantitativen Größenverhältnisses, das sich im Laufe der Tilgung doch ständig ändert, nicht zu entnehmen. Wollte die Hypothekenbank aber eine neue landwirtschaftliche Beleihung zur Deckung heranziehen, so müsste sie zuerst prüfen, ob der neue Hypothekenbestand den gesetzlichen Anforderungen genügt.

Wegen der geänderten wirtschaftlichen Bedingungen besteht heute kein Bedürfnis, eine Mindesttilgung für landwirtschaftliche Beleihungen gesetzlich zu bestimmen. Es gibt auch schon seit langem keine Hypothekenbank mehr, die vorwiegend im Agrarkredit tätig ist. Die Vorschrift hat daher keine praktische Bedeutung mehr. Ihre Existenz ist nur noch historisch zu erklären.

8. Quantitatives Limit für den Gesamtpfandbriefumlauf

a. Zweck der Pfandbriefumlaufgrenze

Neben den quantitativen Anforderungen für die Deckungsmasse ist auf die Gesamtpfandbriefumlaufgrenze hinzuweisen. Ihr Ziel ist es, eine uferlose Ausdehnung des Pfandbriefumlaufs zu vermeiden.[991] Dies hat für die hohe Solvenz der Hypothekenbanken zu sorgen und neben anderen Beschränkungen dem Schutz der Pfandbriefgläubiger zu dienen. Die Gesamtpfandbriefumlaufgrenze ist sowohl im PHBG als auch im HBG vorgesehen. Ihre Berechnung und Höhe ist aber anders geregelt.

---

[988] Für die Klassifizierung eines Grundstücks als landwirtschaftlich ist nicht seine Lage, sondern sein Verwendungszweck maßgebend; *Bellinger/Kerl*, (1995), § 6 HBG Rn. 21.
[989] Zur Amortisationshypothek *Bellinger/Kerl*, (1995), § 19 HBG Rn. 5 ff.
[990] Vgl. § 6 Abs. 2 S. 2 HBG.
[991] *Kummert*, in: Handbuch des Realkredits (1963), 733, 812.

b. Berechnung und Höhe der Umlaufgrenze

In den beiden Pfandbriefsystemen wird für die Berechung der Pfandbriefumlaufgrenze von Eigenfonds[992] oder von dem haftenden Eigenkapital[993] ausgegangen. Während der Gesamtpfandbriefumlauf aufgrund des polnischen Rechtes[994] die Relation zwischen Eigenfonds der Hypothekenbank und den von ihr ausgegebenen Pfandbriefen darstellt, stellt § 7 Abs. 2 HBG klar, dass auf diese Umlaufgrenze zusätzlich andere Refinanzierungsmittel angerechnet werden, die der Gewährung von Darlehen dienen. Einbezogen werden als Einlagen oder Darlehen angenommene fremde Gelder und nicht-deckungspflichtige ausgegebene Schuldverschreibungen.[995]

Diese Unterschiede beeinflussen die Berechnung und die Höhe der Pfandbriefumlaufgrenze. Nach Art. 17 Abs. 1 PHBG darf der Gesamtbetrag der Nennwerte der im Umlauf befindlichen Pfandbriefe der Hypothekenbank das 40-fache ihres Eigenfonds[996] nicht übersteigen. Die deutsche Pfandbriefumlaufgrenze ist vielmals geändert worden[997] und ist im Verhältnis zu dem polnischen Limit höher festgesetzt, zugleich aber auch differenziert und anders berechnet. Das deutsche Recht sieht nämlich zwei Gesamtpfandbriefumlaufgrenzen vor. Diese Differenzierung richtet sich nach den verschiedenen Pfandbriefemittenten und ist auf ihren zugelassenen Geschäftsumfang zurückzuführen. Demzufolge beträgt die Pfandbriefumlaufgrenze für reine Hypothekenbanken den 60-fachen Betrag.[998] Für gemischte Hypothekenbanken hingegen den 48-fachen Betrag des haftenden Eigenkapitals.[999]

Im Unterschied zu der polnischen Regelung der Pfandbriefumlaufgrenze, die ausdrücklich von dem Nominalwert der Pfandbriefe vorausgeht, ist aufgrund des deutschen Rechtes nicht klar, ob die Abrechnung - ebenso wie bei der Ermittlung der Deckungskongruenz - nach dem Barwert oder nach dem Nominalwert erfolgt. Für die Nominalabrechung spricht der Wortlaut des § 7 HBG, der den Barwert im Gegensatz zu § 6 HBG nicht erwähnt. Auch im Gesetzgebungsverfahren bei der Einführung des Barwertes gab es keinen Hinweis, dass die Einführung des Barwertes für die Umlaufgrenze beabsichtigt gewesen wäre.

---

[992] Eigenfonds werden in Art. 127 BRG definiert.

[993] Von dem haftenden Eigenkapital ist in § 7 Abs. 1 HBG die Rede. Seine Definition enthält § 10 Abs. 2 S. 2 KWG.

[994] Vgl. Art. 17 Abs. 1 PHBG.

[995] Vgl. § 5 Abs. 1 Nr. 4 HBG; nicht angerechnet werden allerdings Darlehen, deren Gebern zu ihrer Sicherstellung Namenspfandbriefe ausgehändigt werden. Damit wird die Doppelanrechnung vermieden (§ 7 Abs. 2 HBG); *Bellinger/Kerl*, (1995), § 7 HBG Rn. 12.

[996] Zu dem Eigenkapital, das die Grundlage für die Berechnung des Pfandbriefumlauflimits ist, wird nach Art. 17 Abs. 2 PHBG die Rücklage für ein allgemeines Risiko eingerechnet, von der in Art. 130 Abs. 1 BRG die Rede ist.

[997] Vgl. *Bellinger/Kerl*, (1995), § 7 HBG Rn. 3.

[998] Vgl. § 7 Abs. 1 HBG.

[999] Vgl. § 46 Abs. 2 S. 2 HBG.

In beiden Pfandbriefsystemen gilt die Umlaufgrenze gemeinsam für Hypothekenpfandbriefe und öffentliche Pfandbriefe.[1000] Dazu werden diejenigen Pfandbriefe, die sich nicht im Umlauf befinden, nicht eingerechnet.[1001] Die Verpflichtung zur Überwachung dieser Limits wurde nur dem deutschen Treuhänder *expressis verbis* in § 30 Abs. 5 HBG auferlegt. Der Treuhänder muss insbesondere den Gesamtpfandbriefumlauf vor der Genehmigung der neuen Pfandbriefausgabe prüfen.

c. Pfandbriefumlaufgrenze und Eigenkapitalgrundsätze

Neben der Gesamtpfandbriefumlaufgrenze muss die Hypothekenbank, wie jede andere Bank, die Eigenkapitalanforderungen beachten.[1002] Sie sind von der Gesamtpfandbriefumlaufgrenze deutlich zu unterscheiden. Bei den Eigenkapitalgrundsätzen handelt es sich um eine Relation zwischen dem Eigenkapital und seinen gewichteten Risikoaktiva. Dies dient zu der Aufstellung einer allgemeinen Solvabilitätsanforderung zur Abdeckung des Kreditrisikos der Kreditinstitute. Nach dem von dem Baseler Ausschuss für Bankenaufsicht angebotenen und inzwischen international anerkannten Grundsatz haben die Kreditinstitute den Solvabilitätskoeffizient ständig in Höhe von mindestens 8 % zu halten.[1003] Für die Eigenkapitalanforderung ist also maßgebend, welche Risikogewichtung den Forderungen der Bank beigemessen wird.[1004]

Angenommen, dass die Hypothekenbank ausschließlich öffentliche Pfandbriefe emittiert und auf die Ausgabe von Hypothekenpfandbriefen und von ungedeckten Schuldverschreibungen verzichtet, so bestehen sämtliche Aktiva der Bank aus Deckungsstaatsforderungen und haben damit eine Nullgewichtung. Das Eigenkapital der Bank würde also nicht belegt. In der Konsequenz könnte die Bank nach den Eigenkapitalgrundsätzen unbegrenzt Darlehen vergeben. Hier sorgt lediglich die Pfandbriefumlaufgrenze für eine Limitierung, indem sie den Gesamtbetrag der im Umlauf befindlichen Pfandbriefe auf eine bestimmte Höhe des haftenden Eigenkapitals beschränkt.

Im umgekehrten Fall, also dann, wenn die Hypothekenbank ausschließlich hypothekarisch gesicherte Forderungen mit einer 50 % - Gewichtung hätte, würde das Eigenkapital der Bank zur Hälfte dieser Forderungen in Anspruch genommen. Die Hypothekenbank wäre also darauf beschränkt, das 25-fache des Eigenkapitals

---

[1000] Vgl. § 7 Abs. 1 HBG, § 46 Abs. 2 HBG.

[1001] Vgl. Art. 19 Abs. 1 PHBG, § 6 Abs. 1 S. 5 Hs. 2 HBG.

[1002] § 7 Abs. 1 Hs. 2 HBG und § 46 Abs. 2 Hs. 2 HBG stellen klar, dass das Erfordernis angemessener Eigenmittel nach § 10 KWG durch die Pfandbriefumlaufgrenze unberührt bleibt.

[1003] Vgl. Art. 47 Abs. 1 iVm Art. 40 der Bankentätigkeitsrichtlinie; dies entspricht im polnischen Recht Art. 128 Abs. 1 Nr. 3 BRG und im deutschen Recht § 2 Abs. 1 des Grundsatzes I über die Eigenmittel der Institute; Bekanntmachung vom 29.10.1997 (BAnz. Nr. 210) zuletzt geändert durch die Bekanntmachung vom 20.7.2000 (BAnz. Nr. 160).

[1004] Hierzu S.155 f.

auszuleihen. In der Konsequenz könnte die wesentlich weitergehende Pfandbriefumlaufgrenze nicht annähernd ausgeschöpft werden. Bei Forderungen mit einer 100 % - Gewichtung ist das Eigenkapital der Bank vollständig belegt.

d. Bewertung

Im Ergebnis ist festzustellen, dass allgemeine Eigenkapitalanforderungen dominant sind. Die Umlaufgrenze ist zwar gewissermaßen der Urahn der heutigen Solvabilitätsbestimmungen, der aber in vielen von den immer strikteren und genaueren Bestimmungen überholt worden und heute eigentlich nur theoretisch für die öffentlichen Pfandbriefe von Bedeutung sein könnte. Die Einhaltung der Eigenkapitalanforderungen gehört hingegen nicht zu den Treuhänderaufgaben, sondern unterliegt der Bankaufsicht. Die Überprüfung der Pfandbriefumlaufgrenze durch den Treuhänder hat in der Praxis daher an Effizienz verloren. Die Pfandbriefumlaufgrenze hat noch eine eigenständige Bedeutung im Hinblick auf die Risikominimierungsmaximen der Hypothekenbankgeschäfte und ist ein besonderes Merkmal der Hypothekenbanken.

Mit der Umsetzung der von dem Baseler Ausschuss für Bankenaufsicht am 14. Mai 2004 beschlossenen Neuversion der 1988 eingeführten, internationalen Standards auf Eigenkapitalanforderungen, der Basel II, wird der Effizienzverlust der Gesamtpfandbriefumlaufgrenze noch deutlicher. Nach dieser neuen internationalen Eigenkapitalrichtlinie, die Verbesserungen im Risikomanagement und finanzielle Stabilität anstrebt, wird es eine einfache Nullgewichtung nicht mehr geben. Auch bei Staatskrediten muss zumindest das operationelle Risiko und auch das Kreditrisiko, wenn auch sehr gering, berücksichtigt werden. Die genauen Auswirkungen auf den Staatskredit sind noch schwer abzuschätzen, aber es wird jedenfalls nicht mehr möglich sein, ein großes Staatsfinanzierungsgeschäft ganz ohne Eigenkapitalanforderungen zu machen. Man kann sich also fragen, ob nicht spätestens dann auf die Gesamtpfandbriefumlaufgrenze verzichtet werden sollte.

9. Sicherungsrechnung der Pfandbriefe

a. Zweck der Sicherungsrechnung und deren rechtliche Bedeutung

Die quantitative Kontrolle lässt sich mit Hilfe des Deckungsregisters nicht verwirklichen, denn die Deckungsregisterführung verfolgt einen ganz anderen Zweck. Mit der Eintragung der Forderung in das Deckungsregister wird lediglich das Befriedigungsvorrecht der Pfandbriefgläubiger im Insolvenzfall der Hypothekenbank gewährleistet. Aus den Eintragungen im Deckungsregister ergibt sich aber nicht der jeweils vorhandene Bestand der Deckungsforderungen. Dies ist wiederum für die Einhaltung des Deckungsprinzips und letztlich für die wirkliche Sicherung der umlaufenden Pfandbriefe von entscheidender Bedeutung. Der Hypothekenbank stehen doch nur die Forderungen in Höhe der ausbezahlten, aber noch nicht getilgten Beträge zu.

Um die Überwachung der laufenden Pfandbriefdeckung zu ermöglichen, ist die Hypothekenbank verpflichtet, neben dem Deckungsregister zusätzlich auch eine Sicherungsrechnung der Pfandbriefe (Deckungsrechnung) zu führen. Laut Art. 25 PHBG wird die Sicherungsrechnung geführt, um die Erfüllung der in Art. 18 PHBG genannten Anforderungen in langfristiger Perspektive zu kontrollieren. Die Sicherungsrechnung dient also der laufenden und auch zukunftsorientierten Abrechnung der Zahlungsforderungen und -verbindlichkeiten der Hypothekenbank im Rahmen des Refinanzierungsprozesses.

Die Sicherungsrechnung ist keine selbstständige Bankurkunde. Ihre Führung steht in engem Zusammenhang mit dem Deckungsregister. In der Sicherungsrechnung werden nur Forderungen im die Ausgabegrundlage bildenden Teil angezeigt, die früher im Deckungsregister eingetragen worden sind. Es handelt sich hier also um ein Deckungskontrollbuch zum Deckungsregister,[1005] in dem - im Gegensatz zum Deckungsregister - die effektiven Werte aufgeführt werden.

Diese Sicherungsrechnung ist Bestandteil einer elektronischen Buchhaltung, die zwar ohne rechtliche Wirkung, jedoch von großer praktischer Bedeutung ist, denn mit ihrer Hilfe ist die wirkliche Überwachung des laufenden Sicherungsbestandes der im Umlauf befindlichen Pfandbriefe möglich und dessen künftige Entwicklung vorhersehbar. Damit wird die Gefahr der Entstehung der Unterdeckung frühzeitig erkannt und kann durch bestimmte Maßnahmen eliminiert werden. Darüber hinaus ermöglicht die Untersuchung der Sicherungsrechnung dem Treuhänder die Kontrolle der Finanzsicherungsinstrumente, die von der Hypothekenbank zur Vermeidung des Wechselkursrisikos eingesetzt werden müssen, wenn die Pfandbriefe in einer anderen Währung als in derjenigen der Deckungsmasse ausgegeben werden.[1006] Der vorhandene Bestand der Deckungsmasse, der sich in der Sicherungsrechung widerspiegelt, ist auch für andere, sich aus den gesetzlichen Bestimmungen ergebende quantitative Einschränkungen wie etwa für Ersatzdeckungsgrenze oder Deckungsgrenze bei Neubau- und Bauplatzhypotheken[1007] maßgebend. Da jede neue Pfandbriefemission das Vorhandensein der entsprechenden Deckungsforderungen voraussetzt, unterstützt die Sicherungsrechnung auch die Planung der künftigen Pfandbriefausgaben.

[1005] Vgl. *Drewicz-Tułodziecka/Stöcker*, (2000), 191 f.; ebenso zum deutschen Recht *Bellinger/-Kerl*, (1995), § 22 HBG Rn. 20.

[1006] Vgl. Art. 19 Abs. 2 PHBG.

[1007] *Drewicz-Tułodziecka/Stöcker*, (2000), 173.

b. Form der Sicherungsrechnung

aa. Die Empfehlung K in Polen

Das PHBG gibt keine detaillierten Hinweise darüber, auf welche Art und Weise und in welcher Form die Sicherungsrechnung der Pfandbriefe geführt werden soll. Im Unterschied zum Deckungsregister enthält das PHBG auch keine Ermächtigung für die Bankaufsichtskommission zum Erlass eines Musters.[1008] Aus der den Banken überlassenen selbstständigen Gestaltung der Sicherungsrechnung können sich Unterschiede ergeben, die die Kontrollaufgaben nicht wirklich erleichtern. Liefert die Sicherungsrechnung zudem nicht alle zur Kontrolle erforderlichen Informationen oder wären diese nur in einer unzugänglichen bzw. arbeitsaufwendigen Form vorhanden, so müsste die ständige Überwachung der Deckungsmasse scheitern.

Zur Schaffung der einheitlichen und erwünschten Mechanismen zur Überwachung der Pfandbriefsicherung für alle Hypothekenbanken hat die Bankaufsichtskommission die Empfehlung K vom 10. Oktober 2001 über die Grundsätze der Führung der Deckungsrechnung durch die Hypothekenbanken und deren Projektion veröffentlicht.[1009] Nach dieser Empfehlung besteht die Sicherungsrechnung der Pfandbriefe aus drei Teilen (Schlussaufstellung, Teilaufstellungen und die Analyse der Teilaufstellungen). Sie wird für Hypothekenpfandbriefe und öffentliche Pfandbriefe getrennt geführt. Um die Erfüllung der Deckungsanforderungen auch in langfristiger Perspektive sicherzustellen,[1010] ist die Projektion der Sicherungsrechnung in einem mindestens fünfjährigen Überblick darzustellen, von dem die ersten drei Jahre in kurze, etwa vierteljährige Zeitabschnitte eingeteilt werden sollen.

Um dem Risiko der Unterdeckung vorzubeugen, also eine Situation zu vermeiden, in der die Nennwerte der im Umlauf befindlichen Pfandbriefe die Nennwerte der Forderungen samt den als Ersatzdeckung verwendeten Mitteln übersteigen und/oder wenn die Zinssätze aus Pfandbriefen höher als die Zinssätze aus Deckungsforderungen und aus als Ersatzdeckung verwendeten Mitteln sind, werden zusätzliche Vorsichtsmaßnahmen empfohlen. Wenn der Kreditvertrag eine einseitige Kündigungsklausel vorsieht, soll die Hypothekenbank die Wahrscheinlichkeit der Inanspruchnahme dieser Befugnis von dem Kreditnehmer unter Berücksichtigung der Marktbedingungen beurteilen und erforderlichenfalls die Höhe der Deckungsforderungen ab dem wahrscheinlichen Kündigungszeitpunkt in der Sicherungsrechnung entsprechend ändern. Kommt es zum Verzug in der Kapital- bzw. Zinsrückzahlung der Deckungsforderungen oder verschlechtert sich die wirtschaftliche Lage des Kredit-

[1008] Vgl. Art. 24 Abs. 6 PHBG.

[1009] Da sie keine bindende Wirkung für Hypothekenbanken hat, wird *de lege ferenda* von *Olszak* ((2002), 31; PUG 10/2002, 8) eine Änderung des PHBG vorgeschlagen, die die Bankaufsichtskommission zur Bestimmung der Grundsätze der Führung der Sicherungsrechung der Pfandbriefe ermächtigen soll.

[1010] Vgl. Art. 25 PHBG.

nehmers derart, dass die rechtzeitige Rückzahlung gefährdet ist, so sollte die Bank diese Forderungen, spätestens wenn sie als „verloren" qualifiziert werden, in der Sicherungsrechnung der Pfandbriefe streichen.

Zur Einschränkung aller anderen von der Bank identifizierten Risiken, die die Wert- und Qualitätsminderung der Grundlageausgabe der Pfandbriefe zur Folge haben, wird die Einhaltung der bestimmten Überdeckung empfohlen. Jedenfalls darf nach Art. 18 Abs. 1 und Abs. 2 PHBG in der Schlussaufstellung keine Unterdeckung auftreten. Das Gleiche sollte für die Projektion beachtet werden. Dabei kommt dem Treuhänder als einer Person, die im Unterschied zu der Bankaufsichtskommission die Deckungsmasse laufend zu kontrollieren hat, eine besonders wichtige Rolle zu. Die Sicherungsrechnung und ihre Projektion sind auf jede Anforderung des Treuhänders zu erstellen. Sie sollen dem Treuhänder in einer übersichtlichen und vor allem verständlichen Form vorgelegt werden.

bb. Die elektronische Deckungsrechnung in Deutschland[1011]

(1) Umstellung des Treuhänderbüros auf elektronische Rechnung

Dieselbe Funktion wie die polnische Sicherungsrechnung der Pfandbriefe hat in Deutschland das Deckungskontrollbuch, das seit 1996 in elektronischer Form geführt wird. Dieses wird durch das im Rahmen eines gemeinsamen Entwicklungsprojektes des Beratungsunternehmers agens Consulting KGaA und der DG HYP AG erarbeitete, komplette und zukunftssichere Software-System für die Deckungsrechnung unterstützt. Seither wurde allmählich das bis dahin größtenteils manuell geführte Treuhänderbüro auf die elektronische Verarbeitung umgestellt und zur software-gestützten Deckungsrechnung übergegangen. Die elektronische Deckungsrechnung wird jetzt also von einem hoch professionellen Software- und Dienstleistungspaket unterstützt. Sie umfasst nicht nur die Führung des Kontrollbuches, sondern auch die maschinelle Indeckungnahme der Werte zum frühestmöglichen Zeitpunkt, die elektronische Sicherheitenverwaltung sowie die Verwaltung des Deckungsregisters. In das System wird auch der Wertpapierumlauf einbezogen, was eine tagesaktuelle Sicht auf alle deckungs- und umlaufrelevanten Details ermöglicht. Die elektronische Deckungsrechnung wird ständig an die gesetzlichen Änderungen sowie die bankaufsichtsrechtlichen Anforderungen angepasst und laufend aktualisiert.[1012] Um einen gesetzeskonformen Aufbau zu gewährleisten, wurden die Basis-Funktionen direkt mit der Bankaufsichtsbehörde abgestimmt.

[1011] Bearbeitet aufgrund http://www2.agens.com/edr.

[1012] Letztlich musste das Deckungskontrollbuch die Kontrolle der Deckung nach dem Barwert gewährleisten und den Anforderungen der HypBarwertV bis zum 30.4.2004 angepasst werden.

(2) Elektronische Deckungsrechnung im Dienste des Treuhänders

Von der Einführung der elektronischen Deckungsrechung haben besonders die Treuhänder und ihre Assistenten profitiert. Mit deren Hilfe können diese die Deckungsumsätze und den Pfandbriefumlauf mühelos verfolgen. Alle vorbereiteten Buchungen, die seit dem letzten Tagesabschluss in die Deckungsrechnung eingeflossen sind, werden dem Treuhänder in übersichtlichen Listen angezeigt. Summen der Zu- und Abgänge auf der Deckungs- und Umlaufseite je Kontrollbuch werden dargestellt. Zudem werden der aktuelle Stand der Überdeckung sowie die von der Bank vorgegebene Soll-Überdeckung angezeigt.[1013] Buchungen, die noch bestätigt werden müssen, sind in der Überdeckung nicht enthalten. Beim ersten Aufruf an einem Treuhändertag nach Erstellung des Tagesabschlusses wird in der Regel nur die Summe der Deckungszugänge angezeigt, da diese Buchungen auch ohne Bestätigung des Treuhänders gültig sind. Alle anderen Zu- und Abgangsfelder weisen zunächst „Null" aus. Sobald der Treuhänder die Buchungen bestätigt hat, werden die Summen in der Übersicht berücksichtigt. Der Treuhänder kann sich die Details und Sicherheiten zu den markierten Fällen ansehen. Er kann die Fälle auf „geprüft" setzen, beanstanden oder Akten automatisch per E-Mail anfordern.

Der aktuelle Register- und Kontrollbuchstand kann jederzeit abgerufen werden. Alle Änderungen des Kontrollbuches werden mit zugehörigem Datum sowie der Höhe des Änderungsbetrages ausgewiesen. Die Deckungsrechnung enthält also den aktuellen Stand der Deckungs- und Umlaufseite des Kontrollbuches. Damit kann der Deckungsnachweis zu einem beliebigen Zeitpunkt erstellt werden. Alternativ zum aktuellen Stand kann sich der Treuhänder den früheren Stand oder eine Prognose der künftigen Deckungsentwicklung anzeigen lassen.[1014] Er kann entscheiden, ob die Anzeige in Tagen, Monaten, Quartalen oder Jahren erfolgen soll. Ebenso kann der Zeitraum gewählt werden.

Die elektronische Deckungsrechnung kann auch bei der Erstellung der Stichproben der Deckungszugänge verwendet werden. Der Treuhänder kann einzelne Kredite aus der Deckungszugangsliste manuell in die Stichprobe aufnehmen oder sich eine Stichprobe nach eigenen Kriterien automatisch zusammenstellen lassen. Im Softwareprogramm sind die gewählten Kriterienkombinationen aufgeführt, die jederzeit beliebig geändert werden können. Der Treuhänder kann nach den von ihm selbst gewählten Stichprobenkriterien vorgehen. Zur Wahl stehen ihm der Kredittyp, die Deckungssumme und die Art des Kontrollbuches. Dazu kann der Umfang der in die Stichprobe zu ziehenden Kredite gewählt werden.

[1013] Die Soll-Überdeckung kann von der Bank individuell definiert werden, z.B. um eine bestimmte Überdeckung für das Rating zu halten.

[1014] Die Prognose betrifft Deckungszugänge und Deckungsabgänge und basiert auf den vorhandenen Daten und definierbaren Annahmen.

c. Folgen für den Treuhänder

Die elektronische Deckungsrechnung hat die manuellen Bearbeitungsaufwände auf ein Minimum reduziert und damit zur Senkung der Refinanzierungskosten beigetragen. Sie bietet dem Treuhänder neue effiziente Prüfungsmöglichkeiten. Dank diesen wird zudem der Deckungsrückstand vermieden und die Flut der Bericht- und Informationsanforderungen bewältigt. Mit der Verbesserung der Geschäftsabläufe kann auch ihr Umlauf erweitert und beschleunigt werden. Die elektronische Deckungsrechnung ermöglicht dann auch die reibungslose Meldung an die Bankaufsichtsbehörde, erhöht die Transparenz der Deckungsgeschäfte und ermöglicht gleichzeitig den Nachweis der vorhandenen Überdeckung durch die Hypothekenbank, was einen zusätzlichen Anstoß zum Pfandbrieferwerb für Investoren geben kann und den Erwartungen der Ratingagenturen entgegenkommt.

Durch die elektronische Führung des Deckungskontrollbuches werden die Kontrollaufgaben des Treuhänders und der Bankaufsicht wesentlich erleichtert; dieses ist ohne Zweifel ein sehr wichtiges und unentbehrliches Mittel, das zur Prüfung der laufenden Deckungsmasse eingesetzt wird und ohne das die Kontrolle der quantitativen Anforderungen von dem Treuhänder heute praktisch nicht möglich wäre.

Zusammenfassend ist festzustellen, dass die elektronische Deckungsrechnung in beiden Rechtssystemen die Effizienz im Gesamtprozess der Deckungsabläufe erhöht und die Steuerung der Deckungsmasse deutlich verbessert hat. Damit kommt sie den ständig wachsenden, neuen Herausforderungen entgegen und macht die Quantität der Deckungsmasse und des Pfandbriefumlaufes leichter überprüfbar. All dies erleichtert die Erfüllung der Aufgaben von dem Treuhänder und verstärkt zugleich die Pfandbriefsicherheit.

10. Bewertung

Die qualitativen Deckungsanforderungen werden um quantitative Einschränkungen bezüglich des Deckungs- und Pfandbriefumlaufgeschäftes ergänzt. Mit Ausnahme der Ersatzdeckungsgrenze, die den Charakter der Deckungsmasse und den Grundgedanken des Pfandbriefsystems zu bewahren hat, tragen sie zur Erhöhung der Pfandbriefsicherheit bei.

Alle quantitativen Anforderungen, die das PHBG enthält, orientieren sich an dem deutschen Recht, sind aber mit ihm nicht identisch. Neben den gemeinsamen quantitativen Anforderungen wie etwa der Pfandbriefrefinanzierungsgrenze und der Deckungsgrenze bei Neubau- und Bauplatzhypotheken, gibt es Unterschiede, die auf eine andere Berechnung und Gestaltung der Deckungsmasse zurückzuführen sind. Während das PHBG - mit der Ausnahme von Derivaten - das Nettowertprinzip verfolgt, wird die ganze deutsche Deckung nach dem Barwert berechnet. Ihre Sicherheit wurde zusätzlich durch die obligatorisch zu haltende Überdeckung in Höhe von 2 % der Deckungsmasse erhöht. Bei gleicher Höhe der quantitativen Grenzen gibt es zudem Unterschiede hinsichtlich ihrer Gestaltung (Ersatzdeckungs- und Gesamtpfandbriefumlaufgrenze).

Manche deutsche Quantitätsanforderungen sind dem polnischen Recht nicht bekannt. Sie kommen teilweise noch aus einer Zeit, in der es das heutige Massendeckungsgeschäft, dessen Umfang und Rechtsgestaltung, noch nicht gab und haben auch ihre Effizienz verloren. Ihre Verankerung im HBG ist lediglich geschichtlich zu erklären (Amortisationsquoten bei landwirtschaftlichen Grundstücken). Darüber hinaus schreibt das deutsche Recht zusätzliche Einschränkungen bezüglich der Deckungsfähigkeit eigener Grundstücke vor, die sich aufgrund des polnischen Rechtes wegen der abweichenden Regelung des Hypothekenrechtes erübrigen. Andererseits werden quantitative Deckungsanforderungen allmählich um neue ergänzt, die mit Änderungen und der Verschiedenheit der Deckungsmasse, insbesondere mit der Erweiterung des Deckungsgeschäftsumfanges zusammenhängen und daher besondere Vorsichtregelungen erfordern (Einsatzgrenze von Derivaten, Grenze für deutsche Auslandsdeckungsgeschäfte).

Alle gegebenen Unterschiede und die im Laufe der Zeit entstandenen Änderungen in den Quantitätsanforderungen verändern nichts daran, dass die Einhaltung der quantitativen Vorschriften beider Pfandbriefdeckungsstöcke durch den Treuhänder zu überwachen ist. Der Umfang und die Schwerpunkte dieser Kontrolle haben sich allerdings geändert und weisen ihre landes-, also deckungsbezogenen Besonderheiten aus. Bei dem heutigen Massengeschäft liegt es auf der Hand, dass der Treuhänder in beiden Pfandbriefsystemen nicht verpflichtet sein kann und auch nicht in der Lage ist, alle Massenzahlungsströme alleine unter Kontrolle zu bringen und ihre Quantität selbst zu generieren. Er muss sich auf das ihm von der Hypothekenbank vorgelegte Zahlenwerk verlassen. Selbst seine verhältnismäßige und jederzeitige Prüfung wäre ohne ein geeignetes Kontrollinstrument nicht möglich. Als solches Instrument, das den Treuhänder bei der quantitativen Kontrolle unterstützt, dient die elektronisch geführte Sicherungsrechnung der Pfandbriefe.

V. Verwahrungsaufgabe

1. Verwahrung eigener Pfandbriefe durch den polnischen Treuhänder

a. Zweck und Zulassung der Pfandbriefverwahrung

Der in Artt. 30 f. PHBG bezeichnete Aufgabenkreis des Treuhänders ist nicht abschließend geregelt. Aus Art. 16 Abs. 1 Nr. 2 PHBG und Art. 19 Abs. 1 PHBG ergibt sich, dass der Treuhänder eine zusätzliche Aufgabe wahrnehmen muss. Er hat nämlich Pfandbriefe zu verwahren. Das geschieht dann, wenn die Hypothekenbank zwecks Einhaltung der in Art. 18 PHBG bezeichneten Deckungsprinzips eigene Pfandbriefe aus dem Umlauf zurückzieht, sie aber nicht tilgen will.

Die strenge Anwendung des Art. 16 Abs. 1 Nr. 2 PHBG führt zu dem Ergebnis, dass der Erwerb eigener Pfandbriefe durch den Emittenten zu anderen Zwecken *e contrario* nicht gestattet ist. Eine bestimmte Erweiterung scheint hier aber angebracht zu sein. Der Erwerb eigener Pfandbriefe ist *de lege ferenda* in breiterem Umfang zuzulassen, insbesondere dann, wenn der Pfandbriefumlauf die in Art. 17 Abs. 1 HPBG vorgesehene 40-fache Eigenfondsgrenze übersteigt. Die gesetzliche Festlegung der Umlaufgrenze des bei Pfandbriefen haftenden Eigenkapitals verfolgt doch dasselbe Ziel wie das in Art. 18 HPBG geregelten Deckungsprinzip; es dient dem Risikoausschluss.[1015]

Bei einer Unterdeckung ist das treuhänderische Pfandbriefdepot zugleich eine Alternative für Hypothekenbanken zu der Pfandbrieftilgung oder zu der sofortigen, vorschriftsmäßigen Aufstockung der Deckungsmasse. So erworbene eigene Pfandbriefe müssen unter die Aufsicht des Treuhänders deponiert werden. Die treuhänderische Pfandbriefverwahrung soll verhindern, dass der Emittent die zurückgezogenen Pfandbriefe unauffällig in den Umlauf bringt, ohne die vorschriftsmäßige Deckung für sie zu gewährleisten.

Die deponierten Pfandbriefe können zu einem beliebigen Zeitpunkt wieder zur Refinanzierung verwendet werden, soweit der Emittent die erforderliche Deckung für ihren wiederholten Einsatz sichert. Der Treuhänder kann ihre Herausgabe in diesem Fall nicht verweigern, da die Gefahr für die Pfandbriefgläubiger nicht mehr besteht und damit auch der Zweck der Pfandbriefverwahrung entfällt.

[1015] Das deutsche Recht kennt keine Erwerbsbeschränkung für eigene Pfandbriefe. Der Gesetzgeber lässt den Ankauf eigener Pfandbriefe in § 5 Abs. 3 Nr. 2 HBG ohne weiteres zu. In der Literatur (*Bellinger/Kerl*, (1995), § 5 HBG Rn. 101) wurde dies begrüßt, da es dem Pfandbriefemittenten ein wichtiges Instrument zu der Beseitigung der unvollständigen Deckung (§ 6 HBG), der überstiegenen Umlaufgrenze (§ 7 Abs. 1 HBG) sowie zu der Kurspflege gibt.

b. Körperliche und unkörperliche Pfandbriefverwahrung

Die Pfandbriefverwahrungsart hängt unmittelbar von der Erscheinungsform des Pfandbriefes[1016] ab und ist im weiteren, körperlichen und unkörperlichen Sinne zu verstehen. Die körperliche Verwahrung kommt selbstverständlich nur dann in Frage, wenn der Pfandbrief nicht entmaterialisiert wurde, wenn er also noch in Form eines effektiven Stückes erscheint. Von der Hypothekenbank erworbene, eigene Pfandbriefe sind dem Treuhänder zu übergeben, der sie unter Verschluss verwahrt.

Die körperliche Pfandbriefübergabe zur Depothinterlegung an den Treuhänder ist auch bei einer Pfandbriefsammelurkunde denkbar. Der Treuhänder kann mit der Hinterlegung der gesamten Sammelurkunde einschließlich der nicht zurückgezogenen Pfandbriefanteile aber nicht belastet werden. Die körperliche Verwahrung setzt hier also entweder den Erwerb des ganzen, in der Sammelurkunde verbrieften Volumens durch den Emittenten oder die physische Trennung zwischen dem zurückzuziehenden und dem im Umlauf bleibenden Anteil voraus. Die Sammelurkunde umfasst aber ein hohes Volumen, dessen ganze Zurückziehung oft unnötig und unzweckmäßig ist. Die körperliche Teilung hingegen führt zur Ausstellung von zwei neuen Pfandbriefurkunden, was schon wegen der Kostenersparnis und des Zeitaufwands eine wenig glückliche Lösung darstellt und bei einem Ausschluss der Teilung der Sammelurkunde in den Emissionsbedingungen auch nicht möglich ist.

Die Zurückziehung der erforderlichen Pfandbriefvolumens, ohne die Beeinträchtigung des Umlaufes des übrigen Sammelanteiles kann aber dadurch erreicht werden, dass die Pfandbriefsammelurkunde, die anders als in Deutschland lediglich im nicht öffentlichen Wertpapierhandel erscheint und keinem Zwangsgiro unterliegt, im Drittdepot mit einem Vorbehalt hinterlegt wird; dieser hat die Notwendigkeit der Zustimmung des Treuhänders zur Verfügung über den aus dem Umlauf zurückgezogenen Pfandbriefanteil zu beinhalten.

Bei der Hinterlegung der entmaterialisierten Pfandbriefe kann es sich lediglich um einen Sperrvermerk handeln, der auf dem Wertpapierkonto zugunsten des Treuhänders eingetragen wird und infolge dessen die Hypothekenbank über die eigenen, mit einem solchen Vermerk versehenen Pfandbriefe ausschließlich mit der Zustimmung des Treuhänders verfügen kann. Anstatt einem Sperrvermerk könnte auch ein separates Konto für den Treuhänder eröffnet werden, auf dem die zurückgezogenen Pfandbriefe unter seiner Aufsicht verwahrt werden.

[1016] Zu Erscheinungsformen des Pfandbriefes S. 65 ff.

2. Erweiterte Verwahrungspflicht des deutschen Treuhänders

a. Verwahrung unter Mitverschluss der Bank

Während sich die Treuhänderverwahrung im polnischen Recht auf die Verwahrung eigener Pfandbriefe beschränkt, geht die Verwahrungsaufgabe des Treuhänders deutschen Rechtes über die bloße Pfandbriefverwahrung[1017] hinaus und umfasst alle im Deckungsregister eingetragenen Werte sowie die Urkunden über solche Werte. § 31 Abs. 1 S. 1 HBG verlangt, dass die treuhänderische Verwahrung unter dem Mitverschluss der Bank erfolgt. Daraus ergibt sich, dass die Verfügung über verwahrte Werte und Urkunden ein gemeinsames Handeln des Treuhänders und der Hypothekenbank voraussetzt.

Durch diese Mitverwahrung wollte man ursprünglich Pfändungen zugunsten der Nichtpfandbriefgläubiger ausschließen. Mit der Einführung des § 34 a HBG,[1018] der Arreste und Zwangsvollstreckungen in die Deckungswerte nur für Ansprüche aus Pfandbriefen und Derivaten zulässt, wurde diese Gefahr beseitigt. Damit hat die Mitverwahrung hier an Effizienz verloren.

b. Körperliche und unkörperliche Verwahrung eigener Pfandbriefe und der Deckungswerte

Ähnlich wie im polnischen Recht kommt sowohl eine unmittelbare, körperliche als auch mittelbare, unkörperliche Mitverwahrung in Betracht. Die körperliche Verwahrung kann lediglich Deckungswerte und zurückgekaufte, aber nicht getilgte Pfandbriefe betreffen, die in materieller Form erscheinen und keinem Zwangsgiro unterliegen, was heute aber selten vorkommt. Die Hinterlegung der Anteile an der Pfandbriefsammelurkunde erfolgt unkörperlich. Dabei handelt es sich um einen bloßen Umbuchungsvorgang bei der Clearstream Banking AG.[1019] Zurückgekaufte Anteile werden, soweit es für die Einhaltung der vorschriftsmäßigen Deckung erforderlich ist, dem Treuhänder auf sein gesondertes Konto im Rahmen des Effektengiroverkehrssystems eingeliefert. Damit wird die unkörperliche Pfandbriefverwahrung unter dem mittelbaren Mitbesitz der Hypothekenbank

---

[1017] Ähnlich wie im polnischen Recht ergibt sich die Pfandbriefverwahrung nicht aus dem Hauptkatalog der Treuhänderaufgaben (§§ 30 f. HBG), sondern ist neben der Berechnung der im Umlauf befindlichen Pfandbriefe erfasst; vgl. § 6 Abs. 1 *in fine* HBG.

[1018] Dies geschah durch das dritte Änderungsgesetz vom 21.12.1927 (RGBl. 1927 I 491); dieses Änderungsgesetz ist auch bei *Barlet* ((1954), 35) abgedruckt.

[1019] Hierzu S. 89.

begründet und der Verfügungsausschluss ohne Zustimmung des Treuhänders gewährleistet.[1020]

Die unkörperliche Verwahrung, die auch bei Schuldbuchforderungen, Bankguthaben oder Wertpapierdepots möglich ist, erfolgt ebenfalls durch die Eintragung eines Beschränkungsvermerks zugunsten des Treuhänders. Neben der meist unkörperlichen Verwahrung eigener Pfandbriefe und Ersatzdeckungswertpapiere kommt noch die körperliche Verwahrung der Briefgrundpfandrechte in Betracht, die als dingliche Sicherung der Deckungsforderungen dienen. Der Brief ist im Falle der Ausstellung einer Briefhypothek (Briefgrundschuld) dem Treuhänder zur Verwahrung zu übergeben.

c. Verwahrung der Beweisurkunden

Sonstige Deckungsurkunden, die dem Treuhänder körperlich übergeben werden, sind, wenn es sich nicht um ein Briefgrundpfandrecht handelt, in der Regel wesentliche Beweisurkunden wie Depotzeugnisse, Grundbuchauszüge, Buchgrundbestellungsurkunden, vollstreckbare Ausfertigungen, Bürgschaftsurkunden, Erklärungen sowie Kreditverträge. Die Innehabung dieser Urkunden ist für die Verfügung über Deckungswerte nicht erforderlich. Ihre Treuhändermitverwahrung erfüllt ihren eigentlichen Zweck also nicht, verursacht aber einen hohen Aufwand, der sowohl dem Treuhänder als auch der Hypothekenbanken zu ersparen ist. Die Hypothekenbanken sollten mit diesem Aufwand insbesondere für den Transport von Urkunden europaweit nicht belastet werden.

d. Drittverwahrung im Auftrag

aa. Drittverwahrung im Ausland

Die Verwahrungspflichten des deutschen Treuhänders gelten auch für Auslandsdeckungsurkunden. Ihre unmittelbare Verwahrung unter der Aufsicht des deutschen Treuhänders würde ihre obligatorische Versendung zum Sitz der Hypothekenbank nach Deutschland erzwingen. Dies wäre aber sehr schwerfällig. Abgesehen davon, dass die Versendung zusätzliche Transportkosten und Risiken erzeugt sowie den ganzen Refinanzierungsprozess verlängert, müssen die Originalurkunden bei Änderungsvornahmen häufig vor Ort vorgelegt werden.[1021] Wird das Auslandshypothekengeschäft zum Massengeschäft und werden die Änderun-

---

[1020] Vgl. *Bellinger/Kerl*, (1995), § 6 HBG Rn. 7.

[1021] Sie können etwa im Konsortialgeschäft für Verfügungen oder bloß zu Beweiszwecken benötigt werden; vgl. Begründung zur HBG-Novelle von 2002, BT-Drs. 14/8017, 137 Zu Art. 11 Nr. 7 - § 31 Abs. 1.

gen in Deckungswerten sehr häufig vorgenommen, so würde dies nicht nur zu einer großen Überlastung der Hypothekenbank führen, sondern die unmittelbare Treuhänderverwahrung auch nicht mehr handhabbar machen, was aus Sicht der Pfandbriefsicherheit auch nicht unbedingt nötig ist.

Mit der HBG-Novelle von 2002 wurde der § 31 Abs. 1 HBG daher dahingehend geändert, dass der Treuhänder mit der Verwahrung der Urkunden, die ihm an sich zu übergeben sind, einen Dritten beauftragen kann. Der beauftragte Dritte kann jedoch nur im Rahmen der ihm von dem Treuhänder gegebenen Befugnisse handeln, die über die Verwahrungsaufgabe nicht hinausgehen dürfen. Bei der Ausübung der Verwahrungsaufgabe muss er aber insbesondere berechtigt sein, die von ihm verwahrten Urkunden dann herauszugeben, wenn dies für die Vornahme aller notwendigen Änderungen erforderlich ist.

Zudem kann ihm der Treuhänder keine anderen eigenen Aufgaben aufbürden. Insbesondere kann der beauftragte Dritte nach dem Gesetzeswortlaut nicht zur formellrechtlichen Überprüfung der verwahrten Urkunden verpflichtet werden. Für den Treuhänder muss daher eine Kopie der im Ausland verwahrten Urkunden zugänglich sein, damit er in der Lage ist, die Deckungsfähigkeit der Deckungswerte zu beurteilen. Die Zugänglichkeit dieser Kopien sowie deren Übersetzung müsste dabei nicht unbedingt durch ihre körperliche Zustellung hergestellt werden. Es genügt die Aufnahme in ein EDV-System, das dem Treuhänder jederzeit einen online Zugriff ermöglicht.[1022]

Ferner bestimmt das HBG nicht, wen der Treuhänder mit dieser Aufgabe beauftragen kann. In § 31 Abs. 1 S. 1 HBG ist nur von einem „geeigneten Dritten" die Rede. Damit ist klar, dass der Treuhänder nicht jedem die Verwahrungsaufgabe überlassen kann. Bei der Wahl des Drittverwahrers ist von dem Treuhänder vielmehr höchste Sorgfalt zu erwarten. Der beauftragte Dritte muss eine Person sein, an der kein Zweifel besteht, dass sie die zuverlässige Erfüllung der Verwahrungspflichten gewährleisten kann. Sie muss also öffentliches Vertrauen genießen und über erforderliche Fachkenntnisse verfügen. Die Deckungsurkunden könnten etwa bei Notaren, Rechtsanwälten[1023] oder bei anderen bei ausländischen Hypothekenbanken tätigen Treuhändern verwahrt werden.

[1022] Im internationalen Vergleich ist zu beachten, dass überall versucht wird, körperliche Urkunden wegen des großen Aufwandes zu vermeiden. In Schweden, das nur die Briefhypothek kennt, ist für Banken die Möglichkeit geschaffen worden, auf den Ausdruck der Briefe zu verzichten und diese in einem staatlichen Depot zu halten. In der Schweiz diskutiert man, ob nicht auch Schuldbriefe ohne Ausfertigung der Briefe zugelassen werden sollten. In England gibt es *certificates*, die bescheinigen, dass die angegebene Eintragung vorgenommen wurde und der Staat dem Inhaber gegenüber die Haftung für die Eintragung übernimmt. Seit der neuen Immobilienrechtsreform fertigt Her Majesty's Land Registry diese Certificates nicht mehr aus, sondern stellt sie nur noch ins EDV-System und ins Internet.

[1023] Auf Notare und Rechtsanwälte wird bereits in der Begründung zur HBG-Novelle von 2002 hingewiesen; BT-Drs. 14/8017, 137 Zu Art. 11 Nr. 7 - § 31 Abs. 1.

De lege ferenda sind die Anforderungen an einem zur Verwahrung von Deckungswerten beauftragten Dritten gesetzlich näher zu bestimmen. Folglich ist auch die Zulässigkeit der formellrechtlichen Überprüfung der ausländischen Urkunden von dem vor Ort beauftragten Dritten zu überlegen. Verfügt er über die entsprechenden Fachkenntnisse, so würde seine Mitarbeit sehr hilfreich sein und für den Treuhänder bei der Wahrnehmung seiner Aufgaben eine wünschenswerte Entlastung bringen.

bb. Drittverwahrung beim Konsortialgeschäft

Die Drittverwahrung ist nicht auf Auslandsdeckungsgeschäfte beschränkt. Bei inländischen Deckungsgeschäften steht ihrer Anwendung nichts entgegen und kann etwa im Konsortialgeschäft in Anspruch genommen werden. Das kommt beispielsweise dann vor, wenn die Hypothekenbank die Konsortialführung und Konsortialverwahrung der Urkunden nicht übernimmt, sondern sich lediglich dem Konsortialgeschäft anschließt.

Um die kostenintensive Ausstellung neuer Briefgrundschulden bei der Teilabtretung der Briefgrundschulden zu vermeiden, wird eine mittelbare Mitverwahrung des Treuhänders durch eine rechtliche Treuhandvereinbarung begründet. Dabei muss sichergestellt werden, dass kein Interessenkonflikt besteht, die Interessen der Pfandbriefgläubiger durch die Insolvenz des Konsortialführenden nicht beeinträchtigt werden und der Herausgabeanspruch der Hypothekenbank an die Zustimmung des Treuhänders gebunden ist. Die Mitwirkung des Treuhänders muss dabei auch bei der Auflösung des Verwahrungsvertrages gewährleistet werden. All dies muss durch die schriftliche Erklärung des Verwahrers, die dem Treuhänder zur Verwahrung zu übergeben ist, bestätigt werden.[1024]

e. Verpflichtung zur Herausgabe der Deckungswerte

aa. Endgültige Herausgabe

Der deutsche Treuhänder darf die verwahrten Werte und Urkunden nur dann herausgeben, wenn die gesetzlichen Voraussetzungen hierfür erfüllt sind (§ 31 Abs. 1 S. 2 HBG). Hier ist grundsätzlich zwischen der endgültigen und der vorübergehenden Herausgabe zu unterscheiden. Die endgültige Herausgabe bedeutet, dass der deponierte Deckungswert auf Dauer freigegeben und im Deckungsregister gelöscht wird.

[1024] Vgl. *Bellinger/Kerl*, (1995), § 31 HBG Rn. 8.

(1) Herausgabe unter Wahrung der vorschriftsmäßigen Deckung

§ 31 Abs. 2 S. 1 HBG verpflichtet den Treuhänder sogar, auf Verlangen der Hypothekenbank die Deckungswerte herauszugeben, wenn der Rest der deponierten Deckungswerte zur Deckung der Forderungen aus den im Umlauf befindlichen Pfandbriefen und aus den Derivaten genügt. Die Herausgabe ist zudem zu bewilligen, wenn die Hypothekenbank andere Werte zur Deckung gleichzeitig anbietet und diese den gesetzlichen Anforderungen entsprechen. Dabei muss es sich nicht um Deckungswerte derselben Art handeln. Insbesondere steht dem Tausch der ordentlichen Deckungswerte gegen Ersatzdeckungswerte nichts entgegen, soweit die quantitative Grenze für die Indeckungnahme von Ersatzwerten eingehalten wird.[1025]

Als erlaubt ist ferner die Herausgabe der als Ersatzdeckung dienenden Wertpapiere im Falle ihrer Fälligkeit anzusehen. Die als Gegenleistung erworbenen Werte sind der Hypothekenbank unter der Aufsicht des Treuhänders zu übergeben und falls dies zur Gewährleistung der ausreichenden Pfandbriefdeckung erforderlich wäre, weiterhin von ihm zu verwahren und ins Deckungsregister einzutragen.

Zur Vermeidung einer Deckungslücke dient auch § 31 Abs. 2 S. 2 Hs. 2 HBG, der im Falle der Hypothekenrückzahlung von ihrer Entstehung ausgeht und deshalb die Eintragung der angefallenen Ersatzdeckungswerte in das Deckungsregister und ihrer Übergabe dem Treuhänder zur Verwahrung auffordert.[1026] Diese Regelung ist beim Fehlen der vorschriftsmäßigen Deckung nicht nur auf die zurückgezahlte Hypothek, sondern auch auf andere Deckungswerte anzuwenden. Der Treuhänder hat darauf zu achten, dass die Herausgabe der bisherigen Hypothek und die Eintragung der aus ihrer Rückzahlung erhaltenen Ersatzwerte ohne überflüssige Verzögerung im ordentlichen Geschäftsgang erfolgt und die Unterdeckung damit vermieden wird.[1027] Der Verstoß gegen § 31 Abs. 2 S. 2 HBG ist mit Freiheitsstrafe bis zu einem Jahr oder Geldstrafe bedroht.[1028]

(2) Herausgabe ohne Wahrung der vorschriftsmäßigen Deckung

Die endgültige Herausgabe von Deckungswerten, die zur Unterdeckung führt, ist grundsätzlich unzulässig. Als eine Ausnahmeregelung davon ist § 11 SchVG zu betrachten, nach dem die Gläubigerversammlung berechtigt ist, die Beschrän-

---

[1025] Vgl. *Bellinger/Kerl*, (1995), § 31 HBG Rn. 11.

[1026] Bei der Rückzahlung der Deckungshypothek durch eigene Pfandbriefe (§ 14 Abs. 2 HBG) werden sie selbstverständlich nicht in das Pfandbriefregister eingetragen, sondern lediglich von dem Treuhänder verwahrt oder getilgt.

[1027] Das zeitliche Zusammenfallen dieser Handlungen ist nicht erforderlich; *Bellinger/Kerl*, (1995), § 37 HBG Rn. 20.

[1028] Vgl. § 37 Abs. 2 Nr. 2 HBG.

kungen oder sogar die Aufgabe der Gläubigerrechte zu beschließen, wenn dies zur Abwendung einer Zahlungseinstellung oder der Insolvenz des Schuldners dient. Ein solcher Beschluss, der nach § 13 SchVG von der Aufsichtsbehörde bestätigt werden muss, wäre für den Treuhänder bindend. Der Treuhänder müsste in diesem Fall also die Herausgabe der Deckungswerte auch dann bewilligen, wenn dies die Beeinträchtigung der Pfandgläubiger zur Folge hätte.[1029] Abgesehen von diesem Ausnahmefall, der schon wegen des besonderen Pfandbriefsicherungssystems keine praktische Bedeutung erlangen kann, macht sich der Treuhänder strafbar, wenn er gegen seine gesetzliche Verpflichtung zur Überwachung der jederzeitigen Pfandbrief- und Derivatendeckung verstößt.[1030]

Das gilt dann nicht, wenn sich herausstellt, dass die Herausgabe wegen der Unwirksamkeit oder Nichtigkeit der in der Deckung befindlichen Werte erforderlich ist. Der Treuhänder muss auch auf Verlangen des Schuldners und unabhängig von der Höhe der übrigen Deckung verwahrte Urkunden herausgeben und im Deckungsregister streichen lassen, wenn die Schuld in voller Höhe zurückgezahlt wird und die Hypothekenbank keine Ansprüche gegen den Schuldner mehr hat.[1031] Zugleich ist der Treuhänder selbstverständlich verpflichtet, die Hypothekenbank zur Lieferung neuer Deckungswerte unverzüglich aufzufordern, wenn die Herausgabe zur Unterdeckung führt.

Bei der Teilschuldtilgung stellt der Treuhänder verwahrte Urkunden der Hypothekenbank auch endgültig zur Verfügung, wenn ihre Vorlage bei der zuständigen Behörde oder einem zuständigen Notar zur Herstellung eines Teilhypothekenbriefes für den Eigentümer erforderlich ist.[1032] Danach ist der um den abgeschriebenen Betrag verringerte neu ausgestellte Hypothekenbrief dem Treuhänder zum Depot zu übergeben.

bb. Vorübergehende Herausgabe

Der Treuhänder ist auch dann zur Herausgabe einer Hypothekenurkunde verpflichtet, wenn die Hypothekenbank sie zum vorübergehenden Gebrauch benötigt. Da in § 31 Abs. 3 HBG nicht von allen verwahrten Gegenständen, sondern ausschließlich von einer Hypothekenurkunde die Rede ist, ist die vorübergehende Herausgabe anderer verwahrter Werte in der Regel auszuschließen.[1033] Bei der vorübergehenden Herausgabe kann der Treuhänder die Beschaffung einer anderen Deckung nicht verlangen. Allerdings sollten ihm plausible Informationen vorgelegt werden, die die vorübergehende Herausgabe rechtferti-

---

[1029] *Bellinger/Kerl*, (1995), § 29 HBG Rn. 9.
[1030] Vgl. § 37 Abs. 2 Nr. 1 HBG.
[1031] § 1144 BGB.
[1032] § 31 Abs. 2 S. 2 HBG iVm § 1145 BGB.
[1033] Es sei denn, dass diese Herausgabe unvermeidlich ist; so etwa bei dem Umtausch der verwahrten Wertpapiere in neue Stücke; *Bellinger/Kerl*, (1995), § 31 HBG Rn. 21.

gen.[1034] Bei einer Plausibilität der Angaben ist der Treuhänder nicht verpflichtet, weitere Prüfungsmaßnahmen vorzunehmen. Zum Schutz der Deckungsmasse muss er ferner die Herausgabe verweigern, wenn der Herausgabezweck nicht plausibel oder sogar nicht bekannt ist. Im Zweifel kann der Treuhänder weitere Unterlagen anfordern. Im Streitfall entscheidet die Bankaufsichtsbehörde.[1035]

Gibt der Treuhänder die Hypothekenurkunde heraus, so hat er auf ihre Rückgabe zu achten und sie zu fordern. Die Herausgabe sollte nicht länger als nötig dauern und muss der Bezeichnung „vorübergehend" entsprechen.

f. Effizienzbewertung der Treuhänderverwahrung

aa. Effizienzmangel bei der Verwahrung bloßer Beweisurkunden

Die Treuhänderverwahrung erfüllt ihre Funktion, soweit sie gewährleistet, dass die Verfügung über die in das Deckungsregister eingetragenen Werte ausgeschlossen ist. Dieser Zweck ist bei der körperlichen Treuhänderverwahrung der bloßen Beweisdeckungsurkunden nicht erfüllt. Ihre Verwahrung unter der gesonderten Aufsicht des Treuhänders trägt weder zur Erhöhung noch zur Einhaltung der Pfandbriefsicherung bei. Auf die Treuhänderverwahrung der Beweisurkunden ist daher zu verzichten. Es handelt sich hier bloß um einen symbolischen Akt ohne rechtliche Wirkung, der aber sehr aufwendig ist.

Die Bank muss diese Papiere zum Treuhänder transportieren, statt sie einfach wie andere Papiere mit den Kreditakten aufzubewahren. Bei den Akten selbst muss dann ein Hinweis aufgenommen werden und jede Herausgabe der Dokumente beantragt werden. Das ist denkbar bei einer kleinen Bank. Wenn eine Bank aber mehrere Standorte hat, dann entsteht doch ein erheblicher Aufwand. Zudem müssen deutsche Hypothekenbanken für den Treuhänderdoppelverschluss derzeit eigene Räume zur Verfügung stellen. Jede dort befindliche Beweisurkunde muss von dem Treuhänderbüro einzeln eingetragen, quittiert, transportiert und gelöscht werden. Dieser Aufwand muss letztlich von den Kunden bezahlen werden, wenn sich diese bei den höheren Kosten überhaupt noch für eine Hypothekenbank entscheiden sollten. Das Hypothekenbankgeschäft rechtfertigt sich doch dadurch, dass die hohe Sicherheit und die einfache Bearbeitung geringe Margen und geringe Zinsen ermöglichen. Mit solch einem zusätzlichen Aufwand aber

---

[1034] Das Bedürfnis zur vorübergehenden Herausgabe liegt etwa vor, wenn die verwahrte Urkunde zur Änderungsvornahme vor dem Grundbuchamt vorzulegen ist (vgl. § 62 ff. der Grundbuchordnung (GBO), Gesetz vom 24.3.1897 (RGBl. 1897, 139), in der Neufassung der Bekanntmachung vom 26.5.1994 (BGBl. 1994 I 1114), zuletzt geändert durch Art. 5 des Gesetzes über die Rechtsbehelfe bei Verletzung des Anspruchs auf rechtliches Gehör vom 9.12.2004 (BGBl. 2004 I 3220). Die Herausgabe ist auch zum Rechtsschutz in der Zwangsversteigerung oder in sonstigen Rechtsstreitigkeiten gerechtfertigt.

[1035] Vgl. § 33 HBG.

verschlechtert sich die Wettbewerbsposition gegenüber Geschäftsbanken, die diesen Aufwand nicht haben.

Für den Treuhänder bedeutet das eine zusätzliche Verwaltungsarbeit, die neben vielen anderen Aufgaben erledigt werden muss, für die Überwachung der Pfandbriefsicherheit aber kaum eine Rolle spielt. Demnach ist der Verzicht auf die körperliche Treuhänderverwahrung der bloßen Beweisurkunden von dem Treuhänder zu fördern. Diese Entlastung würde es ihm ermöglichen, sich besser auf relevante Prüfungsaufgaben konzentrieren zu können. Der erste Rationalisierungsschritt wurde schon bei der Verwahrung ausländischer Deckungswerte gemacht. Eine weitere Vereinfachung ist wünschenswert. Vorzubehalten ist jedoch, dass dem Treuhänder jederzeit die Einsicht durch das EDV-System gewährleistet werden muss. Im Zweifelfall sind Deckungsurkunden auf sein Verlangen im Original vorzulegen. Ihre unmittelbare und gesonderte Treuhandverwahrung ist aber nicht nötig.

bb. Beschränkte Effizienz bei der Verwahrung der Deckungswerte

(1) Mangelhafte Verfügungssperre

Anders ist die Rechtslage bei der Verwahrung der Deckungswerte. Der Verfügungsausschluss über Deckungswerte ist durch die Treuhänderverwahrung aber nur teilweise verwirklicht. Die Effizienz der Treuhänderverwahrung als Verfügungssperre ist bei deutschen Deckungsbriefgrundschulden durch die Briefverwahrung, bei Ersatzdeckungswerten durch die körperliche Treuhänderverwahrung oder durch einen Sperrvermerk zugunsten des Treuhänders gewährleistet, wobei die körperliche Verwahrung der Ersatzdeckungswerte wegen des entmaterialisierten Wertpapierumlaufs stark verdrängt worden ist. Betrachtet man aber den Anteil der Briefgrundschulden und der Ersatzdeckungswertpapiere an der deutschen Deckung, so handelt es sich nur noch um einen Randbereich. Beim größten Teil der Deckungswerte gibt es keine absolute, rechtliche Verfügungssperre. Das trifft insbesondere bei Buchgrundpfandrechten zu und gilt auch bei Deckungswerten der öffentlichen Pfandbriefe.[1036] Die Bedeutung der gesonderten Treuhänderverwahrung als Verfügungssperre darf daher auch nicht überschätzt werden.

[1036] Wenn einer Hypothekenbank eine Schuldurkunde ausgestellt wird, kann vereinbart werden, dass die Abtretung der Zustimmung des Treuhänders bedarf. In der Praxis wird dies auch manchmal gemacht. Häufiger aber erwirbt die Hypothekenbank die Forderung durch Abtretung. Dann ist eine solche Vereinbarung nicht Bestandteil des Vertrages.

(2) Bankkontrollanforderungen als wirkliche Verfügungssperre

Die tatsächliche Verfügungssperre wird durch hohe bankinterne Anforderungen erreicht. Auf internationaler Ebene ist hierzu auf die von dem Baseler Ausschuss für Bankenaufsicht verabschiedeten Kerngrundsätze für eine wirksame Bankenaufsicht (*Core Principles for Effective Banking Supervision*) hinzuweisen, die als Bezugspunkt für die Festsetzung von Mindestanforderungen der Beaufsichtigung von Kreditinstituten nicht nur in den Mitgliedstaaten dienen. Unter den 25 Grundsätzen bezieht sich der Grundsatz 14 auf die innere Bankkontrolle und erfordert von den Banken ein integriertes Bankkontrollsystem, das für die Natur und die Skala ihres Geschäfts ausreichend ist.[1037]

Dementsprechend werden bei der Verfügung über Deckungswerte hohe Sicherungsstandards gefordert und beachtet. Die Organisation ist so vorzunehmen, dass die Deckungswerte gegen Missbrauch geschützt werden. Entscheidend ist dabei, dass zur Verfügung über Deckungswerte ein Zusammenwirken mehrerer voneinander unabhängigen Mitarbeiter der Bank erforderlich ist und dass jeder Vorgang nachvollziehbar dokumentiert wird. Damit wird eine unkontrollierte Verfügung sehr erschwert. Zudem würde diese bei einer der regelmäßigen Prüfungen oder der Deckungsprüfung durch die Bankaufsichtsbehörde auffallen. Ferner ist das Verfügungsgeschäft in angemessenen Abständen durch eine interne Revision zu prüfen. Darüber hinaus hat die ständige Anwesenheit des Treuhänders eine Disziplinierungsfunktion, weil die Bank jederzeit mit dessen Rückfragen rechnen muss. Tatsächlich gibt es also organisatorische Vorkehrungen, die die Verfügung über Deckungswerte verhindern.

(3) Bankinterne Mindeststandards als Ersatz der Treuhänderverwahrung

Die bestehenden Kontrollvorkehrungen beziehen sich auf alle Banken. Für Hypothekenbanken gelten sie also auch. Hierzu hat jede Hypothekenbank ihr eigenes Kontrollsystem der Deckungswerte entwickelt, das ihre Besonderheiten berücksichtigt, aber nicht vereinheitlicht ist. Es empfiehlt sich daher, einheitliche Mindeststandards zum Schutz der Deckungswerte zu fordern, die hohe Anforderungen an die Verfügung über Deckungswerte stellen. Sie sollten als Teil der Mindeststandards für das Pfandbriefgeschäft von der Bankaufsichtsbehörde erlassen werden. Damit würden gleiche Verfügungssperren und innere Kontrollverkehrungen für Deckungswerte aller Hypothekenbanken geschaffen.

[1037] Insbesondere sollten die Kontrollmechanismen freie Vorbereitungen für eine Beauftragtenberechtigung sowie -verantwortlichkeit umfassen sowie eine Trennung der Funktionen vorsehen. Weiterhin sollten auch eine Einigung der Prozesse, das Schützen seiner Werte und passende, unabhängige, interne oder externe Bilanz- und Befolgungsfunktionen zur Überprüfung von der Haftfähigkeit zu diesen Kontrollen sowie anwendbare Gesetze und Regelungen miteinbezogen werden.

Der Wert ist also auf die Stärkung und die Vereinheitlichung der inneren Bankkontrolle zu legen. Hohe bankinnere Mindestanforderungen hinsichtlich der Deckungsmasse, bei deren Verfügung der Treuhänder einbezogen ist, stellen eine ausreichende Äquivalenz der gesonderten Treuhänderverwahrung dar. Die Mindestanforderungen zum Schutz der Pfandbriefdeckung können also als Kompensation der gesonderten Treuhänderverwahrung auch bezüglich der Grundschuldbriefe angesehen werden.

(4) Bankkontrollsystem statt Treuhänderverwahrung in Polen

Zum gleichen Ergebnis führt die Analyse des polnischen Rechtes. Die Verfügungssperre bezüglich der Deckungsmasse ist auch in den Bankkontrollanforderungen aufzusuchen und deren Stärkung zu fördern. Die Gefahr der freiwilligen Verfügung wird derzeit nur bei einer als Pfandbriefdeckung dienenden Hypothek durch eine entsprechende Anmerkung ins Grundbuch beseitigt, die aber sehr aufwendig ist.[1038] Hinsichtlich aller anderen Deckungswerte sieht das PHBG keine rechtliche Verfügungssperre vor.[1039] Der polnische Treuhänder ist über die Pfandbriefverwahrung hinaus nicht verpflichtet, andere Verwahrungsaufgaben wahrzunehmen. Das PHBG schweigt insbesondere über die Verpflichtung zur Verwahrung der Deckungswerte durch den Treuhänder. Das PHBG enthält ferner kein rechtliches Mittel, das den Verfügungsausschluss über Ersatzdeckungswerte gewährleistet. Von dem rechtlichen Gesichtspunkt aus kann der Treuhänder auch einer Forderungsabtretung aus Deckungsstaatskrediten nicht vorbeugen.

Die Verfügungssperre bezüglich der Ersatzdeckungswerte und der Deckungswerte für öffentliche Pfandbriefe muss also und kann durch hohe Bankkontrollanforderungen gewährleistet werden. So wie im deutschen Recht fehlt es aber derzeit an gesonderten und einheitlichen Mindeststandards zum Schutz der Deckungsmasse bezüglich aller Deckungswerte.[1040] Ihr Erlass, der wie im

---

[1038] Hierzu S. 190 f.

[1039] Nach Art. 31 Abs. 3 PHBG wird zwar die schriftliche Zustimmung des Treuhänders zur Rechtswirksamkeit der Streichung aus dem Deckungsregister verlangt, das Fehlen der Zustimmung bewirkt aber keine Verfügungsbeschränkung gegenüber Dritten.

[1040] Die innere polnische Bankkontrolle ist an den Baseler Kerngrundsätzen für eine wirksame Bankenaufsicht orientiert. Das BRG regelt die innere Bankkontrolle allerdings sehr allgemein und überlässt den Banken den Erlass von besonderen Grundsätzen. Nach Art. 9 BRG muss in jeder Bank eine innere Kontrolle vorhanden sein, die die Legalität und die Richtigkeit der Banktätigkeit sowie die Richtigkeit und Redlichkeit der angefertigten Berichte und Informationen überprüft. Ferner müssen die Grundsätze der inneren Bankkontrolle nach Art. 31 Abs. 3 Nr. 4 BRG in der Banksatzung enthalten sein, die der Bankaufsichtskommission zur Annahme im Lizenzverfahren vorzulegen ist. Im Übrigen gibt es in jeder Bank eine Ordnung der inneren Kontrolle. Allgemeine Grundsätze der Bankkontrolle sind auch in der von der polnischen Bankaufsichtskommission veröffentlichten Empfehlung H enthalten. Demgemäß ist die Bankkontrolle eine laufende und unabhängige Tätigkeit, die die sorgfältige Untersuchung und Bewertung aller inneren Bankdeutschen Recht zu fördern ist, könnte auch als Ersatz der aufwendigen Grundbuchanmerkung über die besondere Funktion der Hypothek (Kautionsband) angesehen werden. Überlegungen bezüglich der deutschen Mindeststandards gelten dabei auch für das polnische Recht.

3. Bewertung

Im Vergleich zu den anderen Aufgaben des Treuhänders ist darauf hinzuweisen, dass die Verwahrung eine ausschließliche Aufgabe des Treuhänders ist. Die Verwahrung obliegt insbesondere nicht der Bankaufsicht, die ansonsten berechtigt ist, viele andere Treuhänderaufgaben als ihre eigene auszuüben.

Die Pfandbrieferscheinungsformen beeinflussen die Pfandbriefverwahrung, die jetzt in der Regel unkörperlich erfolgt. Ungeachtet dessen ist die Zurückziehung eigener Pfandbriefe und ihre Verwahrung zu anderen Zwecken als zur Einhaltung der vorschriftsmäßigen Deckung, insbesondere zwecks der Kurspflege, bei einer strengen Auslegung des Art. 16 Abs. 1 Nr. 2 PHBG nicht möglich. Unter diesen Umständen ist in Polen nicht zu erwarten, dass die Hypothekenbank den Einsatz ihrer freien Mittel für die Zurückziehung eigener Pfandbriefe bevorzugen wird, statt sie etwa in den Erwerb der Ersatzwerte zu investieren und die erforderliche Pfandbriefdeckung auf diese Weise zu sichern. Eine bestimmte Erweiterung, vor allem dann, wenn der Pfandbriefumlauf die vorgesehene 40-fache Eigenfondsgrenze übersteigt, muss bejaht werden. Dem deutschen Recht dagegen ist keine Beschränkung zum Erwerb eigener Pfandbriefe bekannt. Der Ankauf eigener Pfandbriefe ist nach § 5 Abs. 3 Nr. 2 HBG ohne weiteres zugelassen.

Der Umfang der Treuhänderverwahrungsaufgabe ist im deutschen Recht zudem viel breiter und ausführlicher als im polnischen Recht geregelt. Neben der Pfandbriefverwahrung erstreckt sie sich auf andere Deckungswerte und Urkunden über diese Werte. Aus der Indeckungnahme ausländischer Werte durch deutsche Hypothekenbanken ergibt sich, dass das Verwahrungsgeschäft des deutschen Treuhänders auch die Auslandsverwahrung umfasst, mit der aber aus praktischen Gründen auch ein geeigneter Dritter beauftragt werden kann. Es empfiehlt sich, den Begriff „geeigneter Dritte" gesetzlich näher zu bestimmen und über die

---

systeme sowie die Überwachung und Vornahme notwendiger Änderungen der laufenden Tätigkeiten umfasst. Die Bankkontrolle beinhaltet dabei sowohl Kontrollverfahren als auch Kontrollmechanismen. Erstere beinhalten schriftlich angefertigte und von der Bankleitung bestätigte Grundsätze der inneren Bankkontrolle. Letztere dagegen regeln die Verfahren der Banktätigkeit, der Ausübung der Bankgeschäfte, Limits sowie Selbstkontrollgeschäfte, die vorgenommen werden, um Fehler in den Arbeitsabläufen der Bank zu verhindern und eine redliche Buchhaltung zu gewährleisten. So wie im deutschen Recht gelten diese Regelungen für alle Banken und berücksichtigen die Besonderheiten der Hypothekenbank nur bedingt.

Ausweitung ihrer Befugnisse nachzudenken. Die Drittverwahrung der Deckungswerte und Urkunden über diese Werte ist auf das Auslandsdeckungsgeschäft gesetzlich nicht beschränkt. Ihrer Verwendung für die Inlandsdeckung, etwa beim Konsortialgeschäft, steht nichts entgegen.

Zur Herausgabe der verwahrten Werte und Urkunden über diese Werte ist der Treuhänder grundsätzlich nur dann berechtigt und verpflichtet, wenn dies nicht zur Unterdeckung führt. Die Herausgabe ohne die Bewahrung der vorschriftsmäßigen Deckung ist nur ausnahmsweise und die Herausgabe zum vorübergehenden Gebrauch nur in begründeten Fällen zuzulassen. Führt die endgültige Herausgabe zur Deckungslücke, so muss der Treuhänder die Hypothekenbank verpflichten, umgehend erforderliche Handlungen zur Gewährleistung der vorschriftsmäßigen Deckung vorzunehmen.

Der Unterschied im Umfang der deutschen und polnischen Treuhänderverwahrung ergibt sich in gewissem Maße auch aus anderen Sicherungsformen. Im polnischen Recht entfällt die Verwahrung der Hypotheken- und Grundschuldbriefe, weil diese Sicherungsformen dem polnischen Sachenrecht nicht bekannt sind. Die deutsche Regelung stammt ferner aus einer Zeit, als der Geschäftsverkehr meist mit verkörperten Werten wie Bargeld und verkörperten Wertpapieren abgewickelt wurde. Mit der immer weitergehenden Entmaterialisierung hat sie ihre Berechtigung aber weitgehend verloren.

Tatsächlich kann die Treuhänderverwahrung ihren Sinn nur erfüllen, wenn die Verfügung über den Deckungswert der Bank ohne die betreffende Urkunde unmöglich ist. Für die Verwahrung der bloßen Beweisurkunden trifft das nicht zu. Ihre gesonderte, körperliche Treuhänderverwahrung ist aufwendig und verschlechtert die Wettbewerbsposition der Hypothekenbanken gegenüber denjenigen Geschäftsbanken, die diesen Aufwand nicht haben. Daher sollte darauf verzichtet werden. Die körperliche Treuhänderverwahrung hat ihre Effizienz heute grundsätzlich nur bei Grundschuldbriefen bewahrt, die aber nur einen kleinen Deckungsteil betreffen. Der Effizienzverlust der körperlichen Verwahrung hat zur Folge, dass die Verwahrung im Regelfall bloß durch einen Sperrvermerk zugunsten des Treuhänders erfolgt. Das trifft im deutschen Recht für Ersatzdeckungswerte und Pfandbriefe zu.

Die Treuhänderverwahrung aller dieser Werte gewährleistet keine absolute Deckungssperre. Insbesondere gibt es keine rechtliche Sperre für die Verfügung über Deckungsforderungen, die durch eine Buchgrundschuld gesichert sind sowie für Deckungsforderungen aus Staatskrediten. So ähnlich ist es auch im polnischen Recht, wo der Treuhänder nur zur Pfandbriefverwahrung verpflichtet ist. Darüber hinaus nimmt er keine andere Verwahrungsaufgabe wahr. Eine rechtliche Sperre unter Mitwirkung des Treuhänders ist nur für hypothekarisch gesicherte Deckungsforderungen gewährleistet. Sie ist aber aufwendig und unflexibel.

In beiden Rechtssystemen ist die einheitliche und effektive Verfügungskontrolle über alle Deckungswerte in einem inneren Bankkontrollsystem zu suchen. Rechtliche Hindernisse bringen keinen wesentlichen Vorteil; im Gegenteil, sie sind viel aufwendiger. Hinsichtlich der Besonderheit der Deckungsgeschäfte sind in beiden Rechtsordnungen einheitliche Mindeststandards zum Schutz aller Deckungswerte zu erlassen. Sie können Alternative zu den bisherigen, nur teilweise effizienten, dazu aber sehr aufwendigen Verfügungssperren sein und als deren Ersatz angesehen werden.

VI. Gesamtbewertung

Die Aufgaben beider Treuhänder sind gesetzlich vorgeschrieben. Sie werden weder von den Pfandbriefgläubigern noch von der Hypothekenbank oder von der Bankaufsichtsbehörde abgeleitet. Die Änderung seiner Aufgaben ist demnach dem Gesetzgeber vorbehalten. Ihr Ziel ist es, die vorschriftsmäßige Pfandbriefdeckung zu sichern. Die Tätigkeit des Treuhänders beschränkt sich also grundsätzlich auf die formelle Kontrolle der qualitativen und quantitativen Anforderungen der Pfandbriefdeckung.

Der Umfang der formellen Kontrolle wurde weder im PHBG noch im HBG näher bestimmt. In der Praxis muss sich der Treuhänder nicht zuletzt wegen des Massenumfangs der Kreditgewährung auf die einmalige und stichprobenmäßige Dokumentenanalyse beschränken. Die Aufgabe des Treuhänders ist es also nicht den gesamten Geschäftsbetrieb der Hypothekenbanken zu verfolgen oder die einzelnen Deckungswerte auf ihre materielle Deckungsfähigkeit zu prüfen. Die positive gesetzliche Abgrenzung der Kontrollaufgaben des Treuhänders wäre aber wünschenswert.

Bei der qualitativen Prüfung der Deckungsmasse hat der Treuhänder zunächst auf die Wirksamkeit der Forderungen und deren Sicherung zu achten. Grundsätzlich ist die Deckungsfähigkeit der Forderung sowohl vor der Valutierung als auch vor der Grundpfandbestellung zu verneinen. In der deutschen Praxis gilt die Notarbestätigung als eine ausreichende Sicherung für die Valutierung von Hypothekarforderung vor Eintragung des Grundpfandrechtes. Die Deckungsfähigkeit der durch Interimsbürgschaft gesicherten Hypothekarforderungen in neuen Bundesländern ist auch anerkannt.

Die in Art. 24 Abs. 2 PHBG verlangte Eintragung einer Anmerkung darüber, dass die bestellte Hypothek die Deckungsforderungen der Hypothekenbank sichert, sollte mit der Bestellung der Hypothek im Grundbuch erfolgen. Die Effizienz dieser Anmerkung ist aus der Sicht der Gesamtdeckung allerdings begrenzt und sollte durch hohe bankinterne Mindeststandards daher ersetzt werden. Dies wird die Refinanzierungskosten senken und die Wettbewerbsfähigkeit der Hypothekenbanken erhöhen, ohne die Sicherheit der Pfandbriefe zu beeinträchtigen.

Im Bereich der Immobilienbewertung unternimmt der Treuhänder nur die Ordnungsmäßigkeitskontrolle der Wertermittlung. Er ist zu deren Prüfung nicht verpflichtet. Verboten ist ihm das allerdings nicht. Er wird aber die inhaltliche Nachkontrolle des Beleihungswertes nur im Ausnahmefall durchführen lassen, also vor allem dann, wenn die ihm vorgelegte Liegenschaftsbewertung offensichtliche Fehler enthält. Ansonsten sollte er sich auf die Berufsqualifikationen der Sachverständigen verlassen. Die geltenden Regelungen in diesem Bereich sind jedoch problematisch und müssen geändert werden.

Der Treuhänder kontrolliert auch Ersatzdeckungswerte und Derivate. Im Gegensatz zu der deutschen Regelung steht der Derivatpartner der polnischen Hypothekenbank nicht unter dem Schutz des Treuhänders. Das PHBG enthält dem Derivatpartner gegenüber auch keine Anforderungen. Die Indeckungnahme von Derivaten hängt weder von der Zustimmung des Treuhänders noch von der des Derivatpartners ab. Der Prüfungsumfang der eingetragenen Derivate ist auch nicht näher bestimmt. Die polnische Regelung bedarf daher einer Änderung, die nach dem deutschen Muster erfolgen kann. Von beiden Treuhändern kann eine inhaltliche Bewertung der Derivatgeschäfte aber nicht verlangt werden.

Die ständige Ausweitung der deutschen Deckungsmasse um ausländische Forderungen bringt neue Herausforderungen mit sich. Ohne den rechtlichen Charakter der Aufgaben des deutschen Treuhänders zu ändern, hat das Auslandsdeckungsgeschäft den Gegenstand seiner Kontrolle erheblich ausgedehnt. Da für ausländische Deckungswerte gleiche Kontrollmaßstäbe wie für die inländischen gelten, setzt ihre formellrechtliche Kontrolle eine vertiefte Analyse des ausländischen Rechtes voraus. Daher ist der deutsche Treuhänder auf die Zusammenarbeit mit ausgewiesenen Experten angewiesen. Er muss zudem in der Lage sein, Gefahren, die mit ausländischen Deckungsgeschäften zusammenhängen, zu identifizieren und sie bei seiner Arbeit zu berücksichtigen. Im Vordergrund stehen u.a. die Verbraucherschutz- und Grundpfandrechtsregelungen sowie Wertermittlungen ausländischer Liegenschaften. In diesem Zusammenhang sind Angleichungsbestrebungen innerhalb der EU weiterhin zu unterstützen.

Beide Treuhänder sind zudem eine Art Wächter der quantitativen Deckungseinschränkungen. Diese ergänzen die qualitativen Anforderungen und bilden ein zusätzliches Sicherungspulver. Sie sind teilweise anders geregelt. Der Treuhänder achtet vor allem darauf, ob das Deckungsprinzip eingehalten wird. Seine Abrechnung erfolgt in Polen und in Deutschland aber nach anderen Prinzipien. Während die polnische Deckung, mit Ausnahme von Derivaten, auf Nominalwerte abstellt, wird die deutsche Deckung nach Barwerten abgerechnet. Die deutschen Abrechnungsmethoden geben die laufenden Änderungen der Deckungswerte besser wieder und sollen daher von dem polnischen Gesetzgeber bei der nächsten PHBG-Novelle berücksichtigt werden. Der deutsche Treuhänder muss zudem die Einhaltung der sichernden Überdeckung kontrollieren, deren

Einführung als zusätzliche Sicherung auch für die polnische Pfandbriefdeckung zu empfehlen ist.

In beiden Pfandbriefsystemen ist auf die 10 % - Grenze für Ersatzdeckung zu achten, wobei diese im Einzelnen anders berechnet wird. Hier ist die Berücksichtigung des aktuellen Börsenkurses bei der Abrechnung der polnischen Ersatzdeckungswerte zu fordern. Während Derivate in Polen bei der Berechnung der Deckungsmasse in diese 10 % - Ersatzdeckungsgrenze einfließen, können sie nach deutschem Recht eine 12 % - Grenze von Gesamtdeckungswerten nicht überschreiten.

Beide Treuhänder müssen ferner neben der 60 % - Refinanzierungsgrenze auch auf die ebenfalls gleich geregelten Deckungsgrenzen bei Neubau- und Bauplatzhypotheken achten. Hier ist zusätzlich, wegen des hohen Ausfallrisikos, eine obligatorische Versicherung des Bauvorhabens zu fordern.

Darüber hinaus sieht das HBG andere dem polnischen Recht nicht bekannte quantitative Anforderungen vor. Diese sind entweder auf die andere Regelung des Hypothekenrechtes oder auf den ausländischen Umfang des Deckungsgeschäftes zurückzuführen. Manchmal lassen sie sich aber nur historisch erklären.

Im Unterschied zum polnischen Recht ist die Verwendung eigener Immobilien als Pfandbriefdeckung zulässig. Bei Grundstücken, die zur Vermeidung von Verlusten an der Hypothek erworben wurden, ist allerdings darauf zu achten, dass sie nur bis zur Hälfte des ursprünglichen Deckungsbetrages wieder als Deckung verwendet werden können. Diese Beschränkung ist auch für diejenigen Immobilien anzunehmen, die vor dem Erwerb wegen des Ausfallsrisikos aus der Pfandbriefdeckung herausgenommen wurden.

Um die Sicherheit der Pfandbriefgläubiger im Insolvenzfall zu gewährleisten, überwacht der deutsche Treuhänder zudem die quantitativen Grenzen für Auslandsdeckungsgeschäfte. Mit der Umsetzung der europäischen Liquidationsrichtlinie wird diese 10 % - Grenze des Deckungsvolumens innerhalb der EU entbehrlich.

Die Kontrolle der Amortisationsquoten bei landwirtschaftlichen Grundstücken spielt in der deutschen Praxis keine Rolle. Für die quantitative Gesamtpfandbriefumlaufgrenze, die in beiden Pfandbriefsystemen im Einzelnen anders geregelt ist, ist ebenfalls festzuhalten, dass sie an Effizienz verloren hat. Sie wurde durch Eigenkapitalanforderungen verdrängt. Auf die Einhaltung beider Regelungen kann daher verzichtet werden.

Beide Treuhänder sind nicht in der Lage, die zur Kontrolle der quantitativen Anforderungen erforderlichen Abrechnungen alleine vorzunehmen und müssen sich daher auf das von der Hypothekenbank vorgelegte Zahlenwerk verlassen. Der Treuhänder muss aber in der Lage sein, die formelle Richtigkeit der Wertabrechnung und der angewandten Methoden nachzuvollziehen. Hier beschränkt er sich nur auf Stichproben. Zur quantitativen Kontrolle der laufenden Deckungsmasse steht dem Treuhänder die elektronische Deckungsrechnung zur Verfügung.

Sie trägt zu der deutlichen Erleichterung der Kontrollaufgaben des Treuhänders bei und ist ein sehr wichtiges Mittel, mit dessen Hilfe Deckungsrückstände vermieden werden und ein Andrang von Informationen bewältigt wird. Insbesondere kann das Vorhandensein der erforderlichen Deckung jederzeit nachgewiesen werden. Dies erhöht deutlich die Transparenz der Pfandbriefdeckung.

Schließlich nimmt der Treuhänder die Verwahrungsaufgabe wahr. Während der polnische Treuhänder verpflichtet ist, nur eigene, aus dem Umlauf zurückgezogene Pfandbriefe zu verwahren, erstreckt sich die Verwahrung im deutschen Recht auf alle Deckungswerte und Urkunden über diese Werte. Mit der Verwahrung der deutschen Deckungswerte kann ein geeigneter Dritte beauftragt werden. Seine Befugnisse sollten bei der hohen Bestimmung seiner Qualifikationen erweitert werden. Die Unterschiede in der Verwahrungsaufgabe sind u.a. auf andere Sicherungsformen und auf den anderen Pfandbriefumfang zurückzuführen.

Im Ergebnis gewährleistet aber die Verwahrung der Deckungswerte und der Urkunden über diese Werte durch den Treuhänder keine absolute Deckungssperre. Da ihre Effizienz demnach aus der Sicht der Pfandbriefsicherheit beschränkt und die gesonderte Verwahrung durch den Treuhänder aber aufwendig ist, ist die effektive Verfügungssperre über die Deckungswerte in dem bankinternen Sicherungssystem zu suchen, das auf einheitlichen Mindeststandards für alle Hypothekenbanken beruhen sollte.

Die wachsende Bedeutung neuer Refinanzierungsformen und deckungsrelevanter Finanzinstrumente sowie die Auslandsexpansion der Deckungsmasse setzen dem Treuhänder neue Schwerpunkte. Er muss sie bei seiner Arbeit berücksichtigen. Das trifft auch auf alle für seine Arbeit relevanten Gesetzesänderungen zu, deren Auslegung und Umsetzung einheitlich sein muss. Daher ist die Schaffung einer Plattform für den gegenseitigen und ständigen Erfahrungs- und Informationsaustausch angebracht. Bisher fehlte es aber an dieser Zusammenarbeit.

Zur Erläuterung der Gesetzesänderung hat das erste gemeinsame Treffen deutscher Treuhänder im März 2004 stattgefunden. Diese Initiative wurde von dem VdH ergriffen. Wünschenswert ist die regelmäßige Fortsetzung dieser Tagung unter der Einbeziehung der Vertreter der Bankaufsichtsbehörde. In diesem Rahmen könnten Schulungsseminare für Treuhänder angeboten werden. Dies würde zu einem besseren Verständnis der neuesten Kapitalmarktentwicklungstrends im Zusammenhang mit den Treuhänderaufgaben beitragen, Fachkenntnisse der Treuhänder auf dem laufenden halten und den Informationsaustausch verbessern.

Im zusammenwachsenden europäischen Kapitalmarkt kann der Kooperation mit ausländischen Treuhändern besondere Bedeutung zukommen. Besonders vorteilhaft kann sie für deutsche Treuhänder sein, deren Hypothekenbanken den Schwerpunkt im Auslandsgeschäft setzen, denn sie sind in diesem Fall bei ihrer

Kontrollaufgaben auf die Hilfe ausgewiesener Experten vor Ort angewiesen, sei es etwa bei der Erstellung der Rechtsgutachten oder bei der Verwahrung der Deckungsurkunden.

Obwohl sich die Auslandsdeckungsproblematik bei polnischen Hypothekenbanken derzeit nur auf die Indeckungnahme der ausländischen, hypothekarisch nicht gesicherten Staatsforderungen beschränkt, ist die Zusammenarbeit auf europäischer Ebene auch von polnischen Treuhändern zu begrüßen. Der europaweite Erfahrungs- und Informationsaustausch kann bestimmt nicht schaden und ist aus Sicht der künftigen Erweiterung der polnischen Deckungsmasse um Auslandshypothekargeschäfte, die zu fördern ist, auch wünschenswert.

§ 9. Wirkungsformen des Treuhänders

Zur Durchsetzung seiner Kontrollaufgaben im Hinblick auf die Tätigkeit von Hypothekenbanken stehen dem Treuhänder zwei Arten von Mitteln zur Verfügung: mittelbar und unmittelbar wirkende Mittel.[1041]

Zu den mittelbar wirkenden Mitteln werden Anweisungen (Art. 32 Abs. 2 PHBG) und Informationspflichten (Art. 31 Abs. 2 PHBG, § 22 Abs. 3 HBG) gezählt. Sie sind dadurch gekennzeichnet, dass sie die Tätigkeit der Bank nur mittelbar beeinflussen. Ihre tatsächliche Wirkung wird durch die Bankaufsicht gewährleistet, der direkte Schritte zur Beseitigung der angezeigten Unrichtigkeiten vorbehalten sind.

Der Treuhänder wurde zudem mit den Mitteln ausgerüstet, die unmittelbar auf den Bankbetrieb einwirken. Mit ihrer Hilfe kann er direkten Einfluss insbesondere auf die Geschäftsabwicklung und auf das Geschäftevolumen nehmen. Zu diesen unmittelbar wirkenden Mitteln gehören die Zustimmungen des Treuhänders zur Streichung im Deckungsregister (Art. 31 Abs. 3 S. 1 PHBG; § 30 Abs. 4 S. 1 HBG), zum Verfügungsgeschäft über Deckungsforderungen (Art. 24 Abs. 3 PHBG) und zur neuen Pfandbriefausgabe (Art. 30 Nr. 5 PHBG iVm Art. 6 Nr. 9 PHBG; § 30 Abs. 3 HBG). Dabei handelt es sich um Entscheidungen, die ausschließlich in die Kompetenz des Treuhänders fallen.

Gesondert sind schließlich diejenigen Mittel zu betrachten, die dem Treuhänder zu seiner Aufgabenwahrnehmung dienen und als Nebenrechte zu qualifizieren sind. Dem Treuhänder stehen insbesondere das Einsichtsrecht und der Anspruch auf aufgabenkonforme Arbeitsbedingungen zu.

I. Mittelbar wirkende Mittel

1. Treuhänderische Anweisungen

a. Polnische Regelung

aa. Zweck und Umfang

Art. 32 Abs. 2 PHBG berechtigt den Treuhänder, der Hypothekenbank Anweisungen zu geben, ohne deren Form und Inhalt zu bestimmen. Für Beweis- und Dokumentationszwecke ist die schriftliche Form zu empfehlen.[1042] Der Inhalt der einzelnen Anweisung hängt von der im konkreten Fall wahrzunehmenden Auf-

---

[1041] Vgl. *Olszak*, (2002), 35.
[1042] *Drewicz-Tułodziecka/Stöcker*, (2000), 219.

gabe des Treuhänders ab. Der Umfang dieser Anweisung muss sich an den Kontrollaufgaben des Treuhänders orientieren, von denen vor allem in Art. 30 PHBG die Rede ist.[1043] Fallen dem Treuhänder bei der Wahrnehmung seiner Aufgaben andere Rechtswidrigkeiten auf, so darf er diese nicht außer Acht lassen, sondern muss sie in die Anweisung einbeziehen.[1044] Der Umfang der Anweisung wird in diesem Fall über die primären Treuhänderaufgaben hinausgehen und verwandte Bankbereiche umfassen. Die Anweisung ist also nicht strikt auf die Kontrollaufgaben des Treuhänders beschränkt. Dies ergibt Art. 32 Abs. 2 PHBG, der vorsieht, dass Anweisungen mit den gesetzlich bestimmten Treuhändertätigkeiten nur zusammenhängen müssen. Treuhänderanweisungen sind letztendlich Mittel, die die Hypothekenbank auf den rechtswidrigen Zustand hinweisen und dessen Beseitigung bezwecken.

In diesem gesetzlich vorgegebenen Rahmen hat der Treuhänder das Recht und zugleich die Verpflichtung, auf den Bankbetrieb durch seine Anweisungen Einfluss zu nehmen. Diese haben aber keine unmittelbare Wirkung. Stellt der Treuhänder etwa fest, dass der Wert einer Liegenschaft nicht ordnungsgemäß ermittelt worden ist, so hat er auf diese Verfehlungen und Unrichtigkeiten hinzuweisen. Ihm steht aber nicht das Recht zu, den seiner Ansicht nach richtigen Wert der Liegenschaften anzugeben oder vorzuschlagen.[1045] Das Gleiche gilt u.a. für die Löschung der beanstandeten Forderungen im Deckungsregister oder die Zurückziehung der Pfandbriefe aus dem Umlauf.

bb. Rechtsnatur

Schwierigkeiten kann die Frage bereiten, wie die Treuhänderanweisung zu klassifizieren und rechtlich zu handhaben ist. Unklar ist vor allem, ob die Anweisung einen Verwaltungsakt darstellt, der den Regeln des Verwaltungsrechtes unterliegt und gegen den die Berufung an die Bankaufsichtsbehörde als zweite Instanz eröffnet ist oder ob die Anweisung nur Empfehlungscharakter hat. Der Gesetzgeber bedient sich lediglich der Bezeichnung „Anweisung“, ohne ihre Rechtsnatur zu klären.

Der Rechtscharakter der Anweisung ist im Zusammenhang mit der Rechtsstellung des Treuhänders zu sehen. Dies setzt eine Klarstellung des gegenseitigen Rechtsverhältnisses zwischen dem Treuhänder, der Hypothekenbank und der Bankaufsichtsbehörde voraus. Insoweit ist hier zunächst nur festzustellen. dass

---

[1043] *Olszak*, (2002), 35.

[1044] So in Bezug auf die Anzeigepflicht des Treuhänders *Drewicz-Tułodziecka/Stöcker* ((2000), 219), die den Treuhänder als verlängerten Arm der Bankaufsicht betrachten und die Anzeigepflicht im weiteren Sinne fordern; gegen diese Bezeichnung in der deutschen Literatur *Bellinger/Kerl*, (1995), § 32 HBG Rn. 4.

[1045] Vgl. *Sokołowski*, PB 3/2002, 72.

der Treuhänder kein Organ der öffentlichen Verwaltung ist.[1046] Der Gesetzgeber hat ihn auch nicht mit der Befugnis ausgestattet, Verwaltungsakte zu erlassen.[1047] Seine Anweisungen sind deshalb keine Verwaltungsentscheidungen im rechtlichen Sinne[1048] und für die Bank nicht bindend. Dies folgt schon aus dem Wortlaut des Art. 32 Abs. 2 PHBG, der der Hypothekenbank *a priori* das Recht gibt, die Anweisung abzulehnen und als nächsten Schritt eine Anzeigepflicht für den Treuhänder gegenüber der Bankaufsichtsbehörde begründet.[1049]

Aus der Sicht der Bank hat die Anweisung daher einen bloß beratenden Charakter. Der Treuhänder kann also lediglich die Vornahme bestimmter Maßnahmen empfehlen, um Rechtsverletzungen zu beenden und einen rechtmäßigen Zustand wiederherzustellen. Die praktische Bedeutung der Treuhänderanweisung darf deshalb aber nicht unterschätzt werden. Die obligatorische Anzeigepflicht des Treuhänders bei einer Nichterfüllung seiner Anweisung erzwingt deren Befolgung über die Einschaltung der Bankaufsichtsbehörde und ist im Ergebnis für die Durchsetzung der Anweisung deshalb entscheidend. In der Praxis wird die Hypothekenbank die Einschaltung der Bankaufsichtsbehörde nur dann in Kauf nehmen, wenn die Anweisung offensichtlich verfehlt ist und dem Interesse der Bank schadet.

Aus der Sicht der Bankaufsicht ist die Information über die Nichterfüllung einer Anweisung ein Signal darüber, dass die Bank nach der Ansicht des Treuhänders ihre Geschäfte rechtswidrig führt und die von dem Treuhänder vorgeschlagenen Maßnahmen ablehnt. Bei der Reaktion auf eine Anzeige des Treuhänders handelt die Bankaufsichtsbehörde nicht als Berufungsorgan, sondern nimmt ihre eigene Aufsichtsfunktion wahr.

b. Deutsche Regelung

aa. Gesetzesregelung, Auslegung und praktische Handhabung

Im deutschen Recht fehlt eine dem Art. 32 Abs. 2 PHBG entsprechende Regelung. Das HBG enthält keine ausdrückliche Berechtigung für den Treuhänder, der Bank Anweisungen zu geben. Trotzdem ist ein Anweisungsrecht für den Treuhänder auch nach der deutschen Regelung zu bejahen. Dies ergibt schon der Zweck der dem Treuhänder übertragenen Aufgaben. Eine andere Annahme hätte

---

[1046] Zur Rechtstellung des Treuhänders S. 413 ff.

[1047] Vgl. *Sokołowski*, PB 3/2002, 67 ff. 73; zustimmend *Cierpiał/Wudarski*, WiRO 2003, 180 Fn. 12; aA *Rewieński*, PB 2/2000, 50.

[1048] *Mekiński* (Glosa 1/2002, 16), der die Treuhänderanweisung als einseitigen Akt *sui generis* betrachtet, der sich aus der durch den Treuhänder ausgeübten Aufsicht und Kontrolle ergibt und deren schnelle und effizientere Tätigkeitswahrnehmung Ausübung ermöglicht.

[1049] *Olszak*, (2002), 35.

zur Folge, dass der Treuhänder sein Kontrollrecht nicht wirklich wahrnehmen könnte. Dieser Widerspruch kommt noch stärker zum Ausdruck, wenn man bedenkt, dass der deutsche Treuhänder verpflichtet ist, die Bankaufsichtsbehörde über seine Feststellungen und Beobachtungen nur auf ihre Aufforderung hin zu informieren.[1050]

Um seiner Aufgabe gerecht werden zu können, muss daher auch dem deutschen Treuhänder das Anweisungsrecht eingeräumt werden. Dieses muss ähnlich wie in Polen gestaltet sein. In der Praxis dürfte es so aussehen, dass der Treuhänder, der ein Problem oder eine Rechtsverletzung bemerkt, sich zunächst an seine Ansprechpartner im Deckungsbüro wendet oder, eventuell auch ergänzend, die Sachbearbeiter in der Bank befragt. Wenn das nicht erfolgreich ist, wird er sich mündlich oder schriftlich an den Vorstand wenden. Erfolgt dann immer noch keine Klärung und damit keine Abhilfe, so muss er sich unverzüglich an die Bankaufsichtsbehörde wenden. Dazu ist er einerseits zwar nicht ausdrücklich verpflichtet, andererseits aber bleibt ihm nur dieser Weg, um seinen Aufgaben nach § 30 Abs. 1 HBG gerecht zu werden und sich den Pfandbriefgläubigern gegenüber nicht haftbar zu machen. Jeder deutsche Treuhänder wird diesen Weg daher gehen, wenn er auf andere Weise nicht erfolgreich ist.

Das Fehlen einer ausdrücklichen Regelung über ein Recht des Treuhänders, Anweisungen zu erteilen, ändert also nichts daran, dass der Treuhänder Beobachtungen, Vorschläge, Kritik und Hinweise der Hypothekenbank jederzeit mitteilen kann und dieses im Interesse der Pfandbriefgläubiger auch tun muss.

bb. Plädoyer für das ausdrückliche Anweisungsrecht

Das Anweisungsrecht des Treuhänders hat der deutsche Gesetzgeber offensichtlich als selbstverständlich angesehen und es daher nicht ausdrücklich gesetzlich fixiert. Im Interesse der Rechtssicherheit wäre es allerdings besser, wenn das Recht des Treuhänders, den Banken Anweisungen zu erteilen, eine klare gesetzliche Grundlage erhielte. Wichtig wäre dabei zu klären, wann der Treuhänder einschreiten und wie er verfahren soll. In bestimmten Fällen sollte dem Treuhänder nur wenig Ermessensspielraum zugestanden werden. Die Erteilung von Anweisungen ist nicht nur eine Befugnis des Treuhänders, sondern zugleich dessen Pflicht. Diese Doppelfunktion ergibt sich schon daraus, dass der Treuhänder nicht im eigenen Interesse handelt, sondern im Interesse der Pfandbriefgläubiger sowie im Interesse des gesamten Pfandbriefsystems. Um diese Interessen angemessen wahrnehmen zu können, muss er über entsprechendes rechtliches Instrumentarium verfügen, wozu auch das Anweisungsrecht gehört.

[1050] Zur Auskunftspflicht S. 309 ff.

Eine ausdrückliche Regelung über das Anweisungsrecht und die Bestimmung der Verfahrensweise bei einer Nichtbeachtung von Anweisungen schränkt Handlungen des Treuhänders nach eigenem Ermessen ein und erhöht damit die Rechtssicherheit. Dies würde die Position des Treuhänders gegenüber der Hypothekenbank zwar einerseits stärken, andererseits der Haftung des Treuhänders eine klare Grundlage geben.

c. Bewertung

Sowohl der polnische als auch der deutsche Treuhänder ist berechtigt, der Hypothekenbank Anweisungen zu erteilen. Während Art. 32 Abs. 2 PHBG ausdrücklich das Recht zur Erteilung von Anweisungen ausspricht, setzt der deutsche Gesetzgeber die Zulässigkeit der Erteilung von Anweisungen voraus, ohne diese ausdrücklich gesetzlich zu regeln. Eine klare gesetzliche Regelung ist hier aber angebracht, damit die Rechtssicherheit erreicht oder jedenfalls erhöht wird.

Nach ihrer sachlichen Bedeutung ist die Anweisung ein Korrelat der Aufgaben des Treuhänders. Aus der Sicht des Treuhänders ist sie eine Befugnis und zugleich eine Pflicht, die darauf zurückzuführen ist, dass er nicht in eigenem Interesse handelt. Die Anweisungsberechtigung beschränkt sich deshalb grundsätzlich auf die gesetzlich bestimmten Aufgaben des Treuhänders. Sie kann aber auf verwandte Bereiche erstreckt werden, soweit diese mit dem gesetzlichen Auftrag des Treuhänders im Zusammenhang stehen.

Nach ihrer rechtlichen Bedeutung ist die Treuhänderanweisung kein Verwaltungsakt. Sie ist deshalb für die Bank rechtlich nicht bindend. Ihre praktische Bedeutung geht aber über eine bloße Empfehlung hinaus und beruht auf der obligatorischen Einschaltung der Bankaufsichtsbehörde durch den Treuhänder, wenn die Bank seiner Anweisung nicht folgt. Auf diese Weise wird die Wirkung der Anweisung mittelbar gewährleistet.

2. Informationspflichten

Außer einer Informationspflicht bei Nichtbeachtung seiner Anweisungen durch die Hypothekenbank hat der Treuhänder weitere Informationspflichten gegenüber der Bankaufsichtsbehörde zu erfüllen. Diese bilden eine einseitige Kommunikationsplattform, tragen aber zur besseren Koordination der kongruierten Aufgaben bei und sorgen zugleich für die ständige Einhaltung der vorschriftsmäßigen Pfandbriefdeckung. Ihre Regelung ist in Polen und in Deutschland im Einzelnen aber unterschiedlich.

a. Anzeige- und Auskunftspflichten

aa. Die Anzeigepflicht nach polnischem Recht

Die Mitteilungen des polnischen Treuhänders erfolgen als Anzeige. Ihre Abgabe setzt keine aktive Mitwirkung der Bankaufsichtsbehörde voraus; die Mitteilungspflicht entsteht entweder mit der Feststellung der Nichteinhaltung der vorschriftsmäßigen Deckung (Art. 30 Nr. 3 S. 2 PHBG) oder mit der vorstehend behandelten Nichterfüllung von Anweisungen, die der Treuhänder der Bank gegeben hat (Art. 32 Abs. 2 PHBG).

(1) Anzeigepflicht bei der Nichteinhaltung der vorschriftsmäßigen Deckung

Nach Art. 30 Nr. 3 S. 2 PHBG ist der Treuhänder verpflichtet, die Aufsichtskommission zu informieren, wenn die Hypothekenbank die in Art. 18 PHBG bestimmten Limits nicht einhält. Diese Anzeigepflicht folgt aus der Überwachung der Pfandbriefdeckung durch den Treuhänder. Der Treuhänder ist verpflichtet, dann eine Anzeige zu erstatten, wenn er eine Unterdeckung feststellt oder wenn die quantitative Grenze der Ersatzdeckung überschritten wird. Die Anzeigeerstattung befreit ihn nicht von der sofortigen Anordnung erforderlicher Maßnahmen zur Wiederherstellung der vorschriftsmäßigen Deckung. Der Wortlaut des Art. 30 Nr. 3 S. 2 PHBG lässt keinen Spielraum zu und stellt klar, dass die Anzeige unverzüglich und bedingungslos zu erstatten ist. Die Anweisung des Treuhänders geht der Anzeigepflicht also nicht vor und macht sie nicht überflüssig. Damit hat der Gesetzgeber der Beachtung des Deckungsprinzips eine so große Bedeutung beigemessen, indem er den Treuhänder zur Benachrichtigung der Bankaufsichtsbehörde unabhängig davon verpflichtet, ob dieser andere Maßnahmen veranlasst oder verpflichtet ist vorzunehmen. Die Einschaltung der Bankaufsichtsbehörde wird stets gewährleistet, damit diese ihre Aufsichtsbefugnisse wahrnehmen kann. Eine Verletzung der Informationspflichten durch den Treuhänder kann dabei ein Grund zur Abberufung sein und dessen Haftung auslösen.

(2) Anzeigepflicht bei der Nichterfüllung von Anweisungen

Bei der Feststellung anderer Unrichtigkeiten im Geschäftsbetrieb der Bank hat der Gesetzgeber die sofortige Benachrichtigung der Bankaufsichtsbehörde nicht als nötig empfunden und Anweisungen des Treuhänders damit den Vorzug gegeben. Erst mit der Ablehnung oder Nichterfüllung einer Anweisung des Treuhänders entsteht die Pflicht, die Bankaufsichtsbehörde unverzüglich zu informieren.[1051] Um die Nichterfüllung der Anweisung durch die Bank feststellen zu können,

[1051] Vgl. Art. 32 Abs. 2 PHBG.

sollte der Treuhänder dieser eine Frist setzen, bis zu deren Ablauf seine Anweisung erfüllt sein muss.[1052] Die Mitteilungspflicht entsteht spätestens mit dem erfolglosen Ablauf dieser Frist. Der Treuhänder muss die Umsetzung seiner Anweisung allerdings laufend beobachten und auf alle Störungen entsprechend reagieren. Er sollte durch die Bank auch über die zur Erfüllung seiner Anweisung getroffenen Maßnahmen fortlaufend informiert werden.

Lehnt die Bank die Anweisung ab oder gerät deren Umsetzung ins Stocken, so muss der Treuhänder die Bankaufsichtsbehörde unverzüglich, gegebenenfalls auch schon vor Ablauf der gesetzten Frist, in Kenntnis zu setzen. Im Interesse der Pfandbriefgläubiger ist von langwierigen Diskussionen mit der Bank oder von einer Suche nach Kompromisslösungen, die im Ergebnis die Pfandbriefsicherheit beeinträchtigen können, abzusehen. Der Treuhänder soll auch davon absehen, neue Fristen für die Umsetzung seiner Anweisungen zu setzen, und unverzüglich die Bankaufsichtsbehörde informieren, wenn die Hypothekenbank gerade angezeigte Verfehlungen vorsätzlich wiederholt. Dieser Fall liegt etwa dann vor, wenn die Hypothekenbank von dem Treuhänder beanstandete Forderungen im Deckungsregister zuerst löscht, dann diese aber wieder einträgt, ohne die angezeigte Beanstandung zu beseitigen.[1053] Eine solche strenge Handhabung verstärkt die Rechtsstellung des Treuhänders gegenüber der Bank, die dann nicht nur bei der klaren Verweigerung der Erfüllung seiner Anweisungen, sondern auch bei jedem Täuschungsversuch mit der sofortigen Einschaltung der Bankaufsichtskommission rechnen muss.

Neben ihrem Inhalt sollte die Anzeige alle Informationen enthalten, die der Treuhänder seit der Erteilung der Anweisung erhalten hat und die für die Entscheidung der Bankaufsichtsbehörde von Bedeutung sein können. Zu berücksichtigen sind insbesondere Änderungen, die auf eine teilweise erfolgte Umsetzung der Anweisung durch die Bank zurückzuführen sind. Die Anzeige muss jedenfalls den aktuellen Stand der Beanstandungen wiedergeben. Mit der Informationsübergabe an die Bankaufsicht erfüllt der Treuhänder seine gesetzliche Pflicht. Rechtsmittel, mit deren Hilfe er seine Anweisung durchsetzen könnte, stehen dem Treuhänder dabei aber nicht zur Verfügung. Auch mit zusätzlichen Pflichten ist er nicht belastet.

Über weitere Vorgehensweisen hat die Bankaufsichtsbehörde zu entscheiden. Sie ist in keinerlei Hinsicht an die Anweisungen des Treuhänders gebunden. Sie hat die Richtigkeit der in der Anweisung enthaltenen Aussagen zu prüfen und muss sich den Feststellungen des Treuhänders sowie deren Bewertung nicht anschließen.[1054] Nach Art. 32 Abs. 3 PHBG kann sie dann ihre Aufsichtsbefugnisse zur Beseitigung der festgestellten Unregelmäßigkeiten wahrnehmen; ver-

---

[1052] *Drewicz-Tułodziecka/Stöcker*, (2000), 219.
[1053] Vgl. *Drewicz-Tułodziecka/Stöcker*, (2000), 219.
[1054] Vgl. *Mekiński*, Glosa 1/2002, 16.

pflichtet hierzu ist sie aber nicht. Die Aufsichtsbefugnisse der Bankaufsichtskommission regeln das BRG und das NBG.[1055]

bb. Anzeige- und Auskunftspflicht nach deutschem Recht

Die Pflichten des deutschen Treuhänders umfassen sowohl eine Anzeigepflicht (§ 30 Abs. 5 S. 2 HBG) als auch eine Auskunftspflicht (§ 29 Abs. 3 S. 1 HBG).

(1) Anzeigepflicht

Die Anzeigepflicht ist in Deutschland anders geregelt als in Polen. Ausdrücklich ist sie nur für den Fall einer Überschreitung der Umlaufgrenze vorgesehen. § 30 Abs. 5 S. 2 HBG verpflichtet den deutschen Treuhänder, die Bankaufsichtsbehörde über die Überschreitung der in § 7 HBG bestimmten Gesamtpfandbriefumlaufgrenze zu informieren. Wie im polnischen Recht ist die Initiative eines anderen Organs nicht erforderlich, und die Anzeigepflicht entsteht mit der Feststellung der Überschreitung der Umlaufgrenze. Die Klassifizierung der Verletzung der Anzeigepflicht als Untreue des Treuhänders wird in der Literatur mit der Begründung abgelehnt, dass die Überschreitung der Pfandbriefumlaufgrenze für sich alleine keine direkte Gefährdung für die Pfandbriefgläubiger darstellt.[1056]

Die praktische Bedeutung der Anzeigepflicht ist heute gering. Die ursprünglich nahezu singuläre Position des Treuhänders hat sich inzwischen, zum einen durch eine höhere aktive Kontrolldichte der Hypothekenaufsicht (Deckungsprüfung, Sonderprüfung) und zum anderen durch eine Vielzahl von Überwachungsmaßnahmen, die alle Kreditinstitute einschließlich der Hypothekenbanken betreffen, deutlich relativiert. Die Überwachung der Einhaltung der gesetzlichen Umlaufgrenze durch den Treuhänder wird heute durch Eigenkapitalanforderungen, gesteigerte Meldeerfordernisse und Risikomessungsstrukturen deutlich überlagert.[1057]

[1055] Vgl. Artt. 131 Abs. 1; 138; 141 BRG; zu den Aufsichtsmaßnahmen *ad rem* und *ad personam* vgl. *Kaszubski/Olszak*, (2000), 98 ff.; zur allgemeinen Klassifizierung der Aufsichtsmaßnahmen *Bączyk*, (2000), 151 f.; zu den Bankaufsichtsmaßnahmen und deren Arten *Góralczyk* (Red.), (1999), 501 ff., 508 f.; *Fojcik-Mastalska*(*-Góral*), (2002), Art. 138 Anm. 3; *Góral/Karlikowska/-Koperkiewicz-Mordel*(*-Góral*), (2003), 286 ff.

[1056] *Barlet/Karding/Fleischmann* (1964), § 37 HBG Anm. 1 *in fine; Bellinger/Kerl*, (1995), § 37 HBG Rn. 7.

[1057] Zur Effizienzbewertung der Umlaufgrenze S. 274.

(2) Auskunftspflicht

(a) Zweck und Umfang

Mit der Abschaffung der Rechtsinstitution des Staatskommissars durch die HBG-Novelle von 1963 ist dem deutschen Treuhänder eine neue Aufgabe zugewiesen worden. § 29 HBG wurde in seinem Absatz 3 um einen neuen Satz ergänzt, der eine Auskunftspflicht des Treuhänders der Bankaufsichtsbehörde gegenüber vorsieht. Danach muss der Treuhänder der Aufsichtsbehörde auf Anforderung Auskunft erteilen.[1058] Der Umfang der Auskunftspflicht ist ausdrücklich auf den Rahmen der Tätigkeit des Treuhänders beschränkt,[1059] der wiederum durch die gesetzlichen Aufgaben des Treuhänders bestimmt wird. Die Auskunftspflicht darf den Aufgabenkreis des Treuhänders also nicht überschreiten. Damit wird der Gefahr vorgebeugt, den Treuhänder durch die Auskunftspflicht mittelbar mit neuen Prüfungsaufgaben zu belasten. Der Treuhänder kann durch die Bankaufsichtsbehörde also nicht verpflichtet werden, zusätzliche, über seinen gesetzlichen Auftrag hinausgehende Prüfungsaufgaben wahrzunehmen.[1060] In dem so bestimmten Rahmen sollten die Anforderungen der Bankaufsicht zu dem Aufwand des Treuhänders verhältnismäßig bleiben.[1061]

Die Auskunft des Treuhänders dient ausschließlich einer besseren Arbeitseffizienz der Kontroll- und Aufsichtsorgane und deren Zusammenarbeit. Dies ergibt sich aus der weitgehenden Übereinstimmung der Aufgaben des Treuhänders mit der Tätigkeit der Bankaufsichtsbehörde. Abgesehen von wenigen Ausnahmen[1062] nimmt die Bankaufsichtsbehörde weitgehend die gleichen Aufgaben wahr wie der Treuhänder. Die Aufgaben der Bankaufsichtsbehörde gehen allerdings weit über diesen speziellen Aufgabenkreis des Treuhänders hinaus und beschränken sich nicht auf die Überwachung der Deckungsmasse der Pfandbriefe, sondern erfassen auch alle anderen Aktivitäten der Hypothekenbank. Mit der Mitteilung des Treuhänders über die Ergebnisse der von ihm durchgeführten Kontrolle ist allerdings ein großer Teil der Arbeit der Bankaufsichtsbehörde erledigt, sofern sie sich der Auffassung des Treuhänders anschließen kann. Der Treuhänder kann jedenfalls viel besser als die Bankaufsichtsbehörde die Einhal-

[1058] *Hofmann* ((1964), § 29 HBG Rn. 37) findet diese Regelung hinsichtlich des Unabhängigkeitsstatuts des Treuhänders und der Wahrnehmung der Interessen der Pfandbriefgläubiger bedenklich; er sieht auch keinen ausreichenden Grund dafür, dass eine Auskunftspflicht des Treuhänders überhaupt besteht.

[1059] Vgl. *Bellinger/Kerl*, (1995), § 29 HBG Rn. 41.

[1060] Vgl. *Praxl*, (1966), 71.

[1061] Vgl. *Hofmann*, (1964), § 29 HBG Rn. 39.

[1062] Zu dem ausschließlichen Aufgabenkreis des Treuhänders gehören die Verwahrung der Deckungswerte und Urkunden über solche Werte, die Zustimmung zur Löschung der Deckungswerte im Deckungsregister sowie die Ausstellung der Bestätigung über das Vorhandensein der vorschriftsmäßigen Deckung für neue Pfandbriefemission.

tung der vorschriftsmäßigen Deckungsmasse prüfen, weil er im Unterschied zu dieser laufend und vor Ort die Deckungsabläufe beobachtet. Die Auskunft des Treuhänders kann daher die Aufsichtstätigkeit der Aufsichtsbehörde deutlich erleichtern und ist nicht mit einer Berichterstattung der Bank gleichzusetzen.[1063]

Mit der Auskunftserteilung durch den Treuhänder kann eine unnötige, doppelte Belastung der Aufsichtsbehörde also vermieden werden. Eine Rationalisierung der Kontrollarbeit liegt dabei nicht nur im Interesse der Bankaufsicht, sondern auch im Interesse der Hypothekenbank, weil auch diese dadurch ihren Verwaltungsaufwand vereinfachen und verringern kann.

(b) Auskunftsersuchen als Verwaltungsakt

Die Auskunftserteilung hat eine andere Natur als die Anzeigepflicht. Sie erfolgt nicht automatisch beim Auftreten der gesetzlich bestimmten Fälle, sondern auf Anfrage der Aufsichtsbehörde.[1064] Stellt die Bankaufsichtsbehörde ein Auskunftsersuchen, so handelt es sich nicht um eine interne Weisung, sondern um einen Verwaltungsakt. Da das HBG keine besonderen Formanforderungen für das Auskunftsersuchen vorsieht, kann es formlos erfolgen; sowohl eine schriftliche als auch mündliche Form ist also zulässig.[1065] Dementsprechend ist auch die formlose Auskunftserteilung zu akzeptieren. Allerdings sollte die Schriftform bei Vorliegen eines schriftlichen Auskunftsersuchens beachtet werden. Zu seiner Begründung genügt die Berufung auf § 29 Abs. 3 S. 1 HBG. Bei einer Verweigerung der Auskunft, deren Unzulänglichkeit und Unvollständigkeit, kann die Bankaufsicht weder mit Straf- noch Verwaltungsmitteln gegen den Treuhänder vorgehen. Sie kann sich an diesen nur mit dem Ersuchen um eine Ergänzung seiner Auskunft wenden.[1066] Die unberechtigte Verweigerung der Auskunft kann dabei die Abberufung des Treuhänders durch die Aufsichtsbehörde rechtfertigen.[1067]

(c) Auskunftserteilung als einseitiges Informationszugangsrecht der Aufsichtsbehörde

Die Auskunftserteilung eröffnet der Bankaufsichtsbehörde einen einseitigen Informationszugang. Die Bankaufsichtsbehörde kann dem Treuhänder Informationen zur Verfügung stellen, wenn er sie zur Erfüllung seiner Aufgaben benötigt. Einen Anspruch hierauf hat der Treuhänder aber nicht. Im Verhältnis hierzu

---

[1063] *Praxl*, (1966), 71.
[1064] *Hofmann*, (1964), § 29 HBG Rn. 41; *Praxl*, (1966), 72.
[1065] Vgl. *Hofmann*, (1964), § 29 HBG Rn. 42.
[1066] Dies stellt keine Weisung der Aufsichtsbehörde dar, sondern ist Konsequenz ihrer Auskunftsbefugnis; *Hofmann*, (1964), § 29 HBG Rn. 47.
[1067] Vgl. *Hofmann*, (1964), § 29 HBG Rn. 45; *Praxl*, (1966), 74.

obliegt der Bankaufsichtsbehörde ferner die Verschwiegenheitspflicht gemäß § 9 Abs. 1 S. 1 KWG. Der Treuhänder hat zwar einen gesetzlichen Auftrag zu erfüllen, ist aber kein Staatsorgan.[1068] Darüber hinaus ist die einseitige Informationspflicht des Treuhänders von einem gegenseitigen Informationsaustausch zwischen öffentlichen Organen deutlich zu unterscheiden.[1069]

(d) Auskunftspflicht und Weisungsverbot

Die einseitige Auskunftspflicht des Treuhänders bedeutet keine Unterordnung des Treuhänders unter die Bankaufsichtsbehörde. Die in § 29 Abs. 3 S. 2 HBG festgeschriebene Unabhängigkeit des Treuhänders, der an Weisungen der Bankaufsichtsbehörde[1070] nicht gebunden ist, bleibt unberührt.[1071] Die gesetzliche Regelung der Auskunftspflicht ist eher eine Bestätigung dafür, dass der Treuhänder eine unabhängige Stellung gegenüber der Bankaufsichtsbehörde innehat. Wäre er der Bankaufsichtsbehörde untergeordnet, so wäre diese Vorschrift entbehrlich; die Auskunftspflicht ließe sich dann schon aus dem Abhängigkeitsverhältnis ableiten. Da die Auskunftspflicht nur den gesetzlichen Tätigkeitsbereich des Treuhänders umfassen kann und dem Treuhänder darüber hinaus keine neuen Prüfungsaufgaben auferlegen soll, wird das Weisungsverbot als Aufgabenübertragungsverbot (Weisungsverbot im engeren Sinne) bezeichnet.[1072] Das Verbot der Aufgabenübertragung kann aber schon aus dem Sinn des § 29 Abs. 3 S. 1 HBG abgeleitet werden.[1073] § 29 Abs. 3 S. 2 HBG betont dennoch ausdrücklich die unabhängige Stellung des Treuhänders der Bankaufsichtsbehörde gegenüber[1074] und ist nicht eng auszulegen.[1075]

[1068] Zur Rechtstellung des Treuhänders S. 413 ff.

[1069] So beruht etwa die Zusammenarbeit zwischen der Bundesanstalt und der Deutschen Bundesbank nach § 7 KWG sowie zwischen der Deutschen Bank und den anderen Stellen nach § 8 KWG auf dem gegenseitigen Informationsaustausch. Alle Behörden des Bundes und der Länder sind zudem zur gegenseitigen Rechts- und Amtshilfe nach Art. 35 Abs. 1 GG verpflichtet; *Praxl*, (1966), 70.

[1070] Unter Weisungen der Bankaufsichtsbehörde werden nach *Hofmann* ((1964), § 29 HBG Rn. 48) „interne konkrete Verwaltungsanforderungen, die einen individuell bestimmten Sachverhalt betreffen und regeln" verstanden; aA *Praxl* ((1966), 74), der unter Weisungen im Sinne des § 29 Abs. 2 S. 2 HBG externe Verwaltungsakte der Bankaufsicht versteht.

[1071] *Kummert*, in: Handbuch des Realkredits (1963), 733, 810.

[1072] *Praxl*, (1966), 72, 146 f.

[1073] Vgl. *Praxl* ((1966), 72) mit Verweis auf § 28 Abs. 2 SchBkG, der wörtlich mit § 29 Abs. 3 S. 1 HBG übereinstimmt und gleichzeitig auf das ausdrückliche Weisungsverbot verzichtet.

[1074] Vgl. *Bellinger/Kerl*, (1995), § 29 HBG Rn. 15.

[1075] AA *Praxl* ((1966), 86) etwa mit dem Verweis auf die Entstehungsgeschichte des § 29 Abs. 3 S. 2 HBG; vgl. aber das polnische Recht (Art. 29 Abs. 1 PHBG), das das Weisungsverbot ganz unabhängig regelt und keine dem § 29 Abs. 3 S. 1 HBG entsprechende Regelung vorsieht.

Im Ergebnis ist festzuhalten, dass es nicht zu Kollisionen zwischen dem Unabhängigkeitsprinzip und der Verpflichtung zur Auskunftserteilung durch den Treuhänder kommt. Die Auskünfte betreffen nicht die Treuhändertätigkeit als solche, sondern nur die von dem Treuhänder getroffenen Feststellungen und Beobachtungen; diese richten sich an die Bank. Im Übrigen verbirgt sich hinter § 29 Abs. 3 S. 1 HBG nicht eine Pflicht zur Rechenschaftsablegung durch den Treuhänder.[1076]

(e) Auskunftsinitiative

In der Praxis nimmt die Bankaufsichtsbehörde ihre Befugnis zur Einholung von Auskünften kaum in Anspruch.[1077] Dem steht nicht entgegen, dass der deutsche Treuhänder die Auskunft praktisch selbst initiiert, wenn er es für erforderlich erachtet, über bestimmte, insbesondere bedenkliche Beobachtungen zu berichten. Zur Geheimhaltung ist er der Bankaufsichtsbehörde gegenüber nicht verpflichtet und das Verschweigen fragwürdiger Umstände kann von ihm auch nicht erwartet werden;[1078] im Gegenteil muss er im Interesse der Pfandbriefgläubiger die Bankaufsichtsbehörde über Gefahren und bedenkliche Entwicklungstendenzen unverzüglich informieren, auch wenn diese Pflicht im HBG nicht ausdrücklich vorgesehen ist. Da die Auskunftserteilung des Treuhänders dem gleichen Zweck dient wie die in § 29 Abs. 3 KWG geregelte Auskunftspflicht des Abschlussprüfers, sollte sie ähnlich ausgestaltet werden. Die Bankaufsichtsbehörde muss vor allem dann benachrichtigt werden, wenn die von dem Treuhänder angeordneten Maßnahmen keinen Erfolg haben oder - wie es im polnischen Recht (Art. 32 Abs. 2 PHBG) ausdrücklich geregelt ist - von der Bank nicht realisiert werden. Diese Verpflichtung ist insbesondere im Falle der Nichteinhaltung der vorschriftsmäßigen Deckung anzunehmen. Obwohl hier dem Treuhänder - anders als in Polen - mehr Entscheidungsfreiheit überlassen wurde, wird er in der Praxis mit der Benachrichtigung nicht lange zögern und die Bankaufsichtsbehörde umgehend informieren, um einer Haftung zu entgehen.

Letztendlich verfügt die Bankaufsichtsbehörde über die ausreichende Durchsetzungskraft zur Beseitigung des unerwünschten Zustands. Nach § 4 HBG ist sie berechtigt, alle Anordnungen zu treffen, welche erforderlich sind, um den Geschäftsbetrieb der Bank mit den Gesetzen, der Satzung und den sonst in verbindlicher Weise getroffenen Bestimmungen in Einklang zu bringen. Dazu hat sie gemäß § 33 HBG über Streitigkeiten zwischen dem Treuhänder und der Hypothekenbank zu entscheiden.

[1076] *Bellinger/Kerl*, (1995), § 29 HBG Rn. 41.
[1077] *Bellinger/Kerl*, (1995), § 29 HBG Rn. 36.
[1078] *Bellinger/Kerl*, (1995), § 29 HBG Rn. 42.

Der deutsche Gesetzgeber hat - wie im Falle der Anweisungserteilung - den Treuhänder zur Informationspflicht nicht einmal dann ausdrücklich aufgefordert, wenn das Bankgeschäft offensichtlich rechtswidrig ist und den Interessen der Pfandbriefgläubiger schadet. Es ist anzunehmen, dass der deutsche Gesetzgeber diese Pflicht wiederum als selbstverständlich angesehen hat. Die Einführung der ausdrücklichen Anzeigepflicht wäre aber angebracht und würde zur Klarstellung und Verstärkung der Rechtsstellung des Treuhänders beitragen; für die Pfandbriefgläubiger kann sie nur vorteilhaft sein.

cc. Bewertung

Die Mitteilungspflichten des polnischen und deutschen Treuhänders sind gesetzlich unterschiedlich ausgestaltet. Auf den ersten Blick weisen sie daher Unterschiede auf. Bei einer genaueren Betrachtung ist aber festzustellen, dass dem polnischen und deutschen Treuhänder im Ergebnis ähnliche Informationspflichten obliegen.

Der polnische Treuhänder hat die Bankaufsichtsbehörde über das Eintreten bestimmter Fallgestaltungen unverzüglich zu informieren. Diese betreffen die Nichteinhaltung der vorschriftsmäßigen Deckung und die Nichterfüllung der Anweisungen und sind im PHBG ausdrücklich geregelt. Die ausdrücklich bestimmte Anzeigepflicht des deutschen Treuhänders hingegen erfasst die Überschreitung der Pfandbriefumlaufgrenze und hat heute keine praktische Bedeutung mehr. Es besteht aber kein Zweifel, dass der deutsche Treuhänder die Bankaufsichtsbehörde über grobe Rechtsbeeinträchtigungen der Hypothekenbank unverzüglich informieren muss. Das wäre dann der Fall, wenn das Deckungsprinzip verletzt wird oder die von dem Treuhänder gegenüber der Bank angeordneten Maßnahmen keinen Erfolg haben oder von der Bank abgelehnt werden.

Obwohl die ausdrücklich im PHBG geregelten Mitteilungspflichten nicht direkt im HBG geregelt sind, ergeben sie sich aus seiner sinnvollen Auslegung. Eine ausdrückliche Regelung der Anzeigepflicht wie im polnischen PHBG erscheint wünschenswert und würde zur Klarstellung führen sowie indirekt zur Verstärkung der Rechtsstellung des Treuhänders beitragen.

Die Informationspflicht des deutschen Treuhänders geht im Übrigen über diese Anzeigepflicht hinaus und umfasst eine Auskunftspflicht, die der Treuhänder auf Verlangen der Bankaufsichtsbehörde zu erfüllen hat. Diese in § 29 Abs. 3 S. 1 HBG vorgesehene Pflicht ist im PHBG nicht ausdrücklich enthalten. Sie ergibt sich aber materiell aus den gesetzlich bestimmten Anzeigepflichten und aus der Verpflichtung zur monatlichen Vorlage der Abschriften.

b. Abschriftübergabepflicht

aa. Rechtsnatur

Die Bankaufsichtsbehörde ist nicht nur zu benachrichtigen, wenn das Bankgeschäft rechtswidrig ist. Die Informationspflicht umfasst auch die Pflicht zur regelmäßigen Übergabe der Abschriften aus dem Deckungsregister (Art. 31 Abs. 2 S. 1 PHBG, § 22 Abs. 3 S. 1 HBG). Die Ergebnisse der dem Treuhänder obliegenden Kontrolle des Deckungsregisters sind für die Bankaufsicht von großem Interessen. Diese Ergebnisse sind von ihrem Bewertungsstand unabhängig der Bankaufsicht zu übergeben. Die Übergabe der Abschriften erfolgt auch dann, wenn das Deckungsregister vorschriftsgemäß geführt wird; sie ist von der Aufforderung der Bankaufsichtsbehörde unabhängig.

Die Abschriften sind in beiden Rechtssystemen von dem Treuhänder zu beglaubigen. Ihm steht aber nicht das Recht zu, die Bestätigung der Abschriften zu verweigern. Die Beglaubigung hat bloßen Kontrollcharakter.[1079] Bei der Feststellung von Unrichtigkeiten im Deckungsregister hat der Treuhänder die Bankaufsichtsbehörde darüber umgehend zu informieren.

bb. Die Regelmäßigkeit der Abschriftübergabe und deren Inhalt

(1) Polnische Regelung

Der polnische Treuhänder hat die Bankaufsichtskommission regelmäßig über den aktuellen Stand der Eintragungen in das Deckungsregister zu informieren. Nach Art. 31 Abs. 2 PHBG hat er der Bankaufsichtskommission bis zum siebten Tag jedes Monats die von ihm bestätigte, aktuelle Abschrift der Eintragungen im Deckungsregister für den vorigen Monat zu übergeben. Die Abschrift enthält nicht alle vorhandenen Eintragungen, sondern umfasst nur die Änderungen aus dem letzten Monat. Werden keine neuen Änderungen im Deckungsregister vorgenommen, so ist der Treuhänder von der Abschriftübergabe nicht entbunden. In diesem Fall weist die Abschrift auf das Fehlen von Änderungen hin.[1080] Die regelmäßige Berichterstattung des Treuhänders ermöglicht der Bankaufsichtskommission die ständige Einsicht in die Ausgabegrundlage der Pfandbriefe und erleichtert ihre Bewertung sowohl in der laufenden als auch einer langfristigen Perspektive. Die Bankaufsichtskommission hat diese Abschriften mindestens 10 Jahre lang zu verwahren.

[1079] Vgl. *Sokołowski*, PB 3/2002, 73.
[1080] Vgl. *Drewicz-Tułodziecka/Stöcker*, (2000), 216.

(2) Deutsche Regelung

Die Verpflichtung zur Übergabe von Abschriften obliegt auch dem deutschen Treuhänder. Im Unterschied zum polnischen Recht bestimmt das HBG nicht den Zeitraum der Abschriftverwahrung durch die Bankaufsichtsbehörde. Das kann aber nicht bedeuten, dass diese Abschriften auf zu verwahren sind. Die dauerhafte Verwahrung wäre nicht nur unzweckmäßig, sondern auch platzraubend und arbeitsaufwendig. Die Abschriftverwahrung nach der Pfandbrieftilgung ist nicht mehr nötig.

Ferner sind nach § 22 Abs. 3 HBG die Abschriften nicht jeden Monat, sondern halbjährlich vorzulegen.[1081] Das schließt eine häufigere Vorlage von Abschriften natürlich nicht aus. Da die Abschriften heute immer noch in Papierform erstellt werden, kommt es vor, dass Banken die Abschriften alle drei Monate liefern, um technische Probleme mit der Versiegelung des dicken Abschriftumschlags zu vermeiden.

(3) Bewertung

Aufgrund der deutschen Praxis ist festzustellen, dass es unzweckmäßig ist, den polnischen Treuhänder, der ohnehin einen großen Aufgabenbereich hat, jeden Monat mit der Versendung der Abschriften in Papierform zu belasten. Damit entsteht nur ein zusätzlicher Arbeitsaufwand, der die Pfandbriefsicherheit nicht wirklich verbessert. Die Bankaufsichtskommission ist schon wegen der begrenzten Personalkapazität jeden Monat nicht in der Lage, Deckungsmeldungen aus allen Banken zu kontrollieren. Abgesehen davon liegt der Verzicht auf die Papierform nahe und ist wünschenswert.

cc. Neue Abschrift- und Meldeform

(1) Zulässigkeit elektronischer Abschrift- und Meldeform

In beiden Gesetzen gibt es keine nähere Bestimmung über die Form der Abschrift. Die Form, in welcher die Abschrift abzufassen ist, soll im weiteren Sinne verstanden werden. Es sollen also über eine Papierform hinaus moderne, technische Datenträger in Betracht gezogen werden können, soweit sie eine sichere und dauerhafte Verwahrung der gespeicherten Dateien ermöglichen.[1082] In Deutschland findet hier insbesondere § 126 b BGB Anwendung. Danach genügt jede zur dauerhaften Wiedergabe in Schriftzeichen geeignete Form zur Abschriftübergabe.

[1081] So war es auch in Polen; nach Art. 81 Abs. 2 BRV musste die Abschrift aus dem Deckungsregister von dem Regierungskommissar nur zweimal pro Jahr, im Januar und Juli, erstellt werden.
[1082] *Bellinger/Kerl*, (1995), § 22 HBG Rn. 23.

Bei den elektronischen Datenträgern soll insbesondere darauf geachtet werden, dass ihre Verwendung jegliche nachträgliche Manipulationen im gespeicherten Datenbestand ausschließt. Keine Einwände sind etwa gegen die optophysikalische Kopie auf CD-ROM zu erheben. Um künftige Unlesbarkeitsprobleme der gespeicherten Dateien sowie sonstige Datenverluste zu minimalisieren, können mehrere Kopien mühelos hergestellt und getrennt verwahrt werden.

(2) Deutsche EDV-Lösung

Die deutsche Bankaufsichtsbehörde, die BaFin, hat in jüngster Zeit eine EDV-Lösung[1083] für den Import von Beleihungsabschriften und die Erfassung und Auswertung von Deckungsprüfungen erarbeitet. Demnach soll es für Hypothekenbanken zukünftig möglich sein, Beleihungsverzeichnisse auch in elektronischer Form an die BaFin zu übermitteln. Die EDV-Lösung befindet sich gerade in der Erprobungsphase. Als Pilotbank, die an der Erprobung der Lösung teilnimmt, ist die DG HYP vorgesehen. Bei der aktuellen Erprobung der EDV-Lösung steht die Bereitstellung der zu meldenden Daten im richtigen Format im Vordergrund. Als Format für die zu meldenden Daten ist das XML Format von der Bankaufsichtsbehörde vorgeschrieben. Die Meldedaten sollen auch in der bestimmten Struktur erfasst werden. Zur Sicherung der Konsistenz der gemeldeten Daten schreibt die Bankaufsichtsbehörde den Einsatz einer festgelegten Data Type Definition (DTD) vor. Diese dient der inhaltlichen Prüfung auf Einhaltung erwarteter Angaben innerhalb der gemeldeten Daten.

Auf Basis der Vorgaben seitens der Bankaufsichtsbehörde werden gerade verschiedene Alternativen für eine mögliche Implementierung bei der DG HYP erarbeitet, die das Strukturformat und die inhaltliche Prüfung auf Einhaltung erwarteter Angaben durch die XML und DTD Definitionen betreffen. Die technische Übermittlung der Daten wird derzeit noch nicht bearbeitet.

(3) Bewertung

Die Erstellung und Übergabe der Abschriften aus dem Deckungsregister durch den Treuhänder auf elektronischen Datenträgern ist zulässig und führt zur Vereinfachung der Datenverwahrung seitens der Bankaufsichtsbehörde, ohne deren Kontrolle zu beeinträchtigen. Weitere Arbeiten an der elektronischen Abschriftform sind zu unterstützen.

[1083] Zu dem Projekt von *Falkowski*, Pflichtheft, Elektronische Meldung-Beleihungsverzeichnis vom 2.2.2003; http://www2.agens.com.

II. Unmittelbar wirkende Mittel

1. Zustimmung zur Verfügung über Deckungswerte

a. Zweck und Form

Die Eintragung einer neuen Forderung in das Deckungsregister vergrößert die Deckungsmasse der Pfandbriefe und kann den Pfandbriefgläubigern an sich nicht schaden. Daher ist für die Eintragung neuer Deckungswerte die Zustimmung des Treuhänders nicht erforderlich.[1084] Der Treuhänder wird allerdings von der Eintragung benachrichtigt und ist zu ihrer regelmäßigen Nachprüfung verpflichtet. Im Gegensatz zu der Eintragung führt jede Streichung einer Forderung im Deckungsregister, die als eine Art der Verfügung über eingetragene Werte zu verstehen ist, zur Verringerung der Deckungsmasse der Pfandbriefe. Art. 31 Abs. 3 S. 1 PHBG (§ 30 Abs. 4 S. 1, 2 HBG) verlangt zur Streichung daher die schriftliche Zustimmung des Treuhänders.

Die schriftliche Zustimmung ist von dem Treuhänder aber auch bei anderen Verfügungsgeschäften der Hypothekenbank, die die Deckungsmasse schmälern, zu verlangen. Wenig erfreulich ist daher der Wortlaut des Art. 24 Abs. 3 PHBG, der die vorherige schriftliche Zustimmung des Treuhänders nur für Verfügungsgeschäfte der Hypothekenbank vorsieht, welche die im Deckungsregister eingetragenen hypothekarischen Forderungen betreffen. Diese Vorschrift muss sinngemäß in weiterem Sinne ausgelegt werden. Die treuhänderische Zustimmung muss sich - wie im deutschen Recht - auf Verfügungen über alle eingetragenen Deckungswerte, also nicht nur auf diejenigen über Forderungen, sondern auch über Ersatzdeckungswerte und Derivate erstrecken. Das ergibt sich schon aus dem Zweck der Regelung, die ausreichende Deckung für Pfandbriefe zu gewährleisten. Dafür spricht auch die Fassung des Art. 31 Abs. 3 PHBG, in dem von allen Eintragungen im Deckungsregister die Rede ist.

Für die Einhaltung der schriftlichen Form dieser Zustimmung genügt nicht das Faksimile der Unterschrift. Die Zulässigkeit, die eigenhändige Unterschrift durch eine auf mechanische Weise wiedergegebene Nachbildung zu ersetzen, kann nicht vermutet werden, sondern muss *expressis verbis* zugelassen werden.[1085] Ferner handelt es sich bei der Unterzeichnung der Löschung der Deckungswerte nicht um Massenunterschriften, die den Treuhänder überfordern

---

[1084] Dies gilt grundsätzlich auch im deutschen Recht; für die Eintragung eines Derivates wird aber die vorherige Zustimmung des Treuhänders und des Derivatpartners verlangt (§ 22 Abs. 1 S. 2 HBG).

[1085] So aber im Falle der Deckungsbescheinigung; vgl. Art. 6 Nr. 9 S. 2 PHBG, § 30 Abs. 3 S. 2 HBG.

würden, sondern um eine individuelle Unterschrift, die die einzelne Entscheidung des Treuhänders dokumentiert.[1086] Die Zustimmung des Treuhänders kann aber durch seine lesbare Unterschrift bei der Streichungsanmerkung erfolgen.[1087] Um die Zustimmung nach außen deutlich zu machen, sollen die zu löschenden Deckungswerte aus dem in EDV-mäßiger Form geführten Deckungsregister ausgedruckt werden. Die Zustimmung kann auch in elektronischer Form abgegeben werden, soweit erforderliche Sicherheitsbedingungen erfüllt sind.[1088]

b. Voraussetzungen für die Zustimmung

Der Treuhänder kann der Verfügung über Deckungswerte nur dann zustimmen, wenn das Interesse der Pfandbriefgläubiger dadurch nicht gefährdet wird. Dabei ist er an die gesetzlichen Anforderungen gebunden. Hier wird ihm kein Ermessenspielraum gelassen. Vor jeder Streichung muss der Treuhänder vor allem prüfen, ob die Streichung gerechtfertigt ist, ob also die Summe der übrigen Deckungsforderungen die vorschriftsmäßige Deckung weiterhin gewährleistet. Der Treuhänder darf seine Zustimmungsbefugnis dabei nicht missbrauchen und kann von der Hypothekenbank die Einhaltung von höheren als gesetzlich bestimmten Sicherheitsstandards nicht verlangen. Er kann die Löschung von Deckungswerten also nicht verweigern, wenn sich aus der Kontrolle der vorhandenen Deckungsmasse sowie aus der zukunftsorientierten Simulation (Stresstest)[1089] ergibt, dass die übrigen eingetragenen Werte zur Deckung der Ansprüche aus Pfandbriefen und Derivaten ausreichen[1090] oder wenn die Hypothekenbank eine andere vor-

[1086] Zum deutschen Recht *Bellinger/Kerl*, (1995), § 30 HBG Rn. 30.

[1087] Vgl. Art. 31 Abs. 3 S. 2 PHBG; § 30 Abs. 4 S. 2 HBG.

[1088] Nach Art. 78 § 2 ZGB ist die elektronische Unterschrift, die mit Hilfe eines gültigen und qualifizierten Zertifikats verifizierbar ist, der schriftlichen Form gleich; die Bedingungen der Anwendung der elektronischen Unterschrift und deren Rechtsfolgen bestimmt das Gesetz vom 18.9.2001 über die elektronische Unterschrift (Dz.U. 2001 Nr. 130, Pos. 1450), zuletzt geändert durch Art. 68 des Gesetzes vom 20.4.2004 (Dz.U. 2004 Nr. 96, Pos. 959). Auch kann die schriftliche Form nach § 126 a Abs. 1 BGB durch eine elektronische ersetzt werden; die Erklärung muss dann mit einer qualifizierten elektronischen Signatur nach dem Gesetz über Rahmenbedingungen für elektronische Signaturen vom 16.5.2001 (Signaturgesetz - SigG), (BGBl. 2001 I 876), zuletzt geändert durch Art. 2 des Gesetzes über Rahmenbedingungen für elektronische Signaturen und zur Änderung weiterer Vorschriften vom 16.5.2001 (BGBl. 2001 I 876) versehen werden. Dabei ist die elektronische Form keine eigenständige Form, sondern ein Sonderfall der Schriftform; *Palandt(-Heinrichs)*, (2005), § 126 a BGB Rn. 1.

[1089] Im deutschen Recht ist in § 4 S. 4 HypBarwertV ausdrücklich geregelt, dass die Deckungsmasse nur dann vermindert werden darf, wenn das Ergebnis des Stresstests auch danach keine barwertige Unterdeckung ausweist.

[1090] Im deutschen Recht muss allerdings zuzüglich eine sog. sichernde Überdeckung vorhanden sein; hierzu S. 255 f.

schriftsmäßige Deckung beschafft.[1091] Andererseits sollte er die Löschung der Deckungswerte im Register verlangen, wenn die eingetragene Forderung zurückgezahlt, nicht vorschriftsgemäß gesichert oder aus anderen Gründen nicht deckungsfähig ist.[1092]

c. Verweigerungsrecht und seine Folgen

Der Treuhänder verweigert seine Zustimmung, wenn die Voraussetzungen zu ihrer Erteilung nicht erfüllt sind. Die Verweigerung wird die Hypothekenbank zum Handeln zwingen. Wie die Treuhänderanweisung ist auch die Verweigerung des Treuhänders zur Verfügung über Deckungswerte kein Verwaltungsakt. Ist die Hypothekenbank mit der Entscheidung des Treuhänders nicht einverstanden, so kann sie sich an die Bankaufsichtsbehörde wenden, die dann nach Art. 29 Abs. 2 PHBG (§ 33 HBG) über Streitigkeiten zwischen dem Treuhänder und der Hypothekenbank zu entscheiden hat. Durch Geschäftsverzögerungen muss die Hypothekenbank auch bei einer positiven Entscheidung im Streitverfahren mit wirtschaftlichen Verlusten rechnen, für die der Treuhänder unter Umständen, insbesondere wenn er dies vorsätzlich tut, haften kann.

d. Rechtswidrige Verfügung

aa. Verfügung ohne treuhänderische Zustimmung

(1) Allgemeines

Sowohl das PHBG als auch das HBG regeln die Folgen einer Verfügung über Deckungswerte ohne die Zustimmung des Treuhänders nicht. Es ist anzunehmen, dass die willkürliche Löschung aller Deckungswerte ohne erforderliche Zustimmung das Insolvenzvorrecht der Pfandbriefgläubiger sowie der Derivatpartner nicht beeinträchtigen kann, solange der Deckungswert der Hypothekenbank gehört. Die fehlende Zustimmung des Treuhänders bewirkt aber keine Verfügungsbeschränkung gegenüber Dritten.[1093] Man könnte zwar daran denken, die Verfügungen solange für unwirksam zu erklären, bis eine Zustimmung des Treuhänders erfolgt.[1094] Dieser Weg wird beispielsweise im Minderjährigenrecht [1095]

[1091] Diese Verpflichtung ist dem deutschen Treuhänder ausdrücklich auferlegt (§ 31 Abs. 2 S. 1 HBG).

[1092] Etwa infolge einer erheblichen Wertverringerung der beliehenen Liegenschaft durch eine Naturkatastrophe.

[1093] Zum deutschen Recht *Bellinger/Kerl*, (1995), § 22 HBG Rn. 29.

[1094] Die Zustimmung ist im Sinne des BGB und damit der §§ 182 ff. eine Einverständniserklärung, die nachträglich als Genehmigung, vorher als Einwilligung zu qualifizieren ist; *Palandt* oder bei Fehlen einer erforderlichen Zustimmung des vorläufigen Insolvenzverwalters[1096] eingeschlagen. Im Unterschied zu den aufgeführten Fällen fehlen derzeit aber gesetzliche Anknüpfungspunkte für eine schwebende Unwirksamkeit von Verfügungen der Hypothekenbank über Deckungswerte ohne die Zustimmung des Treuhänders. Weder das PHBG noch das HBG geben darauf einen Hinweis. Im Gegenteil, § 31 Abs. 2 S. 2 HBG besagt, dass der Treuhänder diejenigen Werte, auf die ein Herausgabeanspruch besteht, herauszugeben hat, selbst wenn die Deckungsmasse nicht ausreicht. *De lege lata* kann die Rechtskonstruktion der schwebenden Unwirksamkeit bei der Treuhänderzustimmung daher keine Anwendung finden.[1097]

Damit ist klar, dass die rechtliche Durchsetzung der Treuhänderzustimmung ausschließlich bei der Verfügung über Deckungshypotheken durch die Grundbucheintragung einer besonderen Sperranmerkung gewährleistet ist.[1098] Ansonsten sieht das PHBG keine rechtliche Verfügungssperre über sonstige Deckungswerte vor. Auch im deutschen Recht ist die Verfügungssperre durch eine Treuhänderverwahrung nur teilweise effizient. Der Verfügungsausschluss über alle Deckungswerte ist im polnischen so wie auch im deutschen Recht letztendlich in internen, organisatorischen Bankkontrollmaßnahmen zu suchen.[1099]

(2) Polnische Regelung

Für die Verfügung über Deckungswerte ohne Zustimmung des Treuhänders haftet die Hypothekenbank, wobei die Verantwortung den dafür bestimmten Personen, in der Regel Vorstandsmitgliedern oder nach der bankinternen Geschäftsver-

---

(*-Heinrichs*), (2005), Einf v § 182 BGB Rn. 1; dieses gilt auch für die Zustimmung im Sinne des § 21 Abs. 2 Nr. 2 Var. 2 InsO, *Mankowski*, NZI 2000, 572, 575.

1095 Nach Art. 18 § 1 ZGB hängt die Rechtswirksamkeit eines von einem beschränkt Geschäftsfähigen ohne die erforderliche Einwilligung des gesetzlichen Vertreters abgeschlossenen Vertrages von dessen Genehmigung ab; zum deutschen Recht § 108 Abs. 1 BGB. Zu Verfügungen von Minderjährigen ohne Zustimmung der Sorgeberechtigten *Palandt*(*-Heinrichs*), (2005), Überbl v § 104 BGB Rn. 32 mwN zu anderen Fällen.

1096 Vgl. § 21 Abs. 2 Nr. 2 Var. 2 InsO. Hierbei besteht u.a. aus dem Grund, dass eine nachträgliche Genehmigung des vorläufigen schwachen Insolvenzverwalters die Verfügung *ex tunc* wirksam macht, nur eine schwebende und keine dauernde Unwirksamkeit, *Mankowski*, NZI 2000, 572, 573 f.; *Uhlenbruck*(*-Uhlenbruck*), (2003), § 22 InsO Rn. 13.

1097 *De lege ferenda* könnte man erwägen, diese Regelung einzuführen. Dies würde dem Treuhänder ein sehr effektives unmittelbar auch gegen den Dritten wirkendes Mittel geben. Dagegen spricht allerdings die Tatsache, dass damit das Vertrauen des Geschäftsverkehrs in die Wirksamkeit von Handlungen der Hypothekenbank beeinträchtigt werden könnte. Geschäftspartner wüssten nicht mehr, ob die Verfügungen der Hypothekenbank ihnen gegenüber tatsächlich wirksam sind; das könnte dazu führen, dass man sich eher an andere Banken wendet.

1098 Vgl. Art. 24 Abs. 2 PHBG iVm Art. 16 Abs. 2 Nr. 5 GGH.

1099 Hierzu S. 291 f.

teilung beauftragten Mitarbeitern der Bank, zuzuordnen ist. Es kommt hier sowohl eine straf- als auch zivilrechtliche Haftung in Frage. Die Streichung im Deckungsregister als eine Art der Verfügung sowie sonstige Verfügungen über im Deckungsregister eingetragene Deckungswerte ohne Zustimmung des Treuhänders verletzen die in Art. 31 Abs. 3 PHBG und in Art. 24 Abs. 3 PHBG bestimmten Pflichten und erfüllen damit die Tatbestandmerkmale des Art. 37 PHBG. Der in Art. 37 Abs. 1 PHBG verwendete Ausdruck „bei der Ausgabe" ist nicht nur auf den Zeitraum zu beschränken, den man zur Pfandbriefausgabe braucht, sondern umfasst die ganze Refinanzierungszeit bis zur Pfandbrieftilgung.

Die in Art. 37 PHBG genannte Straftat ist mit einer Geldstrafe bis zu 50.000 PLN und einer Freiheitsstrafe von 6 Monaten bis zu 5 Jahren bedroht. Bei einer fahrlässigen Begehung wird die Strafe entsprechend gemildert. Der Täter unterliegt dann der Geldstrafe, der Freiheitsbeschränkungsstrafe[1100] oder der Freiheitsstrafe bis zu 2 Jahren.[1101] Es ist anzunehmen, dass für die Strafhaftung der Mangel der Zustimmung des Treuhänders allein nicht genügt, sondern zumindest die Gefährdung der vorschriftsmäßigen Pfandbriefdeckung vorliegen muss. Für zugefügte Schäden kann die Hypothekenbank zusätzlich zivilrechtlich haften. Der Treuhänder ist bei einer Feststellung der rechtswidrigen Streichung dagegen verpflichtet, die Bankaufsichtsbehörde unverzüglich zu informieren.

(3) Deutsche Regelung

Bei einer rechtswidrigen Verfügung über eingetragene Deckungswerte durch eine Veräußerung oder Belastung findet im deutschen Recht § 37 Abs. 2 Nr. 1 HBG Anwendung. Die Strafbarkeit hängt nicht direkt vom Mangel der treuhänderischen Zustimmung ab. Die Verfügung muss aber wissentlich und zum Nachteil der Pfandbriefgläubiger oder Derivatgläubiger[1102] erfolgen. Darüber hinaus erfüllt eine Verfügung ohne Zustimmung des Treuhänders, die die vorschriftsmäßige

---

[1100] Das polnische Strafgesetzbuch sieht in Art. 32 neben der Geldstrafe und der Freiheitsstrafe eine Freiheitsbeschränkungsstrafe vor. Soweit gesetzlich nichts anders bestimmt ist, beträgt die Freiheitsbeschränkungsstrafe zwischen einem und zwölf Monaten. Der Verurteilte kann (1) während des Vollzuges der Freiheitsbeschränkungsstrafe ohne die Genehmigung des Gerichts den Ort seines ständigen Aufenthaltes nicht verlassen und ist zudem verpflichtet, (2) die von dem Gericht bestimmte Arbeit auszuüben und (3) Erklärungen über den Verlauf des Strafvollzuges zu erteilen (vgl. Art. 34 § 2 polStGB). Spricht das Gericht eine Freiheitsbeschränkungsstrafe aus, so kann der Verurteilte unter die Aufsicht eines Kurators oder einer Person öffentlichen Vertrauens, eines Vereins, einer Institution oder einer gesellschaftlichen Organisation gestellt werden. Zu den Aufgaben dieser Institutionen gehören dabei entweder die Erziehungsvorsorge und Demoralisierungsvorbeugung oder die Hilfe für die Verurteilten. Zudem können dem Verurteilten auch andere Pflichten auferlegt werden (vgl. Art. 36 polStGB).

[1101] Art. 37 Abs. 3 PHBG.

[1102] Vgl. § 6 Abs. 6 S. 2 HBG.

Deckung erhält und für die Pfandbriefgläubiger oder Derivatpartner nicht nachteilig ist, die Straftatmerkmale des § 37 Abs. 2 Nr. 1 HBG nicht.

Ferner muss sich der Täter über die Folgen seiner Handlung bewusst sein. Bedingter Vorsatz reicht für die Bestrafung nicht aus. Keine Voraussetzung für die Bestrafung ist ein entgeltlicher Charakter der Verfügung.[1103] Zudem wird nicht jede Verfügung bestraft, sondern nur diejenige, die für die Pfandbriefgläubiger und Derivatpartner der Hypothekenbank nachteilig ist. Das ist vor allem dann der Fall, wenn die Deckungsmasse infolge der Verfügung so geschmälert wird, dass die übrigen eingetragenen Deckungswerte für die vorschriftsmäßige Pfandbriefsicherung nicht mehr ausreichen. In erster Linie muss also dafür gesorgt sein, dass die Verfügung dem sichernden Barwertüberdeckungsprinzip standhält. Darüber hinaus müssen grundsätzlich auch alle anderen quantitativen Limits beachtet werden, wobei die Überschreitung der 10 % - Ersatzdeckungsgrenze nicht wirklich als Nachteil für die Pfandbriefdeckung zu bewerten ist. Ihre Nichteinhaltung erfüllt daher nicht den Straftatbestand des § 37 Abs. 2 Nr. 1 HBG. Das Gleiche gilt für den Ersatz der Deckungshypothek durch die infolge ihrer Rückzahlung erfolgte Deckungseintragung der erhaltenen Ersatzwerte.[1104] Eine bloße schuldrechtliche Verpflichtung zur Verfügung bleibt ebenfalls straflos. Die strafbare Verfügung stellt dabei lediglich das dingliche Rechtsgeschäft dar.[1105]

Die Begehung der in § 37 Abs. 2 Nr. 1 HBG bestimmten Straftat wird mit Freiheitsstrafe bis zu einem Jahr oder mit Geldstrafe bestraft. Die Höhe der Geldstrafe ist zwar nicht im HBG bestimmt. Hierfür gelten aber die allgemeinen Bestimmungen der §§ 40 ff. StGB, die die Geldstrafe und die Höhe dieser regeln. Dabei kann neben der Freiheitsstrafe die Geldstrafe nach § 41 StGB verhängt werden.[1106]

Neben der Strafhaftung kann der Täter auch nach allgemeinen zivilrechtlichen Grundsätzen zur Haftung herangezogen werden. Maßgebend hierfür ist das Deliktrecht. Danach besteht eine Schadensersatzpflicht nach § 823 Abs. 1 BGB, sofern jemand vorsätzlich oder fahrlässig Eigentum oder ein sonstiges Recht eines anderen widerrechtlich verletzt. Nach Absatz 2 gilt dasselbe bei der Verletzung eines Schutzgesetzes. Schutzvorschriften in diesem Sinne sind die Bestimmungen der §§ 30 - 32 HBG.[1107] Zudem kommt eine Haftung nach § 826

[1103] *Barlet/Karding/Fleischmann*, (1964), § 37 HBG Anm.5; *Bellinger/Kerl*, (1995), § 37 HBG Rn. 17.

[1104] Vgl. § 31 Abs. 2 S. 2, Hs. 2 HBG.

[1105] *Barlet/Karding/Fleischmann*, (1964), § 37 HBG Anm. 6; *Bellinger/Kerl*, (1995), § 37 HBG Rn. 18.

[1106] Zu § 41 StGB *Tröndle/ Fischer(-Fischer)*, (2004), § 41 StGB Rn. 1 - 8.

[1107] Vgl. *Dannenbaum*, (1928), § 29 HBG Anm. 7; *Hofmann*, (1964), § 29 HBG Rn. 8; *Bellinger/-Kerl*, (1995), § 29 HBG Rn. 10.

BGB in Betracht, wenn der Täter eine sittenwidrige vorsätzliche Schädigung verursacht. In all diesen Fällen ist der Schaden nach §§ 249 ff. BGB zu bestimmen.

bb. Verfügung mit treuhänderischer Zustimmung

(1) Allgemeines

Erfolgt die Verfügung über Deckungswerte, insbesondere die Streichung im Deckungsregister, mit der Zustimmung des Treuhänders, obwohl die Voraussetzungen dafür nicht gegeben waren, so kann sich der Treuhänder strafbar machen, wenn ein Straftatbestand erfüllt wird. Durch seine Zustimmung verfügt er zwar nicht direkt über die Deckungswerte, bewilligt und erleichtert mit seinem Verhalten aber die Begehung der Straftat. Daher wäre seine Bestrafung als Gehilfe denkbar. Erfüllt sein Verhalten zusätzlich den Tatbestand einer anderen Straftat, so kommt es zur Idealkonkurrenz.[1108] Nach dem Absorptionsprinzip wird in diesem Fall - also bei mehreren Straftaten einer Person - die Strafe nach dem Gesetz verhängt, das die schwerste Strafe androht.[1109] Darüber hinaus kommt neben der sofortigen Abberufung des Treuhänders ebenfalls eine zivilrechtliche Haftung in Frage.

(2) Polnische Regelung

Das Gesetz hat dem Treuhänder die Befugnis eingeräumt, fremde Vermögensinteressen wahrzunehmen. Der Missbrauch dieser Befugnis oder die Verletzung der dem Treuhänder obliegenden Pflicht, die zu wesentlichen Schäden der Pfandbriefgläubiger führt, deren Vermögensinteressen der Treuhänder an sich wahrnehmen soll, erfüllt den Tatbestand des Art. 296 polStGB. Diese Straftat erfüllt den Missbrauch des Vertrauens (Untreue) und wird als ein Verbrechen gegen den Wirtschaftsverkehr klassifiziert. Voraussetzung für die strafrechtliche Verantwortung ist die Zufügung eines wesentlichen Schadens. Schon eine Beeinträchtigung der Pfandbriefsicherheit, die das Vertrauen der Investoren missbraucht und negative wirtschaftliche Folgen für das ganze Pfandbriefsystem verursacht, ist als wesentlicher Schaden anzusehen und somit zu bestraften. Eine Insolvenz der Deckungsmasse ist aber nicht erforderlich. Dem Täter droht grundsätzlich eine Freiheitsstrafe von 3 Monaten bis zu 5 Jahren. Die Höhe der Strafe wird im Einzelnen geregelt.[1110]

[1108] Vgl. Art. 11 polStGB; § 52 StGB.

[1109] Art. 11 Abs. 3 polStGB; § 52 Abs. 2 StGB.

[1110] (1) Begeht der Täter die Straftat, um einen Vermögensvorteil zu erreichen, so wird die Freiheitsstrafe erhöht und auf 6 Monaten bis 8 Jahre angesetzt. (2) Hat der Täter einen Vermögens-

Zusätzlich kann der Treuhänder der zivilrechtlichen Haftung (*ex delicto*) unterzogen werden. Anwendung finden dabei die allgemeinen Vorschriften über unerlaubte Handlungen des polnischen Zivilgesetzbuchs.[1111]

(3) Deutsche Regelung

Die Zustimmung des Treuhänders zur Streichung der Deckungswerte, ohne Gewährleistung der vorschriftsmäßigen Pfandbriefdeckung ist auch nach deutschem Recht ein Missbrauch seiner Befugnis und eine Pflichtverletzung seitens des Treuhänders. Ein solches Handeln des Treuhänders fügt den Pfandbriefgläubigern Nachteile zu und erfüllt die Tatbestandsmerkmale des § 266 StGB. Der Nachteil im Sinne des § 266 StGB richtet sich hier nach § 37 Abs. 2 Nr. 1 HBG. Ein Nachteil für die Pfandbriefgläubiger stellt schon die bloße Gefährdung ihrer Vermögensinteressen dar. Der Ausfall der Pfandbriefgläubiger ist dabei - so wie im polnischen Recht - nicht erforderlich. Es genügt, wenn infolge der Streichung beispielsweise die quantitativen Limits für die Indeckungnahme der Neubau- und Bauplatzhypotheken nicht mehr eingehalten werden. Strafbar ist also bereits die Nichtbeachtung der vorschriftsmäßigen Deckung, die die Sicherheitsstandards der Pfandbriefe mindert.[1112] Die Untreue des Treuhänders setzt eine zumindest bedingt vorsätzliche Handlung oder Unterlassung voraus. Die Tat wird mit einer Freiheitsstrafe bis zu 5 Jahren oder mit Geldstrafe geahndet.[1113]

Unabhängig davon kommt ebenfalls eine zivilrechtliche Haftung (*ex delicto*) in Frage, die mangels einer besonderen Regelung ebenso wie im polnischen Recht auf allgemeinen Deliktsrechtsregeln beruht. Der Treuhänder haftet nach §§ 823, 826 BGB.

2. Zustimmung zur neuen Pfandbriefausgabe

a. Zweck und Form

Die Eintragung der Forderungen im Deckungsregister bedeutet nicht, dass diese sogleich auch die Grundlage für eine neue Pfandbriefemission bilden können,

---

schaden in großem Umfang angerichtet, so erhält er eine Freiheitsstrafe von einem Jahr bis zu 10 Jahren. (3) Bei Fahrlässigkeit wird die Strafe gemildert und darf 3 Jahren nicht überschreiten. (4) Letztendlich bleibt derjenige unbestraft, der vor der Einleitung des Strafverfahrens freiwillig den angerichteten Schaden in vollem Umfang wieder gut gemacht hat.

[1111] Vgl. Artt. 415 ff. ZGB.

[1112] Vgl. *Barlet/Karding/Fleischmann*, (1964), § 37 HBG Anm. 1; *Bellinger/Kerl*, (1995), § 37 HBG Rn. 4.

[1113] Bei besonders schweren Fällen kann eine Freiheitsstrafe von 6 Monaten bis zu 10 Jahren verhängt werden; §§ 243 Abs. 2; 247; 248 a und 263 Abs. 3 StGB gelten entsprechend.

dass sie also deckungsfähig sind. Dies muss erst von dem Treuhänder geprüft werden und folgt aus Art. 30 Nr. 5 PHBG, der den Treuhänder zur Überprüfung der vorschriftsmäßigen Sicherheit für die geplante Ausgabe der Pfandbriefe sowie zu der Durchführung der entsprechenden Eintragungen in das Deckungsregister verpflichtet. Art. 30 Nr. 5 PHBG entspricht § 30 Abs. 3 S. 1 HBG, nach dem der Treuhänder die Hypothekenpfandbriefe vor der Ausgabe mit einer Bescheinigung über das Vorhandensein der vorschriftsmäßigen Deckung und über die Eintragung in das Deckungsregister zu versehen hat. In beiden Rechtsordnungen bedarf es bei jedem neuen Passivgeschäft also der Zustimmung des Treuhänders, der der Hypothekenbank „grünes Licht" für das neue Refinanzierungsgeschäft geben muss. Damit wird die Kontrolle der vorschriftsmäßigen Pfandbriefdeckung durch den Treuhänder vor der Pfandbriefemission gewährleistet und einer Rechtsbeeinträchtigung vorgebeugt.

Die Form der Zustimmung ist weder im PHBG noch im HBG geregelt. Während aber Art. 30 Abs. 5 PHBG lediglich über die Überprüfung der vorschriftsmäßigen Sicherheit spricht, ist in § 30 Abs. 3 S. 1 HBG von einer Deckungsbescheinigung die Rede. Trotz der unterschiedlichen Fassung beider Vorschriften kommt man aber zu dem gleichen Ergebnis. Das Bestehen der vorschriftsmäßigen Deckung für die neue Pfandbriefemission muss der Treuhänder mit seiner Unterschrift auf den Pfandbriefurkunden bestätigen.[1114]

Die Unterschrift des Treuhänders, die eine der Inhaltsanforderungen des Pfandbriefes ist,[1115] kann nach Art. 6 Nr. 9 S. 2 PHBG (§ 30 Abs. 3 S. 2 HBG) auf mechanische Weise wiedergegeben werden. Anders also als bei der Zustimmung des Treuhänders zur Löschung der Deckungswerte muss die Unterschrift hier nicht handschriftlich erfolgen. Auch ein Faksimile genügt. Dabei muss der Treuhänder auf die sorgfältige Verwahrung des Faksimilestempels achten, um seine Verwendung durch Dritte auszuschließen. Bei der entmaterialisierten Form des polnischen Pfandbriefes ist die Unterschrift des Treuhänders auf der Pfandbriefurkunde nicht möglich, weil es keine Urkunde gibt. Das Bestehen einer ordnungsgemäßen Deckung wird hier durch eine besondere Bescheinigung oder durch eine elektronische Signatur des Treuhänders bestätigt.[1116]

[1114] Vgl. *Bellinger/Kerl*, (1995), § 30 HBG Rn. 21; *Drewicz-Tułodziecka/Stöcker*, (2000), 214.

[1115] Zum Inhalt des Pfandbriefes S. 66 ff.

[1116] Problematisch erscheint in diesem Zusammenhang die Ausstellung eines Depotzeugnisses, das die Unterschrift des Treuhänders enthält (vgl. Art. 7 Abs. 2 PHBG iVm Art. 6 Nr. 9 PHBG). Die Information über die von dem Treuhänder geprüfte Deckung sollte in diesem Fall als ausreichend angesehen werden. Die Unterschrift des Treuhänders wird von *Heropolitańska/Michalski* ((2001), 521) nicht als eine der „Daten" angesehen, von denen in Art. 7 Abs. 2 PHBG die Rede ist.

b. Voraussetzungen für die Zustimmung

Der Treuhänder darf nur zustimmen, wenn die Deckungsmasse infolge der neuen Emission allen quantitativen und qualitativen Anforderungen nach dem Gesetz entspricht. Das Gesamtvolumen der bereits umlaufenden und geplanten Pfandriefe darf weiterhin den Bestand der Deckungswerte nicht überschreiten. Die Hypothekenbank muss daher vor einer neuen Emission über eine ausreichende Überdeckung verfügen. Der Treuhänder hat zu prüfen, ob die vorhandene Deckungsmasse für die neue Emission ausreicht. Um das festzustellen, muss er sowohl Eintragungen im Deckungsregister als auch den laufenden Kontrollbuchstand kontrollieren. Die quantitative Prüfung begrenzt sich nicht nur auf die Einhaltung des Deckungsprinzips, sondern umfasst auch alle sonstigen Quantitätsgrenzen. Die qualitativen Anforderungen der eingetragenen Forderungen sollten regelmäßig geprüft werden. Bei der Berechnung der quantitativen Limits darf der Treuhänder ausschließlich das qualitativ geprüfte Volumen berücksichtigen, wenn auch diese Prüfung nur stichprobenmäßig durchgeführt werden kann. Nur die Erfüllung aller gesetzlich bestimmten Sicherungsbedingungen durch die Hypothekenbank berechtigt den Treuhänder zur Genehmigung der neuen Pfandbriefemission.

c. Verweigerungsrecht und seine Folgen

Sind die gesetzlichen Voraussetzungen zur Pfandbriefausgabe nicht erfüllt, reicht insbesondere die Deckungsmasse zur Sicherung nicht aus, so muss der Treuhänder seine Unterschrift auf den neuen Pfandbriefen verweigern. Das Fehlen der Zustimmung des Treuhänders verhindert das neue Refinanzierungsgeschäft und kann wirtschaftlich negative Folgen für den Emittenten haben. Damit hat der Treuhänder ein wichtiges Rechtsinstrument - das Vetorecht - erhalten, das seine Rechtsposition stärkt.

Die Verweigerung der Unterschrift hat den gleichen Rechtscharakter wie die Anweisung des Treuhänders und die Verweigerung seiner Zustimmung zur Verfügung über Deckungswerte. Die Verweigerung der Unterschrift ist deshalb ebenfalls kein Verwaltungsakt. Die Hypothekenbank kann sich gegen diese Entscheidung des Treuhänders wehren und den gleichen Weg gehen wie bei der Verweigerung der Streichung im Deckungsregister. Sie kann sich an die Bankaufsicht wenden. Dies wird aber nur dann Erfolg versprechen, wenn der Treuhänder unbegründet und rechtswidrig handelt. Verweigert der Treuhänder seine Zustimmung tatsächlich bösgläubig, so ist er abzuberufen und muss mit einer Haftung rechnen.[1117]

[1117] Die Haftung des deutschen Treuhänders der Bank gegenüber kann aber nicht auf § 823 Abs. 2 BGB gestützt werden, denn die Bank kann sich nicht auf §§ 29 ff. HBG als Schutzgesetze berufen.

Die Zustimmung zur neuen Pfandbriefemission kann nicht durch eine Entscheidung der Bankaufsichtsbehörde ersetzt werden. Sie gehört zu den dem Treuhänder ausschließlich vorbehaltenen Aufgaben. Genehmigt die Bankaufsichtsbehörde die neue Pfandbriefemission im Streitverfahren zwischen dem Treuhänder und der Hypothekenbank, so ist ihre Entscheidung von dem Treuhänder zu respektieren.[1118] Dies berührt seine Unabhängigkeit nicht. Der Treuhänder kann die Streitentscheidung der Bankaufsichtsbehörde im Verwaltungsrechtsweg anfechten, wenn er sie für gesetzeswidrig oder unrichtig hält.[1119]

d. Rechtswidrige Pfandbriefausgabe

aa. Pfandbriefausgabe ohne treuhänderische Zustimmung

(1) Allgemeines

Verweigert der Treuhänder einer neuen Pfandbriefemission seine Zustimmung, so hat dies nicht die Unwirksamkeit der Pfandbriefe zur Folge. Dem Berechtigten muss ein Anspruch auf die Erstellung einer einwandfreien Urkunde eingeräumt werden.

(2) Polnische Regelung

Eine Pfandbriefemission durch eine berechtigte Hypothekenbank führt zur Strafhaftung, wenn die vorschriftsmäßige Deckung nicht vorhanden ist. Dieses ist der Fall, wenn die in den Artt. 17 - 19 und 22 - 24 PHBG bezeichneten Pflichten bei der Pfandbriefausgabe verletzt werden. Die Ausgabe von Pfandbriefen ohne Unterschrift des Treuhänders genügt an sich selbst also für die Bestrafung nicht. Der Tatbestand des Art. 37 Abs. 1 PHBG ist erfüllt, wenn der Emittent die Gesamtpfandbriefumlaufgrenze, die Deckungskongruenz oder die Ersatzdeckungsgrenze nicht einhält, das Wechselkursrisiko nicht beschränkt, den Hypothekenbank-Beleihungswert einer Liegenschaft nicht vorschriftsmäßig ermittelt, die quantitative Grenze für Indeckungnahme von Neubau- Bauplatzhypotheken überschreitet oder die Grundsätze der Deckungsregisterführung verletzt. Zudem kann bei einer Fälschung der Unterschrift des Treuhänders Art. 270 § 1 polStGB (Verbrechen gegen Glaubwürdigkeit der Dokumente) bzw. Art. 310 Abs. 1 polStGB (Verbrechen gegen Wertpapierumlauf) zur Anwendung kommen.

Anders als die Pfandbriefgläubiger, in deren Interesse die Aufgaben des Treuhänders konkret in §§ 30 - 32 HBG geregelt wurden und die Schutzgesetze im Sinne des § 823 Abs. 2 BGB sind; *Bellinger/Kerl*, (1995), § 29 HBG Rn. 13.

[1118] *Praxl*, (1966), 84 f.

[1119] *Praxl*, (1966), 94.

(3) Deutsche Regelung

Der deutsche Gesetzgeber differenziert zwischen dem Inverkehrbringen der Pfandbriefe über ihren Deckungsstock hinaus und dem Inverkehrbringen der Pfandbriefe ohne treuhänderische Bescheinigung.

Die erste Handlung ist in § 37 Abs. 1 HBG als Straftat klassifiziert; sie wird mit einer Freiheitsstrafe bis zu einem Jahr oder mit einer Geldstrafe geahndet. Strafbar ist das wissentliche Inverkehrbringen von Pfandbriefen über den im Deckungsregister befindlichen, vorschriftsmäßigen Deckungswert hinaus. Herausgegebene Pfandbriefe sind dabei nicht in Verkehr gebracht, solange sie sich im Besitz des Emittenten befinden. Dafür ist ihre Herausgabe an Dritte erforderlich.

Teilweise wird die Ansicht vertreten,[1120] dass es in § 37 Abs. 1 HBG nicht auf ein zahlenmäßiges Verhältnis der Ersatzwerte zum Pfandbriefumlauf (§ 6 Abs. 5 HBG) ankomme. Wichtig ist nur, ob die Werte überhaupt als Deckung verwendet werden können. Begründet wird dies damit, dass die Überschreitung der Ersatzdeckungsgrenze der Pfandbriefsicherheit nicht schadet. Den Begriff der „vorschriftsmäßigen Deckung" jedoch nur aus der Perspektive der Pfandbriefgläubiger zu sehen und diese deshalb schon dann anzunehmen, wenn angewendete Werte gesetzlich als Pfandbriefdeckung zugelassen sind, ohne ihre gegenseitigen, gesetzlich bestimmten Verhältnisse zu berücksichtigen, schließt die Ersatzdeckungs- und Pfandbriefumlaufgrenze aus dieser Definition aber aus. Dieser Auslegung kann entgegengehalten werden, dass sie nicht alle quantitativen und qualitativen gesetzlichen Anforderungen der Deckungsmasse berücksichtigt und ausschließlich dem Interesse der Pfandbriefgläubiger Rechnung trägt, ohne das öffentliche Interesse des ganzen Pfandbriefsystems ausreichend wahrzunehmen. Damit wäre die Überschreitung der Ersatzdeckungsgrenze straflos. Die Strafbarkeit der Tat gemäß § 37 Abs. 1 HBG hängt dagegen - anders als in § 37 Abs. 2 Nr. 1 HBG - nicht davon ab, dass die Pfandbriefgläubiger Nachteile erleiden. Der Begriff der vorschriftsmäßigen Deckung muss daher wörtlich verstanden werden. Danach ist die vorschriftsmäßige Deckung nur vorhanden, wenn alle quantitativen und qualitativen gesetzlichen Anforderungen an die Deckungsmasse erfüllt sind. Die Straftat kann dabei von denjenigen Personen begangen werden, die berechtigt sind, Pfandbriefe für die Bank in den Verkehr zu bringen.

Daneben regelt § 38 Abs. 1 HBG die Folgen des Inverkehrbringens von Pfandbriefen ohne eine erforderliche Zustimmung des Treuhänders. Aus dem bloßen Ordnungscharakter der Treuhänderunterschrift ergibt sich, dass das Inverkehrbringen von Pfandbriefen ohne Treuhänderbescheinigung nicht als kriminelles Vergehen, sondern als Ordnungswidrigkeit nach dem Gesetz über Ord-

[1120] *Bellinger/Kerl*, (1995), § 37 HBG Rn. 14.

nungswidrigkeiten (OWiG)[1121] zu klassifizieren ist. Der Täter - also grundsätzlich ein Vorstandsmitglieder oder Mitarbeiter der Bank - wird daher nicht mehr mit einer Freiheitsstrafe,[1122] sondern nach § 38 Abs. 2 HBG lediglich mit einer Geldbuße bis zu 50.000 € bestraft.[1123] Die Fälschung der in § 30 Abs. 3 HBG bestimmten Treuhänderbescheinigung steht dem Mangel dabei gleich. Eine Ordnungswidrigkeit liegt aber auch dann vor, wenn die vorschriftliche Deckung vorhanden war.[1124] Sie ist also von der tatsächlichen Gefährdung der Pfandbriefgläubiger unabhängig. Die ordnungswidrige Handlung kann dabei vorsätzlich oder fahrlässig begangen werden. Die Fahrlässigkeit ist als Minderungsmerkmal bei der Ahndung zu betrachten. Nach § 17 Abs. 2 OWiG kann eine fahrlässige Handlung im Höchstmaß nur mit der Hälfte des angedrohten Höchstbetrages der Geldbuße geahndet werden. Erfüllt die ordnungswidrige Handlung gleichzeitig die strafrechtlichen Tatbestandmerkmale des § 37 Abs. 1 HBG, so wird nach § 21 Abs. 1 OWiG nur die strafrechtliche Vorschrift angewendet. Im Falle der Nichtverhängung einer Strafe kann die Handlung jedoch als Ordnungswidrigkeit geahndet werden.

bb. Pfandbriefausgabe mit treuhänderischer Zustimmung

Die Zustimmung des Treuhänders zur Pfandbriefemission bei fehlender vorschriftsmäßiger Deckung ruft in Polen und in Deutschland dieselben Folgen wie die rechtswidrige Zustimmung zur Verfügung über die im Deckungsregister eingetragenen Werte hervor. Erteilt der Treuhänder die Bescheinigung für eine neue Pfandbriefausgabe bewusst, obwohl die vorschriftsmäßige Deckung fehlt, so bringt er damit noch keine Pfandbriefe in den Verkehr. Mit seiner Handlung erleichtert er aber die Begehung der Straftat und ist daher als Gehilfe zu bestrafen.[1125] Dieses rechtswidrige Verhalten führt zur sofortigen Abberufung des Treuhänders. Daneben kommt die straf- und zivilrechtliche Haftung in Frage. Der Treuhänder kann aber, im Unterschied zu der Bank, lediglich für einen Mangel an

---

[1121] Gesetz vom 24.5.1968 (BGBl. 1968 I 481), in der Neufassung der Bekanntmachung vom 19.2.1987 (BGBl. 1987 I 602), zuletzt geändert durch Art. 18 des Gesetzes über die Rechtsbehelfe bei Verletzung des Anspruchs auf rechtliches Gehör vom 9.12.2004 (BGBl. 2004 I 3220). § 1 Abs. 1 OWiG definiert die Ordnungswidrigkeit als eine rechtswidrige und vorwerfbare Handlung, die den Tatbestand eines Gesetzes verwirklicht, das die Ahndung mit einer Geldbuße zulässt.

[1122] Zum Vergleich mit der früheren Rechtslage *Bellinger/Kerl*, (1995), § 38 HBG Rn. 2 f.

[1123] Die Höhe der Geldbuße hält sich in den im § 30 Abs. 2 OWiG vorgesehenem Rahmen und orientiert sich an § 56 Abs. 4 KWG.

[1124] *Bellinger/Kerl*, (1995), § 38 HBG Rn. 4.

[1125] Zwischen § 37 Abs. 1 und § 266 StGB besteht Idealkonkurrenz; vgl. *Bellinger/Kerl*, (1995), § 37 HBG Rn. 9; aA aufgrund der früheren Rechtslage *Dannenbaum*, (1928), § 37 HBG, Anm. 3.

formellen Erfordernissen haften. Er haftet insbesondere nicht für eine materiell falsche, minderwertige Immobilienwertermittlung.

III. Mittel zur Aufgabenwahrnehmung

1. Einsichtsrecht

a. Zweck und Umfang

Um seine Aufgaben erfüllen zu können, hat der Treuhänder das Recht, Bankdokumente zu überprüfen. Diese Befugnis wurde in Art. 32 Abs. 1 PHBG *expressis verbis* geregelt, der sich an § 32 Abs. 1 HBG orientiert und mit ihm sinngemäß übereinstimmt. Der Treuhänder kann Bücher, Register, Pläne und andere Dokumente der Bank jederzeit einsehen. Diese Aufzählung ist demonstrativ. Das Einsichtsrecht ist allerdings gesetzlich beschränkt. Entscheidend ist hier aber nicht die Art der Bankdokumente, sondern deren Inhalt.[1126]

Art. 32 Abs. 1 PHBG geht von der Funktion des Treuhänders aus und räumt ihm das Einsichtsrecht zur Erfüllung seiner Aufgaben nach Art. 30 PHBG ein. Es handelt sich also um Tätigkeiten, die der Treuhänder insbesondere zur Überprüfung der Einhaltung des Deckungsprinzips, der Führung des Deckungsregisters sowie der Richtigkeit der Pfandbriefsicherheiten[1127] unternimmt. Der Treuhänder kann die Einsicht zudem verlangen, um die Ordnungsmäßigkeitskontrolle des Hypothekenbank-Beleihungswertes und die Deckungskontrolle vor der neuen Pfandbriefausgabe vornehmen zu können.[1128] Darüber hinaus kann er die Einsicht in den Jahresbericht verlangen, wenn dieser relevante Informationen bezüglich der Pfandbriefsicherheit enthält. Dem Treuhänder sollten auch Analysen zugänglich gemacht werden, die die Bank zur Sicherung der Pfandbriefdeckung in langfristiger Perspektive durchgeführt hat.[1129]

§ 32 Abs. 1 HBG stellt dem Treuhänder das Einsichtsrecht bezüglich der Hypothekenpfandbriefe und der in das Deckungsregister eingetragenen Werte zur Verfügung. Trotz des unterschiedlichen Wortlautes kommt man aufgrund beider

---

[1126] Vgl. *Mekiński*, Glosa 1/2002, 17.

[1127] Insbesondere die Wirksamkeit der Darlehens- sowie Abtretungsverträge, aus denen Deckungsforderungen entstehen sowie deren dinglichen Sicherung.

[1128] *Wudarski*, PB 11/2003, 92 f.

[1129] *Olszak*, (2002), 33.

Gesetze aber zu dem gleichen Ergebnis: die Aufgaben des Treuhänders bestimmen den Umfang der Einsicht.[1130]

Diese Einschränkung ergibt sich schon daraus, dass die Einsichtnahme lediglich ein Hilfsmittel in Bezug auf die Kontrollaufgaben des Treuhänders ist. Ein über diese Aufgaben hinausgehendes Einsichtsrecht ist nicht erforderlich. Der Treuhänder muss allerdings berechtigt sein, alle Bankdokumente einzusehen, die seine Aufgaben nicht nur direkt betreffen, sondern auch mit seinem gesetzlichen Auftrag im Zusammenhang stehen. Da seine Aufgaben, insbesondere die Kontrolle der Hypothekenpfandbriefe und der Deckungswerte, mit vielen Bankgeschäften verbunden sind, muss der Umfang der Einsicht ziemlich weit sein.[1131]

Bei der Aufforderung zur Gewährung der Einsicht muss der Treuhänder sein begründetes Interesse nicht beweisen.[1132] Dies wird bei allen Bankdokumenten, die sich auf Pfandbriefe und ihre Deckung beziehen, zu vermuten sein. Bei der Verweigerung der Einsicht wird sich der Treuhänder an die Bankaufsichtsbehörde wenden müssen.

Das Recht zur Einsichtnahme bedeutet nicht, dass der Treuhänder bestimmte Änderungen oder Ergänzungen in der vorgelegten Dokumentation selbst vornehmen darf. Die Wörter „einsehen" in § 32 Abs. 1 HBG und „überprüfen" in Art. 32 Abs. 1 PHBG haben den gleichen Sinn und sind wörtlich zu verstehen. Der Treuhänder kann die Dokumente der Bank lediglich prüfen, also grundsätzlich nur lesen und falls nötig kopieren,[1133] soweit es für einen weiteren Kontrollvorgang nötig ist und nicht das Bankgeheimnis verletzt. Die festgestellten Unrichtigkeiten sind dem Bankvorstand und dann eventuell auch der Bankaufsicht zu melden.

b. Jederzeitige Einsichtnahme

Nach dem Wortlaut beider Gesetze kann der Treuhänder die Einsicht jederzeit verlangen. Der Begriff „jederzeit" ist allerdings nicht wörtlich, sondern sinngemäß zu verstehen.[1134] Da das Einsichtsrecht nur in Geschäftsräumen der Bank ausgeübt werden kann, muss der Treuhänder auf die übliche Betriebs- und

[1130] So grundsätzlich *Bellinger/Kerl* ((1995), § 33 HBG Rn. 2), die sich andererseits (vgl. § 33 HBG Rn. 4) - einer strikten, grammatischen Auslegung folgend - gegen die Einsichtnahme in Bankschriften mit dem Ziel einer Kontrolle der Einhaltung der Pfandbriefumlaufgrenze geäußert haben, obwohl dies nach § 30 Abs. 5 HBG zum Aufgabenkreis des Treuhänders gehört.

[1131] Für eine restriktivere Auslegung des Einsichtsrechtes *Mekiński*, Glosa 1/2002, 17.

[1132] *Hofmann* ((1964), § 32 HBG Rn. 3), nach dem die Einsicht zwar durch die Sachlage gerechtfertigt werden muss, aber deren besonderen Darlegung durch den Treuhänder nicht erforderlich ist.

[1133] Für die Fertigung von Abschriften durch den Treuhänder bei der Ausübung des Einsichtsrechtes auch *Hofmann*, (1964), § 32 HBG Rn. 2.

[1134] *Hofmann*, (1964), § 32 HBG Rn. 3; *Bellinger/Kerl*, (1995), § 32 HBG Rn. 5; *Drewicz-Tułodziecka/Stöcker*, (2000), 218; *Olszak*, (2002), 34.

Geschäftszeit der Bank Rücksicht nehmen.[1135] Die Versendung der Bankdokumentation oder deren Fernausleihe zur Einsichtnahme ist schon aus Sicherheitsgründen nicht zu gestatten.[1136]

Die effektive Einsicht in Bankdokumente setzt die Kooperation der Bankangestellten voraus, die aber nicht unbedingt Mitarbeiter des Treuhänderbüros sein müssen und nicht ausschließlich dem Treuhänder zur Verfügung stehen. Die Auskunftserteilung an den Treuhänder ist eine Aufgabe, die sie neben vielen anderen zu erfüllen haben. Der Treuhänder soll dies also bei der Inanspruchnahme des Einsichtsrechts berücksichtigen und unnötige Störungen, Kollisionen und sonstige Effizienzverluste dabei vermeiden. Unbegründete Störungen können sogar zur entgegengesetzten Wirkung führen und das Interesse der Pfandbriefgläubiger verletzen; dies widerspräche der *ratio legis* der Treuhändertätigkeit.[1137] Soweit es mit dem Ziel der Aufgaben des Treuhänders zu vereinbaren ist, soll der Treuhänder das begründete Interesse der Hypothekenbank bei der Einsichtnahme berücksichtigen.[1138] Damit wird die Arbeitseffizienz beider Seiten erhöht und eine reibungslose Einsicht gewährleistet. Gegenseitige Vereinbarungen und frühzeitige Absprachen der Vorgehensweise sind vor einer neuen Pfandbriefemission dabei besonders wichtig.[1139]

c. Auskunftspflicht der Hypothekenbank

Das Einsichtsrecht setzt die aktive Auskunftspflicht der Bank voraus. Die Pflicht der Bank erschöpft sich nicht in der Eröffnung des Zugangs zu den Dokumenten der Bank, sondern geht über das bloße Dulden hinaus. Erweist sich die Einsichtnahme in die Bankdokumente als nicht genügend oder führt sie zu keinen klaren Ergebnissen, so kann der Treuhänder eine Erklärung fordern. Die Bank ist dann verpflichtet, auf alle einschlägigen Fragen des Treuhänders ausführlich zu antworten.[1140] Das Einsichtsrecht ist also nicht nur auf die Einsicht in die Dokumente der Bank beschränkt, sondern umfasst auch eine mündliche Auskunft der Hypothe-

---

[1135] Zeitliche Rahmen der Einsicht wurden auch für die Bankaufsicht formuliert. Auf übliche Betriebs- und Geschäftszeiten beschränkt der deutsche Gesetzgeber ausdrücklich in § 44 Abs. 1 S. 3 KWG das Auskunfts- und Prüfungsrecht der Bankaufsicht. Die polnische Inspektionsgruppe hat die Kontrolltätigkeiten grundsätzlich nur an Arbeitstagen der Bank und innerhalb der Betriebszeit vorzunehmen. Falls es nötig wäre, können diese jedoch auch außerhalb der Betriebszeit und an arbeitsfreien Tagen vorgenommen werden (vgl. § 23 Abs. 5 des Beschlusses der Bankaufsichtskommission Nr. 4/2002 vom 6.3.2002 über die Ausübungsform der Bankaufsicht (Dz.Urz. NBP 2002 Nr. 6, Pos. 10)).

[1136] Vgl. *Hofmann*, (1964), § 32 HBG Rn. 3.

[1137] *Olszak*, (2002), 34.

[1138] Vgl. *Bellinger/Kerl*, (1995), § 32 HBG Rn. 5; zustimmend *Olszak*, (2002), 34.

[1139] Vgl. *Drewicz-Tułodziecka /Stöcker*, (2000), 218.

[1140] *Drewicz-Tułodziecka /Stöcker*, (2000), 218.

kenbank.[1141] Dieses Verständnis des Einsichtsrechts ergibt sich zwar nicht direkt aus dem Wortlaut des Art. 32 Abs. 1 PHBG (§ 32 Abs. 1 HBG), lässt sich aber durch den Zweck der Regelung rechtfertigen. Die Einsichtnahme soll die Beachtung der Vorschriften, insbesondere die Überwachung der Pfandbriefdeckung, ermöglichen. Von dem Treuhänder ist bei seiner Tätigkeit dazu höchste Sorgfalt zu erwarten. Um diesen Anforderungen zu genügen, muss der Treuhänder berechtigt sein, eine ausführliche Antwort von der Bank zu fordern, bevor er die Bankaufsichtsbehörde benachrichtigt. Daraus kann sich ein Bedürfnis ergeben, zusätzliche Maßnahmen vorzunehmen, wie etwa eine Bestätigung oder zusätzliche Auskunft des Jahresabschlussprüfers, einen Auftrag zur Gutachtenerstellung oder die Einsicht in andere Unterlagen der Bank.[1142]

Für die breite, teleologische Auslegung des Einsichtsrechtes spricht im deutschen Recht zusätzlich § 32 Abs. 2 HBG, der die Auskunftspflicht der Bank ohne eine Anfrage des Treuhänders vorsieht. Diese Regelung verpflichtet die Hypothekenbank, den Treuhänder über die Rückzahlung des Deckungskapitals sowie über alle sonstigen, für die Pfandbrief- und Derivatsdeckung wichtigen Änderungen fortlaufend zu informieren. In welcher Form die Hypothekenbank ihrer Auskunftspflicht genügen muss, hat der Gesetzgeber nicht näher bestimmt. Die Auskunft kann daher grundsätzlich in jeder Form, also auch mündlich erteilt werden.[1143] In der Praxis haben sich im Laufe der Zeit Verfahren entwickelt, mit deren Hilfe erforderliche Informationen dem Treuhänder mühelos und laufend vermittelt werden.

d. Einsichtsrecht und Bankgeheimnisfrage

aa. Polnische Regelung

(1) Zugang des Treuhänders zum Bankgeheimnis

(a) Rechtslage vor der PHBG-Novelle

Die Fassung des Art. 32 PHBG iVm Artt. 104 f. BRG konnte vor der PHBG-Novelle von 2002 gewisse Zweifel daran hervorrufen, ob das Einsichtsrecht nach

[1141] AA *Mekiński* (Glosa 1/2002, 17), der vor der PHBG-Novelle von 2002 in Hinblick auf die nicht klare Regulierung des Zugangs zum Bankgeheimnis für eine enge Auslegung plädiert und die Bankdokumente als einzige Informationsquelle, die dem Bankgeheimnis unterliegen, angesehen hat.

[1142] *Bellinger/Kerl*, (1995), § 32 HBG Rn. 3.

[1143] Vgl. *Hofmann*, (1964), § 32 HBG Rn. 9; *Bellinger/Kerl*, (1995), § 32 HBG Rn. 6.

Art. 32 PHBG die Bank auch zur Erteilung von Auskünften berechtigt, die dem Bankgeheimnis unterliegen.[1144]

Nach dem sachlichen Geltungsbereich der Vorschrift war unklar, ob die in Art. 32 Abs. 1 PHBG angesprochenen Bankdokumente[1145] auch solche Dokumente betreffen, die nach Artt. 104 f. BRG dem Bankgeheimnis unterliegen. Art. 104 Abs. 1 Nr. 1 - 3 BRG definiert den Gegenstand des Bankgeheimnisses durch den Verweis auf sämtliche Informationen über Bankgeschäfte und Vertragspartner, wenn diese Informationen bei Verhandlungen bekannt geworden sind oder mit dem Abschluss eines Vertrages mit der Bank sowie mit dessen Umsetzung zusammenhängen.[1146] Das Bankgeheimnis erstreckt sich auch auf Kenntnisse über andere Personen, die Handlungen nur im Zusammenhang mit dem Vertragsabschluss vorgenommen haben,[1147] sowie auf Kenntnisse über Informationen, die der Polizei übermittelt worden sind.[1148] Trotz der so breiten Fassung des Bankgeheimnisses ist klar, dass die Begriffe „Bankgeheimnis" und „Bankdokumente" inhaltlich nicht identisch sein müssen. Diese Begriffsüberschneidung konnte aber noch durch eine sinngemäße Auslegung beseitigt werden. Problematischer war die subjektive Ebene des Bankgeheimnisses.

Zu den Personen, die Art. 104 BRG zur Wahrung des Bankgeheimnisses verpflichtet, kann der Treuhänder offensichtlich nicht gezählt werden, denn er erfüllt die dort genannten Voraussetzungen nicht. Der Treuhänder ist nämlich weder Bankorgan noch Mitarbeiter der Bank und steht zu der Bank in keinem Abhängigkeitsverhältnis.[1149] Die Hypothekenbank tätigt auch keine Bankgeschäfte unter seiner Vermittlung.[1150] Der Treuhänder ist im Verhältnis zu der Bank ein unabhängiger Dritter.[1151] Nach Art. 104 Abs. 2 S. 2 BRG darf die Bank Informationen, die das Bankgeheimnis enthalten, an Dritte aber nicht übermitteln. Ausnahmen von dieser Regelung sind in Art. 105 BRG genannt; wegen ihres enumerativen Charakters darf die Vorschrift jedoch nicht erweiternd ausgelegt werden (*exceptiones non sunt extendae*). Dem Personenkreis, der eine Offenlegung von Geheiminformationen aufgrund Art. 105 BRG vor der PHBG-Novelle von 2002 verlangen kann, gehört der Treuhänder nicht an.

1144 Dazu *Mekiński*, Glosa 1/2002, 16 ff.; *Olszak*, (2002), 34.

1145 Also Rechnungsbücher, Register, Pläne und andere Dokumente.

1146 Hiervon ausgenommen sind Informationen, ohne deren Offenbarung eine ordnungsgemäße Durchführung des durch die Bank abgeschlossenen Vertrages nicht möglich ist; Art. 104 Abs. 1 Nr. 1 *in fine* BRG.

1147 Es sei denn, dass die Offenbarung solcher Handlungen gesetzlich vorgesehen ist; Art. 104 Abs. 1 Nr. 2 *in fine* BRG.

1148 Vgl. Art. 20 Abs. 4 - 10, 13 des Gesetzes vom 6.4.1990 über die Polizei, in der einheitlichen Fassung (Dz.U. 2002 Nr. 7, Pos. 58), zuletzt geändert durch Art. 7 des Gesetzes vom 25.11.2004 (Dz.U. 2004 Nr. 273, Pos. 2703).

1149 Vgl. S. 418 f.

1150 Vgl. *Mekiński*, Glosa 1/2002, 16.

1151 *Olszak*, (2002), 34.

Versuche, dem Treuhänder aufgrund des Art. 105 Abs. 1 Nr. 2 lit. a BRG den Zugang zu Informationen zu ermöglichen, die dem Bankgeheimnis unterliegen, führen zu keinem befriedigenden Ergebnis. Der Treuhänder ist weder Organ noch Vertreter der Bankaufsichtskommission.[1152] Er ist auch kein Inspektor der Bankaufsicht. Ihm kann der Zugang zu geheimen Informationen der Bank auch nicht durch einen Beschluss der Bankaufsichtskommission eröffnet werden. Art. 105 Abs. 1 Nr. 2 lit. a Var. 3 BRG, der diesen Fall regelt, wurde durch § 20 Abs. 2 des Beschlusses der Bankaufsichtskommission Nr. 4/2002 vom 6. März 2002 über die Ausübungsform der Bankaufsicht konkretisiert. Seine Anwendung wurde auf die Kontrolltätigkeiten von Inspektionsgruppen beschränkt, zu denen mindestens zwei Inspektoren der Bankaufsicht gehören. Darüber hinaus wurde die Kontrolle von der Zustimmung der kontrollierten Bank abhängig gemacht. Damit ist klar, dass diese Ermächtigung für die Treuhändertätigkeit nicht geeignet ist.[1153]

Trotz dieser Unklarheiten konnte schon vor der PHBG-Novelle von 2002 kein Zweifel daran bestehen, dass dem Treuhänder zur effektiven Wahrnehmung seiner Aufgaben ein Zugang auch zu denjenigen Informationen eröffnet werden muss, die dem Bankgeheimnis unterliegen. Es fehlte aber an einer ausdrücklichen gesetzlichen Grundlage dafür. Der Versuch, eine Vermutung für das Zugangsrecht zugunsten des Treuhänders zu konstruieren, konnte begründeten Bedenken im Hinblick auf Art. 7 polGG begegnen, nach dem Organe der öffentlichen Gewalt auf der Grundlage und in den Grenzen des Rechtes handeln, beanstandet werden.

(b) Rechtslage nach der PHBG-Novelle

Diese Unklarheiten hat der polnische Gesetzgeber gesehen und durch die PHBG-Novelle von 2002 beseitigt. Dies wurde durch eine Ergänzung des Art. 32 PHBG um die Absätze 1 a und 1 b sowie durch die Änderung des Art. 105 Abs. 2 BRG erreicht. Art. 32 Abs. 1 a PHBG enthält eine ausdrückliche Berechtigung für die Bank, dem Treuhänder und seinem Stellvertreter Informationen zu erteilen, die dem Bankgeheimnis unterliegen. Ihr Umfang wird durch die Kontrolltätigkeiten des Treuhänders, insbesondere durch Art. 30 PHBG, bestimmt.

Art. 32 Abs. 1 b PHBG verpflichtet den Treuhänder, Informationen, die er während seiner Amtszeit erhält, vertraulich zu behandeln. Hervorzuheben ist dabei, dass Art. 32 Abs. 1 b PHBG nicht zwischen geheimen Informationen und sonstigen Auskünften unterscheidet und daher alle Informationen betrifft. Der Treuhänder kann die erhaltenen Informationen nur in dem gesetzlich bestimmten Rahmen verwenden. Die Pflicht zur Wahrung der Geheimhaltung ist zeitlich nicht begrenzt. Der Treuhänder kann von dieser Pflicht sicherlich nicht nach der Be-

---

[1152] Vgl. S. 413 ff.

[1153] *Mekiński*, Glosa 1/2002, 17.

endigung seiner Amtsperiode entbunden werden, sondern ist auch danach verpflichtet, die erhaltenen Informationen nicht zu offenbaren.[1154]

Als Folge dieser Änderungen wurde im Rahmen der PHBG-Novelle von 2002 der in Art. 105 Abs. 2 BRG enthaltene Verweis auf Sonderregelungen um den Treuhänder erweitert. Art. 105 Abs. 2 BRG stellt jetzt ausdrücklich fest, dass Umfang und Grundsätze für die Weitergabe von Informationen an den Treuhänder seitens der Bank durch besondere Gesetze, also durch das PHBG, geregelt werden.

(c) Bewertung

Die dargestellten Änderungen haben diese Unklarheiten beseitigt und den Zugang des Treuhänders zum Bankgeheimnis ausdrücklich bejaht. Sie sind daher positiv zu bewerten.[1155]

(2) Haftung für rechtswidrige Offenlegungen des Bankgeheimnisses

Das PHBG enthält keine besondere Regelung über die Haftung des Treuhänders bei rechtswidriger Offenlegung von geheimen Informationen der Bank. Daher wird Art. 171 Abs. 5 BRG angewendet, der die Haftung der zur Wahrung des Bankgeheimnisses verpflichteten Personen allgemein regelt. Offenbart oder verwendet der Treuhänder dem Bankgeheimnis unterliegende Informationen ohne Vorliegen der im Gesetz hierfür vorgesehenen Voraussetzungen, so kann er mit einer Geldstrafe bis zu 1 Mio. PLN und mit einer Freiheitsstrafe bis zu drei Jahren bestraft werden.[1156] Neben der strafrechtlichen Haftung kommt ein zivilrechtlicher Schadensersatz in Betracht, der den allgemeinen Grundregeln des Zivilrechtes folgt.[1157] Von dem Treuhänder wird dabei eine besondere Sorgfalt verlangt, die dem außerordentlichen Charakter seiner Tätigkeit entspricht. Dabei ist die Annahme des höchsten Maßstabes an Sorgfalt etwa wie bei Sachverständigen[1158] gerechtfertigt.

Für Schäden, die aus einer Verletzung des Bankgeheimnisses durch den Treuhänder entstehen, haftet die Hypothekenbank nicht, es sei denn, sie hat die Geheiminformationen erteilt, die sie dem Treuhänder nicht mitteilen durfte. Die

---

[1154] Zeitliche Grenzen zur Wahrung des Bankgeheimnisses sind auch im BRG nicht bestimmt. In der Literatur schließt man daraus, dass diese Pflicht zeitlich unbegrenzt ist; vgl. *Fojcik-Mastalska-(-Bączyk)*, (2002), Art. 104 Anm. 5; *Góral/Karlikowska/Koperkiewicz-Model*, (2003), 129.

[1155] *Olszak*, PUG 10/2002, 11; *Wudarski*, PB 11/2003, 92.

[1156] Kritisch über die unproportionale Gewichtung der strafrechtlichen Maßnahmen zwischen Absatz 4 und Absatz 5 des Art. 171 BRG *Fojcik-Mastalska*(*-Fojcik-Mastalska*), (2002), Art. 171 Anm. 3.

[1157] Artt. 415 ff. ZGB,

[1158] Vgl. S. 208.

Hypothekenbank haftet dann für Schäden, die infolge der Offenbarung des Bankgeheimnisses und dessen rechtswidriger Verwendung entstanden sind (vgl. Art. 105 Abs. 5 - 6 BRG).[1159]

(3) Plädoyer für eine Haftpflichtversicherung des Treuhänders

Da für ein rechtswidriges Handeln des Treuhänders auch die Bankaufsichtskommission nicht haftet und die Staatshaftung ausgeschlossen ist, besteht die Gefahr, dass die Geltendmachung der Haftungsansprüche erfolglos bleibt. Um dies zu vermeiden, empfiehlt es sich, eine Haftpflichtversicherung für den Treuhänder einzuführen. Dies wäre auch keine Besonderheit, sondern die Bestätigung der Regel, dass Personen öffentlichen Vertrauens, wie Anwälte, Ärzte oder Sachverständige, zum Abschluss einer Haftpflichtversicherung verpflichtet sind. Dazu ist zu bemerken, dass bei allen anderen Rechtspersonen, denen Art. 105 BRG den Zugang zu geheimen Unterlagen von Banken einräumt, eine Befriedigung von Haftungsansprüchen entweder im Wege der Staatshaftung[1160] oder durch eine Haftpflichtversicherung[1161] gewährleistet wird. Die Haftpflichtversicherung könnte sich dann auch auf andere Fälle einer Pflichtverletzung durch den Treuhänder erstrecken. Die Kosten der Treuhänderversicherung sollten dabei von der Bank getragen werden.

bb. Deutsche Regelung

(1) Zugang des Treuhänders zum Bankgeheimnis

(a) Gesetzliche Grundlagen

(aa) Die HBG-Regelung

Die Zugangsbefugnis des Treuhänders zu geheimen Informationen der Bank muss zunächst im HBG, dem einschlägigen Gesetz für den Treuhänder, gesucht wer-

---

[1159] *Wudarski*, PB 11/2003, 93.

[1160] Die überwiegende Mehrheit der in Art. 105 Abs. 1 BRG genannten Rechtssubjekte sind öffentliche Staatsorgane und deren Mitarbeiter mit Beamtenstatut; so etwa die Bankaufsichtskommission, Inspektoren der Bankaufsicht, Gerichte, Staatsanwälte, der Präsident des Hauptzollamtes, der Präsident der Obersten Kontrollkammer, der Vorsitzender der Wertpapier- und Börsenkommission, die Polizei etc.

[1161] So bei sachverständigen Rechnungsprüfern (Art. 105 Abs. 1 Nr. 2 lit. i BRG iVm Art. 12 Abs. 3 des Gesetzes vom 13.10.1994 über sachverständige Rechnungsprüfer und deren Selbstverwaltung, in der einheitlichen Fassung (Dz.U. 2001 Nr. 31, Pos. 359), zuletzt geändert durch Art. 4 des Gesetzes vom 27.8.2004 (DzU. 2004 Nr. 213, Pos. 2155)).

den. Geheim sind in diesem Zusammenhang solche Tatsachen, die der Bank von den Kunden anvertraut worden sind oder die nur ausgewählten Personen bekannt sind und anderen nicht bekannt werden sollen.[1162] Die Bank darf hierüber keine Auskünfte an Dritte geben und ist somit auch berechtigt, Auskünfte zu verweigern.[1163] Sie darf nur in gesetzlich geregelten Fällen von ihrer Auskunftsverweigerungspflicht abweichen und bestimmten Institutionen Informationen zur Verfügung stellen.

Anders als das PHBG enthält das HBG keine ausdrückliche Regelung über die Zulassung des Treuhänders zu geheimen Informationen der Bank. Dennoch ermächtigt § 32 Abs. 1 HBG den Treuhänder, jederzeit in Bücher und Schriften der Hypothekenbank Einsicht zu nehmen, sofern sich diese auf die Hypothekenpfandbriefe und auf die in das Deckungsregister eingetragenen Werte beziehen. Schon hieraus ergibt sich, dass der Treuhänder ein umfassendes Recht hat, die Unterlagen der Bank einzusehen und somit auch an diejenigen Informationen gelangen kann, die einem Außenstehenden nicht zugänglich sind. Dieses folgt auch aus den umfassenden Pflichten seines Aufgabenbereichs, Informationen, die das Bankgeheimnis betreffen, zu erhalten, denn anderenfalls wäre ihm eine effiziente Wahrnehmung seiner Aufgaben nicht möglich.

Dabei muss der Treuhänder insbesondere die Möglichkeit haben, Kreditverträge, Dokumentationen bezüglich der Hypothekenbestellung oder auch Immobilienbewertungsgutachten einzusehen und deren Rechtmäßigkeit zu überprüfen. Daher ist davon auszugehen, dass der Treuhänder aufgrund seines umfassenden Aufgabenbereichs das Recht haben muss, soweit dieses erforderlich ist, auch an derartige Informationen zu gelangen. Die Bank muss deshalb berechtigt sein, diesem die entsprechenden Informationen auch zur Verfügung zu stellen. Ein ausdrücklicher Zugang des Treuhänders zum Bankgeheimnis ist aber im HBG - ähnlich wie in der ursprünglichen Fassung des PHBG - nicht geregelt.

(bb) Die KWG-Regelung

Das HBG enthält auch keine Regelung über eine Verschwiegenheitspflicht des Treuhänders, die regelmäßig mit dem Recht auf Zugang zu geheimen Informationen der Bank zusammenhängt. Es besteht aber kein Zweifel daran, dass der Treuhänder auch zur Verschwiegenheit verpflichtet sein muss.[1164] Diese Pflicht muss sich auf alles beziehen, was ihm in der Wahrnehmung seiner Aufgaben bekannt geworden ist. Nicht erfasst werden Tatsachen, die offenkundig sind oder ihrer Bedeutung nach keiner Geheimhaltung bedürfen.

[1162] Hierzu *Huhmann,* (2002), 29. Dabei muss ein Geheimhaltungsinteresse gegeben sein; auch eine Parallele zu §§ 203 f. StGB ist nicht zu verkennen.

[1163] Hierzu *Hadding/Schneider*, (1986), 14; *Glaser,* (1996), 80 - 83.

[1164] Vgl. *Bellinger/Kerl*, (1995), § 29 HBG Rn. 44.

Eine ausdrückliche Regelung für diese Frage fehlt. Nicht einschlägig ist insbesondere § 9 KWG, der die Verschwiegenheitspflicht regelt und dabei auch auf andere Rechtsnormen verweist, denn der Treuhänder ist nicht als Beschäftigter für die BaFin[1165] zu qualifizieren.[1166] Er kann auch weder eine von dieser beauftragte Person im Sinne des § 4 Abs. 3 des Finanzdienstleistungsaufsichtsgesetzes (FinDAG)[1167] sein[1168] noch als Aufsichtsperson im Sinne des § 46 Abs. 1 S. 2 Nr. 4 KWG angesehen werden, da er nicht als verlängerter Arm der Bankaufsichtsbehörde gilt.[1169] Im Unterschied zu einer solchen Aufsichtsperson ist er selbstständig und nimmt insbesondere gesetzlich bestimmte und nicht ihm von der Aufsicht zugewiesene Aufgaben wahr. Zudem wird er nicht erst bei einer Gefahr für die Erfüllung der Verpflichtungen der Bank gegenüber ihren Gläubigern bestellt. Ferner steht der Treuhänder auch nicht im Dienst der Deutschen Bundesbank. Somit ist er nicht zur Schweigepflicht gemäß § 32 des Gesetzes über die Deutsche Bundesbank (BBankG)[1170] verpflichtet. Schließlich stellt der Treuhänder keine Person im Sinne der §§ 37 S. 2; 38 Abs. 2 S. 2, 4 KWG dar, da er nicht bestellt wird, um die Bankgeschäfte abzuwickeln.[1171] Er ist demnach auch kein Abwickler in diesem Sinne. Festzuhalten ist daher als Ergebnis, dass § 9 KWG auf den Treuhänder nicht anwendbar ist, da er nicht zu den in § 9 KWG genannten Personen gehört.

(b) Sonstige Grundlagen

Da sich aus den behandelten gesetzlichen Regelungen keine eindeutige Rechtsgrundlage ergibt, muss die Rechtsgrundlage für den Zugang des Treuhänders zu geheimen Informationen der Bank und die damit verbundene Schweigepflicht an anderer Stelle gesucht werden. Dabei ist schon vorab darauf hinzuweisen, dass im deutschen Recht bis heute darüber gestritten wird, woher das Bankgeheimnis

---

[1165] Zu den bei der Bundesanstalt beschäftigten Personen *Reischauer/Kleinhans*, (2004), § 9 KWG Rn. 7.

[1166] *Bellinger/Kerl*, (1995), § 29 HBG Rn. 14, 44.

[1167] Gesetz vom 22.4.2002 (BGBl. 2002 I 1310), zuletzt geändert durch Art. 4 a des Gesetzes zur Änderung des Versicherungsaufsichtsgesetzes und anderer Gesetze vom 15.12.2004 (BGBl. 2004 I 3416). Dass das Gesetz in § 9 KWG von § 4 Abs. 2 spricht, ist ein Redaktionsversehen, *Boos/-Fischer/Schulte-Mattler(-Lindemann)*, (2004), § 9 KWG Rn. 2.

[1168] So auch zu § 8 KWG aF *Bellinger/Kerl*, (1995), § 29 HBG Rn. 14, 44.

[1169] *Bellinger/Kerl*, (1995), § 32 HBG Rn. 4; *Boos/Fischer/Schulte-Mattler(-Lindemann)*, (2004), § 46 KWG Rn. 37; aA zum polnischen Recht *Drewicz-Tułodziecka/Stöcker* ((2000), 219), die den Treuhänder in Bezug auf die Anzeigepflicht des Treuhänders als verlängerten Arm der Bankaufsicht ansehen.

[1170] Gesetz vom 26.7.1957 (BGBl. 1957 I 745), in der Neufassung der Bekanntmachung vom 22.10.1992 (BGBl. 1992 I 1782), zuletzt geändert durch Art. 1 des Gesetzes vom 23.3.2002 (BGBl. 2002 I 1159).

[1171] Hierzu *Boos/Fischer/Schulte-Mattler(-Fischer)*, (2004), § 37 KWG Rn. 11.

überhaupt kommt und auf welche Rechtsgrundlage es gestützt werden kann. Hierbei werden verfassungs-, vertrags-, und gewohnheitsrechtliche Grundlagen diskutiert.

(aa) Die verfassungsrechtliche Herleitung

Überwiegend wird die Ansicht vertreten, das Bankgeheimnis entstamme dem Verfassungsrecht und beruhe entweder auf dem allgemeinen Persönlichkeitsrecht des Bankkunden nach Art. 2 Abs. 1 iVm Art. 1 Abs. 1 GG[1172] oder auf dessen Recht zur freien Entfaltung seiner Persönlichkeit.[1173] Als Teil des Persönlichkeitsrechtes wird die Privatsphäre angesehen. Wichtig an dieser Stelle ist sowohl die geschützte Geheim-, und Privatsphäre als auch das Recht auf Vertraulichkeit,[1174] die hier betroffen sein könnte. Die Achtung der Privatsphäre umfasst dabei das Recht, dass jemand nicht in Rede gestellt, bloßgestellt oder über jemandes Ansehen in der Öffentlichkeit ungehemmt berichtet wird.[1175] Hierunter fällt auch das Bankgeheimnis zwischen der Bank und ihren Kunden.[1176] Beachtet werden müssen aber auch die Schranken des Art. 2 GG.[1177] Einschränkungen des Schutzes für die Privatsphäre und damit für das Bankgeheimnis sind danach möglich.[1178] Diese verfassungsrechtliche Regelung könnte auch als Rechtsgrundlage für die Einhaltung des Bankgeheimnisses durch den Treuhänder angesehen werden. Andererseits sollte die Bank aber explizit berechtigt werden, die dem Treuhänder von den Kunden erhaltenen sowie ihr bekannten Informationen zur Verfügung zu stellen.

Grundrechte sind grundsätzlich Abwehrrechte des Einzelnen gegen den Staat;[1179] Drittwirkung entfalten sie nur in bestimmten Fällen.[1180] Von Bedeutung im vorliegenden Zusammenhang ist das Recht auf informationelle Selbstbestimmung, das aus Art. 2 Abs. 1 GG abgeleitet wird.[1181] Seit der Anerkennung dieses Rechtes durch das BVerfG[1182] wird alles, was mit Informationen über Personen zu

---

1172 *Sichtermann/Feuerborn/Kirchherr/Terdenge(-Kirchherr)*, (1984), 40 ff.

1173 *Canaris*, (1988), Rn. 36 ff.

1174 *Schmidt-Bleibtreu/Klein(-Hofmann)*, (2004), Art. 1 GG Rn. 59.

1175 *Brandner*, JZ 1983, 689 f.

1176 *Degenhart*, JuS 1992, 361, 364; *Boos/Fischer/Schulte-Mattler(-Lindemann)*, (2004), § 9 KWG Rn. 10.

1177 *Jarass/Pieroth*, (2004), Art. 2 GG Rn. 45; *Pieroth/Schlink*, (2004), Rn. 316, 367.

1178 Beispielweise kann dieses der bei einem anderen wichtigen Informationsinteresse der Allgemeinheit der Fall sein; *Brandner*, JZ 1983, 689 f.

1179 *Christopoulou*, (1995), 24.

1180 Ob diese Drittwirkung unmittelbarer oder nur mittelbarer Art ist, ist umstritten. Zwar wurde in einigen Urteilen ersteres angenommen, eine ausdrücklich bindende Aussage unterblieb jedoch. In jedem Fall wirken die Grundrechte auch gegenüber Privaten in der Weise, dass diese nicht befugt sind, sie außer Acht zu lassen; hierzu *Bürger*, (1988), 38 - 41.

1181 *Boos/Fischer/Schulte-Mattler(-Lindemann)*, (2004), § 9 KWG Rn. 10.

1182 Hierzu BVerfG 15.12.1983, BVerfGE 65, 1 ff.

tun hat, in Zusammenhang mit diesem Recht gebracht. Hierzu gehört das Recht jedes einzelnen, selbst über die Preisgabe sowie Verwendung seiner persönlichen Daten zu bestimmen.[1183] Dies erstreckt sich auch auf die zu den persönlichen Lebenssachverhalten gehörenden wirtschaftlichen Verhältnisse eines jeden,[1184] etwa seine Daten bei der Bank. Aber auch hier ergeben sich die Schranken aus Art. 2 Abs. 1 GG. Ob man zudem auf das uneinschränkbare Recht nach Art. 1 Abs. 1 GG abstellen sollte,[1185] kann hier außer Betracht bleiben. Auf Seiten der Bank lässt sich das Recht zur Wahrung des Bankgeheimnisses aus Art. 12 Abs. 1 GG (Berufsfreiheit) ableiten.[1186] Abschließend ist für den Treuhänder somit festzuhalten, dass es vertretbar erscheint, die gesetzlich ungeregelte Verschwiegenheitspflicht für ihn aus dem Grundgesetz herzuleiten.

(bb) Die vertragliche Herleitung

Teilweise wird die Auffassung vertreten, der Ursprung des Bankgeheimnisses sei die geschäftliche Beziehung des Kunden zu der Bank, die durch Vertrag geregelt ist.[1187] Das Bankgeheimnis selbst sei eine Nebenpflicht der Bank aus dem Vertrag.[1188] Früher wurde diese Nebenpflicht aus § 242 BGB hergeleitet, heute aus den Allgemeinen Geschäftsbedingungen (AGB) der Banken[1189] oder aus den AGB der Sparkassen aus Nr. 1 Abs. 1,[1190] die einen Verweis auf die AGB-Regelung der Banken betreffend das Bankgeheimnis enthalten. Vor der Schuldrechtsreform vom 1. Januar 2002[1191] beruhten derartige Schutzpflichten[1192] auf

---

[1183] BVerfG 15.12.1983, BVerfGE 65 1, 41; 28.7.1986, BVerfGE 78, 77, 84 f.

[1184] BVerfG 14.10.1987, BVerfGE 77, 121, 125.

[1185] Dafür *Sichtermann*, MDR 1965, 697, 700; *Lerche*, ZHR 149 (1985), 165, 174.

[1186] Zu den einzelnen Gesichtspunkten des Art. 12 Abs. 1 GG bei der Bank *Christopoulou*, (1995), 29 - 32.

[1187] *Bruschke*, BB 1990, 392; *Boos/Fischer/Schulte-Mattler(-Lindemann)*, (2004), § 9 KWG, Rn. 10. Dieses erscheint unter Umständen aber vertretbar; *Christopoulou*, (1995), 28.

[1188] BGH 12.5.1958, BGHZ 27, 241, 246 = NJW 1958, 1232 f.; *Sichtermann/Feuerborn/-Kirchherr/Terdenge(-Kirchherr)*, (1984), 65 ff., 111.

[1189] Insbesondere aus § 2 Abs. 1, der seit dem 1.1.1993 lautet: „ Die Bank ist zur Verschwiegenheit über alle kundenbezogenen Tatsachen und Wertungen verpflichtet, von denen sie Kenntnis erlangt (Bankgeheimnis). Informationen über den Kunden darf die Bank nur weitergeben, wenn gesetzliche Bestimmungen dies gebieten oder der Kunde eingewilligt hat oder die Bank zur Erteilung einer Bankauskunft befugt ist"; vgl. NJW 1992, 3278.

[1190] „Geschäftsbeziehungen als Vertrauensverhältnis: Die Geschäftsbeziehung zwischen dem Kunden und der Sparkasse ist durch die Besonderheiten des Bankgeschäftes und ein besonderes Vertrauensverhältnis geprägt. Der Kunde kann sich darauf verlassen, dass die Sparkasse seine Aufträge mit der Sorgfalt eines ordentlichen Kaufmannes ausführt und das Bankgeheimnis wahrt"; vgl. NJW 1993, 840.

[1191] Bekanntmachung der Neufassung des BGB vom 2.1.2002 (BGBl. 2002 I 42).

[1192] Die Einhaltung des Bankgeheimnisses seinem Vertragspartner gegenüber muss wohl als Schutzpflicht des Vertrages bezeichnet werden, da weder Mitwirkungs- noch Aufklärungspflichten den §§ 157, 242 BGB; heute regelt § 241 Abs. 2 BGB die Berücksichtigung von Rechten und Interessen im Rahmen des Schuldverhältnisses ausdrücklich. Damit ist nicht nur eine Präzisierung der Nebenrechte vorgenommen worden, sondern auch eine Ausweitung. Unter den Begriff einer Berücksichtigung der Interessen des anderen Vertragsteiles könnte man die Schutzpflicht einordnen, das Bankgeheimnis des anderen zu wahren;[1193] denn die Bewahrung eines Bankgeheimnisses lässt sich unter die Interessenswahrung einer Person einer anderen gegenüber durchaus subsumieren. Demnach fällt das Bankgeheimnis nach dem neuen Recht unter § 241 Abs. 2 BGB.

Eine Anwendung der Vertragstheorie auf das Verhältnis zwischen der Bank und dem Treuhänder muss aber daran scheitern, dass der Treuhänder in keinem Vertragsverhältnis zu der Bank, Bankaufsicht oder den Pfandbriefgläubigern steht. Zudem sind die AGB-Regelungen auf die Person des Treuhänders nicht anwendbar.

(cc) Die gewohnheitsrechtliche Herleitung

Nach anderer Ansicht ist das Bankgeheimnis aus dem Vertrauensverhältnis abzuleiten, das schon vor dem Vertragsabschluss zwischen der Bank und dem Kunden begründet wird.[1194] Konsequenterweise müsste bei dieser Betrachtung bei einer Nichtigkeit des Vertrages auch die Verpflichtung der Bank zur Wahrung des Bankgeheimnisses entfallen; dieses soll hier aber ausnahmsweise nicht geschehen. Eine weitere Auffassung[1195] befürwortet mit demselben Ergebnis eine gewohnheitsrechtliche[1196] Grundlage für das Bankgeheimnis; sie stützt sich auf die geschichtliche Entwicklung des Rechtsinstituts.[1197] Begründet wird diese Auffassung, wie schon die zuerst behandelte,[1198] mit der Auflösung des Vertrages und dem hierdurch möglichen Wegfall des Bankgeheimnisses. Mangels anderer Grundlagen müsste man sich dieser Gewohnheitstheorie auch in Bezug auf den Treuhänder bedienen.

---

diesem zuzuordnen ist; zu den einzelnen Nebenpflichten im alten Recht *Palandt(-Heinrichs)*, (2002), § 242 BGB Rn. 27 - 37.

[1193] Zwar wird § 241 Abs. 2 BGB als Blankettnorm betrachtet und den heute weiter bestehenden §§ 157, 242 BGB gleichgestellt, so *Palandt(-Heinrichs)* ((2005), § 241 BGB Rn. 7)), jedoch kann diese Schutzpflicht dem Begriff des Interesses entnommen werden. Zudem ist diese Interessensbefolgung als Verhaltenspflicht zu behandeln; *Palandt(-Heinrichs)*, (2005), § 241 BGB Rn. 6.

[1194] *Canaris*, (1988), Rn. 42.

[1195] *Sichtermann/Feuerborn/Kirchherr/Terdenge(- Kirchherr)*, (1984), 62 - 65.

[1196] Zur Definition des Gewohnheitsrechtes BVerfG 18.2.1970, BVerfGE 28, 21, 28 f.; 14.2.1973, BVerfGE 34, 293, 303 f.; BVerfG 19.10.1982, BVerfGE 61, 149, 204 = NJW 1983, 25, 31; *Ungnade*, WM 1976, 1210.

[1197] Zur geschichtlichen Entwicklung des Bankgeheimnisses *Chambost*, (1980), 15 ff.

[1198] *Canaris*, (1988), Rn. 42.

(c) Bewertung

Im Gegensatz zu der klaren Regelung durch das polnische Recht fehlt in Deutschland eine eindeutige Rechtsgrundlage für das Recht des Treuhänders auf Zugang zu geheimen Informationen der Bank. Zudem fehlt es an der ausdrücklichen Regelung der Schweigepflicht des Treuhänders.

Aus § 32 Abs. 1 HBG folgt, dass der Treuhänder ein umfassendes Recht hat, die Unterlagen der Bank einzusehen, sofern diese sich auf die Hypothekenpfandbriefe und auf die in das Deckungsregister eingetragenen Werte beziehen. Dass diese Bankunterlagen auch Bankgeheimnisse enthalten dürfen, kann anhand einer teleologischen Auslegung bejaht werden. Die Schweigepflicht hingegen kann aus dem Gewohnheits- sowie auch Verfassungsrecht abgeleitet werden, nicht jedoch aus dem Vertragsrecht. Die Bank sollte aber explizit berechtigt werden, dem Treuhänder die ihr bekannten und anvertrauten Informationen zur Verfügung zu stellen.

Für den Treuhänder, der nicht in das typische System des Verhältnisses Bank zu ihrem Kunden passt, könnte ferner das Berufsgeheimnis[1199] als Grundlage auch für das Bankgeheimnis in Betracht kommen.[1200] Problematisch ist dabei allerdings, dass der Treuhänder keinen Beruf ausübt. Seine Geheimhaltungspflicht als Berufsgeheimnis zu benennen, wäre demnach widersprüchlich.

Unabhängig von verfassungsrechtlichen Grundlagen und anderen Überlegungen könnte auch daran gedacht werden, die Verschwiegenheitspflicht des Treuhänders *eo ipso*, mittelbar von seiner Funktion abzuleiten, weil dieser sein Amt anderenfalls nicht in der gesetzlich vorgesehenen Weise ausüben könnte. Danach wäre der Treuhänder schon aufgrund seines Amtes verpflichtet, erhaltene Informationen für sich zu behalten und auch nach Beendigung seines Amtes nicht zu offenbaren. Besser wäre es allerdings, wenn sein Zugangsrecht zu geheimen Informationen der Bank und dementsprechend auch seine Verpflichtung zur Verschwiegenheit Gegenstand einer ausdrücklichen gesetzlichen Regelung wären. Aus den gleichen Gründen wie bei der polnischen Regelung ist im Übrigen auch für den deutschen Treuhänder eine Haftpflichtversicherung zu empfehlen.

Vorzuschlagen ist daher, für das deutsche Recht eine dem polnischen Recht ähnliche Regelung zu treffen, die klar ausspricht, dass der Treuhänder einerseits dazu befugt ist, Informationen über geheime Daten der Bank zu erhalten, dass er andererseits aber auch dazu verpflichtet ist, diese Informationen nicht zu offenbaren und zwar auch nicht nach der Beendigung seiner Amtszeit.

[1199] Hierzu *Glaser*, (1996), 85.

[1200] So wie es etwa bei Rechtsanwälten der Fall ist; vgl. § 43 a Abs. 2 der Bundesrechtsanwaltsordnung (BRAO), Gesetz vom 1.8.1959 (BGBl. 1959 I 565), zuletzt geändert durch Art. 4 des Gesetzes zur Vereinfachung und Vereinheitlichung der Verfahrensvorschriften und zur Wahl und Berufung ehrenamtlicher Richter vom 21.12.2004 (BGBl. 2004 I 3599).

(2) Haftung für die Verletzung der Verschwiegenheitspflicht

Die Verletzung der Verschwiegenheitspflicht durch den Treuhänder muss, weil keinerlei Vertragsverhältnis zwischen diesem und der Bank besteht, eine *ex delictio* Haftung nach § 823 BGB mit sich ziehen.[1201] Auch eine Haftung nach § 826 BGB ist beim Vorliegen einer sittenwidrigen Schädigung möglich.

Eine strafrechtliche Haftung nach § 203 StGB wegen einer Verletzung von Privatgeheimnissen kann dagegen nicht angenommen werden. § 203 Abs. 1 Nr. 1 - 6 StGB regelt den von der Vorschrift erfassten Personenkreis abschließend;[1202] der Treuhänder gehört nicht dazu. Das Gleiche gilt für § 203 Abs. 2 StGB.

2. Aufgabenkonforme Arbeitsbedingungen

a. Gesetzesregelung

Neben dem Einsichtsrecht muss die Hypothekenbank dem Treuhänder die für seine Aufgaben entsprechende Arbeitsumwelt gewährleisten. Der deutsche Gesetzgeber hat dies offensichtlich als selbstverständlich angesehen und genauso wie im Falle der Anweisung und des Rechtes des Treuhänders auf Zugang zu Bankgeheimnissen auf eine ausdrückliche Regelung dieser Frage verzichtet.

Im PHBG wird dieser Problematik auch nur ein bescheidener Platz gewidmet. Art. 33 Abs. 2 PHBG besagt lediglich, dass die Hypothekenbank dem Treuhänder die seinen Aufgaben entsprechende Arbeitsbedingungen gewährleisten muss. Aufgrund dieser bescheidenen Regelung ist es wichtig, den Begriff der „aufgabenkonformen Arbeitsbedingungen" richtig auszulegen.

b. Aufgabenkonforme Arbeitsbedingungen

Die aufgabenkonformen Arbeitsbedingungen sind im weiteren Sinne zu verstehen. Es handelt sich sowohl um technische als auch um organisatorische Hilfsmittel, die zur Arbeitsausübung des Treuhänders erforderlich sind.[1203] Ihr Ziel geht über den bloßen Arbeitskomfort des Treuhänders hinaus und ist im Zusammenhang mit seinem gesetzlichen Auftrag zu sehen.

[1201] *Bellinger/Kerl*, (1995), § 29 HBG Rn. 13. Eine Haftung nach § 839 BGB scheitert an den Gründen der mangelnden Amtstellung des Treuhänders.

[1202] Täter können damit nur die in § 203 Abs. 1 Nr. 1 - 6 StGB genannten Personen sein, *Kühl*, (2004), § 203 StGB Rn. 2 sowie *Tröndle/Fischer(-Fischer)*, (2004), § 203 StGB Rn. 11.

[1203] Das Recht auf Bereitstellung der technischen, zur Aufgabenwahrnehmung erforderlichen Hilfsmittel wurde auch im deutschen Schrifttum bejaht und als Nebenrecht des Treuhänders bezeichnet; *Bellinger/Kerl*, (1995), § 29 HBG Rn. 12.

Das Arbeitsumfeld im technischen Sinne betrifft Einrichtungen am Arbeitsplatz. Die Hypothekenbank soll dem Treuhänder und dessen Mitarbeitern gesonderte Arbeitsräume zur Verfügung stellen. Dabei muss die Ausstattung der Büroeinrichtung nicht luxuriös, aber für die Erfüllung der Treuhänderaufgaben geeignet sein. Der Treuhänder soll vor allem einen schnellen Zugriff zur Deckungsdokumentation haben. Zur Verwahrung der Deckungswerte, der zurückgezogenen Pfandbriefe und sonstiger Dokumentation muss ein gesonderter Tresorraum eingerichtet werden. Die aufgabenkonformen Arbeitsbedingungen müssen auch die Einhaltung des Bankgeheimnisses und die Unabhängigkeit des Treuhänders sichern. Im Übrigen kann das Ausstattungsniveau unter der Berücksichtigung der finanziellen und organisatorischen Kapazität der Hypothekenbank mit dem Treuhänder vereinbart werden.

Die technische Ausstattung muss um organisatorische Mittel ergänzt werden. Die Eintritts- und Aufenthaltsregel sowie der Arbeitsablauf im Treuhänderbüro sind in einer inneren Geschäftsordnung in Abstimmung mit dem Treuhänder vorzuschreiben. Bei der Bestimmung dieser Regel ist auf die Gewährleistung der höchsten Sicherheitsstufe zu achten. Sie sollen klar und übersichtlich sein und jeglichen Missbrauch der Deckungsmasse unmöglich machen. Die bankinterne Regelung sollte auch die Zusammenarbeit der Bankangestellten mit dem Treuhänder ordnen.[1204]

Zur Gewährleistung arbeitskonformer Bedingungen hat die Bank eine angemessene Anzahl von Bankangestellten zu beauftragen, um den Treuhänder bei seiner Arbeit zu unterstützen. Diese werden ins Treuhänderbüro (Deckungsbüro) entsandt und haben die Anweisungen des Treuhänders zu befolgen. Die Zahl dieser Bankangestellten soll dem Geschäftsumfang der Bank entsprechen und mit dem Treuhänder abgesprochen werden. Von diesen Bankangestellten sind hohe Qualifikationen und eine ausreichende Berufserfahrung zu erwarten.

Unter der Gewährleistung der aufgabenkonformen Arbeitsbedingungen kann im weiteren Sinne auch das Recht des Treuhänders verstanden werden, Gutachten zu beantragen und zusätzliche Klärungen zu verlangen. Die Bank soll dem Treuhänder auch im eigenen Interesse helfen, Bankprozesse besser zu verstehen. Das betrifft selbstverständlich nur diejenigen Geschäftsbereiche, die über die Haupttätigkeit des Treuhänders hinausgehen und diese nur marginal berühren. Von dem Treuhänder ist im Übrigen zu erwarten, dass er sein Arbeitsumfeld kennt und auch prüfen kann. Diese Erwartungen müssen andererseits angemessen sein. Bei besonders komplizierten, strittigen oder spezifischen Fragen muss der Treuhänder berechtigt sein, Gutachten von Fachleuten einzuholen. Denn es ist ihm bei seinem sehr breiten Aufgabenspektrum nicht zuzumuten, auf diese Fragen Antworten sofort parat zu haben. Ein gewisses Gleichgewicht im Schwierigkeitsgrad, Geschäftsumfang und in der Regelmäßigkeit ist allerdings angebracht. Eine

---

[1204] Vgl. *Rewieński*, PB 2/2000, 47.

zu häufige, unangemessene Einholung von Gutachten kann nicht nur die Bank finanziell unnötig belasten, sondern auch die berufliche Kompetenz der als Treuhänder tätigen Person in Frage stellen und darüber hinaus die Grundlage für ihre Abberufung sein.[1205]

c. Geltendmachung des Anspruches

In beiden Gesetzen ist nicht geregelt, wie der Treuhänder einen Anspruch auf gesetzkonforme Arbeitsbedingungen geltend machen kann, wenn die Bank diese Pflicht nicht oder nicht ordentlich erfüllt.

Die Gewährleistung angemessener Arbeitsbedingungen liegt nicht nur im Interesse des Treuhänders. Ihr Fehlen kann die ordentliche Wahrnehmung der Treuhänderaufgaben beeinträchtigen und im Extremfall sogar unmöglich machen. Es ist also offensichtlich, dass der Treuhänder auch im Interesse der Pfandbriefgläubiger und unter Beachtung der Sicherheit des ganzen Pfandbriefsystems den aufgabenkonformen Arbeitsplatz fordern kann und muss.

Die bankinternen Regelungen über die Zusammenarbeit mit dem Treuhänder werden durch die Bankaufsichtsbehörde geprüft, bevor diese der Bank die Erlaubnis zur Aufnahme ihrer Tätigkeit erteilt. Änderungen sollen in Absprache mit dem Treuhänder vorgenommen und der Bankaufsicht mitgeteilt werden. Der Treuhänder kann eine Änderung dieser Regelungen auch selbst beantragen, wenn sich diese in der Praxis als ungeeignet oder sogar störend erwiesen haben.

Werden keine angemessenen Arbeitsbedingungen für den Treuhänder geschaffen, so liegt hierin eine Pflichtverletzung der Hypothekenbank dem Treuhänder gegenüber. Der Treuhänder hat dies dem Bankvorstand zu melden und die Vornahme notwendiger Maßnahmen zu fordern. In diesem Sinne ist sein Handeln als Anweisung zu klassifizieren. Bei ihrer Nichterfüllung ist die Bankaufsichtsbehörde zu informieren; sie hat den Streit zu entscheiden.[1206] In der Praxis sind derartige Streitigkeiten jedoch nicht bekannt.

IV. Gesamtbewertung

Der polnische Treuhänder ist nicht nur berechtigt, sondern in bestimmten Fällen auch verpflichtet, der Hypothekenbank Anweisungen zu erteilen. Der deutsche Treuhänder ist, wenn dies auch nicht ausdrücklich im HBG vorgeschrieben wurde, ebenfalls berechtigt, die Hypothekenbank auf Unrichtigkeiten, die er im Rahmen seiner Tätigkeit entdeckt hat, hinzuweisen und deren Beseitigung einzu-

---

[1205] *Olszak*, (2002), 35.

[1206] *Bellinger/Kerl*, (1995), § 29 HBG Rn. 12.

fordern. Es empfiehlt sich allerdings, diese Anweisungsbefugnis sowie die Verfahrensweise im HBG ausdrücklich zu regeln.

Anweisungen des Treuhänders beschränken sich grundsätzlich auf dessen Aufgabenbereich; sie sind keine Rechtsakte und haben nur beratenden Charakter. Obwohl Anweisungen für die Bank nicht bindend sind, geht ihre praktische Bedeutung über die bloße Empfehlung hinaus. Sofern die Bank diesen Anweisungen nicht nachkommt, wird die Effizienz der Anweisungen durch die obligatorische Anzeigeerstattung an die Bankaufsicht erhöht.

Die Informationspflichten beider Treuhänder sind unterschiedlich geregelt, aber im Ergebnis miteinander vergleichbar. Darüber hinaus hat die Anzeige über die Überscheitung der Pfandbriefumlaufgrenze, die in § 30 Abs. 5 S. 2 HBG geregelt ist, heute keine praktische Bedeutung mehr. Der deutsche Treuhänder hat ferner die Auskunftspflicht erst nach Erlass eines Verwaltungsaktes durch die Aufsichtsbehörde zu erfüllen; sie bedeutet keine Unterordnung des deutschen Treuhänders unter die Bankaufsicht, sondern verstärkt seine Unabhängigkeit. Der Umfang der Auskunft beschränkt sich auf den Tätigkeitsbereich des Treuhänders. Die Auskunftserteilung sollte ferner wie die des § 29 Abs. 3 KWG ausgestaltet sein. Von der Befugnis zur Einholung der Auskunft wird in der deutschen Praxis kaum Gebrauch gemacht. Werden aber bedenkliche Zustände oder Vorgänge festgestellt, so sollte die Auskunftsinitiative von dem Treuhänder selbst ergriffen werden. Die ausdrückliche Regelung der Anzeigepflicht im HBG - so wie im PHBG - ist dabei wünschenswert.

Bei der Abschriftübergabe verdient die deutsche Lösung den Vorzug. Der Treuhänder muss nicht jeden Monat, sondern halbjährlich die Abschrift aus dem Deckungsregister herausgeben. Die polnische Regelung sollte zur Vermeidung von unnötigen Personal- und Arbeitsaufwand der deutschen angepasst werden. Dabei ist für beide Rechtsordnungen eine EDV-Lösung wünschenswert, um die Papierform der Abschriften zu ersetzen.

Bei den unmittelbar wirkenden Mitteln muss zunächst der Wortlaut des Art. 24 Abs. 3 PHBG weiter gefasst werden, um klarzustellen, dass die Zustimmung des Treuhänders zu jeder die Deckungsmasse schmälernden Verfügung erforderlich ist, und zwar in Form seiner eigenhändigen Unterschrift oder in elektronischer Form. Die Zustimmung darf nur dann abgegeben werden, wenn die Verfügung über Deckungswerte die vorschriftsmäßige Sicherung der Pfandbriefe nicht gefährdet. Verweigert der Treuhänder seine Zustimmung willkürlich, so kann die Bank sich an die Bankaufsicht wenden, die dann über die Streitigkeiten entscheidet.

Bei Verfügungen der Hypothekenbank über Deckungswerte ohne Zustimmung des Treuhänders hingegen ergeben sich keinerlei Beschränkungen gegenüber Dritten; insbesondere ist keine schwebende Unwirksamkeit dieser Verfügungen anzunehmen. Für derartige Verfügungen haftet die Bank, wobei ein bestimmter Mitarbeiter der Bank, der diese Verfügung bewilligt hat, die Verantwortung dafür zu tragen hat. Die Haftung ist nicht bloß von dem Fehlen der Unterschrift des Treuhänders abhängig, sondern setzt ein vorsätzliches Handeln zum Nachteil der Pfandbrief-, oder Derivatgläubiger voraus.

Unrechtmäßige Verfügungen über Deckungswerte mit Zustimmung des Treuhänders erfüllen den Straftatbestand der Untreue und führen zu einer Haftung des Treuhänders. Dafür genügt bereits eine Nichtbeachtung der vorschriftsmäßigen Deckung, die die Sicherheitsstandards der Pfandbriefe schmälert; sie ist als wesentlicher Schaden zu betrachten. Der Ausfall der Pfandbriefgläubiger ist dafür nicht erforderlich. Die Untreue setzt aber zumindest bedingt vorsätzliches Handeln oder Unterlassen voraus. Darüber hinaus kommt die zivilrechtliche Haftung des Treuhänders in Frage.

Ein weiteres, ausschließlich dem Treuhänder zustehendes und unmittelbar auf das Bankgeschäft wirkendes Mittel ist die Erteilung der Deckungsbescheinigung für neue Pfandbriefemission. In beiden Rechtsordnungen bedarf nämlich die Hypothekenbank für jedes neue Passivgeschäft der Zustimmung des Treuhänders. Genügt die Deckungsmasse allen quantitativen und qualitativen Anforderungen, die das Gesetz zur Sicherung der Deckungsmasse vorsieht, so bestätigt der Treuhänder die vorschriftsmäßige Deckung mit seiner Unterschrift. Diese kann anders als bei der Zustimmung des Treuhänders zur Verfügung über Deckungswerte in mechanischer Weise erfolgen.

Sind die gesetzlichen Voraussetzungen zur neuen Pfandbriefemission nicht erfüllt, so hat der Treuhänder seine Zustimmung zu verweigern. Die Verweigerung der Unterschrift hat den gleichen Rechtscharakter wie die Anweisung des Treuhänders. Werden die Pfandbriefe ohne Unterschrift des Treuhänders ausgegeben, so ist dies nach 38 Abs. 1 HBG ordnungswidrig und mit einer Geldbuße zu ahnden. Fehlt dazu noch die vorschriftsmäßige Deckung, so löst das Inverkehrbringen von Pfandbriefen in beiden Rechtsordnungen eine strafrechtliche Haftung aus. Dies hat aber nicht die Unwirksamkeit der Pfandbriefe zur Folge. Bei der Zustimmung des Treuhänders zur neuen Pfandbriefemission trotz fehlender Deckung ist wie bei der rechtswidrigen Zustimmung des Treuhänders zur Verfügung über Deckungswerte vorzugehen.

Das Einsichtsrecht in Bankdokumente muss beiden Treuhändern eingeräumt werden, sofern dies der Wahrnehmung seiner Aufgaben dient. Weitere Beschränkungen des Einsichtsrechts ergeben sich in örtlicher (nur in den Geschäftsräumen der Bank) und zeitlicher Hinsicht (in den Geschäftszeiten der Bank). Bei Unstimmigkeiten oder unklaren Ergebnissen muss die Bank mit dem Treuhänder zusammenarbeiten und ihm zusätzliche Auskünfte erteilen. Für ein aktives Mitwirken der Bank spricht § 32 Abs. 2 HBG.

Das Einsichtsrecht muss den Zugang zu vertraulichen Informationen der Bank, die dem Bankgeheimnis unterliegen, umfassen. Art. 32 PHBG regelt nun erfreulicherweise ausdrücklich sowohl den Zugang des Treuhänders zu diesen Informationen, als auch seine hiermit verbundene Schweigepflicht. Das deutsche

HBG enthält eine solche Regelung bedauerlicherweise nicht, obwohl hier zweifelsfrei angenommen werden muss, dass auch dem deutschen Treuhänder zur ordnungsgemäßen Wahrnehmung seiner Tätigkeiten solche Informationen zugänglich sein müssen. Eine diesbezügliche ausdrückliche Regelung im deutschen Recht ist demnach wünschenswert. Eine verfassungs- oder gewohnheitsrechtliche Herleitung dieses Rechtes reicht nicht aus.

Schließlich ist zu empfehlen, dass eine Haftpflichtversicherung im Gesetz sowohl für den deutschen als auch für den polnischen Treuhänder vorgesehen wird, soweit keine Staatshaftung besteht und die Bank bei einem Fehlverhalten nicht haftet.

§ 10. Formelle Unabhängigkeit des Treuhänders

Der Treuhänder wird bestellt, um die ihm zugewiesenen Aufgaben wahrnehmen zu können. Zu diesem Zweck muss er eine diesen Aufgaben entsprechende Qualifikation haben und eine unabhängige Rechtsstellung genießen. Eine entscheidende Rolle spielt dabei die rechtliche Regelung seiner Bestellung und Entlassung. In diesem Zusammenhang sind insbesondere Bestellungs- und Entlassungsverfahren, Qualifikationsanforderungen, Befangenheitsproblematiken sowie Abberufungsgründe zu untersuchen. Schließlich werden arbeitsrechtliche Aspekte der Treuhänderbestellung und dessen Verhältnis zu den Stellvertretern behandelt.

I. Bestellung des Treuhänders

1. Bestellungsorgan und Bestellungsverfahren

a. Polnische Regelung

aa. Allgemeines

Der Treuhänder ist von der Bankaufsichtskommission unter Mitwirkung der Hypothekenbank zu bestellen. Bei der Treuhänderbestellung hat sich infolge der PHBG-Novelle von 2002 die Rolle der Hypothekenbank geändert. In der ursprünglichen PHBG-Fassung hatte der polnische Gesetzgeber - dem deutschen Recht folgend - der Hypothekenbank ein Anhörungsrecht eingeräumt. Die Mitwirkung der Hypothekenbank war also auf eine bloße Stellungnahme beschränkt. Art. 27 Abs. 2 aF PHBG besagte, dass der Treuhänder von der Bankaufsichtskommission nach Anhörung des Vorstandes der Hypothekenbank bestellt wird. Aufgrund dieser Vorschrift war angenommen worden, dass nicht nur die Bestellung, sondern auch die Initiative zur Nominierung des Treuhänders dem Bestellungsorgan zustand, das sich aber von der Hypothekenbank einen Kandidaten vorschlagen lassen konnte. Als eine formelle Bedingung war dagegen lediglich das Einholen der Stellungnahme der Hypothekenbank anzusehen. Ihr Unterbleiben begründete eine Anfechtung des Bestellungsaktes durch die Hypothekenbank, obwohl die Stellungnahme der Bank für die Bankaufsichtskommission nicht bindend war. Die Bankaufsichtskommission konnte eine Person also theoretisch zum Treuhänder bestellen, die von dem Bankvorstand nicht akzeptiert wurde. Im Interesse einer erwünschten erfolgreichen Zusammenarbeit mit der Bank war dies aber zu vermeiden.[1207] Die PHBG-Novelle von 2002 ersetzte das Anhörungsrecht durch ein Antragsrecht. Nach Art. 27 Abs. 2 PHBG erfolgt die Bestellung des Treuhänders nun durch die Bankaufsichtskommission auf Antrag des Aufsichtsrates der Hypothekenbank. Selbstverständlich ist für die Bestellung die Zustimmung des Kandidaten erforderlich.

bb. Antragsrecht des Bankaufsichtsrates

Die Ersetzung des Anhörungsrechtes des Vorstandes der Hypothekenbank durch das Antragsrecht des Aufsichtsrates der Hypothekenbank hat die Rolle der Hypothekenbank im Bestellungsverfahren deutlich verstärkt, beschränkt aber zugleich die Rolle der Bankaufsichtskommission auf die Bestätigung eines von der Hypothekenbank beantragten Kandidaten. Der Bankaufsichtskommission steht kein Recht zu, eigene Kandidaten zu nominieren. Diese Änderung ruft Bedenken hervor, weil sie den Treuhänder „in die Schuld" der Bank stellt und seine Unabhängigkeit damit schwächt. Interessenkonflikte können sich zudem auch daraus ergeben, dass der Aufsichtsrat der Bank das Interesse der Aktionäre wahrnimmt, während der Treuhänder vor allem das Interesse der Pfandbriefgläubiger überwacht. Die Abhängigkeit des Treuhänders wird auch dadurch verdeutlicht, dass die Verlängerung der Bestellungsdauer von einem erneuten Antrag des Aufsichtsrates abhängt. Im Ergebnis ist festzuhalten, dass diese Regelung die Unabhängigkeit des Treuhänders gefährden kann, was nicht im Interesse der Pfandbriefgläubiger liegt.

cc. Bestellung als Verwaltungsakt

Das PHBG lässt zudem viele verfahrensrechtliche Fragen offen. Unklar ist etwa, in welchen Fällen und in welcher Form die Bankaufsichtskommission den Kandidaten des Aufsichtsrates ablehnen sollte oder sogar muss. Sie kann aber sicherlich nicht zum Treuhänder bestellen, wer die gesetzlichen Voraussetzungen nicht erfüllt. Nach Art. 27 Abs. 1 NBG trifft die Bankaufsichtskommission ihre Entscheidungen mit der Mehrheit der Stimmen bei einer Anwesenheit von zumindest der Hälfte der Kommissionsmitglieder.[1208] Bei einer Stimmengleichheit gibt die Stimme des Vorsitzenden der Kommission den Ausschlag, der nach Art. 27 Abs. 3 NBG von der Kommission auch allein zur Treuhänderbestellung ermächtigt

---

[1207] *Drewicz-Tułodziecka/Stöcker*, (2000), 200; *Mekiński*, Glosa 12/2001, 7.

[1208] Die Bankaufsichtskommission ist aus sieben Mitgliedern zusammengesetzt (vgl. Art. 26 Abs. 1 BRG). Zur Beschlussfähigkeit der Kommission müssen also mindestens vier Mitglieder anwesend sein.

werden kann.[1209] Die Entscheidung der Kommission ergeht in Form eines Beschlusses und wird durch den Vorsitzenden unterzeichnet.[1210]

Der Beschluss sowohl über die Treuhänderbestellung als auch über die Ablehnung des Antrages hat keinen privatrechtlichen Charakter,[1211] sondern ist als Verwaltungsakt zu betrachten,[1212] der endgültig ist und gegen den keine Berufung eröffnet ist.[1213] Der Aufsichtsrat der Hypothekenbank, der mit dieser Entscheidung nicht einverstanden ist, kann sich entweder an die Bankaufsichtskommission mit dem Ersuchen um die erneute Prüfung seines Antrags wenden[1214] oder einen neuen Kandidaten vorschlagen. Erfüllt der Kandidat die erforderlichen Voraussetzungen für das Amt, so ist richtigerweise anzunehmen, dass die Bankaufsichtskommission den Antrag des Aufsichtsrates der Hypothekenbank nicht ohne weiteres ablehnen darf.[1215] Tut sie es doch, so steht der Verwaltungsweg offen.

[1209] Vgl. *Mekiński*, Glosa 12/2001, 7.

[1210] Art. 28 Abs. 1 NBG.

[1211] AA *Ušàk* (FS Marek Mazurkiewicz (2001), 127 f.), der die Treuhänderbestellung als privatrechtliches Rechtsgeschäft betrachtet, das zugleich Auswirkungen im öffentlichen Bankrecht hervorruft. Für diese Auslegung sprach seiner Ansicht nach Art. 28 Abs. 2 PHBG, der das Anfechtungsrecht beim Verwaltungsgericht ausschließlich gegen die Abberufung, nicht aber gegen die Bestellung vorsah. Wäre die Entscheidung über die Abberufung des Treuhänders eine Verwaltungsentscheidung, so wäre Art. 28 Abs. 2 PHBG überflüssig, weil sich die Anfechtung des Verwaltungsaktes bereits aus dem allgemeinen Verwaltungsrecht ergibt. Demzufolge betrachtet er Art. 28 Abs. 2 PHBG als eine Sonderregelung über die Anfechtung der Abberufung des Treuhänders im Sinne des Art. 16 Abs. 2 des Gesetzes vom 11.5.1994 über das Hauptverwaltungsgericht ((Dz.U. 1995 Nr. 74, Pos. 368), zuletzt geändert durch Dz.U. 2002 Nr. 141, Pos. 1177, inzwischen aufgehoben durch Art. 3 des Gesetzes vom 30.8.2002 (Dz.U. 2002 Nr. 153, Pos. 1271)), die schon für die Gewährung der Unabhängigkeit des Treuhänders erforderlich ist. Darüber hinaus äußert er sich gegen die Einordnung der Treuhänderbestellung als Verwaltungsakt. Diese Ansicht verdient schon deswegen keine Anerkennung, weil Vorschriften über die privatrechtliche Rechtsgeschäfte, insbesondere über die Bevollmächtigung (Artt. 95 ff. ZGB) und über die Abtretung (Artt. 509 ff. ZGB) keine Anwendung finden. Der Treuhänder ist kein Bevollmächtigter der Bankaufsichtskommission und handelt nicht in deren Namen. Die Bankaufsichtskommission kann ihm auch keine eigenen Aufgaben abtreten. Seine Aufgaben sind gesetzlich festgeschrieben und dürfen von der Bankaufsichtskommission weder geändert noch erweitert werden.

[1212] *Spyra* (Datenbank Lex, Art. 27 PHBG), nach dem der Bestellungsakt des Treuhänders kein innerer Organisationsakt der Bankaufsicht, sondern eine individuelle Sache aus dem Verwaltungsbereich ist, die in Form des Verwaltungsaktes zu entscheiden ist.

[1213] Art. 11 Abs. 3 BRG iVm Art. 127 Abs. 3 VwVfGB.

[1214] Art. 127 Abs. 3 VwVfGB.

[1215] *Wudarski*, PB 11/2003, 91.

dd. Probleme bei der Treuhänderbestellung

(1) Scheitern des Bankaufsichtsrates

Bei einer Ablehnung des Kandidaten steht der Bankaufsichtskommission kein Recht zu, eigene Kandidaten auszusuchen. Die Bankaufsichtskommission ist also weiterhin auf die von dem Bankaufsichtsrat vorgeschlagenen Kandidaten angewiesen. In diesem Zusammenhang sind - wenn auch nur rein theoretisch - zwei Fälle in Erwägung zu ziehen: (1) alle vorgeschlagenen Kandidaten werden von der Bankaufsichtskommission abgelehnt oder (2) der Aufsichtsrat gerät mit der Antragsstellung in Verzug. Wenig problematisch ist dies bei der Bestellung des ersten Treuhänders. Solange es dem Aufsichtsrat nicht gelingt, einen geeigneten Kandidaten zu finden, darf die Bank ihre Tätigkeit nicht aufnehmen. Die Folgen treffen in diesem Fall nur die Bank. Anders sieht es aus, wenn die Bank ihren Geschäftsbetrieb bereits führt. Die Bestellung des neuen Treuhänders kann dann aus zwei Gründen erfolgen: (1) Ablauf der Amtszeit oder (2) das Vorliegen eines der in Art. 28 Abs. 1 PHBG genannten Abberufungsgründe. Besonders im zweiten Fall, bei der plötzlichen Abberufung des amtierenden Treuhänders, ist eine schnelle Entscheidung erforderlich. Eine weitere Banktätigkeit ohne Treuhänder ist nämlich nicht möglich; dies widerspräche zum einen dem Prinzip der besonderen Aufsicht über die Hypothekenbanktätigkeit und gefährdete zum anderen die Interessen der Pfandbriefgläubiger. Vorübergehend können zwar die Treuhänderaufgaben von seinem Stellvertreter wahrgenommen werden, soweit bei diesem nicht gleichzeitig Gründe zur Abberufung vorliegen. Dies ändert aber nichts daran, dass ein neuer Treuhänder unverzüglich bestellt werden muss. Die ausschließliche Initiative des Aufsichtsrates zur Antragsstellung bei der Treuhänderbestellung kann das Interesse der Pfandbriefgläubiger gefährden, wenn es dem Aufsichtsrat nicht rechtzeitig gelingt, einen geeigneten Kandidaten vorzuschlagen, den die Bankaufsichtskommission akzeptiert. Die Bankaufsichtskommission könnte zwar die in Art. 138 BRG bestimmten Aufsichtsmittel gegenüber der Hypothekenbank in Anspruch nehmen und dadurch die Antragsstellung erzwingen; dies stellt aber keine optimale Lösung dar.

(2) Alternative Lösungen

Man könnte daher in Betracht ziehen, der Bank nur ein zeitlich beschränktes Vorschlagsrecht einzuräumen. Bei erfolglosem Ablauf der Frist wäre der Aufsichtsrat bei der Bestellung des Treuhänders nicht mehr zu beteiligen. Mit dieser Entscheidung müsste die Bank dann leben. Verletzt in ihren Rechten würde sie nicht, da sie die Möglichkeit gehabt aber versäumt hat, jemanden nach ihren Wünschen vorzuschlagen. Von der Aufsichtskommission wäre zu erwarten, dass sie sich schnell um einen geeigneten Ersatzkandidaten bemüht. Insgesamt dürfte eine solche Lösung das Interesse der Pfandbriefgläubiger und die Unabhängigkeit des Treuhänders weniger gefährden als die bestehende Regelung.

Am besten wäre es aber, bei dem Anhörungsrecht der Bank zu bleiben, das allerdings nach Art. 106 § 3 VwVfGB zeitlich beschränkt werden sollte. Demgemäß sollte die Hypothekenbank verpflichtet sein, unverzüglich, jedoch nicht später als innerhalb von zwei Wochen, dazu Stellung zu nehmen. Nimmt die Bank nicht fristgemäß Stellung, so sollte dies die Bestellung des Treuhänders durch die Bankaufsichtskommission nicht hindern.

b. Deutsche Regelung

aa. Allgemeines

Die Bestellung des Treuhänders erfolgt nach § 29 Abs. 2 S. 1 HBG durch die Aufsichtsbehörde nach der Anhörung der Hypothekenbank. Mit der Bestellung muss der Treuhänder zudem einverstanden sein. Sonst ist diese Erklärung schwebend unwirksam.

bb. Anhörungsrecht der Bank

Die Aufsichtsbehörde ist an die Anhörung der Hypothekenbank nicht gebunden; deren Fehlen macht die Treuhänderbestellung durch die Aufsichtsbehörde nicht ungültig.[1216] Ein Nachholen der Anhörung ist jederzeit möglich.[1217] Die Hypothekenbank kann die Bestellung anfechten.[1218]

Dass der Hypothekenbank überhaupt ein Recht auf Anhörung zusteht, folgt aus der Überlegung, dass der Treuhänder zukünftig sein Amt im Sinne der Bank, also auch „für" diese ausführt; ohne ihn wäre die Bank nicht im Stande, den bestehenden Hypothekenbestand ordnungsgemäß zu verwalten oder abzuwickeln. In der älteren Literatur wird den Treuhänder daher als „Organ der Bank" bezeichnet.[1219] Der Treuhänder dient nicht nur den Pfandbriefgläubigern, sondern auf Umwegen zugleich der Bank und auch der Aufsichtsbehörde.[1220] Vereinzelt wird sogar die Auffassung vertreten, die Mitarbeit des Treuhänders sei eine Art Lebensfrage für die Bank.[1221] Jedenfalls hat die Bank ein Interesse an einer guten Zusammenarbeit mit dem Treuhänder. Durch die ordnungsgemäße und gewissen-

---

[1216] *Bellinger/Kerl*, (1995), § 29 HBG Rn. 24.
[1217] *Praxl*, (1966), 43.
[1218] Vgl. *Hofmann* ((1964), § 29 HBG Rn. 28), der ausdrücklich vorsieht, dass die Bestellung des Treuhänders durch das fehlende Anhörungsrecht nicht ungültig wird. Eine Anfechtung nach § 42 Abs. 1, Var. 1 VwGO ist dann aber möglich.
[1219] *Hecht*, (1904), 1079, 1091.
[1220] *Praxl*, (1966), 31.
[1221] *Praxl*, (1966), 76.

hafte Erfüllung seiner Aufgaben erhöht der Treuhänder die Anerkennung der Bank bei den Gläubigern und deren Ruf.[1222] Aus diesen Gründen ist das Anhörungsrecht der Bank zu erhalten.

Dabei wirkt die Bank zwar bei der Bestellung mit, jedoch hat dieser Umstand nichts damit zu tun, dass der Treuhänder sich mit dieser in einem vertragsähnlichen Verhältnis befindet. Das Anhörungsrecht der Bank schwächt - im Unterschied zu dem polnischen Antragsrecht - nicht die im Gesetz vorgesehene Unabhängigkeit des Treuhänders. Das Einholen der Stellungnahme der Bank ist für die Bestellung des Treuhänders zwar formell erforderlich, aber inhaltlich nicht bindend. Daran ändert die Tatsache nichts, dass sich die nach § 29 Abs. 2 HBG erforderliche Anhörung der Bank in der deutschen Praxis oft in ein Vorschlagsrecht der Bank verwandelt. Weiterhin ist die Bankaufsichtsbehörde nicht verpflichtet, der Hypothekenbank diese Möglichkeit zu geben. Sie ist auf diesen Vorschlag auch nicht angewiesen und kann die Auswahl des Treuhänders selbst durchführen. Der Treuhänder ist aufgrund seiner Bestellung weder der Bank noch der Aufsichtsbehörde in irgendeiner Hinsicht verpflichtet.[1223] Seine Aufgaben hat er weiterhin nur im Interesse der Pfandbriefgläubiger zu tätigen.

cc. Bestellung als Verwaltungsakt

Das Verfahren der Bestellung ist auch in Deutschland ein reines Verwaltungsverfahren; die Bestellung ergeht als Verwaltungsakt im Sinne des § 35 VwVfG. Die rechtliche Einordnung der Bestellung folgt schon daraus, dass die Aufsichtsbehörde eine staatliche Einrichtung darstellt, die bei der Bestellung des Treuhänders nicht fiskalisch, sondern hoheitlich tätig wird.[1224]

Die Bestellung des Treuhänders unterliegt keinen Formvorschriften (§§ 10; 37 Abs. 2 VwVfG).[1225] Sie kann auch mündlich erfolgen. Die Bankaufsichtsbehörde hat dem Treuhänder aber einen mündlichen Verwaltungsakt schriftlich oder elektronisch zu bestätigen, wenn er es verlangt. In der Praxis wird der Treuhänder dies regelmäßig in Anspruch nehmen und die Aushändigung einer Bestellungsurkunde verlangen, etwa um sich bei Bedarf als Treuhänder legitimieren zu können.[1226] Die Bestellungsurkunde hat aber nur deklaratorische, keine

---

[1222] Vgl. *Drechsler*, (1958), 120.

[1223] *Bellinger/Kerl*, (1995), § 29 HBG Rn. 12, 15 f.

[1224] Eine Behörde ist nach § 1 Abs. 4 VwVfG jede Stelle, die Aufgaben der öffentlichen Verwaltung wahrnimmt. Hierzu gehören in den staatlichen Verwaltungsapparat eingegliederte Stellen, soweit sie mit Verwaltungsarbeiten betraut sind; dabei handelt eine Behörde, sofern sie nicht einen Verwaltungsvertrag abschließt, immer hoheitlich; *Maurer*, (2004), § 9 Rn. 22, 25.

[1225] Zu den allgemeinen Formvorschriften im Verwaltungsrecht *Obermayer-Janssen*, (1999), § 37 VwVfG Rn. 15; *Schmidt*, (2003), 192 f.

[1226] Als Bescheinigung für die Bestellung des Pfandhalters diente die darüber von der Aufsichtsbehörde erteilte Urkunde. Der Pfandhalter hatte dieselbe bei Beendigung seiner Geschäftsführung konstitutive Wirkung. Nicht nur in diesem Fall empfiehlt es sich aber aus Rechtssicherheitsgründen, die Schriftform nach §§ 37; 39 VwVfG zu wählen.

Die Hypothekenbank kann gegen die Bestellung Anfechtungsklage[1227] gemäß § 42 Abs. 1, Var. 1 VwGO erheben und den Verwaltungsakt damit angreifen, wenn ihre Anhörung nach § 29 Abs. 2 S. 1 HBG für nicht erforderlich gehalten und somit nicht vorgenommen wurde. Die Hypothekenbank kann die Bestellung also gerichtlich rückgängig machen lassen, wenn der angefochtene Verwaltungsakt rechtswidrig ist und sie in ihren Rechten verletzt (§ 113 Abs. 1 S. 1 VwGO).[1228] Die Bestellung kann von dem Treuhänder selbst auch angefochten werden.[1229]

Zwar bestehen in der Hinsicht Zweifel, ob die Bestellung des Treuhänders nicht doch privatrechtlicher und nicht öffentlichrechtlicher Natur ist, worauf die Weisungsungebundenheit seiner Person deuten könnte. Dieses ist aber zu verneinen, denn auch andere Fälle zeigen, dass alleine die freie weisungsungebundene Ausübung eines Berufes nicht gleich bedeutet, dass die Ernennung oder Bestellung dieser Person nicht hoheitlicher Natur sein kann.[1230] Eine öffentlichrechtliche Bestellung des Treuhänders ist trotz seiner Weisungsungebundenheit und Unabhängigkeit damit gegeben.

Außerdem könnte anstelle der öffentlichrechtlichen Bestellung nur ein privatrechtlicher Vertrag stehen,[1231] der aber abzulehnen ist, weil bei einem Vertragsschluss zwischen der Aufsichtsbehörde und dem Treuhänder die Bank durch zivilrechtliche Normen miteinbezogen werden müsste, etwa durch eine Art Bevollmächtigung nach §§ 164 ff. BGB oder eine Abtretung nach §§ 398 ff. BGB, damit der Treuhänder gegenüber der Bank Rechte erhält und diese dadurch in den Vertrag miteinbezogen werden kann. Dieses wirkt aber sehr konstruiert und ist daher abzulehnen.

Auch ein öffentlichrechtlicher Vertrag im Sinne der §§ 54 ff. VwVfG kommt nicht in Betracht.[1232] Denn dieser ist ein verwaltungsrechtlicher Vertrag,

---

zurückzugeben; vgl. § 11 S. 4 der Mecklenburg-Strelitzschen Verordnung von 1894; vgl. auch § 56 Abs. 1 InsO, nach dem der Insolvenzverwalter eine Urkunde über seine Bestellung erhält und bei Beendigung seines Amtes diese Urkunde dem Insolvenzgericht zurückzugeben hat.

[1227] Zur Anfechtungsklage und ihren Sachentscheidungsvoraussetzungen und ihrer Begründetheit siehe die tabellarische Übersicht bei *Schmidt*, (2003), 218; zu den Voraussetzungen und Erfordernissen *Schenke*, (2000), Rn. 175 - 255; *Tettinger/Wahrendorf*, (2001), 113 - 133.

[1228] Das Urteil bei einer Anfechtungsklage ist ein Gestaltungsurteil; mit seiner Rechtskraft ist der angefochtene Verwaltungsakt unmittelbar aufgehoben, vgl. *Tettinger/Wahrendorf*, (2001), 124.

[1229] Vgl. *Hofmann*, (1964), § 29 HBG Rn. 31.

[1230] Wie es etwa bei Rechtsanwälten oder Richtern ist, hierzu *Praxl*, (1966), 39;

[1231] *Friedländer/Göppert/Seydel*, (1929), § 29 HBG Anm. 1; aA *Hofmann*, (1964), § 29 HBG Rn. 5; *Bellinger/Kerl*, (1995), § 29 HBG Rn. 12.

[1232] Dabei unterscheidet man bei einem Verwaltungsvertrag nach §§ 54 ff. VwVfG einen Vergleichsvertrag nach § 55 VwVfG und einen Austauschvertrag nach § 56 VwVfG; vgl. *Bull*,(2000), Rn. 694 f. für den ersteren und Rn. 694 für den letzteren.

durch den ein Rechtsverhältnis auf dem Gebiet des öffentlichen Rechtes begründet, geändert oder aufgehoben wird[1233] und bei dem die Behörde sich auf eine gleiche Ebene mit dem Bürger begibt, sodass kein Über- bzw. Unterordnungsverhältnis mehr besteht. Der Verwaltungsvertrag kommt dabei durch zwei übereinstimmende Willenserklärungen nach § 62 S. 2 VwVfG iVm den allgemeinen Bestimmungen des Bürgerlichen Gesetzbuches zustande.[1234]

Zwar können sich auf den ersten Blick zwischen verwaltungsrechtlichen Verträgen und Verwaltungsakten gerade dann Abgrenzungsschwierigkeiten ergeben, wenn ein mitwirkungsbedürftiger Verwaltungsakt vorliegt, da bei diesem wie auch bei einem Vertrag der Bürger mitwirkt.[1235] Beim Vertrag wirkt der Bürger jedoch intensiver mit als bei dem Erlass eines Verwaltungsaktes, dem der Bürger lediglich zustimmen muss. Die Indizien, derer man sich zur Abgrenzung bedient, sind hier schwer zu finden, da § 29 HBG nur den Wortlaut der „Bestellung" nennt und nicht von einer Verfügung, einem Bescheid oder einer Vereinbarung spricht.[1236]

Die Bestellung des Treuhänders kann aber nicht Gegenstand einer vertraglichen Regelung sein. Die Aufgaben und Rechte des Treuhänders sowie seine Rechtsstellung sind gesetzlich bestimmt und dürfen vertraglich nicht geändert werden. Die Aufgabe der Aufsichtsbehörde besteht hier lediglich in der Suche nach der geeigneten Person. Die zum Treuhänder zu bestellende Person muss mit ihrer Bestellung allerdings einverstanden sein.

Damit bleibt im Ergebnis festzuhalten, dass die Bestellung des Treuhänders ein öffentlichrechtlicher Akt ist.[1237] Da der Treuhänder bei dem Verwaltungsakt mitwirkt, weil er diesem zustimmen muss, liegt ein „mitwirkungsbedürftiger Verwaltungsakt"[1238] vor.[1239]

c. Bewertung

Zu beiden Gesetzen ist festzustellen, dass der Treuhänder durch die Bankaufsichtsbehörde unter Mitwirkung der Hypothekenbank bestellt wird. Die Treuhänderbestellung ist nicht privat-, sondern öffentlichrechtlicher Natur. Die Bestellung erfolgt durch einen Verwaltungsakt nach verwaltungsrechtlichen Regelungen. Da die Zustimmung des Betroffenen zu seiner Bestellung als Treuhänder

[1233] Vgl. *Schmidt,* (2003), 319.

[1234] *Bull,* (2000), Rn. 688; *Stelkens/Bonk/Sachs-Bonk,* (2001), § 62 VwVfG Rn. 22 ff.

[1235] Hierzu *Schmidt,* (2003), 324.

[1236] So versucht aber *Schmidt* ((2003), 324) die Abgrenzung zu finden.

[1237] Weitere Argumente gegen den öffentlichrechtlichen Bestellungsvertrag, es läge kein „*do ut des*" - Verhältnis vor, bei *Praxl,* (1966), 41.

[1238] Hierzu *Hühne* ((1991), *passim*), der sich mit dem mitwirkungsbedürftigen Verwaltungsakt befasst und ausführlich auseinandersetzt; *Schmidt,* (2003), 324.

[1239] Vgl. *Praxl,* (1966), 38.

erforderlich ist, kann zutreffend von einem mitwirkungsbedürftigen Verwaltungsakt gesprochen werden. Die Bestellung des Treuhänders durch die Bankaufsicht schadet der Unabhängigkeit des Treuhänders dabei nicht.

Der Einfluss der Hypothekenbank auf die Treuhänderwahl ist in beiden Gesetzen unterschiedlich. Der Unterschied besteht in der Rechtsstellung der Hypothekenbank bei der Treuhänderbestellung und lässt sich auf die Frage zurückführen, wem das Vorschlagsrecht bei der Besetzung der Treuhänderstelle zusteht. Das ausschließliche Vorschlagsrecht der Hypothekenbank nach dem PHBG kann die Unabhängigkeit des Treuhänders gefährden und in bestimmten Situationen problematisch sein. Bei der bloßen Anhörung der Bank bestehen diese Bedenken jedoch nicht. Das in der deutschen Praxis übliche Vorschlagsrecht der Hypothekenbank ergibt sich nicht aus dem Gesetz, sondern basiert auf der jahrelang erfolgreichen Zusammenarbeit und dem gegenseitigen Vertrauen zwischen der Bankaufsicht und den Hypothekenbanken. Die Rolle der Hypothekenbanken bei der Treuhänderbestellung ist in der Praxis also größer als nach dem Gesetz.

Um jeder Gefährdung der Unabhängigkeit des Treuhänders vorzubeugen, könnte man versuchen, die Treuhänderstelle im öffentlichen Wettbewerbsverfahren zu besetzen.[1240] Dies würde keine Nachteile mit sich bringen. Es gibt auch eigentlich keinen Grund, das Vorschlagsrecht ausschließlich der Hypothekenbank oder der Bankaufsicht vorzubehalten. Andererseits bestehen keine Hindernisse, auch eine Selbstbewerbung der Kandidaten zuzulassen. Eine öffentliche Ausschreibung würde die Treuhänderbestellung transparenter machen, die Chance auf die Wahl des am besten geeigneten Kandidaten vergrößern und auch die Unabhängigkeit des Treuhänders stärken. Ein öffentlicher Wettbewerb entspräche auch der Stellung des Treuhänders als öffentliche Vertrauensperson. Dabei spricht nichts gegen die Beibehaltung des unverbindlichen und zeitlich beschränkten Anhörungsrechts der Hypothekenbank.

2. Amtsdauer

a. Polnische Regelung

In Anlehnung an das deutsche HBG enthielt das PHBG in seiner ursprünglichen Fassung keine Regelung über die Amtsdauer des Treuhänders. Die Festlegung der Amtszeit war in der Praxis also dem Bestellungsorgan überlassen. Mit den Änderungen des Bestellungsverfahrens durch die PHBG-Novelle von 2002 hat sich der polnische Gesetzgeber jedoch entschieden, die Amtsdauer zu regeln. Nach Art. 27 Abs. 2 PHBG wird der Treuhänder für einen Zeitraum von 6 Jahren bestellt.

[1240] *Olszak*, (2002), 41.

Der erste Treuhänder muss, nachdem die Bank die Erlaubnis zur Aufnahme der Geschäftstätigkeit erhalten hat, spätestens bei den ersten Eintragungen der Hypothekenbank in das Deckungsregister bestellt werden.[1241] Eine frühere Bestellung, bereits nach der Erteilung der Erlaubnis zur Errichtung der Bank[1242] und vor Aufnahme der Geschäftstätigkeit durch die Bank ist nicht erforderlich und kann die Bank unnötig finanziell belasten.[1243]

Nach Art. 112 ZGB endet die Amtszeit mit Ablauf des Tages, dessen Benennung und Datum dem Anfangstag der Frist entspricht. Die gleiche Person kann aber nur einmal für weitere 6 Jahre erneut zum Treuhänder bestellt werden. Für Personen, die bereits vor der PHBG-Novelle von 2002 bestellt wurden, begann die sechsjährige Amtszeit mit dem Inkrafttreten dieser Änderungen, also am 9. September 2002, zu laufen.[1244]

b. Deutsche Regelung

Das HBG regelt die Länge der Amtsdauer des Treuhänders nicht. Die Bankaufsichtsbehörde bestimmt die Amtsdauer aber in dem Bestellungsakt. Wegen der hohen Veränderungsgeschwindigkeit (Produktentwicklung, rechtliche und wirtschaftliche Rahmendaten) werden Genehmigungen im Bankaufsichtsrecht tendenziell zunehmend nur für kürzere Zeiten erteilt. In der Praxis ist eine Amtsdauer von drei Jahren üblich, die verlängert werden kann. Über die erneute Bestellung derselben Person zum Treuhänder entscheidet das Bestellungsorgan. Im deutschen Recht gibt es auch keine Beschränkung für eine vielfach wiederholte Bestellung. Die Altersgrenze von siebzig Jahren sollte der Treuhänder aber nicht überschreiten.[1245]

c. Bewertung

Für das HBG ist zukunftsorientiert vorzuschlagen, die Amtdauer für den Treuhänder gesetzlich zu regeln und für einen längeren Zeitraum von 6 Jahren festzu-

---

[1241] Vgl. *Drewicz-Tułodziecka/Stöcker*, (2000), 198; *Rewieński*, PB 2/2000, 46; *Olszak*, (2002), 42.

[1242] Die Erlaubnis zur Errichtung der Bank (vgl. Art. 34 BRG) geht der Erlaubnis zur Aufnahme der Geschäftstätigkeit (vgl. Art. 36 BRG) vor. Die Umwandlung einer Universalbank in eine Hypothekenbank dagegen erfolgt durch die Änderung des Statutes und ihrer Eintragung in das Unternehmensregister; mehr *Olszak*, PUG 7-8/1999, 16 f.

[1243] Dazu *Olszak*, (2002), 41; zur bisherigen unterschiedlichen Praxis der ersten Treuhänderbestellungen *ders.*, (2002), 42 Fn. 105.

[1244] Vgl. Art. 6 des Gesetzes vom 5.7.2002 über die Änderung des Gesetzes über Pfandbriefe und Hypothekenbanken und über die Änderung mancher anderer Gesetze, Dz.U. 2002 Nr. 125, Pos. 1070.

[1245] *Bellinger/Kerl*, (1995), § 29 HBG Rn. 26.

setzen. In dieser Zeit kann er sich voll und ganz auf seine Aufgaben konzentrieren und muss keine Abberufung nach drei Jahren Amtsdauer befürchten. Die in der Praxis eingebürgerte Dreijahresdauer ist deshalb nicht zu befürworten. Berücksichtigt man die erforderliche Einarbeitungszeit und die Möglichkeit einer Abberufung schon nach drei Jahren, so erscheint die verbleibende Zeit relativ kurz, um den Treuhänder seine Aufgaben ordnungsgemäß und mit der erforderlichen Unabhängigkeit wahrnehmen zu lassen. Ist dieser nach den erforderlichen Qualifikationen sorgfältig ausgesucht worden, so sollte er aus Gründen des gegenseitigen Vertrauens und Miteinanders eine längere Amtsdauer genießen. Dieses würde zudem seine Unabhängigkeit stärken.

Um der Bank und den Pfandbriefgläubigern die Möglichkeit einzuräumen, nach der längeren Amtsdauer auch einen neuen Treuhänder zu bekommen, sollte die erneute Bestellung derselben Person nur einmal möglich sein. Dadurch wird die Stellung des Treuhänders wieder verstärkt, aber auch die Möglichkeit offen gelassen, nach dieser Zeit die Bestellung eines neuen Treuhänders zu ermöglichen.

Bei einer längeren Amtsdauer sollte der Treuhänder verpflichtet werden, regelmäßig eine Schulung, wie etwa Wochenendseminare zur Fortbildung zu besuchen. Sofern kein Jurist, der möglicherweise öfter mit neuen Gesetzeslagen in Berührung kommt als andere, eingestellt wird, ist es von Bedeutung, dass dieser immer auf dem rechtlichen und wirtschaftlich neuesten Stand ist, um seine Aufgaben ordnungsgemäß zum Wohle aller wahrnehmen zu können. Dem Treuhänder diese Fortbildungsmöglichkeiten zu verschaffen, sollte ein Anliegen der Hypothekenbank sein.

3. Qualifikationsanforderungen

Bei der Besetzung der Treuhänderstelle ist von entscheidender Bedeutung, über welche Qualifikationen ein Kandidat verfügt. Das Bestellungsorgan hat dies unter positiven und negativen Aspekten zu prüfen.

a. Polnische Regelung

aa. Positive Bestellungsvoraussetzungen

Der polnische Gesetzgeber regelt die Anforderungen an die Qualifikation des Treuhänders in Art. 27 Abs. 3 PHBG. Als Treuhänder kann nur eine natürliche Person bestellt werden,[1246] die kumulativ drei Bedingungen erfüllt. Sie muss die

[1246] Ausgeschlossen sind sowohl Rechtskanzleien als auch juristische Personen, die sich in der Finanzberatung spezialisieren; *Drewicz-Tułodziecka/Stöcker*, (2000), 202.

Staatsbürgerschaft eines Mitgliedstaates der Europäischen Union besitzen (1), eine Hochschulausbildung haben (2) und die zuverlässige Erfüllung der ihr auferlegten Pflichten gewährleisten (3).

(1) Staatsangehörigkeitskriterium

Von allen drei gesetzlich formulierten Kriterien ist das Erfordernis der EU-Staatsangehörigkeit am präzisesten bestimmt. Das PHBG in seiner ursprünglichen Fassung ließ die Besetzung der Treuhänderstelle ausschließlich durch polnische Staatsbürger zu.[1247] Die Änderung erfolgte durch Art. 1 des Gesetzes vom 18. Januar 2001 über die Änderung des Gesetzes über Pfandbriefe und Hypothekenbanken,[1248] der seit dem Beitritt Polens zur Europäischen Union am 1. Mai 2004 das Erfordernis der polnischen Staatsangehörigkeit durch die Staatsbürgerschaft eines Mitgliedstaates der Europäischen Union ersetzt hat.[1249] Diese Änderung wurde mit der Anpassung des polnischen Rechtes an das europäische Recht begründet und kommt dem *Chiquier* -Bericht[1250] entgegen, der die Beschränkung der Treuhänderbestellung nur auf polnische Staatsbürger als europarechtswidrig ansah.[1251]

Das Staatsangehörigkeitskriterium erscheint auch in seiner jetzigen Fassung ungeeignet. Zu einem besteht kein Grund, Spezialisten aus den nicht EU-Staaten wie etwa der Schweiz, Norwegen oder aus den Vereinigten Staaten bei der Besetzung der Treuhänderstelle wegen ihrer Staatsangehörigkeit schon im Vorfeld auszuschließen. Diese Beschränkung schafft eine Ungleichbehandlung, die durch keine inhaltliche Begründung zu rechtfertigen ist.

Zum anderen setzt die Erfüllung der Treuhänderaufgaben ein vertieftes Verständnis und aktuelle Kenntnisse des polnischen Hypothekarmarktes voraus.[1252] Von den Kandidaten für die Treuhänderstelle in einer Hypothekenbank in Polen sind also insbesondere sehr gute Kenntnisse des polnischen Rechtes und seiner praktischen Anwendung zu erwarten. Ansonsten wäre die zum Treuhänder bestellte Person nicht in der Lage, ihre Aufgaben zuverlässig zu erfüllen. Ferner setzen die polnischen Rechtskenntnisse in der Regel sehr gute polnische Sprach-

---

[1247] Keine rationelle Begründung für diese Beschränkung sah bereits *Mekiński* (Glosa 12/2001, 6).

[1248] Dz.U. 2001 Nr. 15, Pos. 148.

[1249] Die Inspektoren der Bankaufsicht müssen die polnische Staatsangehörigkeit dagegen weiterhin besitzen; vgl. Art. 30 Abs. 1 Nr. 1 NBG.

[1250] Es handelt sich um einen Bericht, der von *Loic Chiquier* 1998 im Auftrag von U.S. Agency for International Development (Büro in Warszawa) mit dem Ziel erstattet wurde, der Polnischen Nationalbank Regelungsvorschläge im Bereich von Aufsichtsempfehlungen vorzustellen, die das PHBG begleiten könnten.

[1251] *Chiquier*, (1998), 27; vgl. auch *Olszak*, PUG 11/2000, 13.

[1252] *Chiquier*, (1998), 27.

kenntnisse voraus, die aber schon unabhängig davon verlangt werden und erforderlich sind, um Kommunikationsprobleme zu vermeiden.

Aus all diesen Gründen wird die Bestellung eines Ausländers als Treuhänder in der Praxis kaum in Betracht kommen, denn es gibt, wenn überhaupt, nur wenige Ausländer, die diese inhaltlichen Bestellungsvoraussetzungen erfüllen können. Beim Bestellungsverfahren sind sie aber von entscheidender Bedeutung. Das Staatsangehörigkeitskriterium ist dagegen nicht aussagekräftig und daher überflüssig.

(2) Ausbildungskriterium

Das zweite Kriterium, nach dem der Treuhänder über eine Hochschulausbildung verfügen muss, hat der Gesetzgeber sehr allgemein formuliert. Eine Präzisierung hat er dem Bestellungsorgan und der Bankpraxis überlassen. Als Mindestanforderung ist aber der Abschluss des fünfjährigen Magisterstudiengangs anzunehmen.[1253] Ferner dürfen nur Studienrichtungen akzeptiert werden, die die erforderliche Grundlage für die Wahrnehmung der Treuhänderaufgaben gewährleisten. Dazu gehört etwa Jura, Ökonomie oder das Bankwesen.[1254]

Der teleologischen Auslegung folgend ist der Hochschulabschluss als Mindestmaßstab der Treuhänderqualifikation anzusehen. Bei der Treuhänderbestellung empfiehlt es sich, über dieses Mindesterfordernis hinauszugehen und einen Wert auf dessen Erhöhung zu legen. Als wichtige Zusatzqualifikationen gelten beispielsweise Schulungen oder Aufbaustudien im Bank-, Rechnungs- oder Finanzwesen. Von den Kandidaten wird zudem eine langjährige berufliche Erfahrung erwartet.[1255] Von der Bestellung einer sogar sehr gut ausgebildeten Person ohne Berufspraxis ist abzusehen, denn eine gewisse Berufserfahrung - bevorzugt im Bankwesen - ist für die Selbständigkeit des Treuhänders erforderlich. Um die Pfandbriefsicherheit bewusst zu schützen, muss der Treuhänder ferner in der Lage sein, den Geschäftsbetrieb der Hypothekenbank nicht nur aus der Sicht seiner Tätigkeit zu bewerten, sondern auch in seiner Gesamtheit verstehen.[1256]

[1253] Eine dreijährige Hochschulausbildung, die üblicherweise mit dem akademischen Grad - Lizentiat abgeschlossen wird, sollte hingegen nicht akzeptiert werden.

[1254] Vgl. *Drewicz-Tułodziecka/Stöcker*, (2000), 202; *Wudarski*, PB 11/2003, 91 Fn. 31. Bei der Bestellung der Inspektoren der Bankaufsicht ist dies ausdrücklich geregelt. Nach Art. 30 Abs. 1 Nr. 4 NBG wird eine juristische, ökonomische oder andere Hochschulausbildung mit einer für die Wahrnehmung von Aufgaben der Bankaufsicht geeigneten fachlichen Ausrichtung von ihnen verlangt.

[1255] Dies wird von Kandidaten für Inspektoren der Bankaufsicht ausdrücklich gefordert. Sie müssen eine wenigstens dreijährige Berufspraxis im Bankwesen nachweisen (vgl. Art. 30 Abs. 1 Nr. 5 NBG).

[1256] Vgl. *Mekiński*, Glosa 12/2001, 6.

(3) Zuverlässigkeitskriterium

Während sich die Kriterien der EU-Staatsbürgerschaft und eines Hochschulabschlusses objektiv feststellen lassen, stellt das dritte Kriterium, die Gewährleistung der zuverlässigen Pflichterfüllung, einen unscharfen Begriff dar und lässt einen großen Spielraum für eine subjektive Bewertung der Kandidaten zu.[1257] Dieses offene Eignungskriterium hilft Gesetzeslücken zu schließen und ist daher grundsätzlich positiv zu bewerten. Dieses kann aber auch zu Meinungsverschiedenheiten zwischen der Bankaufsichtskommission und dem Aufsichtsrat der Hypothekenbank bei der Bewertung des Kandidaten führen. Der Aufsichtsrat muss bei der Antragsstellung über die Treuhänderbestellung daher weitere Kriterien berücksichtigen, die die Bankaufsichtskommission in § 8 des Beschlusses Nr. 4/2002 vom 6. März 2002 über die Ausübungsform der Bankaufsicht[1258] festgelegt hat. Diese präzisieren nicht nur das Zuverlässigkeitskriterium, sondern auch die Ausbildungsvoraussetzungen.

Das Generalinspektorat für die Bankaufsicht[1259] bewertet dabei, ob Treuhänderkandidaten die in Art. 27 Abs. 3 PHBG bestimmten Anforderungen erfüllen. Bei dieser Bewertung werden - allerdings unübersichtlich im Wege der mehrfachen Vorschriftverweisung[1260] - dieselben Kriterien angewendet, die für die Berufung der Mitglieder des Vorstandes der Bank, darunter auch des Vorsitzenden, gelten. Entsprechend finden also Art. 22 BRG und Art. 30 BRG Anwendung. Die Bankaufsichtskommission hat die Bestellung zum Treuhänder denjenigen zu versagen, die wegen vorsätzlich begangenen Straftaten bestraft worden sind[1261] oder gegen die ein Straf- oder Steuerstrafverfahren anhängig ist.[1262] Die Zustimmung kann auch dann versagt werden, wenn der Kandidat an vorherigen Arbeitsplätzen belegbare Vermögensverluste verursacht hat oder die in Art. 30 Abs. 1 Nr. 2 und 3 BRG bezeichneten Anforderungen nicht erfüllt.[1263] Zum Treuhänder kann also nur diejenige Person bestellt werden, die ein vorsichtiges und stabiles Bankmanagement gewährleistet (Art. 30 Abs. 1 Nr. 2 BRG) und die die für die Leitung der Bank erforderliche Ausbildung und Berufserfahrung besitzt.

[1257] Für Kandidaten für Inspektoren der Bankaufsicht enthält Art. 30 Abs. 1 Nr. 2 NBG eine ähnliche Voraussetzung.

[1258] Dz.Urz. NBP 2002 Nr. 6, Pos. 10, zuletzt geändert durch § 1 des Beschlusses vom 30.6.2004, Dz.Urz.NBP 2004 Nr. 8, Pos. 15.

[1259] Das Generalinspektorat für die Bankaufsicht ist ein exekutives Organ der Bankaufsichtskommission. Es koordiniert die Aufgaben der Bankaufsichtskommission und setzt ihre Entscheidungen um (vgl. Art. 25 Abs. 1 NBG).

[1260] Vgl. § 8 Abs. 1 S. 2 iVm § 7 Abs. 1 des Beschlusses BAK Nr. 4/2002.

[1261] Diese Anforderung gilt auch für Inspektoren der Bankaufsicht. Nach Art. 30 Abs. 1 Nr. 3 BRG muss der Kandidat für die Stelle eines Inspektors der Bankaufsicht einen untadeligen Ruf genießen und darf nicht wegen einer vorsätzlich begangenen Straftat vorbestraft sein.

[1262] Art. 22 Abs. 6 BRG.

[1263] Art. 22 Abs. 7 BRG.

Von ausländischen Kandidaten werden zudem ausdrücklich bestätigte Kenntnisse der polnischen Sprache verlangt (Art. 30 Abs. 1 Nr. 3 BRG).[1264]

Darüber hinaus analysiert das Generalinspektorat für die Bankaufsicht die vorgelegte Dokumentation und Information über den Kandidaten in Bezug auf:

1. den beruflichen Werdegang, unter besonderer Berücksichtigung der Beschäftigung in Finanzinstitutionen, durch die Nennung der wahrgenommenen Positionen und die damit verbundene Verantwortung sowie die Berufserfahrung in anderen Institutionen,
2. das Wissen im Bereich des Immobilien- und Kapitalmarktes,
3. die Bewerbung um eine Stelle bei anderen noch zu gründenden oder schon tätigen Finanz- und Nichtfinanzinstitutionen.

Der genauen Analyse unterliegen auch alle Dokumente und detaillierte Informationen, die der Antragssteller nach § 3 des Beschlusses der Bankaufsichtskommission Nr. 1/2002 dem Antrag beizulegen hat.

Zusätzlich ist das Generalinspektorat verpflichtet, in eigener Initiative zu untersuchen, ob andere Umstände, die den Kandidaten betreffen, vorliegen, deren Verheimlichung und spätere Offenbarung das Vertrauen der Kunden in die Bank negativ beeinflussen könnte.[1265]

bb. Negative Bestellungsvoraussetzungen

Neben den positiven Qualifikationen muss der gleiche Wert auf Umstände gelegt werden, bei deren Vorliegen die Bestellung einer Person zum Treuhänder auszuschließen ist. Es muss also sichergestellt werden, dass der zum Treuhänder Bestellte bei der Erfüllung seiner Pflichten nicht in Gewissenskonflikte gerät. Dabei handelt es sich um die Vermeidung sog. Interessenkonflikte, die die Objektivität und Unbefangenheit des Treuhänders in Frage stellen könnten.

(1) Gesetzesregelung

Die positive Bestimmung der Bestellungsvoraussetzungen ergänzt Art. 27 Abs. 1 S. 2 PHBG. Hierdurch wird ausgeschlossen, dass ein Mitarbeiter der Hypotheken-

---

[1264] Als Nachweis der Kenntnisse der polnischen Sprache gilt das Bestehen des Staatsexamens, dessen Bestätigung dem Bestellungsantrag beizulegen ist (vgl. § 3 Nr. 9 des Beschlusses der Bankaufsichtskommission Nr. 1/2002 vom 10.1.2002 über das Verzeichnis der Dokumente, die Anträgen an die Bankaufsichtskommission auf Erteilung der Erlaubnis zur Errichtung der Bank, auf Zustimmung zur Berufung der Vorstandsmitglieder der Bank sowie der Information über die Zusammensetzung des Vorstandes, die der Bankaufsichtskommission durch den Bankaufsichtsrat vorzulegen sind, beizufügen sind (Beschluss BAK Nr. 1/2002), (Dz.Urz. NBP 2002 Nr. 1, Pos. 1), zuletzt geändert durch Berichtigung vom 31.1.2002 (Dz.Urz. NBP 2002 Nr. 2, Pos. 4).

[1265] Vgl. § 8 Abs. 3 des Beschlusses BAK Nr. 4/2002.

bank zum Treuhänder bestellt wird. Diese Regelung stärkt die Unabhängigkeit des Treuhänders von der Hypothekenbank. Sie berührt aber nur in sehr bescheidener Weise eine breite Problematik der Befangenheit, der bei der Treuhänderbestellung eine wichtige Rolle zukommt. Damit hat der Gesetzgeber viele andere Interessenkonflikte nicht berücksichtigt, die die Objektivität des Treuhänders gefährden und daher als Hindernisse der Treuhänderbestellung zu bewerten sind. Unter diesen Umständen müssen sie bei dem Zuverlässigkeitskriterium herangezogen werden.

Dem Bestellungsantrag müssen zwar bestimmte Informationen beigelegt werden, aus denen teilweise Interessenkonflikte ersichtlich werden können.[1266] Dieses Erfordernis umfasst aber nicht alle Interessenkonflikte und ist zudem gesetzlich nicht geregelt, sondern ergibt sich mittelbar durch mehrfache, unübersichtliche Vorschriftverweisungen aus einem Beschluss der Bankaufsichtskommission.[1267] Ergibt sich im Ergebnis, dass ein Interessenkonflikt vorliegt, so stellt dies immer noch kein zwingendes Hindernis für die Bestellung der betroffenen Person zum Treuhänder dar.

Es empfiehlt sich jedenfalls, die Negativvoraussetzungen durch eine ausdrückliche gesetzliche Regelung besser und deutlicher zu artikulieren.[1268] Bei der Um- oder der Neuformulierung des Gesetzes muss von dem Begriff des Interessenkonfliktes im weiteren Sinne ausgegangen werden. Dabei ist mindestens auf Interessenkonflikte wirtschaftlicher, beruflicher und familiärer Art hinzuweisen.

(2) Weitere Interessenkonflikte

(a) Wirtschaftliche und berufliche Befangenheit

In den Vordergrund rücken wirtschaftliche oder berufliche Beziehungen als mögliche Hindernisse zur Treuhänderbestellung. Zu denken ist beispielsweise daran, dass der Treuhänder Gesellschafter derjenigen Hypothekenbank ist, der er zugeordnet werden soll. Der Besitz von größeren Aktienteilen[1269] kann die ordnungsgemäße Aufgabenerfüllung des Treuhänders gefährden. Seine Aufgabe, die Inter-

---

[1266] Der Kandidat muss u.a. seine Erklärung unter Berücksichtigung der letzten fünf Jahre abgeben über: (a) die von ihm und von den mit ihm im gemeinsamen Haushalt stehenden Personen geführten Wirtschaftstätigkeit, (b) den Besitz der Teilnahme oder der Aktien in Gesellschaften, (c) die Funktionswahrnehmung in Vorständen, Aufsichtsräten und anderen Organen bei Subjekten, die eine wirtschaftliche Tätigkeit führen (vgl. § 3 Nr. 5 Buchstabe a - c des Beschlusses BAK Nr. 1/2002).

[1267] Vgl. § 3 des Beschlusses BAK Nr. 1/2002 iVm § 8 Abs. 1 S. 2 und § 7 Abs. 1 sowie § 3 Abs. 1 des Beschlusses BAK Nr. 4/2002.

[1268] *Chiquier*, (1998), 27.

[1269] Der kleine Aktionär hat keinen realen Einfluss auf die Geschäftsführung. Seine Rolle ist passiver Art und beschränkt sich eigentlich auf die Teilnahme an Gewinnen und Verlusten der Aktiengesellschaft. Der Besitz kleiner Aktienpakete sollte daher kein Hindernis zur Treuhänderbestellung sein.

essen der Pfandbriefgläubiger wahrzunehmen, kann mit seinen Interessen als Aktionär kollidieren.[1270] Auch bei dem Angestellten eines Aktionärs kann der gleiche Interessenkonflikt auftreten.[1271] Die Bestellung einer Person zum Treuhänder, die gleichzeitig Vorstands- oder Aufsichtsratsmitglied der Hypothekenbank ist, muss im Hinblick auf die Kollision der verschiedenartigen Pflichten und Interessen ebenfalls ausgeschlossen werden. Das Gleiche gilt für die Vorstands- und Aufsichtsratsmitgliedern oder Angestellten konkurrierender Hypothekenbanken.[1272] In einigen Fällen kann auch eine frühere selbstständige oder unselbstständige Tätigkeit für die Bank einer Bestellung zum Treuhänder entgegenstehen.[1273] Die Treuhänderfunktion kann auch nicht von einem Mitarbeiter der Bankaufsichtskommission wahrgenommen werden. Dieser ist der Bankaufsichtskommission untergeordnet, was mit der Weisungsungebundenheit des Treuhänders (Art. 29 Abs. 1 PHBG) unvereinbar ist.[1274] Dieselbe gilt auch bei Bediensteten der Aufsichtsbehörde. Auch hier bestehen Bedenken, diese als Treuhänder zuzulassen.[1275]

(b) Familiäre Befangenheit

Ähnliche Befangenheitsprobleme können sich ergeben, wenn nahe Angehörige des Treuhänders bei der Bank tätig sind. Dabei handelt es sich allerdings nicht um eine beliebige Tätigkeit bei der Bank, sondern um die Funktionen, die für die Pfandbriefsicherheit wichtig sind. Deren Wahrnehmung durch die Angehörigen darf nicht mit den Aufgaben des Treuhänders kollidieren. Dabei müsste jedoch genau festgestellt werden, in welchem Verhältnis sich der Treuhänder zu der ihm nahe stehenden Person befindet und welche Konflikte sich möglicherweise daraus ergeben können. Als Orientierungsmaßstab könnte die Regelung über das Zeugnisverweigerungsrecht (Art. 261 § 1 polZPO) dienen, die darauf abstellt, ob der Zeuge mit der Streitpartei verwandt oder verschwägert ist.[1276] Natürlich darf dieser Kreis aber nicht zu weit gezogen werden. Es muss davon ausgegangen wer-

---

[1270] Ebenso zum deutschen Recht *Dannenbaum*, (1928), § 29 HBG Anm. 9; *Hofmann* ((1964), § 29 HBG Rn. 25) schließt die Möglichkeit aus, dass ein Aktionär, der einen erheblichen Teil des Grundkapitals der Bank besitzt, zum Treuhänder gewählt wird.

[1271] Ebenso zum deutschen Recht *Bellinger/Kerl*, (1995), § 29 HBG Rn. 27.

[1272] *Pietrasik* ((2001), 239) schließt die Ausübung der entgeltlichen Tätigkeit jeglicher Art durch den Treuhänder zugunsten anderer Banken aus.

[1273] Ebenso zum deutschen Recht *Dannenbaum*, (1928), § 29 HBG Anm. 9; *Bellinger/Kerl*, (1995), § 29 HBG Rn. 28.

[1274] Vgl. *Ušàk*, FS Marek Mazurkiewicz (2001), 126.

[1275] Ebenso zum deutschen Recht *Bellinger/Kerl*, (1995), § 29 HBG Rn. 29.

[1276] Art. 261 § 1 polZPO betrifft Ehegatten, As- und Deszendenten, Geschwister sowie Verschwägerte in derselben Linie oder in demselben Grad. Zudem Personen, die im Adoptionsverhältnis stehen. Die Ehescheidung oder die Aufhebung des Adoptionsverhältnisses berührt das Zeugnisverweigerungsrecht nicht.

den, dass der Treuhänder in Fällen, die nicht nahe Angehörige betreffen, in der Lage ist, sein Amt objektiv und ordnungsgemäß zum Wohle der Pfandbriefgläubiger auszuüben.

(c) Keine Interessenkonflikte

Keine Pflichtenkollision entsteht, wenn der Treuhänder Pfandbriefe der Hypothekenbank erwirbt, bei der er tätig ist. Ist der Treuhänder gleichzeitig Pfandbriefgläubiger, so nimmt er bei der Ausübung seiner Tätigkeit als Treuhänder gleichzeitig eigene Interessen wahr. Das Interesse der übrigen Pfandbriefgläubiger wird dadurch nicht beeinträchtigt; dasselbe gilt, wenn der Treuhänder ein Darlehen von der Bank in Anspruch nimmt. Bedenken bestehen aber bei der Indeckungnahme von treuhändereigenen Forderungen.[1277]

(3) Frage der Doppelbestellung

Es bleibt zu prüfen, ob ein Treuhänder bei mehreren Hypothekenbanken fungieren kann, ob also eine Person das Interesse der Pfandbriefgläubiger verschiedener Banken überwachen kann. Diese Frage, die bisher noch nicht in der Literatur behandelt worden ist, kann etwa dann an Aktualität gewinnen, wenn eine neu zu gründende Hypothekenbank einen bereits bei einer anderen Hypothekenbank amtierenden Treuhänder wegen seiner besonderen Qualifikationen und Erfahrung als Treuhänder für sich vorschlägt. Die Antwort auf diese Frage ist nicht nur von theoretischer Bedeutung. Der deutschen Praxis ist der Fall mittlerweile bekannt, dass dieselbe Person bei zwei Hypothekenbanken die Funktion des Treuhänders wahrnimmt. Ein direkter Interessenkonflikt, der gegen eine solche Doppelbestellung sprechen könnte, ist nicht zu erkennen. Die bei einer anderen Bank erworbene Erfahrung kann bei der neuen Treuhänderstelle vom Vorteil sein. Grundsätzlich ist eine Doppelbestellung im Hinblick auf das Bankgeheimnis und auf den intakt zu haltenden Geschäftsbetrieb und Betriebsfrieden der Hypothekenbanken allerdings zu vermeiden. Im Übrigen darf nicht außer Betracht bleiben, dass der Treuhänder seine Tätigkeit in der Bank grundsätzlich nebenberuflich ausübt. Eine Doppelbestellung bringt zusätzliche Belastungen mit sich und kann zu einer Überforderung des Treuhänders führen, die zur Folge hat, dass dieser seinen Aufgaben schon aus zeitlichen Gründen nicht mehr gerecht werden kann. Eine Vermeidung der mehrfachen Bestellung einer Person zum Treuhänder bei mehreren Banken liegt also im Interesse des ganzen Pfandbriefsystems.

[1277] *Bellinger/Kerl*, (1995), § 29 HBG Rn. 27.

b. Deutsche Regelung

aa. Mangel an gesetzlichen Bestellungsvoraussetzungen

Das HBG enthält keine Regelung über die Qualifikation des Treuhänders. Bestimmte formelle Voraussetzungen werden an seine Qualifikation also nicht gestellt. Das hat zur Folge, dass eine Staatshaftung für das Verhalten des Treuhänders von vornherein nicht in Betracht kommt.[1278] Auch eine Haftung aus *culpa in eligendo* wegen fehlender persönlicher Zuverlässigkeit des Treuhänders scheidet im Hinblick auf das Fehlen gesetzlich geregelter Eignungsvoraussetzungen aus.

Trotz dieses Fehlens besteht kein Zweifel daran, dass die Funktion des Treuhänders nicht von einer beliebigen Person wahrgenommen werden kann. Denn in der deutschen Praxis wird nur derjenige bestellt, der in der Lage ist, die Treuhänderaufgaben sorgfältig und ordnungsgemäß zu erfüllen. Bestimmte Mindestanforderungen werden auch in der Literatur genannt.[1279]

bb. Die Handhabung der Bestellungsvoraussetzungen in der Praxis

Der zum Treuhänder Bestellte muss zum einen zur Erfüllung der dem Treuhänder obliegenden Pflichten bereit sein und sich außerdem als geeignet ausweisen. Das Wort „geeignet" ist jedoch ein dehnbarer Begriff, der der Konkretisierung bedarf. Von dem Treuhänder wird insbesondere eine Zuverlässigkeit, Unabhängigkeit und fachliche Eignung erwartet. Dabei hat sich in der Praxis bewährt, im Hinblick auf diese Anforderungen einen Notar, Richter[1280] oder einen Beamten[1281] mit den

---

[1278] *Bellinger/Kerl*, (1995), § 29 HBG Rn. 39.

[1279] *Hofmann* ((1964), § 29 HBG Rn. 27), der eine gewisse fachliche Kompetenz der als Treuhänder in Betracht kommenden Person voraussetzt und darüber hinaus verlangt, dass diese Person nach ihren Kenntnissen und Fähigkeiten den Aufgaben eines Treuhänders gewachsen ist. Ähnlich deuten *Bellinger/Kerl* ((1995), § 29 HBG Rn. 25, 27 - 29) darauf hin, wer nicht als Treuhänder in Betracht kommt.

[1280] Dabei sind die Vorschriften über die verbotenen Tätigkeiten eines Richters nach dem Deutschen Richtergesetz ((DRiG), Gesetz vom 8.9.1961 (BGBl. 1961 I 1665), in der Neufassung durch Bekanntmachung vom 19.4.1972 (BGBl. 1972 I 713), zuletzt geändert durch Art. 2 des Gesetzes zur Vereinfachung und Vereinheitlichung der Verfahrensvorschriften zur Wahl und Berufung ehrenamtlicher Richter vom 21.12.2004 (BGBl. 2004 I 3599)) nicht außer Acht zu lassen. Denn nach § 4 Abs. 1 DRiG darf ein Richter Aufgaben der rechtsprechenden Gewalt und der der gesetzgebenden oder der vollziehenden Gewalt zugleich nicht wahrnehmen. Jedoch darf er eine Tätigkeit ausüben, die keiner Staatsgewalt zuzurechnen ist; *Schmidt-Räntsch/Schmidt-Räntsch*, (1995), § 4 DRiG Rn. 8. Die Ausübung eines Treuhänderamtes ist jedoch nicht der Staatsgewalt zuzuordnen. Daher besteht keine Kollision mit § 4 DRiG. Ferner sind die §§ 40 ff. DRiG nicht anwendbar, da diese ein richterliches Nebenamt beinhalten; *dies.*, (1995), Vor §§ 40 - 42 DRiG Rn. 2. Die Ausübung der Treuhänderaufgaben stellt jedoch keine solche Tätigkeit dar.

[1281] Dieses bedeutet jedoch nicht, dass das Treuhänderamt zugleich ein beamtenrechtliches Amt ist. Zu der Rechtstellung des Treuhänders S. 413 ff.

hierfür erforderlichen Kenntnissen, also eine rechtskundige Person als Treuhänder auszuwählen.[1282] Die erforderlichen Kenntnisse für die Wahrnehmung der Aufgaben des Treuhänders können auch bei Wirtschaftsprüfern, vereidigten Buchprüfern und Volljuristen mit wirtschaftlichen Kenntnissen vorliegen. Wegen der zunehmenden Bedeutung des Auslandsdeckungsgeschäfts sind zudem erweiterte Kenntnisse des Treuhänders im europäischen Recht und im Internationalen Privatrecht zu verlangen. Ferner muss der Ausgewählte nach Alter und Wohnsitz erwarten lassen, dass er den Treuhänderaufgaben gerecht wird.[1283]

Als nicht geeignet für das Treuhänderamt ist eine Person zu betrachten, die in einen Interessenkonflikt geraten könnte.[1284] Ist die in Betracht kommende Person ein Mitglied des Vorstands- und Aufsichtsrates oder ein Angestellter der Bank, so wird eine Bestellung dieser Person nicht in Erwägung gezogen.[1285] Auch die Überlegungen über Interessenkonflikte, die bereits bei der Darstellung des polnischen Rechtes behandelt wurden, sind hier zu beachten.

Nicht nur aus Gründen der Regresspflicht der Aufsichtsbehörde bei einer Bestellung eines nicht geeigneten Treuhänders wird diese regelmäßig die Vorlage bestimmter Unterlagen verlangen. Eine analoge Anwendung könnte hier vielleicht § 24 Abs. 1 Nr. 1 KWG finden, der bei der Bestellung eines Geschäftsleiters Angaben fordert, die für die Beurteilung der Zuverlässigkeit und der fachlichen Eignung wesentlich sind. Eine solche Anzeigepflicht regelt auch § 8 AnzV. Nach § 8 Abs. 1 Nr. 1 AnzV sind insbesondere ein lückenloser, unterzeichneter Lebenslauf, eine eingehende Darlegung der fachlichen Vorbildung sowie die Namen aller Unternehmen beizufügen, für die diese Person tätig gewesen ist. Die Anzeige muss auch Angaben zur Art der jeweiligen Tätigkeit, einschließlich etwaiger Nebentätigkeiten[1286] enthalten.[1287] Zudem verpflichtet § 8 Abs. 1 Nr. 2 AnzV zur Abgabe einer Erklärung, ob gegen den Treuhänder ein Strafverfahren schwebt, ob ein Strafverfahren wegen eines Verbrechens oder Vergehens gegen diesen anhängig gewesen ist, ob ein von diesem geleitetes Unternehmen als Schuldnerin in ein insolvenzrechtliches oder sonstiges zur Abgabe einer eidesstattlichen Versicherung oder ähnliches Verfahren verwickelt war oder ist. Ein Vorbestraftsein hindert die Aufsichtsbehörde somit, diese Person als Treuhänder einzusetzen.

[1282] *Dannenbaum*, (1928), § 29 HBG Anm. 9.

[1283] *Praxl*, (1966), 44.

[1284] *Barlet/Karding/Fleischmann*, (1964), § 29 HBG Anm. 3; *Praxl*, (1966), 79.

[1285] *Dannenbaum*, (1928), § 29 HBG Anm. 9; *Barlet/Karding/Fleischmann*, (1964), § 29 HBG Anm. 3; *Hofmann*, (1964), § 29 HBG Rn. 25; *Praxl*, (1966), 45.

[1286] Mit Ausnahme ehrenamtlicher Tätigkeiten.

[1287] Hinsichtlich der Art der jeweiligen Tätigkeit wird insbesondere verlangt, die Vertretungsmacht dieser Person, ihre internen Entscheidungskompetenzen und die ihr innerhalb des Unternehmens unterstellten Geschäftsbereiche anzugeben.

Diese Überprüfung unterbleibt, wenn der künftige Treuhänder aktiv als Beamter tätig ist.[1288] Dieser darf jedoch nicht bei der Aufsichtsbehörde tätig sein,[1289] denn ein höherer Beamter der Aufsichtsbehörde, der in Betracht käme die Funktion des Treuhänders wahrzunehmen, verkörpert weitgehend selbst die Aufsichtsbehörde und ist vielleicht sogar an deren Willensbildung beteiligt.[1290] Dies widerspräche der Unabhängigkeit des Treuhänders, deren Wahrung das Gesetz verlangt. Dagegen spricht nichts gegen die Bestellung eines Beamten einer anderen Behörde. Dasselbe gilt auch für Beamte im Ruhestand.[1291]

c. Bewertung

Die Rechtsnatur und der Aufgabenkreis des polnischen Treuhänders sind mit dem des deutschen Treuhänders vergleichbar. Von beiden Treuhändern sind daher vergleichbare Qualifikationen zu erwarten. Während aber die Erfordernisse an den Treuhänder - wenn auch nur allgemein und im Vergleich zu den Gesetzesanforderungen für Inspektoren der Bankaufsicht[1292] nicht so streng sowie nicht immer effizient - von dem polnischen Gesetzgeber bestimmt wurden, schweigt der deutsche Gesetzgeber dazu und überlässt ihre Ausgestaltung der Praxis.

Festzustellen ist, dass beide Gesetze ergänzungs- bzw. änderungsbedürftig sind, wobei das deutsche Recht wegen des Mangels an jeglichen gesetzlichen Anforderungen hinsichtlich der Treuhänderqualifikationen besonders kritisch zu betrachten ist. Die jahrelang bewährte Praxis reicht heute nicht mehr aus. Zwar kann erwartet werden, dass die Aufsichtsbehörde nur einen Treuhänder beruft, der ihrer Meinung nach über die erforderliche Qualifikation verfügt und den Anforderungen an einen Treuhänder gewachsen erscheint. Dies entspricht aber kaum mehr den internationalen Standards. Im Kampf um Investoren auf den internationalen Finanzmärkten müssen rechtliche Rahmen ständig verbessert werden. Sie müssen

---

[1288] *Bellinger/Kerl*, (1995), § 29 HBG Rn. 39.

[1289] Dies war aber lange Zeit umstritten. Viele votierten gegen die Einstellung eines Beamten der Aufsichtsbehörde; *Dannenbaum* ((1928), § 29 HBG Anm. 5 und 9) befürchtet in diesem Fall eine Interessenskollision; vgl. *Praxl*, (1966), 46 f.; in Preußen war es aber möglich, gerade die Beamten der Aufsichtsbehörde als Treuhänder zu bestellen; *Praxl*, (1966), 47.

[1290] *Praxl*, (1966), 48.

[1291] *Praxl*, (1966), 49.

[1292] Nach Art. 30 Abs. 1 NBG kann Inspektor der Bankaufsicht insbesondere werden, wer (1) ausschließlich die polnische Staatsangehörigkeit besitzt und in vollem Umfang die zivilen und bürgerlichen Rechte genießt, (2) die Gewähr für die ordnungsgemäße Wahrnehmung der Dienstpflichten bietet, (3) einen untadeligen Ruf genießt und nicht wegen einer vorsätzlich begangen Straftat vorbestraft ist, (4) eine juristische, ökonomische oder andere Hochschulausbildung mit einer für die Wahrnehmung von Aufgaben der Bankaufsicht geeigneten fachlichen Ausrichtung absolviert hat, (5) wenigstens drei Jahre Berufspraxis im Bankwesen besitzt und (6) eine entsprechende Prüfung vor dem durch die Bankaufsichtskommission berufenen Prüfungsausschuss abgelegt hat, durch die er sich für die Stellung eines Inspektors der Bankaufsicht qualifiziert hat.

dabei transparent und nachvollziehbar sein. Daher ist eine gesetzliche Regelung über die Qualifikation des Treuhänders angezeigt.

In beiden Gesetzen müssen positive und negative Anforderungen formuliert werden, die effizient, klar und möglichst eindeutig sind. Zur polnischen Regelung lassen sich somit folgende Schlussfolgerungen formulieren:

1. Das in Art. 27 Abs. 3 PHBG enthaltene Kriterium der Staatsangehörigkeit ist nicht aussagekräftig und überflüssig. Daher ist auf dieses Kriterium zu verzichten.

2. Zur Klarstellung empfiehlt es sich, das Ausbildungskriterium im PHBG zu präzisieren und etwa Art. 30 Abs. 1 Nr. 3 BRG nachzubilden. Das Erfordernis einer allgemeinen Hochschulausbildung sollte also durch eine für die Wahrnehmung der Treuhänderaufgaben erforderliche Hochschulausbildung ersetzt und zusätzlich um eine Berufserfahrung erweitert werden. Auf unübersichtliche Verweisungen ist zu verzichten. Ferner ist darauf zu verzichten, die Qualifikation bzw. die Anforderungen an die Treuhänderkenntnisse so hoch anzusetzen, dass die staatliche Aufsicht verdrängt würde.

3. Die in Art. 27 Abs. 1 S. 2 PHBG enthaltene Befangenheitsregelung ist zu eng gefasst und daher verfehlt. Die Bestellung als Treuhänder sollte schon dann ausgeschlossen werden, wenn schon die Besorgnis der Befangenheit besteht. Eine erschöpfende Aufzählung aller in Frage kommenden Befangenheitsfälle ist aber nicht möglich und muss daher unterbleiben. Die Befangenheit ist im weiteren Sinne zu verstehen. Die Auslegung dieses Begriffes sollte im Einzelnen der Praxis überlassen werden. Dabei sollten in erster Linie Interessenkonflikte wirtschaftlicher, beruflicher und familiärer Art in Erwägung gezogen werden. Um die Auslegung zu erleichtern und auch zu steuern, könnten bestimmte Befangenheitsfälle exemplarisch im Gesetz aufgeführt werden.

Die Bemerkungen zum polnischen Recht gelten entsprechend auch für die Anforderungen an die Qualifikation des Treuhänders in Deutschland, deren ausdrückliche gesetzliche Regelung nachdrücklich zu empfehlen ist.

II. Rechtsnatur der Treuhänderbeschäftigung

1. Polnische Regelung

a. Arbeitsvertragsverhältnis

Die arbeitsrechtliche Stellung des Treuhänders regelte die ursprüngliche PHBG-Fassung nicht. Dies konnte Zweifel insbesondere darüber hervorrufen, ob oder inwieweit die Vorschriften des Arbeitsgesetzbuches auf die Bestellung des Treuhänders Anwendung finden. Die bisher umfangsreichste PHBG-Novelle von 2002 hat sich auch mit den arbeitsrechtlichen Aspekten der Stellung des Treuhänders beschäftigt. Die Änderungen sollen bisherige Unklarheiten hinsichtlich seiner Stellung beseitigen.

Der polnische Gesetzgeber verweist in Art. 33 Abs. 3 PHBG nur in verhältnismäßig engem Bereich ausdrücklich auf das Arbeitsgesetzbuch. Artt. 68 - 72 polAGB, die das Arbeitsverhältnis aufgrund der Berufung regeln, gelten *sui generi* nicht für den Treuhänder. Hätte der Gesetzgeber dies gewollt, hätte er sich einer allgemeinen Verweisung bedienen können. Durch diese Regelung wollte der Gesetzgeber hingegen die Unabhängigkeit des Treuhänders untermauern.[1293] Durch diesen engen Gesetzesverweis wird die Unabhängigkeit des Treuhänders auch nicht verletzt, sondern im Gegenteil unterstrichen. Hätten die Regelungen des Arbeitsgesetzbuches generell für den Treuhänder gelten sollen, so wäre der Verweis auf nur ausgewählte Vorschriften überflüssig gewesen.

Die Geltung des Arbeitsgesetzbuches für den Treuhänder ist aber bereits vor der PHBG-Novelle von 2002 mit der Begründung abgelehnt worden, dass das im polAGB geregelte Arbeitsverhältnis ein dienstliches Unterordnungsverhältnis zwischen dem Berufenen und dem Berufungsorgan voraussetzt,[1294] was im offensichtlichen Widerspruch zu der Unabhängigkeit des Treuhänders stehen würde. Die Bestellung des Treuhänders nach Art. 27 PHBG ist so stark durch seine Weisungsungebundenheit (Art. 29 Abs. 1 PHBG) geprägt, dass ihre Einordnung als Arbeitsverhältnis im Sinne des Arbeitsrechtes[1295] auch vor der Gesetzesänderung nicht möglich war.[1296]

Festzuhalten ist, dass die Beschäftigung des Treuhänders wegen der Art und Weise, in der dieser seine Aufgaben wahrzunehmen hat, nämlich unabhängig und selbstständig, nicht als Rechtsverhältnis angesehen werden kann, das als solches dem Arbeitsgesetzbuch unterfällt. Die Vorschriften des Arbeitsgesetzbuches können deshalb nicht allgemeinen, sondern nur im PHBG bestimmten Umfang Anwendung finden.

1293 *Wudarski*, PB 11/2003, 91 f.

1294 Vgl. *Florek/Zieliński*, (1997), 67 f.

1295 Vgl. Art. 22 § 1 polAGB: „Durch die Aufnahme eines Arbeitsverhältnisses verpflichtet sich der Arbeitsnehmer, Arbeit einer bestimmten Art für den Arbeitgeber und unter dessen Weisung sowie am Ort und in der Zeit, die von dem Arbeitsgeber bestimmt werden, zu leisten, und der Arbeitgeber den Arbeitnehmer gegen Entlohnung zu beschäftigen."

1296 *Drewicz-Tułodziecka/Stöcker*, (2000), 201; *Kaszubski/Olszak*, (2000), 93; *Ušàk*, FS Marek Mazurkiewicz (2001), 126 f.; aA *Mekiński* (Glosa 1/2002, 15), der sich wegen des Mangels der Vorschriften, die die Geltung des Arbeitsgesetzbuches ausschlossen, für ihre Anwendung im Verhältnis zur Treuhänderbestellung äußerte.

b. Arbeitsrechtliche Elemente

Der Verweis in Art. 33 Abs. 3 PHBG auf das Arbeitsgesetzbuch ist daher eng auszulegen. Die in Bezug genommene Regelung nach dem Arbeitsgesetzbuch betrifft ausschließlich den Erholungsurlaub. Dem Treuhänder steht also kein Recht auf Mutterschafts- und Erziehungsurlaub zu. Dieser kann auch keinen unbezahlbaren Urlaub verlangen.[1297] Um die Bedürfnisse der Hypothekenbank, insbesondere die Ausgabe neuer Pfandbriefe nicht unnötig zu verzögern, ist der Zeitraum des Erholungsurlaubes mit der Hypothekenbank abzustimmen. Der Treuhänder muss dabei seinen Urlaub so planen, dass entweder er oder sein Stellvertreter in der Hypothekenbank anwesend ist und die anfallenden Aufgaben wahrnimmt. Eine gleichzeitige Abwesenheit beider könnte negative Auswirkungen auf die Pfandbriefsicherheit haben und muss daher vermieden werden.

Da der Treuhänder seine Tätigkeit selbstständig und weisungsfrei ausübt und seine Arbeitszeit darüber hinaus weder durch die Bank noch durch die Bankaufsicht kontrolliert werden darf, erscheint die Anwendung des Art. 33 Abs. 3 PHBG, der letztendlich für Arbeitsverhältnisse charakteristisch ist, auf den Treuhänder wenig sinnvoll. Für die Regelung der Erholungszeit genügt die richtige Arbeitsverteilung zwischen dem Treuhänder und seinem Stellvertreter.

Einen weiteren Verweis auf Vorschriften des Arbeitsgesetzbuches enthält Art. 33 Abs. 4 PHBG. Danach wird die Dauer der Amtszeit des Treuhänders auf die Arbeitszeitdauer sowie auf andere Zeiten angerechnet, von denen der Erwerb von Arbeitnehmerrechten abhängt. Allerdings wird von dem Treuhänder der Verzicht auf eine andere Berufstätigkeit weder gefordert noch erwartet. Die Fortsetzung bisheriger beruflicher Tätigkeiten kann sogar von Vorteil sein[1298] und ist zu begrüßen, denn sie stärkt die finanzielle Unabhängigkeit des Treuhänders.[1299] Für den Treuhänder gelten ferner die Vorschriften über die Sozial- und Krankenversicherung, sofern diese nicht schon bereits nach anderen gesetzlichen Bestimmungen Anwendung finden. Ist der Treuhänder aufgrund einer anderen beruflichen Tätigkeit oder eines anderen Verhältnisses nicht versichert, so hat die Bank die Kosten der Sozial- und Krankenversicherung zu übernehmen.

c. Zivilrechtliches Vertragsverhältnis

Zwischen dem Treuhänder und der Aufsichtsbehörde liegt auch kein zivilrechtliches Vertragsverhältnis vor. Insbesondere kommen weder ein Werkvertrag

---

[1297] Vgl. *Spyra*, Datenbank Lex, Art. 33 PHBG.

[1298] Eine sehr intensive Berufstätigkeit könnte die Wahrnehmung der Aufgaben des Treuhänders allerdings negativ beeinflussen und muss bei der Treuhänderbestellung daher berücksichtigt werden; *Kaszubski/Olszak*, (2000), 89; *Olszak*, (2002), 40, Fn. 99.

[1299] *Drewicz-Tułodziecka/Stöcker*, (2000), 202; *Ušàk*, FS Marek Mazurkiewicz (2001), 118.

(Artt. 627 ff. ZGB) noch Auftrag (Artt. 734 ff. ZGB) in Betracht. Der Treuhänder ist nicht zur Herstellung eines bestimmten Werkes verpflichtet. Als Werk im Sinne des Werkvertrages kann insbesondere nicht die Sicherheit der Pfandbriefe angenommen werden. Der Treuhänder ist auch kein Beauftragter, der sich zur Vornahme eines bestimmten Geschäftes für den Auftraggeber verpflichtet. Er unternimmt seine Tätigkeit auch nicht im Namen eines Auftraggebers. Der Aufgabenbereich des Treuhänders beruht nicht auf vertraglicher Vereinbarung, sondern ist gesetzlich vorgeschrieben. Für eine nicht vertragliche Rechtsstellung spricht nicht nur die Art der Bestellung des Treuhänders, sondern auch die Festlegung seiner Vergütung.

d. Treuhändervergütung

Das PHBG enthält nur eine knappe Regelung über die Vergütung des Treuhänders. Nach Art. 33 Abs. 1 PHBG wird die Vergütung von der Bankaufsichtskommission im Bestellungsakt festlegt. Ferner enthält das PHBG weder Bezugspunkte noch sonstige Maßstäbe für die Bestimmung der Vergütungshöhe. Ungeregelt ist insbesondere ihr Verhältnis zu dem zeitlichen Arbeitsaufwand des Treuhänders. Dieser ist aber auch kein geeignetes Kriterium für die Bestimmung der Treuhändervergütung.[1300] Seine Arbeitszeit und damit auch deren Umfang regelt der Treuhänder selbst. Wichtig ist, dass er seine Aufgaben sorgfältig erfüllt. Andererseits bedeutet dies aber nicht, dass die Höhe der Vergütung willkürlich festgesetzt werden kann. Die Vergütung muss angemessen sein[1301] und sich an bestimmten, objektiven Kriterien orientieren. Neben den Arbeitsfaktoren, die bei allen Banken gleich zu messen sind, muss das Honorar des Treuhänders von der wirklichen Belastung abhängen, die im direkten Zusammenhang mit dem Geschäftsvolumen der Hypothekenbank steht. Die Vergütung wird also von Bank zu Bank unterschiedlich ausfallen. Weder die Hypothekenbank, noch der Treuhänder haben dabei Einfluss auf die Höhe. Die von der Bankaufsichtskommission festgelegte Höhe der Vergütung ist kein Gegenstand einer gegenseitigen vertrag-

[1300] *Olszak*, (2002), 45.

[1301] Die Angemessenheit der Vergütung des polnischen Treuhänders ist im Sinne des § 34 HBG zu verstehen; vgl. S. 380 ff.

lichen Absprache, sondern Teil eines Verwaltungsaktes.[1302] Seine Ansprüche auf Auszahlung muss der Treuhänder auf dem Verwaltungsweg geltend machen.[1303]

Die Kosten für die Einstellung des Treuhänders sind von der Hypothekenbank zu tragen und ihren Betriebskosten anzurechnen.[1304] Der formelle Schuldner der Vergütung ist aber das Bestellungsorgan, also die Bankaufsichtskommission. Diese Regelung trägt der Unabhängigkeit des Treuhänders Rechnung. Dem steht nicht entgegen, dass die Hypothekenbank zur Vereinfachung des Verfahrens ein Konto für den Treuhänder führt, auf das sein Honorar direkt überwiesen wird.[1305] Die Hypothekenbank handelt hier im Auftrag der Bankaufsichtskommission. Die Entscheidung über die Auszahlung des Honorars, dessen Höhe und Einstellung bleibt der Bankaufsichtskommission vorbehalten. Unzulässig ist die Auszahlung zusätzlicher Bezüge oder eine Erbringung anderer Leistungen durch die Hypothekenbank, die über die üblichen Kosten der Treuhändertätigkeit hinausgehen.

Da die Tätigkeit des Treuhänders nicht arbeitsrechtlich einzuordnen ist, unterliegt auch seine Vergütung mangels eines ausdrücklichen Verweises auf das Arbeitsrecht nicht den arbeitsrechtlichen Schutznormen. Art. 87 polAGB über die Beschränkungen der Abzüge findet auf sie keine Anwendung. Anders als der Lohn aus einem Arbeitsverhältnis ist die Vergütung des Treuhänders also nicht gegen eine Vollstreckung sowie Aufrechnung geschützt.

2. Deutsche Regelung

Auch das deutsche Recht trifft keine Regelung über das Verhältnis des Treuhänders zu arbeitsrechtlichen Normen, die über verschiedene Gesetze verstreut sind.[1306] Um bestimmen zu können, welche Normen anwendbar sind, muss vorab auch im deutschen Recht geklärt werden, welche Vertragsart zwischen der

[1302] Gegen die Entscheidung der Bankaufsichtskommission über die Vergütungshöhe kann die Hypothekenbank zwar eine Beschwerde beim Verwaltungsgericht einlegen, aber an ihrem Erfolg ist - wie *Olszak* ((2002), 44 Fn. 109) zutreffend ausführt - zu zweifeln, weil die Bankaufsichtskommission die Vergütung nach freiem Ermessen festsetzt und das Verwaltungsgericht lediglich die Rechtmäßigkeit der Festsetzung prüft (vgl. Art. 1 Abs. 2 des Gesetzes vom 25.7.2002, über das Recht der Verwaltungsgerichtsordnung (RvGO), (Dz. U. 2002 Nr. 153, Pos. 1269)).

[1303] AA *Spyra*, Datenbank Lex, Art. 33 PHBG; dieser schlägt vor, diese Ansprüche nach allgemeinen Vorschriften des Zivilgesetzbuches, insbesondere nach den Vorschriften über den Auftrag gegen die Bankaufsichtskommission geltend zu machen. Da zwischen dem Treuhänder und der Bankaufsichtsbehörde aber kein privatrechtliches Verhältnis besteht, ist diese Ansicht abzulehnen.

[1304] Vgl. Art. 33 Abs. 1 S. 2 PHBG.

[1305] *Drewicz-Tułodziecka/Stöcker*, (2000), 221.

[1306] *Jauernig(-Mansel)*, (2004), Vor § 611 BGB Rn. 32; daher wird seit langem schon eine Kodifikation des Arbeitsrechtes gefordert.

Aufsichtsbehörde, die den Treuhänder bestellt und dem Treuhänder selbst in Betracht kommt.

a. Arbeitsvertragsverhältnis

Ein Arbeitsverhältnis[1307] ist jedes privatrechtliche Verhältnis zwischen dem Arbeitnehmer und Arbeitgeber, aufgrund dessen sich ersterer zu einer weisungsgebundenen Arbeit verpflichtet.[1308] Im Individualarbeitsrecht,[1309] das das Arbeitsverhältnis und den Arbeitsschutz regelt, gibt es viele Gesetze wie etwa das Beschäftigtenschutzgesetz (BSchG),[1310] das Entgeltfortzahlungsgesetz (EFZG),[1311] das MuSchG,[1312] die entweder auf Angestellte, Arbeitnehmer oder auf arbeitnehmerähnliche Personen anwendbar sind. Die arbeitsrechtlichen Normen definieren den Arbeitnehmerbegriff dabei nicht wirklich. Rechtsprechung und Lehre haben aber einen entsprechenden Begriff entwickelt. Danach ist ein Arbeitnehmer derjenige Mitarbeiter, der seine Aufgaben oder seine Arbeitszeit im Wesentlichen nicht frei bestimmen kann,[1313] also unselbstständig fremdbestimmte Arbeit[1314] weisungsgebunden[1315] leistet. Nach neuerer Auffassung ist jemand Arbeitnehmer und damit nicht selbstständig, wenn er nicht auf eigenes Risiko und eigene Rechnung handelt und damit ein fehlendes Unternehmerrisiko aufweist.[1316] Der Arbeitnehmer übt nach Art. 39 EGV demnach eine unselbstständige Erwerbstätigkeit aus.[1317] Er geht kein Unternehmerrisko ein und ihm fehlt ein eigenständiges Auftreten am Markt.[1318] Eine arbeitnehmerähnliche Person ist dagegen diejenige, die

---

[1307] Zu dessen Rechtsnatur *Preis*, (2003), 32 f.

[1308] *Dieterich/Müller-Glöge/Preis/Schaub(-Schlachter)*, (2005), § 1 des Mutterschutzgesetzes ((MuSchG) vom 17.1.1997 (BGBl. 1997 I 22, 293), in der Neufassung der Bekanntmachung vom 20.6.2002 (BGBl. 2002 I 2318), zuletzt geändert durch Art. 32 des Gesetzes zur Modernisierung der gesetzlichen Krankenversicherung vom 14.11.2003 (BGBl. 2003 I 2190)) Rn. 3.

[1309] Hierzu *Preis*, (2003), *passim*.

[1310] Gesetz vom 24.6.1994 (BGBl. 1994 I 1406). Nach § 1 Abs. 2 Nr. 1 ist dieses Gesetz auf Arbeitnehmer/innen und arbeitnehmerähnliche Personen anwendbar.

[1311] Gesetz vom 26.5.1994 (BGBl. 1994 I 1014, 1965), zuletzt geändert durch Art. 80 des Dritten Gesetzes für moderne Dienstleistungen am Arbeitsmarkt vom 23.12.2003 (BGBl. 2003 I 2848). Nach § 1 Absatz 1 ist dieses Gesetz auf Arbeitnehmer anwendbar, die in Absatz 2 als Arbeiter und Angestellte sowie Beschäftigte zur Berufsbildung definiert werden.

[1312] Hier ist in § 1 Nr. 1 von Frauen die Rede, die in einem Arbeitsverhältnis stehen.

[1313] BAG 13.1.1983, BAGE 41, 266, 268 f.= NJW 1984, 1985, 1986 f.; *Jauernig(-Mansel)*, (2004), Vor § 611 BGB Rn. 29.

[1314] Vgl. *Söllner/Waltermann(-Waltermann)*, (2003), Rn. 61; *Wollenschläger*, (2004), Rn. 47.

[1315] *Dütz*, (2004), Rn. 31.

[1316] *Bleckmann(-Bleckmann)*, (1997), Rn. 1555.

[1317] *Hanau/Steinmeyer/Wank*, (2002), 384.

[1318] Der Arbeitnehmer hat zwar unternehmerische Risiken zu tragen, kann aber keinesfalls unternehmerische Chancen wahrnehmen; *Wank*, DB 1992, 90, 91 f.

ihre Tätigkeiten zwar weitgehend selbst gestaltet, aber eine gewisse wirtschaftliche Abhängigkeit[1319] im Verhältnis zum Arbeitgeber aufweist.[1320] Der Arbeitnehmer ist sozusagen also strukturell unterlegen; daher ist er auch zu schützen. Auch wenn der Arbeitnehmer über ein besonders qualifiziertes fachliches Wissen verfügt, dem sich der Arbeitgeber nicht überordnen kann, ändert dieses nichts an seiner Stellung als Arbeitsnehmer.[1321]

Der Treuhänder ist aber weder Arbeitnehmer noch eine diesem ähnliche Person, und weder die Aufsichtsbehörde noch die Hypothekenbank sind als Arbeitgeber[1322] zu qualifizieren. Der Treuhänder ist keine wirtschaftlich von der Aufsichtsbehörde abhängige Person. In der Regel übt er hauptberuflich eine andere Tätigkeit aus und führt seine Aufgaben in der Hypothekenbank lediglich im Nebenamt aus. Auch eine sonstige Abhängigkeit kann dabei nicht angenommen werden. Der Treuhänder ist danach strukturell nicht unterlegen. Aus diesen Gründen genießt er keinen Status als Arbeitsnehmer.

Keine Geltung haben auch das Bundesurlaubsgesetz (BUrlG),[1323] das Kündigungsschutzgesetz (KSchG)[1324] und das Arbeitsschutzgesetz (ArbSchG),[1325] weil sie einen Status als Arbeitnehmer voraussetzen. Das Gleiche gilt für den Bezug einer Rente nach Sozialversicherungsrecht, weil diese an ein Arbeitsentgelt[1326] oder Arbeitseinkommen anknüpft.[1327] Zudem gehört der Treuhänder nicht zu den in den §§ 2 ff. des SGB VI genannten versicherungspflichtigen Personen.

Danach ist der Treuhänder auch nach deutschem Recht selbstständig und unterfällt nicht den Schutzvorschriften des Arbeitsrechtes. Er benötigt diese aber

---

[1319] Ohne die Auftragslage droht also eine Existenzgefährdung für diese Person; *Jauernig* (*-Mansel*), (2004), Vor § 611 BGB Rn. 29 a.

[1320] Vgl. *Otten*, NZA 1995, 289, 290 f.

[1321] Zutreffend *Preis*, (2003), 59 f.

[1322] Zum Begriff des Arbeitgebers *Preis*, (2003), 34 f.

[1323] Gesetz vom 8.1.1963 (BGBl. 1963 I 2), zuletzt geändert durch Art. 7 des Post- und Telekommunikationsrechtlichen Bereinigungsgesetz vom 7.5.2002 (BGBl. 2002 I 1529); zum BUrlG *Dersch/Neumann/Fenski*, (2003), *passim*.

[1324] Gesetz vom 10.8.1951 (BGBl. 1951 I 499), in der Neufassung der Bekanntmachung vom 25.8.1969 (BGBl. 1969 I 1317), zuletzt geändert durch Art. 6 des Vierten Gesetzes zur Änderung des Dritten Buches Sozialgesetzbuch und anderer Gesetze vom 19.11.2004 (BGBl. 2004 I 2902); vgl. § 1 Abs. 1 KSchG.

[1325] Gesetz vom 7.8.1996 (BGBl. 1996 I 1246), zuletzt geändert durch Art. 11 Nr. 20 des Gesetzes zur Steuerung und Begrenzung der Zuwanderung und zur Regelung des Aufenthalts und der Integration von Unionsbürgern und Ausländern (Zuwanderungsgesetz) vom 30.7.2004 (BGBl. 2004 I 1950), vgl. § 2 Abs. 2 ArbSchG.

[1326] Vgl. § 1 S. 1 Nr. 1, S. 2 des Sozialgesetzbuches VI ((SGB VI), Gesetz vom 18.12.1989 (BGBl. 1989 I 2261; 1990 I 1337), in der Neufassung der Bekanntmachung vom 19.2.2002 (BGBl. 2002 I 754, 1404, 3384), zuletzt geändert durch Art. 2 a des Gesetzes zur Anpassung der Finanzierung von Zahnersatz vom 15.12.2004 (BGBl. 2004 I 3445)).

[1327] *Dieterich/Müller-Glöge/Preis/Schaub*(*-Rolfs*), (2005), § 1 SGB VI Rn. 3.

auch nicht. Denn er hat keinerlei Verpflichtungen derart, dass er seinen Tätigkeiten jeden Tag nachgehen muss. Zudem steht ihm sein Stellvertreter zur Seite. Er ist völlig frei, die Zeit seiner Tätigkeit zu bestimmen. Der Treuhänder nimmt also eine unabhängige gesonderte Stellung ein.

b. Auftragsvertragsverhältnis

Ein Auftragsverhältnis im Sinne der §§ 662 ff. BGB zwischen dem Treuhänder und der Bankaufsichtsbehörde liegt nicht vor. Bei einem Auftrag hat der Beauftragte eine Besorgung unentgeltlich zu erbringen. Eine Gegenleistung als Vergütung des Beauftragten ist ausgeschlossen. Erhält dieser trotzdem eine Geldsumme, dann handelt es sich nur um Aufwendungsersatz;[1328] dieser ist seinerseits keine Vergütung. Im Auftragsrecht ist der Beauftragte zudem - für - den Auftraggeber tätig.[1329] Da der Treuhänder für seine Tätigkeiten aber keinen Aufwendungsersatz, sondern eine Vergütung erhält und darüber hinaus nicht für jemanden tätig ist, sondern eine Verantwortung für die Sicherheit der Pfandbriefe trägt, kann ein Auftragsverhältnis nicht angenommen werden. Dass die Zuwendung des Auftraggebers eine entgeltliche Geschäftsbesorgung sein könnte bzw. sich in eine solche umwandeln könnte,[1330] ist hier unerheblich, da die Geschäftsbesorgung dann eine solche des Rechtes der Geschäftsführung ohne Auftrag nach §§ 677 ff. BGB ist, aber ein Auftrag in dem Sinne bei der Bestellung des Treuhänders nicht besteht.

c. Dienst- und Geschäftsbesorgungsvertragsverhältnis

In Betracht kommt ferner ein Dienstvertrag nach §§ 611 ff. BGB, der nach den allgemeinen Regeln der §§ 145 ff. BGB abgeschlossen wird. Beim Dienstvertrag muss grundsätzlich eine persönliche Abhängigkeit des Dienstverpflichteten - eine Art Weisungsgebundenheit vorliegen.[1331] Ein Unterfall des Dienstvertrages ist der Arbeitsvertrag.[1332] Ein Dienst dieser Art ist aber nicht anzunehmen, weil der Treuhänder nicht weisungsgebunden und damit abhängig ist. Der Treuhänder steht also nicht in einem Dienstverhältnis zur Bankaufsicht.[1333]

[1328] Vgl. *Schulze*, (2003), § 662 BGB Rn. 8; *Jauernig(-Mansel)*, (2004), § 662 BGB Rn. 11.

[1329] *Jauernig(-Mansel)*, (2004), § 662 BGB Rn. 9.

[1330] Vgl. RG (22.11.1909 RGZ 72, 188, 191), nach dem man einen Dienst- oder Werkvertrag in einen entgeltlichen Geschäftsbesorgungsvertrag oder umgekehrt umwandeln kann.

[1331] *Jauernig(-Mansel)*, (2004), Vor § 611 BGB Rn. 3.

[1332] *Preis*, (2003) 31. Die Kriterien zur Abgrenzung sind im Wesentlichen die des Weisungsrechtes des Arbeitgebers bezüglich Durchführung, Inhalt, Ort und Dauer der Tätigkeit, vgl. BAG 13.1.1983, BAGE 41, 266, 269 f.= NJW 1984, 1985, 1987.

[1333] Vgl. *Bellinger/Kerl*, (1995), § 29 HBG Rn. 35.

Allerdings gibt es Fälle, in denen in einem Dienstvertrag ein Unterordnungsverhältnis fehlt.[1334] Das ergibt auch die Unterscheidung zwischen abhängigem (unselbstständigem) und selbstständigem Dienstvertrag.[1335] Beim letzteren ist eine Abgrenzung zu anderen Verträgen wie dem Werkvertrag oder dem Geschäftsbesorgungsvertrag durchaus schwierig. Beim Werkvertrag selbst sind keinerlei Anzeichen in den §§ 611 ff. BGB zu erkennen, ob dieser ein Weisungsgebot beinhaltet und damit von einem abhängigen dienstlichen Verhältnis spricht, so dass nur noch eine Abgrenzung zum Geschäftsbesorgungsvertrag zu ziehen ist. Dieser liegt vor, wenn eine Geschäftsbesorgung gegen Entgelt vereinbart wurde. Eine Geschäftsbesorgung ist dabei gegeben, wenn eine wirtschaftliche und selbstständige Tätigkeit vorgenommen wird, die in der Wahrung der Vermögensinteressen eines anderen besteht.[1336] Beispiele für ein selbstständiges Verhältnis zwischen zwei Parteien ist das Verhältnis des Anwaltes zum Mandanten oder die Stellung eines Wirtschaftsprüfers; hier jedoch sind Dienstvertrag und Geschäftsbesorgungsvertrag nach § 675 BGB je nach Einzelfall vermischt.[1337] Regelmäßig wird der Rechtsanwalt für seinen Mandanten aufgrund eines selbstständigen Dienstvertrages tätig, der eine Geschäftsbesorgung zum Inhalt hat.[1338]

Weitgehende Parallelen zum Treuhänderverhältnis ergeben sich aber nicht. Der entgeltliche Charakter der Leistung und der Unabhängigkeitsstatus des Empfängers reichen dafür jedenfalls nicht aus. Zu erinnern ist, dass der Treuhänder von der Behörde bestellt wird und auch von dieser seine Vergütung erhält. Im Übrigen nimmt er aber die Interessen der Pfandbriefgläubiger wahr, wobei seine Aufgaben gesetzlich festgeschrieben sind. Der Treuhänder steht daher weder in einem unselbstständigen noch selbstständigen Dienstverhältnis zur Bankaufsicht.[1339] Ein Dienstvertrag iVm einem Geschäftsbesorgungsvertrag kommt also nicht in Betracht.

d. Treuhändervergütung

Nach § 34 HBG erhält der Treuhänder eine angemessene Vergütung von der Aufsichtsbehörde für seine Tätigkeiten. Dieser steht dann ein Erstattungsanspruch gegen die Hypothekenbank zu. Damit ist klar, dass die Vergütung des Treuhänders nicht aus öffentlichen Mitteln erstattet wird, sondern im Ergebnis die

---

[1334] Beispielweise bei einem Anwaltsvertrag oder einem Vertrag mit einem Wirtschaftsprüfer, vgl. *Jauernig(-Mansel)*, (2004), Vor § 611 BGB Rn. 19, § 675 BGB Rn. 12.

[1335] Hk-BGB(*-Eckert*), (2003), § 611 BGB Rn. 3; *Jauernig(-Mansel)*, (2004), Vor § 611 BGB Rn. 2.

[1336] BGH 24.1.1989, BGHZ 106, 284, 285 f. = NJW 1989, 1217 f.

[1337] Zum Anwaltsvertrag als Geschäftsbesorgungsdienstvertrag BGH NJW 1985, 2642 f.

[1338] BAG 3.6.1998, BB 1998, 2060, 2061; OLG Düsseldorf 11.6.1992 VersR 1993, 702, 703.

[1339] *Bellinger/Kerl*, (1995), § 29 HBG Rn. 35.

Hypothekenbank belastet. Nach § 34 Hs. 2 HBG ist die Vergütung von der Hypothekenbank für den Treuhänder nach § 51 Abs. 3 KWG gesondert zu erstatten und kann aufgrund einer Aufforderung der Aufsichtsbehörde von der Bank vorzuschießen sein. Es ist aber auch möglich, dass die Bank die Zahlung direkt an den Treuhänder vornimmt. In diesem Fall handelt sie - ebenfalls wie im polnischen Recht - im Auftrag und für die Rechnung der Aufsichtsbehörde. Dieses Verfahren wird in Deutschland seit langem angewandt, um das Vergütungsverfahren zu vereinfachen.[1340]

Die Bankaufsichtsbehörde bestimmt die Vergütungshöhe auch als bindenden Verwaltungsakt. Der Treuhänder hat die Möglichkeit gegen diesen im Verwaltungsrechtsweg mit einer Verpflichtungsklage nach § 42 Abs. 1 Var. 2 VwGO vorzugehen, um eine höhere Vergütung zu erreichen.

Dabei wird die „angemessene" Vergütung nicht etwa danach bemessen, welches Arbeitspensum der Treuhänder verrichtet hat, da die Vergütung kein Arbeitsentgelt darstellt. Vielmehr muss berücksichtigt werden, dass der Treuhänder überhaupt zur Verfügung steht und dass er bei seiner Arbeit einer gewissen Belastung ausgesetzt ist. Vor allem aber sind Schwierigkeit und Umfang seiner Tätigkeit zu bewerten.[1341] Die Vergütung deckt beides ab. Sie erhöht sich aber, wenn der Arbeitsaufwand des Treuhänders wegen eines erweiterten Geschäftsumfangs der Bank steigt. Die BaFin bemisst die Vergütung nach der Besoldungsstufe A 16 für Beamte und errechnet diese unter Berücksichtigung des Pfandbriefumlaufes.

Da die Tätigkeit des Treuhänders nicht als Nebentätigkeit im öffentlichen Dienst „für den Bund" zu qualifizieren ist,[1342] unterliegt seine Vergütung nicht der Abrechnungs- und Ablieferungspflicht wie bei einem Beamten.[1343]

Ferner sind auf die Vergütung des Treuhänders die allgemeinen Pfändungsschutzregelungen[1344] nicht anzuwenden, da in § 850 Abs. 1 ZPO von Arbeitseinkommen die Rede ist. § 850 Abs. 2 ZPO definiert diesen Begriff als Dienst- und Versorgungsbetrag der Beamten, Dienst- und Arbeitslöhne etc. aus dem Dienst- oder Arbeitsverhältnis. Auch in § 850 Abs. 3 lit. a ZPO ist von Arbeitnehmern die Rede. Arbeitseinkommen sind Vergütungen in Geld, die dem

[1340] Hierbei gab es in der vergangenen Zeit Probleme bezüglich der Zahlung der Vergütung an den Treuhänder, der einen beamtenrechtlichen Status aufwies. Es wurde kritisiert, der Treuhänder stünde in einem Abhängigkeitsverhältnis zu der betroffenen Bank. Daher wurde in Betracht gezogen, dass der Treuhänder seine Vergütung direkt von der Aufsichtsbehörde erhält, was aber wegen des erhöhten Verwaltungsaufwands doch abgelehnt wurde.

[1341] Vgl. *Bellinger/Kerl*, (1995), § 34 HBG Rn. 5.

[1342] Hierfür wäre erforderlich, dass die Tätigkeit im Rahmen einer Rechtsbeziehung zwischen dem Bund und dem Beamten wahrgenommen wird. Der Bund muss der Empfänger der erbrachten Leistungen sein. Es genügt nicht, dass jemand nebenbei auch im Interesse des Bundes tätig ist; vgl. BVerwG 23.02.1989, BVerwGE 81, 270, 272.

[1343] BVerwG 23.2.1989, BVerwGE 81, 270 f.

[1344] §§ 850 ff. ZPO.

Schuldner aus Arbeits- oder Dienstleistung zustehen; irrelevant ist, ob sie aus einem Dienstverhältnis des privat- oder öffentlichen Rechtes herrühren.[1345] All diese Begriffe wurden bereits erörtert und für den Treuhänder als nicht einschlägig bewertet. Damit besteht für die Vergütung des Treuhänders keinerlei Pfändungsschutz nach der ZPO. Die Rechtslage ist im polnischen und deutschen Recht folglich gleich.

3. Bewertung

Zwischen dem Treuhänder und der Bankaufsicht besteht sowohl nach dem PHBG als auch nach dem HBG kein Arbeitsverhältnis im Sinne des Arbeitsrechtes. Der Treuhänder ist kein Arbeitnehmer und die Bankaufsichtsbehörde kein Arbeitgeber. Die Tätigkeit des Treuhänders ist keine untergeordnete Arbeitsleistung, sondern basiert auf der Unabhängigkeit und Selbstständigkeit des Treuhänders.

Der Bezug nur auf ausgewählte arbeitsrechtliche Normen in dem PHBG bestätigt für das polnische Recht, dass die Tätigkeit des Treuhänders als Verhältnis außerhalb des Arbeitsrechtes anzusehen ist. Dieser Bezug ist eng auszulegen und betrifft ausschließlich den Erholungsurlaub und die Anrechnung der Amtszeit der Treuhändertätigkeit auf arbeitsrechtliche Zwecke. Die Erholungsurlaubsregelung in Bezug auf den Treuhänder ist allerdings überflüssig. Hierfür genügt die richtige Arbeitsverteilung zwischen ihm und dessen Stellvertreter. Ferner gelten für den Treuhänder die Vorschriften des Sozial- und Krankversicherungsrechtes. Die Bank hat die Kosten der Sozial- und Krankenversicherung zu übernehmen, wenn der Treuhänder aufgrund anderer Rechtstitel nicht versichert ist. Im Hinblick hierauf können die Kosten der Treuhänderbestellung unterschiedlich ausfallen.

Auch ein anderes privatrechtliches Verhältnis zwischen dem Treuhänder und der Aufsichtsbehörde liegt nicht nahe.[1346] Die Vergütung des Treuhänders wird nicht nach der tatsächlichen Arbeitszeit bemessen, sondern hängt grundsätzlich von dem Geschäftsvolumen der Hypothekenbank ab. Die Vergütung ist auch keine Entlohnung für seine Arbeit im Sinne der arbeitsrechtlichen Normen und unterliegt daher keinem besonderen Rechtsschutz. Insbesondere ist sie gegen Abzüge, eine Vollstreckung oder Aufrechnung nicht geschützt. Die Vergütung wird durch Verwaltungsakt festgesetzt.

[1345] *Zöller(-Stöber)*, (2005) § 850 ZPO Rn. 2.

[1346] *Bellinger/Kerl*, (1995), § 29 HBG Rn. 3, 35.

Das Verhältnis des Treuhänders zur Aufsichtsbehörde ist auch nicht als ein unmittelbar öffentliches zu bezeichnen.[1347] Streitfragen sind im Rechtsweg zu den Verwaltungsgerichten zu klären.

III. Stellvertretung des Treuhänders

1. Gesetzesregelung

Die polnische Regelung der Stellvertretung entspricht der deutschen. Die Bestellung des Stellvertreters und seine Abberufung erfolgen nach den gleichen Regeln wie die Bestellung des Treuhänders und dessen Abberufung.[1348] Von dem Stellvertreter sind die gleichen Qualifikationen wie von dem Treuhänder zu erwarten.[1349] Der Stellvertreter wird im Gesetz allerdings nicht immer ausdrücklich neben dem Treuhänder erwähnt. Der deutsche Gesetzgeber nennt ihn außer bei der Treuhänderbestellung (§ 29 Abs. 1 HBG) nur noch bei der Treuhändervergütung (§ 34 HBG). In anderen Vorschriften, die die Aufgaben (§§ 30 f. HBG), Befugnisse (§ 32 HBG) sowie Streitigkeiten (§ 33 HBG) betreffen, ist ausschließlich von dem Treuhänder die Rede.[1350] Ähnlich verhält sich der polnische Gesetzgeber, der das Wort „Stellvertreter" aber häufiger verwendet. Der Stellvertreter wird insbesondere bei der Treuhänderbestellung (Art. 27 PHBG), -abberufung (Art. 28 PHBG), -unabhängigkeit (Art. 29 Abs. 1 PHBG), beim Zugang zum Bankgeheimnis (Art. 32 Abs. 1 a und 1 b PHBG) sowie in arbeitsrechtlichen Bestimmungen (Art. 33 PHBG) erwähnt. Das PHBG enthält aber - wie das HBG - auch Vorschriften, in denen ausschließlich von dem Treuhänder die Rede ist.[1351] Es fehlt aber auch hier eine allgemeine Aussage, nach der die Vorschriften über den Treuhänder auf dessen Stellvertreter Anwendung finden.

Schon die oberflächliche Gesetzesanalyse führt zum Ergebnis, dass die Differenzierung in der Gesetzesfassung zwischen dem Treuhänder und dessen Stellvertreter eine unüberlegte Absicht beider Gesetzgeber war. Das Wort „Stellvertreter" erscheint in beiden Gesetzen zufällig, ohne dass sich dahinter eine

[1347] Ein unmittelbar öffentliches Verhältnis würde bedeuten, der Treuhänder stünde im Verhältnis zur Aufsichtsbehörde in einem beamtenrechtlichen Verhältnis. Dieses ist jedoch nicht der Fall; hierzu *Bellinger/Kerl*, (1995) § 29 HBG Rn. 3; zur Rechtsstellung des Treuhänders S. 413 ff.

[1348] Vgl. Art. 27 Abs. 2 PHBG; § 29 Abs. 2 S. 1 HBG.

[1349] Vgl. Art. 27 Abs. 3 PHBG.

[1350] Zudem tritt der Treuhänder ohne Stellvertreter auch in § 6 Abs. 1 S. 5; § 22 Abs. 1 S. 2, Abs. 3 S. 1 HBG; § 29 Abs. 3; § 35 a Abs. 1 S. 4 HBG auf.

[1351] Vgl. Artt. 6 Nr. 9; 16 Abs. 1 Nr. 2; 19 Abs. 1; 22 Abs. 4; 24 Abs. 3; 29 Abs. 2; 30; 31; 32 Abs. 1 und 2 PHBG.

systematische Überlegung verbirgt. Durch die Gegenüberstellung der Vorschriften, in denen der Stellvertreter ausdrücklich genannt wird, mit den Vorschriften, die den Treuhänder betreffen, verdeutlicht sich diese Zufälligkeit. Schon Art. 30 PHBG und § 30 HBG, die die Treuhänderaufgaben regeln und in denen lediglich von dem Treuhänder die Rede ist, kann als Beispiel genannt werden. Daraus lässt sich nicht klar folgern, dass ausschließlich der Treuhänder zur Wahrnehmung der dort genannten Aufgaben verpflichtet ist. Aus der bloßen Bezeichnung „Stellvertreter" sowie aus dem Zweck seiner Bestellung ergibt sich, dass er dem Treuhänder bei der Erfüllung seiner Aufgaben beizustehen hat. Dafür erhält er auch seine Vergütung, die ihm beide Gesetzgeber interessanterweise ausdrücklich zusprechen.[1352] Richterweise ist anzunehmen, dass die Aufgaben und Befugnisse des Treuhänders auch den Stellvertreter betreffen.[1353]

Das Wort „Treuhänder" wurde in doppelter Bedeutung verwendet. Zum einen bezeichnet es eine Person, zum anderen das Amt (Treuhänderamt), das der Treuhänder und sein Stellvertreter wahrnehmen.[1354] Dies sollte in beiden Gesetzen klargestellt werden. Die Verwendung des gleichen Begriffes in einem Gesetz mit doppelter Bedeutung ist aber zu vermeiden. Im Übrigen könnte man sich des allgemeinen Hinweises bedienen, dass die Vorschriften über den Treuhänder auch für dessen Stellvertreter gelten. Damit könnte auf zufällige Einzelregelungen für den Stellvertreter verzichtet werden.

2. Das Verhältnis des Stellvertreters zu dem Treuhänder

a. Besonderheit der Treuhänderstellvertretung

Die Stellvertretung des Treuhänders wirft einige Fragestellungen auf, die in der Literatur wenig behandelt wurden. Erörterungsbedürftig in erster Linie ist das Verhältnis zwischen dem Treuhänder und seinem Stellvertreter. Interessanterweise hat der Treuhänder bei der Bestellung „seines" Stellvertreters kein Mitspracherecht, d.h. er kann einen Stellvertreter nicht vorschlagen oder bei der Wahl einer Person durch die Aufsichtsbehörde diesen ablehnen. Bei der Bestellung des Stellvertreters ist es nicht einmal erforderlich, den Treuhänder anzuhören. Bemerkenswert ist auch, dass der Stellvertreter eventuelle Weisungen des Treuhänders nicht unterliegt.[1355] Zwischen ihnen besteht prinzipiell kein Über- oder Unterordnungsverhältnis, d.h. der Stellvertreter ist in seinen Handlungen frei von Weisungen und Entscheidungen des Treuhänders.[1356] Darüber hinaus wird die Ansicht

---

[1352] Vgl. Art. 33 Abs. 1 S. 1 PHBG; § 34 HBG.
[1353] *Rewieński*, PB 2/2000, 46.
[1354] Vgl. *Drewicz-Tułodziecka/Stöcker*, (2000), 199.
[1355] *Dannenbaum*, (1928), § 29 HBG Anm. 13; *Bellinger/Kerl*, (1995), § 29 HBG Rn. 21.
[1356] Vgl. *Drewicz-Tułodziecka/Stöcker*, (2000), 199; *Rewieński*, PB 2/2000, 49.

vertreten, der Stellvertreter handele nicht in Vertretung des Treuhänders, sondern in eigener Person.[1357] Der Stellvertreter ist danach dem Treuhänder im Rang gleich und hat das gleiche Amt wie dieser inne. Um ihre gegenseitige Unabhängigkeit zu stärken, fordert die Literatur[1358] sogar teilweise die Auswahl des Stellvertreters so vorzunehmen, dass sich Abhängigkeiten auch nicht aus Tätigkeiten ergeben, die der Stellvertreter außerhalb der Hypothekenbank wahrnimmt.[1359]

b. Bewertung

Diese Rechtskonstruktion entspricht allerdings nicht dem regulären Verhältnis des Vertreters zum Vertretenen, die in einer derartigen Beziehung zueinander stehen, dass das Handeln des Vertretenen durch das des Vertreters ersetzt wird,[1360] d.h., dass dem Vertreter ein selbstständiges vom Vertretenen losgelöstes Handeln nicht möglich ist. Dieses folgt schon aus dem Wort „Vertreter". Der Vertreter vertritt „bloß" den Vertretenen und zwar in der Weise, dass der Vertreter die dem Vertretenen obliegendem Aufgaben ordnungsgemäß und im Interesse des letzteren wahrnimmt. Zwar hat der Stellvertreter einen gewissen Spielraum. Hierdurch unterscheidet er sich schließlich auch von einem Boten. Dennoch kann und ist es nicht alleine dem Vertreter überlassen, auf eigene Faust Entscheidungen zu treffen. Eine bestimmte Abhängigkeit besteht hier also durchaus. Normalerweise ist es nicht alleine dem Vertreter überlassen, die Aufgaben seiner Intention und seinen Interessen folgend zu erledigen.

Dennoch kann der Stellvertreter aufgrund möglicher Einschränkungen im Außenverhältnis viel mehr, als im Innenverhältnis;[1361] dieses folgt aufgrund des Schutzes des Vertragspartners, der die Innenbeschränkung zumeist nicht kennt. Beim Treuhänder sollte dieses nicht anders sein, als beim regulären Vertreter. Im Innenverhältnis sollte er dadurch vom Treuhänder abhängig sein, nicht aber im Außenverhältnis. Hier sollten seine Handlungen volle Wirkung entfalten können. Bei der Bewertung der Besonderheit der Treuhänderstellvertretung lässt sich feststellen, dass auch der „Normaltyp" der Vertretung das Unabhängigkeitsprinzip des Treuhänders nicht schwächen würde. Denn dieses Prinzip soll nur dem Treuhänder zu Gute kommen und hierdurch, durch die gewisse Abhängigkeit des Stellvertreters, verstärkt werden.

1357 *Hofmann*, (1964), § 29 HBG Rn. 34.

1358 *Drewicz-Tułodziecka/Stöcker*, (2000), 200.

1359 *Ušàk* (FS Marek Mazurkiewicz (2001), 117, Fn. 20) fordert sogar „das Dienstverhältnis" breiter zu formulieren und durch „Beschäftigungsverhältnis" zu ersetzen.

1360 Vgl. §§ 166 ff. BGB.

1361 Das Außenverhältnis bestimmt dabei das Verhältnis zwischen dem Vertreter und dem Dritten, das Innenverhältnis hingegen das des Vertreters zu dem Vertretenen; *Erman*(*-Palm*), (2004), Vor § 164 BGB Rn. 6.

Um Kollisionen zwischen der Tätigkeit des Treuhänders und seines Stellvertreters und Streitigkeiten hierüber vorzubeugen, empfiehlt es sich, dem Treuhänder ein Mitspracherecht bei der Bestellung des Stellvertreters einzuräumen und ihm den Stellvertreter in dieser Weise „unterzuordnen", dass der Stellvertreter an Weisungen des Treuhänders gebunden ist.[1362] In diesem Sinne lässt sich im Übrigen auch Art. 29 Abs. 1 PHBG verstehen, wenn man annimmt, dass die dort bestimmte Unabhängigkeit des Stellvertreters nur nach außen wirkt.[1363] Im deutschen Recht ist dagegen nur im Verhältnis zwischen dem Treuhänder und der Aufsichtsbehörde von der Weisungsungebundenheit die Rede.[1364]

Ein Mitspracherecht ist unter zwei Gesichtspunkten gegeneinander abzuwägen. Einerseits könnte ein Mitspracherecht des Treuhänders dazu beitragen, dass beide Personen miteinander auskommen und kooperieren; das liegt sowohl im Interesse der Bank als auch der Pfandbriefgläubiger. Andererseits aber ist fraglich, ob der Treuhänder durch eine Mitwirkung bei der Auswahl seines Stellvertreters die möglichen Konflikte überhaupt vorbeugen könnte. Dies wäre jedenfalls für den Fall zu verneinen, dass ein unzuverlässiger Treuhänder bestellt worden ist und diesem hier auch noch die Auswahl eines entsprechenden Stellvertreters ermöglicht würde. Bedenken dieser Art haben sich aber in der deutschen Praxis nicht bestätigt. Es empfiehlt sich deshalb, dem Treuhänder zwar kein Bestellungs- aber ein Vorschlagsrecht bei der Auswahl seines Stellvertreters einzuräumen, damit ein ordnungsgemäßer und ruhiger Ablauf der Stellvertretung ermöglicht wird.

3. Arbeitsverteilung

a. Gesetzesregelung

Beide Gesetze lassen die Verteilung der Aufgaben und der Befugnisse zwischen dem Treuhänder und dem Stellvertreter ungeregelt, was ein wenig verwundert, wenn man berücksichtigt, dass sie voneinander unabhängig bleiben sollten. Das Unterbleiben einer solchen Regelung spricht dafür, dass die Gesetzgeber für den Stellvertreter keine gesonderten Aufgaben bestimmen wollten. Da es auch keine gesetzlichen Beschränkungen gibt, ist festzustellen, dass der Stellvertreter berechtigt und zugleich verpflichtet ist, die Tätigkeiten vorzunehmen, die sich aus den Treuhänderaufgaben für den Zeitraum seiner Stellvertretung ergeben.

[1362] So im Ergebnis *Bellinger/Kerl* ((1995), § 29 HBG Rn. 21 f.), die eine Einordnung der Vertretertätigkeit in die Treuhandschaft fordern; auch *Friedländer/Göppert/Seydel* ((1929), § 29 HBG Anm. 2) fordern, dass dem Vertreter nur subsidiäre Rechte und Pflichten zustehen sollten. Auch dieses spricht dafür, dass der Treuhänder in der Hierarchie höher als der Stellvertreter steht.

[1363] Für diese Auslegung *Olszak*, (2002), 46.

[1364] Vgl. § 29 Abs. 3 S. 2 HBG.

b. Aufgabenverteilung im Bestellungsakt

Eine Beschränkung der Tätigkeit des Stellvertreters auf bestimmte Aufgaben kann allerdings viele Vorteile bringen und ist grundsätzlich zu bejahen. Beispielsweise spricht nichts dagegen, den Stellvertreter ausschließlich zur Kontrolle bestimmter Geschäftsbereiche[1365] zu verpflichten. In der polnischen Literatur ist die Ansicht vertreten,[1366] dass die Befugnis eine Aufgabenverteilung vorzunehmen, ausschließlich dem Bestellungsorgan zustehen kann und bereits in dem Bestellungsakt erfolgen muss. Die Einräumung dieser Befugnis lediglich an die Bankaufsichtskommission wird hierbei mit der Unabhängigkeit des Stellvertreters gegenüber dem Treuhänder begründet. Weiter wird befürwortet, der Bankaufsichtskommission die Befugnis zuzuerkennen, über Streitigkeiten zwischen dem Treuhänder und dem Stellvertreter zu entscheiden. Eine Regelung der Rechte und Pflichten des Stellvertreters durch einen Vertrag zwischen dem Treuhänder und diesem wird mit der Begründung abgelehnt, dass eine Abberufung des Stellvertreters wegen Nichterfüllung seiner Aufgaben (Art. 28 Abs. 1 Nr. 5 PHBG) wesentlich erschwert würde, wenn Rechte und Pflichten des Stellvertreters unabhängig von der Bankaufsichtskommission begründet und geändert werden könnten. Für unzulässig wird insbesondere eine interne Abstimmung zwischen dem Treuhänder und dem Stellvertreter über eine vorübergehende Übernahme von Aufgaben durch den Stellvertreter angesehen. Obwohl eine solche Regelung ein flexibles Vorgehen ermöglichen könnte, würde sie doch zu einer Verwässerung der Haftung führen und widerspräche den Bestimmungen der Bankaufsichtskommission.[1367] Im Hinblick auf das Unabhängigkeitsprinzip wäre auch fraglich, ob die Bankaufsicht in diesem Fall berechtigt wäre, über Kompetenzstreitigkeiten zwischen dem Treuhänder und dem Stellvertreter zu entscheiden.

Nur die klare Aufgabenverteilung kann die Haftung bestimmen. Der Stellvertreter sollte nur für Fehler haften, die die ihm im Bestellungsakt anvertraute Aufgaben betreffen. Eine Haftung des Treuhänders käme dann nicht für die Erledigung von Aufgaben in Betracht, die dem Stellvertreter zugewiesen sind. Ohne Einfluss auf die richtige Aufgabenerfüllung kann dem Treuhänder keine Haftung zugeschrieben werden.[1368] Folglich würden beide unabhängig voneinander[1369] und nur im Rahmen der ihnen im Bestellungsakt übergebenen Aufgaben haften.[1370]

[1365] Etwa zur Kontrolle der Auslandsdeckungsgeschäfte der deutschen Hypothekenbanken.

[1366] *Ušàk*, FS Marek Mazurkiewicz (2001), 120.

[1367] *Ušàk*, FS Marek Mazurkiewicz (2001), 122.

[1368] *Ušàk*, FS Marek Mazurkiewicz (2001), 121.

[1369] Nach *Rewieński* (PB 2/2000, 46) bedeutet das, dass jeder ausschließlich für die von ihm ausgeführten Tätigkeiten haftet.

[1370] AA *Drewicz-Tułodziecka/Stöcker* ((2000), 199), die nicht nur dem Treuhänder, sondern auch seinem Stellvertreter, trotz der vertraglichen Aufgabenverteilung, die Haftung für die Erfüllung aller gesetzlich bestimmten Aufgaben auferlegen wollen.

c. Vertragliche Aufgabenverteilung

Die Überlegung, die Aufgabenverteilung zwischen dem Treuhänder und seinem Stellvertreter durch die Bankaufsichtskommission im Bestellungsakt zu bestimmen und danach ihre Haftung abzugrenzen, verdient der Ablehnung. Diese trägt insbesondere ihrer gegenseitigen Unabhängigkeit Rechnung. Der Treuhänder wird zur Erfüllung der ihm gesetzlichen übertragenen Aufgaben bestellt. Deren Umfang darf durch den Bestellungsakt weder erweitert noch eingegrenzt werden.[1371] Die interne Verteilung der Arbeit ist zutreffend grundsätzlich beiden zu überlassen.[1372] Der Stellvertreter sollte dem Treuhänder bei der Aufgabenerfüllung zur Seite stehen. Darüber hinaus muss der Treuhänder berechtigt sein, die Tätigkeit seines Stellvertreters zu bestimmen und ihm bestimmte Aufgaben zu übergeben. Ihm obliegt in dem Fall aber eine gewisse Überwachungspflicht.[1373] Grundsätzliche Entscheidungen muss prinzipiell der Treuhänder treffen.[1374] Der Treuhänder hat auch sein Amt im Verhältnis zu der Hypothekenbank und Bankaufsichtskommission, also nach außen, einheitlich zu vertreten. Nur bei dessen Verhinderung kommen dem Stellvertreter Grundsatzentscheidungen zu.[1375] Ein abwechselndes Tätigwerden des Treuhänders und seines Vertreters ist dabei möglich und angebracht.[1376] Für die Rechtswirksamkeit ist jedoch irrelevant, ob die Entscheidungen von dem Treuhänder selbst oder dessen Stellvertreter, und zwar auch vereinbarungswidrig, getroffen werden, denn weder das PHBG noch das HBG grenzen ihre Befugnisse nach außen ab.[1377]

Eine solche Lösung erfordert allerdings, dass der Stellvertreter dem Treuhänder gegenüber untergeordnet ist. Bei dieser Lösung wäre der Treuhänder für die Aufgabenerfüllung im vollen Umfang haftbar.[1378] Zugleich würden Streitigkeiten über die Arbeitsverteilung und viele andere Konflikte vermieden werden, die sich aus einer Gleichrangigkeit von Treuhänder und Stellvertreter bzw. aus ihrer gegenseitigen Unabhängigkeit ergeben und ihre erfolgreiche Zusammenarbeit gefährden können. Die Unterordnung des Stellvertreters würde weder für

---

[1371] Vgl. *Pietrasik/Rykowski*, (2000), 185.

[1372] Vgl. *Bellinger/Kerl,* (1995), § 29 HBG Rn. 20; *Olszak*, (2002), 46.

[1373] *Hofmann* ((1964), § 29 HBG Rn. 35) betont, dass die Aufgaben des Treuhänders nicht dadurch verkleinert werden, dass er einen Stellvertreter zur Seite hat, denn § 30 HBG spricht *explizit* von den Aufgaben des Treuhänders. Selbst wenn der Stellvertreter ausnahmsweise mit dieser Aufgabe betraut wurde, so muss sich dieser stets über die dem Treuhänder zu erledigenden Geschäfte unterrichten; *Bellinger/Kerl,* (1995), § 29 HBG Rn. 20.

[1374] Vgl. *Drewicz-Tułodziecka/Stöcker*, (2000), 199 f.

[1375] Dies betrifft gleichwohl objektive (etwa Krankheit) sowie auch subjektive (freiwillige Beendigung der Treuhänderfunktion) Hindernisse. In dem letzten Fall ist der Stellvertreter der Garant der Kontinuität des Treuhänderamtes; *Olszak*, (2002), 46.

[1376] Vgl. *Bellinger/Kerl*, (1995), § 29 HBG Rn. 18.

[1377] AA *Ušàk*, FS Marek Mazurkiewicz (2001), 122.

[1378] Vgl. *Hofmann* ((1964), § 29 HBG Rn. 35), nach dem sich der Treuhänder durch die Arbeitsaufteilung seiner Verantwortlichkeit nicht entziehen kann.

die Pfandbriefgläubiger noch für die Bank oder die Bankaufsichtsbehörde Nachteile mit sich bringen, sondern im Gegenteil für Klarheit sorgen. Allerdings sollte diese Unterordnung lediglich die Arbeitsorganisation betreffen. Die Beanstandung der von dem Stellvertreter festgestellten Unrichtigkeiten durch den Treuhänder muss ausgeschlossen werden.[1379]

4. Bestellung mehrerer Stellvertreter

Beide Gesetze (Art. 27 Abs. 1 S. 1 PHBG, § 29 Abs. 1 HBG) sprechen nur von einem Stellvertreter. Deshalb stellt sich die Frage, ob bei einer Bank, die eine Geschäftstätigkeit im großen Umfang betreibt, auch mehrere Stellvertreter bestellt werden können. Dass der Gesetzeswortlaut dieses bereits ausschließt, ist nicht anzunehmen. Für die ordnungsgemäße Erfüllung der Treuhänderaufgaben kann es manchmal erforderlich sein, diesem mehrere Stellvertreter zur Seite zu stellen.[1380]

Schon zur Erleichterung der Tätigkeit des Treuhänders und um diesem eine ordnungsgemäße Erfüllung seiner Aufgaben zu ermöglichen, sollten ihm im Bedarfsfall mehrere Stellvertreter zur Seite gestellt werden. Die Bestellung eines weiteren Stellvertreters kann sich etwa bei einer plötzlichen und gleichzeitigen Verhinderung des Treuhänders und seines Stellvertreters als notwendig erweisen. Schon diese Überlegung legt es nahe, erforderlichenfalls auch die Bestellung mehrerer Vertreter zuzulassen. Nach einer teleologischen Auslegung ist die Frage daher zu bejahen.[1381] Eine Klarstellung im Gesetz würde allerdings nicht schaden und zugleich jeden Zweifel beseitigen.[1382]

5. Die Vergütung des Stellvertreters

Für die Vergütung des Stellvertreters gelten dieselben Regelungen wie bei dem Treuhänder.[1383] Entsprechend der im Verhältnis zu dem Treuhänder geringeren Tätigkeit des Stellvertreters wird für diesen auch nur eine geringere Vergütung in Betracht kommen. Im Hinblick auf die rasch wachsenden Pfandbriefumlaufbeträge und die nicht volle Auslastung des Treuhänders wird von einer Teilung

---

[1379] Vgl. *Olszak*, (2002), 47.

[1380] AA *Hofmann* ((1964), § 29 HBG Rn. 34); *Dannenbaum* ((1928), § 29 HBG Anm. 12) lehnt auch die Bestellung eines Stellvertreters des Stellvertreters ab, weil das Gesetz nicht mehrere Stellvertreter des Treuhänders vorsieht.

[1381] Vgl. *Drewicz-Tułodziecka/Stöcker*, (2000), 199. Dies hat die deutsche Praxis längst bestätigt; *Kummert*, in: Handbuch des Realkredits (1963), 733, 811. Die Bankaufsichtsbehörde hat fast bei jeder Hypothekenbank mehr als einen Stellvertreter bestellt; *Bellinger/Kerl*, (1995), § 29 HBG Rn. 19.

[1382] Dafür reicht schon die Hinzufügung des Wortes „mindestens“ aus.

[1383] Vgl. Art. 33 Abs. 1 S. 1 PHBG; § 34 HBG.

der Arbeit zwischen dem Treuhänder und seinem Stellvertreter jedoch ausgegangen, so dass sich die Vergütung nach dem Grad der Arbeitsteilung zwischen beiden richtet.[1384] In der Praxis ist die Vergütung des Stellvertreters aber regelmäßig geringer als die des Treuhänders.

6. Bewertung

Die Treuhänderstellvertretung ist sowohl im PHBG als auch im HBG unvollständig und inkonsequent geregelt. Die Bezeichnung „Treuhänder" wird im subjektiven Sinne (eine zum Treuhänder bestellte Person) und im funktionellen Sinne (Treuhänderamt) verwendet. Redaktionelle und sprachliche Änderungen in beiden Gesetzen sind zur Klarstellung geboten. Die Verwendung des gleichen Begriffes in einem Gesetz, der zwei Bedeutungen hat, ist dabei zu vermeiden. Das Fehlen eines Hinweises auf den Stellvertreter ist in manchen Vorschriften unpräzise. Wünschenswert wäre ein allgemeiner Verweis, nach dem die Vorschriften über den Treuhänder auf dessen Stellvertreter angewendet werden. Auf Einzelbezüge könnte dann verzichtet werden.

Die Ausgestaltung der Rechtsstellung des Treuhänderstellvertreters weicht unnötig von der allgemeinen gesetzlichen Regelung über die Vertretung ab. Für die Pfandbriefsicherheit ist die Unabhängigkeit des Stellvertreters von dem Treuhänder nicht von Gewicht. Sie kann Auslöser vieler Konflikte sein und die erfolgreiche Zusammenarbeit zwischen dem Treuhänder und dessen Stellvertreter gefährden. Die klare Unterordnung des Stellvertreters im Innenverhältnis würde keine Nachteile für die Pfandbriefgläubiger mit sich bringen, sondern würde für Klarheit und Transparenz sorgen.

Es empfiehlt sich, dem Treuhänder ein Vorschlagsrecht bei der Bestellung des Stellvertreters einzuräumen. Die Unterordnung des Stellvertreters sollte allerdings nur die Arbeitsorganisation betreffen. Damit würden auch die Arbeitsverteilungs- und Haftungsfragen gelöst. Eine Bestellung mehrerer Stellvertreter sollte möglich sein; kleine Änderungen des Gesetzeswortlautes sind hier ebenfalls geboten.

1384 *Bellinger/Kerl*, (1995), § 34 HBG Rn. 7.

IV. Abberufung des Treuhänders

1. Begriffsklärung

Der deutsche Gesetzgeber verwendet in § 29 Abs. 2 S. 2 HBG hinsichtlich der Entlassung des Treuhänders den Begriff „widerrufen“. Seine Verwendung kann irreführend sein. Da ein Widerruf regelmäßig rückwirkenden Charakter hat, kann die Verwendung dieses Begriffes den falschen Eindruck erwecken, dass es sich bei der Entlassung des Treuhänders um einen rückwirkenden Aufhebungsakt handelt. Tatsächlich wirkt die Entlassung aber nur *ex nunc*, also von der Rechtskraft der Entscheidung für die Zukunft.[1385] Um dies zum Ausdruck zu bringen, hätte sich der deutsche Gesetzgeber - wie der polnische - besser des Begriffes „Abberufung“ bedient. Im Vergleich zur „Bestellung“ gibt dieses Wort auch die entgegengesetzte Bedeutung einer Beendigung der Tätigkeit des Treuhänders besser wider. Im Folgenden wird daher das Wort „Abberufung“ statt „Widerruf“ verwendet, was auch der polnischen Begriffsanwendung entspricht.

2. Abberufungsorgan und Abberufungsverfahren

Der Treuhänder kann vor dem Ablauf seiner Amtszeit abberufen werden. Zu dessen Abberufung ist ausschließlich die Bankaufsicht zuständig.[1386] Die Abberufung hat in Polen wie auch in Deutschland öffentlichrechtlichen Charakter und stellt - ebenso wie die Bestellung - einen Verwaltungsakt dar, auf den die allgemeinen verwaltungsrechtlichen Regelungen Anwendung finden. Die Ausführungen zur Treuhänderbestellung gelten deshalb grundsätzlich auch für die Abberufung. Anders als bei der Bestellung ist die Abberufung aber nicht als mitwirkungsbedürftiger Verwaltungsakt zu qualifizieren. Sie bedarf weder der Zustimmung des Treuhänders noch einer Anhörung der Bank.[1387] Da das Rechtsverhältnis durch einen Verwaltungsakt begründet worden ist, kann dieses auch nur durch einen solchen oder durch ein verwaltungsrechtliches Urteil beendet werden. Eine Kündigung seitens des Treuhänders im vertragsrechtlichen Sinne ist nicht möglich, da kein Vertragsverhältnis zwischen diesem und der Aufsichtsbehörde besteht. Der Antrag des Treuhänders auf Entlassung ist aber zulässig und hat einen Treuhänderwechsel zur Folge.

Das Abberufungsverfahren kann nach der Benachrichtigung der Bankaufsicht durch die Hypothekenbank, den Treuhänder oder dessen Stellvertreter einge-

[1385] Vgl. *Praxl*, (1966), 49.
[1386] Art. 28 Abs. 1 PHBG; § 29 Abs. 2 S. 2 HBG.
[1387] Vgl. *Praxl*, (1966), 49.

leitet werden. Ein solcher Hinweis muss zunächst aber durch die Bankaufsichtskommission auf seine Glaubwürdigkeit überprüft werden. Die Bankaufsichtskommission ist verpflichtet, ein sachaufklärendes Verfahren einzuleiten, während dessen der Treuhänder die Möglichkeit erhalten muss, zu dem Abberufungsgrund Stellung zu nehmen. Besonders zu prüfen sind Beschwerden der Hypothekenbank. Hier muss dem Verdacht entgegengewirkt werden, dass die Bank auf diesem Wege auf den Treuhänder Einfluss nehmen will.[1388] Die Bankaufsichtskommission kann selbstverständlich auch eigene Ermittlungen anstellen. Die Abberufung muss immer sachlich begründet werden und den Abberufungsgrund nennen.[1389] Während die Abberufung in Polen und in Deutschland verfahrensrechtlich kompatibel ist, weist die Regelung der Abberufungsgründe deutliche Unterschiede auf.

3. Abberufungsgründe

a. Polnische Regelung

aa. Numerus clausus

Der polnische Gesetzgeber hat die Abberufungsgründe des Treuhänders ausdrücklich geregelt. Nach Art. 28 Abs. 1 PHBG kann der Treuhänder abberufen werden, wenn er

(1) auf seine Treuhändertätigkeit verzichtet,
(2) infolge langer Krankheit, die mindestens drei Monate innerhalb eines Kalenderjahres dauert, die Fähigkeit verliert, die ihm anvertrauten Pflichten zu erfüllen,
(3) durch ein Gericht wegen einer begangenen Straftat rechtskräftig verurteilt wird

oder

(4) wenn die Hypothekenbank insolvent wird

[1388] Vgl. *Olszak*, (2002), 43.

[1389] Nach Art. 107 Abs. 1 VwVfGB sollte die Verwaltungsentscheidung u.a. ihre tatsächliche und rechtliche Begründung angeben. Die Begründung in tatsächlicher Hinsicht sollte insbesondere enthalten: Tatsachen, die das Organ als bewiesen anerkannt hat, Beweise, auf die es sich stützt sowie Gründe, wegen deren es anderen Beweisen die Glaubwürdigkeit und die Beweiskraft aberkannt hat. Die rechtliche Begründung erklärt dagegen die Rechtsgrundlagen der Entscheidung mit dem Verweis auf herangezogene Rechtsvorschriften; zum deutschen Recht vgl. § 39 Abs. 1 VwVfG, nach dem in der Begründung die wesentlichen tatsächlichen und rechtlichen Gründe mitzuteilen sind, die die Behörde zu ihrer Entscheidung bewogen haben. Die Begründung von Ermessensentscheidungen soll auch die Gesichtspunkte erkennen lassen, von denen die Behörde bei der Ausübung ihres Ermessens ausgegangen ist.

sowie

(5) wenn der Treuhänder die ihm nach dem PHBG obliegenden Aufgaben nicht erfüllt.

Die genannten Kriterien gelten auch für die Abberufung seines Stellvertreters.

Zu diesen Abberufungsgründen lässt sich allgemein sagen, dass sie differenziert sind und sich unterschiedlich einteilen lassen. Je nachdem, ob die Abberufung aufgrund von Umständen erfolgt, die der Treuhänder selbst verschuldet hat oder nicht, lassen sich verschuldete und unverschuldete Abberufungsgründe unterscheiden. Zu den ersten sind die unter (1), (3) und (5) und zu den zweiten die unter (2) und (4) genannten Fälle zu zählen.[1390]

Diese gesetzliche Auflistung ist enumerativ; sie darf also nicht erweiternd ausgelegt werden. Der abschließende Katalog der Abberufungsgründe trägt zur Stabilität der Treuhänderposition bei und ist eine der tragenden Garantien seiner Unabhängigkeit.[1391] Die gesetzlich erschöpfende Bestimmung der Fälle, wann der Treuhänder abberufen werden kann, verhindert eine willkürliche Abberufung und beschränkt eine Entscheidung der Bankaufsicht nach eigenem Ermessen.[1392] Damit ist die Treuhänderposition der Bankaufsichtskommission gegenüber deutlich gestärkt. Bei allen Vorteilen der polnischen Regelung dürfen ihre Mängel aber nicht verschwiegen werden.

bb Mängel und deren Beseitigung

(1) Zeitlich beschränkte statt unbeschränkte Abberufungsbefugnis

Die Befugnis zur Abberufung des Treuhänders entsteht mit dem Auftreten einer der Abberufungsgründe und ist zeitlich nicht beschränkt. Das hat zur Folge, dass die Bankaufsichtskommission diese Befugnis auch nach längerem Zeitablauf jederzeit in Anspruch nehmen kann. Dadurch erhält die Bankaufsicht die Möglichkeit auf die Arbeit des Treuhänders Einfluss zu nehmen. Dies bedroht dessen Unabhängigkeit.[1393] Auch wenn dies in der Praxis bisher keine Rolle spielen mag, gibt es für die Beibehaltung dieser Regelung keinen Grund. Auf der Suche nach

---

[1390] *Drewicz-Tułodziecka/Stöcker* ((2000), 205 f.) und *Olszak* ((2002), 42 f.) teilen die Abberufungsgründe nach ähnlichen Kriterien ein, wobei sie als Maßstab nicht auf das Verschulden des Treuhänders, sondern darauf abstellen, ob der Treuhänder den Abberufungsgrund zu vertreten hat. Mit Ausnahme einer Insolvenz betrachten diese alle in Art. 28 Abs. 1 PHBG genannten Fälle im Ergebnis als Abberufungsgründe, die dem Treuhänder zuzurechnen sind.

[1391] Vgl. *Drewicz-Tułodziecka/Stöcker*, (2000), 205; *Kaszubski/Olszak*, (2000), 92.

[1392] Vgl. *Olszak*, (2002), 42.

[1393] Darauf weist schon *Mekiński* (Glosa 12/2001, 7) hin.

einer Lösung könnte auf die Vorschriften des polnischen Arbeitgesetzbuches zurückgegriffen werden. So kann der Arbeitgeber nach Art. 52 § 2 polAGB den Arbeitsvertrag ohne Einhaltung der Kündigungsfrist wegen eines Verschuldens des Arbeitnehmers auflösen. Er kann diese Befugnis aber nach Ablauf eines Monats von der Kenntnisnahme der Umstände, die die Arbeitsvertragsauflösung begründeten, nicht mehr in Anspruch nehmen.

Um die Unabhängigkeit des Treuhänders zu stärken, ist die Einführung einer dem Art. 52 § 2 polAGB entsprechenden zeitlichen Beschränkung zu fordern. Die Entscheidung über die Abberufung des Treuhänders sollte aufgrund der aufgetretenen und der Bankaufsicht bekannten Gründe nach Ablauf einer bestimmten Zeit nicht mehr möglich sein.

(2) Obligatorische statt fakultativer Abberufung

Nach dem Gesetzeswortlaut ist die Bankaufsichtskommission befugt, aber nicht verpflichtet, den Treuhänder abzuberufen, wenn einer der Abberufungsgründe vorliegt. Bei einer Insolvenz der Hypothekenbank sollte die Abberufung des Treuhänders entgegen dem Gesetzeswortlaut aber nicht fakultativ, sondern obligatorisch sein. Maßgebend für die Abberufung des Treuhänders sollte die Entscheidung über die Eröffnung der Insolvenz sein. Der Treuhänder ist zwar kein Bankorgan, das Gericht bestellt bei der Insolvenzeröffnung aber einen Kurator, der die Rechte der Pfandbriefgläubiger im Insolvenzverfahren zu vertreten hat.[1394] Der Kurator soll dann den Treuhänder ersetzen. Das Bestehen beider Funktionen nebeneinander ist kostspielig, unzweckmäßig und kann nur zur Überschneidung ihrer gegenseitigen Kompetenzen führen.[1395] Da beide Rechtsinstitutionen den gleichen Zweck verfolgen, kann es sich als vorteilhaft erweisen, den Treuhänder zum Kurator zu bestellen.[1396] Vor der Bestellung des Kurators hört das Gericht die Bankaufsichtskommission an.[1397]

Ferner sollte die Bankaufsichtskommission nicht nur befugt, sondern verpflichtet sein, den Treuhänder abzuberufen, wenn dieser auf die Erfüllung seiner Pflichten freiwillig verzichtet. Denn niemand darf zur Arbeit gezwungen werden.[1398] Der Treuhänder sollte seinen Rücktritt allerdings mit einem gewissen Zeitvorsprung erklären, damit das Bestellungsorgan einen Nachfolger finden

[1394] Vgl. 443 Abs. 1 S. 1 ISR.

[1395] *Olszak*, (2002), 43.

[1396] *Drewicz-Tułodziecka/Stöcker*, (2000), 206, 234.

[1397] Vgl. 443 Abs. 1 S. 2 ISR.

[1398] Das ergibt sich schon aus der polnischen Verfassung; vgl. Art. 65 Abs. 1 S. 1 polGG, der besagt, dass jedermann das Recht auf freie Wahl und Ausübung des Berufes sowie auf freie Wahl des Arbeitsplatzes hat; *Mekiński*, Glosa 12/2001, 7.

kann. Die Abberufung muss bis zur Bestellung eines neuen Treuhänders hinausgeschoben werden. Bis dahin hat der Treuhänder - soweit keine zwingenden und von ihm nicht zu vertretenden Gründe vorliegen - seine Aufgaben ordentlich zu erfüllen.

Eine obligatorische Abberufung des Treuhänders beim Vorliegen aller anderen in Art. 28 Abs. 1 PHBG genannten Gründe ist schon wegen deren unpräziser und allgemeiner Formulierung im Gesetz nicht angebracht.[1399] Eine Differenzierung ist deshalb geboten. In bestimmten Fällen sollte der Bankaufsichtskommission die Bewertung der konkreten Situation überlassen und die Entscheidung über die Abberufung vorbehalten werden. Bestimmte Elemente der angegebenen Abberufungskriterien bedürfen dabei aber einer Präzisierung.

(3) Präzisierung des Strafbarkeitskriteriums

Das Kriterium der rechtskräftigen Gerichtsverurteilung ist sehr breit gefasst und beschränkt sich nicht auf bestimmte Straftaten, insbesondere auf solche, die mit der Tätigkeit des Treuhänders zusammenhängen, sondern umfasst alle möglichen Straftaten. Dabei wird weder nach Art der Strafe noch nach dem Verschulden des Täters differenziert. Die Entscheidung, ob in dem konkreten Fall ein Grund zur Abberufung besteht, hat der Gesetzgeber damit dem Ermessen der Bankaufsichtskommission überlassen. Obwohl auch hier keine Gefahr besteht, dass die Bankaufsichtskommission ihr Ermessen missbraucht, könnten von dem Gesetzgeber bestimmte Beschränkungen vorgenommen werden. Denkbar wäre es, dieses Kriterium für die Abberufung auf vorsätzlich und fahrlässig begangene grobe Straftaten[1400] zu beschränken. Bei Vorliegen solcher Straftaten sollte die Bankaufsicht dann zur Abberufung des Treuhänders verpflichtet sein. Andererseits sollte die Abberufung auch vor einer Rechtskraft des Gerichtsurteils möglich sein, wenn offensichtlich ist, dass der Treuhänder die Straftat begangen hat. Dadurch könnten Nachteile eines langwierigen Gerichtsverfahrens vermieden werden. Eine offensichtliche Verübung der Straftat durch den Treuhänder ist nur dann anzunehmen, wenn sich aus dem Sachverhalt und aus den gesammelten Beweisen keine Zweifel an der Schuld des Treuhänders ergeben. Ein dringender Tatverdacht genügt. Die Abberufung ist insbesondere dann vorzunehmen, wenn sich der Treuhänder in Haft befindet. In diesem Fall könnte man sich auch auf die Nichterfüllung der Treuhänderaufgaben (Art. 28 Abs. 1 Nr. 5 PHBG) berufen.

[1399] Für die zwingende Abberufung in allen Fällen plädiert *Olszak* ((2002), 43), der in der fakultativen Abberufung eine Gefahr für die Stabilität und die Unabhängigkeit des Treuhänders sieht.

[1400] Insbesondere solche Delikte, die in einem Zusammenhang mit der Treuhändertätigkeit stehen, wie der Betrug oder die Untreue.

(4) Präzisierung des Krankheitskriteriums

Eine kleine Änderung ist auch bei dem Krankheitskriterium geboten. Hier sollten die Worte „innerhalb eines Kalenderjahres" gestrichen werden.[1401] Die derzeitige Formulierung hat zur Folge, dass dieses Abberufungskriterium im Extremfall nicht nach drei, sondern sogar erst nach fast sechs Monaten erfüllt wird. Das wäre dann der Fall, wenn die Krankheit des Treuhänders vor dem Jahresende angefangen und nur knapp weniger als drei Monate gedauert hat. Mit dem Beginn des neuen Jahres muss die Frist erneut berechnet werden. Gibt es keine Aussichten auf eine schnelle Besserung, so ist zu hoffen, dass der Treuhänder dem Interesse der Pfandbriefgläubiger treu bleibt und auf die Erfüllung seiner Pflichten freiwillig verzichtet. Damit würde er auch eine normale Weiterführung der Bankgeschäfte ermöglichen.[1402] Dies ist aber eine unglückliche Lösung, denn diese hängt von dem Verhalten des Treuhänders ab, der schon wegen des ihm zustehenden Honorars kein Interesse haben kann, während der Krankheit darauf zu verzichten.

Zudem betrifft dieses Kriterium nur die fortlaufende Krankheitsdauer. Nicht weniger störend sind auch diejenigen Krankheiten, die zwar kurz dauern, aber an denen der Treuhänder regelmäßig und häufig leidet. Notfalls könnte man auf das fünfte Abberufungskriterium (Nichterfüllung der Aufgaben) zurückgreifen. Da aber die Verhinderung wegen Krankheit ausgeklammert und separat geregelt wurde, ist dies methodologisch eine wenig glückliche Lösung. Zu überlegen wäre also eine Einschränkung für die gesamte Krankheitsdauer innerhalb eines Jahres einzuführen.

(5) Nichterfüllung der Treuhänderaufgaben

Das Kriterium der Nichterfüllung der Aufgaben, zu denen der Treuhänder nach dem PHBG verpflichtet ist, ist der am wenigsten präzise Abberufungsgrund. Nicht unter dieses Kriterium fallen die von dem Gesetzgeber ausdrücklich in Art. 28 Abs. 1 Nr. 1 - 4 PHBG genannten Fälle. Nicht erfasst werden also der Verzicht auf die Pflichtenerfüllung, die Verhinderung in der Aufgabenerfüllung infolge langwieriger Krankheit, die Insolvenz der Bank sowie die rechtskräftige Verurteilung durch das Gericht.

Das in Art. 28 Abs. 1 Nr. 5 PHBG genannte Kriterium betrifft danach alle sonstigen Fälle, in denen der Treuhänder seine Aufgaben nicht erfüllt. Probleme können sich hier bei der Auslegung der Begriffe „Treuhänderaufgaben und dessen

---

[1401] Vgl. *Mekiński*, Glosa 12/2001, 7.

[1402] In einer solchen Situation würde zwar der Stellvertreter alle Pflichten übernehmen müssen, aber bei der großen Belastung wird auch er nicht in der Lage sein, allen Pflichten langfristig rechtzeitig nachzukommen und diese allein wahrzunehmen. Dies könnte wiederum zu Verlusten führen.

Umfang" ergeben. Unter dem Begriff „Treuhänderaufgaben" werden sowohl Realakte als auch Rechtsgeschäfte verstanden. Ob der Treuhänder die Nichterfüllung seiner Aufgaben zu vertreten hat oder nicht, spricht für die Abberufung keine Rolle. So kann die Nichterfüllung der Aufgaben die Folge eines Wohnortwechsels sein. Auch die Nichtbefolgung einer Streitentscheidung der Bankaufsichtskommission, zu der Art. 29 Abs. 2 PHBG diese berechtigt, muss regelmäßig als Pflichtverletzung angesehen werden. Der Treuhänder kann auch abberufen werden, wenn die Bank, bei der er bestellt wurde, die Erlaubnis zur Aufnahme des Geschäftsbetriebes nicht erhielt.[1403] Da dem Treuhänder ein Anspruch auf die Vergütung unabhängig von dem Geschäftsbetrieb der Bank zusteht, wird die Abberufung des Treuhänders der einzige Weg sein, eventuelle Verluste der Bank zu beschränken.

Wann das Verhalten des Treuhänders, der seine Aufgaben nicht erfüllt, einen Grund für dessen Abberufung gibt, hat die Bankaufsichtskommission nach ihrem Ermessen zu entscheiden.[1404] Sie sollte die Häufigkeit der Pflichtverletzung und deren Grad dabei berücksichtigen. Die Abberufung des Treuhänders muss ihre Rechtfertigung in dem Grad der Pflichtverletzung finden.

(6) Unzuverlässigkeit als zusätzliches Abberufungskriterium

Der Treuhänder sollte auch dann abberufen werden, wenn er seine Pflichten erfüllt, aber die Voraussetzungen für die Bestellung zum Treuhänder nicht mehr vorliegen. Dies wäre der Fall, wenn der Treuhänder seine EU-Staatsangehörigkeit verliert. In der Praxis wird es sich aber eher um das Auftreten negativer als um den Wegfall positiver Bestellungsvoraussetzungen handeln. Neben der Strafbarkeit des Treuhänders, die im Katalog schon herangezogen wurde, kann sich seine Untauglichkeit aus Interessenkonflikten ergeben. Nach der gegenwärtigen Regelung ist die Aufsichtskommission in diesem Fall nicht berechtigt, den Treuhänder abzuberufen, es sei denn, er verzichtet selbst auf seine Funktion. Der in Art. 28 Abs. 1 PHBG geregelte Katalog sollte im Übrigen um ein Kriterium erweitert werden, das insbesondere die Befangenheitsproblematik berücksichtigt.

cc. Bewertung

Im Ergebnis ist festzustellen, dass der gesetzlich bestimmte *numerus clausus* der Abberufungsgründe die Treuhänderposition verstärkt und grundsätzlich positiv zu bewerten ist. Die Ergänzung dieses Kataloges um den Tatbestand der Unzu-

---

[1403] Vgl. *Olszak*, (2002), 41.

[1404] Aus diesem Grund spricht *Mekiński* (Glosa 12/2001, 8) von einer großen Abhängigkeit des Treuhänders von der Bankaufsichtskommission.

verlässigkeit als Abberufungsgrund erscheint aber angebracht. Im Übrigen sollten einige Abberufungskriterien präzisiert werden; insbesondere:

1. Die Befugnis der Bankaufsichtskommission zur Verwertung von Abberufungsgründen ist zeitlich zu beschränken. Über einen Monat nach der Kenntnisnahme von einem Abberufungsgrund hinaus darf die Bankaufsichtskommission diesen nicht in Anspruch nehmen.

2. Im Insolvenzfall der Hypothekenbank und bei einem Verzicht des Treuhänders auf die Pflichtenerfüllung ist dieser zwingend abzuberufen.

3. Das Strafbarkeitskriterium sollte auf vorsätzliche und fahrlässig begangene grobe Straftaten beschränkt werden. Besteht kein Zweifel daran, dass der Treuhänder eine Straftat begangen hat, so ist er auch vor dem Abschluss des Gerichtsverfahrens abzuberufen.

4. In Art. 28 Abs. 1 Nr. 2 PHBG sollten die Worte „innerhalb eines Kalenderjahres" gestrichen werden. Dafür sollte die gesamte Krankheitsdauer innerhalb eines Jahres erfasst werden.

b. Deutsche Regelung

aa. Mangel an gesetzlichen Abberufungsgründen

Im Unterschied zum PHBG enthält das HBG keine Abberufungsgründe. Der deutsche Gesetzgeber stellt in § 29 Abs. 2 S. 2 HBG dagegen fest, dass die Bestellung des Treuhänders durch die Aufsichtsbehörde *jederzeit* widerrufen werden kann.

bb. Abberufungsgründe

(1) Pflichtverletzung

In Ermangelung einer gesetzlichen Regelung hat das Schrifttum Fallgruppen von Abberufungsgründen entwickelt. Im Vordergrund steht die Verletzung von Treuhänderpflichten.[1405] Hierbei wird jedoch sorgsam differenziert. Liegt eine nur leichte Pflichtverletzung vor, ist dies nicht in derselben Weise als Abberufungsgrund zu qualifizieren wie eine vorsätzliche oder fahrlässige grobe Pflichtverletzung des Treuhänders. Die Abgrenzung zwischen grober und leichter Pflichtverletzung orientiert sich an der Bedeutung der verletzten Pflicht für die Sicherheit der Pfandbriefe und an der Intensität der Verletzung.[1406] Leichte Fahrlässigkeit wird in der Regel kein Grund für die Abberufung des Treuhänders sein.

[1405] Vgl. *Hofmann*, (1964), § 29 HBG Rn. 32; *Praxl*, (1966), 78; *Bellinger/Kerl*, (1995), § 29 HBG Rn. 31.

[1406] *Praxl*, (1966), 80.

Die Pflichtverletzung kann aber nicht nur gegenüber den Pfandbriefgläubigern, sondern auch gegenüber der Bank erfolgen, insbesondere wenn der Treuhänder an dem Refinanzierungsprozess nicht ausreichend mitwirkt, etwa indem er Sicherheiten nicht zeitgerecht in Deckung nimmt oder indem er durch verzögerte Außerdeckungnahmen die Bank an der rechtzeitigen Pfandfreigabe gegenüber Darlehensnehmern hindert. Das Gleiche gilt für den Fall, dass der Treuhänder einer Entscheidung der Aufsichtsbehörde nach § 33 HBG, die im Streitfalle von Treuhänder und Hypothekenbank zu treffen ist, nicht Folge leistet oder diese in seine Entscheidungen nicht einbezieht.[1407]

(2) Fehlende Eignung

Der Treuhänder ist ferner abzuberufen, wenn er für sein Amt ungeeignet ist. Dabei ist zwischen mangelnder fachlicher und persönlicher Eignung zu unterscheiden. Je nachdem, ob diese schon bei der Treuhänderbestellung bestand oder erst nach der Übernahme des Amtes eingetreten ist, hat sie einen ursprünglichen oder nachträglichen Charakter.

Der Treuhänder ist für sein Amt fachlich ungeeignet, wenn er während der Amtsführung entgegen den ihn gesetzten Erwartungen, grobe Unkenntnisse in den für die Pfandbriefsicherheit relevanten Bereichen nachweist. Eine nachträgliche persönliche Ungeeignetheit liegt dagegen vor, wenn die Gründe für diese erst während der Amtsausübung entstehen, in der Person des Treuhänders liegen und die ordnungsgemäße Aufgabenerfüllung des Treuhänders schwer belasten. Dies könnte bei einer Krankheit des Treuhänders zutreffen, die ihm die Weiterarbeit unzumutbar macht oder auch bei einem plötzlichen Wohnsitzwechsel.[1408] Bei der Abberufung des Treuhänders spielt auch dessen Zuverlässigkeit eine große Rolle.[1409] Deren Nichtvorliegen kann zur Beeinträchtigung der Pfandbriefsicherheit und zur Störung des Geschäftsbetriebes führen. Ferner kann sich die fehlende Eignung auch aus einer nachträglich eingetretenen Befangenheit ergeben.

Im Allgemeinen ist festzustellen, dass der Treuhänder abzuberufen ist, wenn er infolge einer offensichtlichen Fehlvorstellung bzw. eines Irrtums über seine Eignung bestellt wurde oder wenn er die Voraussetzungen zur Bestellung nicht mehr erfüllt. Wurde jemand zum Treuhänder bestellt, der nicht hätte bestellt werden dürfen oder die Eignung zum Treuhänder aus beliebigem Grund verloren hat, so ist eine effektive Aufgabenerfüllung nicht möglich. Die Bankaufsichtsbehörde hat in diesem Fall nicht nur die Befugnis, sondern auch die Pflicht, den Treuhänder abzuberufen.[1410]

[1407] Vgl. *Bellinger/Kerl*, (1995), § 33 HBG Rn. 4.
[1408] Vgl. *Bellinger/Kerl*, (1995), § 29 HBG Rn. 33.
[1409] Vgl. *Bellinger/Kerl*, (1995), § 29 HBG Rn. 31.
[1410] *Praxl*, (1966), 49 f.

(3) Strafbarkeit

Auch die Begehung einer Straftat ist ein Grund für die Abberufung des Treuhänders. Bei seiner Amtsführung kann der Treuhänder insbesondere Vermögensdelikte (§§ 242 ff. StGB) und Urkundsdelikte (gem. §§ 276 ff. StGB) begehen. Auch andere, mit der Treuhänderfunktion nicht verbundene vorsätzliche Straftaten sollen aber ausnahmslos zur sofortigen Abberufung führen. Dabei reicht schon ein dringender Tatverdacht, dass der Treuhänder eine derartige Tat begangen hat.[1411]

(4) Abberufungsantrag

Der Treuhänder kann auf sein Amt verzichten, wenn er aus einem beliebigen Grund verhindert ist oder seine Aufgaben nicht mehr erfüllen will. Da die Abberufung durch Verwaltungsakt und nicht durch eine einseitige Erklärung erfolgt, muss er seine Abberufung beantragen. Die Bankaufsichtsbehörde ist in diesem Fall verpflichtet, ihn abzuberufen. Eine Verpflichtung zur Ausübung des Treuhänderamtes gibt es nicht.[1412] Der Treuhänder muss seinen Antrag auch nicht begründen. Er muss der Aufsichtsbehörde dagegen eine angemessene Zeit lassen, um dieser die Bestellung eines neuen Treuhänders zu ermöglichen.[1413] Hat der Antrag des Treuhänders bei der Aufsichtsbehörde keinen Erfolg, so kann dieser versuchen, seine Abberufung über die Verpflichtungsklage nach § 42 Abs. 1, Var. 2 VwGO zu erreichen.

(5) Insolvenz der Hypothekenbank

Im Insolvenzfall der Hypothekenbank wird nach § 35 Abs. 2 S. 1 HBG auf Antrag der Aufsichtsbehörde ein Sachwalter ernannt. Mit der Ernennung tritt der Sachwalter nach § 35 a Abs. 1 S. 4 HBG gegenüber der Aufsichtsbehörde und dem Treuhänder automatisch in die Pflichten ein, die von der Hypothekenbank nach dem HBG und dem KWG im Zusammenhang mit der Verwaltung der Deckungswerte zu erfüllen sind. Der Sachwalter übernimmt also die Kompetenzen des Treuhänders und ist verpflichtet, alle dem Treuhänder obliegenden Aufgaben zu erfüllen. Im Gegensatz zu der polnischen Regelung wird eine Abberufung der Treuhänderbestellung hier nicht für erforderlich angesehen. Dessen Funktion er-

---

[1411] *Praxl*, (1966), 80.

[1412] Da es auch im deutschen Grundgesetz kein Recht gibt, jemanden zu einer Arbeit bzw. einem Beruf zu zwingen, würde das gegen das Grundrecht auf Berufsfreiheit nach Art. 12 Abs. 1 GG verstoßen.

[1413] *Praxl*, (1966), 50.

lischt mit der Eröffnung der Insolvenz über das Vermögen der Hypothekenbank.[1414]

cc. Pflichtgemäße Ermessensentscheidung

Bei der Abberufung des Treuhänders hat die Bankaufsichtsbehörde einen großen Ermessensspielraum. Daher ist es von enormer Bedeutung, dass die Behörde bei der Entscheidung ihr Ermessen ordnungsgemäß ausübt. Die Grenzen des Ermessens sind im Verwaltungsrecht festgelegt.[1415] Aus § 40 VwVfG ergeben sich die allgemeinen Anforderungen an ein fehlerfreies Ermessen. Danach muss die Behörde ihr Ermessen entsprechend der Ermächtigung ausüben und die gesetzlichen Grenzen des Ermessens einhalten.

Beim Vorliegen eines der genannten Abberufungsgründe muss die Aufsichtsbehörde immer eine angemessene und ausreichende Untersuchung darüber durchführen, ob der Bank die Zusammenarbeit mit dem Treuhänder noch zuzumuten ist.[1416] Es darf zu keinem Ermessensmissbrauch[1417] oder Verstoß gegen das Willkürverbot kommen, denn ein Ermessensfehler führt zur Rechtswidrigkeit des Verwaltungsaktes über die Abberufung.[1418] Insbesondere darf das Abberufungsrecht nicht in der Weise ausgenutzt werden, um Einfluss auf den Treuhänder zu nehmen. Die Aufsichtsbehörde kann ihre Kompetenz nicht als Drohung nutzen, um dem Treuhänder neue Aufgaben aufzubürden. Ein solches Verhalten wäre ein gesetzeswidriger Angriff auf die Unabhängigkeit des Treuhänders.[1419] Auch die Abberufung des Treuhänders etwa wegen Unzuverlässigkeit ist nur dann gerechtfertigt, wenn die Unzuverlässigkeit so schwer wiegt, dass bei Kenntnis des Grundes eine Ernennung zum Treuhänder nicht möglich gewesen wäre.[1420] Liegt dieser Fall aber vor, so wird die Abberufungsbefugnis zur Abberufungspflicht. Vor der Abberufung muss dem Treuhänder rechtliches Gehör gegeben werden.

dd. Bewertung

Eine wörtliche Auslegung des § 29 Abs. 2 S. 2 HBG führt zu dem Ergebnis, dass der Treuhänder der Bankaufsicht untersteht. Dies steht aber im klaren Wider-

---

[1414] So auch zum alten Recht *Bellinger/Kerl*, (1995), § 35 HBG Rn. 30.

[1415] Vgl. *Hofmann*, (1964), § 29 HBG Rn. 32.

[1416] Vgl. *Bellinger/Kerl*, (1995), § 29 HBG Rn. 31.

[1417] Es gibt verschiedene Arten von Ermessensmissbrauch, so die Ermessensüberschreitung, -unterschreitung oder das fehlende Ermessen; hierzu *Kopp/Ramsauer*, (2003), § 40 VwVfG Rn. 58 - 66.

[1418] Vgl. *Schmidt*, (2003), 103.

[1419] Vgl. *Praxl*, (1966), 77.

[1420] Vgl. BGH 21.4.1955, BGHZ 17, 140, 141 ff.

spruch zu der Unabhängigkeit des Treuhänders und ist daher abzulehnen. Feststeht, dass das Abberufungsrecht durch die Bankaufsichtsbehörde nur aus sachlichem Grund ausgeübt werden darf. Dies sollte sich aber nicht nur im Wege der Auslegung und aus der Verweisung auf andere Gesetze ergeben; vielmehr sollte der Gesetzgeber dies klar zum Ausdruck bringen. Um die Unabhängigkeit des Treuhänders zu stärken, sind daher die Gründe, bei deren Vorliegen der Treuhänder abgerufen werden kann oder auch muss - so wie in Polen - gesetzlich festzuschreiben. Dabei geht es nicht darum, der Bankaufsicht die Ermessensentscheidung zu entziehen, sondern darum, ihren Entscheidungsspielraum zu beschränken und genau zu bestimmen.

Allgemein gesehen sind die im deutschen Schrifttum entwickelten Abberufungsgründe den polnischen Abberufungskriterien ähnlich. Sie sollten in das HBG Eingang finden. Die Anmerkungen zur Formulierung des polnischen Kataloges der Abberufungsgründe behalten dabei ihre Aktualität.

4. Rechtsschutz gegen eine rechtswidrige Treuhänderabberufung

a. Polnische Regelung

aa. Gesetzesregelung

Nach Art. 28 Abs. 2 PHBG kann der Treuhänder gegen die Entscheidung der Bankaufsichtskommission über seine Abberufung Beschwerde beim Verwaltungsgericht einlegen. Die Möglichkeit, einen Verwaltungsakt, der auch bei der Abberufung des Treuhänders vorliegt,[1421] anzufechten, folgt aber schon aus den allgemeinen Grundsätzen des Verwaltungsrechtes. Nach Art. 16 § 2 VwVfGB können Entscheidungen, die Verwaltungsakte sind, im Rechtsweg vor dem Verwaltungsgericht wegen ihrer Rechtswidrigkeit angefochten werden. Art. 28 Abs. 2 PHBG ist daher überflüssig.

Die Einzelheiten des Verfahrens sind im Gesetz über das Verfahrensrecht vor Verwaltungsgerichten (VRvVG)[1422] geregelt. Die Beschwerde ist insbesondere durch die Bankaufsichtskommission[1423] nach der Erschöpfung aller außer-

[1421] AA *Ušàk*, FS Marek Mazurkiewicz (2001), 127.
[1422] Gesetz vom 30.8.2002 (Dz.U. 2002 Nr. 153, Pos. 1270), zuletzt geändert durch Art. 3 des Gesetzes vom 17.6.2004 (Dz.U. 2004 Nr. 162, Pos. 1692).
[1423] Vgl. Art. 54 § 1 VRvVG.

gerichtlich möglichen Anfechtungsmittel[1424] grundsätzlich binnen 30 Tagen ab der Zustellung der Entscheidung bei dem Gericht einzureichen.[1425] Zuständig ist das Woiwodschaftsverwaltungsgericht.[1426] Die Beschwerde muss den Anforderungen an einen gerichtlichen Schriftsatz genügen, insbesondere die angefochtene Entscheidung und das Organ, das diese Entscheidung erlassen hat, bezeichnen und die beanstandete Rechtsverletzung darlegen.[1427] Die Einlegung der Beschwerde hat gegenüber der Abberufung keine aufschiebende Wirkung.[1428] Der Treuhänder hat aber theoretisch die Möglichkeit, die aufschiebende Wirkung bei der Bankaufsichtskommission[1429] und später auch bei dem Gericht zu beantragen. Das Gericht wird diesem Antrag allerdings nur stattgeben, wenn die Vollziehung der Entscheidung dem Treuhänder einen bedeutenden Schaden zufügen oder schwer wiedergutzumachende Folgen haben kann.[1430]

bb. Bewertung

Wegen des Ermessensspielraumes bei der Abberufungsentscheidung bestehen große Zweifel an der Effektivität dieses Rechtsmittels, wenn die Entscheidung der Bankaufsicht die Rechtsvorschriften nicht verletzt. Bei bestehenden Zweifeln ist unter Ermessensgesichtspunkten nämlich der Interessenslage an der Ordnungsmäßigkeit der Deckung immer der Vorzug zu geben. Das Interesse des Treuhänders an der Abwehr willkürlicher Eingriffe in seine Position ist gegen das Interesse an einer ordnungsgemäß ausgeführten Treuhändertätigkeit abzuwägen. Dieses ist hier erforderlich, aber auch schwierig durchzuführen, denn bei der Prüfung der Stichhaltigkeit der Abberufung kann das Verwaltungsgericht nicht zu tief in die Kompetenzen der Bankaufsichtskommission eingreifen.[1431] Berücksichtigt man dabei die weit gefasste Formulierung mancher Abberufungsgründe, so ist festzustellen, dass die Beschwerde gegen die Abberufung des Treuhänders wenig

---

[1424] Vgl. Art. 52 VRvVG.

[1425] Vgl. Art. 53 § 1 VRvVG.

[1426] Ursprünglich war das Hauptverwaltungsgericht dafür zuständig. Die Änderung der Zuständigkeit ergab sich aus der Reform des polnischen Verwaltungsverfahrens, die eine zweistufige Verwaltungsgerichtsbarkeit eingeführt hat. Die Änderung wurde durch Art. 55 des Gesetzes vom 30.8.2002 - Einführungsvorschriften zum Gerichtsverfassungsgesetz und zum Verfahrensrecht vor Verwaltungsgerichten (Dz.U. 2002 Nr. 153, Pos. 1271) eingeführt und ist am 1.1.2004 in Kraft getreten.

[1427] Vgl. Art. 57 § 1 VRvVG.

[1428] Vgl. Art. 61 § 1 VRvVG.

[1429] Vgl. Art. 61 § 2 Nr. 1 VRvVG.

[1430] Vgl. Art. 61 § 3 VRvVG.

[1431] Dafür spricht auch die Effektivität der Bankaufsicht, den Treuhänder möglichst schnell zu ersetzen. Eine arbeitsrechtliche Privilegierung des Treuhänders könnte diesem jedoch schaden; *Mekinski*, Glosa 12/2001, 8.

Chancen auf Erfolg hat und nur ein schwaches Schutzmittel für den Treuhänder und seine Unabhängigkeit ist.[1432]

b. Deutsche Regelung

aa. Gesetzesregelung

Das HBG regelt nicht ausdrücklich, dass der Treuhänder gegen seine Abberufung beim Verwaltungsgericht Klage erheben kann. Das folgt jedoch schon daraus, dass die Abberufung ein belastender Verwaltungsakt ist. Nach den allgemeinen Vorschriften des Verwaltungsrechtes kann derjenige, dessen subjektiv-öffentliche Rechte durch einen Verwaltungsakt verletzt sind oder verletzt sein könnten, beim Verwaltungsgericht, das nach § 17 a Abs. 2 des Gerichtsverfassungsgesetzes (GVG)[1433] iVm § 173 VwGO zuständig ist, Anfechtungsklage nach § 42 Abs. 1, Var. 1 VwGO erheben. Dabei steht dieses Recht auch dem Treuhänder zu.[1434] Zuvor hat er jedoch ein Widerspruchsverfahren nach den §§ 68 ff. VwGO[1435] zu durchlaufen.[1436] Der Widerspruch muss an die Bankaufsichtsbehörde gerichtet werden. Bleibt dieser erfolglos, so erlässt die Bankaufsichtsbehörde einen Widerspruchsbescheid nach § 73 Abs. 1 VwGO, der den Weg zum Verwaltungsgericht öffnet, wenn alle weiteren Zulässigkeitsvoraussetzungen für eine verwaltungsgerichtliche Klage erfüllt sind.[1437] Das Verwaltungsgericht prüft dann, ob die Aufsichtsbehörde bei ihrer Entscheidung zur Abberufung des Treuhänders von ihrem Ermessen ordnungsgemäß Gebrauch gemacht hat. Das Gericht prüft nach § 114 VwGO, ob die Ermessensentscheidung rechtswidrig ist. Die angefochtene Entscheidung ist rechtswidrig, wenn die gesetzlichen Grenzen des Ermessens überschritten sind oder von dem Ermessen in einer dem Zweck der Ermächtigung nicht entsprechenden Weise Gebrauch gemacht wurde. Der Zweck der gesetzlichen Ermächtigung ergibt sich dabei aus der Treuhänderfunktion.[1438] Die Einlegung des Widerspruches sowie die Erhebung der Anfechtungsklage haben aufschiebende Wirkung nach § 80 Abs. 1 S. 1 VwGO.

1432 Vgl. *Mekinski*, Glosa 12/2001, 8; *Olszak*, (2002), 43.

1433 Gesetz vom 12.9.1950 (BGBl. 1950 I 455, 512, 513), in der Neufassung der Bekanntmachung vom 9.5.1975 (BGBl. 1975 I 1077), zuletzt geändert durch Art. 3 des Gesetzes zur Einführung der Europäischen Gesellschaft vom 22.12.2004 (BGBl. 2004 I 3675).

1434 Vgl. *Hofmann*, (1964), § 29 HBG Rn. 32.

1435 Da das Widerspruchsverfahren ein Verwaltungsverfahren ist, befindet sich bei dessen Bearbeitung ein Schnittpunkt zwischen dem VwVfG und der VwGO. Die Vorschriften des VwVfG sind jedoch nur ergänzend anzuwenden (§ 79 VwVfG).

1436 Hierzu *Praxl*, (1966), 95.

1437 Wie etwa die Einhaltung der Klagefrist nach § 74 Abs. 1 VwGO sowie die ordnungsgemäße Klageerhebung nach §§ 81, 82 VwGO.

1438 *Praxl*, (1966), 77.

bb. Bewertung

Zwar hat der Treuhänder unter den gegebenen Umständen ein Widerspruchsrecht nach den §§ 68 ff. VwGO, das auch aufschiebende Wirkung hat. Jedoch ergeben sich wie auch im polnischen Recht Probleme hinsichtlich der Effizienz der für den Treuhänder bei einer Abberufung seiner Person zustehenden Rechtsschutzmöglichkeiten. Die behördliche Entscheidung, ihn abzuberufen, ist eine Ermessensentscheidung. Zwar besteht eine Möglichkeit der Abhilfe im Widerspruchsverfahren. Hat sich aber die Aufsichtsbehörde für die Abberufung entschieden, so ist nur schwerlich anzunehmen, dass sie ihre Entscheidung in diesem Verfahren korrigieren wird.

Darüber hinaus sind die Gründe für die Abberufung zwar im Abberufungsbescheid aufzuführen, sie sind aber nicht gesetzlich bestimmt. Das Gericht ist bei einer Ermessensentscheidung der Verwaltungsbehörde nach § 114 S. 1 VwGO nur dazu befugt, die Entscheidung der Behörde auf rechtliche Fehler hin zu überprüfen. Die Prüfung der Abberufung des Treuhänders ist für das Gericht also nur eingeschränkt möglich. Es wird lediglich überprüft, ob die Ermessensgrenzen eingehalten sind, die aber nicht genau festgelegt sind. Liegen keine offensichtlichen Ermessensfehler vor, so kann der Treuhänder die Entscheidung der Behörde nur schwer korrigieren.

Zudem hat die Aufsichtsbehörde nach § 114 S. 2 VwGO die Befugnis ihre Ermessenserwägungen noch im gerichtlichen Verfahren zu ergänzen. Dieses spricht einerseits zwar für ein rationelles Verfahren, schwächt aber andererseits die Position des Treuhänders. Im Ergebnis sind dieselbigen Probleme sowohl im polnischen als auch im deutschen Recht festzustellen, wobei die erfolgreiche Anfechtung der Abberufung in Deutschland mangels gesetzlich bestimmter Abberufungsgründe noch schwieriger erscheint.

5. Abberufungsrecht und Unabhängigkeit des Treuhänders

a. Fragestellung

Ein wichtiger Prüfungsmaßstab für den unabhängigen Status des Treuhänders ist die Regelung seiner Entlassung. In beiden Rechtssystemen ist die Abberufung im Ergebnis gleich geregelt: das Recht zur Abberufung des Treuhänders steht ausschließlich der Bankaufsichtsbehörde zu. In diesem Zusammenhang muss die Frage aufgeworfen werden, ob dies nicht die Unabhängigkeit des Treuhänders in gewissem Maße beeinträchtigt, also ob die Aufsichtsbehörde, obwohl der Treuhänder an deren Weisung nicht gebunden ist, sein Verhalten in bestimmter Art lenken kann.

b. Rechtsaufsicht der Bankaufsicht

Vorab ist festzustellen, dass die Kompetenz zur Abberufung des Treuhänders das Aufsichtsrecht über seine Tätigkeit schlechthin einschließt, denn nur dann kann die Bankaufsichtsbehörde prüfen, ob die Gründe zur Treuhänderabberufung vorliegen.[1439] Dieses Aufsichtsrecht führt nicht dazu, dass die Aufsichtsbehörde die Tätigkeit des Treuhänders laufend beobachtet.[1440] Das Aufsichtsrecht ist viel mehr auf eine Rechtsaufsicht beschränkt;[1441] diese wird aus der bedingten Abberufungspflicht abgeleitet.[1442] Ob die Abberufungsgründe vorliegen, insbesondere ob der Treuhänder seine Aufgaben erfüllt oder seine Pflichten verletzt, lässt sich nur teilweise mit Hilfe mittelbarer Kontrollmaßnahmen feststellen. Eine mittelbare Kontrolle der Treuhändertätigkeit kann sich vor allem aus der ständigen Beaufsichtigung der Hypothekenbank ergeben.[1443] Als mittelbare Erkenntnisquelle gelten zudem die Übergabe von Abschriften (Art. 31 Abs. 2 S. 1 PHBG, § 22 Abs. 3 S. 1 HBG) und Entscheidungen über Streitigkeiten zwischen dem Treuhänder und der Bank (Art. 29 Abs. 2 PHBG, § 33 HBG). Die praktische Bedeutung dieser Erkenntnismittel darf jedoch nicht überschätzt werden. Gerade in der deutschen Praxis haben sie sich als für die Bewertung der Treuhändertätigkeit als wenig wirksam erwiesen.[1444]

Informationen über Abberufungsgründe kann die Bankaufsicht auch von anderer Seite erhalten.[1445] Sie kann zusätzliche Maßnahmen ergreifen, soweit dies für die Feststellung der Abberufungsgründe erforderlich ist. Das Aufsichtsrecht ist jedenfalls auf die Prüfung der Rechtmäßigkeit beschränkt.[1446] Eine darüber hinausgehende Kontrolle der Treuhändertätigkeit ist nicht zulässig. Weder eine fachliche noch dienstliche Beaufsichtigung kommt in Frage, denn dies wäre mit der Unabhängigkeit des Treuhänders nicht vereinbar.

[1439] Vgl. *Praxl*, (1966), 81 f. mwN.

[1440] Vgl. *Bellinger/Kerl*, (1995), § 29 HBG Rn. 35 f.

[1441] *Bellinger/Kerl* ((1995), § 29 HBG Rn. 35) finden auch die Rechtsaufsicht für bedenklich.

[1442] Zur Rechtsaufsicht über den Treuhänder als Konsequenz der bedingten Abberufungspflicht *Praxl*, (1966), 80 ff.

[1443] Vgl. *Praxl*, (1966), 81.

[1444] Hierzu *Bellinger/Kerl*, (1995), § 29 HBG Rn. 36.

[1445] So kann die Bank der Aufsichtsbehörde ein fehlerhaftes Tätigwerden des Treuhänders melden. Dies muss dann von der Bankaufsicht selbstverständlich genau geprüft werden.

[1446] Daher wird die Rechtsaufsicht über den Treuhänder mit der Rechtsaufsicht über einen selbstständigen öffentlichen Verwaltungsträger verglichen; *Praxl*, (1966), 83.

c. Verbot willkürlicher Einflussnahme auf den Treuhänder

Zu klären ist, ob die Bankaufsichtsbehörde außer dem Abberufungsrecht andere Mittel hat, die sie im Falle einer leichteren Pflichtverletzung durch den Treuhänder einsetzen könnte, ohne diesen sofort abberufen zu müssen. Sie kann den Treuhänder dabei aber nicht durch disziplinäre oder strafrechtliche Maßnahmen zum einem von ihr gewünschten Verhalten zwingen.[1447] Der Treuhänder muss die von der Bankaufsichtsbehörde erlassenen Rechtsakte allerdings beachten.[1448] Diese regeln zum einen aber nicht die Tätigkeit des Treuhänders, sondern beziehen sich auf die Bank. Zum anderen sind sie keine auf den Einzelfall bezogenen Weisungen, sondern haben allgemeinverbindlichen Charakter.[1449] In der Praxis ist es aber denkbar, dass die Bankaufsichtsbehörde durch ihre Äußerungen, die keine Verwaltungsakte sind, auf das Verhalten des Treuhänders auf Umwegen einwirken kann. Eine solche Einflussnahme ist grundsätzlich verboten und sollte von dem Treuhänder auch abgelehnt werden.[1450] Nur in äußerst wichtigen und anders nicht zu lösenden Fällen kann die Aufsichtsbehörde - als milderes Mittel - auf das Verhalten des Treuhänders einwirken. Dies ändert nichts daran, dass das gesetzlich bestimmte Weisungsverbot nicht nur als Verbot der Ausweitung der Treuhänderaufgaben (Weisungsverbot im engen Sinne), sondern allgemein im weiteren Sinne zu verstehen ist[1451] und auch andere Weisungen der Bankaufsicht umfasst.[1452] Der Treuhänder muss bei der Wahrnehmung seiner Aufgaben unabhängig bleiben.[1453] Die Bankaufsicht kann dem Treuhänder zwar auf seine gesetzlichen Pflichten hinweisen, ohne ihm allerdings ihre eigene Ausle-

---

[1447] Hierzu *Praxl* ((1966), 82), der im Falle derartiger Pflichtverletzungen, die die Verhängung solcher Ordnungsstrafen rechtfertigen, zutreffend die neue Bestellung eines anderen Treuhänders fordert.

[1448] Vgl. *Drewicz-Tułodziecka/Stöcker*, (2000), 208.

[1449] Zur Unterscheidung zwischen internen Weisungen und externen allgemeinverbindlichen Verwaltungsanordnungen der Aufsichtsbehörde *Hofmann*, (1964), § 29 HBG Rn. 48.

[1450] So handelt der Treuhänder - ausgenommen von der Streitigkeitsentscheidung nach Art. 29 Abs. 2 PHBG (§ 33 HBG) - bei der Auslegung und Ausführung der Gesetze selbstständig; vgl. *Dannenbaum*, (1928), § 29 HBG Anm. 5; *Bellinger/Kerl*, (1995), § 29 HBG Rn. 35; aA *Praxl* ((1966), 88), der das Beanstandungs- und Hinweisrecht der Bankaufsichtsbehörde, insbesondere in Bezug auf die einheitliche Gesetzesauslegung in der Grenze der gesetzlichen Treuhänderaufgaben zulässt.

[1451] Vgl. *Hofmann* ((1964), § 29 HBG Rn. 50), der die Weisungsungebundenheit des Treuhänders nicht nur im Zusammenhang mit seiner Auskunftspflicht sieht, sondern ihr allgemeine Gültigkeit verleiht.

[1452] AA *Praxl*, (1966), 87; er sieht das Weisungsverbot nur iVm der Auskunftspflicht an und spricht eher von der Eigenständigkeit als von der Unabhängigkeit des Treuhänders. Die Abgrenzung zwischen dem Aufsichtsrecht der Bankaufsicht und dem Weisungsverbot solle der gesetzliche Aufgabenkreis des Treuhänders sein.

[1453] Seine Stellung wird in diesem Zusammenhang mit der eines Richters verglichen; *Kummert*, in: Handbuch des Realkredits (1963), 733, 811.

gung aufzwingen zu können. Ein Eingriff in die Treuhändertätigkeit kann nur in Ausnahmefällen und unter Berücksichtigung des Verhältnismäßigkeitsprinzips gerechtfertigt werden. Andernfalls würde die Unabhängigkeit des Treuhänders in Frage gestellt und dessen Stellung immens geschwächt. Dies könnte gravierende Folgen für dessen Stellung, Aufgabenwahrnehmung und Ansehen als von der Hypothekenbank und Aufsichtsbehörde unabhängiges Organ haben.

d. Ergebnis

Die Unabhängigkeit des Treuhänders, die *sine qua non* seine Tätigkeit und seine Rechtsposition bestimmt, wird durch das Abberufungsrecht der Bankaufsichtsbehörde nicht beeinträchtigt, sofern dieses gesetzesmäßig gehandhabt wird. Aus der bloßen Tatsache, dass die Aufsichtsbehörde zur Entlassung des Treuhänders befugt ist, kann man nicht schließen, dass der Treuhänder der Bankaufsicht untergeordnet ist. Eine Befugnis der Bankaufsichtsbehörde zur Rechtsaufsicht wird aus deren Abberufungskompetenz abgeleitet und beschränkt sich auf die Sicherstellung der Erfüllung der Aufgaben durch den Treuhänder. Wichtig ist allerdings, die Abberufungsgründe deutlich zu definieren und transparent zu machen.

Neben der Abberufungsbefugnis stehen der Bankaufsicht grundsätzlich keine Mittel zu, mit deren Hilfe sie die Tätigkeit des Treuhänders beeinflussen könnte. Hinweise sind dabei nur ausnahmsweise und unter Berücksichtigung des Verhältnismäßigkeitsprinzips zulässig. Der Treuhänder muss die Rechtsakte der Bankaufsichtsbehörde aber beachten. In der deutschen Praxis spielt die Problematik einer Aufsicht über den Treuhänder im Rahmen des Abberufungsrechtes der Bankaufsicht keine wesentliche Rolle. Es ist auch kein Fall bekannt, in dem die Unabhängigkeit des Treuhänders durch die bedingte Rechtsaufsicht der Bankaufsicht beeinträchtigt wurde.

V. Gesamtbewertung

Die Art und Weise der Bestellung des Treuhänders darf seiner Unabhängigkeit nicht schaden. Die Bestellung des polnischen Treuhänders auf das Antragsrecht des Aufsichtsrates der Hypothekenbank ist deshalb zu bemängeln. Die Bank kann hierdurch eine starke Bindung zum Treuhänder herstellen. Dies kann zu einer gewissen Abhängigkeit des Treuhänders und auch zu einem Interessenkonflikt führen. Zudem hat die Bankaufsichtskommission nicht das Recht, einen anderen Kandidaten vorzuschlagen. Gelingt es dem Aufsichtsrat aber nicht rechtzeitig eine geeignete Person zum Treuhänderamt vorzuschlagen, so kann dies auch die Interessen der Pfandbriefgläubiger gefährden. Das Antragsrecht der Bank sollte deshalb durch ein Anhörungsrecht abgelöst werden, das zeitlich begrenzt werden sollte. Hält die Bank die Frist nicht ein, so sollte die Bankaufsichtskommission berechtigt sein, die Bestellung selbst vorzunehmen. Darüber hinaus ist zu empfehlen, das Bestellungsverfahren als ein öffentliches Auswahlverfahren zu gestalten; dieses würde der Transparenz dienen und die Unabhängigkeit der Treuhänderstellung stärken.

In beiden Rechtsordnungen ist die Bestellung des Treuhänders als Verwaltungsakt zu qualifizieren, denn zwischen dem Treuhänder und der Bankaufsichtsbehörde kommt ein privatrechtlicher Vertrag ebenso wenig in Betracht wie ein öffentlichrechtlicher Vertrag. Da der Treuhänder seiner Bestellung zustimmen muss, liegt ein mitwirkungsbedürftiger Verwaltungsakt vor.

Die Amtsdauer des Treuhänders von sechs Jahren sollte aus dem polnischen Recht in das deutsche Recht übernommen werden, um die Unabhängigkeit des Treuhänders zu stärken. Zudem sollte die erneute Bestellung derselben Person nur einmal möglich sein. Bei einer langen Amtsdauer sollten dem Treuhänder Wochenendseminare zur Fortbildung angeboten werden, an denen er angesichts der erheblichen Veränderungen im Bankenrecht zwingend teilnehmen sollte.

Hinsichtlich der Bestimmung der Qualifikationsanforderungen sind beide Rechtsordnungen ergänzungs- bzw. änderungsbedürftig. Bei den Qualifikationsanforderungen an den polnischen Treuhänder ist das Erfordernis, die Staatsangehörigkeit eines EU-Mitgliedstaates zu besitzen, überflüssig. Die weiteren Kriterien einer Hochschulausbildung und einer gewissen Zuverlässigkeit sind dagegen zu begrüßen. Dabei sollte ersteres präzisiert und noch höher bewertet werden, um eine entsprechend geeignete Person zum Treuhänder zu bestellen. Die in der deutschen Praxis seit langem angewandten Mindestanforderungen an die Person des Treuhänders sollten aufgrund internationaler Standards und der Transparenz wegen gesetzlich verankert werden.

Zur Problematik von Interessenkonflikten jeglicher Art und zu Fragen einer Befangenheit des Treuhänders enthält das deutsche Recht keine, das polnische Recht zu enge Regelungen. Eine bloße Besorgnis einer Befangenheit sollte schon ein Hindernis für die Bestellung sein. Ob diese vorliegt, sollte die Bankaufsicht festzustellen haben. Eine klarstellende gesetzliche Regelung mit einer beispielhaften Aufzählung der Hinderungsgründe für die Bestellung einer Person zum Treuhänder ist demnach wünschenswert. Ein Hindernisgrund sollte sein, dass der Kandidat bereits in einer anderen Bank als Treuhänder tätig ist.

Das Beschäftigungsverhältnis des Treuhänders ist sowohl nach polnischem als auch nach deutschem Recht nicht als Arbeitsverhältnis zu verstehen. Der Treuhänder leistet keine weisungsgebundene Arbeit und ist kein Arbeitnehmer im Sinne des Arbeitsrechtes. Er nimmt gesetzlich vorgeschriebene Aufgaben selbstständig und unabhängig wahr. Das Verhältnis zwischen dem Treuhänder und der Aufsichtsbehörde kann unmittelbar weder als öffentliches noch privatrechtliches bezeichnet werden. Dennoch sind in Polen im Gegensatz zu Deutschland die arbeitsrechtlichen Regeln über den Erholungsurlaub, die Kranken- und Sozialversicherung anwendbar. Erstere ist jedoch überflüssig, denn die ordnungsgemäße Übereinkunft zwischen Treuhänder und Stellvertreter genügt für die Möglichkeit eines Urlaubes einer der beiden.

Die Vergütung beider Treuhänder wird von dem Bestellungsorgan ausbezahlt, aber von der Hypothekenbank finanziert. Sie ist von der tatsächlichen Arbeitszeit unabhängig und orientiert sich am Geschäftsvolumen der Bank. Die Vergütung genießt keinen besonderen Rechtsschutz; insbesondere gibt es für sie keine Beschränkung bei der Vollstreckung oder Aufrechnung. Dem Treuhänder stehen auch keine Pfändungsschutzregeln zur Seite.

Das Verhältnis zwischen dem Treuhänder und dessen Stellvertreter ist in beiden Gesetzen gleich und zugleich untypisch. Im Ergebnis ist der Stellvertreter unabhängig und in seiner Person eine Art zweiter Treuhänder. Die Zweckmäßigkeit dieser Rechtskonstruktion ist fraglich. Dies sollte durch das regelmäßige Vertretungsverhältnis ersetzt werden. Darüber hinaus sollte der Stellvertreter dem Treuhänder im Innenverhältnis untergeordnet sein. Bei der Stellvertreterbestellung ist dem Treuhänder ein Mitspracherecht für die Bestellung seines Stellvertreters einzuräumen. Gesetzlich ist ferner klarzustellen, dass alle Regelungen, die den Treuhänder betreffen, auch entsprechend für den Stellvertreter gelten. Im Bedarfsfall sollten dem Treuhänder mehrere Stellvertreter zur Seite gestellt werden.

Die Entlassung des Treuhänders ist in beiden Rechtsordnungen als Verwaltungsakt zu qualifizieren. In § 29 Abs. 2 S. 2 HBG wird vorgeschlagen, anstelle des Begriffs „widerrufen" den Begriff „abberufen" zu verwenden. Dieser kennzeichnet den tatsächlichen Vorgang besser und verhindert eine *ex tunc* – Deutung des Verfahrens.

Die gesetzliche Regelung der Abberufungsgründe des polnischen Treuhänders ist zu begrüßen, denn sie stärkt seine Unabhängigkeit. Die Abberufungsgründe sind aber änderungsbedürftig. Im Falle der Insolvenz, der Aufgabe seiner Tätigkeit oder Begehung einer Straftat soll der polnische Treuhänder nicht fakultativ, sondern zwingend abberufen werden. Die Abberufung sollte schon bei dem Fall einer offensichtlichen Begehung einer Straftat durch den Treuhänder möglich sein. Das Strafbarkeitskriterium sollte ferner auf vorsätzlich und fahrlässig begangene grobe Straftaten beschränkt werden. Im Insolvenzfall wäre es vorteilhaft, den Treuhänder zum Kurator zu bestellen.

Treten fakultative Abberufungsgründe ein, so sollte der Bankaufsicht nur eine bestimmte Frist zustehen, über die Abberufung des Treuhänders zu entscheiden. Sonst könnte dessen Unabhängigkeit gefährdet werden. Der Abberufungsgrund einer Krankheit des Treuhänders sollte präzisiert und deren Auswirkung innerhalb eines Jahres bewertet werden, damit es nicht zu Unklarheiten hinsichtlich der Krankheitslänge und zudem zu unerledigten Aufgaben kommt. Weiterhin sollte ein Kriterium zur Abberufung auch die Unzuverlässigkeit des Treuhänders sein.

Im deutschen Recht hingegen sollten die Abberufungsgründe gesetzlich geregelt werden. Aus diesen sollte erkennbar sein, dass eine Abberufung des Treuhänders und des Stellvertreters nur aus sachlichen Gründen möglich ist. Die Anmerkungen zum polnischen Recht gelten in entsprechender Weise.

Die Unabhängigkeit beider Treuhänder darf durch das Abberufungsrecht der Bankaufsicht nicht beeinträchtigt werden. Die Effizienz der Anfechtung der Abberufungsentscheidung ist aber wegen deren Ermessenscharakter gering. Daher ist wichtig, die Abberufungsgründe deutlicher und transparenter zu machen. Im Rahmen der Abberufungsbefugnis übt die Aufsichtsbehörde ausschließlich die Rechtsaufsicht aus, die sich allerdings auf die Sicherstellung der Erfüllung der Aufgaben durch den Treuhänder beschränkt. Der Treuhänder unterliegt den Anweisungen der Bankaufsicht nicht. Er muss die Rechtsakte der Bankaufsichtsbehörde aber beachten.

§ 11. Systematische Einordnung des Treuhänders

I. Rechtsstellung des Treuhänders

Zur Vervollständigung dieser Untersuchung ist es wichtig, die Rechtsstellung des Treuhänders zu bestimmen. Da diese eine untypische ist, muss dessen Stellung jeweils zu der Aufsichtsbehörde, den Pfandbriefgläubigern sowie zu der Hypothekenbank untersucht werden. Die Rechtsstellung des Treuhänders in Polen und Deutschland ist gleich. Daher betreffen die folgenden Ausführungen beide Treuhänder. Aufgrund des größeren Umfangs der deutschen Literatur zu diesem Thema wird von dem deutschen Treuhänder ausgegangen.

1. Das Verhältnis des Treuhänders zur Aufsichtsbehörde

Seit dem Inkrafttreten des HBG haben sich viele Meinungen gebildet, die den Treuhänder auf verschiedene Art der Aufsichtsbehörde zuordnen wollen. Zu unterscheiden ist, ob der Treuhänder ein Gehilfe oder ein Organwalter[1454] des Staates ist, der staatliche Kompetenzen wahrnimmt,[1455] oder aber eine privatrechtliche Stellung innehat.

a. Der Treuhänder als Staatsorgan

Anfang des 19. Jahrhunderts wurde der Treuhänder im Schrifttum teilweise als Beamter bezeichnet,[1456] wobei dieser Begriff heute nur im untechnischen Sinne zu verstehen ist.[1457] Es wurde die Ansicht vertreten, der Treuhänder nehme die Stel-

[1454] Der Begriff des Organwalters ist nach *Wolff* ((1934), 228 ff.) von einem Organ zu unterscheiden. Ein Organ, wie eine Behörde oder eine staatliche Institution, hat eine besondere Kompetenz inne. Der Organwalter ist dagegen eine Person, die für dieses Organ tätig ist. Daher ist hier im weiteren Sinne von dem Organwalter und nicht von der Organstellung des Treuhänders zu sprechen. Der Treuhänder ist keine Institution, sondern eine Person; zum Organ und Organwalter *Sodan/Ziekow*, (2005), 367 f.

[1455] Verwendet werden auch weitere Begriffe wie Staatsamt oder Einrichtung zur Ausübung einer staatlichen Funktion; *Lösch*, (1934), 1 ff., 40.

[1456] *Gassmann*, (1905), 66; *Golodetz*, Schmollers Jahrbuch (1905), 199 ff.; *Ehrlich*, (1908), 130; *Fischbach*, (1912), 318.

[1457] Die Vertreter dieser Meinung haben den Begriff so weit verstanden, dass man nicht sicher sein kann, ob sie nun eine private Amtsperson meinten (so wohl *Gassmann*, (1905), 65 f.) oder den Staatsbeamten selbst.

lung eines Aufsichtsbeamten des Staates ein. Zurückgeführt wurde dies auf geschichtliche Ereignisse, die dazu geführt hatten, dass die Aufgaben des Treuhänders nicht mehr denen ähnelten, die er wahrgenommen hatte, als er noch als „Vertreter der Pfandbriefgläubiger" bezeichnet wurde.[1458] Diese Umbenennung und die Tatsache, dass seine Kompetenzen in Bezug auf die Interessen der Pfandbriefgläubiger verringert wurden, ließen darauf schließen, der Gesetzgeber wolle ihm ein Amt zusprechen, dass zwar noch der Wahrnehmung der Gläubigerinteressen diente, jedoch in einem so geringen Umfang, dass er keine privatrechtliche Stellung einnehmen könne. Zudem sei auch die Kontrolle des Treuhänders eine amtliche; damit werde er selbst zu einer amtlichen Aufsichtsinstanz.

Verschiedene Vertreter dieser Meinung sind sich aber entweder uneinig, führen zweideutige Aussagen aus[1459] oder sind der Auffassung, der Begriff „Treuhänder" definiere bereits in sich seine obliegenden Tätigkeiten als Übertragung öffentlicher Aufgaben.[1460] Der Staat verpflichte und ermächtige dadurch den Treuhänder durch Hoheitsakt zur Wahrnehmung staatlicher Rechte an privatem Vermögen.[1461]

b. Der Treuhänder als Gehilfe der Aufsichtsbehörde

Nach anderer Ansicht gehört der Treuhänder der Aufsichtsbehörde an und sei als deren Gehilfen zu verstehen.[1462] Dieser Begriff wird jedoch nicht hinreichend definiert, wobei nicht sicher ist, welcher Gehilfe gemeint ist. Anzunehmen ist jedoch, dass auch sie von einer Art Abhängigkeitsverhältnis des Treuhänders der Aufsichtsbehörde gegenüber ausgehen. Darunter fällt auch eine Ansicht, nach der der Treuhänder ein Amt[1463] als Beauftragter der Aufsichtsbehörde ausübe.[1464] Sein

---

1458 *Golodetz*, Schmollers Jahrbuch (1905), 199, 201 ff.; eine ausführliche Auseinandersetzung mit seinen Aussagen unternimmt *Praxl*, (1966), 58 - 63.

1459 *Merzbacher*, Bank-Archiv (1905/1906), 260, 261 f. Dieser führt einerseits aus, der Treuhänder sei früher zu Recht im Reichstag als Aufsichtsbeamter zweiten Ranges, der Aufsichtsbehörde demnach verantwortlich, qualifiziert worden, auf der anderen Seite widerspricht er diesem wieder, indem er aussagt, der Treuhänder sei eine unabhängige Person.

1460 *Lobscheid*, (1963), 89 f.

1461 *Triepel* (FS Karl Binding (1911), 1, 12) ist der Meinung, der Treuhänder stehe im Dienst des Staates.

1462 *Palandt(-Hoche)*, (1965) § 1189 BGB Anm. 6; *Fischbach* ((1912), 318), der den Treuhänder als Beauftragten des Staates ansieht.

1463 Wenn hier vom „Amt" des Treuhänders gesprochen wird, so ist dieses nicht in dem Sinne zu verstehen, dass ein staatliches Amt gemeint ist, denn im Gesetz verankerte private Einrichtungen haben auch ein Amt; vgl. etwa §§ 2197 Abs. 2, 2201 f. BGB;
§ 116 Nr. 1 ZPO oder §§ 56 Abs. 2, 57, 59 Abs. 1 InsO. Daher könnte das Amt des Treuhänders hier als staatliches oder privates verstanden werden.

1464 *Friedländer/Göppert/Seydel*, (1929), § 29 HBG Anm. 1; so auch ohne weitere Begründung *Vogel*, (1999), 187.

Verhältnis zur Aufsichtsbehörde sei dabei auf einen Auftrag nach §§ 662 ff. BGB gerichtet.

c. Bewertung

Die Meinungen, der Treuhänder sei ein „Beamter" oder ein Gehilfe der Aufsichtsbehörde überzeugen nicht und werden auch im Schrifttum vielfach abgelehnt.[1465] Ein wesentliches Argument, dass aus der Bestellung und Abberufung und aus der Befugnis der Aufsichtsbehörde zur Streitentscheidung nach § 33 HBG ein gewisses Abhängigkeitsverhältnis des Treuhänders folge, ist mit dessen Unabhängigkeit nicht vereinbar und scheitert auch an der Tatsache, dass sich der Staat keinesfalls mit den Interessen der Pfandbriefgläubiger messen bzw. bei einem Fehlverhalten des Treuhänders hierfür die Haftung übernehmen will.[1466] Zwar erfolgt die Bestellung eines Beamten nach § 6 Abs. 1 Nr. 1 des Bundesbeamtengesetzes (BBG)[1467] in derselben Art wie bei einem Treuhänder, da in beiden Fällen ein mitwirkungsbedürftiger Verwaltungsakt vorliegt.[1468] Der Treuhänder muss jedoch den Weisungen nicht Folge leisten. Ein Beamter ist hingegen verpflichtet, Anordnungen auszuführen.[1469] Zudem würde auch die Bestimmung über die Auskunftspflicht des Treuhänders gegenüber der Aufsichtsbehörde überflüssig sein, denn bei einem Organwalter ergebe sich diese Pflicht schon aus Art. 35 Abs. 1 GG.

Würde der Treuhänder der Aufsichtsbehörde angehören, so könnte diese dem Treuhänder gegenüber keine unparteiische Entscheidung treffen, wovon das Gesetz aber ausgeht. Der Treuhänder hat zudem keine einer staatlichen Einrichtungen zustehenden Zwangsmittel.[1470] Eine Einschränkung des Kontrollrechtes begründet nicht eine Staatsfunktion des Treuhänders, denn der Treuhänder müsste im Rang über der Bank stehen und hoheitliche Funktionen ausüben, was mit § 33 HBG aber nicht zu vereinbaren ist. Schon der Wortlaut dieser Regelung geht davon aus, dass Streitigkeiten zwischen Bank und Treuhänder auftreten können.

[1465] *Hillig*, ZBlFG (1900/1901), 932, 945; *Schultze*, Iherings Jahrbücher (1901), 1, 99 ff.; *Dannenbaum*, (1928), § 29 HBG Anm. 2, 5; *Voges*, (1931), 32 f.; *Drechsler*, (1958), 125 f.; *Kummert*, in: Handbuch des Realkredits (1963), 733, 810; *Barlet/Karding/Fleischmann*, (1964), § 29 HBG Anm. 2, 5; *Hofmann*, (1964), § 29 HBG Rn. 5; *Praxl*, (1966), 68; *Bellinger/Kerl*, (1995), § 29 HBG Rn. 5, 17, 35; obwohl einige von ihnen in ihren Aussagen einige Widersprüche haben.

[1466] *Schultze*, Iherings Jahrbücher (1901), 1, 101. Zudem besteht die Streitentscheidungsbefugnis der Aufsichtsbehörde aus Zweckmäßigkeitsgründen, weil eine schnelle und komplikationsfreie Lösung eines derartigen Streits wünschenswert war.

[1467] Gesetz vom 14.7.1953 (BGBl. 1953 I 551), in der Neufassung der Bekanntmachung vom 31.3.1999 (BGBl. 1999 I 675), zuletzt geändert durch Art. 6 des Gesetzes zur Änderung dienst- und arbeitsrechtlicher Vorschriften im Hochschulbereich vom 27.12.2004 (BGBl. 2004 I 3835).

[1468] *Battis*, (2004), § 6 BBG Rn. 2.

[1469] Vgl. § 55 S. 2 BBG.

[1470] *Drechsler*, (1958), 126.

Beide stehen in einem unabhängig voneinander bestehenden Verhältnis. Der Treuhänder kann daher nicht als Beamter Anweisungen hoheitlicher Art der Bank gegenüber abgeben. Auch das Recht des Treuhänders, Bücher und Schriften der Bank einsehen zu können, wäre überflüssig, wenn der Treuhänder einen beamtenrechtlichen Status hätte, denn dann ergebe sich dieses Recht bereits aus § 44 KWG; eine gesonderte Erwähnung dieses Rechtes im HBG wäre also nicht erforderlich gewesen. Das Argument, dass die Aufsichtsbehörde den Treuhänder für seine „Dienste" bezahlt, ist nicht haltbar, da es oft aufgrund eines vereinfachten Verwaltungsaufwands der Hypothekenbank aufgegeben wird, den Treuhänder zu vergüten.[1471]

Die Annahme, ein Auftrag läge vor, ist als gesetzeswidrig zu qualifizieren, denn die Bestellung des Treuhänders ist kein privatrechtlicher Akt, sondern geschieht durch Verwaltungsakt.[1472] Zudem bestehen, was bei dem Auftrag aber typisch ist, kein Weisungsrecht des Treuhänders zu der Aufsichtsbehörde.[1473] Der Aufgabenbereich des Treuhänders ist mit dem der Aufsichtsbehörde durchaus vergleichbar, aber nicht identisch.

Diejenigen Stimmen, die den Treuhänder als staatliche Person bezeichnen, sind daher abzulehnen. Der Treuhänder ist auch kein Gehilfe der Aufsichtsbehörde. Festzuhalten ist, dass der Treuhänder keine staatlichen Aufgaben erfüllt, demnach weder „beamtenrechtlichen Status" hat noch eine beliehene Person darstellt, sondern ein privater Rechtsträger ist.

2. Das Verhältnis des Treuhänders zu den Pfandbriefgläubigern

Diejenigen, die den Treuhänder als Vertreter der Pfandbriefgläubiger ansehen,[1474] versuchen zum einen einen Vergleich dieser Person mit der des früheren Pfandhalters und seiner Stellung zu ziehen.[1475] Dieser war früher eine Art Bindeglied zwischen Bank und ihren Gläubigern.[1476] Die Ersetzung des Pfandhalters durch den Treuhänder erschütterte diese Meinung nicht. Zum anderen wird das Nichtvorhandensein einer obligatorischen Beziehung zwischen dem Treuhänder und den Pfandbriefgläubigern anerkannt. Trotzdem sei der Treuhänder ein echter Vertreter der Gläubiger aufgrund einer gesetzlichen Vollmacht, die durch die Vertretenen nicht widerrufen werden kann.[1477] Dazu wird eine Parallele zum

[1471] *Bellinger/Kerl*, (1995), § 34 HBG Rn. 3.
[1472] Vgl. S. 358 f.
[1473] *Praxl*, (1966), 130 f.
[1474] *Hillig*, ZBlFG (1900/1901), 932, 945; *Wolff/Raiser*, (1957), § 157 a III 3.
[1475] Zum Pfandhalter als Vorläufer des Treuhänders S. 165 ff.
[1476] *Golodetz*, Schmollers Jahrbuch (1905), 199, 201.
[1477] *Hillig*, ZBlFG (1900/1901), 932, 945.

Vormund nach §§ 1773 ff. BGB gezogen. Diese gesetzliche Vollmacht wird wohl aus dem Grund angenommen, weil der Treuhänder allein die Interessen der Pfandbriefgläubiger zu wahren hat,[1478] welche ihm durch Gesetz auferlegt wurden. Der Treuhänder ist im Interesse der Pfandbrieftreuhänder tätig und vor allem ihnen kommt sein Handeln zugute.[1479] Damit weist er die stärkste Bindung zu ihnen auf.

Die Vertretermeinung ist aber aus unterschiedlichen Gründen zu verwerfen.[1480] Die Umbenennung des „Vertreters der Pfandbriefgläubiger" in den des „Treuhänders" bedeutet zwar nicht zwingend, er sei kein Vertreter mehr, lässt aber zumindest darauf schließen.[1481] Geht man näher auf diese Begründung ein, so sollte man sich vorher schon den Begriff des Vertreters vergegenwärtigen. Am nächsten ist der Vergleich zu dem Vertreter nach dem BGB. Dieser handelt im fremden Namen mit Vollmacht für einen anderen. Hierdurch wird der andere, der Vertretene, zu etwas berechtigt oder verpflichtet. Eine vertraglich zustande gekommene Stellvertretung ist aber mit der Bestellung und Abberufung des Treuhänders durch die Aufsichtsbehörde, also nicht durch die Pfandbriefgläubiger, nicht konform.[1482] Da von vornherein keinerlei Vollmacht bzw. Vertretungsmacht der Pfandbriefgläubiger vorliegt,[1483] kommt schon der Begriff des „Vertreters" ins Schwanken.

Der Treuhänder übt nicht fremde Rechte aus, sondern erfüllt seine gesetzlich auferlegten Pflichten.[1484] Bei einer Stellvertretung muss zudem der Vertretene, hier also die Pfandbriefgläubiger, Inhaber der übertragenen Rechte sein.[1485] Die dem Treuhänder übertragenen Rechte haben die Pfandbriefgläubiger jedoch niemals gehabt, so dass auch aus diesem Grunde eine Vertretereigenschaft

---

1478 Dieses ist unbestritten; *Dannenbaum*, (1928), § 29 HBG Anm. 3, 5; *Hofmann*, (1964), § 29 HBG Rn. 5; *Bellinger/Kerl*, (1995), § 29 HBG Rn. 16.

1479 *Drechsler*, (1958), 121.

1480 Ausdrücklich gegen die Annahme, der Treuhänder sei Vertreter der Pfandbriefgläubiger *Hecht*, Enzyklopädie (1904), 1079, 1091; *Golodetz*, Schmollers Jahrbuch (1905), 199, 201; *Merzbacher*, Bank-Archiv (1905/1906), 260, 262; *Wille*, (1908), 47; *Fischbach*, (1912), 318; *Dannenbaum*, (1928), § 29 HBG Anm. 3, 7; *Friedländer/Göppert/Seydel*, (1929), § 29 HBG Anm. 1; *Michael*, (1948), 45; *Drechsler*, (1958), 121 f.; *Kummert*, in: Handbuch des Realkredits (1963), 733, 811; *Barlet/Karding/Fleischmann*, (1964), § 29 HBG Anm. 6; *Hofmann*, (1964), § 29 HBG Rn. 6; *Praxl*, (1966), 101 ff.; *Liebich/Mathews*, (1983), 464; *Bellinger/Kerl*, (1995), § 29 HBG Rn. 4.

1481 *Dannenbaum*, (1928), § 29 HBG Anm. 3

1482 *Drechsler*, (1958), 122 f.

1483 *Barlet/Karding/Fleischmann*, (1964), § 29 HBG Anm. 6.

1484 *Praxl*, (1966), 102.

1485 Hierbei ist der Pfandbrieftreuhänder von dem Vertreter nach dem SchVG klar zu unterscheiden. Der Schuldverschreibungsvertreter leitet seine Rechte von der Gläubigerversammlung ab und wird von dieser auch bestellt (§ 14 Abs. 1 SchVG). Bei dem Vertreter besteht zudem ein Vertragsverhältnis in Form eines Dienstvertrages nach §§ 611 ff. BGB zu den Gläubigern; *Vogel*, (1999), 188, 190.

des Treuhänders den Pfandbriefgläubigern gegenüber ausscheidet.[1486] Daher war schon die frühere Bezeichnung des Treuhänders als „Vertreter der Pfandbriefgläubiger" verfehlt. Der Begriff „Treuhänder" wurde dagegen aus anderen Gründen gewählt.[1487] Der Treuhänder übte weder die Rechte anderer aus, noch konnte er eine Verpflichtung der Gläubiger an den Tag legen.[1488] Eine Personengruppe wie die Pfandbriefgläubiger können die Rechte als Ganzes aber nicht zusammen besitzen.[1489] Es ist auch rechtlich unhaltbar, Vertreterrechte ohne das Vorhandensein eines Vertretenen auszuführen. Nach § 29 Abs. 3 HBG hat der Treuhänder hingegen die Pfandbriefe durch seine Unterschrift vor der Ausgabe zu versehen. Dieses würde bedeuten, man billigt dem Treuhänder eine Vertreterstelle zu einem Zeitpunkt zu, an dem die Pfandbriefgläubiger noch nicht in irgendeiner Beziehung zur Hypothekenbank stehen; bei einer Vertretereigenschaft wäre dies aber sehr ungewöhnlich.[1490] Eine Analogie zum Vormund zu ziehen ist auch verfehlt, da beide Institute ganz andere Interessen vertreten und unterschiedlich ausgestattet sind.[1491]

Schließlich nimmt der Treuhänder nicht alle möglichen Interessen der Pfandbriefgläubiger wahr, sondern nur diejenigen, die ihm gesetzlich vorgeschrieben sind und sich auf die Sicherheit der Pfandbriefe beziehen. Sein Handeln zielt also auf die Gewährleistung der vorschriftsmäßigen Pfandbriefdeckung ab und umfasst das Interesse der Pfandbriefgläubiger nur mittelbar. In diesem Sinne ist seine Tätigkeit objektiv- und nicht subjektivbezogen.[1492]

Im Ergebnis ist festzustellen, dass der Pfandbrieftreuhänder zwar bestimmte Interessen der Pfandbriefgläubiger wahrnimmt, dennoch aber nicht deren Vertreter ist.

3. Das Verhältnis des Treuhänders zu der Hypothekenbank

Die Meinung, der Treuhänder sei ein Vertreter der Hypothekenbank, stützt sich auf die früher unmittelbare Vergütungspflicht der Bank dem Treuhänder gegenüber, auf das Anhörungsrecht der Bank bei der Bestellung des Treuhänders sowie auf die Tatsache, dass die Treuhänderaufgaben von einem Bankangestellten aus-

---

[1486] Vgl. *Schultze*, Iherings Jahrbücher (1901), 1, 100; *Hecht*, Enzyklopädie (1904), 1079, 1091; *Liebich/Mathews*, (1983), 464; *Bellinger/Kerl*, (1995), § 29 HBG Rn. 8.

[1487] Um eine Verwechslung mit dem Vertreter nach dem SchVG zu vermeiden; *Schultze*, Iherings Jahrbücher (1901), 1, 97; *Voges*, (1931), 23.

[1488] *Praxl*, (1966), 59.

[1489] *Schultze*, Iherings Jahrbücher (1901), 1, 100.

[1490] *Wille*, (1908), 45; *Voges*, (1931), 28 f.; *Drechsler*, (1958), 122.

[1491] Vgl. *Schultze*, Iherings Jahrbücher (1901), 1, 100.

[1492] *Praxl*, (1966), 111.

geübt wurden. Hierbei wurde vertreten, dass der Treuhänder zwar ein Organ der Bank, nicht aber deren Angestellter sei.[1493]

Aufgrund des näheren Kontaktes des Treuhänders zu der Bank als zu den Pfandbriefgläubigern könnte das sog. „abgeleitete" Recht hier zwar eher begründet werden. Die Bank überträgt dem Treuhänder aber keine Rechte und der Treuhänder nimmt keine Verpflichtungs- und Verfügungsgeschäfte im Namen der Bank vor, sondern macht seine eigenen Rechte gegenüber der Bank geltend.[1494] Bereits aus dem Grund, dass der Treuhänder nicht in fremden Namen auftritt und dass die Abhängigkeit des Treuhänders gerade nicht besteht, ist auch hier das Vertretungsverhältnis zu der Bank abzulehnen.

Alleine die Vergütungspflicht genügt dafür jedenfalls nicht, denn ein Tätigwerden gegen eine Vergütung begründet nicht zwingend eine Stellvertretung. Die Vergütung seitens der Bank stellt zudem keine Belohnung der Bank für die Dienste des Treuhänders dar, sondern eher eine Belastung derer.[1495]

Darüber hinaus kann weder der Treuhänder die Bank auf Einhaltung der ihrigen Verpflichtungen verklagen, noch die Bank ihn wiederum in Anspruch nehmen.[1496] Bei der Bestellung wirkt die Bank nur mit. Der Treuhänder wird aber von der Aufsichtsbehörde bestellt. Die Bank alleine darf die Bestellung des Treuhänders also nicht vornehmen. Der Treuhänder kann auch keine weiteren über sein Amt hinausgehenden Befugnisse und Aufgaben für die Bank wahrnehmen, denn hierdurch würde eine Art Abhängigkeit begründet.

Festzuhalten ist demnach, dass eine Bindung zur Bank, die die Vertreterstellung des Treuhänders begründen würde, gänzlich fehlt. Auch die Meinung, der Treuhänder sei zwar kein Bankangestellter, dafür aber ein Organ der Bank, ist ebenfalls abzulehnen. Der Treuhänder stellt eine eigenständige Person dar, die unabhängig von der Bank agiert. Eine Vertretereigenschaft des Treuhänders zu der Hypothekenbank ist demnach abzulehnen.

4. Ergebnis

Der Treuhänder ist kein Organwalter des Staates. Er ist eine Privatperson, die zwar öffentlichrechtlich bestellt wird, jedoch weder die Interessen des Staates wahrnimmt noch in einem Dienstverhältnis zu diesem steht. Das Ziel seiner Tätigkeit ist die Gewährleistung der vorschriftsmäßigen Pfandbriefdeckung. Damit nimmt er zwar bestimmte Interessen der Pfandbriefgläubiger wahr. Er ist aber weder Vertreter der Pfandbriefgläubiger noch der Aufsichtsbehörde oder der Hypothekenbank. Er steht zu keinen von diesen in einem Vertragsverhältnis.

[1493] *Hecht*, Enzyklopädie (1904), 1079, 1091.
[1494] *Praxl*, (1966), 104.
[1495] *Wille*, (1908), 53.
[1496] Hierzu *Bellinger/Kerl*, (1995), § 29 HBG Rn. 12.

II. Der Pfandbrieftreuhänder unter anderen Treuhandschaften

1. Der Begriff des Treuhänders

Zur Verwahrung oder Verwaltung von fremden Sachen ist sowohl heute als auch schon vor einigen hundert Jahren eine Person erforderlich. Diese Person wird seit langem als Treuhänder bezeichnet. Der Begriff kommt bei der Etymologie von dem Wort der „Hand".[1497] Rechtlich gesehen ist der „Treuhänder" ein Oberbegriff für jegliche Rechtskonstruktionen treuhänderischer Art geworden. Gesetzlich definiert ist er aber bis heute nicht. Unter den Begriff „Treuhänder" fallen viele verschiedene Gestaltungsformen der Treuhand. Hier soll der Pfandbrieftreuhänder vor dem Hintergrund anderer Treuhandschaften rechtlich unterschieden und eingeordnet werden. Dies setzt zunächst eine zumindest kurze Darstellung der Herkunft der Treuhand, deren Merkmalen und Arten voraus.

2. Die Herkunft des Treuhänders

a. Die römische Fiducia

Die Urgestalt der Treuhand stellt die römische Fiducia dar.[1498] Entstanden ist sie schon im Jahre 450 vor Christus und entwickelte sich juristisch etwa 200 Jahre später weiter.[1499] Die Fiducia war eine Art der Eigentumsübertragung. Nach außen war sie immer mit einer dinglichen Vollrechtsübertragung verbunden. Im Innenverhältnis bestand dagegen eine obligatorische Bindung zwischen dem Fiduziant und dem Fidiuziar.[1500] Diese fiduziarische Bindung entfaltete aber Dritten gegenüber keinerlei Wirkungen.[1501] Der Fiduziar erwarb unbeschränktes Recht mit allen dinglichen Wirkungen. Das Können reichte demnach über das Dürfen hinaus. Die Abrede zwischen beiden Parteien wurde als *pactum fiduciae*, das formale Geschäft hingegen *mancipatio* genannt.[1502]

1497 *Leist*, (1892), 447 f.
1498 Zum römischen Recht *Otten*, (1975), 6 - 17.
1499 *Noordraven*, (1999), 187 ff.
1500 Zur Diskussion vieler Rechtsgelehrter um die Struktur des Eigentums bis 1890 bei der Fiducia *Asmus*, (1977), 111 - 122.
1501 *Oertmann*, (1890), 162 f.
1502 *Coing*, (1973), 11.

Diese Konstruktion erfüllte in der damaligen Zeit zwei verschiedene Zwecke. Zum einen diente sie als Pfandrechtsersatz und damit war sie ein Sicherungsgeschäft,[1503] indem eine Sache nur so lange übertragen wurde, bis die Forderung noch nicht beglichen war (sog. *fiducia cum creditore*).[1504] Nach Rückzahlung der Schuld war der Fidiuziar verpflichtet, das Eigentum an den Fiduziant zurück zu übertragen.[1505] Eine dingliche Rechtsübertragung war also mit einer obligatorischen Verpflichtung verknüpft. Zum anderen diente sie als Sicherheit für Personen in politisch unsicheren Zeiten, in denen ein fremdnütziger Charakter der Fiducia benötigt wurde (*fiducia cum amico*).[1506] Diese war eine Art der Verwaltungstreuhand. Die römische Fiducia hat in der Rechtsentwicklung eine wichtige Rolle gespielt. Ihre Rechtsnatur ist dem Pfandbrieftreuhänder allerdings fremd. Der Pfandbrieftreuhänder erhält keine dingliche Rechtsmacht und kann über fremde Rechte nicht verfügen. Seine Befugnisse, die sich mittelbar aus seinen Pflichten ergeben, sind gesetzlich vorgeschrieben. In der Tat kann er nicht mehr als er darf.[1507] Sowohl Fiducia als auch der Pfandbrieftreuhänder sind zudem von der germanischen Treuhand deutlich zu unterscheiden.[1508]

b. Die germanische Treuhand

Im germanischen Recht[1509] waren Treuhänder dazu nötig, um den Erbfall zu sichern oder um nach dem Tod einer Person, hauptsächlich Kirchen und Heiligen, demzufolge Geschenke des Erblassers an göttliche Institute zu übergeben, an denen sich dieser bis zu seinem Tod ein Nutzungsrecht vorbehielt. Hier jedoch war die Stellung des Treuhänders nicht eine solch starke wie die bei der Fiducia, denn der Treuhänder hatte nur beschränkte Rechte;[1510] er konnte nur dem Zweck gemäß mit den Sachen umgehen. Dafür jedoch war sie breiter angelegt, denn eine dritte Person war bei der germanischen Treuhand zumeist involviert und wurde zu einem bestimmten Zeitpunkt begünstigt.

1503 *Coing*, (1973), 12.
1504 *Oertmann*, (1890), 124 f.; *Noordraven*, (1999), 64 f.
1505 *Voges*, (1931), 2.
1506 *Lammel*, (1972), 6; *Noordraven*, (1999), 48 - 64; zu beidem *Fischbach*, (1912), 6 ff.
1507 *Praxl*, (1966), 106.
1508 Hierzu *Voges*, (1931), 3 f.
1509 Zum germanisch-deutschen Recht *Otten*, (1975), 17 - 49.
1510 *Schultze*, Iherings Jahrbücher (1901), 1, 10 f.

3. Treuhandarten

a. Vielfalt von Treuhandformen

Unter die heutige Treuhand fallen Rechtsinstitute, die diverse Ziele verfolgen. Dementsprechend bestehen verschiedene Arten von Treuhändern, die sich divergierenden Aufgabenbereichen widmen. Daher treten auch unterschiedliche Erscheinungsformen auf. Der Treuhänder kann eine geschäftsfähige natürliche oder juristische Person sein. Die Rechtskonstruktion der Treuhand besteht im Allgemeinen in dem Empfang des Treugutes (Sachen oder Rechte) vom Treugeber, der dem Treuhänder die Sachen oder Rechte zur Verwaltung oder Betrauung gibt. Der Begünstigte ist zumeist, aber nicht in jedem Fall der Treugeber.[1511] Der Treuhänder handelt entweder in objektiver Hinsicht oder im Interesse dritter Personen. Die Vermögensrechte, die er zu verwalten hat, werden zumeist als Sondervermögen bezeichnet. Für die Benennung der Treuhandmerkmale sind weiterhin einzelne Treuhandarten ausschlaggebend.

Die Treuhandschaften können privatgeschäftlich, also kraft privaten Rechtsgeschäftes oder kraft öffentlichen Rechtes, zumeist durch Verwaltungsakt begründet werden. Die privatrechtlichen Treuhänder können teilweise auch gesetzlich geregelt werden und teilweise eine Art der Überwachungstreuhand sein.

b. Gesetzlich geregelte Treuhand

Die gesetzlich geregelten Treuhandschaften bilden eine breite und gemischte Gruppe. Darunter fallen sowohl die rechtsgeschäftlich begründeten Treuhandschaften,[1512] privatrechtliche Verhältnisse, die unter staatlicher Aufsicht stehen,[1513] als auch öffentliche Treuhandschaften.[1514] Auch diese Treuhänder handeln aufgrund einer Ermächtigung, die jedoch durch das Gesetz vorgeschrieben ist. Bei dieser Treuhand obliegt zumeist dem Treuhänder die alleinige Verfügungsbefugnis. Bei einer bloßen Überwachungsaufgabe des Treuhänders genügt hingegen eine obligatorische Rechtsbindung, denn der Treuhänder kann sodann vom Verfügungsberechtigten ein Tun oder Unterlassen fordern, wie es etwa beim Te-

---

1511 Auch eine Personenidentität kann zwischen dem Treuhänder und dem Begünstigten vorliegen; *Siebert*, (1933), 26 f. Wenn der Begünstigte eine dritte Person ist, spricht man von einem Drittbegünstigten; von diesem kann es auch mehrerer geben.

1512 Beispielsweise der Grundbuchvertreter (§ 1189 BGB) und der Vorerbe (§§ 2111 ff. BGB); zu weiteren Beispielen *Liebich/Mathews*, (1983), 333 ff.

1513 Beispielsweise die elterliche Sorge (§§ 1626 ff. BGB), die Vormundschaft (§§ 1773 ff. BGB) oder Pflegschaft (§§ 1909 ff. BGB).

1514 Zur Treuhand des öffentlichen Rechtes *Michael*, (1948), *passim*; kritisch *Praxl*, (1966), 114 ff., 126.

stamentsvollstrecker nach § 2208 BGB der Fall ist.[1515] Die gesetzlichen Verwalter wie der Testamentsvollstrecker oder der Insolvenzverwalter werden von einigen in der Literatur als Quasitreuhänder[1516] oder als Treuhänder im weiteren Sinne[1517] bezeichnet, weil diese das Eigentum nicht erhalten und damit fremde Rechte in eigenem Namen verwalten. Zu diesen gesetzlich geregelten Treuhandschaften gehört auch der Pfandbrieftreuhänder.

c. Rechtsgeschäftlich und öffentlich bestellte Treuhand

Der rechtsgeschäftlich bestellte Treuhänder ist derjenige, der durch Vertrag begründet wird.[1518] Die bürgerlichrechtliche Rechtsgrundlage dieses Vertrages ist bei vereinbarter Unentgeltlichkeit ein Auftrag (§§ 662 ff. BGB) und bei einer Entgeltlichkeit ein Geschäftsbesorgungsvertrag (§§ 675 ff. BGB).[1519] Nach der Beendigung hat der Treuhänder dem Treugeber das Treugut nach § 667 BGB gegebenenfalls zurückzugeben. Je nachdem, wessen Interessen verfolgt werden, handelt es sich um einen einfachen Vertrag oder einen Vertrag zugunsten Dritter.[1520] Zu der rechtsgeschäftlichen Treuhand können auch die Treuhandschaften gezählt werden, bei denen kein Vertrag geschlossen wurde.[1521] Die privatrechtlichen Treuhänder sind teilweise auch gesetzlich geregelt.

Die Institution des öffentlichen Treuhänders hingegen ist immer gesetzlich vorgeschrieben. Im Unterschied zu dem rechtsgeschäftlichen Treuhänder beinhaltet er keine privatrechtliche Vereinbarung, sondern wird durch einen Hoheitsakt -

---

1515 *Schultze*, Iherings Jahrbücher (1901), 1, 88 ff. Diese Art von Treuhand will *Siebert* ((1933), 106, 402 f.) jedoch nicht als Treuhand im Rechtssinne anerkennen, da die obligatorische Berechtigung seiner Meinung nach nicht ausreicht.

1516 Vgl. *Grundmann*, (1997), 30 f.

1517 *Ertel*, (1940), 33.

1518 Zu rechtsgeschäftlich geregelten Treuhandschaften *Liebich/Mathews*, (1983), 185 - 327; *Palandt(-Bassenge)*, (2005), § 903 BGB Rn. 33 - 43.

1519 RG 19.2.1937, RGZ 153, 366, 367, 369; BGH 11.2.1960, BGHZ 32, 67, 70; BGH 5.5.1969, BB 1969, 1154 f.; BGH 23.10.1995, WM 1995, 2065, 2066; BGH 6.6.2002, NJW 2002, 2459, 2460; *Kropholler*, (2004), § 675 BGB Rn. 2.

1520 Im Falle der Vertrages zugunsten Dritter hat der BGH (10.2.1971, BGHZ 55, 307, 308 = DB 1971, 617) bei einer Treuhandschaft für diesen entschieden.

1521 Hier bestehen jedoch zahlreiche umstrittene Probleme. Man streiten etwa darüber, ob eine bloße Vollmachtserteilung einer Person einer anderen gegenüber schon eine Treuhandschaft begründet; aA *Liebich/Mathews*, (1983), 34; zur Vollmachtstreuhand BGH 29.1.1964, WM 1964, 318 f. Juristisch ist auch umstritten, ob der mittelbare Vertreter, beispielsweise der Kommissionär nach § 383 ff. HGB ein Treuhänder ist; zudem ist möglich, eine Treuhandschaft dieser Art aus einer gemeinsamen Berechtigung her zu suchen; *Beyerle* ((1932), 18), der den Einzelnen in einer Gesamthand als Treuhänder sieht, da dieser fremde Vermögenswerte teilweise in eigenem und teilweise in fremden Interesse, aber in seinem Amt und eigenem Namen wahrnimmt.

(Verwaltungsakt oder gerichtlicher Akt) oder direkt durch das Gesetz bestellt.[1522] Die Rechtsmacht des öffentlichen Treuhänders wird also nicht von einem Vertrag, sondern von den gesetzlichen Normen abgeleitet. Diejenigen, auf die sich das Handeln des Treuhänders unmittelbar auswirkt, haben dazu auf seine Tätigkeit keinen Einfluss. Der öffentliche Treuhänder nimmt uneigennützig fremde Interessen wahr. Alle diese Merkmale der öffentlichen Treuhand sind bei dem Pfandbrieftreuhänder erfüllt.[1523] Er schützt zudem das Anlagegeschäft vor wirtschaftlichem Missbrauch und trägt die Fürsorge für den großen Kreis der Pfandbriefgläubiger und der ihm aufgegebenen öffentlichen Belange.[1524] Das ändert nichts daran, dass der Pfandbrieftreuhänder eine privat- und nicht öffentlichrechtliche Einrichtung ist.[1525] Im Unterschied zu anderen Vertretern der öffentlichen Treuhand steht er nicht unter staatlicher Aufsicht und ist an Weisungen anderer Organe nicht gebunden.

d. Verwaltungs- und Überwachungstreuhand

Besteht die Aufgabe des Treuhänders in der Verwaltung des ihm anvertrauten Gutes, so wird von dem Verwaltungstreuhänder gesprochen.[1526] Der Verwaltungstreuhänder ist berechtigt, Verwaltungshandlungen im Interesse des Begünstigten einzuleiten. Bei der Verwaltung des Treugutes hat er vorhandene Regelungen allerdings zu beachten. Typische Beispiele des gesetzlich geregelten Verwaltungstreuhänders sind der Zwangs-, Nachlass- und Insolvenzverwalter. Von der Verwaltungstreuhand ist die Überwachungstreuhand zu unterscheiden. Der Überwachungstreuhänder nimmt eher eine Kontroll- und Garantiefunktion als eine wirtschaftliche wahr; er überwacht, verwaltet aber nicht. Diese Art von Treuhand hat gegenüber einer Aufsichtsperson eine weitergehende Kompetenz.[1527] Er ist berechtigt, Geschäftsabwicklung zu kontrollieren und Maßnahmen gegen den Missbrauch der von ihm geschützten Interessen zu ergreifen. Dem Recht sind verschiedenartige Treuhänder bekannt, die als Überwachungstreuhänder qualifiziert werden können.[1528] Im Bankwesen ist der Pfandbrieftreuhänder ein typisches Beispiel dafür. Neben ihm gehören hierzu u.a. auch dessen Nachfolger: der Treu-

[1522] *Liebich/Mathews*, (1983), 409.

[1523] *Coing* ((1973), 26) ordnet den Pfandbrieftreuhänder, bloß aufgrund dessen Bestellung, als einen öffentlichen ein.

[1524] Vgl. *Michael*, (1948), 48; *Liebich/Mathews*, (1983), 465.

[1525] Vgl. *Praxl*, (1966), 121.

[1526] *Stordel*, (1956), 10.

[1527] *Michael*, (1948), 45.

[1528] Zu Einzelfällen der Überwachungstreuhand *Liebich/Mathews*, (1983), 449 ff.

händer nach §§ 70 ff. des Versicherungsaufsichtsgesetzes (VAG)[1529] sowie der Treuhänder nach §§ 28 ff. SchBkG.[1530]

Im Ergebnis ist festzustellen, dass der Pfandbrieftreuhänder ein öffentlich bestellter und gesetzlich geregelter Überwachungstreuhänder ist, der fremde Interessen im eigenen Namen wahrnimmt.

4. Dogmatische Fragen

a. Negative Abgrenzung

Im Rahmen der systematischen Einordnung des Pfandbrieftreuhänders muss schließlich auf dogmatische Fragen eingegangen werden. In der deutschen Literatur werden verschiedene Theorien über die rechtliche Einordnung des Pfandbrieftreuhänders und die ihm ähnlichen Rechtskonstruktionen vertreten. Hier ist vorab die Klassifizierung des Verhaltens des Pfandbrieftreuhänders als „neutrales" Verhalten[1531] abzulehnen. Zwar wirkt sein Handeln nicht wie bei einem Privaten für und gegen ihn, aber er handelt im Interesse der Pfandbriefgläubiger. Dem Recht sind zudem weder neutrale Willenserklärungen[1532] noch ein neutrales Handeln bekannt.[1533] Auch die Klassifizierung des Pfandbrieftreuhänders als „ein richtiger Treuhänder im deutschrechtlichen Sinne"[1534] ist wenig aussagekräftig. Beide Theorien gehen zwar weitgehend auf die Fragestellung ein, welchen Status der Treuhänder genießt, eine handfeste Definition, wer der Treuhänder ist, lässt jede von diesen Meinungen aber vermissen.[1535] Darüber hinaus nimmt der Pfand-

---

[1529] Gesetz über die Beaufsichtigung der Versicherungsunternehmen (Versicherungsaufsichtsgesetz - VAG) in der Fassung der Bekanntmachung vom 17.12.1992 (BGBl. 1993 I 2); zum Zweck und Durchführung dieser Treuhand; *Liebich/Mathews*, (1983), 466 ff.

[1530] Vgl. § 28 SchBkG; ferner auch § 13 Abs. 4 des Gesetzes über die Landwirtschaftliche Rentenbank vom 15.7.1963 (BGBl. 1963 I 465, 548), zuletzt geändert durch Art. 1 des Fünften Gesetzes zur Änderung des Gesetzes über die Landwirtschaftliche Rentenbank vom 23.7.2002 (BGBl. 2002 I 2782); § 12 Abs. 1 S. 1 BausparkassenG. Die Aufsichtspersonen des Kreditwesensgesetzes (§ 46 Abs. 1 KWG), die bestellt werden, wenn die Erfüllung von Verbindlichkeiten des Kreditinstituts gefährdet sind, sind aber von den üblichen Überwachungstreuhändern zu unterscheiden, denn diese Aufsichtspersonen werden nur dann aktiv, sofern eine konkrete Gefahr der Gläubiger besteht; *Liebich/Mathews*, (1983), 459.

[1531] *Dölle*, FS Schulz (1951), 268, 281 ff.; *Praxl*, (1966), 144.

[1532] Es gibt nur solche, die im eigenen oder fremden Namen abgegeben werden.

[1533] Zu neutralen Geschäften eines Minderjährigen, *Palandt*(-*Heinrichs*), (2005), § 107 BGB Rn. 7; dieses ist jedoch etwas anderes und zudem ein besonderer Fall des Schutzes von Minderjährigen.

[1534] *Schultze*, Iherings Jahrbücher (1901), 1, 96 ff., 102; *Praxl*, (1966), 105, 143.

[1535] *Drechsler*, (1958), 127.

brieftreuhänder seine Funktion nur nebenberuflich wahr und übt damit auch keinen Beruf im üblichen Sinne aus.[1536]

Vom Hintergrund des wissenschaftlichen Streits um die Rechtsnatur des Insolvenzverwalters könnten in Bezug auf den Pfandbrieftreuhänder zudem die Vertreter-,[1537] Organ,-[1538] und Amtstheorie[1539] rechtsvergleichend in Erwägung gezogen werden. Von Anfang an ist allerdings klarzustellen, dass die Vertretertheorie, die den Insolvenzverwalter als gesetzlichen Vertreter der Schuldner behandelt, nicht haltbar ist, weil der Pfandbrieftreuhänder kein Vertreter der Pfandbriefgläubiger ist. Die Organtheorie, die die Masse zum Rechtssubjekt macht und den Insolvenzverwalter als Organ der Masse betrachtet, scheidet ebenfalls aus. Denn die Deckungsmasse der Pfandbriefe ist kein Rechtsträger. Daher ist der Pfandbrieftreuhänder nicht Organ der Deckungsmasse und vertritt diese auch nicht. Wegen der wenig aussagenden Kraft sind diese Meinungen nicht näher zu vertiefen.

b. Pfandbrieftreuhänder als Partei kraft privaten Amtes

Der Pfandbrieftreuhänder kann dagegen als Partei kraft privaten Amtes angesehen[1540] und in diesem Sinne mit dem Insolvenzverwalter, Zwangsverwalter[1541] oder mit dem Testamentsvollstrecker[1542] verglichen werden. Nach dieser Theorie, auch Amtstheorie genannt, handelt der Insolvenzverwalter kraft des ihm übertragenen Amtes in eigenem Namen. Mit unmittelbarer Wirkung nach außen für und gegen den Gemeinschuldner übt er die Verwaltungs- und Verfügungsbefugnis

---

1536 *Rittner*, (1962), 20; *Praxl*, (1966), 132. Nach *Wąsowicz* (Rejent 1998, 21) übt der Treuhänder aber einen freien Beruf aus.

1537 Hauptvertreter *Heinze*, KTS 1980, 1, 7ff.; Schmidt, KTS 1984, 345 ff.; *Schulz*, KTS 1986, 389, 404 ff.; *Hess/Pape*, (1995), Rn. 620.

1538 *Bötticher*, ZZP 71 (1958), 314, 318 ff.; *ders.*, ZZP 77 (1964), 55 ff.; *Erdmann*, KTS 1967, 87, 88 ff.; *Stürner*, ZZP 94 (1981), 263, 286 ff.

1539 RG 30.3.1892, RGZ 29, 29, 36 f.; BGH 24.06.1957, BGHZ 24, 393; 29.5.1961, BGHZ 35, 180, 181 f.; 2./3.12.1968, BGHZ 51, 125, 128 f.; *Häsemeyer*, (2003), 334 - 337; *Uhlenbruck* (*-Uhlenbruck*), (2003), § 80 InsO Rn. 53.

1540 *Barlet/Karding/Fleischmann*, (1964), § 29 HBG Anm. 7; *Bellinger/Kerl*, (1995), § 29 HBG Rn. 6; im Ergebnis auch *Praxl*, (1966), 113 f., 143 f.; andere verfolgen dieselbe These, wählen jedoch einen anderen Begriff als die Partei kraft „Amtes", weil auch ein Vertreter, was der Treuhänder aber nicht ist, ein Amt habe; daher die bloße Widergabe als „Treuhänder" von *Kipp/Coing* ((1990) § 66 III); man hält den Begriff der „Partei kraft gesetzlicher Treuhand" für angebrachter; *Baumbach*(*-Lauterbach*), (2005), Grdz § 50 ZPO Rn. 9; zum Begriff der Partei kraft Amtes *von Spreckelsen*, (1927), 95 ff.

1541 Zum Zwangsverwalter vgl. §§ 150 ff. des Gesetzes über die Zwangsversteigerung und Zwangsverwaltung (ZVG) vom 24.3.1897 (RGBl. 1897, 97), zuletzt geändert durch Art. 10 des Ersten Justizmodernisierungsgesetzes vom 24.8.2004 (BGBl. 2004 I 2198).

1542 Zum Testamentsvollstrecker vgl. §§ 2197 BGB.

über die Insolvenzmasse aus. Diese Theorie stützt sich auf die gesetzliche Regelung des § 116 ZPO.

Auch der Pfandbrieftreuhänder nimmt kraft des ihm übertragenen Amtes die ihm gesetzlich auferlegten Aufgaben im eigenen Namen, aber im fremden Interesse wahr. Ihm steht die Prozessführungsbefugnis zu. Er ist insbesondere befugt, Erinnerung nach § 766 ZPO sowie auch die Widerspruchsklage nach § 771 ZPO erheben zu können. Ihm stehen damit auch Rechte und Ansprüche zu, die sich daraus ergeben, dass Dritte vertragliche Verfügungssperren oder Verwahrungspflichten zugunsten der Deckung verletzten.[1543] Für die Amtstheorie sprechen zudem das Handeln in eigenem Namen, seine Bestellung und Abberufung durch eine staatliche Behörde, der gesetzlich verankerte Vergütungsanspruch, die Nichtträgerschaft eines öffentlichen Amtes und die mit sich ziehende Haftung.[1544]

Vergleicht man aber die Partei kraft Amtes im Sinne des Pfandbrieftreuhänders mit der im Sinne des Insolvenzverwalters, so ist eine Differenzierung notwendig, denn zwischen dem Amt des Insolvenzverwalters und dem des Pfandbrieftreuhänders gibt es erhebliche Unterschiede, die sich in erster Linie aus dem Aufgaben- und Befugnisbereich ergeben. Auf Unterschiede weisen bereits verschiedene Bezeichnungen (Treuhänder und Verwalter) hin. Eine weitgehende Gleichbehandlung dieser Rechtsfiguren ist daher nicht möglich. Zwar vertritt der Pfandbrieftreuhänder, wie der Insolvenzverwalter fremde Interessen. Während aber der Insolvenzverwalter ein Amtsinhaber mit einer Verwaltungs- und Verfügungsaufgabenerfüllung ist, ist der Pfandbrieftreuhänder lediglich ein Amtsinhaber mit einer Überwachungsfunktion im Sinne einer Kontroll- und Mitwirkungsaufgabenerfüllung.[1545] Der Treuhänder ist nicht befugt, über das Sondergut (Pfandbriefdeckungsmasse) zu verfügen und hat auch keine Verpflichtungsmacht für den Rechtsträger des Sonderguts (der Hypothekenbank). Er hat „nur" Kontroll- und Mitwirkungsrechte. Während der Pfandbrieftreuhänder unabhängig ist, unterliegt der Insolvenzverwalter dem Insolvenzgericht, das berechtigt ist, ihm verbindliche Anweisungen zu erteilen.[1546] Das Insolvenzgericht kann dem Insolvenzverwalter zudem ein Zwangsgeld auferlegen, wenn dieser seinen Pflichten nicht nachkommt.[1547] Im Unterschied zu der fehlenden Entscheidung des Insolvenzverwalters kann bei einer fehlenden Zustimmung des Treuhänders zudem keine schwebende Unwirksamkeit angenommen werden.[1548] Ferner ist die Vergütung für beide zwar *expressis verbis* in speziellen Gesetzen (§ 34 HBG; § 63 InsO) geregelt, jedoch unterschiedlich gestaltet. Im Unterschied zum Pfandbrief-

---

[1543] *Bellinger/Kerl*, (1995), § 29 HBG Rn. 6.

[1544] Zur Übereinstimmung der Begriffsmerkmale der Amtstheorie mit dem Pfandbrieftreuhänder *Praxl*, (1966), 110 f.; zu Abweichungen *ders.*, 112.

[1545] Vgl. *Michael*, (1948), 12 f.

[1546] § 58 Abs. 1 InsO.

[1547] Vgl. § 58 Abs. 2 InsO.

[1548] Hierzu S. 319 f.

treuhänder wird die Höhe der Vergütung des Insolvenzverwalters nicht von einer Behörde festgesetzt, sondern gemäß § 64 Abs. 1 InsO in einem Beschluss des Insolvenzgerichts.[1549] Schließlich wird der Insolvenzverwalter auch nicht durch Verwaltungsakt, sondern durch einen gerichtlichen Beschluss bestellt.[1550]

Ohne auf diese Unterschiede abzustellen, muss man der Theorie der Partei kraft Amtes, diese aber in die Form des Pfandbrieftreuhänders abgewandelt, zustimmen. Die Unterschiede, insbesondere in der Verwaltungs- und Verfügungsmacht sind nicht maßgebend und können lediglich zwecks der Untergliederung innerhalb der Amtstheorie verwendet werden. Die „Amtstheorie" ist dagegen als Oberbegriff für beide Rechtsinstitute zu betrachten.[1551] Eine Variante der Amtstheorie stellt ferner die Zweckpersontheorie dar.

c. Pfandbrieftreuhänder als Zweckperson

Der Pfandbrieftreuhänder ist wegen eines bestimmten Zwecks geschaffen worden. Um diesen Zweck zu erfüllen, wurden ihm bestimmte Aufgaben zugeordnet und Befugnisse übertragen. Aufgrund seiner besonderen Rechtsstellung kann der Treuhänder auch als eine Art „Zweckperson" angesehen werden.[1552] Sein Amt ist in objektiver Sicht zu erblicken. Die Zweckperson ist eine Art private Person in höherer Stellung. Seine Handlung als Amtsträger ist von seiner Handlung als private Person zu unterscheiden. Darunter fällt auch die Ansicht, die die „bloße" Zweckperson in die Zweckperson *sui generis* umbenennt, weil es aufgrund der besonderen Stellung der Zugabe *sui generis* bedürfte.[1553] Diese Bezeichnung ist aber überspitzt und daher auch nicht erforderlich. Da schon der Begriff „Zweckperson" auf eine gesonderte Rechtsinstitution hinweist, sollte man auf diesen Zusatz verzichten.[1554] Als Alternative könnte auch der Begriff „Person *sui generis*" verwendet werden.

[1549] Nach § 63 InsO hat der Insolvenzverwalter einen Anspruch auf angemessene Vergütung für seine Geschäftsführung. Gegen den Beschluss des Gerichts steht ihm nach § 64 Abs. 3 S. 1 InsO die sofortige Beschwerde zu. Voraussetzung hierfür ist nach §§ 64 Abs. 3 S. 2 InsO iVm 567 Abs. 2 ZPO, dass der Beschwerdewert 100 € übersteigt; hierzu *Braun(-Kind)*, (2004), § 64 InsO Rn. 13; zu weiteren Beschwerdemöglichkeiten *Binz/Hess*, (2004), Rn. 3489 - 3491.

[1550] *Uhlenbruck(-Uhlenbruck)*, (2003), § 56 InsO Rn. 84.

[1551] *Praxl*, (1966), 112 f.

[1552] *Gunz*, (1903), 104 f.

[1553] *Dannenbaum*, (1928), § 29 HBG Anm. 1 f.

[1554] *Praxl*, (1966), 108.

5. Nachfolger des Pfandbrieftreuhänders

Die dem Pfandbrieftreuhänder nachgebildeten Rechtsfiguren finden sich heute im SchBkG und im VAG wieder.[1555]

a. Treuhänder nach dem Schiffsbankgesetz

Die wahrheitsgetreueste Kopie des Pfandbrieftreuhänders stellt der Treuhänder nach SchBkG dar.[1556] Der Aufgabenbereich beider Treuhänder ist sehr ähnlich und besteht in der Überwachung der vorschriftsmäßigen Pfandbriefdeckung.[1557] Während aber der Treuhänder nach dem SchBkG für die vorschriftsmäßige Deckung der Schiffspfandbriefe die Sorge zu tragen hat, kontrolliert der Pfandbrieftreuhänder die Deckungsmasse der von den privaten Hypothekenbanken ausgegebenen Hypothekenpfandbriefe und öffentlichen Pfandbriefe. Die Bestellung und Abberufung beider Treuhänder weisen auch keine Unterschiede auf.[1558] Auch alle anderen im SchBkG enthaltenen Regelungen sind dem HBG fast identisch.[1559] Demnach ist die Rechtsstellung beider Treuhänder, trotz des Fehlens des im SchBkG ausdrücklich geregelten Weisungsverbots,[1560] gleich.[1561] Die Ausführungen zum Pfandbrieftreuhänder gelten daher auch für den Treuhänder nach dem SchBkG.

b. Treuhänder nach dem Versicherungsaufsichtsgesetz

Zum Nachfolger des Pfandbrieftreuhänders gehört auch der Treuhänder nach dem VAG. Beide weisen viele weitgehende Ähnlichkeiten auf. Die Aufgaben des Treuhänders nach dem VAG sind gesetzlich festgeschrieben; diese können aber im Unterschied zu dem Pfandbrieftreuhänder durch die Aufsichtbehörde näher

---

[1555] Dazu kann auch der Treuhänder nach § 7 Abs. 5 DSLBUmwG zugerechnet werden. Er wird durch die BaFin bestellt und hat darauf zu achten, dass die Ausgabe, Verwaltung und Deckung der Schuldverschreibungen den gesetzlichen und satzungsmäßigen Bestimmungen und den Anleihebedingungen entsprechen. Seine Aufgaben stimmen also mit den des Pfandbrieftreuhänders überein. § 7 Abs. 5 S. 3 DSLBUmwG stellt zudem klar, dass § 29 Abs. 2, 3; §§ 30 - 34 HBG entsprechend gelten; zu anderen, nicht mehr bestehenden, dem Pfandbrieftreuhänder ähnlichen Treuhändern *Praxl*, (1966), 134.

[1556] Hierzu *Praxl*, (1966), 134 f.

[1557] Vgl. § 29 und § 34 SchBkG; § 30 HBG.

[1558] Vgl. § 28 Abs. 1 SchBkG; § 29 Abs. 1 f. HBG.

[1559] Vgl. § 28 Abs. 2 SchBkG - § 29 Abs. 3 S. 1 HBG; § 30 SchBkG - § 31 HBG; § 31 SchBkG - § 32 HBG; § 32 SchBkG - § 33 HBG; § 33 SchBkG - § 34 HBG.

[1560] Vgl. § 29 Abs. 3 S. 2 HBG.

[1561] *Praxl*, (1966), 135.

bestimmt werden.[1562] Gesetzlich ist er zur Überwachung des Sicherungsvermögens verpflichtet und hat besonders die Bestände des Sicherungsvermögens unter Mitverschluss des Versicherungsunternehmens zu verwahren.[1563] Er darf diese Bestände nur herausgeben, soweit es gesetzlich gestattet ist.[1564] Die Verfügung über das Sicherungsvermögen kann nur mit schriftlicher Zustimmung des Treuhänders erfolgen.[1565] Soll ein Gegenstand im Vermögensverzeichnis gelöscht werden, so genügt es, dass der Treuhänder neben oder unter den Löschungsvermerk seinen Namen schreibt.[1566] Ferner bestätigt der Treuhänder in einer Bilanz, dass das Sicherungsvermögen vorschriftsmäßig angelegt und aufbewahrt ist.[1567] Zur Erfüllung seiner Aufgaben steht ihm das Recht zu, Bücher und Schriften einzusehen.[1568] Bei Streitigkeiten mit dem Versicherungsunternehmen entscheidet die Aufsichtsbehörde.[1569] Weiterhin steht ihm ein Stellvertreter zur Seite.[1570] Eine angemessene Vergütung und die Erstattung von Auslagen erhält er aber von dem Versicherungsunternehmen.[1571] Im Unterschied zu dem Pfandbrieftreuhänder wird er von dem Aufsichtsrat bzw. von dem Vorstand der Versicherungsgesellschaft bestellt.[1572] Der Treuhänder nach dem VAG wird also regelmäßig privatrechtlich und nicht durch Verwaltungsakt bestellt.[1573] Die Bestellung muss aber von der Aufsichtsbehörde akzeptiert werden.[1574] Die Voraussetzungen zur Bestellung des Treuhänders nach dem VAG sind nicht gesetzlich, sondern durch die Aufsichtbehörde bestimmt und stimmen mit den zur Bestellung des Pfandbrieftreuhänders überein.[1575]

Die Rechtsstellung dieses Treuhänders ist auch problematisch.[1576] Anhaltspunkte dafür, dass der Treuhänder ein Organ des Unternehmens ist oder dass zwischen ihm und dem Unternehmen ein Vertragsverhältnis vorliegt, könnten die Bestellung sowie die Vergütung sein. Aufgrund der Unabhängigkeitsstellung ist jedoch festzuhalten, dass der Treuhänder nach dem VAG weder ein Organ des

---

1562 Vgl. 72 Abs. 1 Hs. 2 VAG.

1563 Vgl. § 72 Abs. 2 VAG; § 31 Abs. 1 HBG.

1564 § 72 Abs. 2 S. 2 *in fine* VAG verweist hier explizit auf die entsprechende Anwendung des § 31 Abs. 2 und 3 HBG.

1565 Vgl. § 72 Abs. 1 und 3 Hs. 1 VAG; § 30 Abs. 4 S. 1 f. HBG.

1566 Vgl. § 72 Abs. 3 Hs. 2 VAG; HBG; § 30 Abs. 4 S. 2 Hs. 2 HBG.

1567 Vgl. 73 VAG; bestimmte Parallelen lassen sich hier zu § 30 Abs. 3 S. 1 HBG ziehen.

1568 Vgl. § 74 VAG; § 32 Abs. 1 HBG.

1569 Vgl. § 75 VAG; § 33 HBG.

1570 Vgl. § 70 S. 1 VAG; § 29 Abs. 1 HBG.

1571 Vgl. § 104 Abs. 2 S. 8 VAG; *Ehrlichmann*, (1933), 16.

1572 Vgl. § 71 Abs. 1 VAG.

1573 Hierzu *Praxl*, (1966), 135.

1574 Hat diese gegen die Bestellung Bedenken, so kann sie binnen einer angemessenen Frist eine neue Bestellung verlangen. Unterbleibt dies oder bestehen anderweitige Bedenken, so kann die Aufsichtbehörde den Treuhänder selbst bestellen; vgl. § 71 Abs. 2 S. 2 f. VAG

1575 Hierzu *Praxl*, (1966), 135 f.

1576 Zu dem älteren Schrifttum und der Rechtsprechung *Praxl*, (1966), 136.

Unternehmens[1577] ist noch mit diesem im Vertragsverhältnis steht.[1578] Im Verhältnis zu den Versicherten kann ferner keine Vertretung nach §§ 164 ff. BGB angenommen werden. Diese Annahme scheitert nicht nur an einer fehlenden Vertretungsmacht, sondern auch an der fehlenden Mitwirkung der Versicherten an seiner Bestellung sowie Abberufung.[1579] Die Vertretung für die Versicherten mit gesetzlich erteilter Vertretungsmacht ist ebenfalls abzulehnen.[1580]

Der Treuhänder nach dem VAG könnte als Hilfsperson der Aufsichtsbehörde angesehen werden. Trotz vieler Bedenken, die sich aus der Benennung und der Streitentscheidungsbefugnis durch die Aufsichtsbehörde ableiten können, ist er aber keine staatliche Person. Er nimmt die Interessen der Versicherten, nicht die der Behörde wahr. Seine parteiliche Einstellung ist demnach eine ganz andere als die einer Behörde.[1581] Zudem sind die Aufgabenwahrnehmungen beider Institutionen ganz verschieden.[1582] Zuletzt spricht § 75 VAG dafür, dass der Treuhänder keine staatliche Person ist, denn ansonsten hätte dieser selbst hoheitliche Befugnisse und müsste nicht die Entscheidung der Behörde bei einem Streit abwarten.

Der Treuhänder nach dem VAG ist weder ein Angestellter der Aufsichtsbehörde noch der Versicherungsgesellschaft.[1583] Aufgrund seiner Bestellung wird dieser als Person bezeichnet, das bestimmte schuldrechtliche Berechtigungen in fremden Namen ausübt.[1584] Vertreten wird demnach, dass der Treuhänder nach dem VAG eine originäre, vom Gesetzgeber als eine mit Eigenrechten, den Insolvenzverwaltern und Testamentsvollstreckern zwar ähnliche, aber nicht gleich zu betrachtende Person ist, weil diese Vermögensmassen verwalten und auf diese einwirken können. Dieser Treuhänder übt nur Überwachungsfunktionen im privatrechtlichen Sinne aus.[1585] Daher ist er ebenfalls als Partei kraft privaten Amtes anzusehen.[1586]

Festzustellen ist, dass die Regelungen des VAG hinsichtlich der Treuhänderstellung mit vielen des HBG vergleichbar, fast identisch, sind. Insbesondere ist die Rechtsnatur der Aufgaben beider Treuhänder gleichartig. Beide sind

[1577] *Ehrlichmann*, (1933), 17 ff.; *Fahr/Kaulbach/Bähr(-Kaulbach)*, (2003), § 71 VAG Rn. 2.
[1578] *Ehrlichmann*, (1933), 18 f.; für die Annahme eines Dienstvertrags zwischen dem Treuhänder und dem Unternehmen aber *Fahr/Kaulbach/Bähr(-Kaulbach)*, (2003), § 71 VAG Rn. 2.
[1579] Hierzu *Ehrlichmann*, (1933), 12 f.
[1580] *Ehrlichmann* ((1933), 13 f.), der diese Anmerkungen aus dem Hypothekenbankrecht nimmt und auf den Versicherungsfall angewendet sehen möchte.
[1581] *Ehrlichmann*, (1933), 22.
[1582] *Ehrlichmann*, (1933), 22 f.
[1583] *Liebich/Mathews*, (1983), 469.
[1584] *Hecht* (Enzyklopädie (1904), 1079, 1091) schlägt diese Definition auch für den Treuhänder nach dem HBG vor; *Lobscheid*, VersR 1956, 462, 463.
[1585] Zutreffend *Ehrlichmann*, (1933), 26 - 33.
[1586] Dazu *Praxl*, (1966), 137 f.

weder Vertreter der Gläubiger bzw. der Versicherten noch eine staatliche Person und genießen eine unabhängige Stellung. Kleine Unterschiede in der Bestellung ändern nichts an ihrer Rechtsnatur. Beide nehmen keine wirtschaftliche Aufgabe wahr und sind Überwachungstreuhänder.

6. Ergebnis

Der Pfandbrieftreuhänder ist ein öffentlich bestellter und gesetzlich geregelter Überwachungstreuhänder. Er ist eine Art Zweckperson zur Sicherung der Pfandbriefgläubiger, die eine gewisse Überwachungsfunktion gegenüber den Deckungswerten wahrnimmt, ohne aber dem behördlichen Aufbau anzugehören oder einen Beruf auszuüben. Der Pfandbrieftreuhänder ist mit anderen Rechtsinstituten vergleichbar, aber mit diesen nicht gleich. Seine wahrheitsgetreueste Kopie stellt der Treuhänder nach dem SchBkG dar. Verwandt ist er auch mit dem Treuhänder nach dem VAG. Der Pfandbrieftreuhänder hat eine einmalige Stellung und ist ein eigenes festes Rechtsinstitut, eine Art Person *sui generis*, für die es sich empfiehlt, einen neuen Begriff zu wählen; möglicherweise einfach „Pfandbrieftreuhänder“.

3. KAPITEL

Aussicht

§ 12. Deutscher Entwurf des Pfandbriefgesetzes

I. Einführung

1. Grund des Entwurfes

Die Bundesregierung hat am 13. Oktober 2004 den Entwurf eines Gesetzes zur Neuordnung des Pfandbriefrechtes (PfandBG-E) beschlossen.[1587] Unmittelbarer Anlass hierfür ist die Verpflichtung der deutschen Regierung, die bestehende wettbewerbswidrige Beihilferegelung staatlicher Haftung für öffentliche Kreditinstitute in Deutschland an die Erfordernisse der Beihilferegeln des EGV anzupassen. Insoweit ist hier nur daran zu erinnern, dass die Europäische Kommission die Gewährträgerhaftung und die Anstaltslast der deutschen öffentlichrechtlichen Kreditinstitute als mit dem EU-Recht unvereinbar bezeichnet und deshalb Deutschland aufgefordert hat, die Rechtslage zu ändern.[1588] Dafür wurde eine vierjährige Übergangsfrist vorgesehen, die am 18. Juli 2005 abläuft. Mit Ablauf dieser Frist muss das Haftungssystem der öffentlichrechtlichen Kreditinstitute dem der privaten Banken entsprechen. Die Umsetzung dieses Erfordernisses hat den Wegfall der Gewährträgerhaftung und die Modernisierung der Anstaltslast zur Folge und bedeutet, dass sich die öffentlichrechtlichen Pfandbriefemittenten damit weder auf die Gewährträgerhaftung noch die Anstaltlast als zusätzliche Sicherheit für die von ihnen ausgegebenen Pfandbriefe berufen können.

2. Ziele des Entwurfes

Damit die öffentlichrechtlichen Kreditinstitute weiterhin das Pfandbriefgeschäft betreiben können, ohne die hohe Sicherheit der deutschen Pfandbriefe zu beein-

---

[1587] BT-Drs. 15/4321.
[1588] Hierzu S. 124 ff.

trächtigen, sollen sie bestimmte Mindestanforderungen zum Schutz des Pfandbriefgeschäfts einhalten. Diese sind im HBG derzeit nur für private Hypothekenbanken vorgesehen. Das primäre Ziel des neuen Gesetzes ist es also, gleiche Bedingungen der Pfandbriefausgabe für alle Pfandbriefemittenten zu schaffen. Als Maßstab gelten die jahrelang bewährten Regelungen für Hypothekenbanken. Gleichzeitig sollte das Pfandbriefgeschäft allen Kreditinstituten ermöglicht werden, die diese gesetzlichen Mindestanforderungen erfüllen und von der BaFin eine Erlaubnis zur Pfandbriefbegebung erhalten.

Darüber hinaus enthält der Entwurf verschiedene andere Änderungsvorschläge. Sie gehen auf eine jahrelange Handhabung in der Praxis zurück und sollen jetzt gesetzlich verankert werden. Hierdurch soll die bisherige Qualität des Pfandbriefes weiter verbessert werden und das darauf gegründete außerordentliche Vertrauen der Investoren eine zusätzliche Stütze erhalten.

Für den deutschen Pfandbrief soll im Ergebnis auf dem internationalen Markt eine bessere Werbung ermöglicht werden, die den Emittenten günstige Möglichkeiten der Refinanzierung verschafft. Zudem sollen die Vorgaben für die Pfandbriefemission modernisiert und den Marktgegebenheiten sowie den veränderten Rahmenbedingungen angepasst werden. Dies soll die Solidarität und Stabilität des deutschen Finanzplatzes stärken.

Um eine einheitliche Regelung im gesamten Bundesgebiet zu erreichen ist der Entwurf als Bundesgesetz vorgesehen.[1589] Das endgültige Pfandbriefgesetz wird voraussichtlich am 19. Juli 2005 in Kraft treten.

II. Wesentliche Änderungen

Der PfandBG-E orientiert sich an dem HBG. Viele Regelungen daraus werden wörtlich übernommen. Der Entwurf sieht aber verschiedene Änderungen. Diese haben teilweise grundlegenden Charakter; teilweise betreffen sie Einzelheiten. Ihre erschöpfende Darstellung ist im Rahmen dieser Untersuchung nicht möglich. Sie wäre auch wenig zweckmäßig, weil sich im Gesetzgebungsverfahren noch Änderungen ergeben können. Die folgende Darstellung beschränkt sich daher auf wesentliche Neuregelungen.

[1589] Die Gesetzgebungskompetenz des Bundes dazu ergibt sich vor allem aus Art. 74 Abs. 1 Nr. 11 GG (Recht der Wirtschaft) und Art 74 Abs. 1 Nr. 1 GG (Strafrecht, Gerichtsverfassung und gerichtliches Verfahren); vgl. BT-Drs. 15/4321, 26 Nr. 2.

1. Aufgabe des Spezialbankprinzips

Nach dem neuen Entwurf kann jede deutsche Kreditanstalt, die die gesetzlichen Mindestanforderungen hinsichtlich der Pfandbriefsicherheit erfüllt, das Pfandbriefgeschäft betreiben. Die Ausdehnung der Befugnis zur Pfandbriefemission auf alle Kreditinstitute hat zur Folge, dass das Spezialbankprinzip, das seit dem Inkrafttreten des HBG in einer allerdings nicht reinen Form gilt, aufgegeben wird. Zukünftig soll grundsätzlich jede deutsche Universalbank in der Lage sein, ihre Aktivgeschäfte durch die Pfandbriefausgabe zu refinanzieren.

2. Erlaubnis zur Pfandbriefemission

Nach § 2 Abs. 1 PfandBG-E muss jedes Kreditinstitut, das seinem Sitz in Deutschland hat und ein Pfandbriefgeschäft tätigen will, zunächst eine schriftliche Erlaubnis der BaFin nach § 32 KWG einholen. In diesem Zusammenhang wird das Pfandbriefgeschäft als Bankgeschäft im Sinne des § 1 Abs. 1 S. 2 Nr. 1a KWG definiert.[1590] Um die Erlaubnis zum Pfandbriefgeschäft zu erhalten, muss das Kreditinstitut zusätzlich die in
§ 2 Abs. 1 S. 2 Nr. 1 - 5 PfandBG-E bestimmten Voraussetzungen erfüllen. Diese sind im Vergleich zu den in §§ 32 ff. KWG geregelten Voraussetzungen enger gefasst. Danach muss das Kreditinstitut:

- über ein Kernkapital von mindestens 25. Mio. € verfügen,[1591]
- die Erlaubnis für das Kreditgeschäft im Sinne des § 1 Abs. 1 S. 2 Nr. 2 KWG haben und dieses Geschäft voraussichtlich betreiben,
- über geeignete Regelungen und Instrumente im Sinne des § 27 PfandBG-E zur Steuerung, Überwachung und Kontrolle der Risiken für die Deckungsmassen und das darauf gegründete Emissionsgeschäft verfügen,[1592]
- der BaFin einen genauen Geschäftsplan vorlegen, aus dem hervorgehen muss, dass das Kreditinstitut das Pfandbriefgeschäft regelmäßig und nachhaltig betreiben wird[1593] und dass ein dafür erforderlicher organisatorischer Aufbau vorhanden ist[1594] und zuletzt

---

[1590] Da das KWG das Pfandbriefgeschäft bislang nicht als Bankgeschäft angesehen hat, konnte dies lediglich als bankübliches Geschäft klassifizieren werden; vgl. S. 122.
[1591] Zur Feststellung des Kernkapitals gilt § 10 Abs. 2 a S. 1 Nr. 1 - 7 KWG.
[1592] Dieses resultiert aus dem erforderlichen Vertrauen der Anleger; vgl. BT-Drs. 15/4321, 29 Zu § 2.
[1593] Es ist jedoch nicht notwendig, dass ein regelmäßiges Mindestemissionsvolumen innerhalb festgelegter Zeiträume besteht. Ansonsten ist das regelmäßige und nachhaltige Betreiben erforderlich. Nachhaltigkeit bedeutet in diesem Sinne, dass sich das Pfandbriefgeschäft selbst dauerhaft trägt; vgl. BT-Drs. 15/4321, 29 Zu § 2.
[1594] Diese Voraussetzung gilt als Ergänzung des Geschäftsplans nach § 32 Abs. 1 Nr. 5 KWG.

- die Ausstattung und den organisatorischen Aufbau haben, die abhängig von der Reichweite der Erlaubnis, den künftigen Pfandbriefemissionen sowie dem Immobilienfinanzierungs-, Staatsfinanzierungs-, oder Schiffsfinanzierungsgeschäft angemessen Rechnung tragen.

Darüber hinaus müssen die Geschäftsleiter über ausreichende theoretische und praktische Kenntnisse im Hypothekar-, Kommunal-, oder Schiffskreditgeschäft und dessen Refinanzierung verfügen.[1595] Das Kreditinstitut hat im Rahmen des Erlaubnisverfahrens nachzuweisen, dass es alle diese Mindestanforderungen erfüllt.

Die Erlaubnis kann aufgehoben werden, wenn die Voraussetzungen des § 35 Abs. 2 KWG erfüllt sind, wenn die Voraussetzungen des § 2 Abs. 1 S. 2 PfandBG-E entfalten sind oder wenn der Pfandbriefemittent seit mehr als zwei Jahren keine Pfandbriefe mehr begeben hat und nicht zu erwarten ist, dass er das Pfandbriefgeschäft innerhalb der nächsten sechs Monate als regelmäßig und nachhaltig betriebenes Geschäft wieder aufnimmt (§ 2 Abs. 2 PfandBG-E).

3. Aufsicht der BaFin

Neben der erforderlichen Einholung der Erlaubnis der BaFin unterliegt der Pfandbriefemittent auch deren besonderer Aufsicht. Im Rahmen dieser Aufsicht ist die BaFin befugt, alle Anordnungen zu treffen, die geeignet und erforderlich sind, um u.a. das rechtmäßige Pfandbriefgeschäft zu gewährleisten Dazu kann sie stichprobenmäßig Kontrollen durchführen, um die Deckung der Pfandbriefe zu überprüfen; eine derartige Prüfung sollte in der Regel nach jeweils zwei Jahren erfolgen (§ 3 PfandBG-E). Im Ausnahmefall kann die BaFin auch von der zeitlichen Grenze von zwei Jahren abweichen. Die Interessen des Kreditinstituts sind dabei jedoch nicht außer Acht zu lassen.[1596]

4. Gewerbefreiheit und einheitliche Wettbewerbsbedingungen

An der Beschränkung der Bankgeschäfte für Pfandbriefemittenten soll nicht mehr festgehalten werden. Von der bisher enumerativen Aufzählung der erlaubten Geschäfte sieht der Entwurf ab.[1597] Den privaten reinen Pfandbriefemittenten soll erlaubt werden, alle Bankgeschäfte zu betreiben. Das bedeutet für diese eine

---

[1595] Vgl. § 2 Abs. 1 S. 4 PfandBG-E iVm § 33 Abs. 2 S. 1 KWG.

[1596] Vgl. BT-Drs. 15/4321, 30 Zu § 3. Dabei ist die Rechtsgrundlage für diese Prüfung § 44 Abs. 1 S. 2 KWG.

[1597] Das betrifft § 5 Abs. 1 Nr. 2, 2 b - 7; § 5 Abs. 3 f. HBG.

erhebliche Erweiterung ihres bisherigen Geschäftsrahmens. Die deutschen Hypothekenbanken werden ihren Kunden Leistungen im deutlich größeren Umfang anbieten können. Eine Spezialisierung wird dagegen nicht vorgeschrieben. Sie ist daher der marktwirtschaftlichen Strategie des jeweiligen Pfandbriefemittenten überlassen. Die privatrechtlichen Kreditinstitute, die keine Hypothekenbanken sind, dagegen sollen nunmehr eine Möglichkeit des unmittelbaren Zugangs zu dem Pfandbriefgeschäft erhalten. Diese Änderung spricht allen Banken die Gewerbefreiheit zu und schafft einheitliche Wettbewerbsbedingungen für alle Kreditinstitute.

5. Wegfall sonstiger Beschränkungen

Der Entwurf verzichtet auf eine Übernahme solcher Vorschriften des HBG, die sich als entbehrlich erwiesen haben. Das trifft zunächst die Beschränkung der zulässigen Rechtsform von Pfandbriefemittenten. Nach § 2 HBG dürfen die Hypothekenbanken nur in der Rechtsform der Aktiengesellschaft und der der Kommanditgesellschaft auf Aktien betrieben werden. Ursprünglicher Zweck dieser Regelung war es, die Sicherheit der Pfandbriefe im Hinblick auf lange Tilgungszeiten vor einer nachträglichen Minderung des Eigenkapitals des Pfandbriefemittenten zu schützen. Aufgrund der Vorschriften über das Mindestkapital der Kreditinstiute (§ 10 KWG) und wegen deren laufender Überwachung durch die BaFin hat diese Beschränkung ihre Bedeutung verloren.[1598] Pfandbriefemittenten sollen also zukünftig - mit Ausnahme von der Rechtsform des Einzelkaufmannes (§ 2 a Abs. 1 KWG) - in jeder Rechtsform auf dem Markt auftreten können.

Aus denselben Gründen verzichtet der Entwurf auf die bisherige Pfandbriefumlaufgrenze.[1599] Nicht in den PfandBG-E aufgenommen worden sind im Übrigen diejenigen Vorschriften des HBG, die mittlerweile Eingang in andere Gesetze, insbesondere das BGB erhalten haben, und deren besondere Regelung auch in dem neuen Gesetz nicht als erforderlich angesehen wurde.[1600]

6. Transparenzregelungen

Um den Investoren eine bestmögliche Einschätzung der Risiken zu ermöglichen, legt der PfandBG-E besonderen Wert auf die Transparenz des Pfandbriefgeschäftes. Spezielle Publikationspflichten werden allen Pfandbriefemittenten nach

---

[1598] BT-Drs. 15/4321, 27.

[1599] Vgl. § 7; § 46 Abs. 2 HBG; § 7 SchBkG.

[1600] Verzichtet wird auf § 9 Abs. 1 und 2; §§ 14 - 19; § 20 Abs. 1 S. 2 und 3, Abs. 2; § 21 und § 21a HBG; BT-Drs. 15/4321, 28.

§ 28 PfandBG-E gleichermaßen auferlegt. Diese sind im Vergleich zu § 28 HBG (§ 26 SchBkG) inhaltlich ausgeweitet worden. Dies dient der Transparenz der Deckungsmassen. Danach müssen die Pfandbriefemittenten über die Zusammensetzung und Qualität der Deckungsmassen quartalsweise öffentlich informieren. Nach § 28 Abs. 1 PfandBG-E sind sie insbesondere verpflichtet, für den jeweiligen Gesamtbetrag aller Pfandbriefsarten über die entsprechende Deckung in Höhe des Nenn- und Barwerts einschließlich der Barwerte nach dem Stresstest zu unterrichten. Ihre öffentliche Bekanntmachung umfasst ferner Informationen über die Laufzeitstrukturen der Pfandbriefe sowie der Deckungswerte. Am Quartalsende sind auch Angaben über den Anteil der Derivate an den Deckungsmassen bekannt zu geben. Diese für alle Pfandbriefe geltende Regelung wird ergänzt durch die Vorschriften für die verschiedenen Arten der Pfandbriefe, um so das Erfordernis einer Information über die regionale und betragsmäßige Verteilung der Deckungswerte und Leistungsrückstände. Andere für die Pfandbriefsicherheit relevante Informationen sind zusätzlich im Anhang des Jahresabschlusses aufzuführen.[1601] Ab dem 1. Januar 2007 sollen die Pfandbriefemittenten zusätzlich Angaben der Vorjahreswerte mitteilen, um einen Vergleich der Ergebnisse zu ermöglichen.[1602]

All diese Transparenzanforderungen dienen dem Informationsbedürfnis der Pfandbriefgläubiger. Obwohl dies teilweise als vergleichsweise aufwendig und ohne besonderen Nutzen für die Marktteilnehmer betrachtet wird,[1603] sprechen sich Stimmen in der Praxis ausdrücklich für die Transparenz und damit eine kurze Berichtserstattung im Quartal aus, da hierdurch das Vertrauen der Investoren gestärkt und ein unverhältnismäßiges Aufwand nicht befürchtet wird.[1604] Einzelne Pfandbriefemittenten erfüllen diese Anforderungen heute bereits gegenüber den Rating-Agenturen.[1605]

7. Begriffliche Änderung und Begriffsbestimmung

Während der über einhundertjährigen Geltung des HBG sind manche Begriffe, die der Gesetzestext noch heute enthält, obsolet geworden; andere hingegen haben wegen gesetzlichen Änderungen an Bedeutung verloren. Der PfandBG-E modernisiert diese Begriffe und passt sie dem heutigen Sprachgebrauch an. Zudem wird in § 1 Abs. 1 PfandBG-E der Inhalt der wichtigsten Begriffe bestimmt. Als Folge des neuen Anwendungsbereichs wird die Hypothekenbank in Pfandbriefbank unbenannt und als Kreditinstitut definiert, dessen Geschäftsbetrieb das Pfandbrief-

---

1601 Vgl. § 28 Abs. 2 Nr. 2 und Abs. 4 Nr. 2 PfandBG-E.

1602 BT-Drs. 15/4321, 37 Zu § 28.

1603 BR-Drs. 781/1/04, Nr. 16 Zu Art. 1 (§ 28 PfandBG-E).

1604 Vgl. HSBC, der Markt heute 30.11.2004, 3.

1605 BT-Drs. 15/4321, 36 Zu § 28.

geschäft umfasst. Definiert werden Begriffe wie „Pfandbriefbank", „Pfandbriefgeschäft", „Hypothekenpfandbrief", „öffentlicher Pfandbrief" und „Schiffspfandbrief". In § 1 Abs. 2 PfandBG-E wird dazu klargestellt, dass der Begriff „Pfandbrief" als Oberbegriff für alle Pfandbriefgattungen verwendet wird. Festzuhalten ist damit, dass diese Begriffbestimmungen die Transparenz der Vorschriften verbessern und eine bessere Übersicht ermöglichen.

Ferner wird die Aufsichtsbehörde ausdrücklich als Bundesanstalt für Finanzdienstleistungsaufsicht bezeichnet. Umbenannt wird auch das Hypothekenregister in das Deckungsregister. Zugleich wird klargestellt, dass für jede Pfandbriefgattung ein eigenes Deckungsregister geführt werden muss (vgl. etwa § 5 PfandBG-E). Die Subsumierung aller der Pfandbriefdeckung dienenden Werte unter den Oberbegriff „Deckungswerte" trägt ebenfalls zu einer übersichtlicheren Regelung bei (vgl. etwa § 12 PfandBG-E). Auch im Rahmen der Vorschriften über den Treuhänder werden veraltete Begriffe erneuert. Anstelle des Begriffs einer Einsicht des Treuhänders in Bücher und Schriften verwendet der Entwurf den Begriff einer Einsicht in die Unterlagen.

Die im PfandBG-E vorgeschlagenen neuen Begriffsbestimmungen tragen zur Vereinfachung bei und gestalten den Gesetzestext leserfreundlicher; sie sind daher zu begrüßen.

8. Übergangsregelungen

Der PfandBG-E enthält zahlreiche Übergangsvorschriften. Für Kreditinstitute, die Pfandbriefe vor dem 19. Juli 2005 begeben haben und diese Befugnis auch am Tage des Inkrafttreten der neuen Regelung noch besitzen, gilt die Erlaubnis zum Pfandbriefgeschäft als erteilt (§ 42 Abs. 1 PfandBG-E). Diese Erlaubnis beschränkt sich aber auf die bisher ausgegebenen Pfandbriefgattungen. Vor dem 18. Oktober 2005 ist jedoch eine Anzeige einzureichen, die einem Erlaubnisantrag entsprechen sollte. Für diese Kreditinstitute gilt § 2 Abs. 1 S. 1 Nr. 1 PfandBG-E (Kernkapital von 25 Mio. €) bis zum 31. Dezember 2008 nicht (§ 42 Abs. 3 PfandBG-E). Ferner werden all diese Hypothekenbanken zu fast allen Bankgeschäften[1606] nach § 43 PfandBG-E zugelassen.[1607]

Da es für die Deckungshypotheken der öffentlichrechtlichen Pfandbriefemittenten bisher keine dem §§ 11 und 12 HBG vergleichbare Regelung über die Ermittlung des Beleihungswertes und dessen 60 % -Grenze der Deckungsfähigkeit gibt, können diese Deckungswerte nur dann zur Deckung von neuen Hypothekenpfandbriefen benutzt werden, wenn sichergestellt wird, dass sie den An-

---

[1606] Die Erlaubnis bezieht sich auf die in § 1 Abs. 1 S. 2 Nr. 1 - 5 und 7 - 10 KWG bezeichneten Geschäfte. Ausgenommen werden nur das Investmentgeschäft (§ 1 Abs. 1 S. 2 Nr. 6 KWG) und das E-Geld-Geschäft (§ 1 Abs. 1 S. 2 Nr. 11 KWG).

[1607] Dasselbe gilt für die Schiffspfandbriefbanken nach § 44 PfandBG-E.

forderungen der §§ 14, 16 Abs. 1 - 3 sowie § 17 Abs. 1 PfandBG-E entsprechen. Andernfalls können sie nur als Deckung für die bis zum 18. Juli 2005 ausgegeben Hypothekenpfandbriefe dienen. Für sie ist dann das bisherige Deckungsregister getrennt von dem neuen zu führen (vgl. § 46 PfandBG-E). Die bis zu diesem Zeitpunkt bestellten Hypotheken an bebauten Objekten bleiben dagegen ohne Versicherung deckungsfähig (vgl. § 45 PfandBG-E).

Deckungsfähig sind auch Forderungen gegen öffentlichrechtliche Kreditinstitute, soweit sie am 18. Juli 2001 bestanden oder zwischen dem 18. Juli 2001 und dem 19. Juli 2005 vereinbart worden sind und ihre Laufzeit das Ende des Jahres 2015 nicht überschreitet (sog. Grandfathering).[1608]

Für bisherige Pfandbriefemittenten gilt nach § 50 PfandBG-E das bisherige Recht mit der Maßgabe fort, dass gegen öffentlichrechtliche Kreditinstitute inländischer Art die Forderungen nur soweit zur ordentlichen Deckung geeignet sind, als sie für die Kreditinstitute eine unbeschränkte Anstaltslast oder als für die entsprechenden Verbindlichkeiten der Kreditinstitute eine Gewährträgerhaftung oder Refinanzierungsgarantie gilt.[1609]

Zuletzt lässt § 52 PfandBG-E die Bestellung des Treuhänders und seiner Stellvertreter schon vor dem 19. Juli 2005 zu. Diese frühzeitige Bestellung gibt den Treuhändern die Möglichkeit, sich auf ihre Aufgaben bei der Pfandbriefbank, bei denen der Treuhänder bisher nicht tätig war, vorzubereiten. Für die Bestellung des Treuhänders wird eine Gebühr von 500 € fällig.

III. Stellungnahmen

Schon bald nach dem Bekanntwerden des PfandBG-E meldeten sich Stimmen aus der Praxis.[1610] Einzelne Regelungen werden kritisiert, andere befürwortet. Die wichtigsten kritischen Anregungen sollen hier behandelt werden.

Kritisiert wird vor allem die Tatsache, dass der Entwurf in § 13 Abs. 1 (Belegenheiten der Sicherheiten) weder die USA, noch Japan oder Kanada nennt.[1611] Dieses sei notwendig, um den deutschen Kreditinstituten den Eintritt in diese ausländischen Märkte zu erleichtern. Zudem sei zwar in Japan im Vergleich

---

[1608] Hierzu S. 125 f.

[1609] Absatz 4 normiert dabei den Fall der Umwandlung einer öffentlichrechtlichen Kreditanstalt.

[1610] Vgl. die gemeinsame Stellungnahme des BdB, des BVR und des VdH vom 29.11.2004 zum Gesetzentwurf der Bundesregierung, 1 ff. (BdB/BVR/VdH); die gemeinsame Stellungnahme des BdB und des VdH vom 29.11.2004 zur Stellungnahme des Bundesrates, 1 f. (BdB/VdH); eine Research-Publikation der DZ Bank AG, Covered Bonds 10(43)/2004, 2 f.; LBBW, Rentenmärkte 12/2004, 31; HSBC, der Markt heute 30.11.2004, 3 sowie Empfehlungen der Ausschüsse des Bundesrates (BR-Drs. 781/1/04) alle diese Stellungnahmen befinden sich unter http://www.hypverband.de/hypverband/.

[1611] BdB/BVR/VdH, 2; LBBW, Rentenmärkte 12/2004, 31.

zum europäischen Markt die Preisvolatilität höher; für die USA und Kanada gilt dieses jedoch nicht. Hier seien die Rechtssysteme gefestigt und bei den nunmehr bestehenden gesetzlichen Vorkehrungen auch eine Gefährdung des Durchschlagens möglicher Volatilitäten auf einzelnen Teilmärkten auf die Deckung der Pfandbriefe ausgeschlossen.[1612] Die Erweiterung des Kreises der deckungsfähigen Länder sei demnach erwünscht.[1613]

Nachhaltig beanstandet wird der Verzicht auf die geografische Gliederung der belegenen Grundstücke lediglich nach Inland und Ausland und nicht auch nach Bundesländern.[1614] Trotz der fehlenden Aufteilung nach Bundesländern wird dieser Meinung zufolge eine Aufgliederung nach Regionen oder Ländern vorgenommen werden, da die „alte“ Lösung praktikabler war und sich sowohl Rating-Agenturen als auch Investoren an dieser Aufteilung bei ihren Analysen orientiert haben. Das Fehlen einer solchen Einteilung erschwert Analysen und schwächt den Pfandbrief als Kapitalmarktinstrument in seiner Position. Eine Aufteilung nach Bundesländern wird deshalb weiterhin befürwortet.

Ein Vorschlag des Finanz-, Innen-, und Wirtschaftsausschusses des Bundesrates und auch der Presse,[1615] Pfandbriefe als Deckung[1616] zuzulassen, ist auf große Kritik gestoßen. Dieses wird als Vertrauensbruch gegenüber den Investoren und als erhebliche Schwächung der Transparenz im Pfandbriefgeschäft empfunden.[1617] Die Indeckungnahme von Pfandbriefen hätte zur Folge, dass der deutsche Pfandbrief nicht mehr mit der 10 % - Risikogewichtung erhalten werden könnte.[1618] Aus Sicht anderer europäischer Emittenten könnte dies auch als Behinderung des Wettbewerbs angesehen werden und wettbewerbsrechtliche Klage zur Folge haben.[1619] Zudem würde dadurch das Pfandbriefvolumen künstlich aufgebläht und die Risikosteuerung der Deckungsmasse beeinträchtigt.[1620] Auch wird befürchtet, der Pfandbrief könnte dadurch seinen klaren Charakter als Wertpapier

---

[1612] BdB/BVR/VdH, 2.

[1613] Dasselbe empfehlen die Ausschüsse (BR-Drs. 781/1/04, Nr. 6 Zu Art. 1 (§ 13 Abs. 1 S. 2 PfandBG-E)) aufgrund der Einbeziehung der Forderung gegen die genannten Staaten in die Deckungswerte für Öffentliche Pfandbriefe in § 20 Abs. 1 Nr. 1 b PfandBG-E.

[1614] BdB/BVR/VdH, 3 f.; DZ Bank AG, Covered Bonds 10 (43)/2004, 2.

[1615] DZ Bank AG, Covered Bonds 10 (43)/2004, 3.

[1616] Konkret wurde gefordert, dass bei Hypothekenpfandbriefen auch die Deckung durch Hypothekenpfandbriefe anderer Banken und bei öffentlichen Pfandbriefen auch durch öffentliche Pfandbriefe anderer Banken möglich und zulässig sein müsste. Einzige Begrenzung sollte eine 10 % - Klausel sein, die vorsieht, dass nicht mehr als 10 % der jeweiligen Deckungsmassen in Pfandbriefen einer einzigen Bank bestehen darf.

[1617] BdB/VdH, 1.

[1618] Vgl. DZ Bank AG, Covered Bonds 10 (43)/2004, 3; BdB/VdH, 2.

[1619] LBBW, Rentenmärkte 12/2004, 31.

[1620] BdB/VdH, 1.

verlieren, das durch Immobilienwerte oder Staatsforderungen gedeckt ist.[1621] Weitere kritische Stellungnahmen betreffen viele Einzelregelungen.[1622]

IV. Vergleich der Treuhänderregelung

1. Änderungen der Treuhänderregelung

a. Systematische Änderungen

Der PfandBG-E bringt verschiedene Änderungen für die Regelungen über den Treuhänder. Diese sind sowohl systematischer als auch inhaltlicher Art. Systematische Bedeutung hat die neue Platzierung der Vorschriften über den Treuhänder, die jetzt weiter vorne im Gesetz, in dessen Abschnitt 2 (§§ 7 ff. PfandBG-E), angesiedelt werden sollen. Diese Einordnung hat zur Folge, dass sie allgemeinen Charakter haben und für alle Pfandbriefemissionen gelten.

b. Inhaltliche Änderungen

Inhaltlich bringen die vorgeschlagenen Neuregelungen keine großen Veränderungen. Es werden lediglich die in der Praxis seit langem beachteten Verfahren und Grundsätze gesetzlich verankert. Die ausdrückliche gesetzliche Regelung einiger wichtiger Aspekte erhöht deren Transparenz und stärkt im Ergebnis den Status des Treuhänders. So werden die Anforderungen an die erforderliche Qualifikation des Treuhänders nun in § 7 Abs. 2 S. 1 PfandBG-E ausdrücklich geregelt; bisher haben sich die entsprechenden Grundsätze alleine aus der Handhabung in der Praxis ergeben. Nach dem Vorschlag des PfandBG-E ist zum Treuhänder und dessen Stellvertreter eine Person zu wählen, die die zur Erfüllung ihrer Aufgaben erforderlichen Kenntnisse und Erfahrungen besitzt. Maßstab für diese Kenntnisse soll die Qualifikation als Wirtschaftsprüfer oder vereidigter Buchprüfer sein. Dies soll das Vertrauen der Pfandbriefgläubiger in die Werthaltigkeit der Deckungsmasse stärken.[1623] Gesetzlich festgeschrieben werden soll auch eine negative Voraussetzung. Nach § 7 Abs. 2 S. 3 PfandBG-E wird eine Bestellung zum Treuhänder und dessen Stellvertreter ausgeschlossen, wenn eine Besorgnis der Befan-

---

[1621] Hierzu BdB/VdH, 1 f.

[1622] Beispielsweise zu §§ 13, 18; 15 Abs. 1, 28 Abs. 1 Nr. 2, Abs. 2; 20 Abs. 1 S. 1, 16, 14 Abs. 2, 19 Nr. 2, 20 Abs. 1 Nr. 2 PfandBG-E; hierzu ausführlich BdB/BVR/VdH, 2 ff.

[1623] Vgl. BT-Drs. 15/4321, 31 Zu § 7.

genheit besteht. Dies wird insbesondere der Fall sein, wenn zwischen der zu bestellenden Person und der Pfandbriefbank ein Beschäftigungs- oder Mandatsverhältnis besteht oder bestanden hat.[1624] Die Unabhängigkeit des Treuhänders wird dabei auch dadurch verstärkt, dass dessen Abberufung nach § 7 Abs. 3 S. 2 PfandBG-E aus sachlichen Gründen erfolgen kann.

Zudem soll gesetzlich klargestellt werden, dass bei einer Pfandbriefbank mehrere Stellvertreter bestellt werden können (§ 7 Abs. 1 PfandBG-E). Die Zahl der bestellten Stellvertreter wird in der Praxis von dem Umfang der Geschäftstätigkeit abhängen.

Die Aufgabe des Treuhänders bezüglich der Wertermittlung von beliehenen Grundstücken, Schiffen und Schiffsbauwerken wird jetzt positiv beschrieben. Der Treuhänder hat nach § 8 Abs. 1 S. 1 Hs. 2 PfandBG-E darauf zu achten, dass der Wert der beliehenen Grundstücke und der Wert der beliehenen Schiffe und Schiffsbauwerke nach Maßgabe von Rechtsverordnungen festgesetzt wird, die das Bundesministerium der Finanzen im Einvernehmen mit dem Bundesministerium der Justiz zu erlassen hat.[1625] Weiterhin bleibt es dabei, dass der Treuhänder nicht verpflichtet ist zu untersuchen, ob der festgesetzte Wert der beliehenen Objekte dem wirklichen Wert entspricht (§ 8 Abs. 1 S. 2 PfandBG-E)

Im Rahmen der Verbesserung des Gesetzestextes wird § 8 Abs. 2 S. 1 PfandBG-E den § 30 Abs. 2 HBG in dieser Weise sprachlich präzisieren, dass der Treuhänder darauf zu achten hat, ob die zur Deckung verwendeten Werte nicht wie jetzt in das Hypothekenregister, sondern in das entsprechende Deckungsregister, also jeweils entweder für Hypothekenpfandbriefe oder öffentliche Pfandbriefe richtig eingetragen werden. Konsequenterweise sollen die Aufgaben des Treuhänders dahingehend geändert werden, dass dieser dem Vertragspartner der Pfandbriefbank die Eintragung eines Derivats jetzt auch unter Angabe des entsprechenden Deckungsregisters mitzuteilen hat (§ 8 Abs. 2 S. 2 PfandBG-E). Dementsprechend muss auch die Bescheinigung, mit der der Treuhänder die Pfandbriefe vor der Ausgabe zu versehen hat, neben der Information über das Vorhandensein der vorschriftsmäßigen Deckung auch die Information über die Eintragung in das entsprechende Deckungsregister enthalten (§ 8 Abs. 3 S. 1 PfandBG-E).

[1624] Der Wortlaut des § 7 Abs. 2 S. 4 PfandBG-E wird dabei kritisiert und die Streichung der Worte „gestanden hat" vorgeschlagen, da Jahre zurückliegende Beschäftigungsverhältnisse des Treuhänders oder Stellvertreters zu der Pfandbriefbank nicht notwendig eine Disqualifizierung dieser Person mit sich ziehen müssen. Eine Einzelfallprüfung wird für den Fall demnach befürwortet; BdB/BVR/VdH, 11.

[1625] Das Bundesministerium der Finanzen kann die Ermächtigung zum Erlass der Rechtsverordnung auf die BaFin übertragen. Vor seinem Erlass sind die Spitzenverbände der Kreditwirtschaft anzuhören. Die Rechtsverordnungen lösen die nach § 13 HBG bzw. nach § 13 SchBkG genehmigten Wertermittlungsanweisungen ab (§§ 16 Abs. 4; 24 Abs. 5 PfandBG-E).

§ 30 Abs. 5 HBG wird aufgehoben.[1626] Dieser verpflichtet den Treuhänder, bei der Erteilung der Bescheinigung darauf zu achten, dass der Gesamtbetrag der im Umlauf befindlichen Pfandbriefe eine gesetzlich bestimmte Grenze nicht überschreitet. Das hängt mit dem Wegfall der Umlaufgrenze nach § 7 HBG zusammen und ist auf den Effizienzverlust dieser Regelung zurückzuführen; die Umlaufgrenze ist von Eigenkapitalanforderungen überholt worden.

Im Rahmen seiner Verwahrungspflichten ist der Treuhänder nach § 9 Abs. 2 S. 2 PfandBG-E verpflichtet, die verwahrten Urkunden nunmehr nicht alleine dem Hypothekenschuldner, sondern auch dem Darlehensschuldner herauszugeben, wenn diese der Bank gegenüber ein Anspruch auf ihre Aushändigung hat.[1627] Als Folge dieser Neuregelung wird § 9 Abs. 3 PfandBG-E gegenüber § 31 Abs. 3 HBG auf die Urkunden über eine Darlehensforderung und über Schiffshypotheken erstreckt.

Auch soll gesetzlich klargestellt werden, dass das Einsichtsrecht des Treuhänders die Bank verpflichtet, dem Treuhänder bestimmte Bankdokumentation zugänglich zu machen sowie diesem auch Auskünfte zu erteilen, soweit diese die Pfandbriefe und die in die Deckungsregister eingetragenen Werte betreffen (§ 10 Abs. 1 PfandBG-E).[1628]

Kleine redaktionelle Änderungen betreffen die Vorschriften über die Vergütung sowie Streitentscheidung. Diese jetzt getrennt in §§ 33, 34 HBG enthaltenen Regelungen werden in eine Vorschrift (§ 11 PfandBG-E) zusammengefasst, wobei für die Vergütung auf den Verweis auf eine sinngemäße Anwendung des § 51 Abs. 3 KWG verzichtet wird.

Abschließend ist darauf hinzuweisen, dass der PfandBG-E § 34 SchBkG nicht übernommen hat. Es entfällt also die Regelung, nach der die Schiffspfandbriefbank über eine im Deckungsregister eingetragene Darlehensforderung oder Schiffshypothek durch Veräußerung, Belastung oder Verzicht nur mit schriftlicher Zustimmung des Treuhänders verfügen kann. § 8 Abs. 4 S. 1 PfandBG-E formuliert dies ausreichend klar. Mangels praktischer Bedeutung wird dagegen auf die Eintragung der Verfügungsbeschränkungen in das Schiffs- oder Schiffsbauregister, von der in § 34 S. 2 SchBkG die Rede ist, verzichtet.[1629] Eintragungen dieser Art sind im Gegensatz zum polnischen PHBG weder dem HBG noch dem ÖPG bekannt. Im Übrigen werden die Treuhänderregelungen aus dem HBG und dem SchBkG weitgehend unverändert übernommen.

[1626] Ebenfalls wird § 29 Abs. 5 SchBkG, der sich ebenso auf die Umlaufgrenze bezieht, aufgehoben.

[1627] § 31 Abs. 2 S. 2, Hs. 2 HBG ist nunmehr in § 5 Abs. 1 S. 3 PfandBG-E verankert und bleibt demnach bestehen.

[1628] Diese Verpflichtung der Bank ergibt sich derzeit zwar nicht direkt aus dem Wortlaut des § 32 Abs. 1 HBG, konnte aber im Wege der teleologischen Auslegung des Einsichtsrechtes bejaht werden.

[1629] BT-Drs. 15/4321, 32 Zu § 7.

2. Synopse - Gegenüberstellung der Treuhänderregelung

Hypothekenbankgesetz	Pfandbriefgesetzentwurf
§ 29 **Treuhänder** (1) Bei jeder Hypothekenbank ist ein Treuhänder sowie ein Stellvertreter zu bestellen.	§ 7 **Treuhänder und Stellvertreter** (1) Bei jeder Pfandbriefbank ist ein Treuhänder sowie mindestens ein Stellvertreter zu bestellen.
	(2) Treuhänder und Stellvertreter müssen die zur Erfüllung ihrer Aufgaben erforderlichen Kenntnisse und Erfahrungen besitzen. Die Qualifikation als Wirtschaftsprüfer oder vereidigter Buchprüfer lässt die erforderlichen Kenntnisse vermuten. Eine Bestellung als Treuhänder oder Stellvertreter ist ausgeschlossen, wenn Gründe vorliegen, nach denen die Besorgnis der Befangenheit besteht. Das ist insbesondere der Fall, wenn die Person in einem Beschäftigungs- oder Mandatsverhältnis mit der Pfandbriefbank steht oder gestanden hat.
(2) Die Bestellung erfolgt durch die Aufsichtsbehörde nach Anhörung der Hypothekenbank. Die Bestellung kann jederzeit durch die Aufsichtsbehörde widerrufen werden.	(3) Die Bestellung erfolgt durch die Bundesanstalt nach Anhörung der Pfandbriefbank. Die Bestellung kann jederzeit aus sachlichem Grund durch die Bundesanstalt widerrufen werden.

(3) Der Treuhänder hat der Aufsichtsbehörde Auskunft über die von ihm im Rahmen seiner Tätigkeit getroffenen Feststellungen und Beobachtungen zu erteilen. Der Treuhänder ist an Weisungen der Aufsichtsbehörde nicht gebunden.	(4) Der Treuhänder hat der Bundesanstalt Auskunft über die von ihm im Rahmen seiner Tätigkeit getroffenen Feststellungen und Beobachtungen zu erteilen. Der Treuhänder ist an Weisungen der Bundesanstalt nicht gebunden.
§ 30 Aufgaben (1) Der Treuhänder hat darauf zu achten, dass die vorschriftsmäßige Deckung für die Hypothekenpfandbriefe und Ansprüche aus Derivaten nach §6 Abs. 6 Satz 2 jederzeit vorhanden ist; hierbei ist er, sofern der Wert der beliehenen Grundstücke gemäß der von der Aufsichtsbehörde genehmigten Anweisung festgesetzt ist, nicht verpflichtet, zu untersuchen, ob der festgesetzte Wert dem wirklichen Wert entspricht.	**§ 8 Aufgaben** (1) Der Treuhänder hat darauf zu achten, dass die vorschriftsmäßige Deckung für die Pfandbriefe und Ansprüche aus Derivaten nach § 4 Abs. 3 jederzeit vorhanden ist; hierbei hat er darauf zu achten, dass der Wert der beliehenen Grundstücke nach der auf Grund des § 16 Abs. 4 erlassenen Rechtsverordnung und der Wert der beliehenen Schiffe und Schiffsbauwerke nach der auf Grund des § 24 Abs. 5 erlassenen Verordnung festgesetzt ist. Darüber hinaus ist er nicht verpflichtet zu untersuchen, ob der festgesetzte Wert dem wirklichen Wert entspricht.
(2) Er hat darauf zu achten, dass die zur Deckung der Hypothekenpfandbriefe und der Ansprüche aus Derivaten nach § 6 Abs. 6 Satz 2 verwendeten Werte gemäß den Vorschriften des § 22 Abs. 1 in das Hypothekenregister eingetragen werden. Die Eintragung eines Derivats hat er unverzüglich dem Vertragspartner der Hypothekenbank mitzuteilen.	(2) Der Treuhänder hat darauf zu achten, dass die zur Deckung der Pfandbriefe und der Ansprüche aus Derivaten nach § 4 Abs. 3 verwendeten Werte gemäß § 5 Abs. 1 in das jeweilige Deckungsregister eingetragen werden. Die Eintragung eines Derivats hat er unverzüglich unter Angabe des entsprechenden Deckungsregisters dem Vertragspartner der Pfandbriefbank mitzuteilen.

(3) Er hat die Hypothekenpfandbriefe vor der Ausgabe mit einer Bescheinigung über das Vorhandensein der vorschriftsmäßigen Deckung und über die Eintragung in das Hypothekenregister zu versehen. Eine Nachbildung der eigenhändigen Unterschrift genügt.	(3) Der Treuhänder hat die Pfandbriefe vor der Ausgabe mit einer Bescheinigung über das Vorhandensein der vorschriftsäßigen Deckung und über die Eintragung in das *entsprechende* Deckungsregister zu versehen. Eine Nachbildung der eigenhändigen Unterschrift genügt.
(4) Im Hypothekenregister eingetragene Werte können nur mit Zustimmung des Treuhänders in dem Register gelöscht werden. Die Zustimmung des Treuhänders bedarf der schriftlichen Form; sie kann in der Weise erfolgen, dass der Treuhänder seine Namensunterschrift dem Löschungsvermerk im Hypothekenregister beifügt. Für die Löschung eines eingetragenen Derivats, das noch nicht vollständig abgewickelt ist, ist ferner die Zustimmung des Vertragspartners der Hypothekenbank erforderlich; eine Löschung ohne die erforderliche Zustimmung gilt als nicht erfolgt. Absatz 2 Satz 2 ist entsprechend anzuwenden.	(4) Im Deckungsregister eingetragene Werte können nur mit Zustimmung des Treuhänders in dem Register gelöscht werden. Die Zustimmung des Treuhänders bedarf der Schriftform; sie kann in der Weise erfolgen, dass der Treuhänder seine Namensunterschrift dem Löschungsvermerk im Deckungsregister beifügt. Für die Löschung eines eingetragenen Derivats, das noch nicht vollständig abgewickelt ist, ist ferner die Zustimmung des Vertragspartners der Pfandbriefbank erforderlich; eine Löschung ohne die erforderliche Zustimmung gilt als nicht erfolgt. Absatz 2 Satz 2 ist entsprechend anzuwenden.
(5) Der Treuhänder hat bei Erteilung der Bescheinigung nach Absatz 3 darauf zu achten, dass der Gesamtbetrag der im Umlauf befindlichen Hypothekenpfandbriefe die in §7 bezeichnete Grenze nicht überschreitet. Wird diese Grenze überschritten, so hat der Treuhänder dies der Aufsichtsbehörde mitzuteilen.	

§ 31 Verwahrung der Deckungswerte	**§ 9 Verwahrungspflichten**
(1) Der Treuhänder oder ein von ihm beauftragter geeigneter Dritter hat im Hypothekenregister eingetragene Werte sowie Urkunden über solche Werte unter dem Mitverschluss der Bank zu verwahren; er darf diese Gegenstände nur gemäß den Vorschriften dieses Gesetzes herausgeben.	(1) Der Treuhänder oder ein von ihm beauftragter geeigneter Dritter hat die in den Deckungsregistern eingetragenen Werte sowie Urkunden über solche Werte unter dem Mitverschluss der Pfandbriefbank zu verwahren; er darf diese Gegenstände nur nach den Vorschriften dieses Gesetzes herausgeben.
(2) Er ist verpflichtet, die im Hypothekenregister eingetragenen Werte und Urkunden über solche Werte auf Verlangen der Bank herauszugeben und zur Löschung im Register mitzuwirken, soweit die übrigen im Register eingetragenen Werte zur Deckung der Hypothekenpfandbriefe und der Ansprüche aus Derivaten nach §6 Abs. 6 Satz 2 zuzüglich der sichernden Überdeckung genügen oder die Bank eine andere vorschriftsmäßige Deckung beschafft. Ist die Bank dem Hypothekenschuldner gegenüber zur Aushändigung der Hypothekenurkunde oder zur Vornahme der in §1145 des Bürgerlichen Gesetzbuchs bezeichneten Handlungen verpflichtet, so hat der Treuhänder die Urkunde auch dann herauszugeben, wenn die bezeichneten Voraussetzungen nicht vorliegen; wird die Hypothek zurückgezahlt, so sind in diesem Fall die entsprechenden Ersatzdeckungswerte in das Hypothekenregister	(2) Der Treuhänder ist verpflichtet, die in den Deckungsregistern eingetragenen Werte und Urkunden über solche Werte herauszugeben und an der Löschung im Register mitzuwirken, soweit die übrigen im Register eingetragenen Werte zur Deckung der Pfandbriefe und der Ansprüche aus Derivaten nach § 4 Abs. 3 zuzüglich der sichernden Überdeckung genügen oder die Pfandbriefbank eine andere vorschriftsmäßige Deckung beschafft. Ist die Pfandbriefbank dem Darlehens- oder Hypothekenschuldner gegenüber zur Aushändigung der nach Absatz 1 vom Treuhänder unter ihrem Mitverschluss zu verwahrenden Urkunden oder zur Vornahme der in § 1145 des Bürgerlichen Gesetzbuchs bezeichneten Handlungen verpflichtet, so hat der Treuhänder die Urkunden auch dann herauszugeben, wenn die in Satz 1 bezeichneten Voraussetzungen nicht vorliegen.

einzutragen und dem Treuhänder zur Verwahrung gemäß Absatz 1 zu übergeben.	
(3) Bedarf die Bank einer Hypothekenurkunde nur zu vorübergehendem Gebrauch, so hat der Treuhänder sie herauszugeben, ohne dass die Bank verpflichtet ist, eine andere Deckung zu beschaffen.	(3) Bedarf die Pfandbriefbank einer Urkunde über eine Darlehensforderung, Hypothek oder Schiffshypothek nur zu vorübergehendem Gebrauch, so hat der Treuhänder sie herauszugeben, ohne dass die Pfandbriefbank verpflichtet ist, eine andere Deckung zu beschaffen.
§ 32 Befugnisse (1) Der Treuhänder ist befugt, jederzeit die Bücher und Schriften der Bank einzusehen, soweit sie sich auf die Hypothekenpfandbriefe und auf die in das Hypothekenregister eingetragenen Werte beziehen.	**§ 10 Befugnisse** (1) Der Treuhänder ist befugt, jederzeit die Unterlagen der Pfandbriefbank einzusehen und Auskünfte zu verlangen, soweit sie sich auf die Pfandbriefe und auf die in die Deckungsregister eingetragenen Werte beziehen.
(2) Die Hypothekenbank ist verpflichtet, von den Kapitalrückzahlungen auf die in das Hypothekenregister eingetragenen Werte sowie von sonstigen für die Pfandbriefgläubiger und die Gläubiger von Ansprüchen aus Derivaten nach §6 Abs. 6 Satz 2 erheblichen Änderungen, welche diese Werte betreffen, dem Treuhänder fortlaufende Mitteilung zu machen.	(2) Die Pfandbriefbank ist verpflichtet, von den Kapitalrückzahlungen auf die in die Deckungsregister eingetragenen Werte sowie von sonstigen für die Pfandbriefgläubiger und die Gläubiger von Ansprüchen aus Derivaten nach § 4 Abs. 3 erheblichen Änderungen, welche diese Werte betreffen, dem Treuhänder fortlaufende Mitteilung zu machen.

§ 34
Vergütung des Treuhänder
Der Treuhänder und sein Stellvertreter erhalten von der Aufsichtsbehörde eine angemessene Vergütung; diese ist von der Hypothekenbank in sinngemäßer Anwendung des §51 Abs. 3 des Gesetzes über das Kreditwesen gesondert zu erstatten und auf Verlangen der Aufsichtsbehörde vorzuschießen.

§ 11
Vergütung, Streitentscheidung
(1) Der Treuhänder und seine Stellvertreter erhalten von der Bundesanstalt eine angemessene Vergütung; diese ist von der Pfandbriefbank gesondert zu erstatten und auf Verlangen der Bundesanstalt vorzuschießen.

§ 33 Streitigkeiten zwischen Treuhänder und Bank
Streitigkeiten zwischen dem Treuhänder und der Hypothekenbank entscheidet die Aufsichtsbehörde.

(2) Streitigkeiten zwischen dem Treuhänder und der Pfandbriefbank entscheidet die Bundesanstalt.

3. Vergleich mit den Arbeitsergebnissen

Der Entwurf hat viele Vorschläge der vorliegenden Untersuchung zur Verbesserung der deutschen Regelung über den Treuhänder realisiert. Andere, die nicht aufgenommen wurden, werden möglicherweise Gegenstand späterer Novellierungen sein. Den Vorschlägen der vorliegenden Untersuchung entsprechen folgende Regelungen des Entwurfes:

1. Die Klarstellung, dass bei jeder Pfandbriefbank mindestens ein Stellvertreter des Treuhänders zu bestellen ist (§ 7 Abs. 1 PfandBG-E):
   vgl. S. 389.

2. Die gesetzliche Gewährleistung einer hohen Kompetenz des Treuhänders und seiner Stellvertreter im Interesse einer zuverlässigen Wahrnehmung ihrer Aufgaben durch das Erfordernis, dass der Treuhänder und seine Stellvertreter die zur Erfüllung ihrer Aufgaben erforderliche Kenntnisse und Erfahrungen besitzen müssen (§ 7 Abs. 2 S. 1 f. PfandBG-E):
   vgl. S. 371 f.

3. Die Stärkung der Unabhängigkeit des Treuhänders durch:
   a. die Befangenheitsregelung (§ 7 Abs. 2 S. 3 f. PfandBG-E):
      vgl. S. 372.

   b. die Zulassung seiner Abberufung nur aus sachlichen Gründen (§ 7 Abs. 3 PfandBG-E):
      vgl. S. 401 f.

4. Die klare Unterscheidung und Mitteilung über Eintragungen jeweils in das entsprechende Deckungsregister (§ 8 Abs. 2 f. PfandBG-E):
   vgl. S. 174 f., 225 f.

5. Der Verzicht auf die Gesamtpfandbriefumlaufgrenze (§ 30 Abs. 5 HBG, § 29 Abs. 5 SchBkG):
   vgl. S. 274.

6. Die Klarstellung, dass das Einsichtsrecht des Treuhänders über die bloße Einsicht in die Unterlagen der Pfandbriefbank hinausgeht und die Befugnis enthält, Auskünfte von der Bank zu verlangen, soweit diese sich auf die Pfandbriefe und auf die in die Deckungsregister eingetragenen Werte beziehen (§ 10 Abs. 1 PfandBG-E):
   vgl. S. 332 f.

§ 13. Schlusswort

Das polnische Pfandbriefsystem ist dem deutschen nachgebildet und ihm daher ähnlich. Bei dem unbestrittenen sehr hohen und vergleichbaren Sicherheitsniveau der polnischen und deutschen Pfandbriefe haben die in der Arbeit ausgesprochenen Kritikpunkte eine Verbesserung und Perfektionisierung der Pfandbriefangelegenheiten und dessen Treuhänder zum Ziel.

Da das deutsche Pfandbriefsystem eine Vorreiterfunktion hat, muss es bei der Weiterentwicklung des polnischen Pfandbriefes weiterhin berücksichtigt werden. Für polnische Pfandbriefe sollten insbesondere deutsche Regelungen über sichernde Überdeckung, Indeckungnahme von Derivaten, die Ausweitung der Deckungsgeschäfte und die Sicherungsformen der Deckungsforderungen in Erwägung gezogen werden. Für die polnische Praxis und Wissenschaft kann auch das Zurückgreifen auf die deutsche jahrelange Erfahrung bei vielen Auslegungsfragen nützlich sein. Die in Deutschland bestehenden neuen Pfandbriefformen, wie der Jumbo-Pfandbrief und strukturierte Pfandbriefe sind für das polnische Kreditwesen zu empfehlen.

Das ausländische Recht kann aber das deutsche Pfandbriefsystem positiv beeinflussen. Das deutsche Pfandbriefrecht kann insbesondere um einige polnische Regelungen hinsichtlich des Treuhänders bereichert werden. In Deutschland sollte zudem die Entmaterialisierung des Pfandbriefwesens zugelassen werden und dem in Europa etablierten Rechtssystem angepasst werden.

Die Pfandbrieftreuhänder sind in beiden Rechtsordnungen miteinander verwandt; ihre Rechtsnatur sowie Aufgabenwahrnehmung sind sehr ähnlich. Zur Annäherung beider Treuhänderregelung trägt der deutsche Pfandbriefgesetzentwurf bei, der die in der Praxis seit langem bestehenden Verfahren und Regeln nunmehr gesetzlich verankert. Dies erhöht ihre Transparenz, stärkt den Treuhänderstatus und ist daher zu begrüßen. Hinsichtlich des europäischen Zusammenwachsens, insbesondere der Indeckungnahme von ausländischen Forderungen ist eine Kooperation zwischen Treuhändern aus verschiedenen europäischen Ländern zu empfehlen. In diesem Zusammenhang ist auch eine weitere Kooperation und Rechtsangleichung im Bereich der Wertermittlung der Liegenschaften zu befürworten.

Beide Pfandbriefsysteme genießen dabei verschiedene Vorzüge und basieren auf unterschiedlicher, landesspezifischer Rechtskultur und geschichtlicher Tradition. Daher können und sollten sie voneinander lernen. Dies könnte zur weiteren Rechtsentwicklung und -angleichung führen. Diese gegenseitigen Einflüsse könnten schließlich dazu beitragen, dass ein europäisches Pfandbriefsystem als Vorbildfunktion präsentiert wird.

Es bleibt zu hoffen, dass die vorliegende Untersuchung der weiterführenden Entwicklung des Pfandbriefes und seines Treuhänders dient und der Praxis eine Hilfe bei einer Zusammenarbeit der Länder bietet.

Streszczenie
„List zastawny i jego powiernik"

Praca przedstawia w ujęciu prawnoporównawczym system bankowości hipotecznej oparty na refinansowaniu długoterminowych kredytów w drodze emisji listów zastawnych. Szczegółowej analizie poddano list zastawny i jego powiernika. Instytucje te są przedstawione w szerokim ujęciu systemowym przy uwzględnieniu całokształtu działalności banku hipotecznego. Ten sposób prezentacji pozwala na kompleksowe ujęcie tematu i poddanie go pogłębionej analizie zrozumiałej także dla czytelnika nie będącego specjalistą bankowości hipotecznej. Analiza obejmuje prawo polskie i niemieckie. Towarzyszą jej ocena oraz propozycje zmian istniejących regulacji prawnych. Publikacja składa się z trzech części.

Pierwsza z nich poświęcona jest listowi zastawnemu. Przedstawiony został on w niej przede wszystkim jako papier wartościowy (§ 3). Klasyfikując list zastawny w systematyce papierów wartościowych, pokazano jego cechy poprzez ich wyodrębnienie na tle innych papierów wartościowych. Z perspektywy historycznego rozwoju przedstawiono w pełnym zakresie wszystkie trzy formy listu zastawnego: formę dokumentu, odcinka zbiorowego oraz formę zdematerializowaną. Na tym tle dokonano oceny ich znaczenia dla współczesnego obrotu prawnego, a także omówiono wymogi formalne, sposoby przenoszenia i umorzenia listu zastawnego. Praca przestawia ponadto nowoczesne trendy rozwoju listu zastawnego, jego strukturyzacje i próby dopasowania do indywidualnych potrzeb inwestorów. Szczególna uwaga poświęcona została listowi zastawnemu typu *Jumbo* charakteryzującemu się dużą płynnością w obrocie i dzięki temu cieszącemu się nieustającą popularnością na międzynarodowych rynkach finansowych.

W kolejnym rozdziale pierwszej części pracy (§ 4) zostali scharakteryzowani emitenci listów zastawnych. Pokazując istniejące różnice w prawie polskim i niemieckim, skoncentrowano się na przedstawieniu różnorodności podmiotów uprawnionych do emisji listów zastawnych w prawie niemieckim. Stało się to podstawą do wykazania, że przepisy niemieckie naruszają zasadę uczciwej konkurencji. Podkreślono konieczność zmian w celu dostosowania prawa niemieckiego do regulacji Unii Europejskiej. Jednocześnie zwrócono uwagę na potrzebę nowego zdefiniowania zasady specjalizacji oraz zasady ograniczenia działalności banków hipotecznych.

Analiza masy zabezpieczenia listów zastawnych w obu systemach prawnych (§ 5) wykazała natomiast, obok różnic w formach zabezpieczenia, niewykorzystane możliwości oraz potrzebę stopniowego rozszerzania masy pokrycia polskich listów zastawnych zarówno hipotecznych jak i publicznych o wierzytelności pochodzące z kredytów udzielanych podmiotom zagranicznym. Odrzucono *de lege lata* i *de lege ferenda* przewłaszczenie na zabezpieczenie jako alternatywną formę rzeczowego zabezpieczenia kredytów udzielanych przez banki hipoteczne. Zwrócono ponadto uwagę na zróżnicowane ryzyko kredytowe wśród podmiotów publicznoprawnych i wynikające z tego zagrożenia. Szczególną ostrożność zalecono w stosunku do polskich jednostek samorządu terytorialnego.

Ostatni rozdział pierwszej części poświęcono ustawodawstwu europejskiemu (§ 6). Choć brak obecnie dyrektywy europejskiej dotyczącej bezpośrednio listów zastawnych, to prawo Unii Europejskiej zawiera kilka regulacji istotnych dla listów zastawnych. Na tle obowiązujących standardów europejskich przedstawiono planowane zmiany związane z pracami nad nową, trzecią dyrektywą europejską dotyczącą adekwatności kapitałowej (*Capital Adequacy Directive*).

Zasadnicza, druga część pracy poświęcona jest powiernikowi listu zastawnego będącego jednym z filarów bezpieczeństwa listów zastawnych. Publikacja zawiera rys historyczny, przyczyny wprowadzenia, kształtowanie się i rozwój tej instytucji prawnej mającej swe korzenie w prawie niemieckim i długoletnią tradycję sięgającą aż XIX wieku (§ 7).

Po wywodach historycznoprawnych następuje omówienie i ocena zadań powiernika (§ 8). Podstawowym celem jego działalności jest ochrona interesów majątkowych posiadaczy listów zastawnych, a poprzez to zapewnienie stabilności i wiarygodności całego systemu bankowości hipotecznej. Cel ten jest realizowany poprzez sprawdzanie, czy listy zastawne zabezpieczone są przez bank hipoteczny zgodnie z przepisami prawa. W ramach kontroli legalności działań banku hipotecznego powiernik kontroluje przede wszystkich prawidłowość prowadzenia przez bank rejestru zabezpieczenia listów zastawnych, do którego wpisywane są wierzytelności stanowiące masę pokrycia listów zastawnych. Bezpieczeństwo listów zastawnych zależy następnie od przestrzegania przez bank określonych ustawowo wymagań jakościowych i ilościowych dokonywanych wpisów.

Przy określeniu zakresu i zasad obowiązków powiernika w ramach kontroli wymogów jakościowych poruszono między innymi problem skuteczności zabezpieczenia hipotecznego, opowiedziano się za wypłatą kredytu przed jego wpisem do rejestru zabezpieczenia listów zastawnych, a także wyjaśniono cel i zakres dodatkowych zabezpieczeń kredytów hipotecznych oraz oceniono ich adekwatność. Szczególną uwagę poświęcono wycenie nieruchomości; omówiono jej zasady i podstawę prawną, a także znaczenie dla bezpieczeństwa hipotecznego listu zastawnego. Na tym tle wskazano na ograniczoną możliwość merytorycznej kontroli wyceny nieruchomości przez powiernika oraz poddano krytyce regulację dotyczącą sposobu wyboru i kwalifikacji osób dokonujących wycen na potrzeby banku hipotecznego. Poruszono również kwestię kontroli zabezpieczenia zastępczego. Uwzględniając zagrożenia wynikające z ryzyka stopy procentowej oraz ryzyka walutowego, scharakteryzowano ponadto rolę finansowych instrumentów pochodnych (derywat) dla bezpieczeństwa masy zabezpieczenia listów zastawnych oraz przedstawiono związane z tym obowiązki powiernika, opowiadając się za zmianami w prawie polskim.

Specjalne miejsce poświęcono wyzwaniom powiernika niemieckiego związanym z ciągle rozszerzającą się masą zabezpieczenia pokrycia niemieckich listów zastawnych o nowe wierzytelności z kredytów udzielanych zagranicznym podmiotom publicznoprawnym, a także z kredytów zabezpieczonych hipotecznie na nieruchomościach położonych poza granicami Niemiec. W tym kontekście wskazano na istniejące zagrożenia, w szczególności zaś na konieczność uwzględnienia zagranicznych regulacji prawnych dotyczących ochrony konsumenta.

W obszarze wymogów ilościowych, definiując zasadę stałego pokrycia listów zastawnych, pozytywnie oceniono najnowsze zmiany dokonane w prawie niemieckim i opowiedziano się za ich wprowadzeniem do prawa polskiego. Wyczerpująco wyjaśniono ustawowe ograniczenia ilościowe dotyczące masy zabezpieczenia listów zastawnych w obu systemach prawnych. Wykazując różnice między nimi, krytycznie oceniono efektywność niektórych z nich. Zaprezentowano ponadto prowadzony w nowoczesnym systemie elektronicznego przetwarzania danych rachunek zabezpieczenia listów zastawnych jako narzędzie niezbędne do bieżącego monitorowania przez powiernika adekwatności zabezpieczenia.

W końcu przedstawiono powiernika w roli depozytariusza. W kręgu jego zdań znajduje się bowiem również sprawowanie nadzoru nad wycofanymi z obiegu i złożonymi do depozytu listami zastawnymi. W prawie niemieckim czuwa on ponadto nad przechowywaniem wartości stanowiących pokrycie listów zastawnych, a także innych dokumentów związanych z masą pokrycia. Celowość, a przede wszystkim efektywność tak szerokiego depozytu powiernika niemieckiego poddano w wątpliwość i wysunięto postulat zastąpienia go przez standardy wewnętrznej kontroli bankowej.

Po obszernej prezentacji zadań powiernika na tle całokształtu działalności bankowej przedmiotem rozważań są pośrednie i bezpośrednie formy oddziaływania powiernika na bank hipoteczny oraz środki umożliwiające wykonanie mu zadań (§ 9). W ramach form pośrednich omówiono charakter prawny zaleceń udzielanych bankowi przez powiernika oraz określono jego obowiązki informacyjne w stosunku do nadzoru bankowego. Natomiast zgodę powiernika do rozporządzenia wierzytelnościami wpisanymi do rejestru zabezpieczenia listów zastawnych oraz zgodę na przeprowadzenie nowej emisji listów zastawnych zaprezentowano jako formy bezpośredniego oddziaływania powiernika na bank. Opisano tu w szczególności przesłanki udzielenia takiej zgody, kwestie związane z jej odmową, a także jej wyrażenie z naruszeniem przepisów prawa, uwzględniając przy tym odpowiedzialność karną i cywilną zarówno powiernika jak i banku. Przy omawianiu zaś środków umożliwiających powiernikowi wykonanie jego ustawowych zadań najwięcej uwagi poświęcono problematyce dostępu powiernika do tajemnicy bankowej.

Przedmiotem dalszej analizy jest kwestia formalnej niezależności powiernika (§ 10). Przedstawione zagadnienia koncentrują się na omówieniu przesłanek jego powołania oraz odwołania; poddając je weryfikacji, poruszają problematykę niezależności powiernika oraz prawnej możliwości jej ochrony. W tym obszarze dokonano również określenia charakteru prawnego zatrudnienia powiernika oraz jego stosunku do swojego zastępcy.

Na podstawie wcześniejszych rozważań podjęto wreszcie próbę zdefiniowania natury prawnej powiernika oraz określenia jego miejsca w systemie prawnym (§ 11). Pozycję powiernika zdefiniowano oddzielnie w stosunku do banku hipotecznego, nadzoru bankowego oraz wierzycieli z listów zastawnych. Przy klasyfikacji systemowej przeprowadzono analizę istniejących form powiernictwa i pojęcia powiernika w systemie prawnym; uwzględniono przy tym instytucje o podobnym charakterze. Następnie, porównując je do powiernika listu zastawnego, dokonano ich rozgraniczenia, co dało podstawę do systemowej klasyfikacji powiernika listu zastawnego.

W ostatniej, trzeciej części pracy (§ 12) przedstawiono główne założenia niemieckiego projektu ustawy o liście zastawnym (*Pfandbriefgesetz*). Zmiany zostały wymuszone niezgodnością ustawodawstwa niemieckiego z przepisami Unii Europejskiej, na co zwrócono uwagę już we wcześniejszym rozdziale pracy (§ 4). Przy okazji planuje się dokonać niewielkich zmian dotyczących regulacji powiernika. Zmiany te zostały wyczerpująco omówione i porównane z postulatami zawartymi w pracy. Wejście w życie ustawy przewiduje się na dzień 19 lipca 2005 roku.

Pracę uzupełnia aneks zawierający przekład na język niemiecki polskiej ustawy o listach zastawnych i bankach hipotecznych wraz z wzorami hipotecznego i publicznego rejestru zabezpieczenia listów zastawnych. Literatura oraz akty prawne wykorzystane w pracy zostały umieszczone na końcu opracowania.

Summary
„The Pfandbrief and its trustee"

This thesis presents the system of mortgage banking based on the refinancing of long-term loans through the issuing of Pfandbriefe (mortgage bonds). Focusing specifically on the function and usage of the Pfandbrief and its trustee in both the Polish and German legal banking systems, the thesis begins by conducting an extensive analysis of their historical development, ranging from their original inception in the late 18th century to their current status in today's modern mortgage banking systems. The thesis' three-part structure has been supplemented by a critique of the mortgage banking systems in Poland and Germany, offering constructive changes for their legal regulations.

Part one has been primarily devoted to the development of the Pfandbrief (§ 3). In addition to comparing and contrasting its characteristics with other types of bonds, a chronological background provides a full description of the Pfandbrief's three main forms: the document (hard copy), the coupon sheet (tranche), and the dematerialised form (electronic record). These financial structures are then further examined according to their applicability in contemporary markets, focusing specifically on the varying formal legal requirements, transfer possibilities and repayment options. New trends in the developing structure of the Pfandbrief have also been addressed, especially concerning the Jumbo-Pfandbrief, due to its high degree of liquidity and immense popularity in international financial markets.

Specific legal differences between Polish and German banks, who hold the authorization for issuing mortgage bonds, are examined in § 4. Although presenting a variety of legal entities authorized to issue Pfandbriefe according to German law, the focus of the paragraph is to reveal conclusively that German regulations violate the basic principles of fair competition. In order to achieve conformance with European Union law, important changes need to be made within the German legal banking system. These changes are most specifically needed in the areas concerning the principle of specialization and the principle of limiting the activities of mortgage banks.

The foundations of Pfandbrief security (cover pools), which offer investors a high degree of safety, have been analysed in § 5, revealing opportunities neglected by Polish mortgage banking systems, as well as existing security form differences between both countries. In Poland, there is a distinct need to extend the availability of the Mortgage and Public Pfandbriefe to both foreign persons and entities alike. Although the Security Bill of Sale can function as an alternative for other real forms of securing loans, it has already been rejected, *de lege lata* and *de lege ferenda*, for loans granted by both Polish and German mortgage banks. Also covered in this section are the various types of financial risks and threats associated with loans granted to public entities, including a special recommendation for exercising particular caution with respect to the different local governments in Poland.

Although European Union (EU) regulations recognise the exceptional safety of investments in Pfandbriefe and have already begun to adopt the stringent safety standards to which Pfandbriefe are subject, EU law, as of yet, contains no specific directive relevant to Pfandbriefe. The final chapter of part one is devoted to the incorporation of these safety standards into current European financial markets, contemplating potential amendments connected with the development of the third Capital Adequacy Directive (§ 6).

One of the pillars of security afforded Pfandbriefe is its trustee. The second part of this thesis focuses on a trustee's legal activities, providing an explanation for the implementation and development of this institution, revealing its historical roots in 19th century German law (§ 7).

The basic duties of a trustee aim to protect the financial interests of investors and to ensure the reliability and overall success of the mortgage banking system. This financial stability is achieved through the careful monitoring of mortgage banks' accordance with the legal requirements necessary for the securing of Pfandbriefe. A trustee primarily concentrates on the maintenance of the Pfandbrief cover registers (mortgage and public registers), recording the assets and derivatives to be used as cover for Pfandbriefe. In addition to the aforementioned duties of a trustee, the security of Pfandbriefe also depends on a bank's fulfilment of the legal quality and quantity requirements corresponding with the entries made in these registers (§ 8).

During the course of discussing the scope of a trustee's duties, the topics of the effectiveness of Pfandbrief security and the sufficiency of additional security procedures for Pfandbriefe are examined. The legal foundations and principles of property valuation, which have been considered according to their significance for the security of Pfandbriefe, have been given special attention in § 8, stating that a loan should be paid out to the borrower before being entered into the Pfandbrief cover register. It has been proven, that a trustee within this context, has limited opportunity for the monitoring of property valuation.

The regulation of the selection process of individuals responsible for preparing property valuation reports for mortgage banks has been criticised, specifically concerning their inadequate qualifications. In addition to clarifying the importance of monitoring substitute cover and addressing the potential risks associated with the fluctuating currency exchange and return rates, a further explanation is provided for the role financial derivative instruments play in the protection of Pfandbriefe. Practical suggestions for the mortgage banking system in Poland have been made accordingly, addressing the systems need for modernization.

Significant attention has been given to the challenges a German trustee must face when dealing with the ever-increasing number of foreign assets, particularly those arising out of loans granted to foreign public entities and loans secured on properties located outside of Germany. The existing threats and difficulties connected with granting loans to foreign borrowers are examined, focusing on the need to consider foreign legal regulations for consumer protection.

A positive assessment of the most recent amendments to German banking law, including the latest quantity requirements and updated definition for the net present value for the cover of Pfandbriefe, are expressed together with their need for introduction into Polish law. An exhaustive analysis identifies the existing differences between Polish and German legal quantity regulations concerning the limitations on cover pools, criticising some for their lack of efficiency. The modern electronic security account for Pfandbriefe, a trustee's most valuable tool, safeguards the cover of Pfandbriefe at all times according to the net present value.

A trustee is additionally responsible for the safekeeping of deposited Pfandbriefe, which have been removed from trading circulation. Furthermore, a German trustee, must oversee the deposit of documents corresponding with the assets recorded in the cover register for Pfandbriefe. Due in part to their lack of efficacy, the relevance of a German trustee's auxiliary duties of safekeeping have been questioned, and the suggestion is made for their substitution with the highest internal banking security standards.

After thoroughly analysing the complete duties of a trustee, § 9 continues with a discussion of his direct and indirect influence on mortgage banks. Indirect forms of a trustee's influence are exemplified through the legal nature of his recommendations for mortgage banks and their consequential effect, which requires him to report his findings to the bank's supervisory authority, should a mortgage bank choose to disregard his recommendations. Direct forms of a trustee's influence are shown through his required consent to dispose of the assets entered in the cover register for Pfandbriefe and through his authorization to issue new mortgage bonds. In particular, the conditions necessary to grant such a consent or refusal have been taken into account, including the situation in which consent is granted in spite of its violation of certain legal regulations, examining on a broader spectrum the civil and penal liability of both trustee and bank. A discussion of the means available to a trustee in order to perform his duties focuses mainly on the problems associated with a trustee's access to confidential bank information.

A trustee's formal independence and the legal means protecting it are analysed in § 10. The special conditions regarding the legal nature of the services of a trustee and his deputy are examined, analysing the terms for their appointment and calling off, as well as the uniqueness of their independent partnership.

Based on previous research, an attempt has been made to define and identify a trustee's status within the legal framework (§ 11). An analysis of his position has been systematically ordered according to his relation with (1) the mortgage bank, (2) the bank's supervisory authority, and (3) the creditors of Pfandbriefe. A methodical clasification of the diverse trustee forms and their standing within the legal system has been conducted, bringing into consideration institutions of similar legal character. A comparision between the aforementioned legal institutions and Pfandbrief trustee, establishes a basis for the formal classification of the Pfandbrief trustee within the legal system.

The last part of this thesis (§ 12) deals with the major premise of the German bill concerning Pfandbriefe (Pfandbriefgesetz). Amendments to the German Banking Act resulted out of the non-conformance of German regulations with European Union provisions (§ 12, § 4). Minor changes will also be introduced into the regulations concerning the duties of a trustee. These adjustments have been exhaustively discussed and compared with the stipulations contained in this thesis. The German bill will come into force on the 19th of July 2005.

The appendix contains a German translation of the Polish Act on Mortgage Bonds and Mortgage Banks, supplying also Polish models of cover registers for Pfandbriefe. A bibliography and list of the legal acts used in preparing this thesis are provided at the end.

Anhang

I. Gesetz über Pfandbriefe und Hypothekenbanken

INHALTSÜBERSICHT

KAPITEL I
Allgemeine Vorschriften

KAPITEL II
Pfandbriefe

KAPITEL III
Hypothekenbank

[1630] Die Artikelüberschriften in eckiger Klammer sind nicht amtlich und stammen von dem Übersetzer.

Art. 19. [Pfandbriefhinterlegung, Wechselkursrisikobeschränkung]
Art. 20. [Grundbucheintragung der Deckungsforderung, Valutierung vor Grundbucheintragung]
Art. 21. [Vorzeitige Pfandbrieftilgung, Ausschluss der Kreditkündigung]
Art. 22. [Ermittlung des Hypothekenbank-Beleihungswertes]
Art. 23. [Deckungsgrenze für Neubau- und Bauplatzhypotheken, deckungsunfähige Liegenschaften]
Art. 24. [Register der Sicherung der Pfandbriefe]
Art. 25. [Sicherungsrechnung]
Art. 26. [Veröffentlichungspflicht]

KAPITEL IV

Kontrolle und Aufsicht über die Hypothekenbanken

Art. 27. [Bestellung des Treuhänders]
Art. 28. [Abberufungsgründe des Treuhänders]
Art. 29. [Unabhängigkeit des Treuhänders]
Art. 30. [Aufgaben des Treuhänders]
Art. 31. [Treuhänderkontrolle des Deckungsregisters]
Art. 32. [Befugnisse des Treuhänders]
Art. 33. [Arbeitsrechtliche Bestimmungen]
Art. 34. [Aufsicht der Bankaufsichtskommission]

KAPITEL V

Insolvenz der Hypothekenbank

Art. 35. [Insolvenzvorrecht] (*aufgehoben*)
Art. 36. [Beschränkung der Zwangsvollstreckung]

KAPITEL VI

Strafvorschriften

Art. 37. [Strafbestimmungen]

KAPITEL VII

Änderungen in den geltenden Vorschriften und Schlussvorschriften

Art. 38-41. (*vom Abdruck wurde abgesehen*)
Art. 42. [Inkrafttreten]

Dz.U. [polnisches Gesetzblatt] 1997 Nr. 140, Pos. 940 - Stammfassung

Änderungen:

1./ 1998-08-20	geändert durch Dz.U.	1998 Nr.107, Pos. 669
2./ 2000-02-15	geändert durch Dz.U.	2000 Nr. 6, Pos. 70
3./ 2000-08-27	geändert durch Dz.U.	2000 Nr. 60, Pos. 702
4./ 2001-06-05	geändert durch Dz.U.	2001 Nr. 39, Pos. 459
5./ 2002-09-09	geändert durch Dz.U.	2002 Nr. 126, Pos. 1070
6./ 2003-04-24	geändert durch Dz.U.	2003 Nr. 60, Pos. 535
7./ 2003-10-01	geändert durch Dz.U.	2003 Nr. 60, Pos. 535
8./ 2004-01-01	geändert durch Dz.U.	2002 Nr. 153, Pos. 1271
9./ 2004-05-01	geändert durch Dz.U.	2001 Nr. 15, Pos. 148

GESETZ

vom 29. August 1997

über Pfandbriefe und Hypothekenbanken

(Gesetzblatt vom 21. November 1997)

in der einheitlichen Fassung vom 28. April 2003
(Dz.U. 2003 Nr. 99, Pos. 919)

KAPITEL I

Allgemeine Vorschriften

Art. 1. [Anwendungsbereich]

Das Gesetz bestimmt:

1) die Grundsätze der Ausgabe, der Veräußerung, des Erwerbs, der Einlösung und der Besicherung von Pfandbriefen sowie
2) [1631]die Grundsätze der Gründung, der Organisation, der Tätigkeit und der besonderen Aufsicht über die Hypothekenbanken.

[1631] Mit der Änderung eingeführt durch Art. 1 Nr. 1 des Gesetzes vom 5.7.2002 über die Änderung des Gesetzes über Pfandbriefe und Hypothekenbanken und über die Änderung mancher anderer Gesetze (Dz.U. 2002 Nr. 126, Pos. 1070), das am 9.9.2002 in Kraft getreten ist.

Art. 2. [Begriffsbestimmungen]

Jedes Mal, wenn im Gesetz die Rede ist von

1) [1632]„einem Hypothekenbank-Beleihungswert einer Liegenschaft", so ist hierunter ein nach den Vorschriften des Gesetzes ermittelter Wert zu verstehen, der nach der Beurteilung der Hypothekenbank das mit der Liegenschaft als Gegenstand einer Besicherung von den durch eine Hypothekenbank gewährten Krediten verbundene Risikoniveau widerspiegelt,

2) „einer hypothekarischen Besicherung", so ist hierunter eine Hypothek zugunsten einer Hypothekenbank zu verstehen, die am Erbnießbrauchrecht[1633] oder am Eigentumsrecht einer im Landesgebiet gelegenen Liegenschaft bestellt wurde.

KAPITEL II

Pfandbriefe

Art. 3. [Definition und Arten]

(1) Der Hypothekenpfandbrief ist ein Namens- oder Inhaberwertpapier, dessen Ausgabegrundlage die hypothekarisch besicherten Forderungen der Hypothekenbank bilden und in dem sich die Hypothekenbank gegenüber dem Berechtigten zur Erbringung bestimmter Geldleistungen verpflichtet.

(2)[1634] Der öffentliche Pfandbrief ist ein Namens- oder Inhaberwertpapier, dessen Ausgabegrundlage Forderungen der Hypothekenbank bilden aus:

1) Krediten in dem Teil, einschließlich der fälligen Zinsen, der durch eine Garantie oder eine Bürgschaft der Polnischen Nationalbank, der Europäischen Zentralbank, der Regierungen oder Zentralbanken der Mitgliedstaaten der Europäischen Union, der Organisation für wirtschaftliche Zusammenarbeit und Entwicklung, unter Ausschluss der Staaten, die ihre Auslandsverschuldung restrukturieren oder innerhalb der letzten 5 Jahre restrukturiert haben, sowie durch eine Garantie oder eine Bürgschaft des Fiskus gemäß den Vorschriften der gesonderten Gesetze, besichert ist, oder

---

[1632] In der durch Art. 1 Nr. 2 des in der Fußnote 1631 genannten Gesetzes bestimmten Fassung.

[1633] Die Rechtsnatur des Erbnießbrauchrechtes (wörtlich ewiger Nießbrauch) ist der des deutschen Erbbaurechtes ähnlich.

[1634] In der durch Art. 1 Nr. 3 lit. a des in der Fußnote 1631 genannten Gesetzes bestimmten Fassung.

2) Krediten, die an die in Nr. 1 genannten Personen gewährt wurden oder

3) Krediten in dem Teil, einschließlich der fälligen Zinsen, der durch eine Garantie oder eine Bürgschaft der Einheiten der territorialen Selbstverwaltung besichert ist sowie Krediten, die an die Einheiten der territorialen Selbstverwaltung gewährt wurden.

(3)[1635] Für öffentliche Pfandbriefe sind die Vorschriften über Hypothekenpfandbriefe unter Ausschluss der Vorschriften des Gesetzes im Bereich der hypothekarischen Besicherung entsprechend anzuwenden.

(4)[1636] Die Hypothekenbank ist bei der Kreditgewährung an eine Einheit der territorialen Selbstverwaltung sowie beim Erwerb der durch eine Einheit der territorialen Selbstverwaltung ausgegebenen Wertpapiere verpflichtet, an dem Tag der Kreditgewährung oder des Erwerbs der Wertpapiere ein positives Gutachten der regionalen Rechnungskammer über die Möglichkeit der Kreditrückzahlung oder der Einlösung der Wertpapiere einzuholen, das in Art. 49 Abs. 2 des Gesetzes vom 26. November 1998 über öffentliche Finanzen (Dz.U. 2003 Nr. 15, Pos. 148, Nr. 45, Pos. 391, Nr. 65, Pos. 594 und Nr. 96, Pos. 874) genannt wird.

Art. 4. [Umfang der Geldleistung]

Die Geldleistungen, die in Art. 3 genannt werden, bestehen in der Zinszahlung und der Einlösung der Hypothekenpfandbriefe, in der Weise und zu den Fristen, die in den Ausgabebedingungen bestimmt werden; die Vorschriften dieses Gesetzes sind zu beachten.

Art. 5.[1637] [Pfandbriefwährung]

Der Hypothekenpfandbrief kann auf Złoty oder auf eine fremde Währung im Sinne der Vorschriften des Devisenrechts lauten.

Art. 6. [Inhalt des Pfandbriefes]

Der Hypothekenpfandbrief enthält insbesondere:

1) die Bezeichnung „Hypothekenpfandbrief",

2) die Angabe der Rechtsgrundlage der Ausgabe,

[1635] Hinzugefügt durch Art. 1 Nr. 3 lit. b des in der Fußnote 1631 genannten Gesetzes.
[1636] Hinzugefügt durch Art. 1 Nr. 3 lit. b des in der Fußnote 1631 genannten Gesetzes.
[1637] Mit der durch Art. 1 Nr. 4 des in der Fußnote 1631 genannten Gesetzes eingeführten Änderung.

3) die Bezeichnung (die Firma) der Hypothekenbank, die Emittent ist sowie deren Sitz,

4) die Serie und die Nummer des Hypothekenpfandbriefes,

5) die Bestimmung des Nennwertes, das Datum, ab dem die Verzinsung zu berechnen ist, die Höhe der Verzinsung sowie die Zinszahlungsfristen, die Einlösungsfrist des Hypothekenpfandbriefes, den Zahlungsort sowie die Bedingungen der Einlösung,

6) falls die Einlösungsfrist mehr als fünf Jahre beträgt - die Information, dass die Hypothekenbank nach Ablauf von fünf Jahren seit dem Ausgabetag seine Tilgung vor der Einlösungsfrist vornehmen kann, sowie die Information über die Bedingungen der Einlösung,

7) die Information, dass dem Berechtigten aus dem Hypothekenpfandbrief das Recht auf Vorlage zur Einlösung nicht vor dem bestimmten Termin zusteht,

8) den Ort und das Datum der Ausstellung des Hypothekenpfandbriefes,

9) die Unterschriften der zum Eingehen von Verbindlichkeiten im Namen der Hypothekenbank berechtigten Personen sowie die Unterschrift des Treuhänders; diese Unterschriften können auf mechanische Weise wiedergegeben werden.

Art. 7. [Formen des Pfandbriefes]

(1) Der Hypothekenpfandbrief kann in Form eines Dokuments oder in entmaterialisierter Form (EDV-mäßige Eintragung) ausgegeben werden.

(2)[1638] Erscheint der Hypothekenpfandbrief in entmaterialisierter Form, so sollen alle Daten, die in Art. 6 genannt werden, im Inhalt des Depotzeugnisses oder eines anderen, für die berechtigte Person ausgestellten Dokuments enthalten sein.

(3) Der Hypothekenpfandbrief kann als Sammelurkunde ausgegeben werden.

Art. 8. [Gesetzesverweis]

(1) In dem durch dieses Gesetz nicht geregelten Bereich werden auf die Grundsätze der Ausgabe, des Umlaufs und der Einlösung von Hypothekenpfandbriefen folgende Vorschriften angewendet:

[1638] Mit der durch Art. 1 Nr. 5 des in der Fußnote 1631 genannten Gesetzes eingeführten Änderung.

1) [1639]das Recht über den öffentlichen Umlauf von Wertpapieren sowie

2) [1640]das Gesetz vom 29. Juni 1995 über Obligationen (Dz.U. 2001 Nr. 120, Pos. 1300 und 2002 Nr. 216, Pos. 1824), mit Ausnahme der Vorschriften der Art. 7 Abs. 1 und 2 sowie der Art. 28 - 39.

(2)[1641] Der Ministerrat kann im Wege einer Verordnung ein besonderes Verfahren und die Bedingungen für die Einführung der Pfandbriefe in den öffentlichen Umlauf bestimmen. Die Verordnung hat insbesondere den Umfang der Informationspflichten so zu bestimmen, dass den Investoren eine gründliche Beurteilung der Finanz- und Wirtschaftslage des Emittenten ermöglicht wird.

KAPITEL III
Hypothekenbank

Abschnitt 1
Allgemeine Vorschriften

Art. 9. [Rechtsform]

(1) Die Hypothekenbank ist ausschließlich in Form einer Aktiengesellschaft zu gründen.

(2) Die Satzung der Hypothekenbank bestimmt deren Bezeichnung, die zusätzlich den Ausdruck „Hypothekenbank" enthält.

Art. 10. [Gesetzesverweis]

Für die Grundsätze der Gründung, der Organisation und der Tätigkeit von Hypothekenbanken, die in diesem Gesetz nicht geregelt sind, sind die Vor-

---

[1639] Mit der durch Art. 1 Nr. 6 lit. a des in der Fußnote 1631 genannten Gesetzes eingeführten Änderung.

[1640] In der Fassung bestimmt durch Art. 7 des Gesetzes vom 29.6.2000 über die Änderung des Gesetzes über Obligationen und mancher anderer Gesetze (Dz.U. 2000 Nr. 60, Pos. 702), das am 27.8.2000 in Kraft getreten ist und mit der durch Art. 1 Nr. 6 lit. b des in der Fußnote 1631 genannten Gesetzes eingeführten Änderung.

[1641] In der Fassung bestimmt durch Art. 3 des Gesetzes vom 23.7.1998 über die Änderung des Gesetzes - das Recht über den öffentlichen Umlauf von Wertpapieren, des Gesetzes über das Rechnungswesen sowie des Gesetzes über Pfandbriefe und Hypothekenbanken (Dz.U. 1998 Nr. 107, Pos. 669), das am 20.8.1998 in Kraft getreten ist.

schriften des Bankrechtes sowie die Vorschriften über die Polnische Nationalbank entsprechend anzuwenden.

Art. 11. [Beschlussermächtigung]

Die Bankaufsichtskommission kann detaillierte Grundsätze über die Ausstattung der Hypothekenbanken mit Gründungskapital im Wege eines Beschlusses bestimmen.

Abschnitt 2

Geschäfte der Hypothekenbank

Art. 11a.[1642] [Geschäftsbeschränkung]

Die Hypothekenbank darf ausschließlich die in diesem Gesetz bestimmten Geschäfte betreiben.

Art. 12. [Hauptgeschäfte]

Zu den Hauptgeschäften der Hypothekenbank gehören

1) die Gewährung von hypothekarisch besicherten Krediten;
2) [1643]die Gewährung von hypothekarisch nicht besicherten Krediten, die in Art. 3 Abs. 2 genannt werden;
3) der Erwerb von Forderungen anderer Banken aus den durch diese gewährten, hypothekarisch besicherten Krediten sowie von Forderungen aus den nicht hypothekarisch besicherten Krediten, die in Nr. 2 genannt werden;
4) die Ausgabe von Hypothekenpfandbriefen, deren Grundlage Forderungen der Hypothekenbank bilden, aus
   a) gewährten hypothekarisch besicherten Krediten sowie
   b) erworbenen Forderungen anderer Banken aus den durch diese gewährten hypothekarisch besicherten Krediten,
5) [1644]die Ausgabe von öffentlichen Pfandbriefen, deren Grundlage

---

[1642] Hinzugefügt durch Art. 1 Nr. 7 des in der Fußnote 1631 genannten Gesetzes.

[1643] In der durch Art. 1 Nr. 8 lit. a des in der Fußnote 1631 genannten Gesetzes bestimmten Fassung.

a) die Forderungen der Hypothekarbank aus den gewährten hypothekarisch nicht besicherten Krediten, die in Nr. 2 genannt werden,

b) die durch die Hypothekenbank erworbenen Forderungen anderer Banken aus den durch diese gewährten hypothekarisch nicht besicherten Krediten, die in Nr. 2 genannt werden,

bilden.

Art. 13.[1645] [Außerdeckungsgrenze]

(1) Der Gesamtbetrag der Forderungen aus den in Art. 12 Nr. 1 und 3 genannten Geschäften darf in dem sechzig vom Hundert des Hypothekenbank-Beleihungswerts einer Liegenschaft übersteigenden Teil dreißig vom Hundert des Gesamtbetrages der hypothekarisch besicherten Forderungen der Hypothekenbank nicht übersteigen.

(2) Die Höhe eines einzelnen hypothekarisch besicherten Kredits darf den Hypothekenbank-Beleihungswert einer Liegenschaft nicht übersteigen.

Art. 14. [Refinanzierungsgrenze]

Aus den durch die Ausgabe von Pfandbriefen erzielten Mitteln darf die Hypothekenbank die hypothekarisch besicherten Kredite sowie die erworbenen Forderungen anderer Banken aus den durch diese gewährten hypothekarisch besicherten Krediten refinanzieren; die Refinanzierung darf jedoch den Betrag von sechzig vom Hundert des Hypothekenbank-Beleihungswerts einer Liegenschaft nicht übersteigen.

Art. 15.[1646] [Nebengeschäfte]

(1) Die Hypothekenbanken dürfen außer den in Art. 12 genannten Geschäften folgende Geschäfte betreiben:

1) Annahme von Terminanlagen;

2) Aufnahme von Krediten und Darlehen;

3) Ausgabe von Obligationen;

4) Verwahrung von Wertpapieren;

[1644] In der durch Art. 1 Nr. 8 lit. b des in der Fußnote 1631 genannten Gesetzes bestimmten Fassung.

[1645] In der durch Art. 1 Nr. 9 des in der Fußnote 1631 genannten Gesetzes bestimmten Fassung.

[1646] In der durch Art. 1 Nr. 10 des in der Fußnote 1631 genannten Gesetzes bestimmten Fassung.

5) Erwerb und Übernahme von Aktien oder Anteilen von anderen Personen, deren Rechtsform die Beschränkung der Haftung der Hypothekenbank bis zur Höhe der investierten Mittel sichert, sofern dies dem Betreiben der Geschäfte der Hypothekenbank dient, wobei der Gesamtwert der erworbenen und übernommenen Aktien und Anteile zehn vom Hundert der Höhe der Eigenfonds der Hypothekenbank nicht übersteigen darf;

6) Führung von Bankkonten zur Bedienung von Investitionsprojekten, die mit einer Inanspruchnahme der durch die Hypothekenbank gewährten Krediten realisiert werden;

7) Erbringung von den mit dem Immobilienmarkt verbundenen Beratungsdienstleistungen, dazu gehört auch die Ermittlung des Hypothekenbank-Beleihungswertes einer Liegenschaft;

8) Verwaltung der Forderungen der Hypothekenbank und anderer Banken aus den in Art. 12 genannten Krediten sowie eine Gewährung dieser Kredite im Namen anderer Banken aufgrund mit diesen geschlossener Verträge.

(2) Die Höhe der Verbindlichkeiten aus den in Absatz 1 Nr. 1 - 3 genannten Geschäften darf insgesamt nicht übersteigen

1) im Zeitraum von fünf Jahren ab dem Tag der Aufnahme der Geschäftstätigkeit der Hypothekenbank die zehnfache Höhe der Eigenfonds der Hypothekenbank,

2) nach dem Ablauf der im Nr. 1 genannten Frist die sechsfache Höhe der Eigenfonds der Hypothekenbank.

(3) Die aus dem Betreiben der in Absatz 1 Nr. 1 - 3 genannten Geschäfte erzielten Mittel dürfen ausschließlich zur Refinanzierung der in Art. 12 genannten Geschäfte verwendet werden.

Art. 15a.[1647] [Hilfsgeschäfte]

Die Hypothekenbanken können Handlungen vornehmen, die dem Betreiben der in Art. 12 und Art. 15 Abs. 1 Nr. 1 - 3 und 5 genannten Geschäften dienen, insbesondere können sie

1) Geschäfte im Devisenverkehr durchführen,

2) Geschäfte zur Beschränkung des Währungs- und Zinssatzrisikos durchführen, unter Vorbehalt des Art. 19 Abs. 2.

[1647] Hinzugefügt durch Art. 1 Nr. 11 des in der Fußnote 1631 genannten Gesetzes.

Art. 16.[1648] **[Einsatz von freien Geldmitteln, Liegenschaftserwerb]**

(1) Freie Geldmittel darf die Hypothekenbank einsetzen für

1) Anlagen in Banken, die über einen Eigenfonds in Höhe von nicht weniger als den Gegenwert von 10.000.000 € in Zloty, umgerechnet nach dem von der Polnischen Nationalbank veröffentlichten Mittelkurs, verfügen;

2) den Erwerb eigener Pfandbriefe zwecks deren Depothinterlegung unter Aufsicht des Treuhänders, soweit dies mit der Erfüllung des in Art. 18 des Gesetzes genannten Erfordernisses durch die Hypothekenbank verbunden ist, oder zwecks der Tilgung;

3) den Erwerb von Wertpapieren, die von den in Art. 3 Abs. 2 Nr. 1 genannten Personen ausgegeben oder garantiert werden;

4) den Erwerb von Wertpapieren, die von Einheiten der territorialen Selbstverwaltung ausgegeben werden,

5) den Erwerb von Pfandbriefen, die von anderen Hypothekenbanken ausgegeben werden.

(2) Die Hypothekenbank darf Liegenschaften nur erwerben, um Verluste aus den gewährten hypothekarisch besicherten Krediten zu vermeiden sowie wenn dies für die Bedürfnisse der Geschäftstätigkeit der Bank erforderlich ist.

Art. 17. [Gesamtpfandbriefumlaufgrenze]

(1)[1649] Der Gesamtbetrag der Nennwerte der im Umlauf befindlichen Pfandbriefe der Hypothekenbank darf, unter Vorbehalt des Absatzes 2, das 40-fache ihrer Eigenfonds nicht übersteigen.

(2)[1650] Für die Berechnung der in Absatz 1 genannten Grenze, wird zu den Eigenfonds die Rücklage für allgemeines Risiko, die in Art. 130 Abs. 1 des Gesetzes vom 29. August 1997 – Bankrecht (Dz.U. 2002 Nr. 72, Pos. 665; Nr. 126, Pos. 1070; Nr. 141, Pos. 1178; Nr. 144, Pos. 1208; Nr. 153, Pos. 1271; Nr. 169, Pos. 1385 und 1387 und Nr. 241, Pos. 2074 sowie 2003 Nr. 50, Pos. 424; Nr. 60, Pos. 536 und Nr. 65, Pos. 594) genannt wird, zugerechnet.

(3) (*aufgehoben*)[1651]

[1648] In der durch Art. 1 Nr. 12 des in der Fußnote 1631 genannten Gesetzes bestimmten Fassung.

[1649] Mit der durch Art. 1 Nr. 13 lit. a des in der Fußnote 1631 genannten Gesetzes eingeführten Änderung.

[1650] In der durch Art. 1 Nr. 13 lit. b des in der Fußnote 1631 genannten Gesetzes bestimmten Fassung.

[1651] Durch Art. 1 Nr. 13 lit. c des in der Fußnote 1631 genannten Gesetzes.

Art. 18. [Deckungskongruenz]

(1) Der Gesamtbetrag der Nennwerte der im Umlauf befindlichen Hypothekenpfandbriefe darf, unter Vorbehalt des Absatzes 3, die Summe der Nennbeträge der hypothekarisch besicherten Bankforderungen, die die Ausgabegrundlage der Hypothekenpfandbriefe bilden, nicht übersteigen.

(2)[1652] Der Zinsertrag der Hypothekenbank aus den in Absatz 1 genannten hypothekarisch besicherten Forderungen darf nicht niedriger sein als die Aufwendungen für Zinsen von den im Umlauf befindlichen Hypothekenpfandbriefen.

(3) Ausgabegrundlage der Hypothekenpfandbriefe können bis zu einer Höhe von zehn vom Hundert des Betrages der in Absatz 1 genannten, hypothekarisch besicherten Bankforderungen auch Mittel der Hypothekenbank sein, die

1) in Wertpapieren, die in Art 16 Abs. 1 Nr. 3 genannt werden, angelegt sind,

2) bei der Polnischen Nationalbank angelegt sind, oder

3) in Bargeld vorhanden sind.

(4)[1653] Bei der Ermittlung der in Absätzen 1 - 3 genannten Beträge sind der Wert erworbener Finanzsicherungsinstrumente, die die in Art. 35 a Abs. 3 des Gesetzes vom 29. September 1994 über das Rechnungswesen (Dz.U. 2002 Nr. 76, Pos. 694 sowie 2003 Nr. 60, Pos. 535) genannten Bedingungen erfüllen, sowie Änderungen ihres Wertes zu berücksichtigen.

Art. 19. [Pfandbriefhinterlegung, Wechselkursrisikobeschränkung]

(1) Von der Hypothekenbank ausgegebene und zum Depot, unter Aufsicht des Treuhänders, hinterlegte Pfandbriefe sind im Sinne dieses Gesetzes keine Pfandbriefe im Umlauf.

(2) Bei Ausgabe von Hypothekenpfandbriefen in einer anderen Währung als

1) der Währung, auf die die Forderungen der Hypothekenbank lauten, die diese Briefe sichern, oder

2) der Währung, auf die die in Art. 18 Abs. 3 genannten Mittel lauten,

ist die Hypothekenbank verpflichtet, Maßnahmen zu treffen, die das Währungsrisiko beschränken.

[1652] Mit der durch Art. 1 Nr. 14 lit. a des in der Fußnote 1631 genannten Gesetzes eingeführten Änderung.

[1653] Hinzugefügt durch Art. 1 Nr. 14 lit. b des in der Fußnote 1631 genannten Gesetzes.

Art. 20. [Grundbucheintragung der Deckungsforderung, Valutierung vor Grundbucheintragung]

(1) Eine Forderung der Hypothekenbank, die in das Register der Sicherung der Hypothekenpfandbriefe einzutragen ist, kann ausschließlich durch eine im Grundbuch im ersten Rang eingetragene Hypothek besichert werden.

(2) Lautet die Forderung der Hypothekenbank auf eine fremde Währung, so wird die Hypothek für diese Forderung in der gleichen Währung in das Grundbuch eingetragen.

(3) Über den Antrag auf Eintragung einer Hypothek zur Sicherung einer hypothekarischen Forderung, die in das Register der Sicherung der Hypothekenpfandbriefe einzutragen ist, hat das das Grundbuch führende Gericht innerhalb eines Monats ab dem Tage der Antragsstellung zu entscheiden.

(4)[1654] Vor der Besicherung der Kreditforderung durch eine Hypothek kann die Hypothekenbank dem Kreditnehmer den im Kreditvertrag bestimmten Geldbetrag zur Verfügung stellen, wenn der Antrag auf Eintragung einer Hypothek zur Besicherung dieser Forderung bereits beim Gericht gestellt worden ist und bis zum Zeitpunkt der Entstehung der Hypothek eine zusätzliche Sicherung für den gewährten Kredit bestellt wurde, insbesondere

1) eine Garantie oder Bürgschaft von Personen, die in Art. 3 Abs. 2 Nr. 1 genannt werden,
2) eine Garantie oder Bürgschaft von Banken, die die in Art. 16 Abs. 1 Nr. 1 genannte Bedingung erfüllen, oder
3) eine Kreditversicherung

vorliegt.

(5)[1655] Die Hypothekenbank kann dem Kreditnehmer den im Kreditvertrag bestimmten Geldbetrag, unter der Bedingung der Bestellung einer in Absatz 4 genannten Sicherheit auch schon vor der Besicherung der Forderung aus dem gewährten Kredit durch eine Hypothek zur Verfügung stellen, sofern der Anspruch der Hypothekenbank auf die Bestellung einer Hypothek zu ihren Gunsten zur Besicherung der Kreditrückzahlung an einer Raumliegenschaft gleichzeitig mit der Aussonderung des Raumes im Grundbuch derjenigen Liegenschaft, an der ein Bauvorhaben durchgeführt wird, ersichtlich gemacht wurde. Die Löschung des Anspruchs im Grundbuch bedarf der Zustimmung der Hypothekenbank, zu deren Gunsten die Hypothek bestellt wird.

[1654] Zugefügt durch Art. 1 Nr. 16 des in der Fußnote 1631 genannten Gesetzes.
[1655] Hinzugefügt durch Art. 1 Nr. 16 des in der Fußnote 1631 genannten Gesetzes.

Art. 21. [Vorzeitige Pfandbrieftilgung, Ausschluss der Kreditkündigung]

(1) Beträgt die Einlösungsfrist des Pfandbriefes mehr als fünf Jahre ab dem Ausgabetag, so kann die Hypothekenbank Pfandbriefe vor der Einlösungsfrist tilgen, jedoch nicht früher als nach Ablauf von fünf Jahren ab dem Ausgabetag, sofern dies erforderlich ist, um den Bestimmungen des Art. 18 zu genügen.

(2) Ist die hypothekarisch besicherte und in das Register der Sicherung der Pfandbriefe eingetragene Bankforderung infolge eines Vertrages über die Gewährung eines Kredits mit fester Verzinsung entstanden, so kann eine frühere, einseitige Kündigung des Kreditvertrages durch den Kreditnehmer für einen Zeitraum von nicht länger als fünf Jahren ausgeschlossen werden.

Art. 22.[1656] [Ermittlung des Hypothekenbank-Beleihungswertes]

(1) Die Ermittlung des Hypothekenbank-Beleihungswertes einer Liegenschaft ist unter Einhaltung der erforderlichen Sorgfalt und Vorsicht durchzuführen, insbesondere unter Berücksichtigung nur solcher Eigenschaften der Liegenschaft und der mit ihr verbundenen Erträge, die bei Annahme einer rationellen Nutzung dauerhaften Charakter haben können und die jeder Besitzer dieser Liegenschaft erzielen kann.

(2) Den Hypothekenbank-Beleihungswert einer Liegenschaft bestimmt die Hypothekenbank auf der Grundlage des Gutachtens.

(3) Das in Absatz 2 genannte Gutachten über den Hypothekenbank-Beleihungswert einer Liegenschaft wird nach den Vorschriften des Gesetzes und der Ordnung der Hypothekenbank angefertigt, durch

1) die Hypothekenbank oder

2) andere Personen im Auftrag der Hypothekenbank nach Abstimmung mit dem Kreditnehmer, insbesondere Personen, die in Art 174 Abs. 2 und 6 des Gesetzes vom 21 August 1997 über die Bewirtschaftung von Liegenschaften (Dz.U. 2000 Nr. 46, Pos. 543; 2001 Nr. 129, Pos. 1447 und Nr. 154, Pos. 1800; 2002 Nr. 25, Pos. 253; Nr. 74, Pos. 676; Nr. 113, Pos. 984; Nr. 126, Pos. 1070; Nr. 130, Pos. 1112; Nr. 153, Pos. 1271; Nr. 200, Pos. 1682 und Nr. 240, Pos. 2058 sowie 2003 Nr. 1, Pos. 15; Nr. 80, Pos. 717, 720 und 721 und Nr. 96, Pos. 874) genannt werden.

(4) Das in Absatz 2 genannte Gutachten ist schriftlich zu erstellen und mit der Unterschrift der dieses erstellenden Person zu versehen. Dieses Gutachten soll der

---

[1656] In der durch Art. 1 Nr. 16 des in der Fußnote 1631 genannten Gesetzes bestimmten Fassung.

Bankaufsichtskommission und dem Treuhänder eine angemessene Kontrolle des von der Hypothekenbank eingehenden Risikos ermöglichen, das mit der Liegenschaft als Gegenstand der Besicherung der durch die Hypothekenbank gewährten Kredite verbunden ist.

(5) Detaillierte Grundsätze der Ermittlung des Hypothekenbank-Beleihungswertes einer Liegenschaft bestimmt die durch die Hypothekenbank herausgegebene Ordnung. Die Ordnung sowie jede Änderung dieser erfordern die Genehmigung der Bankaufsichtskommission.

Art. 23. [Deckungsgrenze für Neubau- und Bauplatzhypotheken, deckungsunfähige Liegenschaften]

(1) Die Forderungen, die durch die im Laufe der Realisierung von Bauinvestitionen bestellten Hypotheken besichert werden, dürfen insgesamt zehn vom Hundert des Gesamtwertes der hypothekarisch besicherten Forderungen, die die Ausgabegrundlage der Hypothekenpfandbriefe bilden, nicht übersteigen. Im Rahmen dieser Grenze dürfen Forderungen, die durch Hypotheken an den nach dem Raumordnungsplan zur Bebauung vorgesehenen Grundstücken besichert werden, zehn von Hundert nicht übersteigen.

(2) Forderungen, die durch Hypotheken an Liegenschaften besichert werden, deren zweckmäßige Bewirtschaftung keinen dauerhaften Charakter hat, insbesondere an Liegenschaften, deren Bestandteil Lagerstätten von Berggut sind, bilden keine Ausgabegrundlage der Hypothekenpfandbriefe.

Abschnitt 3

Forderungen zur Besicherung der Pfandbriefausgabe

Art. 24.[1657] [Register der Sicherung der Pfandbriefe]

(1) Die Hypothekenbank führt und verwahrt ein Register der Sicherung der Pfandbriefe, in das an gesonderten Stellen die Forderungen der Hypothekenbank sowie Rechte und Mittel, die in Art. 18 Abs. 3 und 4 genannt werden und die die Ausgabegrundlage der Pfandbriefe bilden, einzutragen sind. Das Register der Sicherung der Pfandbriefe ist für Hypothekenpfandbriefe und öffentliche Pfandbriefe getrennt zu führen.

[1657] Mit der durch Art. 1 Nr. 17 lit. a des in der Fußnote 1631 genannten Gesetzes eingeführten Änderung.

(2) Wird eine Hypothek zur Besicherung einer Forderung einer Hypothekenbank bestellt, die im Register der Sicherung der Hypothekenpfandbriefe eingetragen ist, so ist darüber hinaus eine Eintragung im Grundbuch vorzunehmen.

(3) Ein Verfügungsgeschäft der Hypothekenbank, dessen Gegenstand die im Register der Sicherung der Pfandbriefe eingetragene hypothekarische Forderung ist, erfordert die vorherige schriftliche Zustimmung des Treuhänders.

4. Die in Absatz 1 genannten Eintragungen, erfolgen bis zur vollen Höhe des Kredits, der aufgrund eines mit der Hypothekenbank geschlossenen Kreditvertrages oder eines Kreditvertrages, aus dem die durch die Hypothekenbank erworbene hypothekarische Forderung hervorgeht, gewährt wurde.

(5) (*aufgehoben*)[1658]

(6) Die Bankaufsichtskommission bestimmt im Wege eines Beschlusses ein Muster des Registers der Sicherung der Pfandbriefe.

Art. 25.[1659] [Sicherungsrechnung]

Die Hypothekenbank führt eine Sicherungsrechnung der Pfandbriefe durch, um die Einhaltung der in Art. 18 genannten Anforderungen in langfristiger Perspektive zu überwachen.

Art. 26. [Veröffentlichungspflicht]

Die Hypothekenbank veröffentlicht in dem Gerichts- und Wirtschaftsmonitor bis zum Ablauf von drei Monaten nach dem Abschluss des Geschäftsjahres[1660]

1) den Gesamtbetrag der Nennwerte der durch diese Bank ausgegebenen Pfandbriefe, die sich am letzten Tag des Geschäftsjahres im Umlauf befanden,
2) den Gesamtbetrag der im Register der Sicherung der Pfandbriefe eingetragenen Forderungen und Mittel der Hypothekenbank nach dem Stand am letzten Tag des Geschäftsjahres.

[1658] Durch Art. 1 Nr. 17 lit. b des in der Fußnote 1631 genannten Gesetzes.
[1659] In der durch Art. 1 Nr. 18 des in der Fußnote 1631 genannten Gesetzes bestimmten Fassung.
[1660] Einleitungssatz mit der durch Art. 1 Nr. 19 des in der Fußnote 1631 genannten Gesetzes eingeführten Änderung.

KAPITEL IV

Kontrolle und Aufsicht über die Hypothekenbanken

Art. 27. [Bestellung des Treuhänders]

(1) Bei jeder Hypothekenbank werden ein Treuhänder und sein Stellvertreter bestellt. Der Treuhänder und sein Stellvertreter dürfen nicht Mitarbeiter der Hypothekenbank sein.

(2) [1661]Den Treuhänder und seinen Stellvertreter bestellt die Bankaufsichtskommission auf Antrag des Aufsichtsrates der Hypothekenbank für einen Zeitraum von 6 Jahren. Dieselbe Person kann als Treuhänder oder dessen Stellvertreter nur einmal wieder bestellt werden.

(3) [1662]Der Treuhänder und sein Stellvertreter müssen die Staatsbürgerschaft eines Mitgliedstaates der Europäischen Union besitzen, über eine Hochschulausbildung verfügen und die zuverlässige Erfüllung der ihnen auferlegten Pflichten gewährleisten.

Art. 28. [Abberufungsgründe des Treuhänders]

(1) Der Treuhänder und sein Stellvertreter können durch die Bankaufsichtskommission abberufen werden, im Falle:

1) des Verzichts auf die Pflichtenerfüllung,
2) des Verlustes der Fähigkeit, die ihnen anvertrauten Pflichten infolge andauernder Krankheit, die mindestens drei Monate innerhalb eines Kalenderjahres dauert, zu erfüllen,
3) der rechtskräftigen Verurteilung durch ein Gericht wegen einer begangenen Straftat,
4) der Insolvenz der Hypothekenbank,
5) der Nichterfüllung der Aufgaben, zu denen sie gemäß diesem Gesetz verpflichtet sind.

[1661] In der durch Art. 1 Nr. 20 des in der Fußnote 1631 genannten Gesetzes bestimmten Fassung.

[1662] In der Fassung bestimmt durch Art. 1 des Gesetzes vom 18.1.2001 über die Änderung des Gesetzes über Pfandbriefe und Hypothekenbanken (Dz.U. 2001 Nr. 15, Pos. 148), das mit dem Beitritt Polens zur Europäischen Union am 1.5.2004 in Kraft getreten ist.

(2)[1663] Gegen die Entscheidung der Bankaufsichtskommission über die Abberufung des Treuhänders oder seines Stellvertreters ist die Beschwerde zum Verwaltungsgericht eröffnet.

Art. 29. [Unabhängigkeit des Treuhänders]

(1) Der Treuhänder und sein Stellvertreter sind unabhängig und nicht an Weisungen des Organs gebunden, das sie bestellt hat.

(2) Über Streitigkeiten zwischen dem Treuhänder und der Hypothekenbank entscheidet die Bankaufsichtskommission.

Art. 30. [Aufgaben des Treuhänders]

Zu den Aufgaben des Treuhänders gehört die Überprüfung, ob

1) [1664]die Verbindlichkeiten, die sich aus den im Umlauf befindlichen Pfandbriefen ergeben, durch die Hypothekenbank gemäß den Vorschriften dieses Gesetzes besichert sind;

2) [1665]der durch die Hypothekenbank angenommene Hypothekenbank-Beleihungswert einer Liegenschaft gemäß der Ordnung, die in Art. 22 Abs. 2 genannt wird, ermittelt worden ist; zu den Aufgaben des Treuhänders gehört nicht die Überprüfung, ob der Hypothekenbank-Beleihungswert einer Liegenschaft dessen tatsächlichem Wert entspricht;

3) [1666]die Hypothekenbank die in Art. 18 bestimmten Grenzen einhält; im Falle der Feststellung der Nichteinhaltung dieser Grenzen durch die Bank, hat der Treuhänder die Bankaufsichtskommission darüber unverzüglich zu unterrichten;

[1663] Mit der Änderung eingeführt durch Art. 55 des Gesetzes vom 30.8.2002 - Einführungvorschriften zum Gerichtsverfassungsgesetz und zum Verfahrensrecht vor Verwaltungsgerichten (Dz.U. 2002 Nr. 153, Pos. 1271), das am 1.1.2004 in Kraft getreten ist.

[1664] Mit der durch Art. 1 Nr. 21 lit. a des in der Fußnote 1631 genannten Gesetzes eingeführten Änderung.

[1665] Mit Änderungen eingeführt durch Art. 6 Nr. 3 des Gesetzes vom 7.1.2000 über die Änderung des Gesetzes über die Bewirtschaftung von Liegenschaften und anderer Gesetze (Dz.U. 2000 Nr. 6, Pos. 70), das am 15.2.2000 in Kraft getreten ist und durch Art. 1 Nr. 21 lit. b des in der Fußnote 1631 genannten Gesetzes.

[1666] In der durch Art. 1 Nr. 21 lit. c des in der Fußnote 1631 genannten Gesetzes bestimmten Fassung.

4) die Art und Weise der Führung des Registers der Sicherung der Pfandbriefe durch die Hypothekenbank, den Bedingungen dieses Gesetzes entspricht;

5) die Hypothekenbank gemäß den Vorschriften dieses Gesetzes die Sicherung für die geplante Ausgabe der Pfandbriefe sowie die Kontrolle über die Vornahme der entsprechenden Eintragungen in das Register der Sicherung der Pfandbriefe gewährleistet.

Art. 31. [Treuhänderkontrolle des Deckungsregisters]

(1) Die Richtigkeit der Führung des Registers der Sicherung der Pfandbriefe unterliegt der laufenden Kontrolle des Treuhänders.

(2)[1667] Bis zum siebten Tag jedes Monats übergibt der Treuhänder der Bankaufsichtskommission die von ihm bestätigte, aktuelle Abschrift der Eintragungen in das Register der Sicherung der Pfandbriefe für den vorigen Monat. Die Bankaufsichtskommission verwahrt die Abschriften mindestens 10 Jahre.

(3) Die Streichung der Eintragungen in dem Register der Sicherung der Pfandbriefe kann ausschließlich mit schriftlicher Zustimmung des Treuhänders erfolgen; die lesbare Unterschrift des Treuhänders bei der Streichungsanmerkung einer Eintragung im Register steht der schriftlichen Zustimmung gleich.

Art. 32. [Befugnisse des Treuhänders]

(1) Zur Erfüllung der in Art. 30 genannten Aufgaben steht dem Treuhänder das Recht zu, jederzeit die Rechnungsbücher, Register, Pläne und andere Dokumente der Bank zu überprüfen.

(1a)[1668] Die Hypothekenbank erteilt dem Treuhänder und seinem Stellvertreter im Zusammenhang mit der Erfüllung ihrer Aufgaben in dem in Absatz 1 bestimmten Umfang Informationen, die dem Bankgeheimnis unterliegen.

(1b)[1669] Der Treuhänder und sein Stellvertreter sind verpflichtet, die Informationen, die sie während ihrer Amtszeit erhalten haben, geheim zu halten.

(2) Erfüllt die Hypothekenbank Anweisungen des Treuhänders nicht, die dieser im Zusammenhang mit seinen Tätigkeiten gegeben hat und zu denen er

[1667] Zweiter Satz in der durch Art. 1 Nr. 22 des in der Fußnote 1631 genannten Gesetzes bestimmten Fassung.
[1668] Hinzugefügt durch Art. 1 Nr. 23 des in der Fußnote 1631 genannten Gesetzes.
[1669] Hinzugefügt durch Art. 1 Nr. 23 des in der Fußnote 1631 genannten Gesetzes.

aufgrund dieses Gesetzes verpflichtet ist, so hat der Treuhänder die Bankaufsichtskommission darüber unverzüglich zu unterrichten.

(3) Zur Beseitigung festgestellter Unrichtigkeiten kann die Bankaufsichtskommission Aufsichtsbefugnisse wahrnehmen, die in den Vorschriften des Bankrechts und in den Vorschriften über die Polnische Nationalbank bestimmt werden.

Art. 33.[1670] [Arbeitsrechtliche Bestimmungen]

(1) Der Treuhänder und sein Stellvertreter erhalten eine Vergütung, deren Höhe die Bankaufsichtskommission im Bestellungsakt festlegt. Die Kosten der Amtsbekleidung des Treuhänders und seines Stellvertreters einschließlich ihrer Vergütung sind Betriebskosten der Bank.

(2) Die Hypothekenbank gewährleistet dem Treuhänder und seinem Stellvertreter die ihren Aufgaben entsprechenden Arbeitsbedingungen.

(3) Dem Treuhänder und seinem Stellvertreter steht das Recht auf Erholungsurlaub nach den im Arbeitsgesetzbuch bestimmten Grundsätzen und zu einem mit der Hypothekenbank vereinbarten Termin zu.

(4) Die Dauer der Amtszeit des Treuhänders und seines Stellvertreters wird auf die Arbeitszeitdauer sowie zu anderen Zeiten, von denen der Erwerb von Arbeitnehmerrechten abhängig ist, angerechnet. Auf die Person des Treuhänders und seines Stellvertreters sind die Vorschriften über die Sozial- und Krankenversicherung anzuwenden, sofern diese nicht bereits diesen Versicherungen aufgrund anderer Titel unterliegen.

Art. 34. [Aufsicht der Bankaufsichtskommission]

(1) In dem durch dieses Gesetz nicht geregelten Bereich ist die Aufsicht über die Hypothekenbanken gemäß den Vorschriften des Bankrechts sowie den Vorschriften über die Polnische Nationalbank auszuüben.

(2) (*aufgehoben*)[1671]

(3)[1672] Mit der Überprüfung der Richtigkeit der durch die Hypothekenbank vorgenommenen Eintragungen in das Register der Sicherung der Pfandbriefe, einschließlich der Übereinstimmung der Ermittlung des Hypothekenbank-Beleihungswertes einer Liegenschaft mit den Grundsätzen, die in der aufgrund

---

1670 In der durch Art. 1 Nr. 24 des in der Fußnote 1631 genannten Gesetzes bestimmten Fassung.

1671 Durch Art. 1 Nr. 25 lit. a des in der Fußnote 1631 genannten Gesetzes.

1672 In der durch Art. 1 Nr. 25 lit. b des in der Fußnote 1631 genannten Gesetzes bestimmten Fassung.

des Art. 22 Abs. 5 erlassenen Ordnung genannt werden, kann die Bankaufsichtskommission einen unabhängigen Sachverständigen auf Kosten der zu kontrollierenden Bank beauftragen.

(4) Die Bankaufsichtskommission kann besondere Liquiditätsnormen sowie andere Normen des zulässigen Risikos für die Tätigkeit der Hypothekenbank bestimmen.

KAPITEL V

Insolvenz der Hypothekenbank

Art. 35. [Insolvenzvorrecht]

(*aufgehoben*)[1673]

Art. 36. [Beschränkung der Zwangsvollstreckung]

Die durch Eintreibung der im Register der Sicherung der Pfandbriefe eingetragenen Forderungen erzielten Mittel dürfen ausschließlich zur Befriedigung der Ansprüche aus den Pfandbriefen verwendet werden.

KAPITEL VI

Strafvorschriften

Art. 37. [Strafbestimmungen]

(1) Wer Pfandbriefe ausgibt, ohne dazu berechtigt zu sein oder wer bei der Ausgabe die in den Art. 17 - 19 und 22 - 24 bestimmten Pflichten verletzt, oder wer die ausgegebenen Wertpapiere, ohne zur Ausgabe von Pfandbriefen berech-

---

[1673] Durch Art. 532 des Gesetzes vom 28.2.2003 - das Insolvenz und Sanierungsrecht (Dz.U. 2003 Nr. 60, Pos. 535), das am 1.10.2003 in Kraft getreten ist. Zugleich wurden Abs. 1 und 2 des aufgehobenen Artikels durch Art. 442 und Art. 446 desselben Gesetzes wörtlich ersetzt. Sie lauten:

Art. 442. Im Falle der Insolvenzeröffnung der Hypothekenbank bilden die in dem Register der Sicherung der Pfandbriefe eingetragenen Forderungen, Rechte und Mittel, die in Art. 18 Abs. 3 und 4 des Gesetzes vom 29.8.1997 über Pfandbriefe und Hypothekenbanken (Dz.U. 1997 Nr. 140, Pos. 940, von 1998 Nr. 107 Pos. 669, von 2000 Nr. 6, Pos. 70 und Nr. 60, Pos. 702, von 2001 Nr. 15, Pos. 148, Nr. 39, Pos. 459 sowie von 2002 Nr. 126, Pos. 1070 und Nr. 153, Pos. 1271) genannt werden, eine gesonderte Masse, die vor allem der Befriedigung von Ansprüchen der Pfandbriefgläubiger dient; nach der Befriedigung der Ansprüche der Pfandbriefgläubiger ist der Überschuss der Mittel aus der gesonderten Masse der Insolvenzmasse der Bank zuzurechnen.

Art. 446. Durch die Insolvenzeröffnung der Hypothekenbank werden die Fristen für die Fälligkeit ihrer Verbindlichkeiten gegenüber den Pfandbriefgläubigern nicht berührt.

tigt zu sein, mit der Bezeichnung „Pfandbrief“ oder mit einer anderen Bezeichnung versieht, die diesen Ausdruck enthält, unterliegt einer Geldstrafe bis zu 50.000 PLN und Freiheitsstrafe von 6 Monaten bis zu 5 Jahren.

(2) Derselben Strafe unterliegt derjenige, der die in Absatz 1 bestimmte Straftat im Namen einer juristischen Person begeht.

(3) Begeht der Täter fahrlässig die in Absätzen 1 oder 2 genannte Straftat, so unterliegt er einer Geldstrafe, einer Freiheitsbeschränkungs- oder einer Freiheitsstrafe bis zu 2 Jahren.

KAPITEL VII

Änderungen in den geltenden Vorschriften und Schlussvorschriften

Art. 38-41. (*vom Abdruck wurde abgesehen*)

Art. 42. [Inkrafttreten]

Das Gesetz tritt am 1. Januar 1998 in Kraft.

II. Muster des Sicherheitsregisters der Hypothekenpfandbriefe

Anhang Nr. 1 zu dem Beschluss Nr. 5
der Bankaufsichtskommission
vom 18. November 2002
Dz.Urz. 2002 Nr. 18, Pos. 45

SICHERHEITSREGISTER DER HYPOTHEKENPFANDBRIEFE – Teil A

Folge-nummer	Signatur der Bankakte	Grundangaben für die Identifikation der beliehenen Liegenschaft[1674]	Hypothekenbank-Beleihungswert der Liegenschaft	a) Höhe der Forderung der Bank[1675] b) Wert der Ausgabegrundlage von Hypotheken-pfandbriefen[1676]	a) Zinssatz der Forderung b) Tilgungsweise der Kapitalforderung	Bemerkungen des Treuhänders	a) Eintragungsdatum und Unterschrift des Treuhänders b) Löschungsdatum und Unterschrift des Treuhänders
1	2	3	4	5	6	7	8

[1674] Eingetragen werden insbesondere: die Art der Liegenschaften, die Lage, die Evidenznummer des Grundstücks, die Grundbuchnummer der Liegenschaft und die Bezeichnung des Grundbuchgerichtes.

[1675] Lautet die Forderung auf eine fremde Währung, so wird deren Gegenwert in Zloty, umgerechnet nach dem von der Polnischen Nationalbank veröffentlichten Mittelkurs am Tag der Kreditgewährung, eingetragen.

[1676] Eingetragen wird der gemäß Art. 18 Abs. 3 PHBG bestimmte Wert. Lauten die Mittel auf eine fremde Währung, so wird deren Gegenwert in Zloty, umgerechnet nach dem von der Polnischen Nationalbank veröffentlichten Mittelkurs am Tag vor der Eintragung ins Register, eingetragen.

SICHERHEITSREGISTER DER HYPOTHEKENPFANDBRIEFE – Teil B

Folgenummer	Signatur der Bankakte	Grundangaben für die Identifikation des Finanzsicherungsinstruments[1677]	Grundangaben für die Identifikation des Vertragspartners[1678]	Nennwert des Basisinstruments des Finanzsicherungs-Instruments[1679]	Fälligkeitsfrist des Finanzsicherungs-Instruments[1680]	Bemerkungen des Treuhänders	a) Eintragungsdatum und Unterschrift des Treuhänders b) Löschungsdatum und Unterschrift des Treuhänders
1	2	3	4	5	6	7	8

[1677] Eingetragen wird insbesondere die Bezeichnung des Finanzsicherungsinstruments, die die in Art. 35 a Abs. 3 des Gesetzes vom 29. September 1994 über das Rechnungswesen (Dz.U. Nr. 118, 754 mit späteren Änderungen) genannten Bedingungen erfüllen und das Datum der Transaktion.

[1678] Eingetragen werden insbesondere die Bezeichnung und der Sitz (die Adresse) des Vertragspartners.

[1679] Lautet das Basisinstrument auf eine fremde Währung, so wird dessen Gegenwert in Zloty, umgerechnet nach dem von der Polnischen Nationalbank veröffentlichten Mittelkurs am Tag der Transaktion, eingetragen.

[1680] Eingetragen wird der Zeitraum der Transaktion.

III. Muster des Sicherheitsregisters öffentlicher Pfandbriefe

Anhang Nr. 2 zu dem Beschluss Nr. 5
der Bankaufsichtskommission
vom 18. November 2002
Dz.Urz. 2002 Nr. 18, Pos. 45

die Bezeichnung der Hypothekenbank

SICHERHEITSREGISTER ÖFFENTLICHER PFANDBRIEFE – Teil A

Folge-nummer	Signatur der Bankakte	Grundangaben für die Identifikation des Schuldners[1681]	Grundangaben für die Identifikation des Bürgen oder des Garanten[1682]	a) Höhe der Forderung der Bank[1683] b) Wert der Ausgabegrundlage von öffentlichen Pfandbriefen[1684]	a) Zinssatz der Forderung b) Tilgungsweise der Kapitalforderung	Bemerkungen des Treuhänders	a) Eintragungsdatum und Unterschrift des Treuhänders b) Löschungsdatum und Unterschrift des Treuhänders
1	2	3	4	5	6	7	8

[1681] Eingetragen werden insbesondere die Bezeichnung und der Sitz (die Adresse) des Schuldners.

[1682] Eingetragen werden insbesondere die Bezeichnung und der Sitz (die Adresse) des Bürgen oder des Garanten.

[1683] Lautet die Forderung auf eine fremde Währung, so wird deren Gegenwert in Zloty, umgerechnet nach dem von der Polnischen Nationalbank veröffentlichten Mittelkurs am Tag der Kreditgewährung, eingetragen.

[1684] Eingetragen wird der gemäß Art. 18 Abs. 3 PHBG bestimmte Wert. Lauten die Mittel auf eine fremde Währung, so wird deren Gegenwert in Zloty, umgerechnet nach dem von der Polnischen Nationalbank veröffentlichten Mittelkurs am Tag vor der Eintragung ins Register, eingetragen.

SICHERHEITSREGISTER ÖFFENTLICHER PFANDBRIEFE – Teil B

Folgenummer	Signatur der Bankakte	Grundangaben für die Identifikation des Finanzsicherungsinstruments[1685]	Grundangaben für die Identifikation des Vertragspartners[1686]	Nennwert des Basisinstruments des Finanzsicherungsinstruments[1687]	Fälligkeitsfrist des Finanzsicherungsinstruments[1688]	Bemerkungen des Treuhänders	a) Eintragungsdatum und Unterschrift des Treuhänders b) Löschungsdatum und Unterschrift des Treuhänders
1	2	3	4	5	6	7	8

[1685] Eingetragen wird insbesondere die Bezeichnung des Finanzsicherungsinstruments, die die in Art. 35a Abs. 3 des Gesetzes vom 29. September 1994 über das Rechnungswesen (Dz.U. Nr. 118, 754 mit späteren Änderungen) genannten Bedingungen erfüllen und das Datum der Transaktion.
[1686] Eingetragen werden insbesondere die Bezeichnung und der Sitz (die Adresse) des Vertragspartners.
[1687] Lautet das Basisinstrument auf eine fremde Währung, so wird dessen Gegenwert in Zloty, umgerechnet nach dem von der Polnischen Nationalbank veröffentlichten Mittelkurs am Tag der Transaktion, eingetragen.
[1688] Eingetragen wird der Zeitraum der Transaktion.

Literaturverzeichnis

Wurde ausnahmsweise eine andere Literaturauflage zitiert, so ist sie an der entsprechenden Stelle durch die Angabe ihres Erscheinungsjahres ersichtlich gemacht.

AL – KABER, MUNIR: Obligacje komunalne jako forma zasilania budżetu gminy, [Kommunalobligationen als Versorgungsform des Gemeindehaushalts], ST 12/2000, 24 - 33.

ANTKIEWICZ, SŁAWOMIR: Emisje obligacji samorządowych, [Ausgabe von Selbstverwaltungsobligationen], PB 5/2001, 52 - 55.

ASMUS, WOLFGANG: Dogmengeschichtliche Grundlagen der Treuhand, Frankfurt am Main 1977.

ASSMANN, HEINZ - DIETER / SCHÜTZE ROLF A. (Hrsg.): Handbuch des Kapitalanlagerechts, 2. Auflage, München 1997.

BAMBERGER, HEINZ GEORG/ ROTH, HERBERT: Kommentar zum Bürgerlichen Gesetzbuch Band 2, §§ 611 - 1296 München 2003.

BARAN, TOMASZ / SMARDZEWSKI KRZYSZTOF / ZAWIŁA - NIEDŹWIECKI JANUSZ: Obligacje komunalne w USA i krajach europejskich, [Kommunalobligationen in den USA und in den europäischen Ländern], ST 7 - 8/1998, 138 - 147.

BARLET, KURT: Das Recht der Hypothekenbanken, Flensburg 1954.

BARLET, KURT / KARDING, ERNST / FLEISCHMANN, RUDOLF: Hypothekenbankgesetz, Kommentar, 2. Auflage, München - Berlin 1964.

BASCH, JULIUS: Das Faustpfandrecht für Pfandbriefe und die Hypotheken-Banken, Berlin 1880.

BATTIS, ULRICH: Bundesbeamtengesetz Kommentar, 3. Auflage, München 2004.

BAUMBACH, ADOLF / HEFERMEHL, WOLFGANG: Wechselgesetz und Scheckgesetz mit Nebengesetzen und einer Einführung in das Wertpapierrecht, 22. Auflage, München 2001.

BAUMBACH, ADOLF / LAUTERBACH, WOLFGANG / ALBERS, JAN / HARTMANN, PETER: Zivilprozessordnung mit Gerichtsverfassungsgesetz und anderen Nebengesetzen Kommentar, 63. Auflage, München 2005.

BĄCZYK, MIROSŁAW / KOZIŃSKI, MIROSŁAW H. / MICHALSKI, MAREK / PYZIOŁ, WOJCIECH / SZUMAŃSKI, ANDRZEJ / WEISS, IRENEUSZ: Papiery wartościowe, [Wertpapiere], Kraków 2000.

BĄCZYK, MIROSŁAW: Zarys prawa bankowego, część I - prawo systemu bankowego [Grundriss des Bankrechts, Teil I - das Recht des Banksystems], Toruń 2000.

BELLINGER, DIETER / KERL, VOLKHER: Kommentar zum Hypothekenbankgesetz, 4. Auflage, München 1995.

BETLEJ, TYMON: Obligacje komunalne jako sposób pozyskiwania kapitału, [Kommunalobligationen als Form des Kapitalgewinns], PUG 6/1997, 2 - 7.

BEYERLE, FRANZ: Die Treuhand im Grundriss des deutschen Privatrechts, Weimar 1932.

BIENIEK, GERARD (Red.) / CIEPŁA, HELENA / DMOWSKI, STANISŁAW / GUDOWSKI, JACEK / KOŁAKOWSKI, KRZYSZTOF / SYCHOWICZ, MAREK / WIŚNIEWSKI, TADEUSZ / ŻUŁAWSKA, CZESŁAWA: Komentarz do kodeksu cywilnego, [Kommentar zum Zivilgesetzbuch], Buch III, Band 1 und 2, 3. Auflage, Warszawa 2001.

BIEŃ, WITOLD: Rynek papierów wartościowych, [Markt der Wertpapiere], 4. Auflage, Warszawa 1998.

BIERANOWSKI, ADAM: Dług gruntowy (uwagi na tle projektowanej regulacji), [Grundschuld (Bemerkungen vor dem Hintergrund der Entwurfsregelung)], Rejent 10/2004, 74 - 98.

BINKOWSKI, PETER / BEECK, HELMUT: Finanzinnovationen, 3. Auflage, Bonn 1995.

BINZ, FRITZ / HESS, HARALD: Der Insolvenzverwalter, Rechtsstellung, Aufgaben, Haftung, Heidelberg 2004.

BLECKMANN, ALBERT: Europarecht: das Recht der Europäischen Union und der Europäischen Gemeinschaften, 6. Auflage, Köln, Berlin, Bonn, München 1997.

BÖTTICHER, EDUARD: Besprechungen, ZZP 71 (1958), 314 - 320.

BÖTTICHER, EDUARD: Die Konkursmasse als Rechtsträger und der Konkursverwalter als ihr Organ, ZZP 77 (1964), 55 - 77.

BOOS, KARL - HEINZ / FISCHER, REINFRIED / SCHULTE – MATTLER, HERMANN: Kreditwesengesetz Kommentar zu KWG und Ausführungsvorschriften, 2. Auflage, München 2004.

BOSCH, ULRICH: Finanztermingeschäfte in der Insolvenz, zum „Netting" im Insolvenzverfahren, WM 1995, 365 - 375, 413 - 428.

BRANDNER, HANS - ERICH: Das allgemeine Persönlichkeitsrecht in der Entwicklung durch die Rechtsprechung, JZ 1983, 689 - 696.

BRAUN, EBERHARD: Insolvenzordnung Kommentar, 2. Auflage, München 2004.

BREMER, HEINZ, Die Änderung des Depotgesetzes, Die Aktiengesellschaft 1972, 363 - 365.

BRUSCHKE, GERHARD: Das Bankgeheimnis, BB 1990, 392 - 395.

BÜCHNER, RUDOLF: Die treuhandrechtliche Organisation des Effektengiroverkehrs, Frankfurt am Main 1956.

BULL, HANS PETER: Allgemeines Verwaltungsrecht, 6. Auflage, Heidelberg 2000.

BÜLOW, PETER: Zum internationalen Anwendungsbereich des deutschen Verbraucherkreditgesetzes, EuZW 1993, 435 - 437.

CANARIS, CLAUS - WILHELM: Bankvertragsrecht, 3. Auflage, Berlin - New York 1988.

CHAMBOST, EDOUARD: Die Bankgeheimnisse in den Ländern der Welt, München - Zürich 1980.

CHIQUIER, LOIC: Regulacje nadzorcze w zakresie banków hipotecznych i listów zastawnych w Polsce: ocena systemu regulacji nadzorczych w zakresie bankowości hipotecznej w krajach Unii Europejskiej wraz z wnioskami wynikającymi dla Polski, [Aufsichtsregelungen im Bereich der Hypothekenbanken und der Pfandbriefe in Polen: Bewertung des Systems der Aufsichtsregelungen im Bereich des Hypothekenbankwesens in den EU-Staaten einschließlich mit den sich hieraus ergebenden Schlussfolgerungen für Polen], Urban Institute Consortium, Washington 1998.

CIERPIAŁ, ROMANA: Immobiliarsachenrecht in Polen, FOWI Wien 2000.

CIERPIAŁ, ROMANA / WUDARSKI, ARKADIUSZ: Das Gesetz über Pfandbriefe und Hypothekenbanken, WiRO 6/2003, 179 - 186.

CLAUSSEN, CARSTEN PETER: Bank- und Börsenrecht, 3. Auflage, München 2003.

COING, HELMUT: Die Treuhand kraft privaten Rechtsgeschäfts, München 1973.

CONSBRUCH, JOHANNES / MÖLLER, ANNEMARIE / BÄHRE, INGE LORE / SCHNEIDER, MANFRED: Kreditwesengesetz mit weiteren Vorschriften zum Aufsichtsrecht der Banken, Textsammlung, Band 1, München, Stand März 2004.

CREIFELDS, CARL (BEGRÜNDER); WEBER, KLAUS (HRSG.): Rechtswörterbuch, 17. Auflage, München 2002.

CZACHÓRSKI, WITOLD: Zobowiązania, zarys wykładu, [Grundriss des Schuldrechts], Warszawa 1995.

DANNENBAUM, FRITZ: Deutsche Hypothekenbanken: wirtschaftliche Darstellung nebst Kommentar zum Hypothekenbankgesetz, Berlin 1928.

DĄBROWSKA - KRUPA, RENATA: Dług gruntowy konkurencją dla hipoteki [Grundschuld - Konkurrenz für die Hypothek], RzP 247/2004.

DE VRIES, TINA: Polnisches Raumordnungs- und Bauplanungsrecht, WiRO 10/2002, 295 - 300.

DECHAMPS, CLAUDIUS: Wertrechte im Effektengiroverkehr: zum redlichen Erwerb stückeloser Effekten, Köln 1989.

DEGENHART, CHRISTOPH: Das allgemeine Persönlichkeitsrecht, Art. 2 I iVm Art. 1 I GG, JuS 1992, 361 - 368.

DELORME, HERMANN: Die Wertpapiersammelbanken, Frankfurt am Main 1970.

DERSCH, HERMANN / NEUMANN, DIRK / FENSKI, MARTIN: Bundesurlaubsgesetz nebst anderen Urlaubsbestimmungen des Bundes und der Länder, 9. Auflage, München 2003.

DIETERICH, THOMAS / MÜLLER - GLÖGE, RUDI / PREIS, ULRICH / SCHAUB, GÜNTHER: Erfurter Kommentar zum Arbeitsrecht, 5. Auflage, München 2005.

DÖLLE, HANS: Neutrales Handeln im Privatrecht in: Festschrift für Fritz Schulz, Band II, Weimar 1951, 268 - 288.

DRECHSLER, AUGUST - WILHELM: Die Sicherung der Pfandbriefgläubiger Entwicklung und Dogmatik, Nürnberg 1958.

DREWICZ - TUŁODZIECKA, AGNIESZKA / STÖCKER, OTMAR M.: Komentarz do ustawy o listach zastawnych i bankach hipotecznych, [Kommentar zum Gesetz über Pfandbriefe und Hypothekenbanken],Warszawa 2000.

DREWICZ-TUŁODZIECKA, AGNIESZKA / SOERGEL, OTTO / STÖCKER, OTMAR: Mehr Rechtssicherheit für die Hypotheken in Polen, WM 18/2002, 891 - 896.

DUBICKA, ALEKSANDRA: Dług gruntowy - nowe ograniczone prawo rzeczowe, [Grundschuld - das neue beschränkte Sachenrecht], Rejent 10/2004, 99 - 115.

DUDEN: Fremdwörterbuch, Band 5, 4. Auflage, Mannheim - Wien - Zürich 1982.

DUMOULIN: FRANZ JOSEF, Rezension zum Buch - Die „Eurohypothek" von Otmar Stöcker, Berlin 1992, RabelsZ 1994, 367 - 369.

DÜTZ, WILHELM: Arbeitsrecht, 9. Auflage, München 2004.

EHRLICH, PAUL: Die wirtschaftliche Bedeutung des Hypothekenbankgesetzes vom 13. Juli 1899, Tübingen 1908.

EHRLICHMANN, HORST: Die Rechtsstellung des Treuhänders nach dem Gesetz über die Beaufsichtigung der privaten Versicherungsunternehmen und Bausparkassen in der Fassung vom 6. Juni 1931, Halle - Wittenberg 1933.

EINSELE, DOROTHEE: Wertpapierrecht als Schuldrecht, Tübingen 1995.

ENGELSING, FELIX: Zahlungsunfähigkeit von Kommunen und anderen juristischen Personen des öffentlichen Rechts, Stuttgart, München, Hannover, Berlin, Weimar, Dresden 1999.

ERDMANN, DIETHELM: Praktische Konsequenzen der Behandlung des Konkursverwalters als Organ der Konkursmasse, KTS 1967, 87 - 132.

ERMAN, BÜRGERLICHES GESETZBUCH: Westermann, Harm Peter (Hrsg.); Kommentar, 11. Auflage, Band I (§§ 1 - 811), Band II (§§ 812 - 2385), Münster - Köln 2004.

ERTEL, HERMANN: Wegweiser durch das Recht des Treuhänders, Berlin 1940.

FABRICIUS, FRITZ: Zur Theorie der stückenlosen Effekten-Giroverkehrs mit Wertrechten aus Staatsanleihen, zugleich ein Beitrag zur Frage der Abgrenzung von Schuldrecht und Sachenrecht, AcP 162 (1963), 456 - 484.

FAHR, ULRICH / KAULBACH, DETLEF / BÄHR, GUNNE W.: Versicherungsaufsichtsgesetz (VAG) mit Gesetz über die Errichtung eines Bundesaufsichtsamtes für das Versicherungswesen (BAG) und Finanzdienstleistungsaufsichtsgesetz (FinDAG), 3. Auflage, München 2003.

FEDOROWICZ, HANNA: Krótsze czekanie na wpisy i wypisy, [Ein kürzeres Warten auf Eintragungen und Auszüge], RzP 150/2003.

FEIL, ERICH: Österreichisches Hypothekarrecht, 2. Auflage, Wien 1999.

FISCHBACH, OSKAR: Treuhänder und Treuhandgeschäfte, Mannheim - Leipzig 1912.

FISCHER, REINFRID: Pfandbriefemission durch Sparkassen, in: Bankrecht und Kapitalmarktrecht in der Entwicklung, Festschrift für Siegfried Kümpel zum 70. Geburtstag, Berlin 2003, 111 - 130.

FLOREK, LUDWIK / ZIELIŃSKI, TADEUSZ: Prawo pracy, [Arbeitsrecht], Warszawa 1997.

FOJCIK-MASTALSKA, EUGENIA (Red.) / BĄCZEK, MIROSŁAW / GÓRAL, LESŁAW / OFIARSKI, ZBGNIEW / PISULIŃSKI, JERZY / PYSIOŁ, WOJCIECH: Prawo Bankowe, [Bankrecht], 2. Auflage, Warszawa 2002.

FOJCIK-MASTALSKA, EUGENIA: Aktualny stan regulacji Unii Europejskiej dotyczący instytucji kredytowych, [Aktueller Stand der EU-Regelungen in Bezug auf Kreditinstitute], 4/2004, 35 - 43.

FRIEDLÄNDER, MARTIN / GÖPPERT, HEINRICH / SEYDEL, MAX: Hypothekenbankgesetz vom 13. Juli 1899, 3. Auflage, Berlin - Leipzig 1929.

FRITZ, HEINZ: Sicherungsübereignung von Gebäuden auf Grundstücken Dritter, BB 1963, 1083 - 1084.

GAUDEMET-TALLON, HELENE: Les conventions de Bruxelles et de Lugano, 2. Auflage, Paris 1996.

GASOWSKA, AGNIESZKA: Bankowość hipoteczna, [Hypothekenbankwesen], Warszawa 2000.

GASSMANN, KARL: Die deutsche Hypothekenbanken und ihre Beaufsichtigung durch Staat und Treuhänder, Leipzig 1905.

GLASER, HELENA INGRID: Amtshilfe und Bankgeheimnis insbesondere im Bereich der Banken- Anlagefonds- und Börsenaufsicht, Niederhünigen (Belgien) 1996.

GNIEWEK, EDWARD: Prawo rzeczowe, [Sachenrecht], 3. Auflage, Warszawa 2000.

GOEDECKE, WOLFGANG / KERL, VOLKHER / SCHOLZ, HELMUT: Die deutschen Hypothekenbanken, 4. Auflage, Frankfurt am Main 1997.

GOEDECKE, WOLFGANG: Das Auslandsgeschäft der Pfandbriefinstitute – Ein kommentierter Rückblick, DLK 1985, 688 - 694.

GOLODETZ, MICHAEL: Staatsaufsicht über die Hypothekenbanken, in: Jahrbuch für Gesetzgebung, Verwaltung und Volkswirtschaft (Schmollers Jahrbuch), 29. Jahrgang, 4. Heft, Leipzig 1905, 99 - 250.

GOŁACZYŃSKI, JACEK: Przeniesienie własności nieruchomości na zabezpieczenie, [Sicherungsübereignung an Liegenschaften], Rejent 5/1994, 38 - 52.

GONET, WOJCIECH: Metodologia oceny zdolności kredytowej jednostek samorządu terytorialnego, [Methodologie der Bewertung der Kreditfähigkeit von territorialen Selbstverwaltungseinheiten], PB 12/2004, 55 - 68.

GÓRAL, LESŁAW / KARLIKOWSKA, MARIA /KOPERKIEWICZ-MORDEL, KATARZYNA: Polskie Prawo Bankowe, [Das polnische Bankrecht], 2. Auflage, Warszawa 2003.

GÓRALCZYK, WOJCIECH (Red.): Prawo bankowe, Komentarz, [Bankrecht, Kommentar], Warszawa 1999.

GRADZKI, ANDRZEJ: Zur Einführung des Hypothekenbanken- und des Pfandbriefsystems in Polen, WiRO 11/1998, 407 - 409.

GRUNDMANN, STEFAN: Der Treuhandvertrag insbesondere die werbende Treuhand, München 1997.

GRYNIS, ROZALIA: Obligacje komunalne - efektywny instrument finansowy czy promocja miasta, [Kommunalobligationen - effizientes Finanzinstrument oder Stadtpromotion], BiK 1/2002, 58 - 63.

GUNZ, HUGO: Die rechtliche Natur des Treuhänders im Hypothekenbankgesetz, Berlin 1903.

HABERSACK, MATHIAS: Die Akzessorietät - Strukturprinzip der europäischen Zivilrechte und eines künftigen europäischen Grundpfandrechts, JZ 1997, 857 - 865.

HADDING, WALTHER / SCHNEIDER, UWE H.: Bankgeheimnis und Bankauskünfte in der Bundesrepublik Deutschland und in ausländischen Rechtsordnungen, Berlin 1986.

HAGEN, LOUIS / MARBURGER, CHRISTIAN: Auswirkungen von Basel II auf die Hypothekenbanken und ihre Kunden- eine Zwischenbilanz ImmFin 2002, 17 - 21.

HAGEN, LOUIS: Zur Novellierung des Hypothekenbankgesetzes, ImmFin 2003, 580 - 581.

HAMBLOCK, DIETER / WESSELS, DIETER: Großwörterbuch, Wirtschaftsenglisch, English - Deutsch, 1. Auflage, Düsseldorf 1990.

HARRIES, HEINRICH: Die Parteiautonomie in internationalen Kreditverträgen als Instrument der Vertragsgestaltung, in Festschrift für Theodor Heinsius zum 65. Geburtstag, Berlin - New York 1991, 201 - 210.

HASSELMANN, ANJA: Die Ausschlusstatbestände für den Beihilfebegriff des Art. 87 EGV am Beispiel von Anstaltslast und Gewährträgerhaftung im öffentlich-rechtlichen Banksystem der Bundesrepublik Deutschland, Frankfurt am Main - Berlin - Bern - Bruxelles - New York - Oxfort - Wien 2001.

HANAU, PETER / STEINMEYER, HEINZ - DIETRICH / WANK, ROLF: Handbuch des europäischen Arbeits- und Sozialrechts, München 2002.

HECHT, FELIX: Das Hypothekenbankrecht, in: Enzyklopädie der Rechtswissenschaft in systematischer Bearbeitung, Erster Band von *Franz von Holtzendorff* und *Josef Kohler*, Leipzig, Berlin 1904, 1079 - 1114.

HEIDELBERGER KOMMENTAR ZUR INSOLVENZORDNUNG: Eickmann, Dieter / Flessner, Alex / Irschlinger, Friedrich / Kirchhof, Hans - Peter / Kreft, Gerhart / Landfermann, Hans - Georg / Marotzke, Wolfgang / Stephan, Guido; 3. Auflage, Heidelberg 2003.

HEINSIUS, THEODOR / HORN, ARNO / THAN, JÜRGEN: Depotgesetz, Kommentar zum Gesetz über die Verwahrung und Anschaffung von Wertpapieren, Berlin - New York, 1975.

HEINZE, MEINHARD: Aspekte der Insolvenzrechtsreform KTS 1980, 1 - 13.

HEROPOLITAŃSKA, IZABELA / MICHALSKI, MAREK: Hipoteka, listy zastawne, obligacje hipoteczne, [Hypothek, Pfandbriefe, Hypothekarobligationen], Warszawa 2001.

HESS, HARALD / PAPE, GERHARD: InsO und EGInsO, Grundzüge des neuen Insolvenzrechts, Köln 1995.

HIES, MICHAEL: Die Refinanzierung deutscher Hypothekenbanken, Frankfurt am Main 1996.

HILLIG, CURT: Das Hypothekenbankgesetz, ZBlFG, 1. Jahrgang, Leipzig 1900/1901, 932 - 952.

HOFMANN, MAX: Hypothekenbankgesetz, Berlin - Frankfurt am Main 1964.

HOFMEISTER, HERBERT: Das Liegenschaftsrecht im Zeichen der Annäherung Österreichs an die EG, österNZ 1991, 282 - 288.

HOLZHAMMER, RICHARD: Allgemeines Handelsrecht und Wertpapierrecht, 7. Auflage, Wien 1997.

HUECK, ALFRED / CANARIS, CLAUS - WILHELM: Recht der Wertpapiere, 12. Auflage, München 1986.

HUHMANN, MARCUS: Die verfassungsrechtliche Dimension des Bankgeheimnisses, Frankfurt a.M - Berlin - Bern - Bruxelles - New York - Oxford - Wien 2002.

HÜHNE, ULRICH - LUDWIG: Die Bedeutung der Mitwirkung des Privaten für das Zustandekommen eines ihn betreffenden mitwirkungsbedürftigen Verwaltungsaktes Frankfurt am Main - Berlin - New York - Paris 1991.

JARASS, HANS DIETER / PIEROTH, BODO: Grundgesetz für die Bundesrepublik Deutschland, 7. Auflage, München 2004.

JASCHINSKA, MONIKA: Polnische und deutsche Grundpfandrechte im Vergleich, Berlin 2004.

JAUERNIG, OTHMAR: Bürgerliches Gesetzbuch Kommentar, 11. Auflage, München 2004.

JUNKER, VON ABBO: Die einheitliche europäische Auslegung nach dem EG-Schuldverschreibungsübereinkommen, RabelsZ 55 (1991), 674 - 696.

KAINDL, RUDOLF: Die Eurohypothek, österNZ 1993, 277 - 280.

KALUS, ANDRZEJ: Przesłanki określania wartości bankowo-hipotecznej, [Voraussetzungen für die Ermittlung des Hypothekenbank-Beleihungswertes einer Liegenschaft], Nieruchomości 4/2000, 4 - 7.

KALUS, STANISŁAWA: Odpowiedzialność rzeczoznawców majątkowych za wyceny wykonywane na potrzeby banków, in: Materiały z X Krajowej Konferencji Rzeczoznawców Majątkowych, [Haftung der Vermögenssachverständigen für die Wertermittlungen, die für die Bedürfnisse der Banken durchgeführt werden], Katowice 2001, 1 - 7.

KALUS, STANISŁAWA: Status prawny osób zajmujących się zawodowo rynkiem nieruchomości, [Rechtsstatus der sich mit dem Immobilienmarkt beruflich beschäftigten Personen], Warszawa 2002.

KALUS, STANISŁAWA: Wirksamkeit der Sicherung und Wert des Sicherungsgegenstandes im polnischen und europäischen Recht, WGO 1/2003, 24 - 30.

KAŁKOWSKI, LESZEK / PAGA, LESŁAW ANDRZEJ: Polskie papiery wartościowe, [Polnische Wertpapiere], Warszawa 1994.

KANIGOWSKI, KRZYSZTOF: Bank Hipoteczny a rynek nieruchomości, [Hypothekenbank und Immobilienmarkt], Warszawa 2001.

KARASEK, IWONA: Dług gruntowy - opinia o projekcie Komisji Kodyfikacyjnej, [Grundschuld - Stellungnahme zum Entwurf der Kodifikationskommission], Rządowe Centrum Legislacji, Serie A - Berichte, Heft 28/2001.

KARPIŃSKI, PAWEŁ: Gminy na rynku usług bankowych – tendencje i oczekiwania [Gemeinden auf dem Markt der Bankdienstleistungen – Tendenzen und Erwartungen], BiK 1-2/2001, 69 - 77.

KERL, VOLKHER: Zur Sicherung des Pfandbriefes - Hypothekenbankgesetz und Aufsicht, DLK 1998, 518 - 523.

KERL, VOLKHER: Die Struktur der Hypothekenbanken als Qualitätsmerkmal der Pfandbriefe, DLK 2000, 510 - 519.

KINZL, ULRICH - PETER: Anstaltslast und Gewährträgerhaftung, Baden - Baden 2000.

KIPP, THEODOR / COING, HELMUT: Erbrecht, 14. Auflage, Tübingen 1990.

KLĄSKAŁA, MARCIN: Wykonanie zobowiązania z umowy deweloperskiej, [Erfüllung der Verpflichtung aus dem Developervertrag], Rejent 3/2003, 67 - 84.

KÖBLER, GERHARD: Etymologisches Rechtswörterbuch, Tübingen 1995.

KOCH, HANS-JOACHIM / HENDLER, REINHARD: Baurecht, Raumordnungs- und Landesplanungsrecht, 4. Auflage, Stuttgart - München - Hannover - Berlin - Weimar - Dresden 2004.

KOPP, FERDINAND / RAMSAUER, URLICH: Verwaltungsverfahrensgesetz Kommentar, 8. Auflage, München 2003.

KOZIOROWSKI, LESZEK: Obrót papierami wartościowymi złożonymi do depozytu, [Der Umlauf der zum Depot hinterlegten Wertpapiere], PPH 7/1997, 34 - 38.

KOZIOROWSKI, LESZEK / STĘPNIEWSKI, MICHAŁ: Ustawa o obligacjach po nowelizacji, [Das Gesetz über Obligationen nach der Novellierung], PPW 9/2000, 19 - 34.

KREUZER, KARL (Hrsg.): Abschied vom Wertpapier? Dokumentelose Wertbewegungen im Effekten-, Gütertransport-, und Zahlungsverkehr, Arbeiten zur Rechtsvergleichung, Nr. 137, Frankfurt am Main 1988.

KROPHOLLER, JAN: Internationales Privatrecht, 5. Auflage, Tübingen 2004.

KROPHOLLER, JAN: Bürgerliches Gesetzbuch Studienkommentar, München 2004.

KRUCZALAK, KAZIMIERZ: Prawo papierów wartościowych, [Wertpapierrecht], Sopot 1998.

KUCHARSKA - STASIAK, EWA: Wartość rynkowa nieruchomości, [Immobilienmarktwert], Warszawa 2000.

KÜHL, KRISTIAN: Strafgesetzbuch - Kommentar, 25. Auflage, München 2004.

KÜMPEL, SIEGFRIED: Bank- und Kapitalmarktrecht, 3. Auflage, Köln 2004.

KUMMERT, PAUL: Private Hypothekenbanken, in: Handbuch des Realkredits, Frankfurt am Main 1963, 733 - 830.

KURZĘPA, BOLESŁAW: Przestępstwa z ustawy o obligacjach, [Straftaten aus dem Gesetz über Obligationen], PS 1/1999, 56 - 69.

LAMMEL, SIEGBERT: Die Haftung des Treuhänders aus Verwaltungsgeschäften, Frankfurt am Main 1972.

LEHMANN, JENS: Die Konkursfähigkeit juristischer Personen des öffentlichen Rechts, Berlin 1999.

LEIST, B. W.: Alt-Arisches ius Civile, I. Abteilung, Jena 1892.

LERCHE, PETER: Bankgeheimnis - verfassungsrechtliche Rechtsgrundlagen, ZHR 149 (1985), 165 - 176.

LETSCHERT, GÜNTHER / STEFFAN, FRANZ: Pfandbrief und Kommunalobligation, 2. Auflage, Frankfurt am Main 1981.

LIEBICH, DIETER / MATHEWS, KURT: Treuhand und Treuhänder in Recht und Wirtschaft, 2. Auflage, Berlin 1983.

LOBSCHEID, HANS - GERT: Der Treuhänder für das Deckungskapital privater Versicherungsunternehmen, Berlin 1963.

LOBSCHEID, HANS - GERT: Die Stellung des Treuhänders in der Versicherungswirtschaft, VersR 1956, 462 - 465.

LÖSCH, KURT: Der Begriff der „amtlichen Funktion", Jena 1934.

LUTTER, MARCUS (Hrsg.) / HIRTE, HERIBERT (Hrsg.): Wandel- und Optionsanleihen in Deutschland und Europa, Berlin - New York 2000.

LÜTTICKE, KLAUS EBERTHARD: Elektronische Verbriefung von Effektenrechten? Köln 1980.

LUTZ, PAUL / NEUMANN, SYBILLE: Auslegung der Art. 13 ff. EuGVÜ auf Realkredite, RIW 11/1999, 827 - 830.

MANKOWSKI, PETER: Unwirksame Vereinbarung englischen Rechts zwischen deutschen Anlegern und ausländischem Terminbroker, RIW 1994, 420 - 424.

MANKOWSKI, PETER: Begriff des Verbrauchervertrages, Darlehensvertrag zur Immobilienfinanzierung, Kurzkommentar zu Cour d'appel de Colmar, Urteil vom 24. Februar 1999, EWiR 2/1999, 1171 - 1172.

MANKOWSKI, PETER: Allgemeiner Zustimmungsvorbehalt in der vorläufigen Insolvenzverwaltung und Rechtsgeschäftslehre, NZI 2000, 572 - 575.

MANKOWSKI, PETER: Überlegungen zur sach- und interessengerechten Rechtswahl für Verträge des internationalen Wirtschaftsverkehrs, RIW 2003, 2 - 15.

MANKOWSKI, PETER: Das Grünbuch zur Rom I-Verordnung, ZEuP 2003, 483 - 489.

MAURER, HARTMUT: Allgemeines Verwaltungsrecht, 15. Auflage München 2004.

MEDICUS, DIETER: Bürgerliches Recht, 20. Auflage, Köln, Berlin, München 2004.

MEIER - HAYOZ, ARTHUR / VON DER CRONE, HANS CASPAR: Wertpapierrecht, 2. Auflage, Bern 2000.

MEKIŃSKI, MACIEJ: Regulacje nadzorcze w ustawie o listach zastawnych i bankach hipotecznych, [Aufsichtsregelungen im Gesetz über Pfandbriefe und Hypothekenbanken], Glosa Teil 1 - 12/2001, 2 - 8, Teil 2 - 1/2002, 14 - 21.

MERZBACHER, SIGMUND: Die Treuhänder des Reichs-Hypothekenbankgesetzes in: Bank-Archiv V. Jahrgang (1905/1906), 260-262.

MESSINGER, HEINZ: Großes Schulwörterbuch, English - Deutsch, Berlin - München - Wien - Zürich - New York 1988.

MICHAEL, KONRAD: Öffentliche Treuhand, Karlsruhe 1948.

MICHALSKI, MAREK: Listy zastawne jako typ normatywny papierów wartościowych, [Pfandbriefe als Normativtyp der Wertpapiere], PB Teil 1 - 1/2000, 83 - 89; Teil 2 - 2/2000, 35 - 43.

MICHALSKI, MAREK: Regulacje prawne dotyczące listów zastawnych, [Rechtsregelungen betreffend Pfandbriefe], PPW 12/2000, 1 - 10.

MILEWSKA, KRYSTYNA: Dług gruntowy: nowa forma zabezpieczenia wierzytelności, [Grundschuld: neue Form der Forderungssicherung], RzP 54/2003.

MODLER, OTTO: Die Rechtsnatur des Kautionsbandes, ÖJZ 24/1955, 661 - 662.

MOJAK, JAN: Prawo giełdowe, [Börsenrecht], 5. Auflage, Lublin 2000.

MÜNCHENER KOMMENTAR ZUM BÜRGERLICHEN GESETZBUCH: Rebmann, Kurt / Säcker, Franz Jürgen / Rixecker Roland (Hrsg.); Band 5; Schuldrecht Besonderer Teil III §§ 705 - 853 BGB; 4. Auflage, München 2004.

MÜNCHENER KOMMENTAR ZUM BÜRGERLICHEN GESETZBUCH: Rebmann, Kurt / Säcker, Franz Jürgen / Rixecker Roland (Hrsg.); Band 6; Sachenrecht §§ 854 - 1296 BGB; 4. Auflage, München 2004.

MÜNCHENER KOMMENTAR ZUM BÜRGERLICHEN GESETZBUCH: Rebmann, Kurt / Säcker, Franz Jürgen / Rixecker Roland (Hrsg.); Band 10; Einführungsgesetz zum Bürgerlichen Gesetzbuche, Art. 1 - 38 EGBGB, Internationales Privatrecht, 3. Auflage; München 1998.

MÜNCHENER KOMMENTAR ZUR INSOLVENZORDNUNG: Kirchhof, Hans - Peter / Lwowski, Hans - Jürgen / Stürner, Rolf (Hrsg.); Band 1, §§ 1 - 102 InsO, InsVV, München 2001.

MUNZINGER, WALTHER: Motive zu dem Entwurfe eines schweizerischen Handelsrechts, Bern 1865.

MUSIELAK, HANS - JOACHIM: Kommentar zur Zivilprozessordnung mit Gerichtsverfassungsgesetz, 4. Auflage, München 2005.

NEUMANN, SYBILLE / ROSCH, WOLFGANG: Ein Lehrstück zu Art. 13 EuGVÜ, IPRax 3/2001, 257 - 259.

NIEMIRKA, BOGUSŁAW: Czy w świetle przepisów kodeksu cywilnego możliwe jest przewłaszczenie na zabezpieczenie? [Ist die Sicherungsübereignung im Lichte der Vorschriften des Zivilgesetzbuches möglich?], MP 2/1996, 79 - 80.

NOORDRAVEN, BERT: Die Fiduzia im römischen Recht, Amsterdam 1999.

OBERMAYER, KLAUS: Kommentar zum Verwaltungsverfahrensgesetz, 3. Auflage, Neuwied 1999.

OBERMÜLLER, MANFRED: Insolvenzrecht in der Bankpraxis, 6. Auflage, Köln 2002.

OERTMANN, PAUL: Die Fiducia im Privatrecht, Berlin 1890.

OLESZKO, ALEKSANDER: Pewność obrotu prawnego nieruchomościami a zasada wpisu w księdze wieczystej, [Die Rechtssicherheit des Immobilienverkehrs und das Eintragungsprinzip im Grundbuch], Rejent 6/1998, 103 - 116.

OLSZAK, MARCIN: Bank hipoteczny jako bank specjalistyczny, [Die Hypothekenbank als Spezialbank], PUG 7 - 8/1999, 14 - 27.

OLSZAK, MARCIN: Instytucja banku hipotecznego i listu zastawnego w świetle wybranych regulacji Unii Europejskiej, [Die Institution der Hypothekenbank und des Pfandbriefes im Lichte von ausgewählten Regelungen der Europäischen Union], PUG 11/2000, 11 - 15.

OLSZAK, MARCIN: Nowelizacja ustawy o listach zastawnych i bankach hipotecznych - analiza krytyczna, [Die Novelle des Gesetzes über Pfandbriefe und Hypothekenbanken - eine kritische Analyse], PUG 10/2002, 2 - 12.

OLSZAK, MARCIN: Powiernik w banku hipotecznym, Materiały i studia, [Der Treuhänder in der Hypothekenbank, Materialien und Studien], Heft Nr. 146, Warszawa 2002.

OPITZ, GEORG: Fünfzig depotrechtliche Abhandlung, Sammelband, Berlin 1954.

OPITZ, GEORG: Depotgesetz, Gesetz über die Verwahrung und Anschaffung von Wertpapieren vom 4. Februar 1937, 2. Auflage, Berlin 1955.

OSTRZECHOWSKA, JADWIGA: Wycena nieruchomości na potrzeby zabezpieczenia kredytu hipotecznego, [Liegenschaftswertermittlung für die Bedürfnisse der Sicherung des Hypothekarkredits], PB 6/2003, 115 - 121.

OTTEN, AUGUST WILHELM: Heimarbeit- ein Dauerrechtsverhältnis eigener Art, NZA 1995, 289 - 296.

OTTEN, GISELTRAUD: Die Entwicklung der Treuhand im 19. Jahrhundert, Göttingen 1975.

OTTO, KLAUS - FRIEDRICH: Podiumsdiskussion, 23. Symposium zur Bankengeschichte am 18. Mai 2000, BA - Zeitschrift zur Bankengeschichte 2000, Beiheft 38, 44 - 70.

PALANDT, OTTO: Bürgerliches Gesetzbuch, 64. Auflage, München 2005.

PASZKIEWICZ, ŁUKASZ: Netting jak czynność prawna, [Netting als Rechtsgeschäft], PB 11/2003, 67 - 82.

PAZDAN, JADWIGA: Przewłaszczenie na zabezpieczenie, [Sicherungsübereignung], Rejent 1/1994, 17 - 26.

PEINE, FRANZ-JOSEPH: Öffentliches Baurecht, 4. Auflage, Tübingen 2003.

PETERS, KLAUS: Rechtliche Entwicklungsmöglichkeiten im Effektenbereich, Frankfurt am Main 1983.

PIEROTH, BODO / SCHLINK, BERNHARD: Grundrechte Staatsrecht II, 20. Auflage, Heidelberg 2004.

PIETRASIK, ADAM / RYKOWSKI, ROBERT: Hipoteczny list zastawny, [Hypothekenpfandbrief], Kraków 2000.

PIETRASIK, ADAM: Historia i współczesność długoterminowego kredytu hipotecznego w Polsce, [Geschichte und Gegenwart des langfristigen Hypothekarkredits in Polen], Warszawa 2001.

PISULIŃSKI, JERZY: O długu na nieruchomości, [Über die Immobilienschuld], TPP 1/2001, 9 - 27.

PISULIŃSKI, JERZY: Dług gruntowy, czyli nowy rodzaj zabezpieczenia, [Grundschuld, also neue Sicherungsform], RzP 79/2003.

PLATH, NILS: Die Entstehung der Schlesischen Landschaft – Grundstein für den Pfandbrief, DLK 1994, 611 – 617.

PLEYER, KLEMENS / BELLINGER, DIETER: Das Recht der Hypothekenbanken in Europa, München 1981.

PORZYCKI, MAREK: Regulacja nettingu na wypadek niewypłacalności w nowym prawie upadłościowym i naprawczym [Netting-Regelung im Falle der Zahlungsunfähigkeit im neuen Insolvenz- und Sanierungsrecht], PB 10/2003, 60 - 72.

PRAXL, HERWIG: Der Treuhänder nach dem Hypothekenbankgesetz und die Aufsichtsbehörde, München 1966.

PREIS, ULRICH: Arbeitsrecht, Praxis-Lehrbuch zum Individualarbeitsrecht, 2. Auflage, Köln 2003.

PTAK, BOGUSŁAW: Ustawa o obligacjach. Komentarz, [Das Gesetz über Obligationen, Kommentar], Kraków 1996.

RADWAŃSKI, ZBIGNIEW: Zobowiązania - część ogólna, [Schuldrecht - Allgemeiner Teil], 3. Auflage, Warszawa 2001.

REICH, NORBERT: Grundgesetz und internationales Vertragsrecht, NJW 1994, 2128 - 2131.

REICH, NORBERT: Darlehensvertrag zur Immobilienfinanzierung als Verbrauchervertrag im Sinne des EuGVÜ, ZIP 29/1999, 1209 - 1211.

REINECKER, HEINRICH: Das Hypotheken- und Pfandbriefgeschäft in der Bundesrepublik Deutschland und in Frankreich, Berlin 1974.

REISCHAUER, FRIEDRICH / KLEINHANS, JOACHIM: Kreditwesengesetz Kommentar, Band I, Berlin 2004.

REITHMANN, CHRISTOPH / MARTINY, DIETER (Hrsg.): Internationales Vertragsrecht, 6. Auflage, Köln 2004.

RITTNER, FRITZ: Unternehmen und freier Beruf als Rechtsbegriffe, Recht und Staat, Freiburger Antrittsvorlesung, Tübingen 1962.

ROTH, GÜNTHER: Grundriss des österreichischen Wertpapierrechts, 1. Auflage, Wien 1988.

RÜCHARDT, KONRAD: Der Beleihungswert, Schriftenreihe des VdH - Band 13, Frankfurt am Main 2001.

RUDNICKI, STANISŁAW: Komentarz do kodeksu cywilnego, [Kommentar zum Zivilgesetzbuch], 2. Auflage, Buch II, Warszawa 1999.

RUDNICKI, STANISŁAW: Ustawa o księgach wieczystych i hipotece, przepisy o postępowaniu w sprawach wieczystoksięgowych - komentarz, [Das Gesetz über Grundbücher und die Hypothek, Vorschriften über das Verfahren in grundbücherlichen Sachen, Kommentar], 2. Auflage, Warszawa 2002.

RYKOWSKI, ROBERT: Dopuszczalność przewłaszczenia na zabezpieczenie nieruchomości, [Die Zulässigkeit der Sicherungsübereignung einer Liegenschaft], PPH 6/1995, 14 - 26.

SCHÄFER, ACHIM: Grenzüberschreitende Kreditsicherung an Grundstücken unter besonderer Berücksichtigung des deutschen und italienischen Rechts, Frankfurt am Main, 1993.

SCHENKE, WOLF - RÜDIGER: Verwaltungsprozessrecht 7. Auflage, Heidelberg 2000.

SCHIMANSKY, HERBERT (Hrsg.) / BUNTE, HERMANN - JOSEF (Hrsg.) / LWOWSKI, HANS - JÜRGEN (Hrsg.): Bankrechts - Handbuch, Band I - III, München 2001.

SCHLIERBACH, HELMUT / PÜTTNER, GÜNTER: Das Sparkassenrecht in der Bundesrepublik Deutschland, 3. Auflage Stuttgart 1994.

SCHMIDT, KARSTEN: Der Konkursverwalter als Gesellschaftsorgan und als Repräsentant des Gemeinschuldners - Versuch einer Konkursverwaltertheorie für heute und morgen, KTS 1984, 345 - 405.

SCHMIDT, ROLF: Allgemeines Verwaltungsrecht, 7. Auflage Grasberg bei Bremen 2003.

SCHMIDT - BLEIBTREU, BRUNO / KLEIN, FRANZ: Kommentar zum Grundgesetz, 10. Auflage, München 2004.

SCHMIDT - RÄNTSCH, GÜNTHER / SCHMIDT - RÄNTSCH, JÜRGEN: Deutsches Richtergesetz Kommentar, 5. Auflage, München 1995.

SCHULTZE, ALFRED: Treuhänder im geltenden bürgerlichen Recht, in: Iherings Jahrbücher für die Dogmatik des bürgerlichen Rechts, 43. Band, Jena 1901, 1 - 104.

SCHULZ, WOLF: Zur Verdrängung und Ersetzung der Gesellschaftsorgane durch den Konkursverwalter KTS 1986, 389 - 418.

SCHULZE, REINER / DÖRNER, HEINRICH / EBERT, INA / ECKERT, JÖRN / HOEREN, THOMAS / KEMOER, RAINER / SAENGER, INGO / SCHULTE - NÖLKE, HANS / STAUDINGER, ANSGAR: Bürgerliches Gesetzbuch Handkommentar, 3. Auflage, Baden - Baden 2003.

SCHWAB, HEINZ / PRÜTTING, HANNS: Sachenrecht, 31. Auflage, München 2003.

SCHWARK, EBERHARD: Kommentar zum Börsengesetz und zu den börsenrechtlichen Nebenbestimmungen, 2. Auflage, München 1994.

SCHWARTING, GUNNAR: Kommunales Kreditwesen, Berlin 1994.

SENDER, GERHARD: Zinsswaps, Instrument zur Senkung der Finanzierungskosten oder zum Zinsrisikomanagement?, Wiesbaden 1996.

SICHTERMANN, S. / FEUERBORN, S. / KIRCHHERR, R. / TERDENGE, R.: Bankgeheimnis und Bankauskunft in der Bundesrepublik Deutschland sowie in wichtigen ausländischen Staaten, 3. Auflage, Frankfurt am Main 1984.

SICHTERMANN, SIEGFRIED: Das Bankgeheimnis als Teil des allgemeinen Persönlichkeitsrechtes, MDR 1965, 697 - 700.

SIEBERT, WOLFGANG: Das rechtsgeschäftliche Treuhandverhältnis, Marburg 1933.

SKĄPSKI, JÓZEF: Przewłaszczenie na zabezpieczenie, [Sicherungsübereignung], Studia Cywilistyczne, Band XIII - XIV/1969, 305 - 323.

SMID, STEFAN (Hrsg.): Insolvenzordnung (InsO), 2. Auflage, Stuttgart 2001.

SOBOLEWSKI, LUDWIK: Ustawa o obligacjach - komentarz, [Gesetz über Obligationen - Kommentar], Warszawa 1997.

SODAN, HELGE / ZIEKOW, JAN: Grundkurs Öffentliches Recht Staats- und Verwaltungsrecht, München 2005.

SOERGEL, HANS THEODOR (BEGRÜNDER): Kommentar zum Bürgerlichen Gesetzbuch mit Einführungsgesetz und Nebengesetzen Band 16, Sachenrecht 3, §§ 1018 - 1296, 13. Auflage, Stuttgart, Berlin, Köln 2001.

SOHNI, MICHAEL: Sachverständigenwesen in Deutschland und Europa, Studienbrief des VdH, Bonn 1997.

SÖLLNER, ALFRED / WALTERMANN, RAIMUND: Grundriss des Arbeitsrechts, 13. Auflage, München 2003.

SPYRA, MARCIN: Komentarz do ustawy z dnia 5 lipca 2002 r. o zmianie ustawy o listach zastawnych i bankach hipotecznych oraz o zmianie niektórych innych ustaw [Kommentar zum Gesetz vom 5. Juli 2002 über die Änderung des Gesetzes über Pfandbriefe und Hypothekenbanken sowie über die Änderung einiger anderer Gesetze], Datenbank Lex, 2004.

SROKOSZ, WITOLD: Dyrektywa 2001/24/EC dotycząca reorganizacji i likwidacji instytucji kredytowych [Richtlinie 2001/24/EG über die Sanierung und Liquidation von Kreditinstituten], PB 6/2004, 63 - 74.

SROKOSZ, WITOLD: Zmiany związane z implementacją najnowszych regulacji unijnych, [Änderungen verbunden mit der Implementierung neuester EU-Regelungen], PB 9/2004, 39 - 49.

STAUB, HERMANN (Begründer), herausgegeben von Canaris, Claus - Wilhelm / Schilling, Wolfgang / Ulmer, Peter: Handelsgesetzbuch, Großkommentar, 4. Auflage; Vierter Band, §§ 343 - 382; Berlin 2004.

STAUDINGER, JULIUS VON / MARBURGER, PETER: Kommentar zum Bürgerlichen Gesetzbuch mit Einführungsgesetz und Nebengesetzen, Buch 2, §§ 779 - 811, Berlin Neubearbeitung 2002.

STAUDINGER, JULIUS VON (HRSG.): Kommentar zum Bürgerlichen Gesetzbuch mit Einführungsgesetz und Nebengesetzen, Einführung zum Bürgerlichen Gesetzbuche/IPR Art. 27 - 37 EGBGB; 13. Bearbeitung, Berlin 2002.

STELKENS, PAUL / BONK, HEINZ - JOACHIM / SACHS, MICHAEL: Verwaltungsverfahrensgesetz Kommentar, 6. Auflage, München 2001.

STORDEL, HARRY: Die dingliche Rechtsstellung des öffentlich rechtlich bestellten Treuhänders, Nürnberg 1956.

STÖCKER, OTMAR M.: Die „Eurohypothek" - Wegbereiter zu einem Binnenmarkt für den Hypothekarkredit, DLK 1991, 537 - 540.

STÖCKER, OTMAR M.: Die „Eurohypothek". Zur Bedeutung eines einheitlichen nicht-akzessorischen Grundpfandrechts für den Aufbau eines „Europäischen Binnenmarktes für den Hypothekarkredit" mit einer Darstellung der Verwendung der Grundschuld durch die deutsche Hypothekarkreditpraxis sowie des französischen, spanischen und schweizerischen Hypothekenrechts, Berlin 1992.

STÖCKER, OTMAR M. / SCHÄFER, ACHIM: Rechtswahlbeschränkungen beim grenzüberschreitenden Verbraucherkreditvertrag, DLK 1995, 614 - 620.

STÖCKER, OTMAR M.: Das neue Hypothekenbankgesetz in Polen, DLK 1997, 650 - 655.

STÖCKER, OTMAR M.: Die Hypothekenbanken und der Pfandbrief in den mitteleuropäischen Reformländern, Frankfurt am Main 1998.

STÖCKER, OTMAR M.: Die EU-Regelungen für Hypothekendarlehen und Pfandbriefe und ihre Umsetzung in deutsches Recht, DLK 1998, 87 - 92.

STÖCKER, OTMAR M.: Die Renaissance des Pfandbriefes in Europa, DLK 2001, 113 - 118.

STÖCKER, OTMAR M.: Die Weiterentwicklung des Pfandbriefrechts in Europa, ImmFin 2002, 748 - 750.

STÖCKER, OTMAR M.: Die Novelle des Hypothekenbankgesetzes in Polen, ImmFin 2002, 575 - 577.

STÖCKER, OTMAR M.: Ausländische Deckungswerte und Insolvenzvorrecht der Pfandbriefe, ImmFin 2003, 574 - 577.

STÖCKER, OTMAR M.: Die HBG-Novelle 2004: Neue Benchmark für insolvenzfeste Pfandbriefe, Die Bank 2004, 332 - 336.

STÖCKER, OTMAR M.: Legislation in Europe, 8th Central European Covered Bond Conference 18th/19th October 2004, Copenhagen.

STOLLMANN, FRANK: Öffentliches Baurecht, 2. Auflage, München 2002.

STUCKE, CARL - OTTO: Die Rechte der Gläubiger bei DM-Auslandsanleihen, Frankfurt am Main 1988.

STÜRNER, ROLF: Aktuelle Probleme des Konkursrechts, ZZP 94 (1981), 263 - 310.

STÜRNER, ROLF: Das Grundpfandrecht zwischen Akzessorietät und Abstraktheit und die europäische Zukunft, Festschrift für Rolf Serick zum 70. Geburtstag, Heidelberg 1992, 377 - 388.

STÜRNER, ROLF: Hypothekenpfandbriefe und Beleihung in Frankreich, Köln 1994.

STÜRNER, ROLF: Die Sicherung der Pfandbrief- und Obligationengläubiger von einer Insolvenz der Hypothekenbank, Frankfurt am Main, 1998.

STÜRNER, ROLF / STADLER, ASTRID: Deutsche Pfandbriefe und Deckungswerte in den Niederlanden, Schriftenreihe des Verbandes deutscher Hypothekenbanken, Band 9, Frankfurt am Main 2000.

STÜRNER, ROLF / SCHUMACHER, ROBERT / BRUNS, ALEXANDER: Der deutsche Pfandbrief und englische Deckungswerte, Schriftenreihe des Verbandes deutscher Hypothekenbanken, Band 10, Frankfurt am Main 2000.

STÜRNER, ROLF / STADLER, ASTRID: Pfandbriefe und Beleihung in Spanien, Schriftenreihe des Verbandes deutscher Hypothekenbanken, Band 15, Frankfurt am Main 2002.

TETTINGER, PETER J. / WAHENDORF, VOLKER: Verwaltungsprozessrecht 2. Auflage, Köln - Berlin – Bonn - München 2001.

THAN, JÜRGEN: Kapitalmarkt und Globalurkunde, in: Festschrift für Theodor Heinsius zum 65. Geburtstag, Berlin - New York 1991, 809 - 840.

THAN, JÜRGEN: Wertpapierrecht ohne Wertpapiere?, in: Festschrift für Herbert Schimansky, Bankrecht - Schwerpunkten und Perspektiven, Köln 1999, 821 - 836.

TILCH, HORST / ARLOTH, FRANK: Deutsches Rechts-Lexikon, Band II, München 2001.

TOSBERG, HANS - JOACHIM / TOSBERG, SUSANNE: Recht, Lexikon der Grundbegriffe, Hamburg 1991.

TRACZ, GRZEGORZ / ZOLL, FRYDERYK: Przewłaszcznie na zabezpieczenie, [Sicherungsübereignung], Zakamycze 1996.

TRIEPEL, HEINRICH: Staatsdienst und staatlich gebundener Beruf in: Festschrift für Karl Binding zum 4. Juni 1911, 2. Band, Neudruck (1974) der Ausgabe 1911, 1 - 85.

TRÖNDLE, HERBERT / FISCHER, THOMAS: Strafgesetzbuch und Nebengesetze - Kommentar, 52. Auflage, München 2004.

UHLENBRUCK, WILHELM (Hrsg.): Insolvenzordnung, Kommentar, 12. Auflage, München 2003.

UŠÁK, MILAN: Status prawny powiernika w banku hipotecznym, [Rechtsstatus des Treuhänders in der Hypothekenbank], Festschrift für Marek Mazurkiewicz, Wrocław 2001, 113 - 130.

VERBAND DEUTSCHER HYPOTHEKENBANKEN (Hrsg.): Der Pfandbrief. Fakten und Daten 1997, 1998, 1999, 2001, 2002.

VERBAND DEUTSCHER HYPOTHEKENBANKEN (Hrsg.): Jahresbericht 2001, 2002, 2003.

VOGEL, HANS - GERT: Die Vergemeinschaftung der Anleihegläubiger und ihre Vertretung nach dem Schuldverschreibungsgesetz, Baden - Baden 1999.

VOGES, HEINZ: Der Treuhänder in den Reichsgesetzen, Hannover 1931.

VON BAR, CHRISTIAN / MANKOWSKI, PETER: Internationales Privatrecht, Band I - Allgemeine Lehren, 2. Auflage, München 2003.

VON SPRECKELSEN, HANS: Der Begriff des privatrechtlichen Amtes unter besonderer Berücksichtigung der Testamentvollstreckung, Breslau 1927.

WACHTER, THOMAS: Die Eurohypothek - Grenzüberschreitende Kreditsicherung an Grundstücken im Europäischen Binnenmarkt, WM 1999, 49 - 70.

WALTER, ROLF: Der Pfandbrief und seine Bedeutung in historischer Perspektive, BA - Zeitschrift zur Bankengeschichte 2000, Beih. 38, 13 - 25.

WANK, ROLF: Die „neue Selbstständigkeit", DB 1992, 90 - 93.

WĄSOWICZ, MAREK: Powrót bankowości hipotecznej, [Rückkehr des Hypothekenbankwesens], Rejent 2/1998 9 - 24.

WEHRENS, HANS: Überlegungen zu einer Eurohypothek, WM 1992, 557 - 563.

WELTER, REINHARD / BREIER, HEINZ / KETZEL, EBERHART: Der Realkredit in den Ländern der EG, Stuttgart 1994.

WIEGAND, WOLFGANG (Hrsg.): Theorie und Praxis der Grundpfandrechte, Berner Bankrechtstag, Bern 1996.

WIELING, HANS JOSEF: Sachenrecht, 3. Auflage, Berlin, Heidelberg 1997.

WILLE, SIEGFRIED: Die Rechtsstellung des Treuhänders im Hypothekenbankgesetz, München 1909.

WŁODYKA, STANISŁAW (Red.) / JAMRÓG, ANNA / KOSTECKI, APOLONIUSZ / ŁATAŁA, WIESŁAW / STEC, MIROSŁAW / SZUMAŃSKI, ANDRZEJ / WEISS, IRENEUSZ / ZAWADA, KAZIMIERZ: Prawo papierów wartościowych, [Wertpapierrecht], Kraków 1996.

WOJEWODA, MICHAŁ: Charakter prawny książeczek oszczędnościowych, [Rechtscharakter der Sparbücher], PB 1/2004, 67 - 76.

WOJEWODA, MICHAŁ: Charakter prawny książeczek oszczędnościowych - Przegląd orzecznictwa, [Rechtscharakter der Sparbücher - Übersicht der Rechtsprechung], PB 2/2004, 35 - 49.

WOLFF, HANS J.: Organschaft und juristische Person, 2. Band Theorie der Vertretung, Berlin 1934.

WOLFF, MARTIN / RAISER, LUDWIG: Lehrbuch des Sachenrechts, 10. Bearbeitung, Tübingen 1957.

WOLFSTEINER, HANS / STÖCKER, OTMAR M.: Diskussionspapier: Nicht akzessorisches Grundpfand für Mitteleuropa, ZBB 1998, 264 - 269.

WOLLENSCHLÄGER, MICHAEL: Arbeitsrecht, 2. Auflage, München 2004.

WUDARSKI, ARKADIUSZ: Modernisierung des Grundbuchs in Polen, Bericht, WGO 6/2003, 402 - 404.

WUDARSKI, ARKADIUSZ: Podstawy prawne działalności banków hipotecznych, [Rechtsgrundlagen der Tätigkeiten der Hypothekenbanken], PB 11/2003, 83 - 95.

ZDZIEBORSKI, RADOSŁAW ROMAN: Netting upadłościowy. Zagadnienia wprowadzające, [Insolvenznetting. Einleitende Fragen], PB 7 - 8/2003, 51 - 63.

ZDZIEBORSKI, RADOSŁAW ROMAN: Netting upadłościowy. Analiza na gruncie prawa upadłościowego i naprawczego, [Insolvenznetting. Analyse aufgrund des Insolvenz- und Sanierungsrechts], PB 9/2003, 66 - 83.

ZDZIEBORSKI, RADOSŁAW ROMAN: Netting likwidacyjny transakcji pozabilansowych, [Liquidationsnetting der außerbilanzlichen Transaktionen], PB 1/2004, 77 - 82.

ZÖLLNER, WOLFGANG: Die Zurückdrängung des Verkörperungselements bei den Wertpapieren in: Festschrift für Ludwig Raiser zum 70. Geburtstag - Funktionswandel der Privatrechtsinstitutionen, Tübingen 1974, 249 - 285.

ZÖLLNER, WOLFGANG: Wertpapierrecht, 14. Auflage, München 1987.

Rechtsquellenverzeichnis

Zu fast allen Rechtsquellen gibt es mehrere Novellen. Ihre Auflistung unterbleibt, um die Größe des Rechtsquellenverzeichnisses vertretbar zu halten. Die Rechtsquelle wird mit ihrer Stammfassung oder mit ihrer letzten vereinheitlichten Fassung und jeweils unter Angabe der letzten Novelle und der verwendeten Abkürzung zusammengestellt. Polnische Rechtsquellen werden zusätzlich mit einer deutschen Übersetzung verseht.

Polnische Rechtsquellen

A. Verfassungsgesetz

Konstytucja Rzeczypospolitej Polskiej z dnia 2 kwietnia 1997 r.,
[Verfassung der Republik Polen vom 2. April 1997],
Dz.U. 1997 Nr. 78, Pos. 483,
berichtigt durch Dz.U. 2001 Nr. 28, Pos. 319. **polGG**

B. Gesetze

Ustawa z dnia 28 kwietnia 1936 r., prawo wekslowe,
[Gesetz vom 28. April 1936, Wechselrecht],
Dz.U. 1936 Nr. 37, Pos. 282. **WRG**

Dekret z dnia 10 grudnia 1946 r.,
o umarzaniu utraconych dokumentów,
[Dekret vom 10. Dezember 1946
über die Kraftloserklärung der verlorenen Urkunden],
Dz.U. 1947 Nr. 5, Pos. 20. **KED**

Ustawa z dnia 14 czerwca 1960 r.,
kodeks postępowania administracyjnego,
[Gesetz vom 14. Juni 1960,
Verwaltungsverfahrensgesetzbuch],
in der einheitlichen Fassung Dz.U. 2000 Nr. 98, Pos. 1071,
zuletzt geändert durch Art. 2 des Gesetzes vom 17.6.2004,
Dz.U. 2004 Nr. 162, Pos. 1692. **VwVfGB**

Ustawa z dnia 23 kwietnia 1964 r., kodeks cywilny,
[Gesetz vom 23. April 1964, Zivilgesetzbuch],
Dz.U. 1964 Nr. 16, Pos. 93,
zuletzt geändert durch Art. 2 des Gesetzes vom 17.12.2004,
Dz.U. 2004 Nr. 281, Pos. 2783. **ZGB**

Ustawa z dnia 17 listopada 1964 r., kodeks postępowania cywilnego,
[Gesetz vom 17. November 1964, Zivilprozessordnung],
Dz.U. 1964 Nr. 43, Pos. 296,
zuletzt geändert durch Art. 1 des Gesetzes vom 22.12.2004,
Dz.U. 2005 Nr. 13, Pos. 98. **polZPO**

Ustawa z dnia 12 listopada 1965 r., prawo prywatne międzynarodowe,
[Gesetz vom 12. November 1965, das Internationale Privatrecht],
Dz.U.1965 Nr. 46, Pos. 290,
zuletzt geändert durch Art. 4 des Gesetzes vom 21.5.1999,
Dz.U. 1999 Nr. 52, Pos. 532. **polIPR**

Ustawa z dnia 26 czerwca 1974 r., kodeks pracy,
[Gesetz vom 26. Juni 1974, Arbeitsgesetzbuch],
in der einheitlichen Fassung Dz.U. 1998 Nr. 21, Pos. 94,
zuletzt geändert durch Art. 2 des Gesetzes vom 8.10.2004,
Dz.U. 2004 Nr. 240, Pos. 2407. **polAGB**

Ustawa z dnia 6 lipca 1982 r., o księgach wieczystych i hipotece,
[Gesetz vom 6. Juli 1982 über die Grundbücher und die Hypothek],
in der einheitlichen Fassung Dz.U. 2001 Nr. 124, Pos. 1361,
zuletzt geändert durch Art. 24 des Gesetzes vom 14.2.2003,
Dz.U. 2003 Nr. 42, Pos. 363. **GGH**

Ustawa z dnia 8 marca 1990 r., o samorządzie gminnym,
[Gesetz vom 8. März 1990 über die Selbstverwaltung der Gemeinde],
in der einheitlichen Fassung Dz.U. 2001 Nr. 142, Pos. 1591,
zuletzt geändert durch Art. 4 des Gesetzes vom 16.4.2004,
Dz.U. 2004 Nr. 116, Pos. 1203.

Ustawa z dnia 6 kwietnia 1990 r., o Policji,
[Gesetz vom 6. April 1990 über die Polizei],
in der einheitlichen Fassung Dz.U. 2002 Nr. 7, Pos. 58,
zuletzt geändert durch Art. 7 des Gesetzes vom 25.11.2004,
Dz.U. 2004 Nr. 273, Pos. 2703.

Ustawa z dnia 7 października 1992 r.,
o regionalnych izbach obrachunkowych,
[Gesetz vom 7. Oktober 1992 über die regionalen Rechnungskammer],
in der einheitlichen Fassung Dz.U. 2001 Nr. 55, Pos. 577,
zuletzt geändert durch Art. 16 des Gesetzes vom 25.11.2004,
Dz.U. 2004 Nr. 273, Pos. 2703.

Ustawa z dnia 24 czerwca 1994 r. o własności lokali,
[Gesetz vom 24. Juni 1994 über das Eigentum an Räumlichkeiten],
in der einheitlichen Fassung Dz.U. 2000 Nr. 80, Pos. 903,
zuletzt geändert durch Art. 5 des Gesetzes vom 28.11.2003,
Dz. U. 2004 Nr. 141, Pos. 1492.

Ustawa z dnia 7 lipca 1994 r., prawo budowlane,
[Gesetz vom 7. Juli 1994, Baurecht],
in der einheitlichen Fassung Dz.U. 2003 Nr. 207, Pos. 2016,
zuletzt geändert durch Art. 1 des Gesetzes vom 16.4.2004,
Dz.U. 2004 Nr. 93, Pos. 888.

Ustawa z dnia 29 września 1994 r., o rachunkowości,
[Gesetz vom 29. September 1994 über das Rechnungswesen],
in der einheitlichen Fassung Dz.U. 2002 Nr. 76, Pos. 694,
zuletzt geändert durch Art. 1 des Gesetzes vom 27.8.2004,
Dz.U. 2004 Nr. 213, Pos. 2155. **RWG**

Ustawa z dnia 13 października 1994 r.,
o biegłych rewidentach i ich samorządzie,
**[Gesetz vom 13. Oktober 1994
über sachverständige Rechnungsprüfer
und deren Selbstverwaltung]**,
in der einheitlichen Fassung Dz.U. 2001 Nr. 31, Pos. 359,
zuletzt geändert durch Art. 4 des Gesetzes vom 27.8.2004,
Dz.U. 2004 Nr. 213, Pos. 2155.

Ustawa z dnia 29 czerwca 1995 r., o obligacjach,
[Gesetz vom 29. Juni 1995 über Obligationen],
in der einheitlichen Fassung Dz.U. 2001 Nr. 120, Pos. 1300,
zuletzt geändert durch Art. 7 des Gesetzes vom 14.11.2003,
Dz.U. 2003 Nr. 217, Pos. 2124. **OG**

Ustawa z dnia 8 maja 1997 r., o poręczeniach i gwarancjach udzielanych przez Skarb Państwa oraz niektóre osoby prawne,
[Gesetz vom 8. Mai 1997 über die von dem Fiskus und manchen juristischen Personen erteilten Bürgschaften und Garantien],
in der einheitlichen Fassung Dz.U. 2003 Nr. 174, Pos. 1689,
zuletzt geändert durch Art. 2 des Gesetzes vom 22.12.2004,
Dz.U. 2004 Nr. 281, Pos. 2785. **FBuGG**

Ustawa z dnia 6 czerwca 1997 r., kodeks karny,
[Gesetz vom 6. Juni 1997, Strafgesetzbuch],
Dz.U. 1997 Nr. 88, Pos. 553,
zuletzt geändert durch Art. 162 des Gesetzes vom 11.9.2003,
Dz.U. 2003 Nr. 179, Pos. 1750. **polStGB**

Ustawa z dnia 21 sierpnia 1997 r., o gospodarce nieruchomościami,
[Gesetz vom 21. August 1997 über die Bewirtschaftung von Liegenschaften],
in der einheitlichen Fassung Dz.U. 2004 Nr. 261, Pos. 2603,
zuletzt geändert durch Art. 3 des Gesetzes vom 16.12.2004,
Dz.U. 2004 Nr. 281, Pos. 2782. **GBL**

Ustawa z dnia 21 sierpnia 1997 r.,
prawo o publicznym obrocie papierami wartościowymi,
[Gesetz vom 21. August 1997, das Recht über den öffentlichen Umlauf von Wertpapieren],
in der einheitlichen Fassung Dz.U. 2002 Nr. 49, Pos. 447,
zuletzt geändert durch Art. 36 des Gesetzes vom 25.11.2004,
Dz.U. 2004 Nr. 273, Pos. 2703. **RöUW**

Ustawa z dnia 29 sierpnia 1997 r., prawo bankowe,
[Gesetz vom 28. August 1997, Bankrecht],
in der einheitlichen Fassung Dz.U. 2002 Nr. 72, Pos. 665,
zuletzt geändert durch Art. 26 des Gesetzes vom 2.7.2004,
Dz.U. 2004 Nr. 173, Pos. 1808. **BRG**

Ustawa z dnia 29 sierpnia 1997 r.,o Narodowym Banku Polskim,
[Gesetz vom 29. August 1997 über die Polnische Nationalbank],
in der einheitlichen Fassung Dz.U. 2005 Nr. 1, Pos. 2. **NBG**

Ustawa z dnia 29 sierpnia 1997 r.,
o listach zastawnych i bankach hipotecznych,
[Gesetz vom 29. August 1997
über Pfandbriefe und Hypothekenbanken],
in der einheitlichen Fassung Dz.U. 2003 Nr. 99, Pos. 919. **PHBG**

Ustawa z dnia 5 czerwca 1998 r.,
o samorządzie województwa,
[Gesetz vom 5. Juni 1998
über die Selbstverwaltung der Woiwodschaft],
in der einheitlichen Fassung Dz.U. 2001 Nr. 142, Pos. 1590,
zuletzt geändert durch Art. 66 des Gesetzes vom 20.4.2004,
Dz.U. 2004 Nr. 116, Pos. 1206.

Ustawa z dnia 5 czerwca 1998 r., o samorządzie powiatowym,
[Gesetz vom 5. Juni 1998 über die Selbstverwaltung des Kreises],
in der einheitlichen Fassung Dz.U. 2001 Nr. 142, Pos. 1592,
zuletzt geändert durch Art. 4 des Gesetzes vom 20.4.2004,
Dz.U. 2004 Nr. 102, Pos. 1055.

Ustawa z dnia 24 lipca 1998 r.,
o wprowadzeniu zasadniczego
trójstopniowego podziału terytorialnego państwa,
[Gesetz vom 24. Juli 1998
über die Einführung der dreistufigen
territorialen Grundeinteilung des Staates],
Dz.U. 1998 Nr. 96, Pos. 603,
zuletzt geändert durch Art. 9 des Gesetzes vom 11.4.2001,
Dz.U. 2001 Nr. 45, Pos. 497.

Ustawa z dnia 26 listopada 1998 r., o finansach publicznych,
[Gesetz vom 26. November 1998 über öffentliche Finanzen],
in der einheitlichen Fassung Dz.U. 2003, Nr. 15, Pos. 148,
zuletzt geändert durch Art. 1 des Gesetzes vom 25.11.2004,
Dz.U. 2004 Nr. 273, Pos. 2703. **ÖFG**

Ustawa z dnia 18 września 2001 r., o podpisie elektronicznym,
[Gesetz vom 18. September 2001 über die elektronische Unterschrift],
Dz.U. 2001 Nr. 130, Pos. 1450,
zuletzt geändert durch Art. 68 des Gesetzes vom 20.4.2004,
Dz.U. 2004 Nr. 96, Pos. 959.

Ustawa z dnia 25 lipca 2002 r.,
prawo o ustroju sądów administracyjnych,
[Gesetz vom 25. Juli 2002
über das Recht der Verwaltungsgerichtsordnung],
Dz.U. 2002 Nr. 153, Pos. 1269. **RvGO**

Ustawa z dnia 27 lipca 2002 r., prawo dewizowe,
[Gesetz vom 27. Juli 2002, Devisenrecht],
Dz.U. 2002 Nr. 141, Pos. 1178,
zuletzt geändert durch Art. 50 des Gesetzes vom 2.7.2004,
Dz.U. 2004 Nr. 173, Pos. 1808.

Ustawa z dnia 30 sierpnia 2002 r.,
prawo o postępowaniu przed sądami administracyjnymi,
[Gesetz vom 30. August 2002
über das Verfahrensrecht vor Verwaltungsgerichten],
Dz.U. 2002 Nr. 153, Pos. 1270,
zuletzt geändert durch Art. 3 des Gesetzes vom 17.6.2004,
Dz.U. 2004 Nr. 162, Pos. 1692. **VRvVG**

Ustawa z dnia 14 lutego 2003 r.,
o przenoszeniu treści księgi wieczystej do struktury
księgi wieczystej prowadzonej w systemie informatycznym,
[Gesetz vom 14. Februar 2003
über die Übertragung des Grundbuchsinhalts in die Struktur
des im Datenbankverarbeitungssystem geführten Grundbuchs],
Dz.U. 2003 Nr. 42, Pos. 363.

Ustawa z dnia 28 lutego 2003 r.,
prawo upadłościowe i naprawcze,
[Gesetz vom 28. Februar 2003,
über das Insolvenz- und Sanierungsrecht],
Dz.U. 2003 Nr. 60, Pos. 535,
zuletzt geändert durch Art. 225 des Gesetzes vom 27.8.2004,
Dz.U. 2004 Nr. 210, Pos. 2135. **ISR**

Ustawa z dnia 27 marca 2003 r.,
o planowaniu i zagospodarowaniu przestrzennym,
[Gesetz vom 27. März 2003
über die Planung und die Raumbewirtschaftung],
Dz.U. 2003 Nr. 80, Pos. 717,

zuletzt geändert durch Art. 10 des Gesetzes vom 28.11.2003,
Dz. U. 2004 Nr. 141, Pos. 1492. **PRG**

C. Verordnungen

Rozporządzenie Ministra Sprawiedliwości z dnia 17 grudnia 1996 r.,
w sprawie określenia wysokości wpisów w sprawach cywilnych,
[Verordnung des Justizministers vom 17. Dezember 1996 über die Bestimmung der Gebühren in Zivilsachen],
Dz.U. 1996 Nr. 154, Pos. 753,
zuletzt geändert durch § 1 des Gesetzes vom 22.4.2003,
Dz.U. 2003 Nr. 70, Pos. 649. **VGiZ**

Rozporządzenie Ministra Sprawiedliwości z dnia 17 września 2001 r.,
w sprawie prowadzenia ksiąg wieczystych i zbiorów dokumentów,
[Verordnung des Justizministers vom 17. September 2001 über die Führung der Grundbücher und Dokumentensammlungen],
Dz.U. 2001 Nr. 102, Pos. 1122,
zuletzt geändert durch § 1 des Gesetzes vom 26.9.2003,
Dz.U. 2003 Nr. 176, Pos. 1721. **VFGD**

D. Sonstige generelle Rechtsnormen

Uchwała Komisji Nadzoru Bankowego nr 1/2002
z dnia 10 stycznia 2002 r. w sprawie wykazu dokumentów załączanych do wniosków do Komisji Nadzoru Bankowego w sprawach o wydanie zezwolenia na utworzenie banku, o wyrażenie zgody na powołanie członków zarządu banku oraz do informacji o składzie zarządu przedstawianej Komisji Nadzoru Bankowego przez radę nadzorczą banku,
[Beschluss der Bankaufsichtskommission Nr. 1/2002 vom 10. Januar 2002 über das Verzeichnis der Dokumente, die Anträgen an die Bankaufsichtskommission auf Erteilung der Erlaubnis zur Errichtung der Bank, auf Zustimmung zur Berufung der Vorstandsmitglieder der Bank sowie der Information über die Zusammensetzung des Vorstandes, die der Bankaufsichtskommission durch den Bankaufsichtsrat vorzulegen sind, beizufügen sind],
Dz.Urz. NBP 2002 Nr. 1, Pos. 1,
zuletzt geändert durch Berichtigung vom 31.1.2002,
Dz.Urz.NBP 2002 Nr. 2, Pos. 4. **Beschluss BAK Nr. 1/2002**

Uchwała Komisji Nadzoru Bankowego nr 4/2002
z dnia 6 marca 2002 r. w sprawie trybu wykonywania
nadzoru bankowego,
**[Beschluss der Bankaufsichtskommission Nr. 4/2002
vom 6. März 2002 über die Ausübungsform der Bankaufsicht]**,
Dz.Urz. NBP 2002 Nr. 6, Pos. 10,
zuletzt geändert durch § 1 des Beschlusses vom 30.6.2004,
Dz.Urz.NBP 2004 Nr. 8, Pos. 15. **Beschluss BAK Nr. 4/2002**

Uchwała Komisji Nadzoru Bankowego nr 5/2002
z dnia 18 listopada 2002 r. w sprawie określenia wzoru rejestru
zabezpieczenia listów zastawnych,
**[Beschluss der Bankaufsichtskommission Nr. 5/2002
vom 18. November 2002 über die Musterbestimmung
des Registers der Sicherheit der Pfandbriefe]**,
Dz.Urz. NBP 2002 Nr. 18, Pos. 45. **Beschluss BAK Nr. 5/2002**

Uchwała Komisji Nadzoru Bankowego nr 4/2004
z dnia 8 września 2004 r. w sprawie zakresu i szczegółowych zasad wyznaczania wymogów kapitałowych z tytułu poszczególnych rodzajów ryzyka oraz zakresu stosowania metod statystycznych i warunków, których spełnienie umożliwia uzyskanie zgody na ich stosowanie, sposobu i szczegółowych zasad obliczania współczynnika wypłacalności banku, zakresu i sposobu uwzględniania działania banków w holdingach w obliczaniu wymogów kapitałowych i współczynnika wypłacalności oraz określenia dodatkowych pozycji bilansu banku ujmowanych łącznie z funduszami własnymi w rachunku adekwatności kapitałowej oraz zakresu, sposobu i warunków ich wyznaczania,
**[Beschluss der Bankaufsichtskommission Nr. 4/2004
vom 8. September 2004 über den Umfang und die detaillierten Grundsätze zur Festlegung der Kapitalanforderungen aus den einzelnen Arten des Risikos sowie über den Umfang der Anwendung der statistischen Methoden und Bedingungen, deren Erfüllung der Erteilung der Erlaubnis auf deren Anwendung ermöglicht, über die Weise und die detaillierten Grundsätze zur Abrechnung der Solvenzkoeffizient der Bank, über den Umfang und die Weise der Berücksichtigung der Tätigkeit der Banken in den Holding in der Abrechnung der Kapitalanforderungen und des Solvenzkoeffizienten sowie über die Bestimmung der zusätzlichen Bilanzpositionen der Bank erfasst zusammen mit den Eigenmitteln in der Kapitaladäquanzrechnung sowie über den Umfang, die Weise und die Bedingungen deren Festlegung]**,
Dz.Urz.NBP 2004 Nr. 15, Pos. 25. **Beschluss BAK Nr. 4/2004**

E. Historische Rechtsquellen

Rozporządzenie Prezydenta Rzeczypospolitej
z dnia 28 grudnia 1924, organizacja giełd,
[Verordnung des Präsidenten der Republik Polen
vom 28. Dezember 1924 über die Organisation der Börsen],
Dz.U. 1930 Nr. 23, Pos. 209,
Außerkrafttreten am 4. Oktober 1950.

Rozporządzenie Prezydenta Rzeczypospolitej
z dnia 17 marca 1928 r. o prawie bankowym,
[Verordnung des Präsidenten der Republik Polen
vom 17. März 1928 über das Bankrecht],
Dz.U. 1928 Nr. 34, Pos. 321,
Außerkrafttreten am 26. Juni 1960. **BRV**

Ustawa z dnia 13 kwietnia 1960 r. o prawie bankowym,
[Gesetz vom 13. April 1960 über das Bankrecht],
Dz.U. 1960 Nr. 20, Pos. 121,
Außerkrafttreten am 1. Juli 1975.

Ustawa z dnia 11 maja 1995 r., o Naczelnym Sądzie Administracyjnym,
[Gesetz vom 11. Mai 1994 über das Hauptverwaltungsgericht],
Dz.U. 1995 Nr. 74, Pos. 368,
zuletzt geändert durch Dz.U. 2002 Nr. 169, Pos. 1387,
inzwischen aufgehoben durch Art. 3 des Gesetzes vom 30.8.2002
Dz.U. 2002 Nr. 153, Pos. 1271,
Außerkrafttreten am 1. Januar 2004.

Deutsche Rechtsquellen

A. Verfassungsgesetz

Grundgesetz für die Bundesrepublik Deutschland
Gesetz vom 23.5.1949 (BGBl. 1949 I 1),
zuletzt geändert durch zwei Gesetze zur Änderung des Grundgesetzes
(Staatsziel/Tierschutz/ Art. 96 GG) vom 26.7.2002
(BGBl. 2002 I 2862). **GG**

B. Gesetze

Aktiengesetz
Gesetz vom 6.9.1965 (BGBl. 1965 I 1089),
zuletzt geändert durch Art. 5 des Bilanzkontrollgesetzes vom 15.12.2004
(BGBl. 2004 I 3408). **AktG**

Arbeitsschutzgesetz
in der Neufassung der Bekanntmachung vom 7.8.1996 (BGBl. 1996 I 1246),
zuletzt geändert durch Art. 11 Nr. 20 des Gesetzes zur Steuerung und Begrenzung der Zuwanderung und zur Regelung des Aufenthalts und der Integration von Unionsbürgern und Ausländern (Zuwanderungsgesetz) vom 30.7.2004
(BGBl. 2004 I 1950). **ArbSchG**

Baugesetzbuch
Gesetz vom 23.6.1960 (BGBl. 1960 I 341),
in der Fassung vom 27.8.1997 (BGBl. 1997 I 2141),
zuletzt geändert durch Art. 1 des Europarechtsanpassungsgesetzes Bau vom 24.6.2004 (BGBl. 2004 I 1359), in der Neufassung der Bekanntmachung vom 23.9.2004 (BGBl. 2004 I 2414). **BauGB**

Bürgerliches Gesetzbuch
Gesetz vom 18.8.1896 (RGBl. 1896, 195),
in der Neufassung der Bekanntmachung vom 2.1.2002
(BGBl. 2002 I 42, 2909; 2003 I 738),
zuletzt geändert durch Art. 2 des Gesetzes zur Überarbeitung des Lebenspartnerschaftsrechts vom 15.12.2004
(BGBl. 2004 I 3396). **BGB**

Bundesbeamtengesetz
Gesetz vom 14.7.1953 (BGBl. 1953 I 551), in der Neufassung der Bekanntmachung vom 31.3.1999 (BGBl. 1999 I 675),
zuletzt geändert durch Art. 6 des Gesetzes zur Änderung dienst- und arbeitsrechtlicher Vorschriften im Hochschulbereich vom 27.12.2004 (BGBl. 2004 I 3835). **BBG**

Bundesberggesetz
Gesetz vom 13.8.1980 (BGBl. 1980 I 1310), zuletzt geändert durch Art. 129 Abs. 14 des Justizmodernisierungsgesetzes vom 24.8.2004 (BGBl. 2004 I 2198). **BBergG**

Bundesrechtsanwaltsordnung
Gesetz vom 1.8.1959 (BGBl. 1959 I 565),
zuletzt geändert durch Art. 4 des Gesetz zur Vereinfachung und
Vereinheitlichung der Verfahrensvorschriften und
zur Wahl und Berufung ehrenamtlicher Richter
vom 21.12.2004 (BGBl. 2004 I 3599). **BRAO**

Bundesurlaubsgesetz
Gesetz vom 8.1.1963 (BGBl. 1963 I 2),
zuletzt geändert durch Art. 7 des Post- und
telekommunikations- rechtlichen Bereinigungsgesetzes
vom 7.5.2002 (BGBl. 2002 I 1529). **BUrlG**

Bundeswertpapierverwaltungsgesetz
Gesetz vom 11.12.2001 (BGBl. 2001 I 3519). **BWpVerwG**

Deutsches Richtergesetz
Gesetz vom 8.9.1961 (BGBl. 1961 I 1665), in der Neufassung der
Bekanntmachung vom 19.4.1972 (BGBl. 1972 I 713),
zuletzt geändert durch Art. 2 des Gesetzes zur Vereinfachung und
Vereinheitlichung der Verfahrensvorschriften zur Wahl und Berufung
ehrenamtlicher Richter vom 21.12.2004 (BGBl. 2004 I 3599). **DRiG**

Gesetz über die Landwirtschaftliche Rentenbank
Gesetz vom 15.7.1963 (BGBl. 1963 I 465, 548),
zuletzt geändert durch Art. 1 des Fünften Gesetzes
zur Änderung des Gesetzes über die Landwirtschaftliche Rentenbank
vom 23.7.2002 (BGBl. 2002 I 2782).

Gesetz über die Verwahrung und Anschaffung von Wertpapieren (Depotgesetz)
Gesetz vom 4.2.1937 (RGBl. 1937 I 171),
in der Neufassung der Bekanntmachung vom 11.1.1995
(BGBl. 1995 I 34), zuletzt geändert durch Art 4 des Gesetzes zur Änderung
insolvenzrechtlicher und kreditwesenrechtlicher Vorschriften vom 8.12.1999
(BGBl. 1999 I 2384). **DepotG**

Gesetz über die Zwangsversteigerung und Zwangsverwaltung
Gesetz vom 24.3.1897 (RGBl. 1897, 97),
zuletzt geändert durch Art. 10 des Ersten Justizmodernisierungsgesetzes
vom 24.8.2004 (BGBl. 2004 I 2198). **ZVG**

Einführungsgesetz zum Bürgerlichen Gesetzbuch
Gesetz vom 18.8.1896 (RGBl. 1896, 604),
in der Neufassung der Bekanntmachung vom 21.9.1994
(BGBl. 1994 I 2494; 1997 I 1061),
zuletzt geändert durch Art. 5 Abs. 27 des Gesetzes
zur Überarbeitung des Lebenspartnerschaftsrechts
vom 15.12.2004 (BGBl. 2004 I 3396). **EGBGB**

Entgeltfortzahlungsgesetz
Gesetz vom 26.5.1994 (BGBl. 1994 I 1014, 1965),
zuletzt geändert durch Art. 80 des Dritten Gesetzes
für moderne Dienstleistungen am Arbeitsmarkt
vom 23.12.2003 (BGBl. 2003 I 2848). **EFZG**

Gerichtsverfassungsgesetz
Gesetz vom 12.9.1950 (BGBl. 1950 I 455, 512, 513),
in der Neufassung der Bekanntmachung vom 9.5.1975 (BGBl. 1975 I 1077),
zuletzt geändert durch Art. 3 des Gesetzes zur Einführung der Europäischen
Gesellschaft vom 22.12.2004 (BGBl. 2004 I 3675). **GVG**

Gesetz betreffend die gemeinsamen Rechte der Besitzer von Schuldverschreibungen (Schuldverschreibungsgesetz)
Gesetz vom 4.12.1899 (RGBl. 1899 I 691);
zuletzt geändert durch Art. 53 des Einführungsgesetzes
zur Insolvenzordnung (EGInsO)
vom 5.10.1994 (BGBl. 1994 I 2911). **SchVG**

Gesetz über Bausparkassen
Gesetz vom 16.11.1972 (BGBl. 1972 I 2097),
in der Fassung der Bekanntmachung vom 15.2.1991 (BGBl. 1991 I 454),
zuletzt geändert durch Art. 7 des Gesetzes zur Umsetzung
der RL 2002/47/EG vom 6.6.2002 über Finanzsicherheiten
und zur Änderung des Hypothekenbankgesetzes und anderer Gesetze
vom 5.4.2004 (BGBl. 2004 I 502). **BausparkassenG**

Gesetz über das Kreditwesen
Gesetz vom 10.7.1961 (BGBl.1961 I 881),
in der Neufassung der Bekanntmachung vom 9.9.1998
(BGBl. 1998 I 2776),

zuletzt geändert durch Art. 1 des Gesetzes zur Umsetzung
der RL 2002/87/EG des Europäischen Parlaments und des Rates
vom 21.12.2004 (BGBl. 2004 I 3610). **KWG**

Gesetz über das Wohnungseigentum und das Dauerwohnrecht
Gesetz vom 15.3.1951 (BGBl. 1951 I 175, 209),
zuletzt geändert durch Art. 4 Abs. 36 des Kostenrechtsmodernisierungsgesetzes
vom 5.5.2004 (BGBl. 2004 I 718). **WEG**

Gesetz über den Wertpapierhandel
Gesetz vom 26.6.1994 (BGBl. 1994 I 1749),
in der Neufassung der Bekanntmachung vom 9.9.1998
(BGBl. 1998 I 2708),
zuletzt geändert durch Art. 3 des Bilanzkontrollgesetzes
vom 15.12.2004 (BGBl. 2004 I 3408). **WpHG**

Gesetz über die Bayerische Landesbank
(Bayerisches Landesbank-Gesetz)
in der Fassung vom 1.2.2003 (GVBl. 2003, 54). **BayLBG**

Gesetz über die Beaufsichtigung der Versicherungsunternehmen (Versicherungsaufsichtsgesetz)
in der Fassung der Bekanntmachung
vom 17.12.1992 (BGBl. 1993 I 2). **VAG**

Gesetz über die Errichtung der Landesbank Berlin
Gesetz vom 3.12.1993 (GVBl. 1993, 626),
zuletzt geändert durch Art. 1 des vierten Gesetzes zur Änderung
des Gesetzes über die Errichtung der Landesbank Girozentrale
vom 19.9.2002 (GVBl. 2002 I 286).

Gesetz über die Investitionsbank des Landes Brandenburg
Gesetz vom 23.7.1996 (GVBl. 1996 I 258),
geändert durch das zweite Gesetz zur Änderung des Gesetzes
über die Investitionsbank des Landes Brandenburg
vom 20.4.2004 (GVBl. 2004 I 156).

Gesetz über die Bundesanstalt für Finanzdienstleistungsaufsicht
(Finanzdienstleistungsaufsichtsgesetz)
Gesetz vom 22.4.2002 (BGBl. 2002 I 1310), zuletzt geändert durch
Art. 4 a des Gesetzes zur Änderung des Versicherungsaufsichtsgesetzes und
anderer Gesetze vom 15.12.2004 (BGBl. 2004 I 3416). **FinDAG**

Gesetz über die Deutsche Bundesbank
Gesetz vom 26.7.1957 (BGBl. 1957 I 745),
in der Neufassung der Bekanntmachung vom 22.10.1992
(BGBl. 1992 I 1782), zuletzt geändert durch Art. 1 des Siebenten Gesetzes zur Änderung des Gesetzes über die deutsche Bundesbank
vom 23.3.2002 (BGBl. 2002 I 1159). **BBankG**

Gesetz über die Kreditanstalt für Wiederaufbau
Gesetz vom 5.11.1948 (WiGBl. 1948, 123),
in der Fassung der Bekanntmachung vom 23.6.1969 (BGBl. 1969 I 573), zuletzt geändert durch Art. 4 a des Gesetzes zur Umsetzung aufsichtsrechtlicher Bestimmungen zur Sanierung und Liquidation von Versicherungsunternehmen und Kreditinstituten
vom 10.12.2003 (BGBl. 2003 I 2478). **KfW**

Gesetz über die Landesbank Baden-Württemberg
(Landesbankgesetz)
Gesetz vom 11.11.1998 (GBl. 1998, 589), zuletzt geändert durch
das Änderungsgesetz vom 22.10.2002 (GBl. 2002, 385). **LBWG**

Gesetz über die Pfandbriefe und verwandten Schuldverschreibungen öffentlich-rechtlicher Kreditanstalten,
Gesetz vom 21.12.1927 (RGBl. 1927 I 32) in der amtlichen Fassung vom 8.5.1963 (BGBl. 1963 I 312),
in der Neufassung der Bekanntmachung vom 9.9.1998
(BGBl. 1998 I 2772; 2000 I 440),
zuletzt geändert durch Art. 8 a des Gesetzes zur Umsetzung der RL 2002/47/EG vom 6.6.2002 über Finanzsicherheiten und zur Änderung des Hypothekenbankgesetzes und anderer Gesetze vom 5.4.2004
(BGBl. 2004 I 502). **ÖPG**

Gesetz über die Umwandlung der Deutschen Siedlungs- und Landesrentenbank in eine Aktiengesellschaft
(DSL Bank-Umwandlungsgesetz)
Gesetz vom 16.12.1999 (BGBl. 1999 I 2441). **DSLBUmwG**

Gesetz über Kapitalanlagegesellschaften
Gesetz vom 16.4.1957 (BGBl. 1957 I 378),
in der Neufassung der Bekanntmachung vom 9.9.1998
(BGBl. 1998 I 2726),
zuletzt geändert durch Art. 6 des Gesetzes zur Umsetzung der Protokollerklärung der Bundesregierung zur Vermittlungsempfehlung zum Steuervergünstigungsabbaugesetz

vom 22.12.2003 (BGBl. 2003 I 2840, 2845). **KAGG**

Gesetz über Ordnungswidrigkeiten
Gesetz vom 24.5.1968 (BGBl. 1968 I 481),
in der Neufassung der Bekanntmachung vom 19.2.1987
(BGBl. 1987 I 602),
zuletzt geändert durch Art. 18 des Gesetzes über die Rechtsbehelfe
bei Verletzung des Anspruchs auf rechtliches Gehör
vom 9.12.2004 (BGBl. 2004 I 3220). **OWiG**

Gesetz über Rahmenbedingungen für elektronische Signaturen
Gesetz vom 16.5. 2001 (BGBl. 2001 I 876),
zuletzt geändert durch Art. 2 des Gesetzes über Rahmenbedingungen
für elektronische Signaturen und zur Änderung weiterer Vorschriften
vom 16.5.2001 (BGBl. 2001 I 876). **SigG**

Gesetz über Rechte an eingetragenen Schiffen und Schiffsbauwerken
Gesetz vom 15.11.1940 (RGBl. 1940 I 1499),
zuletzt geändert durch Art. 5 Abs. 12 des Gesetzes zur Modernisierung
des Schuldrechtes vom 26.11.2001 (BGBl. 2001 I 3137). **SchRechtG**

Gesetz über Schiffspfandbriefbanken,
Gesetz vom 8.5.1963 (BGBl. 1963 I 302),
zuletzt geändert durch Art. 8 b des Gesetzes zur Umsetzung
der RL 2002/47/EG vom 6.6.2002 über Finanzsicherheiten und
zur Änderung des Hypothekenbankgesetzes und anderer Gesetze
vom 5.4.2004 (BGBl. 2004 I 502). **SchBkG**

Gesetz zum Schutz der Beschäftigten vor sexueller Belästigung am Arbeitsplatz (Beschäftigtenschutzgesetz),
Gesetz vom 24.6.1994 (BGBl. 1994 I 1406). **BSchG**

Gesetz zu dem Staatsvertrag zwischen der Freien und Hansestadt Bremen und dem Land Niedersachsen über die Bremer Landesbank
Gesetz vom 24.9.2002 (GVBl. 2002, 395).

Gesetz zur Umstrukturierung der Landesbank Nordrhein-Westfalen, zur Förderung des Landes Nordrhein-Westfalen und zur Änderung anderer Gesetze
Gesetz vom 16.3.2004 (GVNRW. 2004, 764).

Gesetz zur Umwandlung der Deutschen Genossenschaftsbank (DG Bank – Umwandlungsgesetz)
Gesetz vom 13.8.1998 (BGBl. 1998 I 2102),
zuletzt geändert durch Art. 10 des Gesetzes zur Umsetzung der RL 2002/47/EG vom 6.6.2002 über Finanzsicherheiten und zur Änderung des Hypothekenbankgesetzes und anderer Gesetze vom 5.4.2004 (BGBl. 2004 I 502). **DG-BankUmwG**

Handelsgesetzbuch
Gesetz vom 10.5.1897 (RGBl. 1897, 219),
zuletzt geändert durch Art. 1 des Bilanzkontrollgesetzes vom 15.12.2004 (BGBl. 2004 I 3408). **HGB**

Hypothekenbankgesetz
Gesetz vom 13.7.1899 (RGBl. 1899 I 375),
in der Neufassung der Bekanntmachung vom 9.9.1998 (BGBl. 1998 I 2675),
zuletzt geändert durch Art. 8 des Gesetzes zur Umsetzung der RL 2002/47/EG vom 6.6.2002 über Finanzsicherheiten und zur Änderung des Hypothekenbankgesetzes und anderer Gesetze vom 5.4.2004 (BGBl. 2004 I 502). **HBG**

Kündigungsschutzgesetz
Gesetz vom 10.8.1951 (BGBl. 1951 I 499),
in der Neufassung der Bekanntmachung vom 25.8.1969 (BGBl. 1969 I 1317), zuletzt geändert durch Art. 6 des Vierten Gesetzes zur Änderung des Dritten Buches Sozialgesetzbuch und anderer Gesetze vom 19.11.2004 (BGBl. 2004 I 2902). **KSchG**

Mutterschutzgesetz
Gesetz vom 17.1.1997 (BGBl. 1997 I 22, 293),
in der Neufassung der Bekanntmachung vom 20.6.2002 (BGBl. 2002 I 2318),
zuletzt geändert durch Art. 32 des Gesetzes zur Modernisierung der gesetzlichen Krankenversicherung vom 14.11. 2003 (BGBl. 2003 I 2190). **MuSchG**

Schuldrechtsmodernisierungsgesetz
Gesetz vom 26.11.2001 (BGBl. 2001 I 3137). **SchModG**

Sozialgesetzbuch VI
Gesetz vom 18.12.1989 (BGBl. 1989 I 2261; 1990 I 1337),

in der Neufassung der Bekanntmachung vom 19.2.2002
(BGBl. 2002 I 754, 1404, 3384), zuletzt geändert durch Art. 2 a
des Gesetzes zur Anpassung der Finanzierung von Zahnersatz
vom 15.12.2004 (BGBl. 2004 I 3445). **SGB VI**

Sparkassengesetz für Baden-Württemberg
Gesetz vom 23.1.1992 (GVBl. 1992, 128).

Sparkassengesetz für das Land Schleswig-Holstein
Gesetz vom 3.5.1994, (GVBl. 1994, 232).

Sparkassengesetzes für Nordrhein-Westfalen
Gesetz vom 25.1.1995 (GVBl. 1995, 92).

Strafgesetzbuch
Gesetz vom 15.5.1871 (RGBl. 1871, 127)
in der Neufassung der Bekanntmachung vom 13.11.1998
(BGBl. 1998 I 3322),
zuletzt geändert durch Art. 5 Abs. 29 des Gesetzes
zur Überarbeitung des Lebenspartnerschaftsrechts
vom 15.12.2004 (BGBl. 2004 I 3396). **StGB**

Verwaltungsgerichtsordnung
Gesetz vom 21.1.1960 (BGBl. 1960 I 17),
in der Neufassung der Bekanntmachung vom 19.3.1991
(BGBl. 1991 I 686),
zuletzt geändert durch Art. 6 des Gesetzes zur Vereinfachung und
Vereinheitlichung der Verfahrensvorschriften und zur Wahl und
Abberufung ehrenamtlicher Richter
vom 21.12.2004 (BGBl. 2004 I 3599). **VwGO**

Verwaltungsverfahrensgesetz
Gesetz vom 25.5.1976 (BGBl. 1976 I 1253),
in der Neufassung der Bekanntmachung vom 23.1.2003
(BGBl. 2003 I 102),
zuletzt geändert durch Art. 4 Abs. 8 des Kostenrechtsmodernisierungsgesetzes
vom 5.5. 2004 (BGBl. 2004 I 718). **VwVfG**

Wechselgesetz
Gesetz vom 26.6.1933 (RGBl. 1933 I 399),
zuletzt geändert durch Art. 25 Abs. 8 des OLG- Vertretungsänderungsgesetzes
vom 23.7.2002 (BGBl. 2002 I 2850). **WG**

Wertpapier-Verkaufsprospektgesetz
Gesetz vom 13.12.1990 (BGBl. 1990 I 2749),
in der Fassung der Bekanntmachung vom 9.9.1998 (BGBl. 1998 I 2701),
zuletzt geändert durch Art. 8 Abs. 6 des Bilanzreformgesetzes
vom 4.12. 2004 (BGBl. 2004 I 3366). **VerkPrG**

Gewerbeordnung
Gesetz vom 21.6.1869 (RGBl. 1869, 245),
in der Neufassung der Bekanntmachung vom 22.2.1999
(BGBl. 1999 I 202),
zuletzt geändert durch Art. 12 des Kommunalen Optionsgesetzes
vom 30.7.2004 (BGBl. 2004 I 2014). **GewO**

Grundbuchordnung
Gesetz vom 24.3.1897 (RGBl. 1897, 139),
in der Neufassung der Bekanntmachung vom 26.5.1994
(BGBl. 1994 I 1114),
zuletzt geändert durch Art. 5 des Gesetzes über die Rechtsbehelfe
bei Verletzung des Anspruchs auf rechtliches Gehör
vom 9.12.2004 (BGBl. 2004 I 3220). **GBO**

Handwerksordnung
Gesetz vom 17.9.1953 (BGBl. 1953 I 1411),
in der Neufassung der Bekanntmachung vom 24.9.1998
(BGBl. 1998 I 3074),
zuletzt geändert durch Art. 35 b des Vierten Gesetzes für moderne
Dienstleistungen am Arbeitsmarkt
vom 24.12.2003 (BGBl. 2003 I 2954). **HWO**

Insolvenzordnung
Gesetz vom 5.10.1994 (BGBl. 1994 I 2866)
zuletzt geändert durch Art. 5 Abs. 22 des Gesetzes zur Überarbeitung
des Lebenspartnerschaftsrechts
vom 15.12. 2004 (BGBl. 2004 I 3396). **InsO**

Kostenordnung
Gesetz vom 25.11.1935 (RGBl. 1935 I 1371),
in der Neufassung der Bekanntmachung vom 26.7.1957
(BGBl.1957 I 960),
zuletzt geändert durch Art. 5 Abs. 25 des Gesetzes
zur Überarbeitung des Lebenspartnerschaftsrechts
vom 15.12.2004 (BGBl. 2004 I 3396). **KostO**

Zivilprozessordnung
Gesetz vom 12.9.1950 (BGBl. 1950 I 455, 512, 533),
zuletzt geändert durch Art. 5 Abs. 21 des Gesetzes
zur Überarbeitung des Lebenspartnerschaftsrechts
vom 15.12.2004 (BGBl. 2004 I 3396). **ZPO**

C. Verordnungen

Brandenburgische Sparkassenverordnung
Verordnung vom 26.8.1997 (GVBl. 1997, 814).

Verordnung über das Erbbaurecht
Verordnung vom 15.1.1919 (RGBl. 1919, 72, 122),
zuletzt geändert durch Art. 25 Abs. 9
des OLG-Vertretungsänderungsgesetzes
vom 23.7.2002 (BGBl. 2002 I 2850). **ErbbauVO**

Verordnung über die Anzeigen und die Vorlage von Unterlagen nach dem Gesetz über das Kreditwesen (Anzeigenverordnung),
Verordnung vom 29.12.1997 (BGBl. 1997 I 3372),
zuletzt geändert durch Art. 8 Abs. 14 des Bilanzrechtsreformgesetzes
vom 4.12.2004 (BGBl. 2004 I 3166). **AnzV**

Verordnung über die bauliche Nutzung der Grundstücke (Baunutzungsverordnung)
Verordnung vom 26.6.1962 (BGBl. 1962 I 429),
in der Neufassung der Bekanntgabe vom 23.1.1990 (BGBl. 1990 I 133),
zuletzt geändert durch Art. 3 des Gesetzes zur Erleichterung
von Investitionen und der Ausweisung und Bereitstellung von Wohnbauland
(BGBl. 1993 I 466). **BauNVO**

Verordnung über die Bestätigung der Umstellungsrechnung und das Verfahren der Zuteilung und des Erwerbs von Ausgleichsforderungen
Verordnung vom 7.12.1994 (BGBl. 1994 I 3738). **BUZAV**

Verordnung über die Sicherstellung der jederzeitigen Deckung von Hypothekenpfandbriefen und Kommunalschuldverschreibungen nach dem Barwert und dessen Berechnung bei Hypothekenbanken (Hypothekenpfandbrief-Barwertverordnung)

Verordnung vom 19.12.2003 (BGBl. 2003 I 2818). **HypBarwertV**

Verordnung über Grundsätze für die Ermittlung der Verkehrswerte von Grundstücken (Wertermittlungsverordnung)
Verordnung vom 6.12.1988 (BGBl. 1988 I 2209),
zuletzt geändert durch Artikel 3 des Gesetzes zur Änderung des Baugesetzbuchs und zur Neuregelung des Rechts der Raumordnung (Bau- und Raumordnungsgesetz 1998 – BauROG)
vom 18.8.1997 (BGBl. 1997 I 2081). **WertV**

D. Historische Rechtsquellen

Gesetz zur Regelung des Rechts der Allgemeinen Geschäftsbedingungen
Gesetz vom 9.12.1976 (BGBl. 1976 I 3317), in der Neufassung der Bekanntmachung vom 29.6.2000 (BGBl. 2000 I 946),
aufgehoben durch Art. 1 des Gesetzes
zur Modernisierung des Schuldrechts (SchModG)
vom 26.11.2001 (BGBl. 2001 I 3138). **AGBG**

Gesetz die Pfandbriefe für Schuldverschreibungen auf den Inhaber betreffend
Gesetz vom 12.4.1892 (Gesetzes- und Verordnungs-Blatt für das Großherzogthum Baden, Nr. VIII, Karlsruhe am 23.April 1892, 111 – 113). **Badisches Gesetz von 1892**

Konkursordnung
Gesetz vom 10.2.1877 (RGBl. 1877, 351); veraltet. **KonkursO**

Regulativ über die Beleihung des nach dem Schlesischen Landschaftsreglement vom 9.7.1770 von dem landschaftlichen Kreditverbande ausgeschlossenen ländlichen Grundeigenthums; allerhöchster Erlass vom 11.5.1849, betreffend die Genehmigung des von dem siebenten General-Landtage der Schlesischen Landschaft gefassten Beschlusses wegen Beleihung des von dem Kreditverbande bisher ausgeschlossenen ländlichen Grundeigenthums mit „Neuen Schlesischen Pfandbriefen“, nebst dem demselben angeschlossenen Regulative,
Gesetz-Sammlung für die königlichen preußischen Staaten 1849,
Nr. 18 (3130), 182-197. **Regulativ**

Reichsschuldbuchgesetz
Gesetz vom 31.10.1910 (RGBl. 1910 I 1840).

Verordnung betreffend das Faustpfandrecht für Pfandbriefe und ähnliche Schuldverschreibungen
Verordnung vom 21.3.1894 (Großherzoglich Mecklenburg-Strelitzscher offizieller Anzeiger für Gesetzgebung und Staatsverwaltung, Nr. 9 Neustrelitz 1894, 49 – 63).

Europäische Rechtsquellen

Übereinkommen über das auf vertragliche Schuldverhältnisse anzuwendende Recht vom 19.6.1980,
in der konsolidierten Fassung vom 26.1.1998,
ABl. EG 1998 C 27/34. **EVÜ**

Übereinkommen über die gerichtliche Zuständigkeit und die Anerkennung und Vollstreckung von Entscheidungen in Zivil- und Handelssachen,
in der konsolidierten Fassung vom 26.1.1998, Abl. EG 1998 C 27/1;
abgelöst von der Verordnung EG Nr. 44/2001
vom 22.12.2000 (EuGVVO). **EuGVÜ**

Verordnung (EG) Nr. 44/2001
Verordnung des Rates vom 22.12.2000 über die gerichtliche Zuständigkeit und die Anerkennung und Vollstreckung von Entscheidungen in Zivil- und Handelssachen, ABl. EG 2000 L 12/1. **EuGVVO**

Verordnung (EG) Nr. 659/1999
Verordnung des Rates vom 22.3.1999 über besondere Vorschriften für die Anwendung von Artikel 93 des EG-Vertrags,
Abl. EG 1999 L 83/1.

Vertrag zur Gründung der europäischen Gemeinschaft
Vertrag vom 7.2.1992, in der konsolidierten Fassung vom 24.12.2002,
ABl. EG 2002 C 325/33. **EGV**

RL 85/611/EWG des Rates vom 20.12.1985 zur Koordinierung der Rechts- und Verwaltungsvorschriften betreffend bestimmte Organismen für gemeinsame Anlagen in Wertpapieren,

Abl. EG 1985 L 375/3; zuletzt geändert durch Art. 66 der RL 2004/39/EG des Europäischen Parlaments und des Rates vom 21.4.2004 über Märkte für Finanzinstrumente und zur Änderung der RL 85/611/EWG und der RL 93/6/EWG des Rates und der RL 2000/12/EG des Europäischen Parlaments und des Rates und zur Aufhebung der RL 93/22/EWG des Rates,
Abl. EG 2004 L 145/1. **OGAW-Richtlinie**

RL 87/102/EWG des Rates vom 22.12.1986 zur Angleichung der Rechts- und Verwaltungsvorschriften der Mitgliedstaaten über den Verbraucherkredit,
Abl. EG 1997 C 115/27.

RL 89/647/EWG des Rates vom 18.12.1989 über einen Solvabilitätskoeffizienten für Kreditinstitute,
Abl. EG 1989 L 386/14,
ersetzt durch die Bankentätigkeitsrichtlinie. **Solvabilitätsrichtlinie**

RL 91/674/EWG des Rates vom 19.12.1991 über den Jahresabschluss und den konsolidierten Abschluss von Versicherungsunternehmen,
ABl. EG 1991 L 374/7.

RL 92/49/EWG des Rates vom 18.6.1992 zur Koordinierung der Rechts,- und Verwaltungsvorschriften für die Direktversicherung (mit Ausnahme der Lebensversicherung) sowie zur Änderung der RL 73/239/EWG und der RL 88/357/EWG (3. Schadensversicherungsrichtlinie),
Abl. EG 1992 L 228/ 1.

RL 92/96/EWG des Rates vom 10.11.1992 zur Koordinierung der Rechts,- und Verwaltungsvorschriften für die Direktversicherung (Lebensversicherung) sowie zur Änderung der RL 79/267/EWG und der RL 90/619/EWG (3. Lebensversicherungsrichtlinie),
Abl. EG 1992 L 360/1.

RL 93/6/EWG vom 15.3.1993 über die angemessene Eigenkapitalausstattung von Wertpapierfirmen und Kreditinstituten (Kapitaladäquanz-Richtlinie),
Abl. EG 1993 L 141/1, zuletzt geändert durch Art. 67 der RL 2004/39/EG des Europäischen Parlaments und des Rates vom 21.4.2004 über Märkte für Finanzinstrumente, zur Änderung der RL 85/611/EWG und 93/6/EWG des Rates und der RL 2000/12/EG des Europäischen Parlaments und des Rates und zur Aufhebung der RL 93/22/EWG des Rates,
Abl. EG 2004 L 145/1. **CAD I**

RL 94/19/EG des Rates vom 31.5.1994 über Einlagensicherungssysteme (Einlagensicherungsrichtlinie),
Abl. EG 1994 L 135/5.

RL 2000/12/EG des Europäischen Parlaments und des Rates vom 20.3.2000 über die Aufnahme und Ausübung der Tätigkeit der Kreditinstitute,
Abl. EG 2000 L 126/1, zuletzt geändert durch Art. 68 der RL 2004/39/EG des Europäischen Parlaments und des Rates vom 21.4.2004 über Märkte für Finanzinstrumente, zur Änderung der RL 85/611/EWG und 93/6/EWG und der RL 2000/12/EG des Europäischen Parlaments und Rates zur Aufhebung der RL 93/22/EWG des Rates,
Abl. EG 2004 L 145/1. **Bankentätigkeitsrichtlinie**

RL 2001/24/EG des Europäischen Parlaments und des Rates vom 4.4.2001 über die Sanierung und Liquidation von Kreditinstituten,
ABl. EG 2001 L 125/15. **EU-Liquidationsrichtlinie**

Zweite RL 89/646/EWG des Rates vom 15.12.1989 zur Koordinierung der Rechts- und Verwaltungsvorschriften über die Aufnahme und Ausübung der Tätigkeit der Kreditinstitute und zur Änderung der RL 77/780/EWG,
Abl. EG 1989 L 386/1.

Österreichische Rechtsquellen

Hypothekenbankgesetz für das Land Österreich
Gesetz vom 13.7.1899 (RGBl. Nr. 375/1899),
in der Neufassung der Bekanntmachung (RGBl. 1938 I 1574),
zuletzt geändert durch BGBl. Nr. 90/2004. **österHBG**

Verordnung über die Einführung des Hypothekenbankgesetzes und des Gesetzes über die Pfandbriefe und verwandten Schuldverschreibungen öffentlich-rechtlicher Kreditanstalten im Lande Österreich
Verordnung vom 11. 11.1938 (DRGBl. 1938 I 1574),
in der Fassung BGBl. Nr. 532/1993.

INTERNATIONALRECHTLICHE STUDIEN

Beiträge zum Internationalen Privatrecht, zum Einheitsrecht und zur Rechtsvergleichung

Herausgegeben von Ulrich Magnus

Band 1 Birgit Reimers-Zocher: Beweislastfragen im Haager und Wiener Kaufrecht. 1995.

Band 2 Lenja Vespermann: Schadensersatz bei Beeinträchtigung rechts- oder sittenwidriger Interessen im deutschen und französischen Recht. 1996.

Band 3 Peter Cypra: Die Rechtsbehelfe im Verfahren der Vollstreckbarerklärung nach dem EuGVÜ unter besonderer Berücksichtigung der Ausgestaltung in Deutschland und Frankreich. 1996.

Band 4 Brigitta Lurger: Regulierung und Deregulierung im europäischen Privatrecht. 1997.

Band 5 Uta Gutknecht: Das Nacherfüllungsrecht des Verkäufers bei Kauf- und Werklieferungsverträgen. Rechtsvergleichende Untersuchung zum CISG, zum US-amerikanischen Uniform Commercial Code, zum deutschen Recht und zu dem Vorschlag der Kommission zur Überarbeitung des deutschen Schuldrechts. 1996.

Band 6 Stefan Abel: Die Qualifikation der Schenkung. Zur Methode der Qualifikation im Internationalen Schuldvertragsrecht. 1997.

Band 7 Daniel Kötz: Verkäuferpflichten und Rechtsbehelfe des Käufers im neuen norwegischen Kaufrecht vom 13. Mai 1988 Nr. 27 im Vergleich zum UN-Kaufrecht vom 11. April 1980 (CISG). 1997.

Band 8 Olaf Beier: Grundsätze eines europäischen transportmittelübergreifenden Schadensrechts für den Gütertransport. Eine rechtsvergleichende Untersuchung unter besonderer Berücksichtigung der CMR, der ER/CIM 1990, des WA/HP und der HVR. 1999.

Band 9 Ulrich Krüger: Modifizierte Erfolgshaftung im UN-Kaufrecht. Die Haftungsbefreiung bei Lieferung vertragswidriger Ware gemäß Art. 79 CISG. 1999.

Band 10 Wolf-Henning Hammer: Das Zurückhaltungsrecht gemäß Art. 71 CISG im Vergleich zu den Kaufgesetzen der nordischen Staaten unter Einbeziehung transportrechtlicher Aspekte. Eine rechtsvergleichende Studie. 1999.

Band 11 Ulrich Quay: Der Consulting-Vertrag im Internationalen Privatrecht. 2000.

Band 12 Axel Halfmeier: Die Veröffentlichung privater Tatsachen als unerlaubte Handlung. Eine rechtsvergleichende Untersuchung. 2000.

Band 13 Stephanie Scholz: Lohngleichheit durch Verfahren. Eine Studie zur Förderung der Lohngleichheit durch verfahrensrechtliche Ansätze. 2000.

Band 14 Tank Cebecioglu: Stellung des Ausländers im Zivilprozeß. Eine rechtsvergleichende Untersuchung des türkischen und deutschen Rechts. 2000.

Band 15 Gunnar Straube: Sozialrechtliche Eingriffsnormen im Internationalen Privatrecht. 2001.

Band 16 Daniela de Lukowicz: Divergenzen in der Rechtsprechung zum CISG. Auf dem Weg zu einer einheitlichen Auslegung und Anwendung? 2001.

Band 17 Mohamed Hassan Fadlalla Ali: Das islamische Ehe- und Kindschaftsrecht im Sudan. Mit Hinweisen zu den Lehren der Islamischen Rechtsschule, der anwendbaren Familienrechtsvorschriften für Nichtmuslime im Sudan und im deutschen Familienrecht. 2001.

Band 18 Ole Lando / Ulrich Magnus / Monika Novak-Stief (Hrsg./eds.): Angleichung des materiellen und des internationalen Privatrechts in der EU. Harmonisation of Substantive and International Private Law. 2003.

Band 19 Florian Schulz: Der Ersatzlieferungs- und Nachbesserungsanspruch des Käufers im internen deutschen Recht, im UCC und im CISG. Eine rechtsvergleichende Untersuchung unter Berücksichtigung der Schuldrechtskommission, der EG-Richtlinie 1999/44/EG und des Diskussionsentwurfs eines Schuldrechtsmodernisierungsgesetzes. 2002.

Band 20 Ingo Janert: Die Aufrechnung im internationalen Vertragsrecht. 2002.

Band 21 Armin Jentsch: Die Erhaltungspflichten des Verkäufers und des Käufers im UN-Kaufrecht im Vergleich zum US-amerikanischen Uniform Commercial Code und zum deutschen Recht. 2002.

Band 22 Martin Taschner: Arbeitsvertragsstatut und zwingende Bestimmungen nach dem Europäischen Schuldvertragsübereinkommen. Einheitliche Auslegung. 2003.

Band 23 Klaus Bitterich: Die Neuregelung des Internationalen Verbrauchervertragsrechts in Art. 29a EGBGB. 2003.

Band 24 Sascha J. Morgenroth: Umsetzung der Verbrauchsgüterkaufrichtlinie in Spanien und Deutschland. Umsetzung der Richtlinie 1999/44/EG des Europäischen Parlaments und des Rates vom 25. Mai 1999 zu bestimmten Aspekten des Verbrauchsgüterkaufs und der Garantien für Verbrauchsgüter in Spanien und Deutschland. 2003.

Band 25 Markus Renfert: Über die Europäisierung der ordre public Klausel. 2003.

Band 26 Henning Mordhorst: Die Behandlung vertraglicher Mobiliarsicherheiten im US-amerikanischen und deutschen Insolvenzrecht. 2003.

Band 27 Hans Markus Wulf: UN-Kaufrecht und eCommerce. Problembereiche bei der Anwendung des Wiener Übereinkommens auf Internet-Verträge. 2003.

Band 28 Julia Kaiser: Freiheit oder Schutz? Die Scheidungsfolgenvereinbarung im deutschen und im englischen Recht. 2003.

Band 29 Astrid Hillebrenner: Die private Zustimmung zu Rechtsgeschäften Dritter im englischen, dänischen und deutschen Recht. 2004.

Band 30 Irene von der Heyde: Das deutsche und italienische internationale Kindschaftsrecht im Rechtsvergleich. Favor filii oder favor filiationis? 2004.

Band 31 Sven-Michael Werner: Recht im Systemwandel. *Ein Land, zwei Systeme* und das Kontinuitätsproblem in Hongkong. 2004.

Band 32 Holger Ellenberger: Wirtschaftsrelevante Kollisionsnormen im japanischen internationalen Privatrecht. 2004.

Band 33 Sebastian Kaufmann: Parol Evidence Rule und Merger Clauses im internationalen Einheitsrecht. 2004.

Band 34 Britta Christina Weber: Eigentumsübertragung und gutgläubiger Erwerb beim Kauf von beweglichen Sachen im vietnamesischen Zivilgesetzbuch von 1995. Eine rechtsvergleichende Analyse unter Berücksichtigung des Eigentumsbegriffs im vietnamesischen Recht. 2004.

Band 35 Alexander von Saucken: Die Reform des österreichischen Schiedsverfahrensrechts auf der Basis des UNCITRAL-Modellgesetzes über die internationale Handelsschiedsgerichtsbarkeit. Ein Diskussionsbeitrag. 2004.

Band 36 Jasnica Garašić: Anerkennung ausländischer Insolvenzverfahren. Teil 1 und Teil 2. Ein Vergleich des kroatischen, des deutschen und des schweizerischen Rechts sowie der Europäischen Verordnung über Insolvenzverfahren, des Istanbuler Übereinkommens und des UNCITRAL-Modellgesetzes. 2005.

Band 37 Eugenia Kurzynsky-Singer: Anknüpfung und Reichweite des Vollmachtsstatuts. 2005.

Band 38 Timo Utermark: Rechtsgeschichte und Rechtsvergleichung bei Ernst Rabel. 2005.

Band 39 Mohamed Lakmes: Die IPR-Anknüpfung der Schuldverträge. Ein Vergleich zwischen dem deutschen und dem syrischen Recht. 2005.

Band 40 Christian Haas: Vertragsstrukturen privatfinanzierter Infrastrukturprojekte. Nationale und internationale Perspektiven. 2005.

Band 41 Tanja Herzog-Engels: Gesellschaftsrechtliche Formvorschriften und Internationales Privatrecht. 2005.

Band 42 Hassan Siahpoosh: Das Familien- und Erbrecht im Iran. 2006.

Band 43 Carola Reifenrath: Das Vertragsrecht Hongkongs und dessen zukünftige Entwicklung. Unter besonderer Berücksichtigung des englischen Common Law. 2006.

Band 44 Arkadiusz Wudarski: Der Pfandbrief und sein Treuhänder. Eine rechtsvergleichende Untersuchung zum polnischen und deutschen Recht. 2006.

Druck:
CPI Druckdienstleistungen GmbH
im Auftrag der
Kolibri 360 GmbH
Ferdinand-Jühlke-Str. 7
99095 Erfurt

FSC
www.fsc.org
MIX
Papier | Fördert gute Waldnutzung
FSC® C083411

Kolibri 360 GmbH
Ferdinand-Jühlke-Straße 7
99095 Erfurt, Deutschland
produktsicherheit@kolibri360.de